温州史学论丛(第九辑)

张　洁　张闻捷 主编

团结出版社

图书在版编目(CIP)数据

温州史学论丛. 第9辑 / 张洁，张闻捷主编. — 北京：团结出版社，2022.6

ISBN 978-7-5126-9431-6

Ⅰ. ①温… Ⅱ. ①张… ②张… Ⅲ. ①温州—地方史 Ⅳ. ①K295.53

中国版本图书馆CIP数据核字(2022)第093141号

温州史学论丛(第九辑)

张 洁 张闻捷 主编

出 版:团结出版社

(北京市东城区东皇城根南街84号 邮编:100006)

电 话:(010)65228880 65244790

网 址:http://www.tjpress.com

E-mail:65244790@163.com

经 销:全国新华书店

印 刷:杭州捷派印务有限公司

装 订:杭州捷派印务有限公司

开 本:710mm×1000mm 1/16

印 张:30

字 数:522千字

版 次:2022年6月 第1版

印 次:2022年6月 第1次印刷

书 号:ISBN 978-7-5126-9431-6

定 价:198.00元

目录

温州古代史研究

温州近现代史研究

温州古代史研究

明初日本高僧深入温州山区弘法初探

张　洁　柯斌祥

摘　要：温州是中国东南沿海的港口城市，日本是环海岛国，拥有许多优良的港口。温州与日本在唐代即有交往，进入明代以后，除了倭患外，还有特别的宗教文化交流。日本高僧太初来华巡礼，深入温州山区弘法，终于泰顺，则是典型的事例。本文概述了明代之前温州与日本交往的特点，介绍了太初从温州辗转到达泰顺，在泰顺山交村创建山交寺，在山交寺讲道、弘法和最终圆寂山交寺的过程，指出太初来华巡礼弘法的启示。

关键词：明代；太初；巡礼；启示

一、明前温州与日本交往的特征

中国与日本的关系源远流长。著名考古学家安志敏把中日交往的起点，追溯到距今约六、七千年前"新石器时代"的"河姆渡文化"。他说："以河姆渡及其后续者为代表的长江下游新石器文化的若干因素，可能影响到史前的日本。如绳文时代的玉玦、漆器以及稻作的萌芽，弥生时代及其以后的干栏式建筑，都可以从长江下游找到渊源关系。"[①]著名日本史研究专家冯玮教授也认为：中国对日本"弥生文化"的影响，显然是无可否认的。他说："中国的水稻耕作技术，直接或间接地影响了日本。不仅如此，经考古发现，构筑弥生文化支柱的铜器和铁器，也显然受到来自中国大陆的影响。"[②]日本著名的哲学家梅原猛第一次到河姆渡时，就被河姆渡的发掘现场所震撼。他感觉到七千多年前的河姆渡的生活景象，和他的家乡爱知县在"第二次世界大战"(1931—1945)前的情景惊人地相

① 安志敏：《长江下游史前文化对海外的影响》，《考古》，1984年第5期。

② 冯玮：《日本通史》，上海：上海社会科学出版社，2008年，第29页。

似:“代表性的风景是稻田,秋天水稻收割后,家家开始养蚕,蚕架堆放得连人睡觉的地方也没有,还有每户备有织布机。”①

秦始皇灭六国统一中国后,司马迁在《史记·秦始皇本纪》二十八年条道:齐人徐市(徐福)等上书言:“海中有三仙山,蓬莱、方丈、瀛洲,仙人居之。请得斋戒,与童男女求之。于是遣徐市发童男女数千人,入海求仙人。”②这是中国历史上规模庞大的集体东渡行动,由于秦皇无道,为了逃避秦皇暴政,人们以方士徐福为首领,利用秦始皇渴求长生不老的心理,借下海求仙药为名,集体向日本进行移民。他们经过朝鲜半岛,横越对马海峡,到达北九州沿岸,在博多湾登陆。之后,他们又沿着濑户内海,经大阪沿纪伊水道,进入内陆橿原,得“平原广泽”而安顿。虽然很多学者对此事表示怀疑,但当时徐福所在的齐国,造船和航海技术已相当先进,完全有条件和可能通过朝鲜南部越过对马海峡,到达日本北九州渐进入近畿地区。而这航线出土的文物及当时社会生产力的水平,也与《史记》所记徐福东渡说法相当吻合。可以说徐福东渡开创了中国历史上集体移民日本的先河,在中国移民史和华侨史上都有深远的意义。

两汉后随着生产技术的发展,交往的增加,经由朝鲜移往日本的中国人也较前为多,中日交往有了新的发展,不仅民间往来,而且官方交往也见史册。《汉书·地理志》记载:“乐浪海中有倭人,分为百余国,以岁时来献见云。”③这些“秦人”“汉人”到达日本后,带去先进的织造和制陶技艺,使日本的丝织业、制陶业发生质的飞跃。特别是此前日本没有文字,相传汉字由五世纪时被日本掠去的百济国的汉人学者王仁传入。同时,“秦人”“汉人”还带去儒家思想,中国的医药也随“汉人”传入日本。

温州与日本的交往,在隋代前和整个隋代暂时未有史实可以证明,需待史料进一步发掘。唐代有确切记载的是659年(唐高宗显庆四年),日本齐明天皇(594—661)派出第四批“遣唐使”,在大使坂合部石布、副使津守吉祥率领下,八月十一日从难波(大阪)分乘两艘船赴唐。十五日晚,大使坂合石部布所乘之船因遭逆风漂到尔加委岛(中国南海一岛),坂合部石布被岛人所杀。与坂合部石布同乘一船的副使津守吉祥及阿利麻等五人,窃取岛上居民的船只逃到了括州。括州官府获知后,立即组织人马进行营救,从水路护送他们赴长安。九月十二二日,船至余姚海岸,十月一日抵越州府衙门,十月十五日乘驿车趋长安。当时唐

① 梅原猛等:《长江文明的曙光》,东京:角川书店,2000年,第167页。

② 司马迁:《史记》,延边:延边人民出版社,1995年,第22页。

③ 班固:《汉书.地理志下》,北京:中华书局,1965年,第1658页。

高宗李治(628—683)正在东都洛阳,“遣唐使”便在洛阳觐见朝贡。

进入宋元时期,由于温州经济的发展,造船技术的提高,温州港的地位不断地凸显。随着海上“丝绸之路”的兴起,北宋政府先后在广州、泉州、杭州、明州(浙江宁波)、密州(山东胶县),以及秀州华亭(上海松江)设立“市舶司”或“市舶务”,温州与海外的接触趋于频繁。1131年(南宋高宗绍兴元年)朝廷在两路东路的“温州”设立“市舶务”,“温州”成为对外贸易港口。1276年(元世祖至元十三年)元军攻下温州,1277年(元世祖至元十四年)前往浙闽交界区,追歼南宋残余部队。温州抗元将领李世达等战死,无数军资被虏掠,南宋在温州的正规军全部被消灭。由于温州商业气氛浓厚,海外贸易也甚发展,继“泉州、庆元(浙江宁波)、澉浦(浙江海盐)、上海”设“市舶司”后,元政府“增设温州为市舶司”①,使元代的温州港在对外交往中具有“远洋始发港”②的重要地位。这时,温州与日本的交往更具规模,日本僧人不断来华求法。

在明代之前,温州与日本的交往呈现出以下特征:

1. 入华巡礼或寻法的日本人,因受天气影响,常漂流至温州海岸,温州方面实施救济或援助

853年(唐大中七年)日本井山寺开山僧智证大师圆珍(814—891)入唐求法。八月十四日,圆珍一行乘坐的商船飘至琉球国(台湾)。八月十五日,到达唐朝岭南道福州连江县。九月二十八日,他们从福州海口镇出发,十月中旬进入浙东观察使辖区温州境内,通过江口镇(鳌江镇)到达横阳县(平阳县),停留于县城。随从僧有丰智、沙弥闲静、译语丁满、经生的良、物忠宗、大全吉、伯阿古满。在圆珍保留的文物中,有一张《温州横阳县公验》,系横阳县(平阳县)知县许郾发给他们赴天台山巡礼求法的文牒。离开横阳后,他们向安固(瑞安)进发。十月二十九日,得到安固县公验后到达永嘉县(温州城区),受到温州刺史裴阅的礼遇,宿于“开元寺”(温州市区公园路东南大厦一带)。十一月六日,得到永嘉县公验后向台州进发,前往天台山、五台山等地朝礼。

根据相关史料记载,元代也有日本船只飘流到温州。《弘治温州府志》卷十七“蕃航”载,1317年(元延祐四年)六月十七日黄昏时分,“有无舵小船在永嘉县海岛中界山地名燕宫漂流,内有一十四人,五人身穿青黄色服,九人并白衣,内一人携带小木刻子,长短不等,计三十五根,于上刻记圈画,不成字样,提挈胡芦八

① 周厚才:《温州港史》,北京:人民交通出版社,1990年,第16页。

② 陈彩云:《元代温州研究》,杭州:浙江人民出版社,2011年,第99页。

枚,内俱有青、黄、白色成串硝珠,其人语言不辨,无通晓之人。"[①]温州路将"人形"与"船只"彩画成图,派遣官员将各人押到江浙行省。同年十月,"中书省"获知此事后,奉旨寻访通晓语言之人,经询问乃知属海外波罗公管辖下的"密牙古"人。据日本学者藤田丰八(1869—1929)研究,"密牙古"即琉球诸岛中的"宫古岛"[②]。《弘治温州府志》卷十七"番航"还载:1318年(元延祐五年)冬,"倭船泊平阳州五十二都大奥海滨,其人貌类中国,或戴尖巾,或髡为僧,衣白布及蓝青花服,袖大而短,束带佩刀,译二人:梅守志、林爱华,纲首二人:见觉、道愿,词称:有本国客商五百余人赍金珠、白布等物,驾船于九月二十七日放洋,意投元国庆元路市舶司易铜钱、药材、香货等项。不料,十月七日海风漂浪累日,至十五日辰时至此,十一月十四日称泊瑞安飞云渡。……有倭僧平全珠赍到随身度牒,系彼国治部尚书所给,称欲亲往庐山等处寻访马祖遗迹,后常游雁荡、天台等名山云。"[③]从史料上看,这是一艘日本官方派出的船只,目是的要到元朝的庆元路市舶司进行贸易,不幸漂到了温州路下辖的平阳县五十二都大奥海滨。平阳县上报温州路后,温州路总管赵凤仪亲往抚衅。温州路上报"江浙行省"后,允许日本船继续赴庆元路贸易。

2.温州与日本的僧人在交往中往往结下深厚的友谊

唐时"中国商人李邻德、李延孝、张支信等都自造海船,以船主身份,往来温州、明州、台州与日本之间。"[④]商船运往日本的货物种类繁多,以"经卷、佛画、书籍、药品、香料为主,从日本带回来的货物有砂金、水银、锡、绵、绢"[⑤]等。858年(唐大中十二年),圆珍搭乘李延孝的商船携带经书千余卷回国,依敕命住锡比睿山四王院,并多次入宫讲经修法。他在唐时和温州德圆和尚结下深厚友谊,回到日本后两人仍有书信往来。

1272年(南宋度宗咸淳八年)大休正念(1215—1289)继兀奄普宁任"建长寺"第三代主持。1274年(南宋度宗咸淳十年)大休正念与无象静照(1234—1306)在"建长寺"相遇,无象静照以《石桥颂轴》示之,请大休正念"叙具始末于章首"。大休正念睹物思情,如"复见故人,捧读忍不释手",且"嘉其求旧不忘之

① 王瓒、蔡芳、胡珠生:《弘治温州府志》,上海:社会科学院出版社,2006年,第478页。

② 藤田丰八:《东西交涉史研究 南海编》,东京:国书刊行会,1974年,第411页。

③ 同上,第478页。

④ 木宫泰彦:《日中文化交流史》,北京:商务印书馆,1980年,第149页。

⑤ 蔡克骄:《瓯越文化史》,北京:作家出版社,2002年,第31页。

意"[①],欣然应允。大休正念还和韵二首,其一咏茶诗曰:"浓浇一盏雨前茶,满室虚明现晓霞;若作梦中奇特见,知君眼底又添花。"[②]《石桥颂轴》不仅成为研究茶文化的宝贵资料,更是中日禅僧友好交往的见证。

3. 双方展开了较多的民间贸易活动

南宋洪迈(1123—1202)在志怪小说集《夷坚志·海山异竹》中说:"温州巨商张愿,世为海贾,往来数十年"[③],其货物广为日本商人及用户所喜爱。李心传(1166—1243)在《建炎以来系年要录》中说:1145 年(南宋高宗绍兴十五年)"日本国贾人,有贩琉黄及布者,风飘泊至平阳县仙口港,舟中男女凡十九人,守臣梁汝嘉以闻,诏汝嘉措置发遣。"[④]当时温州从日本进口的物品有硫磺、布匹,还有黄金、水银、砂金及各种工艺品。温州销往日本的物品有青瓷、漆器、丝织、文具等,其中"龙泉青瓷"广销日本及东南亚。由于日本商业发达,货币需求量大,而铜矿开采不足,铜钱质量低劣,逐渐形成了以中国钱为主导。因此,日本商船经常往来温州、台州之间走私铜钱,"台州城内甚至在一个月内,铜钱突然绝迹"[⑤]。

二、明初日本高僧太初入温弘法

进入明代以后,由于盘踞在苏州一带的张士诚(1321—1367)和浙江沿海一带的方国珍(1319—1374)余党多逃往海外及沿海各岛,倭寇便与方国珍余部勾结,出没温州沿海地区。为防止沿海居民与张士诚、方国珍勾结,朱元璋(1328—1398)实行了与宋元不同的政策。1371 年(明洪武四年),朱元璋下令沿海居民不得私自出海,"敢有私下诸番互市者,必置之重法。"在这种情况下,经历了"宋元时期"的繁荣后,温州港出现了衰落的现象。但东南沿海居民仍铤而走险,偷偷地与日本浪人、武士相勾结,"南麂列岛"成为"倭寇"盘踞的重要据点,造成长期的"倭患"。

但在宗教文化交流方面仍有许多僧人进出。据浙江工商大学陈小法教授在《洪武七年的入明僧研究》中介绍,1374 年(洪武七年)入华的日本僧人有幕府将军足利义满(1358—1408)的代表,如宣闻溪、子建净业、喜春等;南朝权臣岛津氏

---

①② 陈小法、江静:《径山文化与中日交流》,上海:辞书出版社,2009 年,第 205 页。

③ 洪迈:《夷坚志》(第三册),北京:中华书局,2010 年,第 987 页。

④ 李心传:《建年以来系年要录》(卷一百五四),绍兴十五年(1145),丁巳条。

⑤ 周厚才:《温州港史》,北京:人民交通出版社,1990 年,第 21 页。

久(1328—1387)的使节,如道幸等;还有为数不少的因私来访者,如灵照、宗岳等。这些入明僧的目的,“有的是为朝贡贸易、有的是为参禅学法、有的是为游方巡礼,还有的是献物报恩及政治避难。”①而日本高僧太初入华巡礼、弘法,则是明初中日宗教文化史上的一件大事。

1385年(明洪武十八年)日本建长寺物外可什弟子太初(原名“张启原”,号“太初”,1333—1407)与宗猷等人,搭船入华巡礼。太初入华后,游历了中国的名山古刹之后,在徒弟大方等领路下,沿飞云江溯流而上。1386年(明洪武十九年)某日,太初和大方在交溪古渡口弃舟登岸,沿莒江溪步行而入。几天后,他们到达一周姓血缘村落——“江口”,只见村落三面溪水环绕,独南面有一牛颈样悬崖与后方的山脉相连,酷似一把仰面于绿绸缎中的“月琴”。太初觉得此地形态异常,便停下寻宿。不久,“月琴”对面的山后石峡,升起了股股香烟,太初在此建立了入华后的首座佛庵,当地人称之为“仙岩庵”。同治《泰顺分疆录》载:“仙岩庵在江口北山后,有石峡,明僧太初于中辟为兰若。”②

太初在“仙岩庵”静修一段时间后,1388年(明洪武二十一年)又携其徒弟大方等沿莒江溪而上,到达莒江村前沓石山的“梅公洞”。该洞坐东朝西,为一巨崖撑出的天然石室,高5米左右,面积30多平方米,明代前当有人住过。此地处于莒江、百丈和洪口三地交界,左右分别是由南入北的洪口溪和莒江溪。崖前有细泉下注,附近有一天然形成的两块底石承托的巨石,人称“仙担岩”“沓石”或“叠石”。太初见此地视野开阔,景色宜人,环境胜似仙岩,便依岩洞筑庵,后人称之为“沓石庵”或“叠石庵”,它成为太初赴华所建的第二座佛庵。明代莒江学人夏存在《沓石庵》里描述说:“悬崖忽露石楼台,石下争看绀宇开。别有一天闲岁月,更无寸地著尘埃。金灯影漏云间电,玉磬声沉洞里雷。僧不出门春自老,岩花随意点苍苔。”③《温州市志》记载此事说:“明初日本僧人太初曾来泰顺莒江建‘沓石庵’。”④

从“梅公洞”再沿莒江溪上溯即是“库村”,“库村”有座始建于后唐、鼎盛于宋元的“广度寺”,这是当时浙南、闽北的著名古刹,有“江心第二”之誉。1389年(明洪武二十二年)即太初在“沓石庵”焚修的次年,“广度寺”重建大殿。当地望族吴氏、包氏发帖给太初,请其去“广度寺”主持塑金佛像事,太初接帖后欣然前

① 陈小法:《洪武七年的日本入明僧研究》,《社会科学战线》,2010年第10期。

② 林鹗等:《同治泰顺分疆录》(卷一二),光绪四年刻本,第200页。

③ 同上,第199页。

④ 温州市志编纂委员会:《温州市志》(下),北京:中华书局,1998年,第2300页。

往。泰顺《包氏族谱·广度寺履历》载:“太初和尚至我朝,太祖高皇帝洪武龙兴,始去广度寺,寄迹山交寺。”太初完成佛事后,离开“广度寺”去了鹤巢山交,开始了他一生中最为艰苦同时也是最为精彩的事业。

三、明初日本高僧太初终于“山交寺”

太初入华之前,曾梦听佛祖寄语:“苦槠树、蛤蟆草、三丈六,即焚修。”他入华后到处访求,但都无结果。但在山交村后,他却发现了一棵苦槠树,树里面虽已全烂空,却长出一株正好三丈六长的蛤蟆草,太初当即决定在此长期静修。太初率领徒弟和信徒们在山交村,自力更生,开荒辟地,扛石筑基,伐木建寺。《山交开田记》中说太初:“偕诸徒大方辟草莱以增初基。”[①](旧)《泰顺县志》也载:“太初率徒辟荒为田,自力耕食。”太初建成山交寺后,即进行讲道、弘法,并接待各方名士。

陈能雄在《刘伯温祖孙二人与泰顺:一个为了三魁的治安,一个到山交寺避祸》中,讲到了刘基孙刘廌与山交寺的交往。文章说在明洪武初年,刘伯温向朱元璋进言提到两个地名:一是谈洋(今文成县二源镇),二是三魁(泰顺三魁)。刘伯温奏请设立“谈垟巡检司”和“三魁巡检司”,旨在维护地方安宁,但意想不到地给他带来了麻烦。1372 年(明洪武五年)泰顺茗洋逃兵周广三,聚集 600 多人反叛,义军攻入“三魁巡检司”,并处死了巡检司。地方上出了这样的大乱,但温州、处州两地的官员竟隐瞒不报。时已辞官回乡的刘伯温,觉得此事非同小可,就命长子刘琏上京汇报。刘琏没有按照程序上报中书省,直接把奏章呈送给朱元璋。时任中书省左丞的胡惟庸对刘伯温本有旧怨,今又见其子越过中书省直接向皇帝奏事,心中愈加不满。胡惟庸趁机指使他人诬陷刘伯温父子,说刘伯温看中“淡垟”这块具有王气的风水宝地,想据为己有建造墓地。而当地百姓不肯,他就奏请设置巡检司,由此激发民变。朱元璋听后大为恼火,剥夺刘伯温的俸禄。胡惟庸等人还想乘机逮捕刘琏,幸亏朱元璋没有继续追究。但刘伯温担心朱元璋会心生猜忌,就前往京城面圣,以引咎自责,这事算暂时过去。

但在刘伯温、朱元璋去世后,刘伯温子孙又陷入了另一场政治风波。建文帝朱允炆即位后,采纳齐泰、黄子澄等大臣的计策,实行削藩政策。燕王朱棣以“清君侧”为名起兵,发动“靖难之役”。建文帝拜李景隆为大将军,统率大军征讨朱

---

① 吴明哲:《温州历代碑刻二集》,上海:科学文献出版社,2016 年,第 119 页。

棣,而刘伯温的次子刘璟正在李景隆军中做参谋,在朱棣和朱允炆叔侄皇权之争中,刘璟站在朱允炆一边。李景隆兵败后,刘璟回归乡里。1402年(明建文四年)朱棣攻破南京,夺取皇位,征召刘璟入京。但刘璟忠于建文帝,见了明成祖仍呼"殿下",而不肯称"皇帝",还说:"殿下百世后,逃不得一'篡'字。"(刘璟在人臣大节上坚贞不移,正如他当年与朱棣对弈时,不让棋子,他说:"能让的地方我可以让殿下,不能让的地方,我是不会让的。")这可激怒了明成祖,明成祖把他关入大牢,刘璟自知难以幸免,在狱中上吊自杀。

刘璟殉难的消息传到南田后,刘伯温的四个孙子预感大祸将至,各自寻求避难,有的隐姓埋名,有的逃到金堡,有的逃到穗丰。其中,刘琏的长子刘廌到"山交寺"避祸一段时间。他与"山交寺"住持太初一起品茶谈禅、吟诗作赋,相交甚是投缘。刘廌视太初为知己,向他倾诉心中的困惑和烦恼,谈到自己曲折的为官经历,说起祖父刘伯温、父亲刘琏遭胡惟庸陷害之事。太初好言宽慰,一一点化。但不久,朝廷传来消息,明成祖感念刘伯温为大明立下赫赫功勋,对刘家宽大处理,"刘璟之事"未株连其子侄,刘廌等人虚惊一场,离开了"山交寺",返回南田。临别时,太初为刘廌饯行,写诗相赠,其中有句说:"道服再传韩文公。"韩文公即是唐代文学家韩愈,诗句典出韩湘子点化韩愈的故事。相传韩湘子是韩愈的侄儿,得道后成为八仙之一。有一天,韩愈过生日,韩湘子回来贺寿,劝叔叔弃官学道。韩湘子献上一副对联:"云横秦岭家何在? 雪拥蓝关马不前。"韩愈不解其意,后因谏迎佛骨惹怒皇帝,被贬到潮州当刺史,途经秦岭蓝关,大雪封道,马儿疲惫不前。韩愈想到了韩湘子的联句,若有所悟。这时,韩湘子忽然出现,再次以言语点化韩愈。

太初在诗中把刘廌比作韩愈,以"道服再传韩文公"之句相赠,既有挽留之意,也有劝他看淡功名利禄、安心归隐的意思。后来,朱棣感念其祖刘伯温,让他承袭"诚意伯"爵位,特进"光禄大夫"。但是,次年刘廌就因事获罪,贬归乡里,几年后又被流放到甘肃数月。富贵荣华如过眼云烟,刘廌自此无意仕进,退隐林泉,寄情山水。

太初在山交寺"开垦、弘法、做禅"20余年,1406年(明永乐四年)太初在山交寺之南建一石塔,第二年1407年(明永乐五年)三月一日,太初"入塔端坐,偈毕而逝"[①],享年75岁,著有语录三卷。

---

① 莒江乡志编纂委员会:《浙江省泰顺县莒江乡志》,北京:中华书局,2001年,第152页。

四、明初日本高僧太初入温弘法启示

太初圆寂后，其徒心照、真缘等，继承其师志，“率先尽力以倡徒众，垦诸高以就低，置诸石以障壤，引源流以资灌溉，疏沟洫以防壅塞。或募众资，以为佣工之费；或藉众力，以助疲倦之余。”经历志苦行 30 多年，心照将寺周边的“蛮荒之地”化为“膏腴之壤”，形成了“山交寺”庞大的山场，最终与库村的“广度寺”一样，成为浙南、闽北的名刹。

1452 年（明景泰三年）某日，泰顺知县郭显宗视察山交寺，对寺院的建设和田产数量及来源进行询问，听取住持的详细汇报。回县城之后，他把相关资料交给时任泰顺教谕的熊相，熊相慢慢写成《山交寺开田记》。1459 年（明天顺三年）二月望日，山交寺住持心照、真缘和宗兴诸老僧，将《山交寺开田记》刻于石碑。石碑高 1.22 米，宽 0.6 米，厚 0.1 米，石碑两面刻字，正面为开田具体经过，背面为捐田人姓名及捐田数。《山交寺开田记》正面碑文如下：

> 知泰顺县事郭显宗至自核田而语予曰：“县治东偏半舍许有寺曰山交，开创自国初。山之僧太初者，日本国产也，航海道东瓯而至，止于斯，偕诸徒大方辟草莽以增初基。而其徒心照善于继述，厉志苦行，以为无功而食于人，曷若自食其力。视诸山泽，因其原湿而可田焉。时有宗兴者为之徒，祇承其志，厥工肇矣。心照率先尽力以倡其徒众，垦诸高以就低，置诸石以障壤，引源流以资灌溉，疏沟洫以防壅塞。或募众资以为佣工之费；或藉众力以助疲倦之余。今岁广一区矣，明岁则益至二区三区焉。其志之定，不以工用之顾而少夺；其行之坚，不以岁月之久而变；其力之勤，不以寒暑之祈而少懈。肇自宣德庚戌，迨今三十年，其勤勤如一日矣！告厥成功者，诸区而以亩计，则廿有畸零，谷升而以斛计，则可二百余矣。巉岩之阻，化而为膏腴之壤，不毛之地，易为稼穑之场，亦可谓有功于时，而垂无穷之利于后矣！命其协力之徒心恩、成就等磨石以勒其事焉，盍为记之乎？
>
> 予惟非勤力不食而自食其力者，是亦古人厉志之徒也。视诸衣匪桑而食匪桑者，得不与之而为其劝乎！况其定志坚行，苦力之有恒者，人之所难能者也。功在当时而利垂后世者，人之所鲜能者也。此其一

节之可取,而郭尹取之。予按郭尹之语而记之,用以告诸来者云。”①

天顺已卯二月望日,本山住持心照、真缘、宗兴同立。

从山交寺创建到清代中叶,山交寺一直香火旺盛,朝拜者络绎不绝。同时,也是达官贵人和文人郊游的好去处。1541—1565年间(明嘉靖年间),泰顺知县刘友德[福建漳浦人,明正德八年(1512)举人]游览“山交寺”,写下绝句:“琴堂政暇偶山游,吟倚松风一笑留。试问老僧尘外境,西天佛子果来不?”但到了清代中叶以后,山交寺逐渐衰落。1802年(清嘉庆七年)进士董正扬(1768—1816)在其诗《龙护寺》中,道出了清寂的情景:“峡束白云归幽谷,天回明月入空潭。深山尽日无人到,僧与秋猿共一龛。”②

2013年3月,浙江工商大学教授王勇在“中世禅宗文化及周边国际学术研讨会”上,宣读了《日本禅僧启原在中国江南的足迹——兼介绍“山交寺开田记碑”史料》。他通过亲自到泰顺考察《山交寺开田记》碑和查阅大量史料,展现了14世纪中叶日本禅僧太初在中国江南留下的足迹。

2020年10月9日,出于对史学的职业好奇和对山交寺的向往,我俩(张洁、柯斌祥)在泰顺县方志办副主任陶汉心和一位女副主任、一位女科员的陪同下,共乘一辆自驾车,穿过狭长弯曲的山路,终于找到了山交寺。如今,曾经辉煌一时的“山交寺”,仅留下了一个遗址(原址上盖回简易木屋,屋内以钢筋架保护着《山交开田记》石碑),但尚保存完好的《山交开田记》石碑,依然在述说着昔日的历史,寺前据说为太初亲植的两棵大柏树,仍然在见证着往事。

山交寺的创建,无疑是宗教文化史上的一件大事:1.太初从飞云江到莒溪江,从“仙岩庵”到“沓石庵”,再到“山交村”,一路披荆斩棘,不畏艰难,率徒众在荒僻的山村开垦山地,自力耕食,辟草莱以增初基,其艰苦创业精神,是值得学习的;2.太初从日本远道而来,深入温州山区建寺、弘法,其对佛祖的热心与诚心,对信仰的坚贞与不渝,是十分可敬的;3.太初入华,巡礼弘法,终于泰顺山交寺,要如何借助此事深化研究,精心设计和打造出一条泰顺的新型“文旅之路”,是值得我们思考的。

---

① 泰顺县志编纂委员会:《泰顺县志》(中),杭州:浙江人民出版社,1998年,第633—634页。

② 林鄂等:《同治泰顺分疆录》(一二卷),光绪四年刻本,第201页。

附一:《山交寺开田记》石碑

附二:山交寺前两棵大柏树

相传为日本高僧太初亲手种植

附三:原放山交寺内以全石打造的蓄水池

池长 1.67 米　宽 0.85 米　高 0.55 米

(张洁:复旦大学历史学博士、温州大学人文学院硕士生导师;柯斌祥:龙湾区党史研究室主任、机关党工委书记、温州市历史学会副会长)

黄公望《富春山居图》实景地在温州瑞安考辨

范可授

摘　要:黄公望代表作是《山居图》,后被历代加注,尤其是乾隆皇帝加注名闻当世,使《山居图》变成《富春山居图》。他生平曲折,而籍贯神秘,不愿示与他人,史上众说纷耘,好事者哗众取宠,黄公望身世成谜。在圣井山至今还存在黄公望修练洞,正是他"富春山居"所在地,"富春"道教是指洞天福地文化中小洞天的含义,并不是指富春山;黄公望元代时修编的家谱尚在,谱中有黄公望画家及当时吴中画坛名家来瑞安献艺大量互动信息的记载;黄公望后人中的黄养正在绘画和书法方面成就突出,继承了其祖上的艺术风格这一点在明史中有载;黄公望的《富春山居图》及其他作品主要描绘的是其家乡瑞安市马屿飞云江边的风土和人文,也描绘了温州大罗山(又名茶山、洪岩,也名肖铁崖)、仙岩风景区、温瑞塘河的风光,同时描绘了飞云江入海口及大罗山东面近临海风光。《富春山居图》所绘的山川和河流与飞云江中游马屿顺泰及对岸清祥净水村的地貌高度神似,所绘的险峻山岩、高大茶树和奇特古庙及河埠榕亭风光正是温州茶山及千年古山茶、仙岩寺及温州河埠榕亭文化,这些都是温州特有的自然风光和人文景观;黄在其作品中多次署名平阳,因元时平阳州范围包括(现今瑞安一部)飞云江以南的地方,故自称平阳人;黄公望生平活动记述中没有与富阳和常熟有交集;黄公望为"无用师"作画;黄自述《富春山居图》阅三四载,未得完备,说明此画历时之长,耗费多年精力而完成于元末其晚年时期,不是在客居地短期内完成的。

关键词:黄公望《富春山居图》;瑞安圣井山飞云江;温州大罗山、仙岩寺、茶山千年古山茶;黄氏族谱;温瑞塘河

中国中央电视台新闻、中文国际频道2013年12月12日早晨分别以《专家发现〈富春山居图〉实景地》为题报道:传世名画《富春山居图》作者黄公望的祖籍和画作的实景地之谜一直是国内外专家学者研究的热门课题,一批专家和地方文史学者经过研究史料和实地考察发现,黄公望的祖籍在温州飞云江南岸,他是

圣井山脚下的瑞安市马屿镇净水村人,黄公望《富春山居图》等一批画作的实景地是瑞安飞云江山水。

黄公望(1269—1354),字子久,号一峰、大痴道人、井西老人等,元代画家。早年曾入仕为官,后因受牵连入狱,遂隐居不出,后皈依全真道教,画风上承董源、巨然,近承袭赵孟頫,并受荆浩、关仝、李成等人影响很大,笔法细腻,风格秀雅,至晚年自成一家,笔法大变,苍劲开阔,浑厚雄秀。所作作品大多表现江南山水,笔墨近似书法中的草訾笔法,用笔简远,在中国绘画史上,被誉为"元四家"之首,绘画风格对明清山水有极大影响,许多作品被明清画家当作习作的范本。黄公望到底是哪里人,他的《富春山居图》实景地在哪里,本文通过调查研究发现,黄公望的家乡在浙江温州瑞安。《安固下桥黄氏重修宗谱》①记载,黄公望家乡在浙江瑞安马屿镇净水村,瑞安下桥黄氏始迁地在圣井山东南坡山边湖岙村,据其后人黄荣波先生考证其父辈坟山在马屿净水村山坡上,他的家乡是圣井山北麓净水村,从少一直在此长大。黄公望的作品绝大多数画的是家乡温州山水,山居图画的是当年飞云江沿岸风光。本文就黄公望籍贯及《富春山居图》实景地在瑞安进行考辨。

一、黄公望生平及生卒时间

以往说法元代四大画家之首黄公望是江苏常熟人,七岁过继给温州平阳黄氏为嗣,以"黄公望子久矣"为名字,他的《富春山居图》是一幅写意画,是在富春江边画的。《富春山居图》原名《山居图》,清乾隆皇帝加了"富春"两字。

1. 生卒时间

黄公望生于宋末1269年,他的一生几与元王朝始终。根据黄公望作品题跋中"至正元年七十三""至正四年七十六""至正九年八十一"等年款推论,至正元年(1341)是元惠宗年号。

黄公望逝世的时间和地点,历史上没有明确记载,关于逝世时间主要说法:逝世于元顺帝至正十四年(1354)十月二十五日。关于逝世地点,大致有两种说法:一说逝世于杭州,一说逝世于平阳②。道光《琴川三志补》:"公望生宋德祐已

① 族长黄金浩、总理黄万清《安固下桥黄氏重修宗谱》光绪二十五年重修,现存浙江瑞安市马屿镇江浦社区冯桥村黄氏宗亲会处。

② 陈履生:《黄公望绘画年表》,《中国书画》,2010年第4期。

巳八月十五日，卒于至正甲午十月二十五日，年八十六[①]。《吴中人物志》以为黄公望卒于至正十五年(1355)前后，盖以较早之资料均未曾涉及其卒岁与寿年故也。[②]

总之，比较公认的说法是：在公元 1354 年十月二十五日黄公望卒，年八十六。

2. 浪迹江湖，画山画水。

黄公望以恬淡虚无、平静自然的心态对待人生以及绘画创作。他的主要代表作品有《仙山图》《秋山幽静图》《听泉图》《天池石壁图》《松溪高隐图》《九峰雪霁图》《溪山雨意图卷》《九珠峰翠图》《山居图》《富春山居图》等。

明人汪砢玉《珊瑚网》卷四十四载："子久设色山水绝似高房山。山中屋宇相向流泉，山凹有兰若作霞气歇云。"清人陆时化《吴越所见书画录》："大痴辛丑秋七月写为子茂清玩。"黄公望平生只历一辛丑，那便是大德五年辛丑(1301)，是年他三十三岁。

清人吴其贞《书画记》："黄公望三十六岁那年作有《游骑图》。"对此画，吴其贞评论道："画法苍老，唯失于韵。"缺乏韵味，可见此时的黄公望在作画上尚未臻于成熟。

明人张泰阶《宝绘录》："四十一岁时，黄公望临有李思训《员峤秋云图》。"上述史料，足可证明黄公望学画之时并非已届晚年。

"黄冠野服，往来三吴，开三教堂于苏之文德桥。三教中人，多执弟子礼。"[③]这是黄公望从事宗教活动的纪录。加入道教中一支全真教的黄公望，与教友来往较频。

《录鬼簿》说黄公望"以卜术闲居"，打卦算命大概也是黄公望的谋生手段之一。说松江"其地有精《九章算术》者，盖得其传也"[④]。打卦算命，需要精通算学。

尽管黄公望从事过各种职业，早年长时期从事的，还是吏职。题为《为姑苏陈子平题山居图黄公望作》写的"尘途宦游廿年余"[⑤]，指的当是黄公望。《戏题小像》条载："张句曲戏题《黄大痴小像》云：全真家数，禅和口鼓。贫子骨头，吏员

---

① 黄廷鉴：《琴川三志补》卷八，清光绪 24 年(1898)。

② 张昶撰：《吴中人物志》。"德祐"当系"咸淳"之误。

③ 王鏊撰：《姑苏志》卷五六。

④ 《嘉庆一统志》卷五九，黄公望小传。

⑤ 萨都剌：《雁门集》卷四。

脏腑。"[①]看来，长期为吏的生涯，在黄公望身上打下了深深的烙印。公元1355年，乙未年(羊年)元朝至正十五年黄公望成名时已是全真道士，浪迹江湖，所以即使是同时代的人也无法讲清他的籍贯和逝世时间、地点，目前通常被认可的说法为："黄公望自己认可的是浙东平阳人。"

3.黄公望晚年隐居西湖南山筲箕泉

黄公望晚年因爱杭州湖山之美，在西湖筲箕泉结庵隐居。此事有诸多元代及明清史料为证。

"杭州赤山之阴，曰筲箕泉，黄大痴所尝结庐处。""勇投南山刺白额，饥缘东岭采青芝"，"只今年已八十余，无复再投光范书，留得读书眼如月，万古清光满太虚"，他垂暮之年的容貌是"头蓬面皱丝垂鬓"，或者"鹑衣垢面白发垂"。这里所描绘的正是黄公望80高龄在西湖南山筲箕泉隐居的情状，黄公望晚年隐居西湖筲箕泉无可置疑。

二、黄公望籍贯考辨

黄公望出生于1269年，当是南宋咸淳己巳年。黄公望字子久，原居松江，以卜术闲居。曾数次改换名号，改号一峰、井西、大痴等。字号是黄公望内心的真实写照，他想通过"痴"来消除其心中执持的我相，消除其对自我身份执持的认同。

"黄公望字子久，乃陆神童之次弟也……原居松江，以卜术闲居。公望之学问，不待文饰，至于天下之事，无所不知，薄技小艺，无所不能。长词短曲，落笔即成，人皆师尊之，尤能作画。"[②]这是黄公望同时代人写的传略。

1.谬误及臆测由来

在元代，多名外出的温州籍艺人，都隐去自己的家乡地名，不愿多提。因温州远离政治、文化中心，当时很偏僻和落后，才艺之人都有所顾忌，不利于自己作品在文化圈的地位。例高明在自己南戏作品上自署为临安高明，黄公望也不愿提及自己家乡，与其文化特殊圈子有关。

钟嗣成在《录鬼簿》中把他列为"已死才人不相知者"之列，并记述其事迹云："以卜术闲居，弃人间事，易姓名苦行净墅，又号大痴翁，公望之学，不待文饰。至

① 陶宗仪：《南村辍耕录》卷二八，北京：中华书局，2004年。

② 钟嗣成：《录鬼簿》，成书于1330—1345年。

于天下之事，无所不知，下至薄技小艺，无所不能，长词短曲，落笔即成，人皆师尊之，尤能作画。”正是这种写作情况，所以与黄公望相交的当代名士都不知道他是哪里人，或称为杭人或称为松江人等等不一。直到晚年，由于思乡的原因，黄公望在他画中自署作“平阳黄公望”，《辍耕录》称其“后寓永嘉”，也是对“平阳黄公望”一种勉强解释①。

由于成名时已是全真道士，浪迹江湖，所以即使是同时代的人，也没有讲清他的籍贯和逝世时间、地点。

明代弘治《常熟县志·黄公望小传》才称他“尝为浙西宪司史”，有了具体人物，但时间、地点不明。稍后的嘉靖《浙江通志》则进一步明确记载，元代至元年间，黄公望被浙西廉访使徐琰辟为书吏，但不久就辞去。以后的万历《杭州府志》及其他若干记述都引此说②。

2.关于黄公望的籍贯有多种说法

关于黄公望的籍贯，据笔者所见就有杭州、松江、常熟、富阳、衢州、徽州、莆田等说法。但这些说法，并没有为黄公望自己所认可。

关于黄公望充吏的记载，最早见于元人钟嗣成《录鬼簿》。钟嗣成《录鬼簿》记载：“黄子久，名公望，系姑苏琴川子游巷居，髫龄时螟岭温州黄氏为嗣，因而姓焉。”仅元末明初黄岩陶宗仪所著《辍耕录》持陆姓出继黄姓之说。直至清初，曹楝亭刊本《录鬼簿》更为添枝接叶，说黄公望本姑苏陆姓，名坚，“髫龄时，螟蛉温州黄氏为嗣，因而姓焉。其父九旬时方立嗣，见子久，乃云：‘黄公望子久矣。’”。于是改姓黄，名公望，字子久。

自从元末明初的陶宗仪认为黄公望是“常熟陆姓出继永嘉黄氏”后，后人似乎对此倍加推崇且广为流传。

《明一统志》：“黄公望，富阳人。”③明万历陈善《杭州府志》则又增加了“徽州人”的说法。

清钱陆灿《常熟县志》又把黄公望的养父黄公说成居住在常熟小山，称黄公望“本陆氏子，少丧父母，贫无依，永嘉黄氏老无子，居于邑之小山，见公望姿秀，异之，乞以为嗣，公望依焉，因用其姓”。

元代著名文学家和诗人、“铁崖体”的创始者杨维桢，在他的《西湖竹枝集》中

① 胡雪冈：《元代著名画家、散曲家黄公望》，《历代名人和温州》，第172页。

② 谢成林：《黄公望生平事迹考》，《美术研究》，1986年03期。

③ 李贤：《明一统志》，天顺五年(1461)成书。

记载:

黄公望,字子久,自号大痴哥,富春人。天资孤高,少有大志,试吏弗遂,归隐西湖筲箕泉。博书史,尤通音律图纬之学。诗工晚唐,画独追关仝。其据梧隐几,若忘身世,盖游方之外,非世士所能知也。

元明之际,黄公望的朋友常州人王逢认为黄公望是“杭人”,他在《题黄大痴山水》诗中写道:“大痴名公望,字子久,杭人。”

不管说黄公望是其他哪里人,都得不到其本人认可,查检现存的历史文献,黄公望题识署名中,凡是有表明籍贯的,均署名“平阳黄公望”,据黄公望晚年仍坚持自称“平阳黄公望”,并且不顾年老体迈,返回浙东老家事实来看,继子之说,实为臆测之辞[①]。

三、瑞安民间发现元画家黄公望家谱

1.瑞安《安固下桥黄氏宗谱》中出现黄公望名字

清光绪二十五年己亥(1899)重修《安固下桥黄氏宗谱》(残)一本,共五十多页。瑞安市江浦冯桥村,存有该谱的卷二(世系支图共两册),卷三、卷四的合订本一册,均已有不同程度的残缺。

据目录悉这部距今100多年的黄氏宗谱是由族长黄金浩、总理黄万清重修事宜。全部共有五卷,现在仅是卷首与卷一的合订本一册。

“安固”是吴越国时(903)改为瑞安县的。然而到了1899年重修宗谱时依然传承古时候的名称,而使用“安固”,可见修谱者的“执着”精神。下桥,原扉页上有注:下桥即瑞瞻关门内。据黄万清《本派下桥考》载:“邑志曰‘下桥塔在北门内下桥畔’。是塔头之为下桥又何疑哉!今新志则改名下桥为塔桥矣。……今之塔桥即昔之下桥……”

卷一有谱序十五篇,其中一篇为黄公望于元至元戊寅(1338)春正月望日,他七十岁时所书的《宗派序言》。这篇600多年前黄公望的《宗派序言》记载了昆阳、龟山、马屿、高楼、大坑等各支源自福建长溪,而始迁祖(黄进显)是唐朝黄太尉(讳乾字秉元)第四子,避乱率宗族四十七人来湖岙定居的史实。

忠义街上还有宋都桥、矮凳桥、塔桥、塔儿头……这些点点滴滴记载着忠义

---

① 方英:《黄公望籍贯之谜》《黄公望与富春山居图》,《国际学术研讨会论文集》,北京大学历史文化研究所,2010年,第72—247页。

街的兴衰遗痕，浓缩了千百年来瑞安的历史、文化乃至情感，是瑞安这座千年古县不可替代的“历史”。

这本《下桥谱》开头，就有一篇黄公望在古稀之年所写的《宗派序言》，其中自称“十三世孙公望”。

黄氏谱记载：公望宗族黄氏始迁祖黄进兴、黄进显、黄季鹏伯仲三在唐朝时自福建长溪迁至瑞安圣井山麓湖岙村定居，其父黄孟乾，字秉元，官少监，荐任福州刺史，封太尉，由于王审知之乱被杀，其后代从福建之长溪搬迁瑞安散居圣井山周边飞云江畔马屿[①]。

瑞安下桥黄氏宗谱有黄公望撰写序言

宗派序言：我黄氏旧谱，系古颛顼五世孙陆终后，周武王封其爵于黄，即以国为氏。后有歇相楚、霸相汉，相继而起，至唐则有讳乾字秉元者，官少监，荐升福州刺史，寻封太尉，伯仲三遂家于福之长溪。时王审知谋不轨，太尉公终守臣节，殁而有灵，血食一方。太尉公子四，与弟判官子避乱，相率自闽来温之湖岙，历数传，宗族衍蕃，四散分居，如昆阳、如龟山、如浦江、如长塘、如马屿、高楼、大坑，各派子孙诜诜蛰蛰，皆太尉公忠义阴德之所致也。继因兵燹谱牒逸失，无从修辑，所可知者仅有图谱可证，故传于后人来者，倘知所自而思，以光其宗，此予之所深望也！

时

至元戊寅春正月望日十三世孙公望敬书

① 黄金浩、黄万清：《安固下桥黄氏重修宗谱》。光绪二十五年重修，现存浙江瑞安市马屿镇江浦社区冯桥村黄氏宗亲会处。

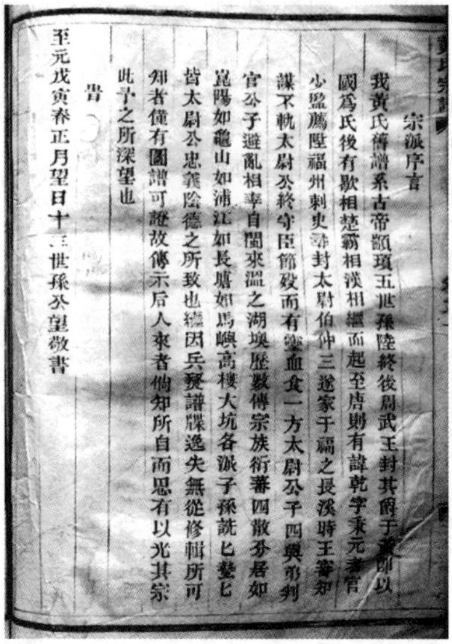

宗派序言

我黃氏舊譜系古帝顓頊五世孫陸終後周武王封其裔于黃[illegible]以國爲氏後有歇相楚霸相漢相繼而起至唐則有諱乾字秉元者官少監薦陞福州刺史諡封太尉伯仲三遂家于福之長溪時王審知謀不軌太尉公終守臣節歿而有釁血食一方太尉公子四與弟判官公子避亂相率自閩來溫之湖嶼歷數傳宗族衍蕃四散分居如崑陽如龜山如浦江如長塘如馬嶼高樓大坑各派子孫詵詵蟄蟄皆太尉公忠義陰德之所致也續因兵燹譜牒逸失無從修輯所可知者僅有圖譜可證故傳示后人來者倘知所自而思有以光其宗此予之所深望也

旹

至元戊寅春正月望日十三世孫公望敬書

光绪二十五年重修浙江瑞安市马屿《安固下桥黄氏重修宗谱》图片，

宗派序言

黄公望为瑞安黄氏家谱写的谱序，时间是元至元戊寅年正月即元至元四年公元 1338 年，按黄公望生于 1269 年即南宋咸淳己巳年推算，当时他年龄在 70 岁。

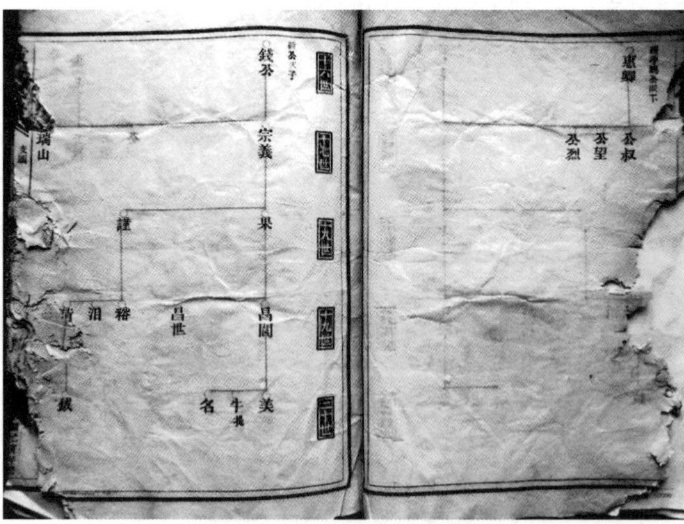

光绪二十五年重修浙江瑞安市马屿《安固下桥黄氏重修宗谱》图片，

黄公望历代祖宗世系图

当时黄公望年龄在70岁，正在圣井山修练，正赶上黄氏修谱时间。但黄公望有三兄弟，且谱上没有后代记载，是因为老谱部分丢失残缺，在以后乾隆二十二年丁丑冬修谱谱序中提到此事。

“旧谱亡缺十三世系，尹公立宗亲支图，公望公作支派序，十四世节干公十六世宣使公二十世三泉公相继修葺，既详且备矣……乾隆二十二年丁丑冬三十世孙王喆瑾识。”

其世系源流清楚，黄公望自称迁瑞黄姓始祖黄太尉第十三世孙，父亲黄惠卿有三兄弟，大伯黄德萃，叔叔黄德昌，黄公望有哥哥黄公叔和弟弟黄公烈。公望公惟存宗派序文，盖能文章，而留心一本者也，后亦无传，惜哉。公叔、公望、公烈(注：据族谱表示三人为伯仲关系)合葬净水大坡山。

据黄氏谱载，黄香就是江夏黄氏的大始祖。至于瑞安黄氏始祖则是太尉黄孟乾。上溯到1100多年前，江夏郡黄太尉之子黄进显最早迁徙到圣井山下马屿河岙村，马屿河岙为瑞安黄氏的发祥地。

唐末风雨飘摇，黄氏本是世居淮阳的望族。黄孟乾，荐升福州刺史，从淮阳迁居福州长溪，不久改封为太尉。南唐时期，黄太尉的儿子黄进显带领兄弟和族人共计47人从福建长溪迁居瑞安湖岙。《瑞安县志》宗教门载有《黄太尉祠》。黄太尉祠在来暮乡湖岙，太尉名乾，字秉元，唐武宗(李炎)朝为少监。

从族谱的谱序内容来看，黄公望的族人世居马屿圣井山一带已有几百年，但此黄公望是否为画家黄公望呢？其族谱中有大量信息告诉我们，马屿下桥黄氏谱中记载的黄公望正是画家黄公望。

2.瑞安黄氏谱中的黄公望正是元画家黄公望

瑞安黄氏谱中的黄公望与元画家黄公望是否为同一人？

黄氏谱中有吴中画家来瑞献艺的记载。

明朝画坛吴中名家纷纷来瑞安寻找黄公望实景地并献艺其后辈子孙。

黄公望瑞安下桥黄氏谱中：吴中画坛献艺名家等献遗诗集记载。

王一鹏寄黄呆齐；

姜纲寄黄伯孝任抚州；

邵南寄黄伯孝任抚州；

林日昆题黄鲁卿；

唐寅寄黄廷中；

文徵明赠黄伯雨。

黄公望家谱中有关明代唐寅、文徵明赠诗记载，这批名画家及艺家为何要献艺黄公望后辈子孙？为何来到瑞安圣井山和飞云江畔的下桥村？他们是来瑞安寻找富春山居图的实景地。

沈周(1427—1509)，字启南，号石田，晚号白石翁，长洲(今江苏苏州)人。绘画上擅长山水、花鸟，尤以山水著称，40岁以后博取诸家，着意于黄公望，风格逐渐变粗，形成粗笔风貌。沈周《仿黄公望富春山居图》卷后有姚绶、吴宽、文彭、周天球、董其昌、谢淞洲跋，有王时敏、宋荦等鉴藏印记[①]。尾纸有姚绶、董其昌、吴宽、文彭、周天球、谢淞洲诸家题跋，文彭系文徵明儿子。

其作品与黄氏的原作大致相仿，沈周如果不亲临圣井山的山居图创作地，是不能仿出《富春山居图》的，不可能有这种相似性。

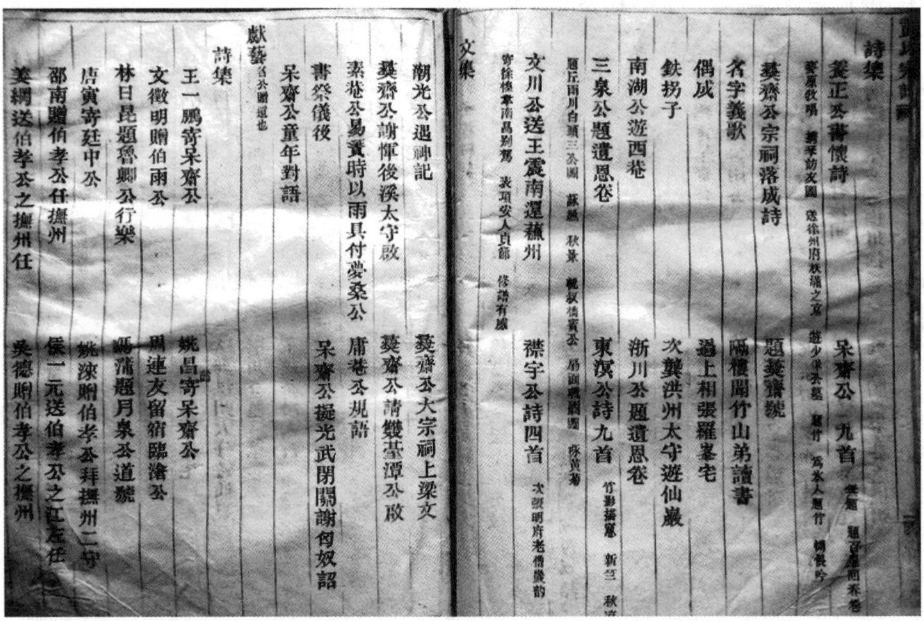
詩集
呆齋公九首
題㚖齋號
隔樓聞竹山弟讀書
過上相張羅峯宅
次龔洪州太守遊仙巖
浙川公題遺恩卷
東溟公詩九首
襟宇公詩四首
㚖正公書懷詩
㚖齋公宗祠落成詩
名字義歌
偶成
鉄拐子
南湖公遊西巷
三泉公題遺恩卷
文川公送王震南還蘇州
文集
㚖齋公大宗祠上梁文
㚖齋公請雙峯潭公啟
庸菴公規語
呆齋公擬光武閉關謝匈奴詔
潮光公退神記
㚖齋公謝惲後溪太守啟
素菴公易賓時以雨具付㚖桑公
書祭儀後
呆齋公童年對語
獻藝
詩集
姚昌寄呆齋公
周連友留宿臨滄公
馮蒲題月泉公道號
姚淶贈伯孝公拜撫州二守
侯一元送伯孝公之江左任
吳德贈伯孝公之撫州
王一鵬寄呆齋公
文徵明贈伯雨公
林日昆題魯卿公行樂
唐寅寄廷中公
邵南贈伯孝公任撫州
姜綱送伯孝公之撫州任

光绪二十五年重修浙江瑞安市马屿《安固下桥黄氏重修宗谱》图片

① 赵榆：《中国文物艺术品拍卖二十年(1992—2011)》(下)，北京：文物出版社，2013年，第721页。

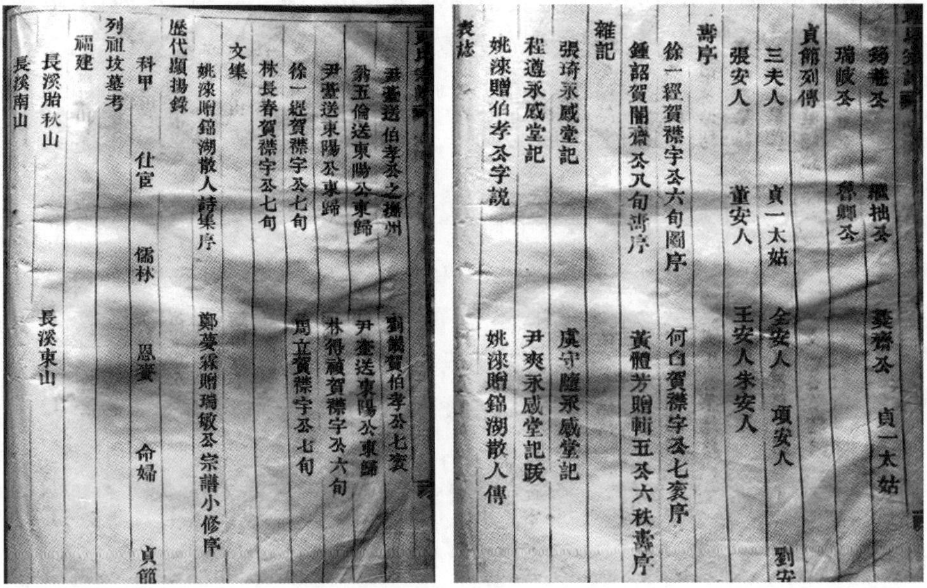

貞節列傳
三夫人 貞一太姑 全安人 項安人 劉安
張安人 董安人 王安人朱安人
壽序
徐一經賀襟宇公六旬圖序 何白賀襟宇公七袠序
鍾韶賀闇齋公八旬壽序 黃體芳贈輔五公六秩壽序
雜記
張琦承感堂記 虞守隨承感堂記
程遵承感堂記 尹爽承感堂記跋
姚淶贈伯孝公字說 姚淶贈錦湖散人傳
表誌

尹臺送伯孝公之撫州 劉鐵賀伯孝公七袠
尹臺送東陽公東歸 林得禎賀襟宇公六旬
徐一經賀襟宇公七旬 周立賀襟宇公七旬
林長春賀襟宇公七旬
文集
姚淶贈錦湖散人詩集序 鄭夢祿贈瑞敏公宗譜小修序
歷代顯揚錄
科甲 仕宦 儒林 恩賚 命婦 貞節
列祖坟墓考
福建
長溪胎秋山 長溪東山
長溪南山

光绪二十五年重修浙江瑞安市马屿《安固下桥黄氏重修宗谱》图片

王一鹏、邵南、林日昆、唐寅、文徵明这一批吴中画坛明流出现在下桥黄氏谱中

王一鹏(? —1501 后),明代画家。字九万,一字启云,号西园、西园野夫。华亭(今上海松江)人。弘治十一年(1498)以明经授泰顺训导,第二年便告归。作山水,初学董源,后兼学元四家。董其昌谓其老笔纷披,如沈周。风格恬淡闲远,为吴门画派名家之一,受文徵明赞许。

邵南,明代画家。字岐民,苏州(今江苏苏州)人。山水宗马远①。《画史会要》有记载,马远即马琬,师从黄公望。

马琬(? —1378?),元末明初画家。字文璧,号鲁钝生、灌园人。秦淮(今江苏南京)人,长期寓居松江,早年从杨维桢学《春秋》,诗亦受其影响,远师董源、巨然、米芾,近学黄公望,笔墨清润,平远旷阔,取景独绝。亦善画人物,工诗文、书法,称三绝,颇负时誉。

明代画坛四大家”亦称为“吴门四家”,指中国画史上沈周、文徵明、唐寅、仇英四位明代画家,他们都在江苏苏州从事绘画活动,因吴地为苏州故称。沈周是文徵明、唐寅老师。“吴门四家”都在江苏苏州活动,为什么文徵明、唐寅等画家

① 朱谋垔:《画史会要》五卷。

跑到瑞安马屿,赠诗给黄公望后人黄伯雨和黄廷中?从另一侧面说明了下桥黄氏谱中的黄公望正是元代四家之首黄公望,唐寅和文徵明赠诗黄公望后人,说明师从黄公望的沈周及其学生们,追踪其老师的画踪来到过黄公望山居图的创作地圣井山和飞云江畔。在今天的马屿一带流传着唐寅和文徵明的许多民间故事。

他们千里迢迢来瑞安献艺,为了什么?

其一是敬仰画坛先师黄公望,特地看望黄公望后辈子孙,探访先师修练出家的地方。

其二寻找黄公望富春山居和名画实景地,有利于模仿学习、增长技艺;

其三是与黄公望熏陶下的后人切磋技艺,相互交流学习。

黄公望山水画技法在瑞安族人后辈中的传承人

黄公望逝世后尤其在明初时气大振,在其影响下黄家后代中有多人脱颖而出,如黄潮光、黄养正父子。

下桥黄氏谱卷首是明代洪熙元年(1425)四月,仁宗皇帝给瑞安籍的征仕郎中书舍人黄养正;赠其父黄潮光为征士郎中书舍人;追赠其母金氏为孺人;赠其继母刘氏为孺人;封其妻潘氏为孺人的共五道敕命。

黄潮光、黄养正父子是明清历朝的《温州府志》《瑞安县志》均有记载的人物,是黄公望山水画技法在瑞安的最初传承人。

据《瑞安县志》载:"黄少卿工画《书史会要》:'黄蒙,字养正,瑞安人,永乐中授中书舍人,山水得黄子久笔意。'"

黄养正(1389—1449),世居瑞安县来暮乡大坑村(今瑞安市仙降镇江溪大坑村)。善书画、工诗文,任国子监学正,在"土木堡之变"捐躯。他为故里三峰寺书有"三峰寺"寺额。黄养正出生时距黄公望去世不过35年,如《书史会要》所载"山水得黄子久笔意"的说法,黄养正应该是看到过黄公望的山水画真迹的,且不在少数。由此可见黄公望身后,在其生活过的浙南地区当有画作行世。

黄养正,自幼聪明伶俐,人称他过目不忘之能,善于书画、工诗文、任国子监学正。明永乐皇帝召见,授以中书舍人,凡朝廷召殿榜署多其所书。黄养正于永乐十一年随明成祖亲征蒙古,颇得明成祖赏识。当时朝廷内,凡宫殿榜署及国子监题名都出自黄养正手笔,养正书法著称朝野。其丹青善工笔,山水得黄子久佳趣,亦深受同僚好友喜爱。宣宗皇帝尤爱之。

1449年,瓦剌也先率军侵明,在奸臣王振的唆使下,英宗欲亲征也先,黄养正力谏不从只得护驾亲征。“土木堡之变”[①]，黄养正英勇捐躯。山东曲阜孔子墓碑之“大成至圣文宣王墓”碑文，为黄养正所书。

黄潮光出生在瑞安来暮乡（现瑞安仙降镇江溪大坑村）大坑里，少从卓敬治《周易》，潜心学业。洪武廿九年(1396)以明经举，授瑞安儒学训导。后升为国子监学正，赴南京就职。永乐初，黄淮(1367—1449)入值文渊阁，与黄潮光同在南京时即相识。

除此外，在黄氏谱中还记载了：

黄正字廷中号呆斋(1459—1521)，曾任惠安教谕署令。

黄思亲字伯孝号彝斋(1487—1565)，正德丙子(1416)年举于乡，嘉靖戊戌(1538)谒选试铨部第一，任抚州同知，有政声。

黄体芳(1832—1899)，字漱兰，号莼隐，别署瘦楠、东瓯憨山老人，人称“瑞安先生”，瑞安县城人。咸丰元年(1851)举人，同治二年(1863)进士，与兄黄体立、子黄绍箕、侄黄绍第、侄孙黄曾铭一门五进士，选庶吉士、授编修。后累官至内阁学士、江苏学政、兵部左侍郎、左都御史，后主讲于金陵文正书院。晚年参加强学会，主张变法图存。

因黄公望影响，明代温州出现一批在书画上有造诣的文人，在黄氏谱中还记载了本地名人姜立纲、何白名字。

姜立纲，谱甲姜纲即姜立纲，初学黄养正。《万姓统谱》卷五〇记载：姜立纲善书，“初学黄养正书”，后自成一家。凡内廷制诰，宫殿碑额，大都出于他的手笔。人皆称其书曰“姜字”。且善作山水画，“其画山水，深得黄子久法”（徐沁《明画录》）。清孙衣言《瓯海轶闻》：“在汪珂玉《珊瑚网》中，记有他多幅自题山水画。”清夏文彦《图绘宝鉴》：“人得片纸，争以为法。”

何白(1562—1642)，明末布衣诗人，字无咎。生于乐清县城西郊金溪，又擅长书法绘画，字潇洒雄拔。“山水得方壶笔意，用笔疏散而有法度，竹石亦最烟润。”《永嘉县志》称其“客游金陵，吴明卿集诸词客赋诗，白分韵得八齐，分体得七言排律，即席立成百韵，四座倾眼。由是得重名。与王元美、陈仲醇迭主牛耳”。李维桢在《汲古堂集·序》亦称“以吴越布衣中无辈。诸人口哗而心服者半”。

《瑞安市志》记载历史上的书画名家黄养正、姜立纲、黄采等人“山水深得黄公望笔意”，这一点可以说明黄公望的画作对瑞安同族后人的影响。

---

① 穆彰阿等：《大清一统志》卷三〇四，嘉庆四部丛刊续编景旧钞本。

3.明清时期各地名流官员、画坛名家与黄公望后辈子孙长期互动切磋技艺

在黄氏谱中还出现一批明清时期著名官员和名流名字,例如:

①尹台(1506—1579),字崇基,号洞山,江西永新县人,尹爽次子。嘉靖十四年(1535)进士,官拜翰林院编修,后升国子监祭酒、詹事府少詹事兼待读学士掌院事、吏部侍郎、南京礼部尚书等职。著有《洞麓堂集》十卷,《四库总目》行于世。

②翁五伦,浙江萧山嘉靖十四年(1535)三甲16名,福州知府。

③徐一经,字履常,湖北江陵人,举人。康熙三年(1664)五月任江苏溧阳知县,五年冬擢中书舍人,以修溧阳县志请留,八年去任,官至御史[①]。

④姚莱,浙江慈溪人,是明朝的状元。

⑤程遵,明正德十年,纂修直隶真定府《赵州志》八卷。

⑥虞守随,浙江义乌华溪村人,虞守愚堂兄(曾任嘉靖朝刑部尚书)。字惟贞,别号芝岩。正德九年(1514),登甲戌科进士,授四川道监察御史。所著有《波岩杂稿人煌陵正议》等。据嘉庆《义乌县志》记载:"守随为文,出自性灵而极理要,最长诗赋,顷刻而就。日善真行草书,一诗一牍,获者若拱璧。"

⑦张琦,字君玉,鄞县人。弘治己未进士,官至兴化府知府,加布政使参政,致仕。著有《白斋竹里集》七卷,《四库全书总目提要》卷一百七十六集部二十九。

为什么吴中画坛名家和各地官僚名流纷纷在明初来瑞安与黄公望后代互动及切磋技艺?他们不找他人只找黄公望后代多位子孙?原因在于黄公望的艺术成就及影响力在明初达到最高峰,好友刘基为了他被元朝罢过官,黄公望的艺术成就得到明成祖肯定和推崇,他的后代黄养正因此得到明成祖重用。

四、黄公望入道全真教,修道于圣井山的"富春山居"

圣井山古称华盖峰、许峰山,位于瑞安市飞云江中游南岸,圣井山石殿始建于南宋景定元年,是奉祀许真君许逊(239—374)的道教圣地,据弘治《温州府志》记载,"许真君禁蛟于此",有炼丹和拔宅飞升的道教文化。现存建筑由山门、牌坊、前殿、后殿,和左右厢房构成。2006年圣井山石殿被列为第六批全国重点文物保护单位。

---

① 徐一经:《嘉庆溧阳县志》卷九,名宦录73页。

1.黄公望入道圣井山

黄公望在仕途不济后入道求法入全真教，黄公望在许峰山[①]于天历二年(1329)60岁时师从永嘉人金月岩(1276—1336)，并改姓名为苦行号净墅，又号一峰。据记载金月岩善画，因金月岩结蓬莱庵于浙江瑞安圣井山山顶，黄公望跟从师父也结庐于圣井山井西，故又号井西道人，晚年又号"大痴"[②]。

黄公望入道后，与同门郑樗(即无用师)相交甚悦。也有了以后他为无用师创作《富春山居图》的动因。

倪昭奎于延祐元年(1314)接旨任万寿宫主持，并提点杭州开元宫，被朝廷"特赐真人号"。当黄公望在延祐二年(1315)下狱并出狱后，在他交往的好友中，和倪昭奎联系有加。但这一时期，他还未入教，也尚未以画成名，仅以占卜之术在杭州、松江一带为生。

黄公望出家许峰山即现在圣井山，有原因。

其一，南昌万寿宫和浙东许峰山系同一宗教文化，都属道教中的许逊信仰，这与好友倪昭有关。其二，其家乡净水村正位于圣井山北坡山麓，依山面临飞云江。家乡山水优美，正是作画理想地方。其三，金蓬头在圣井山修道，圣井山石殿在宋元时期已经形成规模，道教渊源深厚。

2."富春"是道教专有名词

"富春山居"在黄公望家乡圣井山。黄公望有丰富的道教著述:《大痴道人集》《抱一含三秘诀》《抱一子三峰老人丹诀》《纸舟先生全真直指》等。黄公望作为一个全真教道士，能够知行合一，宣扬全真教教义并整理成篇、著书立说，其一心向道、身体力行，丰富了道教的教义，对全真道和内丹理论的传播贡献良多。另一方面，他的修道体验也极大地影响了其艺术创作的画风与品格，"富春"是道教专有名词"小洞天"意思。

3."富春山居"遗址位置在哪里

存世的黄公望题画诗中，有三首提到结庐处，分别是他70岁时的《为袁清容长幅》诗、79岁时的《秋山图》诗和同时期的《秋山招隐图轴》诗。

"富春山居"在圣井山的哪里呢?

---

① 今百姓习惯称圣井石殿所在山为圣井山。许峰山的道家石殿中至今保留着"圣井"，它始建于南宋景定元年(1260)。

② 李烨:《丹青一峰井》，上海:上海文化出版社，2009年。

圣井山井西有修练遗址

圣井山
黄公望修练洞

圣井山修练洞前一峰，
修道洞口正对的一座山峰

沿着圣井山石殿往西边出短墙门洞，沿山边的路转进去，石殿西面墙外空地是“富春山居”旧址，塔尖山包是黄公望修道的山洞及富春山居遗址的山顶，修道洞口正对面的一座山峰。

中国中央电视台新闻、中文国际频道播放
《专家发现〈富春山居图〉实景地》新闻画面

2013 年 12 月 12 日早晨，中国中央电视台新闻、中文国际频道播出《专家发现〈富春山居图〉实景地》，报道在瑞安圣井山发现了《富春山居图》实景地，拍摄了黄公望富春山居遗址。

圣井山修练洞是不是黄公望修道的地方？“富春”在道教里是指洞天福地文化中小洞天的含义，上图中的山洞是不是“富春山居”的小洞天呢？据进一步考证，此洞正是黄公望修练的地方，理由如下：

其一，黄公望修练的圣井山“小洞天”遗址位于圣井西边，所以他号称“井西道人”；

其二，小洞天门前正对一座山峰，所以他又号称“一峰道人”。其后辈学生黄锦祥赞美“公望千岭”，也是其老师在圣井山居住处(井西)面对一峰的写照。

其三，黄公望在《秋山招隐图轴》题诗后面的这段跋文：“予向构一堂于其间……当晨岚夕照，月户雨窗，或登眺，或凭栏，不知身世在尘寰矣，额曰‘小洞天’……”黄公望描述的富春山居遗址正是在小洞左边的空地上，至今还遗留着老屋残基旧墙。在该处几乎可以身临其境地体验到“当晨岚夕照，月户雨窗，或登眺，或凭栏，不知身世在尘寰矣”的感觉。

其四，清初的姜绍书在《无声诗史》中说到：“黄公望与方外张三丰友善。”张三丰在自己修行居住地方称为“富春”，那么黄公望把自己修行居住的地方叫富春山居就可以理解了。

圣井山古建筑群

黄公望出狱后师事金月岩，参加了主张儒、释、道三教合一的全真派，并与张三丰、莫月鼎、冷谦等道友交往。黄公望是全真教的道士，他作为书画道兼善的大家，他所追求的道教如用绘画来表达，那么在圣井山修道在富春山居小洞天门前绘画就顺理成章。

该处晨岚夕照，月户雨窗，或登眺，或凭栏，不知身世在尘寰，正是黄公望不用登高就能远眺的理想绘画场所。

其五，考察修道的小洞发现洞顶中央有块木头，是作吊钟之用。据有关考证发现吕洞宾隐居修行十九年的山西芮城九峰山"纯阳洞"有吊钟，"纯阳洞"又称"吊钟洞"，与该洞十分相似，修道洞的顶部也有块木头作吊钟之用。

圣井山黄公望修练富春山居遗址前远眺，图中远处是飞云江

其六，黄公望好朋友评价："杨铁崖谓子久诗宗晚唐，画独追关仝，其据梧隐几，若忘身世，盖游方之外，非世俗所能知也。"[①]非常形象描述了黄公望追求的富春山居理想世界与该处修道环境是相符的。

其七，有黄公望题诗作印证。

例如《秋山楼阁》：

> 杰阁[②]逶迤秋色老，霜林掩映暮峰横。
> 居人自有闲中伴，坐对飞流意不惊。

例如《郭忠恕万松仙馆图》：

---

① 顾嗣立：《诗选二集》，台湾：台湾商务印书馆，1986年。

② 杰阁指圣井山石塔上石阁，暮峰指门前一峰。居人指富春山居图中作者，面对远处山中飞流修练意念不惊。

琳堂[①]掩映万松齐，绝壑寒云望不迷。

为听水流翻破寂，轻袍重过短墙西[②]。

该诗说明了黄公望在许峰山(后称圣井山)修练地址在短墙西边。

圣井山石殿西面短墙

圣井山黄公望修练写生地遗址

圣井山黄公望修练写生地遗址就在上图短墙外。

其八，黄公望在元天历二年在许峰山(圣井山)师从永嘉人金月岩(1276—1336)并改姓名为苦行，号净墅，跟随师父在圣井山山顶蓬莱庵结庐，蓬莱庵遗址就是富春山居遗址，黄公望苦行修道在庵旁简陋的小洞中修练是符合实际的。

4.从黄公望的诗和画之中寻找黄公望在圣井山修道的蛛丝马迹

例如《王洽云山图》

石桥[③]遥与赤城[④]连，云锁琼楼[⑤]满树烟。

不用飙车凌弱水[⑥]，人间自有地行仙[⑦]。

① 琳堂指位于山坳的圣井石殿，短墙西指圣井石殿西边短墙，短墙外是他修炼的地方，山下远处是飞云江和梅龙溪。

② 短墙西指圣井山石殿围墙西面墙外，正是黄公望修练地方。

③ 石桥指圣井大路上位于明教寺前的纱帽桥。

④ 赤城指天台赤城山或特指仙山，这里意喻圣井山。

⑤ 琼楼原指传说中月宫里的宫殿，现指圣井山蓬莱庵。

⑥ 不用驾驭羽轮飙车去渡弱水。弱水在《山海经》有记载："昆仑之北有水，其力不能胜芥，故名弱水。"这里泛指遥远险恶，或者汪洋浩荡的江水河流。

⑦ 地行仙指黄公望师父金蓬头。

黄公望在赞美圣井山及其师父金蓬头。

例如《临李思训员峤秋云图》:

蓬山[①]半为白云遮,琼树都成绮树华。
闻说至人求道远,丹砂[②]原不在天涯。

以金月岩在圣井山修道练丹时作的诗作相印证,金月岩(金蓬头)有诗如下:

尾闾骨肉

炼就金丹药,捡翻造化炉。
一轮无影月,天地不能拘。

绝句

青龙白虎各西东,两兽擒来烹鼎中。
炼就九转成大药,一粒金丹顶上红。

金蓬头诗反映出圣井山的宗教文化,有许逊在圣井山采药炼丹拔宅飞升的典故记载。

《方方壶画》黄公望

魧石矶头[③]宿雨晴,蛟峰祠[④]下树冥冥。
一江春水浮官绿,千里归舟载客星[⑤]。

---

① 蓬山指圣井山,金蓬头住圣井山蓬莱庵,瑞安古称东南小邹鲁,圣井山有东南仙山之称。

② 丹砂是中国古代用来作为炼丹的重要原料,"闻说至人求道远,丹砂原不在天涯"意思是听说以前求道的人道路很远,但炼长生丹药原来不在很远的天涯。该诗歌颂许逊及黄公望师父金蓬头在圣井山炼丹的事。

③ 魧石矶头指位于浙江省温州市瑞安马屿镇净水村龙坞渡口,正是黄公望千里归舟上圣井山的码头,圣井山麓净水村飞云江边,山岩石矶凸显江边,江水在此转弯。

④ 蛟峰祠指圣井山石殿,《温州地名与道教的渊源》一文中有"许真君降恶蛟在圣井山"。温州民间相传,许逊是临水夫人陈靖姑的师父。许逊一生喜好炼丹仙游,传播道学的同时,也为瑞安百姓做了不少好事。相传许逊到圣井山脚许岙游玩时,发现山中有青龙潜伏作怪、殃害村民,他遂施以法术,降伏青龙。后来,他又在大南乡的水池里发现一条作恶多端的蛟龙,再次为民除害,蛟峰祠意指圣井山石殿。清光绪《逍遥山万寿宫通志》的附录中记载了许逊为民除害、立斩蛟龙的事迹,与民国《瑞安县志》中"许真君在安阳西南万里山头为民斩蛟灭灾"之说吻合,圣井山道教文化是三教合一,其中主要一个特征是帮香客圆梦和占卜,黄公望在松江卖卜有原因的。

⑤ 指飞云江春江水绿,黄公望从千里外的吴中坐船归来,在龙坞矶头登岸宿雨。

5. 黄公望是位南戏戏曲作家，与高则诚一样有很高的南戏艺术成就，都不愿把自己瑞安故籍公示与人

温州是元代南戏发源地，出现了如高明（字则诚）等一批南戏作者，他们以此为谋生手段，黄公望也具有温州人这一文化特征。高则诚在自己作品中自称临安人，黄公望也对好友杨维桢自称杭人。

黄公望有南戏传世名作，例如：

《李嵩髑髅纨扇》："没半点皮和肉，有一担苦和愁。傀儡儿还将丝线抽，弄个小样子把冤家逗。识破个羞那不羞？呆兀自五里已单堠。"末题"至正甲午(1354)春三月十日大痴道人作[①]，弟子休王言真书，右寄〔醉中天〕"[②]。可知是晚年之作。这首曲，表达了作者愤慨之情和诙谐风趣，语言明快质朴，短短，却有无限的感慨，这可说是作为元代散曲家黄公望的仅存之作，有明显温州瑞安地方发言的习惯和语调。此曲现已被收录于隋树森编的《全元散曲》。

元末明初杂剧作家贾仲明撰《录鬼簿续编》，为八十二位戏曲作家补写了数十曲《〔双调〕凌波仙》挽词，对这些戏曲作家及其创作予以梳理、评论，其中有不少曲论评语是比较中肯公允的，至今仍被人们广泛征引。

贾仲明《凌波仙·吊黄子久》〔双调〕："浙西宪史性廉直，经理钱粮获罪归。号一峰，口卜术，将人间弃。易姓名，为净墅，号大痴。天下事无不周知，学问深，不加文饰。一家丹青妙笔，与人为宗主时习。"

明朱权《太和正音谱》将其写作"贾仲名"。自号云水散人，淄川（今山东淄博）人。聪明好学，博览群书，善吟咏，尤精于词曲、隐语。曾侍明成祖朱棣于燕王邸，甚得宠爱，所作传奇戏曲、乐府极多，骈丽工巧，后徙官兰陵。著有《云水遗音》等，撰《录鬼蒲续编》。

5. 分析黄公望行迹，谈在其圣井山创作《富春山居图》时间

1299年31岁任浙西宪史。

1301年33岁《吴越所见书画录》中记载"大痴辛丑秋七月写为子茂清玩"，是元大德五年辛丑(1301)。

1304年36岁作有《游骑图》。吴其贞评论道："画法苍老，唯失于韵。"

---

① 胡雪冈：《元代著名画家、散曲家黄公望》，《历代名人和温州》，中国人民解放军7228工厂，1986年，第172页。

② 孙凤：《孙氏书画钞》，《涵芬楼秘笈》第三集中收有他的题作《李嵩髑髅纨扇》一支小令，江苏常州人，书画装裱工人。

1309 年 41 岁黄公望临有李思训《员峤秋云图》。

1315 年(延祐二年)出狱后在松江和杭州卖卜谋生,“黄冠野服,往来三吴,开三教堂于苏之文德桥,三教中人,多执弟子礼”。

1329 年 60 岁在许峰山于“天历二年(1329)师从永嘉人金月岩(1276—1336)”,1329—1336 年跟从师父在圣井山修道。

1336 年师父去世,外出云游。1337—1341 年在杭州。

1341 年至正初年马琬来到杭州的时候,黄公望隐居于杭州西湖筲箕泉课徒。

1341 年为瑞安黄氏族谱作序,回到瑞安。1341—1342 年在家乡修谱及作画。

至正二年(1342)五月于云间玄真道院作《芝兰室》并铭,1344 年至正四年九月廿日画《南村草堂图》。1342—1344 年在松江。

1345—1346 年参加由杨维桢发起的“西湖竹枝酬唱”。1346 年元顺帝至正六年三月,杨维桢创作《竹枝词》。

1347 年至正七年 79 岁画《九珠鉴翠图》送在松江的杨维祯,在松江。

1347 年《富春山居图》题跋:“至正七年,仆归富春山居,无用师偕往,暇日于南楼援笔写成此卷。”回到圣井山。

1347—1348 年和无用师回前家乡在圣井山南楼继续完成《富春山居图》,图上黄公望自题款:“至正九年春正月,为彦功作雪山,次春雪大作,凡两三次,直到毕工方止,亦奇事也。大痴道人时年八十有一,书此以记岁月云。”1348—1349 年在浙南继续作画。

1348 年至正八年戊子十月,黄公望为倪云林所作《江山胜览图》卷上题记。

又题与倪云林合作《江山胜览图》:“余昔于春日往来于广陵、淮海间,是图始于至正八年三月,竟于十七年仲秋十日也。”

1349 年又来到松江。1349 年吕良佐建立璜溪义塾,杨维桢应邀讲学,四方饱学之士齐聚松江璜溪及周边地区。至正九年黄公望于云间客舍作《天池石壁图》,为夏士贤作《剡溪访戴图》,1349 在松江。

1349 年 81 岁《题梅花道人墨菜诗卷》有“大痴学人平阳黄公望书于云间客舍,时年八秩有一”;《华顶天池图轴》自识为“至正九年十月,大痴学人平阳黄公望画于云间客舍,时年八表有一”;《水阁清幽图》署款:“大痴道人平阳黄公望面于云间客舍(旅馆),时年八表有一”。

1350 年至正十年又回到松江。题《富春山居图》于松江知止堂。七月,松江富户吕良佐创"应奎文会"于家中,聘请文章巨公杨维桢为主考,黄公望为陶宗仪作《南村草堂图》题词。

阅三四载,未得完备,盖因留在山中而云游在外故尔;在外云游今特取回行李,中早晚得暇,当为著笔……十年,青龙在庚寅,歜节前一日,大痴学人书于云间夏氏知止堂。

1350 年最终完成《富春山居图》。说明此画历时之长,耗费多年精力而完成,从 1329—1336 年师从金月岩在圣井山修道时从事创作《富春山居图》,1337—1341 年师父去世后离开圣井山,在杭州筲箕泉课徒。1341—1342 年回家修谱和作画。

1350 年送别松江回到家乡。刘离《槎翁诗集》:《题吴教授所藏黄大痴画〈松江送别图〉》;

1351 年 83 岁至正十一年四月十日作《陡壑密林图》。在家乡。

1352 年 84 岁《跋王叔明竹趣图》:"至正壬辰冬,公望一峰道人,年八十有四。"回到吴中。

1354 年(至正十四年甲午)在杭州作《李嵩髑髅纨扇》末题"至正甲午(1354)春三月十日大痴道人"。同年黄公望被权豪所中伤冤死杭州狱中。

从以中行迹分析,黄公望创作《富春山居图》从 1329—1336 年、1341—1342 年、1347—1350 年期间断续地在圣井山及家乡创作,外出云游画稿都放在山中,最后直到 1350 年才带到松江送赠别人。

黄公望在创作《富春山居图》中途没有离开过家乡,更谈不上在富阳。

6. 黄公望冤死及刘基仗义被罢官

根据刘基相关的文献,元末刘基被罢官与黄公望冤死有关。

温州老乡刘基(字伯温)和黄公望是好友,杭州是元代南方文化名城,才子汇聚,骚客如云。居住杭州期间,刘伯温结识了当时闻名天下的王蒙、黄公望、倪瓒、吴镇、张雨、杨维祯等人,公元 1349 年刘基担任江浙行省儒学副提举一职。1354 年由于黄公望因《富春山居图》冤死狱中的事,刘伯温直接弹劾当权御史台。刘伯温未出任儒学副提举之前,知己好友黄公望与人有契在先,即黄公望晚年作品尽归当时权贵。后来黄公望因念其是卑鄙小人,不忍把倾毕生所学玉成《富春山居图》予之,于是藏而不发,最终还是被权贵以违约事囚禁,因黄年长体衰终因懑愤而冤死狱中。刘伯温听说此事,将此事向上进行弹劾,江浙行省御史台将弹劾状扣而不发,刘基遂将此事及经年所作所为表奏朝廷,再行弹劾,但刘基的刚正不阿,越级表奏行为引起江浙行省官僚群体的反弹,导致刘基被罢官①。

《录鬼簿》记载黄公望“先充浙西宪吏,后在京,为权豪所中……”,也是对这一事实的一种印证。

至正八年戊子十月黄公望为倪云林所作《江山胜览图》卷上题记印证了这事件前因。

“余生平嗜懒成痴,寄心于山水,然未得画家三昧,为游戏而已。今为好事者征画甚迫,此债偿之不胜为累也。余友云林亦能绘事,伸此纸索画,久置箧中。余每遇闲窗兴至,辄为点染,迄今十有年余,以成长卷,为江山胜览,颇有佳趣。惟云林能赏其处为知己。嗟夫,若此百世之后,有能具只眼者,以为何如耶?至正戊子十月,大痴学人黄公望。”②

戊子年,至正八年即公元 1348 年,“今为好事者征画甚迫,此债偿之不胜为累也”,指黄公望与权豪有契在先:即黄公望晚年作品尽归他人,后黄公望倾毕生所学玉成《富春山居图》,但念其是卑鄙小人,不忍予之,于是藏而不发,最终还是被知晓,权豪令手下以违约事囚禁黄公望,后者年长体衰,终因懑愤而冤死狱中。

五、“富春山居”与富阳、常熟没有关系

1.从黄公望及其友人题画诗及画作中看行迹

黄公望一生游历必有高山流水之友,这从他赠人以画和人赠以诗得到验证,从中便看到了浙南山川的影子。

黄公望童年时就很好学,故有“神童”之称。长大以后,博通经史,旁及诸艺。至元二十九年,徐琰任江南浙西道肃政廉访使,辟黄公望为书吏,此后直至延祐后期的 20 多年时间,慢慢进职至中台察院令掾、江浙行省令掾。约在延祐二年因故下狱,出狱后,正式皈依道教,师从居住在龙虎山先天观蓬莱庵和圣井山峰顶修炼的温州金蓬头,一度在圣井山之西建庵修炼,故号井西道人。

入道后的黄公望基本上过着云游生活,行踪漂泊无定。主要在松江、苏州、吴兴、杭州一带活动,曾在杭州筲箕泉居住。晚年时曾从松江回到平阳老家,这可从元明间诗文得以证明。

① 华胥公子:《阳谋天下刘伯温》,江苏:江苏凤凰文艺出版社,2016 年。

② 杨公拓:《黄公望诗文选粹》,《荣宝斋》,2019 年第 3 期,第 238 页。

《跋王叔明竹趣图》黄公望

叔明[①]公子，文敏公之外孙也，天姿神品，其于翰墨深入晋汉。至于鉴裁，尤所精诣。鸥波之宅相，非子而谁耶？至正壬辰冬，公望一峰道人，年八十有四[②]。

说明了黄公望84岁尚在吴中。

《元诗记事》(卷八)曾录有他的《西湖竹枝词》："水仙祠前湖水深，岳王坟上有缓吟。湖船女子唱歌去，月落沧波无处寻。"黄公望还通音律，能作散曲，是元代著名的散曲家。该诗黄公望隐居杭州参加西湖诗会时所作。

黄公望传世画作中，最为著名的当推《富春山居图》卷，此卷后端自识款：

"至正七年，仆归富春山居，无用师偕往，暇日于南楼援笔写成此卷。兴之所至，不觉亹亹布置如许。逐旋填劄，阅三四载，未得完备，盖因留在山中而云游在外故尔。今特取回行李中，早晚得暇，当为著笔，无用过虑有巧取豪夺者[③]，俾先识卷末，庶使知其成就之难也。十年，青龙在庚寅，歜节前一日，大痴学人书于云间夏氏知止堂。"

《富春山居图》长题中黄公望自称"十年(至正十年，1350)，青龙在庚寅，歜节前一日，大痴学人书于云间夏氏知止堂"[④]。王逢《梧溪集》暗示黄公望在松江隐居了十年之久，但是居所并不固定，时常外出云游。

"无用师"者姓郑，名樗，字无用，室号散木，盱江人，元平阳人陈高曾为之作《散木轩铭》。黄公望入道后曾师从温州金蓬头，郑无用是金蓬头的衣钵传人。

黄公望为"无用师"作画，自述《富春山居图》阅三四载，未得完备，说明此画历时之长，耗费多年精力而完成。也证实了该作品的写生地在黄公望长期生活的地方，黄公平生平经历的记载史料中没有记述的富阳，不可能成为黄公望长期作画的实景地。

比较有代表性的赠诗是刘崧(1321—1381)在《槎翁诗集》的《题吴教授所藏黄大痴画〈松江送别图〉》。全诗如下：

"是何山莽莽以横，云水浩浩而生风。天低江迥月欲落，别意乃在苍茫中。问君此图作者谁，浙东[⑤]老人黄大痴。松江先生旧知己，眼明为写秋江姿。重坡

---

① 叔明指王蒙。

② 杨公拓：《黄公望诗文选粹》，《荣宝斋》，2019年第3期，第238页。

③ 这里指黄公望曾与江浙行省权豪签订过合约，约定黄公望以后所有完成的画作都归他们所有，这与黄公望后死于江浙行省狱中有关。

④ 王逢：《梧溪集》卷一，《奉简黄大痴尊师》。

⑤ 浙即钱塘江，所谓两浙指以把浙江分为"浙东""浙西"两块，平阳、瑞安元代时属温州路，为江浙行省的东部，所以有"浙东老人黄大痴"。

欹岸东南远，木末参差见层巘。苍浦遥连楚泽深，石林尽带吴堤转。是时先生从此归，把钓欲拂云中矶。长风过雨蒲苇净，水色淡拖沾人衣。只今又作筠州客，惆怅松江渺云隔。离思犹迷雁荡烟，归心已历洪崖石。我思大痴焉得从，笔墨往往遗奇踪。草衣骑牛发如雪，吹笛忆过天台峰[①]。平生一笔不轻许，傲睨王侯笑尘土。展图坐对凤山青，却想高情动千古。君不闻功名利达能几何，长安离别日日多。灞陵亭前春草碧，灞陵亭下春风波。”

“问君此图作者谁，浙东老人黄大痴”，说明黄公望是浙东人，不是浙西人。

“离思犹迷雁荡烟，归心已历洪崖石……草衣骑牛发如雪，吹笛忆过天台峰。”雁荡山在温州，洪崖在温州境内的大罗山，旧时这里有天台往瑞安的重要通道。“展图坐对凤山青[②]”，说明黄公望是温州人。

张德标《仙岩诗》曾写道：“藓蚀丹崖篆，云深白玉龛。天台凝落掌，飞瀑界山南。”这一句中似乎也有仙岩的影子。

至正十一年四月十日，黄公望八十一岁作《陡壑密林图》。图上自题款：“至正九年春正月，为彦功作雪山，次春雪大作，凡两三次，直到毕工方止，亦奇事也。大痴道人时年八十有一，书此以记岁月云。”南宋时李成就曾画有题名为《富春山居》的册页作品，黄公望在欣赏了其10幅册页后，欣然分别题诗并题序云：

“李咸熙画，清远高旷，一洗丹青蹊径，千古一人也。今见善夫先生所藏十册，不觉心怡神爽，正如离尘坷而入蓬壶矣。赏玩之余，并赋十诗。”

气候温暖的浙南很少下雪，如果下大雪确实是奇事，说明黄公望在至正十一年四月十日，八十一岁作《陡壑密林图》正在浙南家乡。

以上非常清楚说明黄公望是温州人，《富春山居图》画的是东南温州大罗山洪岩石、仙岩、雁荡山、圣井山凤山等山水。

2.黄公望《富春山居》的诗非常形象细致地描述了理想中富春山居的最高道教境界，黄公望的富春山居就在圣井山山顶

南宋时李成就曾画有题名为《富春山居》的册页作品，黄公望在欣赏了其10幅册页后，欣然题诗云：

“汉主[③]离宫最上头，昔年曾侍翠华[④]游。青天半落银河水，白日高悬华岳

① 宋维远、王殿金、黄徵义：嘉庆《瑞安县志》，北京：中华书局出版，2003年，第20页。

② 《瑞安县志》(中华书局出版)《山川》篇载有“凤山”山名。凤山，在今瑞安塘下。许峰山附近则有山曰“凤冈山”。

③ 汉主离宫指圣井山顶的石殿、玉皇顶石塔。

④ 翠华指皇帝的仪仗，借以代指玉皇大帝。

秋。花隐仪銮[①]临阁道[②]，仗移箫凤[③]下瀛洲。三山[④]更在齐州外，遥望苍烟九点浮。”

大致含义：天河银汉君主的石殿和玉皇塔在山顶最高的地方，从前我曾经待在玉皇大帝身边。青天里落下了一半银河水，白色太阳高高悬在秋色中华岳顶上。花丛中玉皇阁边上是临空阁道，自己倚仗乘鸾飞向五洲大地。三座仙山应该在山东齐州外面更远海上，遥望缥缈中大海只有九点浮影。

这里是黄公望借《富春山居》的诗，形象细致地描述他理想中富春山居的最高道教境界，这个最高境界的富春山居实指他修道的东南小邹鲁的海上三山。蓬莱即是瑞安圣井山，因为他描述的细致特征与圣井山非常相符，黄公望的富春山居就在圣井山山顶。

“向构一堂”的“小洞天”在哪里？黄公望自己在《山水二首》中说“悬崖绝谷喷流泉，此中即是安养地”，那么黄公望安养地在哪？黄公望“富春山居”地“小洞天”及创作《富春山居图》的“南楼”究竟在哪里？瑞安圣井山的的遗留小洞已经明确告诉了大家答案，南楼遗留残墙屋基尚在。

关于黄公望晚年在富春隐居写生作画的事实，至今在富阳找不到创作地和相似地点，也没有确凿的佐证材料。

由于原来记载语焉不详，后世学者疏于考证，才导致学术界对有关的具体地点如富春山居地、小洞天、南楼及富春大岭等究竟在哪里莫衷一是。而有关方志文献和传闻轶事的移花接木、以讹传讹，更造成在查证确切方位时的迷惑难解。

“富春山居”之名的含义

其一，“富春”是道教用语，道教“洞天福地”思想中指神道居住的名山胜地，有十大洞天、三十六小洞天、七十二福地，洞中有三十六富春。“富春山居”是道教“洞天福地”思想中的小洞天意思，黄公望在圣井山逢莱庵旧址搭建富春山居。

关于富春山居含义，在《秋山招隐图》黄公望款识中有具体表露。

《秋山招隐图》款识“结茅离市廛”，开门见山表明其居地远离尘世，无心凡俗

---

① 《唐会要·祥瑞上》：“隋炀帝好闻祥瑞，尝有野雀集于殿上……奏为鸾，炀帝不究直虚，即以为瑞，仍名此殿为仪鸾。”这与瑞安名字出处有关，瑞安的出处是因为有白鸦停集云阁意喻祥瑞平安，因而改名。此处将圣井山玉皇阁比喻为仪鸾。

② 临阁道：圣井山玉皇阁边上有一圈临阁石道。

③ 箫凤指“乘鸾”。

④ 三山是中国神话传说中的海上三神山，晋王嘉《拾遗记·高辛》：“三壶，则海中三山也。一曰方壶，则方丈也；二曰蓬壶，则蓬莱也；三曰瀛壶，则瀛洲也。”这里是指元代温州摩尼教盛行影响下的道教理想中的最高境界。

之感。“开门尽松桧,到枕皆邱壑。山色阴晴好,林光早晚各。”描绘隐居地山高壑深松林密。“莫似桃源渔,重寻路即错。”借桃源仙境的典故进一步印证了黄公望的“慕隐”“投隐”。“此富春山之别径也,予向构一堂于其间;每春秋时焚香煮茗,游焉息焉。当晨岚夕照,月户雨窗,或登眺,或凭栏,不知身世在尘寰矣!额曰‘小洞天’。”这表明黄公望本人在山林号称“小洞天”的别院之中。

洞天福地是道教徒心中的神仙居所和人间仙境,黄公望不仅在题词中点明了“洞天”,也将道家的“洞天”切实表现在了画面之中。《秋山招隐图》中有三处建筑,近景中的亭子所处位置较为平坦;中景处的楼阁处于两座山之间,遮挡形成一个“V”字型山谷;远景处的楼阁则被群山环绕起来,形成一个“U”字型甚至“O”字型的山谷。

3. 富春山居在地域上与富阳、常熟没有关系,画家黄公望的行迹和交游与富阳、常熟无关

“富春山居”在富阳富春山或常熟虞山吗?从黄公望交游的地方来看,他主要在杭州和松江,与富阳和常熟都没有交集。

在富春山居图中有黄公望题跋,该图原因称“山居图”,“富春”两字是后人后加的,自题“阅三四载,未得完备,盖因留在山中而云游在外故尔。今特取回行李中,早晚得暇,当为着笔”。富春山居在千里之外山中,“三四载未得备”,富阳是杭州郊县不可能“三四载未得备”,所以富春山居在地域上与富阳没有关系。

根据黄公望行迹分析,黄公望创作《富春山居图》从1329—1336年、1341—1342年、1347—1350年期间断续地在圣井山及家乡时创作,外出云游画稿都放在山中,《富春山居图》画稿中途没有离开过家乡,更谈不上在富阳。

正因为“三四载未得备”,所以画作有明显差别之处。山峰多用干笔短皴,近景树用墨较浓,山顶树叶用横笔淡墨点出,而第三段山峰则有所差异,虽然用墨仍保持着近景偏浓、远景偏淡的习惯,但峰峦顶端树木则开始用竖笔点染,近景树枝亦是如此。此后经一段岸汀后峰峦再起,此处不仅以横竖墨点构造树叶,还以单纯墨点点于峰峦顶端,几乎混杂了前卷所用技巧,而这或许正与其后自题“阅三四载,未得完备,盖因留在山中而云游在外故尔,今特取回行李中,早晚得暇,当为着笔”相合。

黄公望的江南文化圈,交游地点没有常熟、富阳说法

他一生流寓杭州、昆山、松江等地,没有常熟、富阳说法。

又题与倪云林合作《江山胜览图》:

余昔于春日往来于广陵、淮海间，览江山之胜，恍然会心。遂与云林合参，先后凡十年，乃克成此卷，虽质之古人，亦差不愧。是图始于至正八年三月，竟于十七年仲秋十日也。大痴道人。[①]

广陵指扬州，淮海指吴中一带。元初以来，杭州作为南宋古都，延续了江南文化中心的地位，文人墨客多在此地往来唱和，元朝中后期之时仍是文化昌盛的大都会。黄公望于杭州西湖筲箕泉收徒授课。《南村辍耕录》中曾记载道，黄公望有一名姓沈的生徒，这名沈生，就是杨维桢的学生沈瑞[②]，杨维桢曾为他的《君山吹笛图》题跋，称“华亭沈生瑞瑞尝从余游，得画法于大痴道人”。

至正初年，马琬来到杭州的时候，黄公望恰恰隐居于杭州西湖筲箕泉，并在此地课徒。马琬参与的、由杨维桢发起的这场“西湖竹枝酬唱”，不仅参与的诗人之多，前所未有，而且名家亦众，如在元诗史上站有重要地位的萨都剌、杨载、虞集、揭傒斯、倪瓒等人，皆名列其中[③]。

松江是黄公望晚年居留盘桓、交游创作的重要场所。元代的松江一带市镇经济繁荣，政治环境相对安定，九峰三泖的山川名胜更为文人提供了吟咏创作的环境，吸引了大批文人避居此地。至正九年(1349)春，吕良佐建立璜溪义塾，杨维桢应邀来此作为应奎文会的主评，并讲学于此，一时四方饱学之士齐聚松江璜溪及周边地区，东南文士以文投之者达七万余[④]，史学家、文学家陶宗仪就是其中的一位。

根据著录，至正二年(1342)五月，黄公望于云间玄真道院作《芝兰室》并铭；至正四年(1344)九月廿日画《南村草堂图》；至正九年于云间客舍作《天池石壁图》；至正九年为夏士贤(夏士文的堂兄弟)作《剡溪访戴图》；至正十年题于知止堂的《富春山居图》等皆在松江与文友交流。

《南村辍耕录》简称《辍耕录》，是元代文学家陶宗仪创作的一部有关元朝史事的笔记，《南村辍耕录》的性质属于历史琐闻笔记，以元代为主，宋代为次。书中内容有的是陶宗仪所见所闻，有的是摘抄前人史料，作考证辨伪，所以《辍耕录》保存了丰富的史料。

黄公望还有在松江和杭州卖卜谋生的经历，这与他家乡瑞安圣井山的道教

---

① 杨公拓：《黄公望诗文选粹》，《荣宝斋》，2019 年第 3 期，第 238 页。

② 王巧玲：《论黄公望的全真修炼及著述贡献》，《吉林师范大学学报(人文社会科学版)》2012 年 03 期，第 23～25 页。

③ 盛洁：《元末画家马琬生平考略》，《美术研究》，2020 年第 5 期。

④ 卢辅圣、邵琦：《中国山水画通鉴——胸中逸气》，上海：上海书画出版社，2006 年。

文化有关。圣井山是浙东道教名山,上有许府真君信仰,文化以"问卜、圆梦、拔宅飞升"为特征,圣井山上至今还遗留他生活和写生的遗址。

他的传世名作《富春大岭图》,现藏南京博物院,全共长二丈四尺,图下有清代鉴赏家李佐贤题辞。"此图希味淡,无迹可寻……",说明了清代鉴赏家李佐贤无法解释该画写生地在哪里,松江、常熟、富阳都不是其写生的地方。

4.常熟虞山黄公望不是元四家之首画家黄公望

常熟虞山黄公望另有其人

常熟虞山黄氏自认是黄公望下代,在许多地方志书中有述及,其中相传黄公望儿子黄德宏曾到杭州寻找父亲黄公望,与其父亲居住了一段时间,笔者认为这是不实的。其一没有任何可考证的根据;其二根据瑞安黄氏谱的辈分排行来分析,黄公望的叔叔和伯父是德字辈,儿子不能取德宏名字,有孛于其叔父的德字辈分,有违反辈序嫌疑;其三常熟虞山黄氏没有黄公望是其始迁祖的族谱;其四光绪《常熟县志》有关黄公望坟墓记载也是用"相传"说法,没有确凿的证据;其四常熟黄公望坟墓不是原址修缮的,是常熟黄氏在嘉庆年间后迁重造的;其五黄公望所有生平活动记录与常熟没有交集;其六常熟虞山黄氏族谱及常熟地方文史材料关于黄公望在元延祐六年(1319)—元天历元年(1328)近十年时间没有任何记述。

因此,常熟虞山黄公望不是元四家之首画家黄公望。

常熟虞山南麓黄公望墓由来

黄公望墓原在常熟虞山小山南麓的祖墓群内。清嘉庆二十二年(1817),因祖墓拥挤,及黄公望在明清画坛的崇高地位,他的墓由其十六世孙黄泰迁至虞山南麓白鸽峰(又名鹁鸪峰)下。

黄公望墓在常熟虞山西南麓白鸽峰(又名鹁鸪峰)下,在盘山公路北侧路边立有石牌坊,上书"元高士黄大痴先生墓道",墓墩后罗城上嵌有二碑,右边一碑为清嘉庆二十二年(1817)其十六世孙黄泰所立,碑文为"元高士黄一峰公之墓",左首为1982年常熟县人民政府重修墓道时所立,中间碑文为"元高士黄大痴先生墓",并刻有画像,右边简略记其生平:"公讳公望,字子久,号一峰,又号大痴道人。善画山水,推元四家之首,终年八十六岁,葬虞山西麓。"该墓为江苏省文物保护单位,1982年7月20日江苏省人民政府立碑。[①]

① 陈有霖:《黄公望常熟故里富阳隐居地考察记》,《新平阳报》,2018年。

常熟县志记述时，依据常熟小山黄氏一支说法，其中有一祖先名黄公望，不知此黄公望是否彼黄公望，其墓也是清朝后期根据族谱这一信息后造，县志不敢肯定黄公望墓在常熟的说法，仅以相传说法表述。

5. 乾隆皇帝题跋的误导作用

山居图《子明卷》在被乾隆帝题字之前是一幅未经任何信息介入的原创作品，它保持着一种原境。《子明卷》作为绘画艺术精品流传至清乾隆帝手中，其画卷魅力为乾隆倍加珍爱而题跋无数，犹如绘画中的艺术日记。乾隆帝于《子明卷》上题跋无数，据统计，从乾隆十年到嘉庆四年，画卷上共有55处乾隆的题跋，其中画卷之中有53处，另外2则题跋写在了画卷的前后隔水之上，开卷第一则题跋也是乾隆最后一次在此画卷作跋："以后展玩亦不复题识焉。"这里却呈现出一段乾隆与《子明卷》的艺术故事①。乾隆帝的身份介入致使画卷的"社会性"发生变化，由"图像主体"转为文字介入的"图文一体"，这不仅改变了图文关系，而且还引出了"创作主体"的身份问题。针对《子明卷》的题跋，乾隆的书法家身份却成了"破坏者"。这里传递了错误信息，富春二字加入，山居图变成富春山居图②，富春山变成画的主体，黄公望也变成富阳人。

五、黄公望为何自称平阳人

查检现存历史文献，黄公望自己题识中，至少有5处署名"平阳黄公望"。黄公望博学多才、富于机智，除绘画外，亦能填词谱曲，通音律，更能修道练功。一生著作甚丰，可惜大多散佚。丹经3部、诗1卷，传世画作画录约30幅，画迹100多幅，画论书画题跋手札若干。

1. 正是"人老思乡，叶落归根"之谓

值得注意的是，上引5处"平阳黄公望"题识，3处注明时间的均为81岁，正是"人老思乡，叶落归根"之谓。黄公望这次返回温州平阳老家当在此前后。黄公望81岁时在云间（松江）多次题字自己是"平阳黄公望"。

《华顶天池图轴》自识为"至正九年（1349）十月，大痴学人平阳黄公望画于云间客舍，时年八表有一"③。云间是古松江之别称，"上海"名称即取自于松江府

①② 修太宇：《图文关系转变中的"创作主体"身份探究——以黄公望〈富春山居图〉〈子明卷〉为例》，《齐鲁艺苑》，《山东艺术学院学报》，2020年第4期。

③ 孔广陶、顾文彬、柳向春等：《过云梯书画记·岳雪楼书画录》卷三，上海：上海古籍出版社，2011年。

境内的“上海浦”。

《水阁清幽图(见右图)》署款:“大病道人平阳黄公望面于云间客舍(旅馆),时年八表有一。”[①]

《题梅花道人(吴镇)墨菜诗卷》,黄公望落款为“大痴学人平阳黄公望书于云间客舍,时年八表有一”[②]。

元善住《谷响集》亦谓:“黄公东海客,能画逼荆关。”刘离《题吴教授所藏黄大痴画(松江送别图)》言明“浙东老人黄大痴”。

《槎翁诗集》中《题吴教授所藏黄大痴画〈松江送别图〉》其诗云:“是何山莽莽以横,云水浩浩而生风。天低江通月欲落,别意乃在苍茫中。问君此图作者谁,浙东老人黄大痴[③]。”

黄公望《题梅花道人墨菜诗卷》落款为“大痴学人平阳黄公望书于云间客舍,时年八秩有一”[④]。

《家藏书画记》:“又《观瀑图》取境幽冷,用意深微,笔墨之痕俱化,上书‘平阳黄公望写于云间客舍’。”[⑤]

黄公望《华顶天池图轴》的自识为“至正九年十月,大痴学人平阳黄公望画于云间客舍,时年八秩有一”[⑥]。《水阁清幽图》(纸本水墨)题款为“大痴道人平阳黄公望画于云间客舍,时年八秩有一”[⑦]。《江山幽兴图》(纸本水墨)题款为“大痴学人平阳黄公望戏写”[⑧],这幅画是黄公望传世画作中仅次于《富春山居图》的长卷。

2.元末时黄公望家乡属平阳州

元时黄公望画作题款中的“平阳”,就是平阳州的概念

《平阳民国县志》把黄公望作为平阳苍南人立传,《苍南县志》也把黄公望作为苍南人立传,

元末天下大乱,为了巩固统治,平阳州当权者以飞云江为界进行“划江设防”,“划江而治”和“以川为界”的治理观念特别是在朝代更替过程中犹为明显。

---

① 《野客丛书》白居易诗,现藏南京博物馆(注;表,是以十年为一表)。
② 赵琦美:《赵氏铁网珊瑚》卷一四,万历间。
③ 刘粒:《槎翁诗集》卷三(1321—1381)。
④ 赵琦美:《赵氏铁网珊瑚》卷一四,万历间。
⑤ 姚际恒:《家藏书画记》卷上,浙江仁和。
⑥ 孔广镛、孔广陶等:《岳雪楼书画录》卷三载,广东南海。
⑦ 现藏南京博物馆。
⑧ 现藏日本大阪市立美术馆。

那么飞云江以南应为平阳州，飞云江以北才是瑞安州。其时净水是在飞云江南岸，当时属平阳州（今隶属瑞安市）。黄公望在画作中题“平阳黄公望”就有其地域上的合理性。当时苍南和平阳是没有分县，平阳和苍南也有黄公望族人散居，都有其合理性。

元末群雄称霸，周嗣德借效忠元廷名义组织地方义兵占据平阳州及瑞安飞云江以北地区与方国珍对峙，黄公望家乡正处在飞云江以北的交界地区，自然归属平阳州。

周嗣德（1306—1371），字宗道，平阳州崇政乡睦源（现平阳县青街畲族乡）人。因剿寇有功，元廷封周嗣德为“浙东道同知副元帅，总制本州及瑞安军事”，后升为“行枢密院判官”。并也封其两个弟弟，“官诚德以昭信校尉、温州路总管府判，官绍德敦武校尉、同知州事，麾下士锡命有差。”至正二十三年平阳保卫战发生之前，周嗣德所部实际据平阳州及瑞安州部分地区。

六、瑞安圣井山及其老家的地方正是黄公望《山居图》实景地之一

在瑞安圣井山可以远眺飞云江，其家乡净水村及附近的顺太、马屿天井垟等飞云江边一带，正是黄公望《山居图》实景地。

1.从地理地貌特征来分析《富春山居图》画的是元时瑞安江（飞云江）风光

飞云江，古代曾名罗阳江、安阳江、安固江、瑞安江，是浙江省第三大河。下游河段进入洪积与海积平原，径流与潮流交互作用，以及地形节态多变，河岸冲刷严重，变迁频繁。河段为感潮河段，河流落差非常小，区间集雨面积大，水流平缓。飞云江是单独入东海的浙江省内大河，雨量充沛，古代没有上游截流，元代时江面比现在辽阔，马屿周边冲积平原较大，江流缓慢，两岸远山层峦起伏，农舍依山面江散落在岙口里外，沿江是小桥流水，河堤冲刷严重。这些特征与黄公望笔下的河流高度相似。

黄公望作品丰富，其中最具有代表性的作品是《富春山居图》。此画被后人推崇的原因有以下几点：画面峰峦起伏；江水平静，风和日丽；村居野屋二三，疏落有致，互不影响；时有垂钓者乘舟于江心。

画面描绘的不是富春山，也不是富春江，更不是富阳，实则为黄公望家乡山水，飞云江中游风光。飞云江中游马屿段由于落差很小及潮汐影响，江水平静，但江岸没有防护，冲刷严重。江边洪水冲刷过的江堤，符合飞云江早年江堤特征。

瑞安飞云江渡口老照片

《富春山居图》无用师卷局部图

两图非常相似,飞云江江涂实景与富春山居图江边画面进行比较,两者神似,江岸冲刷十分符合飞云江实际特征。

画家对心中山景的绘制形神兼备,在技法上可以看出并不是机械地描写自然。黄公望不再像宋人那样拘束于"理",而更重视对现实生活中"真"的感悟,将自然界中飞云江沿岸风光放入画中,随机应变,挥洒自如。

气候温和,雨量丰富,飞云江是浙江第三大江,古代飞云江没有上游截流,江面广阔,江水清澈,符合图中特征。富阳和吴中一带地理地貌与浙南山地相差很大,山多低矮,山包圆形多土,与山居图的地貌无法相比。

飞云江古称瑞安江,在古代江口北岸在集云山南麓,南岸在平阳县昆阳镇的横屿山麓。三国吴赤乌二年(239)吴国以横屿为中心的港湾周围停泊万只船舶，古有“万船”(万全)之称，马屿一带飞云江非常辽阔。正如陆游《泛瑞安江》诗：“俯仰两青空，舟行明镜中；蓬莱定不远，正要一帆风。”[①]陆游把南宋时瑞安江写成现实的“蓬莱仙境”，因此金月岩也把瑞安圣井山庵堂称为“蓬莱庵”。

2. 黄公望《富春山居图》之《剩山图》实景地在顺太大日山

《富春山居图》之《剩山图》画的是其老家净水村及飞云江对岸大日里(现顺泰社区)的梅峰山，连梅峰山山顶的宋代石塔都在画中(至今尚在)。

圣井山北麓有嵊水山，“嵊水山有上洞和下洞”[②]。山上有上洞寺，山下是净水村，根据黄氏谱记载，山下剩水村(现名净水)正是黄公望出生的家乡，他祖父辈坟墓就在嵊水山大坡上，小洞天和剩山图与其家乡有关。瑞安日报曾报道过，据考证刘基曾出钱修缮上洞寺，说明了刘基与老乡黄公望很有渊源关系。

黄公望题画的诗作相印正：

《题画》

茂林石磴小亭边[③]，遥望云山[④]隔澹烟。
却忆旧游何处似，翠蛟亭[⑤]下看流泉。

在登圣井山南坡净水山道路边的亭子，可以遥望到对面飞云江北岸的五云山。黄公望作品为什么叫剩山图，取名与嵊水山名字是简单的巧合吗？剩山图画的是黄公望家乡的嵊水山，画中有山顶石塔，与净水对岸梅峰山高度相似，山顶宋代石塔在图中清晰可见。

2013年12月12日早晨，中国中央电视台新闻、中文国际频道分别以《专家发现〈富春山居图〉实景地》为题报道了传世名画《富春山居图》作者黄公望的祖籍在净水村。

有黄公望诗为证，黄公望对家乡山水有一个描述。

---

① 《永乐大典·方志辑佚·温州府志》(约1157年)。

② 王瓒，蔡芳：《弘治温州府志》，上海：上海社会科学出版社，2006年，第109页。

③ 小亭指圣井山半山腰小石亭。

④ 云山指五云山，在登圣井山南坡净水山道路边的亭子，可以遥望到对面飞云江北岸的五云山。

⑤ 翠蛟亭出处于宋代张蕴的翠蛟亭诗：“道人锁蛟天柱半，客来纵蛟作奇观。飞风动地轰晴雷，雄拿怒攫石欲开。明珠万斛撒成雨，忽趁流云入银浦。仙田种玉耕春烟，润流九里无凶年。问蛟悲去何时还，道人仰笑意自閒。月中携手听潺湲。”黄公望在这里指圣井山许逊镇蛟治水的宗教文化和历史故事。

王摩诘《春溪捕鱼图》

春江水绿春雨初，好山[①]对面青芙蕖[②]。
渔舟两两渡江去，白头老渔争捕鱼。
操篙提网相两两，慎勿江心轻举网。
风雷昨夜过禹门[③]，桃花浪暖鱼龙[④]长。
我识扁舟垂钓人，旧家江南红叶村[⑤]。
卖鱼买酒醉明月，贪夫徇利徒纷纭。
世上闲愁生不识，江草江花俱有适。
归来一笛杏花风，乱云飞散长天碧。

梅峰山及山顶石塔照片

---

① 好山指圣井山。

② 青芙蕖含义，其一，指泛浦村古水渠，“渠”与“蕖”谐音，古水渠，当地称水塍，已有千年历史，瑞安县志有载，至今尚在发挥水利灌溉作用。其二，蕖，芋也。三国魏·张揖《广雅》：王念孙疏证：“芋之大根曰蕖。蕖者，巨也，或谓之于芋魁，或谓之莒。”顺太社区是毛芋之乡，毛芋是传统农作物，有几千年种植历史，该地毛芋蕖大叶茂，产量高，淀粉含量高，食之可口。

③ 禹门指雨门或龙门，马屿片区在民间传统习惯上有两个龙门，东南下角有大坑龙，西北角顺太有大日山龙门，只要这两个地方白龙升起，一场暴雨注定要来临。

④ 鱼龙指飞云江中游净水和对面顺太泛浦村、下村的特产鱼类——“蛇鱼儿”(刀鱼一种)，因该段飞云江是上涨潮水和上游山产交融水域，特产“虾几”，是一种美味食物。

⑤ 旧家是指黄公望老家——净水村，黄公望祖父辈坟墓在净水山坡上，该村正位于飞云江的江南。圣井山北坡临江山道是通往西部青田、泰顺的古驿道，路边满是红枫，也是红枫古道，黄公望称红叶村名符其实。

《富春山居图》的《剩山图》山顶局部放大图

上述两图高度相似，山顶石塔清晰可见，但塔的位置和角度不同。中央电视台专题报道富春山居图在瑞安飞云江，拍摄了黄公望家乡净水村及在净水山坡上拍摄飞云江对岸梅峰山照片，照片最高处梅峰山顶与富春山居图其中剩山图高度神似，剩山图甚至画出山顶宋代石塔，飞云江北岸泛浦村梅尖顶石塔都在图中。

下面有黄公望的诗对马屿农村集市及飞云江北岸大日里（现顺泰社区）有描述。

《山市霜枫》

市散[①]谁闻野鸟声，短桥[②]何处旅人行。
莫嫌寂历空山道[③]，隔岸丹枫[④]刺眼明。

① 市散指千年古集市——马屿农村集市。

② 短桥指马屿通往净水要经过垟下村一短桥，该桥至今还在。

③ 指马屿龙坞临江绕山道路，是瑞安通向西部泰顺、青田山区驿道，也是黄公望散市回家必经之路。

④ 圣井山北坡及其黄的家乡净水村的隔岸是泛浦村，村口有株千年老枫树今天尚在。

顺泰社区泛浦村
江边千年老枫树

顺泰社区焦浦村江边
千年老枫树

该诗反映了黄的家乡圣井山和飞云江的农村生活和环境。

下面就瑞安飞云江实景和富春山居图局部进行比较,以发现两者神似之处。

《富春山居图》局部

马屿飞云江桥南岸远眺顺太大日山

《富春山居图》无用师卷与《剩山图》连接局部图

《富春山居图》之《剩山图》描绘地貌与顺太及飞云江一带地貌高度神似。

《富春山居图》之《剩山图》局部放大图

《富春山居图》之《剩山图》局部

描绘的是黄公望心中好山、江景及对岸风景，这里与马屿顺太实景地名作一一对应注释。

《富春山居图》描绘的是黄公望心中好山、江景及对岸山景。好山是指圣井山南麓的净水山古称嵊水山，东面低处现称上安山，西北高处称上洞山，山中有石硐及规模宏大古寺一座，这与道教富春含义中的小洞天有关。对岸山景地貌地理特征与马屿净水村飞云江及对岸顺太梅峰山、汤岙山高度神似，梅峰山石塔也在图中出现。

中国中央电视台新闻、中文国际频道 2013 年 12 月 12 日早晨
《专家发现〈富春山居图〉实景地》为题报地在瑞安的视频截图画面

中央电视台在黄公望家乡净水村山坡上拍摄飞云江对岸五云山、顺泰及梅峰山。

《富春山居图》描绘江边渡口及山景

瑞安市马屿镇龙坞对岸建新村(下村)渡口及河叉

《富春山居图》描绘江边山景山峦起伏，山势东斜，这与瑞安顺太大日山、小梅尖、梅尖山山峦特征神似，河叉相似。江边南岸与龙坞渡口和绕山沿江西通文成青田的红枫驿道(56 省道老路)特征相近。

《富春山居图》的《剩山图》中绕山临江局部图，
这里与马屿实景地名作一一对应注释

《剩山图》局部图　瑞安市马屿镇龙坞绕山沿江公路及龙坞渡口

上四图相似，龙坞渡口是圣井山麓净水村东部的飞云江码头，码头下通瑞安及入海口，北渡顺太及陶山、温州，西通文成太顺。

《富春山居图》的《剩山图》局部

瑞安马屿净水村

上图《富春山居图》的局部描绘江边山村与瑞安马屿净水村图特征及位置相近,尤其是村上部小山包和底部喇叭口地貌,北面临江,民居位于江边和依山朝西而居,该特征相与净水村相符合。古民居采用浙南古民居三角梁架结构,喇叭形村西部是地势低矮溪道,东面背后是高大的净水山,村口前面是通向西部文成山区的沿江驿道、红枫古道,对面是顺太大日山,画图与净水村地貌现状相符。

与梅峰山图比较,山川形状及位置相符,梅峰山三条山脊特征明显与上图富春山居图局部图中三条山脊相似。

下面黄公望所题的诗大都描写的大都与家乡飞云江沿岸的地名地貌有关。

例如:黄公望题张僧繇《秋江晚渡图》[①]

何处行来湖海流,思归凭倚隔溪舟。

枫林无限深秋色,不动居人一点愁。

这是黄公望思乡的诗,黄公望回家从吴中到瑞安一般坐船从湖道水路到浙江,在天台再坐溪舟顺流到海边,或再坐海船浮海回家。

例如:黄公望题王维《秋林晚岫图》

① 杨公拓:《黄公望诗文选粹》,《荣宝斋》,2019年0期,第238页。

群山矗矗凝烟紫，万木萧萧向夕黄。

岂是村翁恋秋色，故将轻舸下横塘①。

秋风荏苒泛晴光，处处村村带夕阳。

一段深情谁得似，故知辋口②味应长。

该诗描写了黄公望自己家乡的情景，这里是黄公望仰慕陶弘景隐居瑞安白云岭的生活。

例如：顾恺之《秋江晴嶂图》③

三绝如君少，斯图更擅长。设施无斧凿，点染自微茫。山碧林光净，江清秋气凉。怜余瞻对久，疑入白云乡④。

这是一首黄公望思乡的诗，诗所描述的内容与瑞安马屿飞云江相对应。

例如：《江干帆影》

高阁崔嵬瞰碧江⑤，布帆归去鸟双双。无边树色千峰秀⑥，一片晴光落短窗。

诗所描述的内容与瑞安马屿飞云江相对应。

《富春山居图》剩山图中古民居

浙南古民居

① 横塘是瑞安飞云江边支流金潮港岸边陶山的一个古村地名，它的村边山上是南朝山中宰相陶弘景隐居之地。

② 辋口是地名，唐詩人王维蓝田别业所在地这用以借指退隐之地。

③ 杨公拓：《黄公望诗文选粹》，《荣宝斋》，2019 年 03 期，第 238 页。秋江指瑞安江，晴嶂指陶山福泉山，旧时称青嶂山，陶弘景在瑞安陶山青嶂山隐居。

④ 白云乡在瑞安，因纪念陶弘景在瑞安陶山隐居故名，有白云岭记载。这是一首黄公望思乡的诗。

⑤ 这里指黄公望站在圣井山石塔高阁上向西北远瞰碧绿江水的飞云江（过去飞云江中游水清碧绿，可以灌溉）。

⑥ 远处大日山、五云山峰峦秀丽，夕日从西北面洒进窗。

在山居图里的古民居,三角形梁架结构及横轩附属房具有明显浙南古民居特征。

3.黄公望晚年在家乡以瑞安圣井山为中心创造大量画作

黄公望六十一岁入全真教,跟金月岩在瑞安圣井山蓬莱庵修道,黄公望写《金蓬山先生像赞》云:“师之道大,此特其迹。普愿学者,惟师是式。大痴道仆黄公望稽首拜赞。”

根据安固下桥黄氏谱,七十多岁时黄公望正在瑞安圣井山,为黄氏谱作了谱序。在接下来的晚年时间他以圣井山周围风景为素材,创造了大量不朽的画作。圣井山古道、九峰山和山脚梅龙溪风景区是黄公望经常使用的素材。

据黄氏族人黄正瑞、黄荣波、黄孝圭考证:在瑞安九珠潭风景区附近,从东源村有条沿溪西上圣井山古道,《九珠峰翠图》以此为素材;从瑞安曹村镇许岙有条由东经九峰山(九峰山见上面照片)到圣井山古道,九峰山和山脚的左龙、右龙两溪成为黄公望经常使用的素材。

至正元年十月《天池石壁图》。画幅左上角自识款:“大痴道人为性之作《天池石壁图》,时年七十有三”[①],该图是以九峰山为背景画成的,九峰山山腰有一个天然水池,故名《天池石壁图》。

瑞安九珠潭风景区照片

黄公望《九珠峰翠图》

① 现藏台北故宫博物院。

《九峰雪霁图》(绢本,水墨,纵 117.2 厘米,横 55.3 厘米)北京故宫博物院藏,自题款:"至正九年(1349)春正月,为彦功作雪山,次春雪大作,凡两三次,直到毕工方止,亦奇事[①]也。大痴道人时年八十有一,书此以记岁月云。"

至正七年(1347),79 岁画《九珠峰翠图》送杨维祯(高 79.6 公分,阔 58.5 公分,台湾故宫博物院藏)。杨维祯是元后期浙江与松江地区艺文人士景仰的文人,1346—1348 年间,他在松江私人家中执教,得到黄公望的赠画后,在画上题一首诗:"九珠峰翠接云间。无数人家住碧湾。老子嬉春三日醉。梦回疑对铁崖山。"此画无作者款题印鉴,据王逢题记,知是黄公望所作。无此名,因诗而名图。《瑞安县志》载大罗山有"肖铁崖"地方之称。而今在瑞安平阳坑镇杭山村有景名为九珠潭。

黄公望曾以九峰山与大岭画作《九峰雪霁图》《天池石壁图》《陡壑密林图》《秋山图》及《富春大岭图》。那么大岭究竟在哪里呢,瑞安许南村的 些乡民至今仍称圣井大路上去的这座岭为大岭。

九峰山前面两溪的溪水由前分道延伸至后,都是以瑞安圣井山的九峰山和山下许岙的左龙、右龙双溪合流为基础的。从下左图九峰山下"坛贤禅寺"的大门,我们还可以看到:"九龙戏珠佛祖临"对联。

可惜壮观的左龙、右龙双溪的合口处,经过 660 年的淤积,只能看到上右图如此凄凉的景色。

黄公望称隐居地上山山岭为富春大路,其实今天的圣井山一条上山古道也称大路,正是他上山下山的捷径,也是他画山的首选道路。黄公望富春大路实指圣井大路。

---

① 在温州以南的瑞安,经常好几年才下一次雪,一年下三次雪是奇事。在杭州和吴中地区一年下几次雪属正常。

明代张璁立的圣井大路石碑及圣井大路照片

4.《富春山居图》地貌特征位置布局与马屿镇及天井垟一带相对应并高度相似

《富春山居图》描绘地貌特征与飞云江马屿一带现代地名地貌特征相对应

《富春山居图》

上图《富春山居图》描绘地貌特征与飞云江江溪一带地貌特征相吻合，马屿天井洋主要通江海出口在仙降镇江溪，这里古称三港镇，是飞云江港、天井内河港、江溪大坑溪三港汇集的地方。古时大坑溪和天井水患严重，瑞安江南片的山洪和内涝都从新渡桥河道泄洪，每年开春都要开河，此处江水冲刷河堤非常严重，尤其在元代至正年间爆发了千年一遇的大水灾，该图都有明显的描绘。

“海，县东十里，由海口直上飞云渡。瑞安江，东连大海，西上西溪，以三港为湖。湖际有瑞安山，又有安固山。”①

说明飞云江东边十里是海口，江边有三港湖，但湖际有瑞安山，三港湖在今天哪里呢？

“瑞安。州南八十里。一十二乡，瑞安、永安二镇，双穗一盐场，有步廊山、瑞安山……安阳江在城南。东接海口，为县境之冲要(安阳江即飞云江)。又，三港口在县西南四十里，有罗阳、大洪、莒江三水自西北来会于此，因名。”②

三港口在县西南四十里，有西北三条水会于此，说明飞云江上游三条水在县西南四十里通过三港口流入三港湖，这个三港湖正是马屿片的天井垟过是天井湖，正是《富春山居图》所描绘的海口及湖泊地貌特征，与瑞安及飞云江和江溪一带现代地名相对应，马屿天井垟主要通江海出口在仙降镇江溪，三港口即现在江溪新渡桥，这里在北宋以前古称三港镇，明朝后期称永安市。

《富春山居图》局部

①② 孙衣言:《瓯海轶闻》卷四六，第1372页转载《元丰九域志》宋王存等撰，卷五两浙路。

《富春山居图》局部

马屿天井垟、石垟湖及连接飞云江和天井垟的垟下河(石牌河),远处是龟山和蛇山

《富春山居图》描绘地貌特征与垟下桥、飞云江、马屿镇现代地名对应注释,图中有一大一小两座小山,两山之间有一条东西走向驿道,西边是通江河道和古桥,南面是湖泊,东面是小山,东西之间还有两条通向江边的道路。该图所描述的与千年农村集市马屿街高度相似。图中还有散市后回家正在过桥的黄公望自画身影。《富春山居图》描绘地貌特征与飞云江及垟下河、马屿镇卫星图地貌神似,图中有马屿镇中心的龟山、蛇山两座小山和天井垟、石垟湖及通飞云江河道古桥。

石垟湖及通飞云江河道古桥古称永丰湖,桥名石碑桥,“永丰湖在安仁乡,其源出逢原山,周回一十里。中有一潭广二十馀丈,深可五丈。父老言:龙常居之。遇旱或竭,而雨随至,盖龙之灵也。乾道八年,王令恕募民疏之,溉二乡田。石碑桥九间桥有六桥，此其大者北并湖泺，延袤数里，皆植荷花，每花盛时，画舫游衍其中，湖光山色，为乡落胜概。鲜鲫肥美，迥异他产”①。说明该图与《温州弘治府志》有关古代永丰湖和石碑记载是相符的，天井垟即北并湖泺。

七、温州大罗山、温瑞塘河、瑞安入海口又是黄公望《富春山居图》另一实景地

黄公望笔下《山居图》，从飞云江中游的圣井山和马屿画到飞云江出海口，从东海岛屿（凤凰山岛和铜盘岛）画到大罗山龙脊、茶山古山茶及仙岩寺，沿大罗山画到温瑞塘河的榕荫河埠和路亭，从梅头的梅岗山画到塘下尖山和龙圣寺，再画到大罗山东面海口。

一路走一路画，正像同时代瑞安人宫廷画师王振鹏的《江山胜览图卷》一样，从天台山画到雁荡山，再从雁荡山画到江心寺，再从仙岩寺（现名为圣寿禅寺，本书统一用原称）又画到宝坛寺，从宝坛寺画到瑞安集市，一路走一路画。《江山胜览图卷》再现了元代温州地区真实的生活场景。《江山胜览图卷》卷中绘两山（天台山、雁荡山）、两城（永嘉城、瑞安城）、两江（瓯江、飞云江）、两寺（仙岩寺、宝坛寺）、一海（东海）。

《山居图》也再现了元代温州地区真实的山水画卷，卷中绘两山（圣井山、大罗山）、一江（飞云江）、一海（东海）。像《江山胜览图卷》一样，该画的绘制时代是在元朝，这是一件纪实性绘画，描绘的地域必定是浙江东南沿海一带绮丽风光和风土人情，全图取景开阔，在长卷中仍然保留了全景式山水画的纵深感。画中出现的大江、大海和海岛，无疑是东海和飞云江，在海边大山中出现的龙脊赤岩、古山茶及一座门前有大池的寺院，那就是蜚声当地的大罗山和仙岩圣寺，在山边的河道无疑是塘河。

该卷是一件实景山水画，画中的山水有典型浙南的特色。

《山居图》卷首和卷尾共钤有清乾隆等历代鉴藏印玺，因乾隆鉴藏，《山居图》变成《富春山居图》，该卷尾有名款。

1.《富春山居图》描绘地貌特征与温瑞塘河、大罗山和海边及飞云江口一带地貌高度神似

下面就瑞安飞云江入海口远山实景与富春山居图入海口画面进行比较，两

---

① 王瓒：《温州弘治府志》，上海：上海社会科学院出版，2006年第63页。

者神似。

富春山居图局部图

《富春山居图》入海口,现代地名对应注释

飞云江入海口远眺凤凰山岛照片

虽然凤凰山岛由于填海被削平了,但《富春山居图》入海口与瑞安飞云江入海口实景相似度很高,图中远山高度相似。

“尝终日在荒山乱石丛木深筱中坐,意态忽忽,每往泖中通海处,看激流轰浪,虽风雨骤至、水怪悲咤不顾。”正是瑞安飞云江口、万船宋埠一带地形真正写照。

善住《谷响集》:“黄公东海客,能画逼荆关。”[1]东海客,实东瓯客,《山海经》上[2]说瓯中海中,东瓯王也称东海王。画逼荆关,古浙南山名多称荆棘山,关隘

① 聂宝颖:《浅析黄公望山水画的艺术风格》,《文艺生活·文海艺苑》,2016 年第 2 期,第 59—60 页。

② 徐祥地:《平阳历代名人》,香港:香港天马图书有限公司,2005 年;沙青《百代之师——黄公望的山水画艺术》,《名作欣赏》,2012 年第 24 期。

多名荆关，是这种藤道、赤岩、深涧、临海山地地貌写照。浙南是沿海山地地貌特征，属雁荡山系，山顶都多岩石，山形尖而险峻，高山、深谷、瀑布很多。

上图《富春山居图》描绘山座尖山，与瑞安塘下尖山卫星地图特征及位置相近；图中山中有两层宫殿，与始建于唐代的尖山龙圣寺特征相符合；面前是三座尖山，背后是高大险峻的大罗山，西南面是上山石台阶与尖山现状相符。

《富春山居图》描绘山体及海边独立小山，与瑞安实景地作对应注释

上图中有小船和河边房屋、凉亭及树木，这与温州的温瑞塘河榕荫文化特征相符合。把榕树和河埠连在一起，把作为地标的榕树、成荫的榕树和交通设施的河埠结合在一起，形成榕荫河埠。路亭在温州乡村大规模用作公共活动的场所，榕荫路亭是温州榕阴文化稳定的典型代表，把依托榕树而发展起来的文化称之为温州榕亭文化。

图中下部有小船和河边房屋、凉亭及树木，这与温州的温瑞塘河榕荫文化特征相符合。

温瑞塘河老照片

“东湖在县城东门外,有白岩桥水自城中出东安桥,历白岩桥外河,流至帆游桥,北抵永嘉南门。其东岸则入帆游、崇泰乡诸山之。”[①]东湖指温瑞塘河,说明该图与《温州弘治府志》有关古代温瑞塘河记载是相符的。

《富春山居图》描绘山体及海边独立小山

① 王瓒:《温州弘治府志》,上海:上海社会科学出版社,2006 年,第 63 页。

梅头山（古称梅岗山），海边另一座内侧相邻小山被移山填海掉。《富春山居图》描绘的山体及海边独立小山与梅头山（古称梅岗山）特征及位置相近。

温州大罗山天柱寺

温州天柱寺古称瀑泉寺，始建于晋，重建于唐贞元年间。曾是大罗山西麓“天下第二十六福地”仙岩寺的五大支院之一，迄今已有一千二百多年的历史。它位于大罗山东侧——瓯海区永昌镇天柱峰下，寺右有飞瀑，泻入西潭，有晋代郡守谢灵运摩崖石刻。

《富春山居图》描绘山体及寺庙，与温州天柱寺实景地作对应注释

《富春山居图》描绘山岩和花树及寺庙，与实景地作对应注释

温州大罗山龙脊，《富春山居图》描绘山岩与大罗山龙脊相比较，两者相似度很高

温州大罗山茶山化成洞千年古山茶及茶山化成洞古建筑

大罗山这株千年古山茶名为金心古山茶,是世界三大山茶品系种源之一。我省第二次古树名木普查时,测定该树树高为12米,胸径为150厘米,据记载为晚唐诗人罗隐所植,距今1250多年,是国家一级保护植物。她还曾登上美国《山茶花》杂志,被认为是"现今保存下来最古老的山茶原生品种"。

山茶花

《富春山居图》描绘花树

两者比较,很明显都是山茶花朵,说明黄公望《富春山居图》描绘花树,正是世界上独一无二的温州茶山化成洞千年古山茶。

《富春山居图》描绘山岩特征,
与实景地作对应注释

茶山莲化岩照片

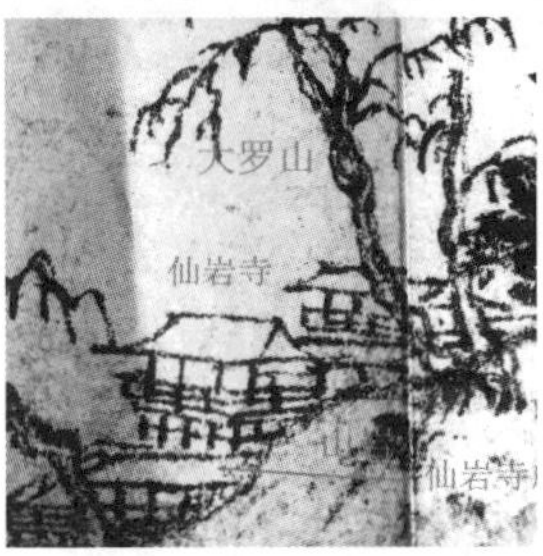

现在的仙岩寺

《富春山居图》描绘宫庙特征,与实景地作对应注释

元代瑞安籍宫廷画师王振朋《江山胜揽图》中的仙岩寺

现代仙岩寺大雄宝殿、门前正方形放生池及正方形石围栏与《富春山居图》中，描绘的庙门前正方形状围栏特征，以及元代瑞安籍宫廷画师王振鹏《江山胜揽图》中的仙岩寺门前正方形围栏相同，三者都是三进建筑依山而居，都是山门开在寺院的前左侧。虽然《富春山居图》描绘的寺庙没有山门，但其右侧没有出入地方。

元代瑞安籍宫廷画师王振鹏《江山胜揽图》中的仙岩寺与同时代《富春山居图》描绘的宫庙形状特征相似，都是一层依山而筑，建筑风格相似，都是一层建筑，都是三进建筑，右边都是山岩没有出入。

仙岩寺与一般寺庙建筑不同，其山门开在寺院的前左侧，寺庙依山起势，共有三造，一殿高过一殿，气势雄伟。这样的寺庙只有在今温州市仙岩镇仙南村积翠峰下见到，此即仙岩寺，是当地最著名的寺庙，堪称"东瓯名刹"。据《康熙·仙岩寺志》载，该寺原名为仙岩寺，始建于中唐，规模不大，开山师祖为慧通归一。北宋初年，高僧楞严遇安扩建此寺，并在此授经，声名始显。大中祥符二年(1009)，宋真宗赐额"圣寿禅寺"遂成今名。清顺治十七年(1660)，平南将军陈兴谟等重建该寺，在很大程度上保留了北宋的建筑格局，现存有天王殿、大雄宝殿和法堂。

下面就温州大罗山[①]实景和富春山居图局部进行比较，山峦险峻，山岩赤露，山顶多矾石，两者神似。

① 大罗山又名洪岩，亦名肖铁崖，位于温州东面临海处，最高海拔 707.4 米，总面积 117 平方公里，控东海、锁瓯江、俯瞰全城，是温州城市重要的生态屏障。大罗山拥有丰富的生态资源、自然资源、旅游资源和历史文化资源，有自然、人文景点 500 多处，分属仙岩、瑶溪两个省级风景名胜区和茶山、天柱两个市级风景名胜区。

《富春山居图》局部

温州瑶溪风景区大罗山照片

温州大罗山岩照片

《富春山居图》局部

温州大罗山莲花心照片

《富春山居图》局部

《富春山居图》图中山顶多矶石,与温州大罗山山顶照片相似,重岩叠嶂,山岩赤露，这种地质地貌是浙南地区独有的特征。

《富春山居图》局部

茅竹岭古道及瑶溪鸟瞰

《富春山居图》局部及
实景地地名对应注释

温州茅竹岭古道

茅竹岭古道二三十年代老照片,两者比较,高度神似。

茅竹岭古道横穿大罗山,是一条东西走向,条石板铺就的古驿道,也是永嘉盐场通往温州城内的主要通道,建于唐天宝元年(742)。

据清光绪《永嘉县志》载,茅竹岭又名丁公岭。北宋皇祐年间(1049—1054),人称皇祐三先生之一的丁昌期和父亲丁廉夫寓居茅竹岭,构筑"醉经堂",聚徒讲学,后演变为茅川私塾。丁氏父子发动学生乡民开辟了外岭(茅竹岭)和底岭(马鞍岭)两条山岭,成为后世永嘉场和下河乡的重要通道

山坪有平山寺、茅川精舍、便止亭遗址等古迹。王瓒曾撰有《便止亭记》一文。一座三开间硬山顶路亭,原来行人从路亭中穿廊而过,俗称"穿心路廊",现改建为砖混房屋建筑。

古道不长,约 600 余米,由白楼下太阴宫门前张老祠宫丁公岭上山,石板路宽 2.2 米,坡不陡。岭背一处平地,面前便是平山禅寺(平山寺),因寺在茅竹岭背山坪而得名。沿后小山岭而上,俯瞰江水滔滔,经平山寺、茅川精舍(岭北)、性空亭、缘起亭(岭南),西行至茅竹桥,岭背平缓,舒坦,岭西基本保持原状。古道条石阶梯镌刻着组组花纹,有锯齿状、波浪状、鱼鳞状,还有回形、菱形、云形等,一级台阶一个样,密密匝匝,粗犷古朴。

《富春山居图》局部

温州大罗山瑶溪风景区照片

《富春山居图》局部与实景对应

瑶溪：清光绪《永嘉县志》载，姚溪（今瑶溪街道瑶溪村）在城东南（今温州市鹿城区）膺符乡五部。瑶溪因明代首辅张璁赞其“溪石皆玉色”而得名，碧溪幽谷，苍崖峡峪，孤峰峭壁，石柱叠岩，素有“桃源仙境”之盛誉。

八、《富春山居图》中有黄公望游家乡山水时自画身影

《富春山居图》中有一老人端坐江边茅草亭中，或在作画或在欣赏风影，周边是嬉戏鸭群，老人身穿宽衣长袖，面江正坐，长衫后撒，头戴羽帽。老人面前摆放一物，这一特征显然不是赶鸭人也不是普通游人，应该是出道圣井山的黄公望本人正在写生作画。画中对岸山形与瑞安顺太对岸焦浦山高度相似。

《富春山居图》中黄公望在写山画水,与瑞安马屿实景地作对应地名注释

马屿藤岙村飞云江也及对岸塔石山和顺太焦浦山

黄公望遗存画像

黄公望遗存画像[①]与《富春山居图》中过桥老人画像对比照，两者神似，图中老人正是黄公望自画像，该桥与瑞安马屿镇垟下桥地理位置相当，正是马屿集市与圣井山麓净水村步行必经之道，也是天井洋通飞云江西部唯一河道。

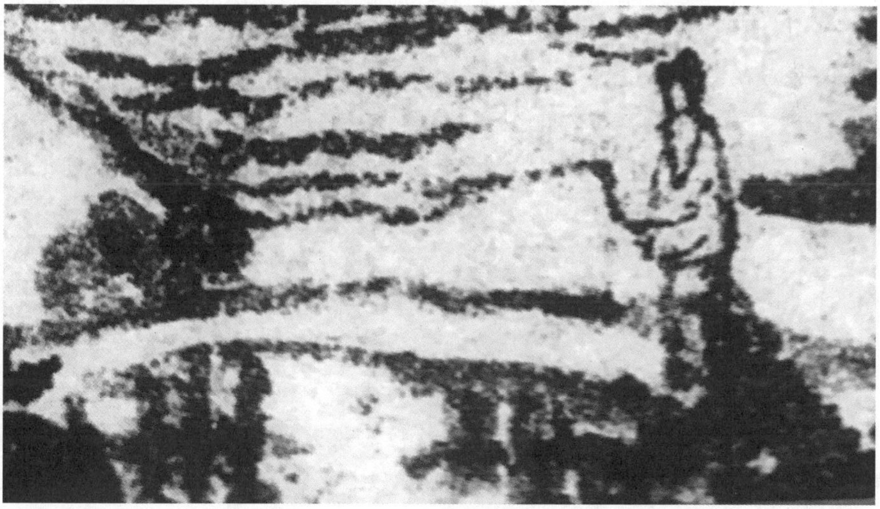

《富春山居图》中黄公望正在过桥

① 马晓峰：《中国好丹青.大师长卷》，《黄公望·富春山居图》，成都：四川美术出版社，2015 年。

《富春山居图》中老人服饰、体态及手持物与上图黄公望遗存画像非常相符，又是一幅自画像。

总之，大量的史实都说明了画家黄公望籍贯及《富春山居图》实景地在瑞安。富春山居也不是在富春山，富春指的是黄公望道教中的小洞天的意境，至今这个"小洞"还在圣井山上，常熟黄公望也不是画家黄公望，另有其人。历时三至四载的长卷画作不可能在没有长年居住的地方画成，我们还原历史之真实，去伪存真，让公众去评判。

黄公望代表作《富春山居图》主要描绘的是其家乡瑞安市马屿飞云江边的风土和人文，也描绘了温州大罗山(又名茶山、洪岩，也名肖铁崖)、仙岩风景区、温瑞塘河的风光，同时描绘了飞云江入海口及大罗山东面近临海风光。《富春山居图》所绘的山川和河流与飞云江中游马屿顺泰及对岸清祥净水村的地貌高度神似，所绘的险峻山岩、高大茶树和奇特古庙及河埠榕亭风光正是温州茶山及千年古山茶、仙岩寺及温州河埠榕亭文化，这些都是温州特有的自然风光和人文景观，是别人代替不了的。

黄公望家乡嵊水山正是《剩山图》的实景地。黄在其作品中多次署名平阳，因元时平阳州范围包括现今瑞安马屿飞云江以南的地方，故自称平阳人。富春是黄公望修道家乡圣井山时修道的山洞称富春山居，该山洞至今尚在，富春是道教洞天福地文化中小洞天含义，并不指特定地名。他作画《富春山居图》三四载未得完备，说明此画不是客居一地短期内能完成的，而是耗费多年精力在晚年时在家乡时完成的。

《安固下桥黄氏重修宗谱》记载，黄公望家乡在浙江瑞安马屿镇净水村，他的作品绝大多数画的是家乡温州山水，谱中有大量苏中画坛名家来瑞献艺记载，他们来瑞安亲临体验《富春山居图》实景地。

上述这些都有对应证据一一对应，我们以事实求证，去伪存真，还历史以真实。

(范可授，1964年出生于浙江瑞安，浙江省历史学会理事、温州历史学会副会长，国家开放大学教授，担任高中历史教师及校长、新华网高校专家组组长、社区学校校长，在国家级刊物上发表过多篇历史论文)

陈傅良民生思想及当代价值论析[①]

王兴文　张志超

摘　要：陈傅良民生思想内容丰富，涉及法律、经济、教育和民政等多个层面。在法律层面，他主张公平慎刑，认为每一个人都应被国家法律公平对待，对犯人的量刑更要审慎；在经济层面，他认为经济政策要利国利民，对侵害百姓利益的行为敢于上书请命；在教育层面，他主张平等而又全面的教育理念，不论汉族还是边疆少数民族，均可平等接受文化教育；在民政层面，他呼吁政府官员宽民力、救民穷，以缓解百姓困难。这些思想内容充分体现了永嘉学派以民为本、崇实事功、经世致用的思想精神。在数十年的仕宦生涯中，陈傅良积极践行其民生思想，为改善地方民生、推动国家经济制度的优化做出了不可磨灭的贡献，有力地弘扬了永嘉学派思想精神。陈傅良的民生思想对当下中国的社会主义现代化建设也有重要的现实意义。在全面建设社会主义现代化强国的新征程中，如何做到在经济高速发展的同时进一步兼顾社会公平和改善民生，可以从陈傅良的民生思想中得到一定的启示。

关键词：温州；陈傅良；民生思想；永嘉学派；事功学说

一、陈傅良民生思想形成的背景

陈傅良，字君举，号止斋，后世又称他止斋先生，温州瑞安县帆游乡湗村里（今浙江省瑞安市塘下镇）人。生于宋高宗绍兴七年（1137），逝于宋宁宗嘉泰三年（1203），享年六十七岁，是南宋前期著名学者、政治家、思想家、教育家。

陈傅良自幼家庭贫困，但在读书上却十分有天赋，而且聪明好学。早年以科举时文著称于世，后跟随薛季宣进行经制研究，为学注重经世致用，是南宋之际

---

① 该文为温州市哲学社会科学重点课题“陈傅良民生思想及当代价值研究”(21wsk368)研究成果之一。

永嘉事功学派(也称“永嘉学派”)的主要代表人物之一。陈傅良民生思想的形成既与当时的社会情况有着密切联系,也是对儒家传统思想的一种继承和发展。

(一)社会背景

靖康二年(1127),金朝军队攻入开封,掳走宋徽宗、宋钦宗两位皇帝以及后妃、皇室、贵族等三千多人,这一事件标志着北宋灭亡。随后不久,在这场亡国的战争中幸免于难的康王赵构在南京应天府(今河南商丘)称帝,国号仍旧为“宋”,改元“建炎”,历史上称之为南宋。

和北宋相比,南宋的国土面积缩小了一半左右,而且偏安江南,时刻面临着金朝军队的威胁,有被颠覆的危险。面对这种时刻有着亡国危险的严峻状况,南宋从皇帝到大臣,都有着举棋不定的模棱两可态度。最终,以宋高宗为首的主和派占据了上风,采取了妥协投降的政策。孝宗即位之后,有志于恢复故国领土,于隆兴元年(1163)发动了北伐战争,但是因为主帅张浚的原因,失败而归,孝宗随后也灰心丧气,放弃了之前的想法。终南宋一朝,在对金的对外关系中整体上处于弱势地位,由金带来的外患危机始终不能消除。

除了政治上的严峻情况之外,“三冗”问题也成为困扰南宋政府的一大顽疾。“三冗”问题是指“冗官”“冗兵”“冗费”的问题。前两个是现象,后一个则是导致的结果。在北宋时期,政府一年的财政收入,百分之六七十都用在了军队的费用支出上,真正用到国计民生的费用却是少之又少。[①] 到了南宋,军队的费用支出更是占到了财政支出的百分之八十左右,“方今经费,兵居十八,官居十二”。[②]它们已经成为南宋最大的经济负担。

虽然“三冗”问题突出,南宋统治者并未想加以改变,而只是想方设法从百姓那里搜刮民脂民膏,借以维护其统治和骄奢的生活。导致老百姓贫困不已。如陈傅良在《赴桂阳军拟奏事札子》中说到:“大中祥符元年,三司奏立诸路岁额。熙宁新政,增额一倍。崇宁重修上供格,颁之天下,率一路增至十数倍,至今为额。其他杂敛,皆起熙宁,于是有免役钱,常平宽剩钱。至于元丰,则以坊场税钱、盐酒增价钱……凡十数色,合而为无额上供,至今为额。至于宣和,则以赡学钱、籴本钱、应奉司诸无名之敛,凡十数色,合而为经制,至今为额。至于绍兴,则

① 蔡襄著、吴以宁:《蔡襄集》,上海:上海古籍出版社,1996 年,第 390 页。
② 陈傅良、周梦江:《陈傅良先生文集》,杭州:浙江大学出版社,1999 年,第 269 页。

又始以税契七分……凡二十余色，合为总制，至今为额。最后则以系省不细绳经制、有额无额上供、赡军、酒息等钱，钧拨为月椿，又至今为额。至所谓凑额……供给吏禄之类，令项起发者不可胜数……”[①]

本来各路上交给中央政府的岁额是固定的，但是每隔一段时间就会实行改革，就有新的政策实行。而经过改革，各路的岁额非但没有减轻，反而是越来越重。岁额最终也只能压倒在百姓身上，其结果就是国内矛盾扩大，统治危机日益加深。

（二）学术背景

陈傅良的民生思想首先来自儒家思想的传承。在春秋战国时期，儒家的民生思想理论逐渐形成了相对完整的体系。如在孔子时期，鲁哀公和子贡都曾问政于孔子，孔子告诉他们，要想维护好自己的地位，最重要的就是把百姓最关心的民生问题解决好，让百姓吃得饱、穿得暖。[②] 由此可见，在孔子的观念中，民生的问题不仅仅是重要的，更是紧迫的。

民生问题是传统儒家的重要问题之一，历朝历代政府和官员都十分重视。其主旨主要包含以下几个方面。

首先，民生是当政者最重要最紧急的事情。国家管理和运行的事务庞大而又繁杂，但只有民生是最紧迫、最紧急的事情，正因为如此，所以儒家常常将民生置于优先的位置来考虑和对待。

其次，民生是治国安邦最重要的前提。在任何时期任何朝代，百姓的安定都是整个社会稳定的基础。儒家认为现实的经济利益决定人们的意识，即所谓“恒产决定恒心”，没有恒产而有恒心者，是只有士才能达到的境界，很明显，作为普通百姓，他们是很难达到这个思想境界的。“若民，则无恒产，因无恒心。”[③]就是这个道理。

第三，政府的天职就是保证民生。按儒家的理解，天生民而树之君，“治人者”对人民负有无可推卸的政治义务和责任，要教民养民。用儒家的说法即是“思天下之民匹夫匹妇有不被尧舜之泽者，若已推而内之沟中，其自任以天下之

---

① 陈傅良：《陈傅良先生文集》，杭州：浙江大学出版社，1999 年，第 268 页。

② 杨伯峻：《论语译注》，北京：中华书局，2012 年，第 175 页。

③ 孟轲等：《孟子》，上海：上海古籍出版社，2013 年，第 10 页。

重如此。”[①]意思就是,天下百姓之中,只要有一个人,没有被尧舜之道教化,他就要把这个重担挑在自己肩上。可见儒家对社会对人民有着很重的责任感。

最后,民生的好坏也是衡量一个统治者治理国家能力的重要标志。在儒家传统政治观念中,判定一个政权的善恶,一个社会的好坏,重要标准就是人民生活是否富足而安康,人民生活的品质如何、状态如何。换句话说,一个人民安居乐业、人民富裕的社会,就是一个好社会,甚至是一个理想的社会,这样的社会不仅是一个王道乐土,更是王的开始。

陈傅良的民生思想除了受到传统文化的浸润之外,也受到他的老师薛季宣的深刻影响。

薛季宣(1134—1173),字士龙、士隆,又被称为艮斋先生,永嘉人(今温州市鹿城区)。薛季宣出生在一个官宦家庭,他父亲兄弟几人都在朝廷出任不同的官职。根据《右奉议郎新权发遣常州借紫薛公行状》记载,薛季宣在学术上传承有洛学思想的袁溉等人,为其事功思想奠定了基础。[②]

陈傅良本来在温州城南以教授学生科举考试的时文为业,借以谋求衣食之资。正是在遇到薛季宣之后,他才转而致力于古代经制的研究,“我昔自喜,壁立倚天。见兄梅潭,忽若坠渊”[③]就描述了陈傅良见到薛季宣之后对其学识、思想一见倾心的感触。陈傅良跟随薛季宣对以前朝代的治国制度进行学习,其目的就是要通过对古代政治体制与当时的时代背景之间的关系进行研究,借鉴古代的典章制度而为南宋所面临的现实政治问题的解决寻找出路。借对古代经制的研究,制定出切合于南宋的治国方略,增进百姓福祉,在全社会实现普遍性的福利。

陈傅良继承了薛季宣主张治国务为民利,反对与民争利,强调义、利统一的思想倾向,将其经世致用的思想追求真正落实到了对现实民生的关切上。在他看来,“所贵于儒者,谓其能通世物务,以其所学见之事功”[④]。陈傅良在为官过程中清正廉洁,有着不错的为官政绩和名声。最重要的是,他非常关心民间疾苦,对事关百姓的“民生”问题常常有多方面的思考和探索,提出了一系列主张并在为官当地进行实践。

---

① 孟轲等:《孟子》,上海:上海古籍出版社,2013 年,第 132 页。

② 陈安金:《薛季宣思想研究》,杭州:浙江大学,2011 年博士毕业论文。

③ 陈傅良、周梦江:《陈傅良先生文集》,杭州:浙江大学出版社,1999 年,第 683 页。

④ 同上,第 190 页。

二、陈傅良民生思想和实践

因为出身关系，陈傅良与社会下层民众有长久而深入的交往，对百姓和民间的疾苦有着亲身的体会和真切的感受。故此，他任职为官期间特别关注和百姓生活息息相关的法律、经济、教育、民政等事务。他能够时刻为百姓着想，从多方面为百姓的民生问题而采取实实在在的措施，进而实现“宽民力，救民穷”的民生发展目标。

（一）公平慎刑的法律民生思想

陈傅良有很多关于法制法律等内容的论述。陈傅良在为官过程中，颁布并施行相关法制政策，从制度层面来保障民生。法律的精髓在于公平，虽然以权压法、以言代法屡禁不止，法律的不平等之处随处可见，但公平作为法律最本质的特点，陈傅良在施政过程中可以说一直遵守并竭力实行。

公平则是陈傅良追求的目标之一，也是其法律思想的重要内容。法律的公平首先体现在执行上，即如有违反者则严惩不贷。陈傅良认为：“凡统驭施设、制度号令，人不敢慢者，功过必行，明赏罚而已……太祖尝曰：‘抚养士卒，不吝爵赏。苟犯吾法，惟有剑耳。’”[①]功过必行、赏罚分明正是执法必严的基础，而宋太祖对犯法者就是用剑对待了，这也正是违法必究的典型。

慎刑则是他法律思想的另一个方面。意思就是在执法过程中用刑要慎之又慎，以减少对百姓的处罚为办案宗旨。即不能时时刻刻把刑罚加以实施，成了严刑峻法的社会，这样就不利于社会的发展，不利于人民的休养生息。所以陈傅良在为官过程中，对于一些轻微的过错或者明显不符合法律精神的案子敢于仗义执言，以慎之又慎的态度使用法律刑罚。

能体现陈傅良慎刑少罚法律思想的地方有两个案子，一个是《缴奏饶州奏勘程廷倚断案状》，另一个是《缴奏刑部大理寺鄢大为断案状》。

《缴奏饶州奏勘程廷倚断案状》说的是程廷椅因为与僧人发生经济纠纷而被判“徒二年半”的案子。本来程廷倚是官宦世家出身，所以这个罪也可以拿“铜五十斤”来赎的，但是被某些人给阻止了。陈傅良据此而上奏说：“徇一僧之欲，而

---

① 陈傅良、史丽君：《历代兵制》，北京：中华书局，2017 年，第 263 页。

辱两制之顾家者，是州司不平也。从一州之请，而废千载之荫法者，是刑部不审也。”[①]意思就是不能因为一个和尚的个人私欲和一个地方官的个人意志，而废弃施行了千年的荫法。否则一旦这个案子定下来，那么那些恣意枉法的郡守之类的人将以此为例，对社会产生非常不利的影响。

虽然陈傅良并未记载这个案子的最终结果，但是我们从中却可以看到陈傅良对慎刑少罚的主张。如果说程廷倚案还是针对士大夫阶层，那么针对普通百姓鄢大为的案件，则更加能够说明陈傅良的这种法治精神。

鄢大为一案并不复杂，大致案情是鄢大为几人持杖抢劫朱三家谷物粮食，结果被大理寺依法判为绞刑，上奏皇上之后被改为重杖处死。但是陈傅良在起草诏书的过程中发现此案在法律的适用和事实的认定上存在有疑问，经过对法律详细审慎的考证，陈傅良根据嘉祐年间的法律以及鄢大为等人的抢劫事实，断定鄢大为等人罪不至死，就只是做了“贷命断遣”的处罚。[②] 依照宋的律法，大理寺、刑部等官员案子审理出现错误是要受到惩罚的，但是考虑到而年代久远，当事官员对于一些法律条文熟悉程度不够，事出有因，则免于处罚。

无论是追求法律的公平公正，还是主张在法律实行过程中要慎刑少罚，抑或是通过法律的实行来达到让百姓生活便利的目的，陈傅良所有的行为、方式都是以其事功主义的思想为基础的。陈傅良的公平公正、慎刑少罚的法制思想是我国古代社会法制文化的重要遗产之一，不仅在当时，即便在后世也发挥着重要影响。陈傅良的法治思想闪耀着智慧和理性的光芒，他的精神是非常值得我们后人学习和继承的。

(二)利国利民的经济民生思想

陈傅良在地方为官的过程中，逐渐形成了一种利国利民的经济民生思想，这种思想首先要利于国家，这是陈傅良经济思想的出发点。只有保证了赋税，国家机器才能够正常运转，社会才能够正常发展。其次要有利于百姓，这是陈傅良经济思想的落脚点。维护百姓的利益实质上就是维护国家的利益，因为只有作为统治基础的百姓安稳了，国家才能安稳。

在桂阳施政期间，陈傅良颁布《桂阳军告谕纳税榜文》，一方面告知百姓要按

---

① 陈傅良、周梦江：《陈傅良先生文集》，杭州：浙江大学出版社，1999 年，第 335 页。

② 同上，第 295 页。

时缴纳前几年欠下的税费钱粮，另一方面也对百姓采取宽容政策。这主要体现在两个地方，其一，对百姓设立宽限时间，不准官差人员下乡骚扰百姓，“十三年夏秋二料，限二月终。十四年夏料，限三月中。”[①]这样就给了纳税百姓足够的完税时间。其二就是对不同的钱粮科目采取不同的减免政策和减免税额：

“每银一两减五文足掐子钱减三文足役钱一百文足收会钱八十三文足每一贯减五文足，银自一钱以上，米自一斗以上。”[②]

这样的政策保证了国家的赋税收入，使得国家不会因为没有赋税收入而导致瘫痪甚至灭亡，是利国的行为。陈傅良认为造成民困的罪魁祸首是政府没有节制地向民众索取，进而导致民不聊生。

宋政府根据各路经济发展情况不同，设立了不同的每年上供岁额，但是，每到政府改革的时候，这种岁额不仅没有减少以实惠百姓，反而增加了不少。岁额的增加不仅仅是数目上，更是在范围上都有所扩大化，几乎包含了百姓生活的方方面面，这就给百姓带来了沉重的负担。

作为一个体恤百姓、有着强烈事功精神的官员，陈傅良自然不忍心看到百姓生活日渐凋敝，民不聊生。所以在地方为官时，他尽量减免百姓赋税负担，为百姓争取最大的利益。

宋朝旧制，新皇帝登基，全国各路需要上供“登极银”。光宗继位，桂阳就需要按照以往的规定进贡三千两“登极银”，但是陈傅良根据本军实际情况，上奏陈述了桂阳正处于“属方救荒，力不能办”的事实，最终该项上供银两被减免三分之二，既没有破例全免，也让桂阳的百姓得到了实实在在的利益。

绍熙元年(1190)，陈傅良被任命为湖南路转运判官，总管该路转运司庶务，也就是掌管湖南路的财赋，并监督督察下属属吏。虽然他在这个任上仅仅待了一年左右，但尽心尽力做了很多为百姓谋福利的实事。如解决了当地百姓的续嗣问题：“湖湘民无子孙者，率以异姓为后，吏利其赀，辄没入之。公曰：‘使人绝祀，非政也，况养遗弃固有法。’存其后者几两千家。”[③]杜绝了官府小吏对无后之家惨无人道的敲诈勒索，让大约两千个家庭能够延续香火。把潭州等地的常平粟“移多益寡”，解决地区之间粮食不均问题，有效预防了灾荒之年对百姓生活的影响。陈傅良的这些经济措施，不仅受到百姓的拥护，同样缓和了社会矛盾，对国家也产生了有利的影响。

---

① 陈傅良、周梦江：《陈傅良先生文集》，杭州：浙江大学出版社，1999 年，第 562 页。

② 同上，第 562 页。

③ 同上，第 691 页。

(三)平等全面的教育民生思想

作为从社会底层出身的思想家,陈傅良也积极主张并贯彻他平等的民生教育思想理念,尽最大的努力把教育惠及到每一个需要的人。平等全面则是他教育思想的精华。早年的经历和贫困的家庭背景,使得他在教育的思想上更加关注普通百姓、更加关注贫苦人民,形成了平等而全面的教育思想。他不仅在入仕之前积极开展教育活动,在为官的过程中仍然不忘发展当地教育事业,推动百姓教育水平的提升。

陈傅良开展教育活动很早,在参加科举之前,他就在温州城南茶院讲学,这个时期所讲授的内容基本上以科举程文为主,和后来他的思想定型之后差异很大。但很显然,这时期,讲授的内容却是非常受欢迎的,毕竟如何应付科举才是青年学子们学习的最重要的目的,甚至是最终的目的。这也是陈傅良教育思想的起源,不论什么样的学生,只要来跟他学习,他都会耐心教导,一律平等对待。后来接触到薛季宣等人之后,陈傅良的思想逐渐开始转变,开始往侧重实际、注重事功的方向上转变。正如他的学生曹叔远和朱熹交谈时对朱熹说的那样:“少时好读伊洛诸书,后来见陈先生,却说就见事上理会,较着实。若只管去理会道理,少间恐流于空虚。”[①]意思是年轻时读二程的书,学的二程的思想,后来跟着陈傅良以后,才知道任何道理都要落实到生活中实实在在的事情之上。不然如果光讲大道理,就很容易陷入空虚的地步。这种思想的转变和陈傅良之前的思想转变轨迹相近,可见他的实用主义教育思想对学生的深远影响。由于陈傅良的教育水平实在太高,以至于远播千里,连皇帝都知道在永嘉跟随他学习的人常常都有数百人之多。[②]

在桂阳任职期间,陈傅良仍然没有忘记他的教育理念并积极地加以实行。考虑到桂阳是偏远小县,人民的识字能力、文化水平,甚至开化程度都相对比较低,对此,陈傅良说:“郴桂之间,宜兴学校,以柔人心……于郴之宜章、本军临武两县建县学,所以劝奖风厉,条目甚背。仰见睿明旁烛幽照,欲使边氓同被文化。”[③]在这里,他指出了建立学校,开展教育的目的,一方面是让皇帝的恩德洒向全国各地,这当然是奉承之词;另一方面才是最重要的,也就是让百姓知书达

---

① 黎靖德:《朱子语类》,长沙:岳麓书社,1997年,第2612页。

② 陈傅良、周梦江:《陈傅良先生文集》,杭州:浙江大学出版社,1999年,第285页。

③ 同上,第275页。

理，摆脱之前的那种目不识丁的蒙昧状态。而且无论是“义社豪民”子弟还是“边峒子弟孙侄”都可以“入学听读”，也体现了他那种有教无类、求学不分贵贱的平民教育思想，对不管是富家子弟还是边峒子弟都平等对待，一概而论。

我国古代社会自古就有夷夏之防的社会思想和政治基础，但是在陈傅良看来，这并不能成为少数民族百姓教育机会受到剥夺的理由。他在桂阳任上兴办学校，不仅允许汉人子弟入校学习，对于少数民族子弟，也是一视同仁：“至于瑶人，实同省地，久来往还，何分彼此。”[①]意思就是这里的瑶族人民和汉人经常交往，也就不要再加以区分了。这种在教育思想中蕴含的朴素的民族平等思想对我们今天的教育事业来说，仍然具有十分有益的借鉴意义。

除了在为官之地兴办学校之外，外出讲学也是陈傅良传播其教育思想的一个重要途径。在湖南任职期间，陈傅良多次去到岳麓书院进行讲学，和张栻相互进行交流探讨，使“湖南学风为之一振，对湖湘学派产生巨大影响”。[②]

陈傅良的这种重视教育并大力推行的方式提高了人们的文化素养、提升了人们的知识水平，培养了众多经国之才是一方面。最重要的则是，从思想文化上来说，提高了事功之学的知名度，进而弘扬了事功之学，使永嘉学派得以进一步发展，为叶适的集大成奠定了坚实的基础。

(四)保民养民的民政民生思想

陈傅良为官十分重视保民养民。

淳熙十一年(1184)，陈傅良被任命为知湖南桂阳军，但是因为候缺的缘故，他又在家赋闲了三年，“又三年，乃之官”[③]，一直等到淳熙十四年(1187)才有缺让他赴任。

在桂阳军任上，陈傅良在这里的所见所闻，对他的思想产生了很大的触动。这里百姓艰苦的生活使他更加深刻地体会到无论是在江湖之远做学问，还是在庙堂之上执政一方，最重要的事情就是为百姓谋福利，减轻他们的痛苦。可以说这段经历对其坚定事功主义的治学方向有着很大的影响。

到了桂阳之后，陈傅良连续发布《桂阳军告谕百姓榜文》《桂阳军告谕纳税榜文》和《桂阳军劝农文》三篇告示，对百姓在生产生活问题做出规定和引导，以达

---

① 陈傅良、周梦江：《陈傅良先生文集》，杭州：浙江大学出版社，1999年，第561页。

② 蔡瑞霞：《陈傅良与湖湘学派》，《求索》，2001年，第4期。

③ 陈傅良、周梦江：《陈傅良先生文集》，杭州：浙江大学出版社，1999年，第691页。

到促进当地发展,同时安抚民心的目的。陈傅良虽然在桂阳任职仅仅不到两年,但"力讲荒政,所及者广","实惠遂及一方",可以说很大程度上实践了他的民生和民本思想。

在桂阳任上,陈傅良曾经做过《桂阳劝农》一诗:"雨褥风耕病汝多,谁将一一手摩挲。幸因奉令来循垄,恨不分劳去荷蓑。凉德未知年熟不,微官其奈月椿何。殷勤父老曾无补,待放腰镰与醉歌。"[①]

诗句描写了陈傅良对农民生活生计的困难感同身受,然而又无奈于自己官职卑微,不能真正的给百姓带来好的政策,最后无补于事,也只好和乡村父老在田亩垄头高歌一曲,以表心情,和杜甫诗"请为父老歌,艰难愧深情"有异曲同工之妙。不仅如此,陈傅良甚至在重阳节去户外活动时仍不忘百姓田里的庄稼:"小雨廉织仅滑泥,强随年少更攀跻。欲凭最上浮屠望,晚稻如今齐未齐。"[②]甚至可以说他眼中除了想着百姓就基本上就没有其他的东西了。想到当陈傅良因为职务变动离开桂阳时,当地百姓大大小小老老少少"老稚遮送不绝"的相送场景,以及在还朝期间"鬓须无黑者,都人聚观磋叹"老陈郎中的场景,就能够明白他的这些发自肺腑的诗篇确为真心实意地体贴百姓,关心百姓。

除此之外,桂阳天若干旱,陈傅良还会作《桂阳军祷雨文》,祈求上苍天降甘霖,把不下雨的责任归结到自己的身上。[③] 若是下雪,更会作诗庆祝,以期待来年百姓安居乐业:"亘古岭旁冬不到,从今湖外岁无饥。"[④]一个对百姓含有拳拳之情的父母官的形象跃然于纸上。

陈傅良实践自己的民生理论,并不是盲目的,而是根据实际情况指定相应的有针对性的措施来实施的。

在桂阳任上,陈傅良积极推行各项惠农政策,颁布了《桂阳军劝农文》(以下简称《劝农文》),《劝农文》从农田水利、邻里关系、完租纳税、典卖产业以及粮食种子租借等八个方面对百姓生活的方方面面进行了安排,为了让百姓安居乐业,可谓是用心良苦。而最能体现陈傅良务实精神的,就是他到任桂阳之后颁布的《劝农文》当中第一条的规定:

"闽、浙之土,最是瘠薄,必有锄耙数番,加以粪溉,方为良田。此间

① 陈傅良、周梦江:《陈傅良先生文集》,杭州:浙江大学出版社,1999年,第69页。

② 同上,第69页。

③ 同上,第557页。

④ 同上,第73页。

不待施粪，锄耙亦希，所种禾麦自然秀茂，则知其土膏腴胜如闽、浙。然闽、浙上田收米三石，次等二石，此间所收却无此数，当是人力不到，子课遂减。奉劝自今更加勤勉，勿为惰农，坐视丰歉。"[①]

该规定意思就是说福建和浙江两个地方的耕地非常贫瘠，当地农民只有加以辛勤耕作，该施肥的时候施肥，该锄地的时候锄地，做到不违农时，才能最终成为良田。桂阳当地的土地本身条件比福建浙江要好很多，土地肥沃，但是这么好的土地的收成却不如福建浙江贫瘠土地的收成，主要原因就是桂阳当地人太懒，不辛勤耕作。所以陈傅良就劝当地百姓不要懒惰，坐等丰收与否，要积极勤快，这样庄稼才能得到丰收。

在这里，陈傅良分析了桂阳当地的土壤条件和浙江、福建等地的差别，认为"此间不待施肥，锄耙亦稀，所种禾麦，自然秀成，则知其土膏腴胜如闽、浙"[②]，这里的自然条件是更加优越的，但是尽管如此，他仍然劝百姓在农业生产过程中要"更加勤勉、勿为惰农，坐视丰欠"[③]。如果陈傅良是一个只知道坐在衙门里的"大老爷"，那么他肯定不会知道两地的土壤差别，更不会知道不同的地方、不同等级的田地所产粮食的差别。也正是这种实事求是，求真务实的精神，才帮助他制定出切实可行的政策，帮助百姓发展生产。

桂阳地处偏僻，农业生产非常落后。除了发布一系列宽民心的措施之外，陈傅良还在当地推广他的家乡瑞安一带在农业生产过程中经常用到的先进的灌溉工具龙骨水车、牛耕等农业技术和农业生产工具，并以身作则亲自指导本地百姓如何使用这些农业技术，以求改变当地农业的落后面貌。这些实实在在的措施，不仅使当地农业生产力有较大的提高，农民生活相应得到改善，更是让他深得民心。这些都是他经世致用思想的直接体现。

不仅在自己管辖地实施利民政策，陈傅良还积极和附近州县的官员沟通协调，对双方在遇到灾害之时如何应对都做出了很好的规划，防止出现百姓流离失所的局面。在《与王谦仲参政荐郴守丁端叔》一文中，陈傅良就详细记载了这样的情形。桂阳和郴州两地毗邻，因为桂阳多山地，每年的粮食都要仰仗郴州的帮助，而郴州的官员不仅没有关闭双方的市场，同时还在桂阳庄稼收成不好的年份

① 陈傅良、周梦江：《陈傅良先生文集》，杭州：浙江大学出版社，1999 年，第 563 页。

② 同上，第 563 页。

③ 同上，第 563 页。

施以援手:“移苗米输之桂阳,由此省费而又及期。”[①]既节省了钱,又节省了时间,否则的话,陈傅良就要追究问责,“必且罪去”。

三、陈傅良民生思想的当代价值

党的十八大以来,习近平同志站在全局的高度对于民生问题做出了一系列重要论述,提出了“以人民为中心”的国家发展思想:“人民对美好生活的向往,就是我们的奋斗目标。”[②]这不仅体现了中国共产党在治理国家中坚持人民的主体地位,更凸显了人民至上的发展理念,成为中国特色社会主义建设进入到新时期以来的一个重要思想。它不仅是中国共产党坚持人民主体性质的体现,更是对中国传统优秀文化的继承和发展。党的十九大报告明确提出中国共产党必须始终坚持以“人民为中心”的发展思想,不断促进人的全面发展。[③] 这一表述是中国共产党结合当前国际国内实际情况,以人民群众各方面利益诉求为出发点,为实现人的全面自由的发展而提出的。它不仅吸收了我们国家传统文化中的合理成分,更是新时期新型社会关系的一种体现,有着丰富的理论意义和实践意义。

从“注重民生”到“共同富裕”

南宋时期,内外交困,陈傅良结合当时社会实际,提出了“结民心、宽民力、救民穷”的民生思想主张,认为百姓是国家存在的基础,是王朝政治稳定的前提。只有维护好百姓的利益,才能够使国家稳定。

习近平总书记在党的十九大报告中指出,中国共产党必须始终坚持以人民为中心的发展思想,不断促进人的全面发展、全体人民共同富裕。“共同富裕”这一思想可以看作是对以陈傅良为代表的思想家的民生思想的继承和发展,但二者也有着本质区别。

陈傅良的民生思想是以儒家思想为基础的,而“共同富裕”的思想是以马克思主义为基础,以辩证唯物主义和历史唯物主义为方法论,具有科学性,是中国共产党结合当今发展实际,强调满足人民群众各方面的利益诉求,提高人民群众的全面素质,实现人的自由而全面发展而提出来的,是与新时代中国特色社会主

---

① 陈傅良、周梦江:《陈傅良先生文集》,杭州:浙江大学出版社,1999 年,第 476 页。

② 习近平:《习近平谈治国理政》(第一卷),北京:外文出版社,2014 年,第 4 页。

③ 习近平.《决胜全面建成小康社会,夺取新时代中国特色社会主义伟大胜利——在中国共产党第十九次全国代表大会上的报告》,http://www. xinhuanet. com//politics/19cpcnc/2017-10/27/c_1121867529. htm,2017 年 10 月 27 日。

义相符合，与全面建设社会主义现代化强国相对应的。它依靠中国特色社会主义道路、理论体系、制度来实现，有其丰富的理论内涵和实践价值。

在这一思想的指引下，各级党组织和各级人民政府需要不断完善中国特色社会主义民主政治，加快推进政府职能转变进程，提高政府的行政水平，真正做到权为民所用，利为民所谋。始终以人民的需求为党和政府办事的根本出发点，始终以人民群众对美好生活的追求为党和政府的根本目标，不断持续加大对教育、科学、医疗等领域的投入，坚持“房子是用来住的，不是用来炒的”的根本原则，让百姓居者有其屋。

大力发展社会主义民生政治

陈傅良民生思想的核心是“宽民力、救民穷”，就是要让百姓感受到统治者的宽民之政，这对我们当下国家大政方针政策的制定仍然有现实的借鉴意义。

各级党委和政府应拓宽眼界和思路，充分利用不同地区的区位优势，因地制宜发展经济项目，激发人民群众的创造活力和创新动力。更要强化各部门的责任意识、服务意识，多举措多渠道实现富民惠民，让百姓真正享受到全面小康的成果。

在发展经济的同时，要加大精神文明建设的投入，开展公共文化服务项目，做好非物质文化项目的传承等。新时期，我国社会主要矛盾已经转化为人民日益增长的美好生活需要和不平衡不充分的发展之间的矛盾。为满足人民美好生活需求，要加快公共文化建设，如加大对公立图书馆、博物馆以及科学技术等场馆的投入。积极开展乡村文化礼堂，在推动乡村经济发展的同时，促进乡村精神文明建设。

目前仍有部分党员干部存在着官本位主义、服务态度差、服务意识淡薄等无法适应新时期要求的表现倾向。这就要求我们要更加密切联系群众，设身处地为百姓着想，从群众中来到群众中去。要坚持没有调查就没有发言权的态度，办事行文之前要多听取群众的真实意见，提升自身素质，提高业务水平和技能，提升为人民群众服务的水平和能力。

结语

陈傅良的民生思想是我国优秀传统文化的组成部分，有重要的历史意义和现实意义。陈傅良秉承永嘉学派事功思想精神，坚持务实的为官态度，发展了传统儒学的民生思想，把它运用到实践中。在朝为官期间坚持为民请命，宦游地方期间为百姓做实事,提升了当地的农业发展、文化教育和经济发展水平。

陈傅良继承并发展了薛季宣的思想,丰富了永嘉学派的思想内容,使得永嘉学派的影响力走出浙东,扩散到湖湘大地,更提升了学派的理论高度。作为永嘉学派的中坚人物,陈傅良把薛季宣开创的这一学派在南宋发扬光大,给后来者叶适提供了广阔的发展空间。陈傅良的民生思想充分展现了永嘉之学"事功""经世""崇实""民本"的思想特质。陈傅良反对脱离社会实际问题的空洞理论和枯燥说教,认为无论为学还是当政,都必须要立足现实,为社会现实服务,为国家的强盛而尽心尽力,立实功、见实效、修实德。

陈傅良主张"宽民力、救民穷",要改善民生,国家才能富强,故土才有恢复的希望。他的这一思想可以说正是"空谈误国,实干兴邦"的最好注脚。尤其是在我们全面建设社会主义现代过国家的过程中,只有人民得到了充分而全面的发展,我们国家才能够在人民踏实努力干事创业的过程中强大起来,从而尽早实现中华民族的伟大复兴。陈傅良的民生思想不仅闪耀着时代的光芒,更给后世留下了宝贵的思想财富。

(王兴文、张志超,温州市国学文化研究会)

永嘉事功之学的思想内涵对温州独特地方文化的促进作用

胡念望

我们通常说的永嘉学派或永嘉事功之学，溯源于北宋庆历之际的王开祖、丁昌期、林石等开创的学术思想，后周行己、许景衡、陈经正经邦兄弟等把“洛学”“关学”传到温州。永嘉学派又称“事功学派”，但绝不是某些学者说的“功利学派”，是南宋时期在浙东永嘉（今温州）地区形成的、提倡事功之学的一个儒家学派，是南宋浙东学派中的一个先导学派。因其代表人物郑伯熊、郑伯海、郑伯英、陈傅良、徐谊等多为浙江永嘉人，故名永嘉之学。初期形成以郑伯熊、薛季宣、陈傅良等为代表的景望学派、艮斋学派、止斋学派，叶适则集前辈学术理念之大成。永嘉学派与陈亮的永康学派、吕祖谦的金华学派，统称为南宋浙东学派。永嘉学派与朱熹的道学、陆九渊的心学，并列为“南宋三大学派”，深远地影响了后世。而据清代《宋元学案》，永嘉之学源出二脉：一为永嘉九先生，一为程颐弟子、汝阴学人、薛季宣恩师袁道洁。楼钥在《陈傅良神道碑》中写道：“中兴以来，言理性之学者宗永嘉。”

一、永嘉学派事功之学的主要观点与思想内涵

说到温州的历史，很多人都会说两宋时期、明代中期、晚清民国是文化鼎盛的时期，其实影响温州文化或永嘉之学的背景，有三个朝代是不能忽略的，那就是秦代、东晋、隋朝。秦代建立郡县制、统一度量衡、书同文、车同轨等对后来的永嘉郡、永嘉县建制产生了直接影响。东晋明帝太宁元年（323）析会稽郡、临海郡，设立永嘉郡，才有之后王羲之、谢灵运、裴松之、颜延之、丘迟、韦庸、张九成、杨蟠等六朝高士、唐宋名家的来任郡守、文化启蒙。隋文帝开皇九年（589）析永嘉郡，设立处州府、永嘉县，后隋炀帝开凿大运河、创设科举考试，便利了南北航运交通，激发了农家子弟读书入仕、光耀门楣的动力，“朝为田舍郎，暮登天子堂”

不再是天方夜谭式的梦想,直接促进了东山书院、永嘉书院、鹿城书院、芙蓉书院等温州各地书院、讲学的兴盛,皇祐三进士、元丰九先生、一门四代六进士、兄弟进士、叔侄尚书、文武状元……成为街头田角大家津津乐道的热议,"伊洛微言持敬始,永嘉前辈读书多"。"耕以致富,读可荣身"的耕读文化被写进了各地的宗谱家规,"一等人忠臣孝子,两件事读书耕田""继祖宗一脉真传克勤克俭,教子孙两行正路惟读惟耕。"北宋仁宗皇帝给南方士子一定的进士名额,南宋高宗驻跸温州57天让温州百姓感到皇恩浩荡,永嘉学子读书入士、报效国家的热火得到了助燃。永嘉之学与王安石的新学、吕大临的关学、程颐的洛学、"三苏"蜀学、朱熹的闽学、陆九渊的心学几乎同时出现,在南宋形成了继春秋战国百家争鸣之后又一个百花齐放的思想学术高峰。

个人以为,永嘉学派之前的研究,更多的是人云亦云、炒炒冷饭,甚至不少学者教授对什么是永嘉之学、永嘉之学的精髓也未必明了。其实永嘉之学不是孤立的,需要研究永嘉之学的传统因袭、主要观点、代表人物、价值影响等等。笔者愚以为,基于永嘉之学其学术渊源来分析其思想内涵,主要有这么几个方面:

一是万事皆道,道与器合。永嘉学派首先受到程朱道统理学的观点影响,并吸收了其合理的成分,即"道不离器"的朴素唯物论与有别于性理之学的义理之学,包括"实政与实德双修"的政教观、道德与事功结合的"义利并举"伦理观,以及鉴古知今、据往知今的历史观。主要观点是学与道合、人与德合,事以尽道、政德合一。"事到济处,便是有理;功到成处,便是有德。"这里的事功主要指关乎国计民生的公利,而公利本身就是一种为政之德。与唐代文学家韩愈"道之所存,师之所存也"以及西方"完美的无限的无形的道存在于不完美的有限的有形的现实之中"的逻辑学如出一辙。

二是以民为本,理财治国。永嘉学派是在继承传统儒家的基础上发展的,注重实用,反对虚谈;主张务实弃虚,通商惠工,反对厚本抑末,"以国家之力扶持商贾,流通货币"。永嘉之学主张发展商业,务实创新,成为今日"温州模式"的传统渊源与温州人"敢冒知进退、重利不啬财、恋乡不守土"创业精神的历史源头,也为"摸着石头过河"与"白猫黑猫能抓老鼠就是好猫"的改革思想提供了理论的根据。1956年永嘉燎原社首创的包产到户、1978年以来温州民营经济的蓬勃发展,温州民间历来注重实用的神祇信仰、村民好客厚朴的民风乡情等等,不能不说是与永嘉之学倡导的民本思想有直接的绪接渊源。

三是经世致用,知行合一。永嘉之学吸收了荀子与韩非子法家的思想,注重事必躬行、重视实践行动,"千里之行,始于足下","不积跬步无以至千里,不积小流无以成江河”。对王阳明心学产生了重要影响。黄宗羲提出,“永嘉之学,教人就事上理会,步步着实,言之必使可行,足以开物成务。”如永嘉学派的初期代表薛季宣(1134—1173),少时随伯父薛弼宦游各地。17岁时,在岳父处读书,师事袁溉,得其所学,通礼、乐、兵、农,官至大理寺主簿。历仕鄂州武昌县令、大理寺主簿、大理正,知湖州,改常州,未赴而卒。反对空谈义理,注重研究田赋、兵制、地形、水利等世务。永嘉学派事功之学一个很重要的方面就是制度新学与永嘉文体。北宋初期,太学是国子监的附属机构,而国子监只准许京朝官七品以上弟子入学,仁宗庆历三年,朝廷对太学法进行了渐进式的改革,仿唐置四门学,总的趋势是“增广生员、益置太学”,准许准八品以下官员至庶人俊秀入学,但未别立员额,此后国子监(含四门学)员额逐渐增置,到仁宗末年达到600人。熙宁元年朝廷增加太学生名额到1000多人,而熙宁四年正式分出了上、内、外三舍。熙宁十年,朝廷又将上舍优等生直接补官的待遇定为常制,明确了“上舍生在学一年并免解”的待遇。崇宁元年推出了州县学三舍法改革,拓宽了温州上了读书入仕机会。“元丰九先生”之一的刘安节认为,“三舍之法视宾兴为不足,视科举为有余”。并建言:“故为今之计,莫若推三舍之法以行于天下,使近者不得抱羁旅之戚,而远者亦得承诱掖之化,顾不善矣哉!”

四是学贯古今,融合中西。作为浙东学派的重要组成部分,永嘉之学吸收了墨学的思想,注重兼爱、节用,重视整理地方古籍文献,这也就不难理解孙诒让为何研究墨学并撰著《墨子间估》。谭嗣同在《仁学·自序》中将永嘉学派归之于墨学中的“任侠派”:“墨有两派,一曰‘任侠’,吾所谓仁也,在汉有党锢,在宋有永嘉,略得其一体。”“综汉宋之长而通其区畛,以史学补汉学之短。”

二、温州独特地方文化的形成

永嘉之学的以上思想,充分体现了“事功”特色,影响着温州一代一代的学人,也塑造了温州独特的地方文化。

一是重视著述与乡邦文献搜集整理。温州士人对温州本土文献格外重视,花费了大量精力搜罗整理关于温州地方的资料文献。薛季宣平生著书甚多,著有《古文周易》《古诗说》《书古文训》《春秋经解》《春秋指要》《论语直解》《小学》诸书,多不传。《四库全书总目》称其学问淹雅,持论明晰,考古详核,立说精确,卓然自成一家。“于诗则颇工七言,极踔厉纵横之致”(卷一六〇)。《宋诗钞》也谓:“其诗质直,少风人潇洒之致。然纵横七言,则卢仝、马异不足多也。”《全宋诗》卷二四六七至二四七七录其诗十一卷。《全宋文》卷五七七四至五七九七收其文二十四卷。陈傅良著作有《周礼说》13卷、《春秋后传》12卷、《左氏章指》30卷、《读书谱》2卷、《建院篇》1卷、《历代兵制》8卷、《止斋文集》52卷、《毛诗解诂》以及《论祖》4卷、《奥论》6卷、《永嘉先生八面锋》13卷。特别值得一提的是20世纪90年代,解放军出版社又把他的《历代兵制》加以整理出版,可见他的著作对后世影响深远。叶适《水心文集》29卷,由门人赵汝谠用编年法编次刊行,集中所作札、状、奏议、记、序、诗、铭并杂著,成篇章者凡百余篇,其文"本之圣哲而参之史",所论鸿博精当,可谓大成;《水心别集》16卷,凡《进卷》9卷,《廷对》1卷,《外稿》5卷,《后总》1卷,多为论治之方。其论针对宋代政治、经济、军事、法制、人事等方面积弊,提出一系列切合实际的改革主张和治理措施。

在自己勤于著述的同时,历代永嘉学者名宦也纷纷为前代乡贤学者整理文献。明代广东按察副使吕洪系统搜集整理了南宋爱国诗人林景熙的诗文集,而明太子少保黄淮参与刊刻《王十朋全集》并撰写序言。清代同治、光绪年间,瑞安孙衣言、孙锵鸣十分重视乡土文化,汇刊《永嘉丛书》15种,孙诒让父子出版的多为宋代文献。"永嘉学"沉寂已久,有振兴之愿。清史馆中说孙衣言"尤留意乡邦文献,补辑《永嘉学案》,又编刊陈止斋、叶水心诸家集,采涉甚广",而孙锵鸣是"平生研求永嘉经世之学",兄弟二人制定《采访条例》,准备编写《温州备志长篇》,而孙衣言又编纂《永嘉集》和《瓯海轶闻》。孙诒让少时即跟随父亲孙衣言,整理温州乡邦文献,为《永嘉集》贡献颇多,独自编写了《温州经籍志》,发布《征访温州遗书约》,搜集遗失的温州文献,协助编纂了《永嘉县志》,主持修纂《瑞安县志》,遗憾的是《瑞安县志》没有完成。民国四年(1915),瓯海关监督冒广生编刻《永嘉诗人祠堂丛刻》14种。民国十七年至二十四年(1928—1935),温州旅沪实业家、温州师范学院创办者黄群、刘景晨、刘绍宽一起刊刻《敬乡楼丛书》4辑38种78册289卷。抗日战争时期,永嘉区征辑乡先哲遗著委员会钞缮地方文献402种。2001年温州市政府启动编撰的地方文献整理工作历时五年零九月,共整理出版4辑40部48册,其中著名的文献有宋《薛季宣集》《周行己集》《陈傅良集》等,宋戴侗文字学专著《六书故》、清孙衣言《瓯海轶闻》、孙诒让《温州经籍志》、陈虬宋恕陈黼宸《东瓯三先生集补编》等。

二是重视家乡人才的培养与科考举荐。温州士大夫特别重视家乡士人的培养,在家乡举办讲学,传授门人,兴办书院、私塾等,推动了地方文化发展,壮大了温州科举势力。同时温州士大夫之间同气连枝,相互举荐,在政局中形成了一股不可忽视的温州力量。

温州历史上涌现了许多著名的书院，如苍南桥墩的鹅峰书院、市区华盖山上的东山书院、瑞安仙岩的仙岩书院、乐清淡溪的梅溪书院等等，这些书院多创于宋，历史悠久，对温州地方人才的培养起到了巨大作用，同时也影响了整个温州地方的文风、世风。永嘉学派的温州士人热衷于在书院中讲学，薛季宣、陈傅良和叶适三位宋时永嘉之学的代表性人物先后到南湖书院讲学，传道解惑，吸引了大批乡人。薛季宣乾道二年至三年间(1166—1167)在南湖学院讲学，陈傅良现场求学。而据蔡幼学《行状》说，陈傅良在南湖书院讲学时“岁从游者常数百人”，叶适也在其中，其《宋故通议大夫宝谟阁待制陈公墓志铭》记载：“初讲城南茶院时，诸老先生传科举旧学，摩荡鼓舞，受教育者无异辞。公未三十，心思挺出，陈编宿说披剥溃散，奇意芽甲，新语懋长。士苏醒起立，骇未曾有，皆相号召，雷动从之，虽縻他师，亦藉名陈氏，由是其文擅于当世。”叶适则先后两度在南湖书院讲学。永嘉学派的士人同时乐于开办书院，陈傅良开办了瑞安仙岩书院，叶适则在潜居水心时，开门授课，讲学授徒。到了清朝，随着鸦片战争的爆发，千年未有之变局冲击着我国的文化根基，这时永嘉学派的“事功”之学发挥出其注重实际的特点，充分认识到西方文化科学技术、政治意识等存在可取之处，永嘉学派的士人在温州开办了各种新式学校，教授西方历史、科学等知识。孙诒让 1895 年创办瑞安算学馆后改名学计馆，1899 年创办瑞平化学学堂。1905 年孙诒让筹办“温处学务分处”，在其领导下，三年内创办了二百多所中小学堂。

在科举方面，宋时温州科举情况开始较为艰难，叶适说“温之士几万人，其解选拘于旧额，最号狭少，以幸为得尔”。根据文献记载分析，温州解额宋初时只有 2 人，逐渐增加至十几人，各年间不一，后在度宗年间增至 50 人，这既有边州沦陷后重新分配的原因，也有温州人积极争取的缘故。在争取乡贡解额之外，温州士人更是积极支持太学改革，方便更多乡人进入仕途，如刘安节为崇宁三舍法大声疾呼，甚至要求推广到州、县学。温州书院之风兴起，士人学子有了更多的学习机会，能够近距离地接触到前辈先学，提高了学子们的时文水平。这些都促成了温州进士数量和质量都出现突飞猛进的进步，元丰八年之后的 14 科中，每科都有温州士子登第，且每一科登第人数都不少于 3 人，进入南宋后更是每科不少于 10 人。明清时，随着政治中心北移和永嘉之学的没落，温州科举不复宋时的辉煌，但也出现了不少杰出人才，如黄淮、张璁、孙希旦、孙衣言和孙锵鸣兄弟等。

温州士大夫群体在朝局中互通声气，相互举荐，尽量共同进退，形成了一股不可忽略的力量。宋高宗朝时，林待聘荐举张阐，许景衡推挽宋之才，吴表臣、张阐举荐何逢原自代，他们可能分属不同政治派系，但都因同乡之谊而互相帮助。

清时,温州士人虽没有了宋时的辉煌,但也能在仕途中守望相助。第一次鸦片战争时,镇海教谕张振夔处在抗英前线,向钦差大臣裕谦举荐千总瑞安人叶舞墀。孙衣言与孙锵鸣为亲兄弟,孙衣言、孙锵鸣与曾国藩、沈葆桢之间关系密切,孙衣言、孙锵鸣和沈葆桢还在南京共事过一段时间。

三是重视耕读商读文化的发展。自隋时开创科举考试选拔人才以来,世家大族对朝局的把握能力逐渐下降,宋以后科举入仕已是无可争议的正途,也奠定了通过读书参加科举进入仕途这一稳定的社会上升通道。但是读书和参加科举考试都要耗费巨大精力、财力和物力。读书大多需要到私塾学习,延请老师,自身也大多脱产苦读,科举考试又分童试、院试、乡试、会试、殿试(明清时与宋时稍有不同,但也分多级考试),要层层选拔,尤其是到了乡试以后要到省城、京城进行考试,长途跋涉,所费颇多。还有很多考生为了减少竞争,进入国子监、太学学习,需长期滞留京城学习。这些都是个人难以承担的,所以温州向来都是举全家之力、举全家族之力进行人才的培养,一家或一家族之中,部分兄弟子侄都或耕田或经商,以供养部分天资出众的兄弟子侄读书入仕光宗耀祖,而这些入仕的兄弟子侄又能反过来帮助家里或家族的事业。这就形成了一种良性循环,大大的促进了地方的文教发展,同时也产生了很多两代或两代以上出过进士的世进士家族。

北宋后期温州涌现出的元丰九先生等先驱能够不远千里在京师游学,要仰仗其家族经营田产。刘安节、刘安上兄弟,其家族叔伯辈的刘弢善于经营:“謦颖有志度,方营其家,规抚伟然,日奔走于艰难,无厌怠色。久之,凡所以为生之具毕办,而区处条理,粲然可观。常叹世俗族众则异居,异居则恩意日薄,顾弟侄孙子繁衍,乃益广室庐、殖田畴,为持久计。”这样的经济基础可以开辟私塾,供家族子弟读书:“故家荆溪上,公因之辟馆裒书,延师儒,趣诸子族人皆从学。”蔡元康能够周游天下,结交名人,要靠他的弟弟蔡元龟巧于殖产:“尝欲广其室庐以族处,益其田畴以族食,于以合宗族,于以表乡闾,皇皇汲汲,凡经理资财以为是,盖十余年矣。年甫强仕,志弗克就,而不幸以死。”徽宗时太学生贾如规、贾如石兄弟靠其大哥贾如讷“躬任其家事,厚资给之”在京师游学,贾如讷为了周济贫穷族人,赠予膏腴之地 30 亩,又捐赠百亩饭僧徒之放来者,为接济乡里,割田二顷多,说明了贾家当时雄厚的财力。

永嘉学派的代表性人物薛季宣家族中出过多为进士为官之人。薛季宣的父亲薛徽言(1083—1140),字德老,建炎二年登第,授南剑州司法参军,历任端明殿学士、签书枢密院院事、枢密院计议官、兵部员外郎、吏部员外郎、右司员外郎、左司员外郎、中书门下省检正诸房公事、起居舍人，因与秦桧御前争执，中寒疾而卒。薛季宣的叔父薛弼，字直老，一生追随过多位大臣，先是李纲，后又跟随宋伯友，但都不得志。秦桧闲居永嘉时，薛弼游其门，后先于秦桧起复，提举淮东盐事，后出任湖南转运判官，其后在湖南多个官职任职，帮助岳飞平杨么，后离开岳家军，又先后任陕西都转运使、左司员外郎、知虔州、福州、广州，在广州任上去世。薛季宣(1134—1173)字士龙，号艮斋，他本人是荫补他叔父薛弼而入仕途，历仕鄂州武昌县令、大理寺主簿、大理正，知湖州，改常州，未赴而卒。薛季宣早年间四处游学，曾向岳飞、韩世忠学习军事，又师从程颐弟子袁溉，这为他以后重视“事功”，研究实事打下了坚实的理论和实践基础。任武昌知县时，积极组织抗金：“金兵至蕲州、黄州以南，诸官均遣回眷属，系马于庭准备逃跑。唯季宣将家属留在城内死守不去，民心赖以振奋，并乞师于汪澈，得甲三百、楼船十艘，声气甚张，渡江来归者数千家，江西恃以无恐。”

永嘉豫章村的胡氏一族，有“ 门九进士”之称。胡氏始迁祖豫章(南昌)，胡弼为北宋大观三年进士。按《温州历史年表》载：“胡弼于绍兴十一年应永嘉同年吴表臣之邀来温，两年后卜居楠溪豫章。胡弼三子胡褒(亦作褒，又名胡庚)、胡衮、胡襄，为绍兴五年、八年进士。”陈傅良为胡序所写的《胡少宾墓志铭》中记有：“少宾讳序，姓胡氏。胡氏由婺徙温，至荆湖制置司干办公事君讳褒，通判滁州君讳衮，宗正少卿君讳襄，兄弟始著。累赠其考讳观国中散大夫，妣赵氏恭人。滁州君周氏安人无子，以干办君之子为后，是为少宾也……干办君(即胡褒)以布衣从大将军岳飞定群盗，仅得官以死。”分析这些资料可知胡氏一族自婺州(永康)迁来温州，“胡氏三杰”中的老大胡褒(1112—1174)布衣出身，跟随岳飞平定盗匪，得到了荆湖制置司干办公事的官职，但在任上去世了；老二胡衮(1115—?)和老三胡襄(1117—?)是绍兴五年、八年进士，分任滁州通判和江西提刑。按明《两浙名贤录》：“胡襄早学于胡氏，复交于朱子。”胡襄与朱熹相交。明朝初年，胡衮九世孙胡镛编写描述了“六桧堂”，胡衮声名大显，但是因褒、褒、衮字形相近，以致“兄弟名字官秩混淆已久”，孙诒让特地在县志胡衮名下详考，纠正了明清以前方志里的谬误。因胡褒早亡，其子胡序过继给胡衮。胡序(1130—1178)，字少宾，是绍兴十八年(1148)进士，也是永嘉之学的代表人物薛季宣的姐夫，与陈傅良、叶适相交。胡序通达沉雄，自期负厚，不乐仕宦，终官修职郎、监湖州酒库。按叶适《胡夫人薛氏墓志铭》：“子宗、子守，相次登进士第，以能文有学为名士。”胡序的儿子胡宗、胡守都相继登第，胡宗还深得温州知府楼钥的保举，“本州士人胡宗……言行俱优，可谓儒林之俊彦，圣世之英才”(《举胡宗应贤良科状》)，于绍熙四年(1193 年)登科,历任宁海主簿、湖州教授;胡守为阙年进士,授广州教授。综上所述,南宋时期,豫章胡氏一门三代至少出了五位进士,胡衮、胡襄、胡序、胡宗、胡守,而所说的“九进士”中的其余四位与胡氏或非直系亲属,或关系过远,有穿凿附会之嫌。胡氏直系亲属中胡衮之后胡宗蕴为画家,尤以画梅所长,颇得王冕神韵,征召为仕郎中书舍人,致仕回乡后建立了白马书院、紫薇楼。胡衮十世孙胡奥为宣德五年进士,官至刑部主事。

永嘉溪口戴氏戴蒙、戴侗父子均中进士,但戴氏一门有“一门六进士”之说,说法里包括了不同门的戴述、戴溪、戴栩,还有布衣出身的戴蒙之父戴龟年。戴龟年据清《明文戴氏宗谱》(永嘉菰田)载:戴龟年于绍兴末年造战船有功,“受功而辞爵,甘老林泉”。而万历《温州府志》则说:戴蒙“由闽避战乱徙永嘉,居楠溪菰田”。戴蒙是戴龟年的长子,字养伯,先是冒用父亲旧友戴勋之牒,更名戴埜(一作壄,字子家)赶考,淳熙元年(1190)科进士,调丽水尉,因与丽水郡守不和,辞官,从朱熹游学。丁父忧后,戴蒙又恢复本名重考进士,可惜不中,从此潜心理学,著有《易书四书说》《禹贡辨》等,并创办了楠溪江流域最古老的书院之一菰田塾(戴蒙书院),因宋光宗御赐“明文”,故又称明文书院。戴蒙次子戴侗(1200—1284),字仲达,淳祐元年(1241)进士,知台州、迁军器少监,其后辞疾不起,和父亲、兄长戴仔一起,历时 30 年完成辞书《六书故》。

“六进士”里的戴述是元符三年(1110)进士,为“元丰九先生”之一。戴溪是淳熙五年(1178)进士,以宣奉大夫、龙图阁学士致仕,谥文端,著有《石鼓论语问答》等。戴栩是戴溪族子,嘉定元年(1208)进士,太学博士、湖南安抚使司参议官,师从叶适。

永嘉鹤阳谢氏谢包京及其孙子谢天埴,分别是清顺治十二年(1655)和康熙三十九年(1700)进士。谢包京(1616—1672),字令夏,号两雁,为鹤阳第一个进士,康熙元年(1662)任河南阳武县令,“值河患,百姓流亡,公竭力招徕,宽恤多惠政,平反疑狱,每雪沉冤,督抚交奖”。《永嘉县志》《阳武县志》及《温州府志》有传,记录其仕途生平,谢包京好作诗文,《两雁山人集》共辑有谢包京诗作 306 首,文 27 篇。谢天埴(1662—1716),号坦斋,康熙四十五年知河南杞县,爱民课士,捐修学宫,首革重耗,为民称颂。

三、结语

永嘉之学,形成于南宋时期,当时在学术界可与闽学(代表人物朱熹)、赣学

（代表人物陆九渊）相抗衡，其事功思想也与朱、陆之学相左，虽然其后式微，但在清末西方列强入侵时又迸发出蓬勃的生命力。永嘉之学一直在潜移默化地影响着温州士人，其“万事皆道，道与器合”的朴素唯物主义思想，相比朱、陆的性理之学更加接近现实生活，也更加贴近孔子的思想，受佛、老的影响最浅。永嘉之学重视“功利”，经世致用的治学特点，在南宋时学人就已根据当时社会的实际情况，研究农学、地理、军事等以求作用于当世，在清末更是随着西方文化的冲击，重新审视整个世界，并积极学习传播西方的科学、历史等知识，寻求富国强军之道。正是被永嘉之学滋润着的温州乡民，在近代，尤其是改革开放以来，能够继往开来，解放思想，取得巨大的社会经济和文化发展。作为温州地方文化的核心，永嘉之学值得我们不断深入地研究。

参考书目及刊物：

[1] 王宇．永嘉学派与温州区域文化[M]．北京：社会科学文献出版社，2007.

[2] 张鸣华．清代永嘉之学—纪念张振夔先生诞辰 210 周年[M]．南京：南京大学出版社，2008.

[3] 马锡鉴等．孙诒让纪念论文集[J]．温州师范学院学报，1988.

[4] 胡念望．我思我游：从楠溪江到温州[M]．北京：中国财富出版社，2016.

（胡念望，温州市文化广电旅游局（市文物局）文物处处长，温州市政府产业基金咨询专家、浙江农林大学特聘硕士研究生校外指导老师。）

逢君干进抑或秉笔直言:从大礼议中崛起的张璁

范　瑶

摘　要:张璁因为在大礼议中坚定支持世宗尊崇父母而深得世宗信任,从一个礼部实习生,短短六年间一跃成为朝廷一品大员。对于张璁在礼议中的表现历来颇具争议,有人认为他是建大议,明大礼,有人认为是逢君干进的谄媚之举。然而张璁于继嗣派人多势众的情形下以一个礼部观政的微末身份打破僵局支持世宗,除了于政治上的追求,坚定张璁信念的是他认为的真理,张璁的礼学思想与新兴的阳明心学有内在的一致性,强调缘情制礼,礼因情变。

关键词:张璁;大礼议;明朝;嘉靖;阳明心学

一、对张璁议礼的争议

张璁,浙江温州府永嘉人,字茂恭,后为避御讳,世宗赐名孚敬①,是明中期嘉靖朝的重臣。大多数人知道张璁是因为嘉靖帝登基初期的那场大礼议,他以一个刚刚进士及第礼部观政的身份参与到了这场权臣与新帝的斗争中,也正是因为大礼议中首先站出来支持世宗,张璁的命运被改写,短短六年时间成为内阁首辅做到朝堂一品大臣的位置,这样的晋升速度在整个明朝都是罕见的。正是因为这份在大礼议中敢于打破僵局发言支持的情谊,张璁深得皇帝信任,之后在皇帝支持下大刀阔斧主持改革而颇见成效,可以说正是大礼议给了张璁在政治上大展身手的契机。

然而张璁在他整个政治生涯起点—大礼议中的表现颇具争议,总的来说在嘉靖、隆庆以及万历前中期在对于张璁的议礼,官私史书传记中大多是正面的态度,在明晚期至清总体上是负面评价。在张璁去世之后,他的一些挚友故交就开

① 张廷玉:《明史》一九六卷《张璁传》,北京:中华书局,1974年,第5173页。

始为其作传，如其好友许赞为其所作的《罗山张公墓志铭》中赞扬张璁“刚崛不回，知朝廷而不知有权贵，知公法而不知有私情。遭遇圣明，建大议，明大礼”[①]，嘉靖二年中进士曾官至兵部尚书的郑晓在他的私修史书《吾学编》中评价张璁在大礼议中的表现时说“晚年发愤，抗朝议，受知圣明，得柄用…”[②]。而到了清朝，万斯同修明史为张璁立传，其中把张璁在大礼议中支持世宗的言行描述成“缘饰经文，委屈当帝意”[③]，显然他认为张璁大大礼议中支持世宗是揣度圣意之后的媚上之举。在万斯同的《明史稿》基础上，经过王鸿绪删改以及清廷多次修订而编成的《明史》对于张璁的大礼议也是持否定态度，其中说“大礼大狱，丛垢没世”。《明史》在总体上评价张璁时说其：“刚明果敢，不避嫌怨。既遇主，亦时进谠言。”“性狠愎、报复相寻、不护善类。”[④]虽然毁誉参半，然而《明史》最终成书后并没有完全延续万斯同对张璁礼议的态度，虽然对张璁的议礼持否定态度，却并不把他形容成一个猜得帝意而逢迎的小人。

那么张璁在大礼议中采取了怎样的举动，发出了什么言论，我们该如何看待他在大礼议中的表现，其中的是非对错应该如何分辨，诸史书、传记对他的议礼评价又该如何衡量，我们应当在史实的基础上以唯物主义眼光来审视他在这一事件中的举措，作出客观的判断。

二、在礼议中暂露头角

武宗病重之时因其无子，内阁和皇太后选择了孝宗弟兴献王朱祐杬的长子朱厚熜作为皇位继任者，于是当时年纪尚小且生父去世的世宗以小宗旁支的身份按照武宗遗诏“嗣皇帝位”。[⑤] 也正是由于世宗的的身世，围绕其父母尊号及相应礼仪问题，以杨廷和为首的继嗣派与世宗为首的继统派展开了旷日持久的斗争。世宗即位后，因其生母蒋氏即将被迎入京，世宗令礼部朝臣拟定其父母的尊号，以及其父的祭祀事宜。群臣商议的结果就是让世宗改换父母，即：“陛下宜称孝宗为皇考，改称兴献王为皇叔父兴献大王，妃为皇叔母兴献王妃。凡祭告兴

① 许赞：《特进光禄大夫柱国少师兼太子太师吏部尚书华盖殿大学士赠太师谥文忠罗山张公墓志铭》，张宪文校注，《张璁集·附录》，上海：上海社会科学院出版社，2003 年，第 504 页。

② 郑晓：《吾学编》第三〇卷，北京：国家图书馆出版社，2013 年，第 1320 页。

③ 张廷玉：《明史》一九六卷《张璁传》，北京：中华书局，1974 年，第 5176 页。

④ 张廷玉：《明史》卷一九六《张璁传》，北京：中华书局，1974 年，第 5180 页。

⑤ 《明武宗实录》卷一九七，台北“中央研究院”历史语言研究所校印本，1962 年。

献王及上笺于妃，俱自称侄皇帝某，则正统、私亲、恩礼兼尽，可以为万世法。”[①]至于理由则是秉承宋朝儒者程颐之言，“为人后者，谓所后者为父母，而谓所生为伯、叔父母，此人生之大伦也”[②]的观点，认为只有大宗嫡长子、孙才是皇位的合法继承人，世宗以小宗继承大统就须过继到大宗名下才算合法，且奏疏中还援引史上以小宗继承皇位的汉定陶王、宋濮王均是过继到大宗名下的故事。然而这份奏议呈给世宗之后，世宗绝不接受，只能一再令朝臣重议，局面陷入僵持。

当时张璁的同乡、身任礼部左侍郎的王瓒，他赞同张璁的继统的看法，并“宣言于众”，就被杨廷和贬到南京当礼部侍郎了。[③] 在继嗣派势众，世宗孤立无援的情况下，人微言轻的张璁毅然呈上了反对继嗣派的《正典礼疏》。张璁在继嗣派声势浩大、继统派几乎无人应援的情况下，打破一边倒的舆论局面是需要莫大的勇气的。在大礼议事后，与继统派思想观点相近的王守仁在与霍韬的回信中写道“心善其说而不敢奉复”[④]。可见当时局势的严峻，所以我们不能将视线仅仅放在张璁为谁发言，也应当注意到张璁是在一种什么样的情势下发出反对声音，这样我们也能更客观地看待大礼议中的张璁了。

这篇奏疏中，张璁首先从儒家伦理道德的角度肯定世宗尊崇父母的孝心，说“孝子之至莫大乎尊亲，尊亲之至莫大乎以天下养”，说世宗的行为不过是“诚孝子之心有不能自已者也”。他提出用汉定陶王、宋濮王的故事来比拟当今的情况是“胶柱鼓瑟而不适于时”，接着从儒家经典《礼记》中找到了继统派最大的理论依据，“礼非从天降也，非从地出也，人情而已矣”。从礼的产生根源回击继嗣派的观点，指出汉定陶王、宋濮王是从小就作为继承人养在宫中，而世宗不曾为人后，是根据武帝遗诏来继统皇位的。说明继嗣与继统区别，继统并非是“父死子立”，并以史上汉文帝承惠帝，宣弟承昭帝的例子说明继统不必继嗣。且世宗是兴献王独子，“自绝其父母”是违背儒家孝道、礼法，是不合人情的[⑤]。张璁从小熟读儒家经典，在八次会试中不断加深自己学识，这一番论述有理有据，世宗看到这一篇奏疏如获至宝，说：“此论出，吾父子获全矣。”[⑥]赋闲在家的杨一清说：“张生此议，圣人复起，不能易也。”[⑦]

---

① 张廷玉：《明史》卷一九一《毛澄传》，北京：中华书局，1974 年，第 5055 页。
② 张廷玉：《明史》卷一九一《毛澄传》，北京：中华书局，1974 年，第 5055 页。
③ 谷应泰：《明史纪事本末》卷五〇《大礼议》，北京：中华书局，2015 年，第 733 页。
④ 王守仁、吴光等：《王阳明全集》卷二一《与霍兀崖宫端》，上海：上海古籍出版社，2014 年，第 918 页。
⑤ 张璁、张宪文：《张璁集·奏疏》卷一《正典礼第一》，上海：上海社会科学院出版社，2003 年，第 19 页。
⑥ 张廷玉：《明史》卷一九六《张璁传》，上海：中华书局，1974 年，第 5174 页。
⑦ 张廷玉：《明史》卷一九八《杨一清传》，北京：中华书局，1974 年，第 5230 页。

九月世宗生母即将从安陆抵达京城，其尊号未定，在迎驾礼仪规格的问题上，世宗与杨廷和等人再次发生争执，张璁再一次冲破杨廷和等人的阻碍，前往左顺门，上疏《大礼或问》，在理论上进一步阐明统与嗣的区别，支持世宗。并且在《正典礼第二疏》中指明："非天子不议礼，愿皇上奋然裁断，揭父子大伦，名告中外，以皇叔父母不正之名决不可称，则大伦正而大礼定矣。"[①]言明议礼的最高决断权在皇帝手中。最终十月世宗颁布诏令，尊其父为兴献帝，其母为兴献后。张璁连上的两疏都成了世宗驳回继嗣派的有力依据，张璁也成了继嗣派的眼中钉，到正德十六年十二月，在杨廷和的授意下，张璁被安排到了南京的刑部，成为一个主事，并派人警告张璁："子不应南官，第静处之，勿复为大礼说难我耳。"可见继嗣派对于张璁的忌惮。到了嘉靖元年正月，世宗采用杨廷和拟定的尊号，"称孝宗为皇考，慈寿皇太后为圣母，兴献帝、后为本生父、母，不称皇"，[②]三月世宗发布诏令宣称大礼事毕，然而这远远不是结束。

三、礼议再起，殊死斗争

到了嘉靖三年三月初，世宗再次下令给礼部，要求："今加称兴献帝为本生皇考恭穆献皇帝，兴国太后为本生母章圣皇太后。"[③]三月下旬张璁和桂萼向世宗进言，提醒世宗"故今兴献帝之加称不在皇与不皇，实在考与不考。"[④]即只要明确了世宗与生身父亲兴献帝的父子关系，世宗在尊号礼仪上尊崇父母都是顺理成章的事。这时的世宗比上一次更为强硬，四月下诏令张璁、桂萼入京，同时继嗣派不得不再次让步，当时内阁首辅蒋冕、礼部尚书汪俊同意给兴献帝、后的尊号前加皇字，称本生皇考献皇帝、本生圣母皇太后，只是世宗还必须承认孝宗为皇考，张太后为皇太后，此外不得在大内祭祀兴献帝，四月中世宗正式颁旨。鉴于继嗣派的让步，朝中又满是反对张璁、桂萼来京的消息，于是世宗下旨令张璁等人不必来京，张璁、桂萼得知世宗称两考的旨意后非常反对，说这使得"纲常紊矣"[⑤]，又联名上疏，张璁直指两考并称是欺瞒皇帝之举，是因为："礼官惧臣等面

① 张璁、张宪文：《张璁集·奏疏》卷一《大礼或问》，上海：上海社会科学院出版社，2003年，第22页。
② 夏燮：《明通鉴》卷五〇《世宗嘉靖元年》，北京：中华书局，2009年，第1687页。
③ 《明世宗实录》卷三七，台北"中央研究院"历史语言研究所校印本，1962年。
④ 张璁、张宪文：《张璁集·奏疏》卷一《正典礼第三》，上海：上海社会科学院出版社，2003年，第29页。
⑤ 谷应泰：《明史纪事本末》卷五〇《大礼议》，北京：中华书局，2015年，第734页。

质,故先为此术,求遂其私。”[①]这次继嗣派的妥协让世宗偃旗息鼓,如果不坚持到底,继嗣派在朝中力量依旧强大,可能继统派诸人的仕途都受到影响,张璁自己也再无入京的机会。世宗看完奏疏后重新下旨令两人入京。

张、桂入京之后面临的是数不尽的弹劾以及人身威胁,正如张璁在奏疏中说的那样:“今臣等朝见,尚有二、三权奸大臣,先行风示大小官员,俱不许与臣等往来,且又浮言恐吓,必欲使臣等变其初说……臣等乃不为所动,则又嗾所私言官,媒蘖不情之词,重肆欺妄。伏望皇上亲临便殿,集执政、礼官,许臣等各执证据典籍,面折再诏之误。”[②]虽然得到世宗的维护,但身处风暴中心的张璁等人所遇到的风险和艰难可想而知,继嗣派杨慎等人早在张桂入京前就谋划杀掉二人,“众汹汹,欲扑杀之……给事御史张翀、郑本公等连章力攻”,之后世宗反而“特授二人翰林学士”更是让继嗣派大肆攻击张璁等人是曲学阿事的谄媚小人[③]。张、桂力辞翰林的任命,也在不断地阐明自己的议礼思想,请求皇帝允许与继嗣派当庭对质。

四、赌上性命的斗争究竟为了什么

虽然张璁因在大礼议中支持嘉靖皇帝而快速崛起,被继嗣派攻击为逢君干进的小人,但经过上述分析,我们可以得知事实并非如此,张璁最开始上疏支持世宗并非为了仕途,或者说并非仅仅为了仕途。在议礼初起时张璁第一个站出来支持世宗,如非有深厚的理论支撑和内心真正的认同,仅仅为了媚上,他不仅不能获得提拔,还会受到一众打击、排挤。当时首辅杨廷和与礼部尚书毛澄商议不许朝堂有异议,还说:“有异议者即奸邪,当斩。”[④]与他持相同意见的王瓒被贬,心悦其说的王守仁未发一言,张璁发言的后果就是被排挤到南京成为一个刑部主事。在他被召回京城后,继嗣派甚至策划打死这个一意孤行的反对者,可见张璁支持世宗冒着多大的政治风险。

张璁支持世宗本是出于对于杨廷和等权臣、旧臣改换世宗父母的不认同,张璁引用《礼记》中“礼非从天降也,非从地出也,人情而已矣”[⑤],强调缘情制礼,而

---

① 夏燮:《明通鉴》卷五一《世宗嘉靖三年》,北京:中华书局,2009 年,第 1728 页。

② 张璁、张宪文:《张璁集·奏疏》卷一《正典礼第六》,上海:上海社会科学院出版社,2003 年,第 34 页。

③ 张廷玉:《明史》卷一九六《张璁传》,北京:中华书局,1974 年,第 5175 页。

④ 张廷玉:《明史》卷一九十《杨廷和传》,北京:中华书局,1974 年,第 5037 页。

⑤ 张璁、张宪文:《张璁集·奏疏》卷一《正典礼第一》,上海:上海社会科学院出版社,2003 年,第 20 页。

继嗣派则秉持着程颐濮议旧说和司马光“为人后者为之子”[①]的观点，援引历史上不合时宜的特殊例子来比拟世宗，两派在学术思想上是存在冲突的。杨廷和之子杨慎也说明“臣等与萼辈学术不同，议论亦异。臣等所执者，程颐、朱熹之说也。萼等所执者冷褒、段犹之余也”[②]。张璁的礼学思想实际上反映出一种新兴思潮对于传统程朱理学的冲击，其思想与渐渐兴起的阳明心学的内在倾向是有一致性的。继统派的主要成员与王守仁有着密切的联系，方献夫、黄绾、黄宗明是王守仁的学生，方献夫：“正德中，……与主事王守仁论学，悦之，遂请为弟子。”[③]正德十六年，王阳明归越，黄绾拜访他并说：“简易直截，圣学无疑，先生真吾师也，尚可自处于友乎！”[④]黄宗明正德九年进士。除南京兵部主事，进员外郎。尝从王守仁论学。[⑤] 席书与王守仁很亲近，正德四年席书任贵州提学副使时：“遂与毛宪副修葺书院，身率贵阳诸生，以所事师礼事之。”[⑥]霍韬在礼仪期间也向王守仁咨询过礼教问题，“霍兀厓、席元山、黄宗贤、黄宗明先后皆以大礼问”[⑦]。张璁的圣人缘情而制礼的观点与王守仁的“先王制礼，皆因人情而为之节文”[⑧]的说法相似。王守仁在与霍韬的信中表示：“往岁曾辱‘大礼议’见示，时方在哀疚，心喜其说而不敢奉复……后来赖诸公明目张胆，已申其义。”[⑨]可见两派对礼的争辩内在蕴含着程朱理学与阳明心学的对立，对此，学界欧阳琛[⑩]、张立文[⑪]、邓志峰[⑫]等学者对此早有论述。

除了学术理念的不同，张璁是渴望在仕途上大有作为的。他 13 岁时就以“卧龙”自居，发出“肯使天下苍生苦炎热[⑬]”的宏愿。七次会试失败，不去以举人身份谋求一官半职，而是决心继续考试[⑭]，说明他是期望在仕途上有长远的发展

---

① 脱脱：《宋史》卷三三六《司马光传》，北京：中华书局，1977 年，第 10760 页。

② 张廷玉：《明史》卷一九二《杨慎传》，北京：中华书局，1974 年，第 5082 页。

③ 张廷玉：《明史》卷一九六《方献夫传》，北京：中华书局，1974 年，第 5186 页。

④ 黄宗羲、沈芝盈：《明儒学案》卷一三《浙中王明学案三》，北京：中华书局，2008 年，第 280 页。

⑤ 张廷玉：《明史》卷一九六《黄宗明传》，北京：中华书局，1974 年，第 5217 页。

⑥ 王守仁、吴光等：《王阳明全集》卷三三《年谱一》，上海：上海古籍出版社，2014 年，第 1355 页。

⑦ 王守仁、吴光等：《王阳明全集》卷三五《年谱三》，上海：上海古籍出版社，2014 年，第 1292 页。

⑧ 黄宗羲、沈芝盈：《明儒学案》卷十《姚江学案》，北京：中华书局，2008 年，第 195 页。

⑨ 王守仁、吴光等：《王阳明全集》卷二一《外集三》，上海：上海古籍出版社，2014 年，第 918 页。

⑩ 欧阳琛：《王守仁与大礼议》，《新中华》，1949 年第 12 卷第 7 期，第 27—34 页。

⑪ 邓志峰：《“谁与青天扫旧尘”——“大礼议”思想背景新探》，《学术月刊》，1997 年第 7 期，第 97—103 页。

⑫ 张立文：《论“大礼议”与朱熹王阳明思想的冲突》，《南昌大学学报》，1999 年第 2 期，第 65—69 页。

⑬ 张璁、张宪文：《张璁集 · 诗稿》卷一《题族兄便面》，上海：上海社会科学院出版社，2008 年，第 40 页。

⑭ 张廷玉：《明史》卷一九六《张璁传》，北京：中华书局，1974 年，第 5175 页。

的。当这样的政治抱负遇上心中认同的“真理”,那为何不去一搏。虽然张璁在政治上追求上进,但他绝不是一意逢迎媚上而没有原则底线的小人。在礼议尘埃落定之后,席书、张璁、桂萼等人纷纷升迁,一些投机者开始闻风而动。嘉靖四年,席书、张璁等原继统派的中坚力量坚决反对光禄寺署丞何渊提出的将兴献帝的神主放入太庙的建议,其中张璁提出折中方案,“为兴献帝立庙京师”,说“若请入献皇帝于太庙,礼之不得为者也,此臣所以昧死劝陛下勿为也”。[①] 何渊等人的行径才是真正揣测上意的谄媚小人,只顾皇帝高兴为自己博得晋升,却丝毫没有立法根据,显然张璁等人不是这样的人。

总之,张璁在大礼议中的言行举动均是合乎他心中理念以及他的政治抱负的。他对儒家礼制有着深厚的研究功底,在礼学思想上有着明显的反对程朱理学的特点,强调礼因情变。同时作为一个从小就立志通过科举在政治上大有作为的士子,张璁不想在仕途上前进也是不现实的,只能说在大礼议中他坚持了自己的真理,又抓住了机遇。

(范瑶,温州大学人文学院 2019 级中国史研究生)

---

① 张璁、张宪文:《张璁集·奏疏》卷一二《庙议第一》,上海:上海社会科学院出版社,2008 年,第 44 页。

浅析林景熙遗民心态

刘芳芳

摘　要：林景熙是南宋时期著名的爱国诗人，文徵明在《双义祠记》中称其与唐钰为“千古之大义士”。林景熙遗民心态形成于南宋灭亡时期，同时元朝残酷的统治及其他遗民也影响了他遗民心态的形成。林景熙的遗民心态不是一成不变的，其变化体现在他对入仕元朝的友人和对元朝地方官员态度上。

关键词：林景熙；遗民；心态

林景熙，字德阳，号霁山。宋理宗淳祐二年（1242），出生于温州平阳县亲仁乡林坳村（今属浙江省苍南县）。林景熙生活在社会发生剧烈动荡、生存空间变得狭小的宋元交替之时，其思想心理等受到极大的冲击。本文试从此方面分析林景熙遗民心态的形成背景及原因。

一、林景熙遗民心态形成背景

（一）南宋灭亡对林景熙遗民心态的影响

林景熙少时聪颖好学，“嗟余偶阅理，焚膏自童时”[①]，因此被举荐至太学。度宗咸淳七年（1271），景熙获得上舍释褐一职，从此步入仕途，时年三十。入仕后，始任福建泉州教授，迁礼部架阁，转从政郎。

咸淳十年（1274）七月，度宗死，贾似道立四岁赵㬎为帝，即宋恭帝。贾似道专权误国，政治极端腐败。伯颜率元军大举南侵，国势岌岌可危。德祐元年，林

① 林景熙、陈增杰：《林景熙诗集校注》卷三，杭州：浙江古籍出版社，1995 年，第 242 页。

景熙“旋以国事寝非,弃官归里,隐州治后白石巷”[①]隐居平阳。

德祐二年正月,宋恭帝降元。宋都陷落后,益王赵昰、广王赵昺经由婺州(金华)抵达温州,陈宜中、张世杰等奉赵昰为天下兵马大元帅,赵昺为副元帅,随后南下福建。五月,赵昰即帝位于福州,改元景炎。此时林景熙虽隐居家乡平阳,却未忘家国之变。宋端宗即位激起林景熙的复国之心,他打算与周景灏(字行之,咸淳四年进士)南下福建追随二王,并在为景灏写的《鞍山斋记》中表明了自己的远志:“八骏不游,六螭犹在……年过伏波,而貌腴意远,如有用我,尚堪一行否?翁笑曰:‘吕公后车,申公蒲轮,皆后吾十年。吾秣吾马矣。’予闻翁言,颇壮翁,而知翁之寿未艾也。翁行,予亦执鞭从后。”表达了踊跃从军的强烈愿望。但终因联系不及和道路梗阻等原因,未果成行。此时的林景熙虽然已隐居故里,但他内心仍然是忠君的,充满了对国家命运的担忧。

祥兴二年(1279),崖山海战时,陆秀夫背着少帝赵昺投海自尽,此次战役之后,赵宋皇朝陨落,南宋彻底灭亡。陆秀夫之死传来,全国哀痛,更有不少的哭祭活动。陈则翁“奉宋主龙牌,朝夕哭奠”,林景熙与裴庚、林正、曹稻孙也都参加了哭祭活动。他们“以诗文往来,私相痛悼。作为诗歌,离黍之悲,溢于言外”[②]。赵宋王朝灭亡后,林景熙在《题陆大参秀夫广陵牡丹诗卷后》写道:“南海英魂叫不醒,旧题重展墨香凝。当时京洛花无主,犹有春风寄广陵。”借牡丹抒发亡国之痛。

(二)元朝的统治对林景熙遗民心态的影响

赵宋王朝灭亡后,取代的是元朝政权,是以刚从奴隶制社会脱胎而来的蒙古族为主体建立起来的,还带有了奴隶制社会残余的扩张性、掠夺性和残暴性。因此在它在对南宋的征服过程中所推行的战争政策是极其野蛮的,给普通百姓的生活生产造成巨大的毁灭和破坏。而且,元朝政府也对传统的学校教育和文献典籍造成了破坏,这也给宋代遗民留下了严重的心理创伤,因此诸多宋代遗民皆不仕元。此时的林景熙虽在家乡白石巷隐居,但是他并未停止对于国事的关注。

元世祖至元二十二年(1285),林景熙应王英孙邀请,前往越州(绍兴)。此时,六陵冬青之役发生。南宋时期,皇帝皆葬于绍兴府会稽县宝山,先后有:高宗

① 王理孚、刘绍宽:《中国地方志集成》,《(民国)平阳县志》卷三十五,上海:上海书店出版社,2011年,第339页。

② 孙治让:《温州经籍志》卷二四,北京:中华书局,2011年,第1144页。

永思陵、孝宗永阜陵、光宗永崇陵、宁宗永茂陵、理宗永穆陵、度宗永绍陵，合称宋六陵。至元二十二年(1285)，元灭南宋20年后，江南释教都总统杨琏真迦重赂执政大臣桑哥，以修复旧寺为名，率人盗掘宋六陵。“发赵氏诸陵寝，至断残肢体，攫珠糯玉匣，焚其，弃骨草莽间。”这一暴行得到元朝最高统治者的默许和纵容，杨仗势横行，地方官司“拦挡不住”。众人皆不敢去收骸骨，而唐钰、林景熙、郑朴翁和王英孙等“相率为采药者，至陵上，以草囊拾而收之”①。郑明德的书中明确记载了林景熙亲身参与此事。他扮作丐者，身背竹箩，手持竹夹，前往拾取暴露的陵骨。又铸银作两许小牌百十，系于腰间，取贿番僧。捡得高宗、孝宗遗骼，装为两函，托言佛经，秘密移葬于兰亭，在土坟上种植冬青树作为标志。

如果说南宋的灭亡使林景熙内心处于悲伤之中，那杨琏真迦的掘陵事件则使得林景熙真正悲愤起来了，内心里更多是对元廷行为的强烈不满。

(三)其他遗民对林景熙遗民心态的影响

宋亡之后，林景熙走上了遗民的道路，他选择在家乡隐居，没有选择出仕元廷。当崖山之战战败，陆秀夫之死的消息传来时，林景熙与陈则翁、裴庚、林正、曹稻孙也都参加了哭祭活动。之后应王英孙延聘，前往越州时，接触了很多忠义之士，如唐钰、邓牧、黄庚、陈观国等。他们一起吟诗作对，成立遗民诗社，组织遗民活动。“南宋遗民故老，相与唱叹于荒江寂寞之滨，流风余韵，久而弗替，遂成风会。”②在宋元之际，涌现出了一大批气节极高的遗民，如郑思肖、谢翱、谢杨得等。这些遗民之间互相作诗交流，他们用自己的坚持对抗着元朝。

王英孙，字才翁，号修竹，会稽人。生于宋理宗嘉熙二年(1238)，卒于元仁宗皇庆元年(1312)。博通经史，历官将作监簿辞归，故人称王监簿。③ 元朝时隐居不仕，所著有《修竹集》。王英孙热情好客，喜结四方名士，延致四方贤俊。一时节义之士如谢翱、邓牧、郑朴翁、唐钰、胡侨(汲古)、黄庚等相从与游，都在他的庄上住过。其中景熙与英孙的交谊可说最为密笃，也最得英孙赏重。

另外，林景熙交游对象还有玉泉真士、泰霞真士、方槐庭山人、果上人、东谷上人、海上人、天台隐者等。这些人或为隐居之人，或为方外高士，与他们的交游充实了林景熙的隐居生活，也给他提供了精神上的依靠。但是跟这些高人相比，

① 王瓒、蔡芳:《温州府志》卷一一，上海:上海社会科学院出版社，2006年，第273页。
② 赵翼:《廿二史札记校证》卷三〇，北京:中华书局，1984年，第705页。
③ 张元忭:《浙江省会稽县志》，台湾:成文出版社，1983年，第453页。

林景熙始终无法抛开自己的儒士情怀,做一个真正的隐士。林景熙交游的对象多是宋元之际遗民或品行高洁之士。他们之间的交游多书写黍离之悲和隐逸情怀,这也在一定程度上促进了他们各自遗民心态的形成。

南宋灭亡后,林景熙悲痛万分,作为一介文人,他并没有认可新政权,而是坚守"忠臣不仕二君"的原则,走上了遗民的道路,选择隐居家乡。虽隐居在家,但他也不忘用纸笔来表达自己忠宋的决心,来坚决抵抗元朝。但随着时间的推移,林景熙渐渐改变了对元朝政权的看法,虽仍然坚守隐居不仕的想法,但减轻了对元朝的敌意,默许其他遗民、后辈、友人出仕元朝的行为。

二、林景熙遗民心态的转变及原因

(一)林景熙遗民心态的转变

元朝统治者从南宋灭亡之后,就推行了一系列民族歧视、高压奴化政策。蒙汉文化的激烈冲突,使宋末的儒士地位由特殊优遇阶层骤然下降。元朝统治者后来才认识到儒士的重要性,开始调整对待儒士的态度,派人下江南搜求故宋贤才,请他们走出来做官,建学校兴文政。这些政策不仅改善了儒士对元朝的态度,而且还使他们开始做官。随着时间的推移,亡国之痛逐渐消弱,选择出仕的江南儒士逐渐增多。

林景熙一开始是极力反对故宋士大夫仕元,并且强烈地批判那些投降的贰臣之人,诗歌感情也非常激烈,在《孙供奉》"绯衣受天恩,日瞻唐殿驾。朱三尔何为,欲使两膝下"和《秦吉了》"尔禽畜于人,性巧作人语。家贫售千金,宁死不离主"中指斥他们禽兽不如。但之后当林景熙的一些朋友选择出仕元朝,如柴杰出任郡学录,汪鼎新出任平阳州学教授等,他不但没有写诗批评,还作诗送别,如《潘山长入括》。在诗中,林景熙直言"为官转多事,行役到寒毡"[①],似乎此时对一些友人的出仕并不以为耻。林景熙族弟林松存在出任温州路学录时,林景熙也并未批判嘲讽,而认为:"盖自师教童习,耗思虑而仅工之,一旦弃如土梗,可悲。科举废,士谋青云,犹假所业以自见。"相反地,林景熙认为林松存出任温州路学录是以礼化民,传承文化,是儒者职责所在。此时,林景熙认为儒士读书就

① 林景熙、陈增杰:《林景熙诗集校注》,杭州:浙江古籍出版社,1995年,第208页。

是要辅佐明君、济国安民，因此他并没有如之前那样对仕元者冷嘲热讽，而是更为理智地去看待仕元者。

南宋灭亡时，当看到某些故宋士大夫选择出仕元朝政权时，林景熙作诗给予了尖锐的批判，比如《妾薄命六首》。林景熙这六首诗主要赞美女子尚忠贞不二，由此来突出名节的重要，用来嘲笑某些出仕二姓的士大夫。再如《秦吉了》一诗，拿秦吉了与李陵作对比。秦吉了"我汉禽，不愿入夷中"，遂"宁死不离主"，而李陵却背汉投匈奴，"甘作单于鬼"[①]。借此来反讽某些出仕元朝的故宋儒士。

而此后林景熙在诗文集中提到的出仕元朝的地方官员皮元、王秉仁、孙箔、王安贞、盛象翁等，他都对这些人都称赞有加。《重修阴均斗门记》称颂皮元作为地方父母官，兴水利，使得江南四十万亩土地免遭激荡之灾的功绩，"侯立心仁恕，唯行所无事，不吽嚣而集，不鞭笞而办，诚动谊感，匪师曷遂。不然民方倚侯以为父母。"[②]林景熙并未因其出仕元朝而丑化其形象。南宋末年林景熙选择归隐故里，可见他已经对当时的朝政产生了不满。然而此时却对元朝地方官不加吝啬地赞美，鼓励后辈辅时济世，履行儒者职责。我们可以看作是一种对元朝政权的认可。

林景熙对于仕元者的态度已经明显缓和了许多，对于仕元者态度的变化也从一个侧面反应出了其遗民心态的一个变化，从之前的一种坚决反元，到开始动摇，理智地去看待一些行为，甚至开始去接受并认可元朝政权。在《公溥堂记》中"至元丁丑，治毁……元贞元年，县升州。"[③]林景熙开始采用元朝的年号。这就发映出他对元王朝的抵触心理有所缓和，已经开始默认元朝政权为正统了。

（二）林景熙遗民心态转变的原因

南宋末年政治混乱，而且元朝是通过残酷的战争夺得政权的，在其统一的过程中，发生了多起屠城事件，又推行一系列民族歧视、高压奴化政策。大批文人选择归隐。而且元朝是一个少数民族政权，自古以来就在儒士心中根深蒂固的"夷夏有别"，使大批文人选择归隐，拒绝出仕元朝。

元朝统治者直到元世祖忽必烈时期才开始重视起儒士，元世祖认为儒术才是管理国家的方法。元世祖在南方的统治稳定之后，实施发扬儒学、优待儒士等

① 林景熙、陈增杰：《林景熙诗集校注》，杭州：浙江古籍出版社，1995年，第4页。

② 林景熙、陈增杰：《林景熙诗集校注》，杭州：浙江古籍出版社，2012年，第346页

③ 林景熙：《霁山集》卷四，北京：中华书局，1960年，第122页。

政策,开始推行"汉化"的文教方针,"至元二十一年……侍卫士鄂尔根萨里擢朝列大夫、左侍仪奉御。因劝帝治天下必用儒术,宜招致山泽道艺之士以备任使,帝嘉纳之,遣使求贤,置集贤馆以待之。"①

此外,元政府逐渐开始重视起文教,南宋的书院教育在元朝时也有所发展。至元二十四年(1287)"立国子学,而定其制,设博士通掌学事分教三斋生员讲授经旨"②。至元二十八年(1291)"江南诸路学及各县学内,设立小学,选老成之士教之,或自愿招师,或自受家学于父兄者,亦从其便……凡师儒之命于朝廷者,曰教授,路府上中州置之。命于礼部及行省及宣慰司者,曰学正、山长、学录、教谕,路州县及书院置之。路设教授、学正、学录各一员,散府上中州设教授一员,下州设学正一员,县设教谕一员,书院设山长一员"③。很多选择出仕的江南儒士到任之后往往通过兴建学校,修建孝子祠,祭祀孔子,表彰忠孝节义的方式来传播儒学。如县尹王安贞,在永嘉兴建书院,传播儒学,"王安贞,大德七年任县尹,开敏有材,善折狱,吏卒不下乡,民不以扰。兴学校,建忠烈庙,修孝子祠,表仰孝廉,治行有声。"④在这些政策的综合影响下,儒士们可以安心传播儒学,钻研学问,使很多拒绝出仕元朝的遗民逐渐改变自己的态度,向元朝妥协并出仕。

林景熙遗民心态转变的另外一个原因就是儒士拯时济民的用世情怀。"古之所谓士大夫者,少而学成于其身,壮而材闻于其国,及其老而无志于用,则退而以其学师于其乡,是故有以一人而成千万人之俗。"⑤这段论述可谓为古代士大夫的理想人生。有为于世、有用于人是传统儒士基本的追求。在儒家入世思想的影响下,文人士子总是希望统治者发现自己的才华,并重用自己,从而建立丰功伟绩。

南宋灭亡后,对亡国之痛感受最深的就是这些儒士。他们深受正统的理学思想的熏陶,儒学中的"三纲五常""万古纲常"就是他们的精神源泉。但遗民们选择不与执政者合作,这就等于抛弃了作为儒士的一生的追求。对于大多数文人儒士来说,接纳元朝政权不是一件容易的事,在元朝统治者逐步向文人表达"重儒"和"文治"的态度时,一些文人的看法逐渐发生了改变。既然异族统治者

---

① 毕沅:《续资治通鉴》卷第一百八十六元纪四,长沙:岳麓书社,1992年,第596页。

② 宋濂:《元史》卷八十一《选举志一》,北京:中华书局,1976年,第2029页。

③ 宋濂:《元史》卷八十一《选举志一》,北京:中华书局,1976年,第2032—2033页。

④ 张宝琳修,王粟,孙治让:《中国地方志集成》,《浙江府志辑》,《(光绪)永嘉县志》卷十《秩官·名宦》,上海:上海书店出版社,2011年,第228页。

⑤ 戴表元:《戴表元集》卷十三《送罗寿可归江西序》,吉林:吉林文史出版社,2008年,第181页。

有意兴王道、行汉法，消除夷夏之间的隔膜，顺应了儒士辅佐明君、济世安民的理想，那么文人儒士便可不拘于时，且他们入仕并不是为了荣华富贵，这也使得他们可以坦然、光明磊落出仕元朝，以执行士大夫经世济民的使命。

结语

纵观林景熙的一生，他所经历的动乱的时代赋予了他特别的人生经历——从残酷战争到祖国灭亡，从陆秀夫负帝蹈海以死到杨琏真迦盗掘南宋六皇陵，从元初被压榨剥削到元朝政权的稳定。这种人生经历使他的遗民心态不断发生变化，亡国之初，他坚决拒绝出仕和故宋儒士出仕，抵抗元朝，避世隐居。然而随着世事变迁，他对元朝的抵触已慢慢缓和，理智看待出仕者，并期许自己出仕的朋友能够坚守本心。造成林景熙心态变化的原因首先是元朝统治者改变了政策，开始重视儒士，重视文教，儒学传播得到恢复，许多遗民选择出仕元朝。再者，儒士们的政治追求是与统治者合作实现自己的人生理想。林景熙的遗民心态是整个宋元之际遗民心态的缩影，值得我们进一步分析和探究。

（刘芳芳，温州大学人文学院 2019 级中国史研究生）

永嘉学派的历史命运转向

——以韩侂胄与台谏的关系为中心叙述

梁晋山

摘　要:诞生于温州的永嘉学派,与朱熹的闽学、陆九渊的心学鼎足而三,是宋学的重要一脉。宋宁宗即位后,韩侂胄与赵汝愚之间的权力角逐扩大演变为职业官僚群体与道学官僚群体之间的斗争。韩侂胄为宰执的时候,控制住了台谏,以内批的形式不断翦除在朝廷的道学官僚,诱发庆元党禁。党禁之后,永嘉学派的传播大大减弱。理宗时期,朱熹的闽学被定为官方学术,永嘉学派在学术的体系中,逐渐失去了地位。

关键字:韩侂胄;台谏制度;永嘉学派;理学

唐朝时期,台谏分职,御史不得监察皇帝,谏官无法弹劾百官,监察权难以达到统一,唐以后出现的各种政治问题均与此相关。"宋之立国,元气在台谏"[①],台谏具有合一的趋势,台谏合流从形式上扩大了台谏的职权,实际上扩大皇权的范围,使得"台谏者,陛下之台谏"[②],沦为皇权的实际控制之中。北宋后期及南宋,皇权、相权、台谏三者之间不断制衡,皇帝利用台谏制衡相权和调节官僚系统,宰相反制台谏,或利用台谏巩固自身的地位。因此"自庆历后,台谏官用事,朝廷命令之出,事无当否悉论之,必胜而后已。专务抉人阴私莫辨之事,以中伤士大夫"[③],台谏系统逐渐沦为附庸,导致了南宋时期的权相政治。永嘉学派正是在韩侂胄利用台谏诱发的庆元党禁之际,逐渐远离政治中心,失去了学术中心的地位,导致在后期命运的衰落。

---

① 脱脱、中华书局编辑部:《宋史》卷三九〇,北京:中华书局,1985年,第11963页。

② 李心传:《建炎以来系年要录·卷一百七十八·》,北京:中华书局,1988年,第2943页。

③ 李焘、华东师范大学古籍整理研究所、上海师范大学古籍整理研究所:《续资治通鉴长编》卷一八四,北京:中华书局,2004年,第4448页。

一、南宋前期的台谏政治略述

> 谏官、御史，其职各异。谏官、御史虽俱为言责之臣，然其职各异。谏官掌献替，以正人主，御史掌纠察，以绳百僚。故君有过举，则谏官奏牍，臣有违法，则御史封章。[①]

唐朝之前，谏官与御史职责各异，谏官监管皇帝的言行，御史负责百官。台谏官员的选择以“侍从举荐、宰执不预、君主亲擢”[②]为主要原则，入选台谏的官员必须达到相应的德行才学的标准。宋真宗时期，御史台人数扩大，大中祥符年间，台谏系统正式确定定额人数，以六人编制为准，另御史中丞、侍御史知杂事、御史台员各一人，至此，御史台员数为八人。宋仁宗时期，宋代政治的三角形结构稳定性收到严重的侵害，与“唐代的君权、相权和谏权的环相为治相比，宋仁宗时期确定的政治三角结构失去应有的权力制衡结构”[③]，这一政治上的巨大变革，体现在宋仁宗准许台谏官员风闻奏事，给予台谏足够大的权力。

苏轼论述到：“故仁宗之世，议者讥宰相但奉行台谏风旨而已。”[④]最终导致“言及乘舆，则天子改容；事关廊庙，则宰相待罪”[③]。元丰改制后，台谏官职能扩大，涉及国家的各种政治事务，例如监察百官、纠察百司、上书言事等。最终导致南宋时期的权相政治的形成。

二、宋高宗时期的权相政治的形成

宋室南渡，高宗赵构利用秦桧来抑制反对和议的士大夫[⑤]，催生了秦桧的权相政治模式。

---

① 《山堂考索·续集卷三十六·官制门》，文渊阁四库全书本，第 1830 页。

② 虞云国：《宋代台谏制度研究》，上海：上海人民出版社，2014 年，第 6 页。

③ 杨雄威：《政治常识的建构——唐宋变革视野下的北宋台谏“风闻言事”特权化》，社会科学，2017 年第 6 期。

④ 黄以周、顾吉辰等：《续资治通鉴长编拾补》卷六，北京：中华书局，2004 年，第 287 页。

⑤ 何忠礼：《试论南宋的社会政治生态及其成因》，《国际社会科学杂志（中文版）》，2016 年第 3 期。

> 每荐台谏，必先谕以己意，尝谓阐曰："秘书久次，欲以台中相处何如?"阐谢曰："丞相见知，得老死秘书幸矣!"桧默然，竟罢，主管台州崇道观，历泉、衢二州通判。"①

官员的任命均由秦桧个人的意志决定，勾涛对宋高宗条陈秦桧的专权："台谏为耳目之司，今宰相引援，皆同舍之旧，倚为鹰犬。"②表明秦桧已将皇帝的"耳目之官"③演化为自身专权的手段。秦桧死后，高宗继承了对金乞和的秦桧路线，却未沿袭秦桧的权力编组方式，并任命沈该、汤思退等人掌控国家权力，取代原有的权力分配，试图修正秦桧政治路线。在对秦桧遗留实力的清除中，高宗也是多利用台谏官员对主战人士进行排挤，以维护和议现状。

孝宗时期这种政治情况得到一定的强化，宋孝宗为实现对高宗后期路线的及时调整，延续有宋一朝所确定的祖宗家法，采取政治权力的重新调整，即变革"权相政治"为"文官政治"④，实现一种在内容上对高宗政治的一种全面的"反动"政策，以"久不任相、长期缺相、不拔次相、并相分权、用而存疑、监督宰相"⑤为任用宰相的策略，使得宋孝宗成功抑制了权相政治的形成，恢复了"士大夫与皇帝共治天下"初期政治构想。孝宗尝言：

> 朕履四海之籍，托王公之上，深惟民之未赡，恻怛在心。惟吏或不良，无以宣德明恩，若乃贪饕无餍，与货为市，渔夺百姓，侵牟下民，有一于斯，足秕邦政。天下之大，郡邑之众，假势放利，实繁有徒。若此朕虽有爱民勤政之诚，焦劳于上，仁恩利泽，何由而下究哉。朕嗣服之初，盖尝考法祖宗严赃吏之禁，其持心不移、复出为恶者，既已逮治一二，厉在位矣。岁月既久，法以延缓，赃过之吏忸习宽政，日甚岁剧。今列官处职，奸法不忌，是与盗无异也。国有宪法，朕不敢废，可自今后，命官犯自盗枉法赃，罪抵死者，籍没家财，取旨决配，并依隆兴二年九月已降诏

① 脱脱、中华书局编辑部：《宋史》卷三八一，北京：中华书局，1985年，第11745—11746页。

② 同上，第11773页。

③ 李焘、华东师范大学古籍整理研究所、上海师范大学古籍整理研究所：《续资治通鉴长编》卷一九四，北京：中华书局，2004年，第4691页。

④ 崔英超：《宰相群体与南宋孝宗朝政治》，广州：暨南大学出版社，2014年，第241页。

⑤ 崔英超：《南宋权臣政治的断裂——论宋孝宗的用相方略》，《暨南学报(哲学社会科学版)》，2010年第4期。

书施行，必无容贷。[①]

由此可见，宋孝宗时期的选官制度的变革不仅体现着皇帝对中央权力的极度把控，更彰显国家治理体系的完备。整顿吏治、保障民生是宋孝宗一大政治愿望，而这种政治构想的实现基石便是要重新确定“祖宗之法”，在这一时期，“执政、侍从、台谏、给舍之选，与三衙、京尹之除，皆朝廷大纲所在，故其人必出人主之亲擢，则权不下移。”[②]皇帝重新控制住台谏官员的选举，抑制权相政治的进一步攫取皇权的主体地位。

唐宋时期的台谏官员身系天下国家利害安危，对台谏官的选拔构成了宋人心目中的“祖宗之法”，即“动态积累而成、核心精神明确稳定而涉及面宽泛的综合体。它既包括治理国家的基本方略，也包括统治者应该循守的治事态度；既包括贯彻制约精神的规矩设施，也包括不同层次的具体章程。”[③]这种早期的政治设计，即以皇权为中心，充分发挥士大夫政治的主体性，以保障皇权的至高无上，一旦宰执的权力扩大到影响皇权，必将进行适时的政策调整，多数时期这种变革与改动都是缘起台谏官员的任命，罢黜。仁宗时期，“亲除王素、欧阳修、蔡襄、余靖为谏官，风采倾天下。”[④]亦对宰执不预台谏官做了明确的规定：

> 先是，宰相李迪除二人为台官，言者谓台官必由中旨，乃祖宗法也。既数月，吕夷简复入，因议其事于上前，上曰：“祖宗法不可坏也。宰相自用台官，则宰相过失无敢言者矣。”迪等皆惶恐。遂出沔、渎，仍诏自今台官有阙，非中丞、知杂保荐者，毋得除授。[⑤]

因此，皇帝能否直接控制台谏官员的任命、提拔、废除，直接关系着与宰执之间的政治博弈，台谏、皇帝、宰执三者共同组成了不断变动的政治结合形态，维持中央权力的实时权力平衡。

---

① 王圣泽：《宋史全文》卷二七上，北京：中华书局，2016年，第2278页。

② 脱脱、中华书局编辑部：《宋史》卷四百一，北京：中华书局，1985年，第12175页。

③ 邓小南：《宋代“祖宗之法”治国得失考》，人民论坛，2013年第16期。

④ 李焘、华东师范大学古籍整理研究所、上海师范大学古籍整理研究所：《续资治通鉴长编》卷一四〇，北京：中华书局，2004年，第3360页。

⑤ 同上，北京：中华书局，2004年，第2647页。

三、韩侂胄对台谏制度的破坏

韩侂胄与赵汝愚同是拥护宋宁宗即位的有功之臣,然两人在事成之后的权力分配并未达到统一,韩侂胄欲求节度使而不得,被赵汝愚以“吾宗臣也,汝外戚也,何可以言功? 惟爪牙之臣,则当推赏”①而搪塞,致使韩侂胄对赵汝愚心怀怨恨:

> 侂胄恃功,为汝愚所抑,日夜谋引其党为台谏,以摈汝愚。汝愚为人疎,不虞其奸。赵彦逾以尝达意于郭杲,事定,冀汝愚引与同列,至是除四川制置,意不正,与侂胄合谋。陛辞日,尽疏当时贤者姓名,指为汝愚之党,上意不能无疑。汝愚请令近臣举御史,侂胄密谕中司,令荐所厚大理寺簿刘德秀,内批擢德秀为察官,其党牵联以进,言路遂皆侂胄之人。会黄裳、罗点卒,侂胄又擢其党京镗代点,汝愚始孤,天子益无所倚信。于是中书舍人陈傅良、监察御史吴猎、起居郎刘光祖各先后斥去,群憸和附,视正士如仇雠,而衣冠之祸始矣。②

宁宗即位后,韩侂胄与赵汝愚之间的矛盾加深,赵汝愚尚未正确认知政治动向,便被韩侂胄借以皇帝之命,利用御笔内批特权专权,控制住了台谏,排斥留正、彭龟年、朱熹、陈傅良、叶适等大批被提拔的正直御史、谏官,改任刘德秀、杨大法、刘三杰,担任台谏官员、一时“台谏皆韩侂胄所引”③,使得他本身的权力急剧扩大。朱熹曾谏言曰:“陛下即位未能旬月,而进退宰臣,移易台谏,皆出陛下之独断,中外咸谓左右或窃其柄,臣恐主威下移,求治反乱矣。”④这种权力下移的情形并未得到宋宁宗的高度注意。加之赵汝愚的权力斗争失败,使得宁宗时期,韩侂胄一时“阴执国柄,宰相以下,升黜在手”⑤,掌握了中央人事任命大权。然而这种个人之间的政治斗争扩大化,延展为庆元党禁时期的理学集团与官僚

---

① 脱脱、中华书局编辑部:《宋史》卷四七四,北京:中华书局,1985 年,第 13772 页。

② 脱脱、中华书局编辑部:《宋史》卷三九二,北京:中华书局,1985 年,第 11988 页。

③ 陈邦瞻、河北师范学院历史系中国古代史组:《宋史纪事本末》卷八〇,北京:中华书局,2015 年,第 875 页。

④ 同上,第 872 页。

⑤ 叶适、刘公纯、王孝鱼、李哲夫:《叶适集》卷二一,北京:中华书局,2010 年,第 407 页。

集团的群体斗争，职业官僚不断阻止道学官僚进入权力的中心[①]，以防反道学运动的功败垂成，作为与朱熹一类的永嘉学派诸人也不可避免地受到波及，不断被压缩了政治生存空间，同时也失去了学术传播的最佳机会。

初期，朱熹、陈傅良因"经术渊源"[②]受到赵汝愚的推荐，召为除焕章阁待制、侍讲和中书舍人兼侍读，这种经筵模式促使道学官员有足够影响皇帝的机会，引起了职业官僚的高度重视，其原因在于：

> 人君起居动息之地，曰内朝、曰外朝、曰经筵，三者而已。执政、侍从、台谏皆用私人，则有以弥缝于外朝矣。又阴结内侍及医师王继先，闯微旨于内朝矣。独经筵之地，乃人主亲近儒生之时。[③]

台谏入宰执，言官预经筵的政治模式，使得权相政治在南宋时期辈出[④]，因此权相必须使用足够的政治力量以保证控制住皇帝的言路，假借道学为伪学的借口，勿使道学官僚接近皇帝。早在孝宗时期，林粟借道学之故排挤朱熹时，叶适就表示出对这种政治情形的担忧：

> 凡栗之辞，始末参验，无一实者。至于其中"谓之道学"一语，则无实最甚。利害所系，不独朱熹，臣不可不力辩。盖自昔小人残害忠良，率有指名，或以为好名，或以为立异，或以为植党。近创为"道学"之目，郑丙倡之，陈贾和之，居要津者密相付授，见士大夫有稍慕洁修，粗能操守，辄以道学之名归之。以为善为玷阙，以好学为过愆，相为钩距，使不能进，从旁窥伺，使不获安。于是贤士惴栗，中材解体，销声灭影，秽德垢行，以避此名，殆如吃菜事魔影迹犯败之类。往日王淮表里台谏，阴废正人，盖用此术。此于陛下彰善瘅恶，封殖人才，以为子孙无穷之命者，其损不细矣。
>
> 栗为侍从，就其褰浅，无以达陛下之德意志虑，示信于下。而更袭用郑丙、陈贾密相付授之说，以道学为大罪，文致语言，逐去一熹。自此

---

① 余英时：《朱熹的历史世界》，北京：生活·读书·新知三联书店，2011年，第343页。

② 脱脱、中华书局编辑部：《宋史》卷四二九，北京：中华书局，1985年，第12764页。

③ 李心传：《建炎以来系年要录》卷一五六，北京：中华书局，1988年，第2529—2530页。

④ 董文静：《南宋台谏取代执政政治模式的形成——以董德元为线索的考察》，《北京联合大学学报（人文社会科学版）》，2010年第2期。

> 游辞无实，谗口横生，善良受祸，何所不有！臣伏见栗耻不得与庙号之议，遂为乐尧之说，而人知其横；怒详定所人吏执覆，遂请罢局，而人知其专。而况职匪风闻，古有常守。今又苟恣一身之很愎，不畏君父之高明，公形无实之言，显逐知名之士。陛下原其用心，察其旨趣，举动如此，欲以何为！诚不可不预防，不可不早辨也。[①]

叶适洞察了林栗"道学"之言为"居要津者"，即职业官僚群体为排挤道学官僚设置的桎梏。两者之间的争论缘于学术之间的辩论，却演化为林栗排挤朱熹政治用心，这种做法与王淮举措一致，目的相同，必将导致皇权旁落。在这里，叶适将朱熹等一系列道学官僚视为朝廷正直大臣，将职业官僚作为窃取皇权的奸佞之臣，劝诫皇帝应早早发现职业官僚的险恶用心，直接驳斥了陈贾的"道学之名"的说法：

> 臣窃谓天下之士，所学于圣人之道者，未始不同。既同矣，而谓己之学独异于人，是必假其名以济其伪者也。邪正之辨，诚与伪而已。表里相副，是之谓诚，言行相违，是之谓伪。臣伏见近世士夫有所谓道学者，其说以谨独为能，以践履为高，以正心诚意、克己复礼为事，若此之类，皆学者所共学也，而其徒乃谓己独能之。夷考其所为，则又大不然，不几于假其名以济其伪者耶。臣愿陛下明诏中外，痛革此习。每于听纳除授之间，考察其人，摈弃勿用，以示好恶之所在。庶几多士靡然向风，言行表里一出于正，无或肆为诡异，以干治体。[②]

此刻起，朝廷的大臣无形之中形成两个集团，这两个集团相互排挤、倾轧，为了在朝廷之中占据主要话语地位，双方的斗争必将进一步扩大。这种斗争旷日持久，最终演化为庆元党禁，永嘉学派最终走向了学术的末路。

四、庆元党禁后永嘉学派的命运走向

庆元党禁是道学官僚与职业官僚斗争的最高激烈形式，二者相互排挤，形成

① 叶适著、刘公纯、王孝鱼、李哲夫：《叶适集》卷二，北京：中华书局，2010年，第19页。

② 汪圣铎：《宋史全文》卷二十七，北京：中华书局，2016年，第2278—2279页。

了庆元年间最大的学术禁锢。

> 悲夫！祸所从来远矣。世方绌道学，而柄路艰用材。周丞相执政久，士多貌若愿，不心与也。忮者已怨，相与击逐，喜曰："道学散群矣！"赵丞相特用材锐甚，清官重职，往往世所标指谓道学者，忮者尤怨。幸其有功，生异起说，枝连叶缀，若组织然。谤成而赵公亦逐，则又喜曰："道学结局矣！"凡经赵公识面坐语，无不迹绝影灭也。盖道学于公，涂问巷揖，无及门之款；赵公于公，序进次补，无逾级之迁也。一旦正色抗辞，殄行谗说，犹蛰虫之遇震霆，莫能测焉，何哉？冲然无去来而为心者，公心也；漠然无重轻而为言者，公论也。公本于公心以发公论，赵公之诬赖以明，道学之禁赖以解，殆天意，非人力也。[①]

庆元党禁对南宋儒学真正的影响，除了当时中人在仕途上遭到挫折，以及受此压迫而在精神上承受苦闷外，从长时段来看，与其说是打击，勿宁说是助长，而这种助长的直接力量又是来自政治的因素。[②] 庆元党禁对永嘉学派的传承是一次重要的打击，周必大时期，道学官僚被排挤，职业官僚便大喜；赵汝愚时期，作为道学官僚的举荐者，被排挤时，亦使职业官僚感受到大喜。两次"大喜"，便可证明职业官僚与道学官僚的斗争进行的如火如荼，在庆元党禁之时，道学官僚全面落败，"涂间巷揖，无及门之款"，互相不敢言语，唯恐祸及自身。

永嘉学派诸人由于庆元党禁被迫远离政治中心，被贬斥回温州，无法与其他道学家进行沟通交流，便失去了学术传播的最佳机会，即便是永嘉学派的集大成者，叶适也曾无奈地叹息：

> 余久居水心村落，农蓑圃笠，共谈陇亩间。有士人来，多言场屋利害破题工拙而已。周子实数过余，必示以前辈旧闻，每得一二，耳目鲜醒，寘于举业丛中，不啻夜光之照敝帚也。古人多识前言往行，谓之畜德。近世以心通性达为学，而见闻几废，为其不能畜德也。然可以畜而犹废之，狭而不充，为德之病矣，当更熟论。[③]

---

① 叶适、刘公纯、王孝鱼、李哲夫：《叶适集》卷二四，北京：中华书局，2010 年，第 471 页。

② 何俊：《庆元党禁的性质与晚宋儒学的派系整合》，《中国史研究》，2004 年第 01 期。

③ 叶适、刘公纯、王孝鱼、李哲夫：《叶适集》卷二九，北京：中华书局，2010 年，第 603 页。

永嘉学派的后期传承逐渐式微,诸多儒学士子,来请教的也多是科举之学。叶适为此感受到内心的种种失落,感叹“夜光之照敝帚”。宋理宗时期,朱熹的学术体系被定义为官方学术正统思想,以叶适为代表的浙东学术的出局为标志,闽学最终实现了晚宋的儒学思想的最终一统,永嘉学派的思想也趋于销息。

(梁晋山,温州大学人文学院2019级中国史硕士研究生。基金项目:2020年浙江省新苗人才计划《乡村振兴战略下乡土教材的开发与应用——以永嘉学派为例》(项目号:2020R434049)阶段性成果)

文献与书写:杨府爷记载考[①]

杨三长　林　妍

摘　要:杨府爷是浙南民间最大的神灵信仰,民众对他的信仰已经延续了一千多年。但是,目前对于杨府爷到底是谁、其生平事迹如何,直到现在,也没有一个确切的说法。由于关于杨府爷的史料甚少,这也给研究杨府爷带来不少的困难。随着数据库的普及,利用中国方志库,并把范围限定在浙江,检索在地方志中记载了杨府爷的史料,然后结合碑刻和相关的制度史进行考证,发现现在常见的关于杨府爷的史料中相互之间存在着一定的出入。本文结合地方志、碑刻等中有关杨府爷史料记载的考究,以期对杨府爷有进一步的认识。

关键词:杨府爷;地方志;碑刻;史料价值;姓氏志

近年来,随着社会史的兴起,民间信仰的研究也越来越深入。纵观学界研究,目前对杨府爷的研究取得了丰硕的成果。其中对杨府爷信仰进行过较为全面研究的有一篇论著,林亦修从移民角度把温州杨府爷信仰归纳到本土俗神体系[②]。此外还有数篇相关论文,主要集中在对杨府爷与地方政治关系、与地方多元社会互动方面和论述杨府爷由人成神的过程研究。[③] 而关于杨府爷的生平,既有研究主要认为杨府爷是唐朝的杨精义、南宋的杨延昭或者杨文广[④]。但是不管哪种说法,都没有确定杨府爷到底是谁,其生平如何?探其原因,一是此前相关研究的成果不多,二是史料的记载相对较少,以致对杨府爷的研究未能全面

---

①　基金项目:2021 年浙江省大学生科技创新活动计划暨新苗人才计划“乡村振兴战略中非物质文化推广路径研究—以杨府文化为例”(XMS2106046)。

②　林亦修:《温州族群与区域文化研究》,上海:上海三联书店,2009 年,第 118—119 页。

③　参见罗士杰、赵肖为:《地方神明如何平定叛乱:杨府君与温州地方政治(1830—1860)》,《温州大学学报》(社会科学版),2010 年第 2 期;邓苗:《民间仪式与地方社会的多元互动—以温州老殿后杨府爷神诞为例》,《中原文化研究》,2013 年第 3 期;周增辉、孙佳丽、姚周辉:《瑞安渡头杨府爷故里考——兼论杨府爷由人而神的过程》,《非物质文化遗产研究集刊》,2012 年第 00 期。

④　刘红玉:《论宋代温州移民与杨府爷信仰的关系》,《学理论》,2012 年第 21 期,第 120 页。

深入。但是也正因为说法纷纭,给我们留下了研究的余地。从文献与书写角度来说,如果我们对一个人的生平都不了解,那后面对其的研究大多是建立在“想象”的基础上,因为文献所反映的与真实的历史相差较大。有鉴于此,本文从方志的撰写与相关制度史相结合角度,在借鉴前人研究杨府爷的基础上,对杨府爷再做进一步的考察,以便学界能够加深对杨府爷的了解。

一、《岐海琐谈》中杨府爷书写

“北山杨府大神庙在九都瞿岙。庙中傍列十子,以行第称为相公,各有配偶为夫人……先君曾稽神出处,梁陶贞白流寓永嘉,神及门学道,以其气质未纯,难于印证,度为鬼仙,血食人世,此其威灵久远而昭著也。夫北山,江北永宁山也,见有杨府洞。”[①]姜准的《岐海琐谈》记载杨府爷曾经跟陶弘景学道,即也说明杨府爷生活于南北朝时期。然而《北山杨府庙移建志》:“杨公字精义,生于唐贞观十八年(644)五月二十四日辰时,夫人葛氏出十子。”根据此碑刻记载可知,杨府爷乃是唐贞观时期的人物。另据清光绪《杨太老仙翁正直真君福佑圣王行实碑》:“杨太老仙翁于唐贞观甲辰年五月二十四日辰时生,翁姓杨讳精义,居安固县二十八都苌芬西村人也。”唐贞观甲辰年即为唐贞观十八年,这两块碑刻均记载杨府爷生于唐贞观十八年即644年。这与姜准的《岐海琐谈》记载不一致,它把杨府爷的生活年代提前了一百多年。508年陶弘景寓永嘉,此时的“永嘉”应为永嘉郡,是为晋明帝太宁元年(323),析临海郡南部四县置永嘉郡。若为永嘉县(589),则与陶弘景生活年代不一致。据此,《岐海琐谈》中关于杨府爷的生平事迹我们可以认为不真实,猜想这也是后来的地方志不采用杨府爷生于南北朝时期的原因。

二、地方志中杨府爷的记载

运用中国方志库数据库,为了更好分析,暂将检索结果列于下:

万历《温州府志》卷四《祠祀》:“临海神杨氏,失其名,相传兄弟七人,修炼入山不见,后每着灵异,今祀非一处。”

---

① 姜准、蔡克骄:《岐海琐谈》,上海:上海社会科学院出版社,2002年,第204—205页。

乾隆《瑞安县志》卷五："神姓杨，名精义，唐太宗时人，生子十人，父子皆入山修炼。"

乾隆《温州府志》卷九："按，神姓杨，名精义。唐太宗时人，生十子，俱入山修道，一夕拔宅飞升，同登仙籍，由此着灵。"

光绪《玉环厅志》卷六："神姓杨，名精义。唐太宗时人，生十子。俱入山修道。一夕拔宅飞升，同登仙籍，由此着灵。"

光绪《永嘉县志》卷四："《万历府志》临海神杨氏，失其名，相传兄弟七人入山修炼，后每着灵异。按神姓杨，名精义，唐太宗时人，生十子，俱入山修道。一夕拔宅飞升，同登仙籍，由此着灵。"

光绪《永嘉县志》卷四《建置·坛庙》："神姓杨，名精义，唐太宗时人，生十子，俱入山修道，一夕拔宅飞升，同登仙籍，由此着海澨，祈祷辄应。"

民国刘绍宽《平阳县志》卷四十五《神教志》："神姓杨，名精义，唐时人。子十人，三登仕籍，七子偕隐，修炼于瑞安之陶山，拔宅飞升。"

单纯从这些检索出来的地方志来看，杨府爷即为杨精义，是唐朝人。但是对这个带有争议性的"杨府爷"，我们分析后应注意：第一、从最早的万历《温州府志》来看，"杨氏，失其名"，但是到后来的乾隆《瑞安县志》、乾隆《温州府志》、光绪《玉环厅志》、光绪《永嘉县志》和民国时期《平阳县志》均为"神姓杨，名精义"，虽然光绪《永嘉县志》记载杨府爷时，前面明确指出《万历府志》的记载，但是后面又写"按神姓杨，名精义"。后来的方志记载都是一样的，这个"名精义"到底是怎样来的？第二、这些方志记载为何如此的吻合？在此，我们如果用方志的"递修性"来解释这些问题可能会好理解。"神姓杨，名精义。唐太宗时人，生十子，俱入山修道，一夕拔宅飞升，同登仙籍，由此着灵。"可知光绪年间的《玉环厅志》是据乾隆时期的《温州府志》。同理，光绪的《永嘉县志》是据万历《温州府志》。最后，民国《平阳县志》据光绪《永嘉县志》，光绪《永嘉县志》和《玉环厅志》是据乾隆《温州府志》。假如万历《温州府志》和乾隆《瑞安县志》两则记载杨府爷的文本价值有待商榷，根据地方志的"递修性"原则，那么后来的记载也就不具有参考价值。遗憾的是，我们缺乏"杨氏，失其名"到"神姓杨，名精义"的文献。在此，本文并不是否定地方志的史料价值，在保存史料方面，地方志有其独特的作用。只是我们辩证地看待这些地方志中杨府爷的记载。

三、制度所见杨府爷史料价值

社会存在决定社会意识,任何时期社会现象都脱离不了与它当时相适应的社会政治。从当时的社会政治制度解释当时社会的现象,即通过制度史来反观社会面相,不失为一个可行之法。

> 乾隆《瑞安县志》卷五:"神姓杨,名精义,唐太宗时人,生子十人,父子皆入山修炼。惟五子名圣遇,历官枢密使,三子任车骑常侍,七子名圣法为招讨将军,俱在仕途。一夕拔宅飞升。事达于朝,三子闻知,皆挂冠归里,亦修炼登仙,屡着灵。"

邓广铭先生提出职官制度、历史地理、年代学和目录学是史学研究的"四把钥匙"。在这段方志的记载中,写到杨府爷子嗣有任枢密使、车骑常侍和招讨将军。因此,我们从职官角度来进行分析会有助于我们对杨府爷的研究。首先,枢密使。学界关于枢密使出现时间的说法主要有五种,分别为永泰二年(766)说、元和元年(806)说、元和五年(810)说、宝历二年(826)说和咸通七年(866)说。[①]杨府爷生于贞观十八年(644),于玄宗天宝十年(751)拔宅升天,享年108岁。但即使采用枢密院最早出现的永泰二年(766)说,其子任枢密使这一说法仍不能成立,因为相差122年枢密使才出现,这在时间法理上说不通。

《北山杨府庙移建志》:"鹿城之阳,有山名瞿屿山,山之阴有庙曰杨府殿,乃遐迩闻名之历史文物也。尝考原永嘉及瑞安县志,皆有载杨公与殿之事迹。杨公字精义,生于唐贞观十八年(644)五月二十四日辰时,夫人葛氏出十子。公于咸亨二年(671)中二甲进士,官拜都督大元帅,坐镇山西,历二朝三皇帝。暮年辞官归里,入山修道。曾云游瑞安北山,创建一寺曰松古寺(后改碧云寺),于寺中参悟禅机,终至道成。玄宗天宝十年(751),拔宅升天,尸解着灵岩。公七子国刚,追承父志,隐居瑞安陶山白云洞修道。道成后与父跨鹤遥怡而来,招其兄弟俱入仙籍。"

这是一则碑刻,结合当前学界的研究来看,其史料价值不可谓不高。但是,我们也用科举制度史来验证"公于咸亨二年中二甲进士"。首先,关于时间。"咸

---

① 李全德:《唐宋变革期枢密院研究》,北京:国家图书馆出版社,2009年,第43页。

亨二年，不贡举。按《唐诗纪事》：‘弓嗣初，咸亨二年第一人登第。二年，疑为四五年之讹。’”①可知，咸亨二年并没有科举考试，不举行科举，何来进士之说？其次，关于二甲。“北宋太宗太平兴国五年(980)殿试，始分甲、乙两等。太平兴国八年，分为三等，称三甲，其第二等称二甲。”②北宋时，科举考试始分“甲”，北宋太平兴国年间科举考试成绩第二等为二甲。北宋才开始有的制度怎么出现在唐朝咸亨年间？这可判断应为年份造假。

随着社会史的兴起和深入，民间文献越来越受到重视，也登入了历史的殿堂。如这则记载：“杨精义，系安固县(瑞安)二十八都长芬西村人，公生于唐太宗贞观甲辰年(644)五月二十四辰时，夫人葛氏。其子十人，名国正、国天、国心、国顺、国猛、国勇、国刚、国强、国龙、国凤，媳十房，林氏，陈氏，叶氏，王氏，吴氏，徐氏，梅氏，李氏，孙氏，子孙共五十二人。岁次己巳年，唐高宗总章二年(669)，中二甲进士。丁丑年，唐高宗仪凤二年(677)，官封都督大元帅，行军至65岁，敝履功名，浮云富贵，摆脱名缰利锁，原有祖山一岗，名曰北山，创建一寺号‘松古寺’，今为碧山寺，自在其中参司玄机，终至道成，享寿108岁。一旦拔宅升天，尸解迹着灵岩，万姓瞻仰，千古留芳。甲申年，唐中宗嗣圣元年(684)三子国心中进士，官晋洋湖都督，其子杨四、杨八、杨九俱为元帅。独有七子国刚隐居白岩洞修道。日伴闲云，夜守孤灯。十月十五日夜，散步明月，拂面清风，忽祥云拥地，跨鹤遥至者，拭目视之，乃父与兄辈招其兄弟，故得仙传而入仙籍。当时户部叶启正、陈天佑等联章奏闻其事，颂诏追赠公为太老仙翁，正直真君。葛氏为太郡夫人，其子为十洞尊王。唐文宗开成二年(837)③，贡生汪大进、黄文正恐时久失传，立碑为志，故有‘父子一家皆得道，兄弟十人洞赐封侯’之美称。”④

这是一份民间道教协会的资料，根据社会人类学的划分标准，这应属于仪式文献。从文献中，我们可以看出，杨府爷即为杨精义，生于唐太宗时期，对其夫人和子嗣均有写道，夫人为葛氏，儿子共十人，最后都得到成仙。对于内容的真实与否，我们也用科举制度的相关内容来考证。对于“唐高宗总章二年(669)，中二甲进士”，据记载：“唐高宗总章二年，不贡举。”⑤这一年，朝廷也没有举行科举考

① 徐松、赵守俨：《登科记考》，北京：中华书局，1984年，第57—58页。

② 张政烺，吕宗力：《中国历代官制大辞典》，北京：北京出版社，1994年，第3页。

③ 这则史料为民间资料，作者从林亦修的《温州族群与区域文化研究》中找到，但书中记载唐文宗开成二年为827年，实为有误，应为837年。

④ 林亦修：《温州族群与区域文化研究》，上海：上海三联书店，2009年，第121—122页。

⑤ 徐松、孟二冬：《登科记考补正》，北京：中华书局，2019年，第61页。

试,所以也应是年份造假。而“二甲”,同样不可能出现于唐朝。再看“唐中宗嗣圣元年(684)三子国心中进士”。第一,关于嗣圣,这年号仅存 1 个月又六天(684.1.23—684.2.27),可知这年政治多变。第二,“中进士”,“正月甲申朔,改元嗣圣。二月,废中宗为庐陵王。立豫王旦为皇帝,改元文明。九月甲寅,改元光宅元年。后有此年进士十六人,但是光宅元年闰月五月二十四日,刘廷奇重试一十六人,内康庭之一人乡员。是此年进士不止此数。”[①]但是这是光宅元年中的进士数,不是嗣圣元年进士数,在这一年他不可能中进士。因此,这也不可信。

1985 年于碧山龟岩村(即现在的渡头村)发掘出了大清光绪四年所立的碑文——《杨老仙翁正直真君福佑圣王行实》,内容如下:“唐太宗甲辰年五月廿四辰时诞生,翁姓杨讳精义,居安固县廿八都衿芬西村人也。夫人葛氏,得训子十人,名国正、国天、国心、国顺、国猛、国勇、国刚、国强、国龙、国凤,媳十房,林氏、陈氏、叶氏、孙氏、王氏、吴氏、徐氏□□□□李氏。子孙共五十二人。至己巳年,翁得中二甲进士,丁丑年官封都督大元帅,□□甲申年三子国心得中二甲进士,官封洋湖都督。其杨四、杨八、杨九俱为元帅,独杨七相公隐□□山白岩洞修道。翁至六十五岁辞职告归原祖山一岗,名曰北山翁,乃创造一寺号松岩古寺□□□□。亩余归入寺中,以作香灯。田供奉诸佛。自在北山坐静修道。翁寿一百零八岁,一旦拔□□□,登天府。翁自逝世,致精光不散,道义常昭,由是灵,着海筮祈祷,咸应。礼部叶启正、户部陈天□。甲子年。□□杨太老仙翁正直真君,封葛氏太郡夫人十位尊王。封衿芬本地地主。唐开成二年贡生汪天进、黄文进碑记。咸丰丙辰年神显威力歼灭逆寇,浙江巡抚何桂清题请。温州。杨府庙封号字样,同治六年浙江巡抚马新诒奉。议经内阁交出。□□福佑王。大清光绪四年岁在戊寅南吕月。社下廿八都衿芬渡头庄庠生陈见龙等重立。”据此碑刻记载,我们可以看出杨府爷是杨精义,生于唐太宗时期,与夫人葛氏有子共十人。在他 65 岁时辞官归老,108 岁时在北山得道升天。因其显灵,被封为正直真君,其家人也一并受封。后在咸丰年间显圣,经两任浙江巡抚提请,封为福佑王。但是关于“贡生”,这应是明清时各府、州、县儒学中取得入京师的国子监读书资格的生员才称为“贡生”。[②] 碑刻中的“贡生”,这应是碑刻重立时以当时的情形刻入的。对于杨府爷在晚清受到的加封,是因为在处理 1856 年瞿振汉响应太平天

① 徐松、孟二冬:《登科记考补正》,北京:中华书局,2019 年,第 83—84 页。

② 中国历史大辞典编纂委员会:《中国历史大辞典》,上海:上海辞书出版社,2000 年,第 1297 页。

国起义事件中，官员把功劳和杀戮都解释为是按照杨府爷的指示。后来经过两任巡抚的提议，最后才加封为“福佑王”。

四、结语

《岐海琐谈》所记杨精义曾学道于陶弘景，但是根据后来碑刻记载杨府爷的生平，时间上不能相互吻合，试问唐朝才出生的人怎么可能跟随南北朝时期的人学道？从明清到民国的地方志，后面几乎都是“神姓杨，名精义。唐太宗时人，生十子，俱入山修道，一夕拔宅飞升，同登仙籍，由此着灵”。表面看来，从乾隆一直到民国，关于杨府爷的记载大体都是一致的，我们从地方志递修性的特点来看，这些相关内容书写的几乎一致就并不为奇了。所以，我们使用地方志史料的时候，有个前提就是需要保证它的准确性。因为假如一开始记录方志的时候就存在问题，后来的人继续修地方志的时候，照写不误也就“误了”。这样，到今天我们再引用岂不是在错误的道路上越走越远。而且，对于地方志的相关错误，我们是用制度史来进行考证，并不是凭空捏造。还有一些相关的碑刻资料，对于杨府爷中二甲进士，与其他资料相互比证，我们知道这是年份造假，当年不贡举，何来中进士之说？民间仪式文献，中进士的年份明显与碑刻记载不一致，但是不管哪种说法，都存在错误不可尽信。关于车骑常侍、招讨将军、都督大元帅和洋湖都督，这些官职不常设，相关史料对其记载亦不详，目前也没有进一步的研究。因此，我们用《岐海琐谈》、地方志、碑刻、仪式文献等来进行研究杨府爷，不管哪一种，都存在诸多问题。如果文献不可信，我们的历史书写所得出的结论也就不能让人信服。因为我们在书写的时候，很难脱离它给我们设计的预定结果，而在很大的前提上这些文献存在问题但是我们却并没有注意到。

国有史家有谱，通过后来的史官记载前一王朝的历史我们可以知道这个王朝的兴衰历程，并为现下的统治者提供借鉴；通过家谱和族谱，我们可以寻根问祖知道自己的祖先，增强家族的凝聚力。但是参考各县的家谱，也没有发现与杨府爷或者是其后人的记载，如《苍南杨氏通志》写到杨姓入苍最早是在宋代[①]，这与杨精义生活的时间明显不一致。再如《瑞安百家姓》，杨氏祖先也没有与杨精义或者是他的后代相联系。但是，笔者并不是否定杨府爷的存在，只是以我们目前所有的史料来说，我们并不能确定这个杨府爷到底是谁，他的生平如何。但是

① 杨慕良：《苍南杨氏通志》，杭州：西泠印社出版社，2008年，第117页。

根据现有的资料来看,杨府爷即为杨精义这点我们应该看到。“温州杨府爷的庙、殿、观、宫数量总计在200座以上”[①],可见对杨府爷的信仰之多。从信仰的地域范围来看,有学者根据温州地形特征分为临海(江河)信仰区、呑垟平原信仰区和山地丘陵信仰区三大信仰地区。[②] 在临海(江河)信仰区,以洞头为例,杨府爷被称为海神;平原、丘陵地带,人们祭祀杨府爷时祈求风调雨顺,把他尊为山神和土地神。温州自古“七山二水一分田”,临海地区,将杨府爷称为海神,希望出海打渔能够平安归来,满载而归;平原地区,因其有利的地形优势,从来就是以种植农业为主,农民希望风调雨顺才能有大丰收,加上温州特定的地理环境,称其为土地神也不为过;而丘陵地带,作为山神则能护佑一方平安。杨府爷信仰的多样化,也和我们的日常生活紧密相关,也体现了我们信仰神灵的目的性。

陈旭麓先生说:“从宏观着眼,从微观入手,是研究历史和一切事物的方法。”我们先利用方志的“递修性”特点,重新探讨了方志中杨府爷的相关史料价值,再次用制度史来考证相关内容,也查阅了相关家谱的内容,但是最后觉得杨府爷依旧是个“谜”。最后,我们借用文献与书写的路径,在这些史料中,如果直接引用来进行杨府爷的书写,我们首先就没有对史料进行分析,这样得出的结论未免偏颇。杨府爷由人成神,随着时间的推移,对他的信仰越来越浓厚,赋予他的功能也越来越多,记载他的内容也越来越翔实,特别是民间道教的科仪唱本。时代越后,反而记载却越加详细,这岂不是顾颉刚所说的“古史辨”“层累造成”的历史?再加上地方志的“递修性”,后来的史料引用先前的,而且关于杨府爷的许多地方志几乎一致。假如一开始我们就不清楚杨府爷,但是后来的记载却越来越多,涉及的方面也逐渐扩大,很大程度上这应是“层累造成”。在这多种的说法之中,加上现有的资料来看,杨府爷为杨精义,至于后来各种各样的书写,这应是书写者有意为之。因此,我们只有从杨府爷最原始的面相出发,我们才能摆脱他们给我们设定的预定结论。因此,要想更加进一步的研究杨府爷,还应广泛的收集相关史料,并结合制度史、文化史来对其进行考证,才能使杨府爷研究更加科学和具体。

(杨三长,温州大学人文学院2019级中国史硕士研究生;林妍,温州大学人文学院2019级学科历史硕士研究生)

---

① 林亦修:《人神互动:温州杨府爷信仰研究》,《中国俗文化研究》,2007年第4期,第121页。

② 孟令法:《温州杨府爷信仰的地域性神职差异》,《非物质文化遗产研究集刊》,2012年,第72页。

浅论宋恕的政治思想和人道主义思想

李邹强

摘　要：19世纪末，资本主义列强叩开了中国的大门。中国在各个方面受到外国资本主义势力的冲击，尤其是西方的近代思想对中国先进人物产生了很大的影响。宋恕就是在这种背景下的中国近代一位很有影响的维新思想家。宋恕被称为“海内奇才”，是“东瓯三杰”之一，他在政治、人道主义等方面的思想值得我们研究和评价。在政治上他主张“三始一始”、大同主义和改良主义；在人道主义方面强调解放女性、“代为世界苦人立言”和宗教多元主义。他的一生多矛盾，矛盾中透露出对宋恕的评价不能简单地来对待，通过对其生平的评价、政治思想的评价和人道主义思想的评价使我们能客观地认识和了解宋恕，知其难而怒其不争。

关键字：宋恕；政治思想；人道主义思想；历史人物评价

关于对宋恕的研究学术界有许许多多的论文和专著。以专著为例有胡珠生先生的《宋恕集》(中华书局1993年版)，是第一个比较完整地把宋恕生前的手稿整理成册的本子。其次还有温州博物馆选编的《宋恕遗墨选编》和《宋恕师友手札》，这两部书让我们更加直观地感受到宋恕的才学和思想。此外在刘绍宽的《厚庄日记》和孙宝瑄的《忘山庐日记》里面也有不少关于宋恕的思想材料。这对我们评价宋恕有了不少帮助。对宋恕研究最早的是苏渊雷先生，他编有《宋平子文钞》，他将宋恕的思想分为早、中、晚三个时期，简要地叙述了宋恕的生平经历[1]。其次还有陈镇波先生的《宋恕评传》，主要以时间顺序讲述了宋恕的生平、交游和思想三个方面。此外还有杨际开先生的《清末变法与日本——以宋恕政治思想为中心》一书，书中主要从晚清维新变法派思想家的日本观，即日本的明治维新对晚清中国变法的冲击和影响为切入点，对宋恕维新思想进行了定位与

① 孙邦金：《晚晴温州儒家文化与地方社会》，人民出版社，2017，第257页。

评价。上述就是专著方面对宋恕的研究,接下来主要是相关论文方面对宋恕的研究。

在论文方面有许多文章对宋恕加以研究和评价。主要有王林发表在《浙江学刊》上的《论宋恕的妇女解放思想》[①]和发表在《史学月刊》上的《宋恕维新思想述论》[②],主要论述了宋恕的妇女观和维新政治观。此外还有徐德莉发表在《重庆科技学院学报(社会科学版)》的《论宋恕的“三始一始”思想》[③]一文,文中主要论述了宋恕所主张的改官制、设议院、改试令,通过学习西方政治、教育体制,改变清朝封建政治体制的思想。张锡勤在《中国哲学史》上发表了《宋恕思想简论》[④]从多个方面论述了宋恕的思想。此外还有许多研究宋恕的硕士论文,如北大彭国运的硕士论文《宋恕思想研究》[⑤],主要从五个方面对其一生的思想进行论述。又如宁波大学信海茹的《宋恕改革思想研究》[⑥]一文,详细地论述了宋恕的政治、经济、教育和女性解放等方面的思想,对宋恕的改革思想进行了深入的探究。上述就是学术界对宋恕研究的部分论文和专著,学者们对其研究也是有各种不同的角度,可以说学术成果颇丰[⑦]。

本文主要在前人研究的基础上,从宋恕的生平、政治思想及其人道主义思想三个方面以历史人物评价的形式对宋恕有一个相对全面又客观的评价。简单地对历史人物的思想和生平进行论述,把重点放在对宋恕的评价上面,辩证地看待宋恕的思想及其生平。行文中主要采用历史人物评价的方法和原则,如历史主义原则、实事求是原则、道德气节原则、阶级分析法、马克思唯物辩证法等,对宋恕的思想进行客观的评价。但是,因个人的知识掌握程度和写作能力有限,寻找的材料不足,因此,文章还有一些欠缺,如文章的逻辑、一些地方的论述等方面还不够严谨,希望以后能有所提高。

---

① 王林:《论宋恕的妇女解放思想》,《浙江学刊》,1998 年第 4 期,第 105 页。

② 王林:《宋恕维新思想述论》,《史学月刊》,2000 年第 3 期,第 44 页。

③ 徐德莉:《论宋恕的“三 始一始”思想》,《重庆科技学院学报(社会科学版)》,2008 年第 11 期,第 137 页。

④ 张锡勤:《宋恕思想简论》,《中国哲学史》,1995 年第 5 期,第 91 页。

⑤ 彭国运:《宋恕思想研究》,北京大学,2005 年硕士学位论文。

⑥ 信海茹:《宋恕改革思想研究》,宁波大学,2012 年硕士学位论文。

⑦ 截止 2019 年 12 月 13 日根据独秀网站查询有关宋恕的期刊论文 57 篇,硕士论文 17 篇。

一、宋恕生平简述

宋恕(1862—1910),浙江温州平阳县人,原名存礼,号六斋,小字燕生,后改为恕,而后又将名改为衡,字平子。出生于一个富裕家庭,从小体弱多病,生性多愁敏感。十六岁时考中县学生员,俗称秀才。① 十八岁时与孙锵鸣的女儿孙思训结婚,第二年开始跟随孙衣言、孙锵鸣学习,主要学习颜李之学、永嘉之学、桐城派文学和西学著作。宋恕博学好问,还向乐清的陈虬、陈国桢讨教过学问。陈虬也是"东瓯三先生"之一。二十五岁时宋恕父亲宋宾家逝世,对宋恕人生影响巨大的家难爆发,经过辗转宋恕终于到了上海。他在上海龙门书院写了一篇《莫非师也斋六字课言》规划自己的人生。二十九岁,宋恕拜俞樾为师,俞樾是当时著名的古文经学大师,对宋恕的古文经学影响很大。后来,宋恕带着俞樾写的介绍信前往武昌拜见湖广总督张之洞,但门丁不报,未见到张之洞。又通过王咏霓的帮助将书信和《上张相帅书》上呈给张之洞。张之洞读后,对他大加赞赏并接见了他,但谈话并不和谐,此事之后,宋恕对张之洞的印象极差。张之洞推荐他为出洋随从,由于他病倒,不能随船出洋,此事便泡汤,身体的脆弱给宋恕造成了很大的麻烦。此后,宋恕继续阅读大量书籍,不断提高自己的素养。

1982 年,2 月宋恕居上海,开始写作《六字课斋卑议》和《上李中堂书》。5 月宋恕到了天津,将《六字课斋卑议》和《上李中堂书》呈给李鸿章,李非常欣赏宋恕的文字,称其为"海内奇才"。1895 年,宋恕结识了当时影响比较大的维新变法人士康有为和梁启超等人,与他们的关系是和谐中掺杂着矛盾②。戊戌变法的失败,对于宋恕的政治思想是一次重大的挫折,由此他的心境也开始消沉。1903 年 5 月宋恕东游日本。1905 年 8 月,山东学务处总理张士珩邀请宋恕到济南任山东学务处议员兼文案,他借此机会为山东开办教育事业做出很大贡献,履历表上正式改名为宋衡。此间宋恕身兼数职,做事情也是尽心尽责,贡献颇多。曾经拟过《阅报总分所章程》《分课办事纲要》《粹化学堂办法》,提出《采西制办公园议》等有实际意义的建议,对我国的近代教育事业的发展有很大的帮助。1908 年秋宋恕经上海回到瑞安,不再复出。1910 年 7 月,宋恕因病逝世于瑞安。

上述内容就是宋恕生平的简单陈述,由此而知,性格和多病对宋恕这一生的

① 孙邦金:《晚晴温州儒家文化与地方社会》,人民出版社,2017 年,第 251 页。

② 信海茹:《宋恕改革思想研究》,宁波大学,2012 年硕士学位论文,第 6 页。

影响颇为重大,这就使得在评价宋恕的时候比较困难。就宋恕的生平来说,我们应该用历史主义原则来评价他的生平,他生活在那个“千古变局”[①]的时代,内忧外患,不能脱离这个大的背景来评价宋恕,尤其是在其政治思想上的转变和人道主义思想上,不能简单地给他下结论,要把宋恕放在当时的历史环境中去评价他。接下来,我将简单地论述其政治思想和人道主义思想,最后总结性地对宋恕有一个客观而又全面的评价。

二、宋恕政治思想

这个部分主要简单的介绍一下宋恕一生中的政治思想的转变,即“无政府主义”、“三始一始”思想、专制改良思想。宋恕在总结他自己晚年思想转变的时候指出“政说凡四变”:“始吾闻无政府之说而独好之,独演之,已乃知其万不可行于今禹域也,则降而演共和之说。已乃知其犹万不可行于今禹域也,则降而演世及立宪之说。已乃知其犹万不可行于今禹域也,则降而演专制改良之说。盖二十年来,宋衡之政说凡四变,其愈趋而愈卑哉?抑渐卑而渐切欤。”[②]在宋恕看来,他的政治思想似乎是越来越卑微,不断地后退,但事实上是越卑微越切近现实,具有可行性。然后对其政治思想进行简单的评价,最后再综合性地评价宋恕。

(一)无政府主义

宋恕的无政府主义主要是指其在1889年参加浙江恩科乡试前后写作的《六字课斋高议》中的政治主张。《高议》的大致内容是废除官僚等级制度和阶级差别,其实质是老庄的逍遥之乐和孔门的大同主义的结合体。宋恕有这种思想主要受陈虬等人的影响。陈虬在《陈虬集》中有谈过类似的无政府主义思想:“无父母室人之顾、疾病死亡之累。可耕可樵,可仕可止,可来可去,身世俯仰,悠然自得,生人之乐备矣……上经纡君国之忧,下以传之其人。”[③]因此,宋恕难免会受影响,导致早期有无政府主义思想存在。宋恕在《籀庼居士行年六十生日寿诗序》中有一大段暗喻的文字,他说要创造一个“美丽新世界”,先须周游世界,“然后具舟载同志及耕夫织妇百工,向东南极天无际之重洋,觅无主之荒岛,谋生聚

---

① 陈镇波:《宋恕评传》,杭州:浙江人民出版社,2010年,第1页。

② 胡珠生:《书宋季邓文行先生〈伯牙琴〉后》,《宋恕集》,北京:中华书局,1993年,第431页。

③ 陈虬:《陈虬集》,杭州浙江人民出版社,1992年,第203页。

教训，造成小新世界，以施周官之制、墨子之说”[①]。因此，宋恕的无政府主义思想在其早年时候对其影响颇大，以至于借他人之酒浇自己心头之愁。

(二)“三始一始”思想

针对当时封建专制统治和政治状况混乱的局面，宋恕提出了自己独特的政治改革的“三始一始”理论。1887年，宋恕在为张士珩的《救时刍言》写后序时第一次提出了他的“三始一始”思想[②]。1892年，宋恕在《上李中堂书》中正式完整地提出了这个主张。“先陈三始：盖欲化文武满汉之城，必自更官制始；欲通君臣官民之气，必自设议院始；欲兴兵、农、礼、乐之学，必自改试令始。三始之前，尚有一始，则曰：欲更官制、设议院、改试令，必自易西服始。存礼蓄三始之说，十年于兹，一始之说，亦五年于兹矣。与人谈三始，犹有然之者，谈一始者，则莫不掩耳而走，怒目而骂，以为背谬已极，名教罪人[③]。”

宋恕所说的“三始”简单地说就是指改革现有的官僚体制、设立议院和改革科举制这三个措施，“一始”就是宋恕所说的要求国民都改穿西式服装。宋恕认为可以先通过这一形式上的改革，来打破人们安于现状的心态，改变社会风气，创造新氛围，不断凝聚支持改革的共识，为后面三个措施创造条件。但易服始终是形式大于内容，并非当务之急也。

官制与科举问题是由来已久的问题，宋恕早期的改革思想以废时文为首要任务。宋恕对科举、时文、教育和人才选拔做了总结，提出来“五赶”说，即“赶出考”“赶岁科考”“赶乡考”“赶会试”“赶放差”。[④] 他认为在僵化死板的科举道路上，读书人为了功名疲于应付，怎么还会有心思去为社会和世人着想。宋恕认为在各级学校的教育内容上应加强现实的实用性，考试形式应灵活多样。[⑤] 另外还强调西语和西方政治文明也是学习的重点。“夫洋务于今日，至重也。西国之内治，至密也。良法美意，勿讲勿讨，皮毛影响，岂得为通？”[⑥]因此，中西兼用成为宋恕教育改革的核心原则。宋恕可能受黄宗羲思想的影响，认为学校不单单

---

① 胡珠生：《籀廎居士行年六十生日寿词序》，《宋恕集》，北京：中华书局，1993年，第421页。

② 徐德莉：《论宋恕的“三始一始”思想》，《重庆科技学院学报（社会科学版）》，2008年第11期，第137页。

③ 胡珠生：《宋恕集》，北京：中华书局，1993年，第502页。

④ 胡珠生：《宋恕集》，北京：中华书局，1993年，第182页。

⑤ 孙邦金：《晚晴温州儒家文化与地方社会》，北京：人民出版社，2017年，第268页。

⑥ 胡珠生：《宋恕集》，北京：中华书局，1993年，第11页。

是一个学习知识的地方,也是一个具有明辨是非、议论讽谏的政治场所。在《经世报》中说:“今天下竞言自强矣,自强之源在学校、议院,报馆。夫学校、议院,权不在士;报馆则士与有责焉。”[①]在议会没有设立的情况下,学校可以代替议会的功能,并用舆论来影响政治。因此,宋恕在这个方面对学校的重视程度之深,可见一斑。

关于宋恕设议院的思想,在1892年《卑议》手稿中,被提升为宋恕心中首要的改革目标。他认为,“欲振兴诸务,实事求是者,非议院不能有成。今之操议院缓立之说者,皆大误天下”,将“大开上下议院”之策视为变法之“根本要领”。[②]在此,看出宋恕是非常急切地推崇设议院的,而且将缓立议院的人说成是误国误民之人,也能看出宋恕在政治思想上的激进。在甲午战争和维新变法之后,宋恕的设议院思想变得更加务实和开放,原来隐含的民权、民主思想开始显露出来。1898年,宋恕与刘绍宽在上海谈变法次第时指出:“论君主国、民主国、君民共主之国并立地球。君主之国必弱,上之压力太重,虏使其下,下之民智不开,愚以奉其上,以遇他国人人皆智,乌得而不弱?大抵君主之国将来必尽为君民共主之国;君民共主之国,必皆变为民主之国,必然之势。由君主变为君民共主,其势难;由共主变以为民主,其势易。如中国变为共主,必先使军机、督抚等官势日轻,郡县等官势日重;次至士农工商一概与之同体,然后民权以扶,而共主之体以成,此法不可一蹴而就也。”[③]这段话主要说了三层意思:第一,他认为世界上存在着君主、君民共主、民主三种政治体制;第二,认为从君主到君民共主的第一步,要比再从君民共主到完全民主的第二步困难;第三,具体到中国的现实情况,由于起点低而且起步晚,需要采取温和改良的路线,不能一蹴而就。宋恕认为,权利要自上而下地下放,依次是军机、督抚、郡县官员、大小绅士,最后才是士农工商,层级繁多而且盘根错节,很显然是一件非常棘手的事情。想到此处,宋恕不禁信心不足,而且悲观起来。由于现实条件的限制,宋恕觉得他的“卑议”还是太高了,加之晚年心态的变化,他最终还是放弃了设议院的思想,改为专制改良思想。这里可以看出宋恕的妥协与退让,令如今的我们为其感到惋惜。接下来简单地介绍一下宋恕的专制改良思想,以便更加全面地评价宋恕。

---

① 同上,第260页

② 孙邦金:《晚晴温州儒家文化与地方社会》,北京:人民出版社,2017年,第270页。

③ 同上,第276页

(三)专制改良思想

1900年,宋恕认为一君家天下之制必不能久存于中国,很精准地预判到时代格局即将迎来"天下即将有大变"的革命浪潮:"逆臣逆于朝,逆贼逆于野,外国辱于外,志士愤于中,天下必将大决裂,必在十年之内。"①无独有偶,正好在十年之后,辛亥革命爆发了,清王朝被推翻,历史证明了宋恕的预判。但这并不能说明宋恕对革命的拥护,反而是一种忧虑。宋恕对革命的担心不是心血来潮,也不是其胆小怕事的性格,而是他改良主义理念的作用。维新变法失败后,主张君主立宪的民主派或是顽固的保皇派,在下意识里都深受"君臣之义无所逃于天地之间"②的政治纲常伦理的约束,并对摇摇欲坠的清朝自身改革抱有一线希望。而且也不愿革命使得统一之主权分崩离析,造成分裂的局面。

1905年,宋恕代山东巡抚杨士骧所做的《请复州郡中正及掾属佐理折》中,提出"略师魏晋之意,复置中正之员","专择该府州县在籍绅士之兼有德望学识者任之"③的人才选举方法。这里所说的中正类似于议院中的议员。从此可见宋恕的政治思想中,设立议院的想法已经成了奢望。此外,宋恕还说"革命排满之逆说必当严禁"④,对革命的抵触情绪也十分的明显,又如他自己所说的那样,此时已经退化到专制改良的地步了。

上述主要就是宋恕的政治思想,了解宋恕不同时期的政治思想对我们评价宋恕有一定的帮助,尤其这几个思想的程度是一步一步由激进到保守。这点我们后面评价的时候可以加以考虑。下面再简单地介绍一下宋恕的人道主义思想,让我们更加直观地感受宋恕这个人在思想上的作为。

---

① 胡珠生:《宋恕集》,北京:中华书局,1993年,第698页。

② 季学源:《宋恕"三始一始论"卮议》,浙江纺织服装职业技术学院学报,2013年第4期,第51页。

③ 胡珠生:《宋恕集》,北京:中华书局,1993年,第365页。

④ 同上,第394页。

三、宋恕人道主义思想

(一)济众博爱思想

面对晚清内忧外患的局面,"今公卿大夫不学已极,奏议政令,阳儒阴法,宗其刻薄,反其必信,威尊命贱,讳深饰巧。群宵乐,四民困,酿内乱,招外侮,边鹰千里,盗满中原",真可谓不知魏晋,醉生梦死,麻木不仁。有言道,无毒不丈夫。[①] 可是宋恕认为:"苟非诗人,岂能宰县?不能宰县,岂为诗人?所谓能者,异俗之谓,谓其能为民父母也,谓其能以芬芳悱恻之怀,少舒狭隘酷刻之惨也。"[②]在宋恕看来,不管是做官还是成为文士,最首要的是找回那一颗人人都有的仁民爱物之心。如在《卑议》中,宋恕特别谈论了中国死刑泛滥及其执行方式的残忍,要求废除"磔、斩、绞刑及连坐律",即废除凌迟、砍头、绞刑和连坐制度等不仁之举。宋恕还出废除肉刑和死刑的主张,"夫人犯死罪,使之死可也,使之求死而不得,不可也。磔、斩、绞之刑,乃使之求死而不得之刑也,仁者所不忍闻,而何忍行之?是教民忍也。"[③]因此,我们可以看出宋恕有着浓厚的人道主义思想,尤其是济众博爱之思想,用恻隐之心来感通世界,感同身受地为他人代言,为世界代言。宋恕的博施众济,仁及禽兽的博爱思想到现在来看仍然是超前的思想。

(二)男女平等思想

宋恕有关男女平等、女性解放方面的思想有很多,下面主要从这几个方面介绍。首先,禁缠足。宋恕认为,"裹足一事,为汉人妇女通苦,致死者十之一二,致伤者十之七八,非但古时所无,且又显背皇朝制度,急宜申明禁令,以救恒沙之惨"。[④] 宋恕提出了禁缠足的上下二策:上策是希望朝廷"追三代之典,师东邻之制,下教育令,令民男女六岁皆入学";下策是"整饬乐部,增立新令,嗣后演剧惟

① 孙邦金:《晚晴温州儒家文化与地方社会》,北京:人民出版社,2017 年,第 334 页。

② 胡珠生:《宋恕集》,北京:中华书局,1993 年,第 244 页。

③ 同上,第 141 页。

④ 同上,第 152 页。

娼妓许状缠足,自非娼妓慨不许缠足,犯者重惩,剧者革”。“又请变通旗籍旧章,凡旗人之贫而愿致力于农工商者许其出外与汉民杂处,一体归州县辖治。”[①]

宋恕主张从教育入手,从宣传入手来逐渐革除缠足陋习,这在当时的历史条件下应该说是切实可行的。1902 年 2 月 1 日,清廷颁布婉劝妇女解放脚缠谕旨。同年的 11 月 1 日,宋恕便用浅显易懂的文字写了一篇《遵旨婉切劝谕解放妇女脚缠白话》,此文洋洋万言,从很多方面讲了缠足之害、放足之利。这是目前所见到的最早用白话文写的劝戒缠足的著作。[②] 由此可见宋恕对妇女放脚的一片热忱和良苦用心。

其次,禁娼业。面对经久不绝的娼妓问题,以前都是放任自流,这些在社会底层和边缘的娼妓阶层没有有效的行政管理和法律救济。宋恕认为简单地禁绝并不能解决问题,所以主张设立专门的行政注册和管理机构——“女闾局”,来弥补法律和行政的空白,切实保护娼妓群体的正当权益。宋恕这一想法饱含了人权和法制精神,在现在看来也是不落后的。

再次,婚姻自由。“夫夫妇者,人伦之端也……必由使民男女自相择偶始矣。”“男女许自相择偶,己偶属意者,家长不得阻挠、另订。”[③]宋恕在此反对包办婚姻,主张恋爱婚姻自由。另外宋恕还禁止早婚。“男女年未十六,不许家长订婚,犯者,官、绅、衿、兵俱革,平民杖一百,毁其婚书,离其男女。民间有所谓‘童养媳’者,往往被舅强污,被姑毒虐,处境之苦,耳不忍闻,尤宜悬为厉禁。”[④]宋恕指出在离婚条件上应该男女对等,应设“五去礼”来保护女性的婚姻权益。则“为妇女者,不幸而遇盗贼、灭伦之夫,惟有身与之俱死、名与之俱臭,斯乃数千年来第一惨政也”。宋恕在婚姻问题上明显是站在妇女一边,怜悯同情妇女。

最后,兴女学。戊戌时期,维新派在谈论妇女问题时,都把兴女学作为妇女解放的起点;在谈论教育时,也都对女子教育格外关注。宋恕对此亦有同样的认识。在《卑议》中,明确提出男女一体实施义务教育:“今宜取法日本,下教育令,令民男女六岁至十三岁皆须入学,不者罚其父母。每县、乡、聚、连均置男、女校各一,校费派捐于本县、乡、聚、连,校师公举于本县、乡、聚、连,课程酌集外国之长,读本专用赤县之字。民生六岁入连校,连校中优者升入聚校,聚升乡,乡升县,如是递升,以至京校。依日本科举法,某学有成,给某学士、某学博士名号,女

① 胡珠生:《宋恕集》,北京:中华书局,1993 年,第 151 页。

② 王林:《论宋恕的妇女解放思想》,浙江学刊,1998 年第 4 期,第 106 页。

③ 胡珠生:《宋恕集》,北京:中华书局,1993 年,第 74 页。

④ 同上,第 32 页。

子一体给予。男女满十三岁,愿出学者任便。"[①]这段话是近代思想家中关于实施全民义务教育较早较详尽的论述,特别是把女子与男子一体对待,反映出宋恕对女子教育的重视。上述就是从人道主义思想方面阐述了宋恕的济众博爱思想和男女平等思想。接下来通过上述对宋恕思想的阐述来对其进行评价,在评价时运用相关的历史人物评价的方法和原则,结合其思想及其生平给予客观的评价。

四、对宋恕的客观评价

关于宋恕其人,苏渊雷先生的评价是:"先生则一启蒙运动之先驱,身抱《周官》大同之绝学,悲天悯人,思援溺天下济度众生之仁者也。"[②]宋恕是我国近代思想启蒙的先驱之一,怀有怜悯、同情天下人的普度心怀,但是由于性格和身体等诸方面的原因,导致我们对宋恕感到十分的惋惜。接下来主要在马克思主义唯物史观下,从评价历史人物的历史主义原则和阶级分析法去评价宋恕的生平及其思想。

历史主义原则,指的是必须将所评价人物放到其所处的特定社会环境和历史条件中加以研究和评价,不能用现在的标准来要求和评价古代的历史人物。前文中我们阐述了宋恕的生平,宋恕出生在一个"千古变局"的时代,他在这么一个动乱的时代有着自己独特的思想,有自己的政治思想,能为普通民众着想、为妇女解放做出贡献等,这一点是我们值得肯定的。但又是因为时代的复杂性加上宋恕生性胆小的性格,导致其思想只能限制于此,而且随着局势的变化越来也在政治思想上妥协,从无政府主义、"三始一始"到专制改良,一再的卑微和妥协。据了解,宋恕为了避免祸端,在发表文章时多用笔名,或干脆署满文,为明哲保身,在百日维新失败后更是如此。[③] 因此,在这里看来宋恕的思想也是带有遗憾的。我们要用历史主义原则把宋恕还原到那个时代,再辩证地看待他。

阶级分析法,指的是用马克思主义关于阶级和阶级斗争的理论来分析阶级社会的历史及历史人物。宋恕出生在一个家有良田两千来亩的地主家庭,[④]应该属于地主阶级。但是由于宋恕早年家庭遭遇"家难",因此,他能以他的阶级立

---

① 胡珠生:《宋恕集》,北京:中华书局,1993 年,第 136 页。

② 王旭琴:《宋恕重民思想述论》,吕梁学院院报,2018 年第 1 期,第 60 页。

③ 孙邦金:《晚晴温州儒家文化与地方社会》,北京:人民出版社,2017 年,第 293 页。

④ 陈镇波:《宋恕评传》,杭州:浙江人民出版社,2010 年,第 15 页。

场提出许多人道主义思想，是值得我们肯定的，尤其是作为地主阶级的他有“著书专代世界苦人立言，穷至民情，无幽不显”的悱恻之怀，这种博爱的思想在当时也很超前，实属不易。而且宋恕在妇女解放问题上，多站在女性的角度思考和解决问题，这对于地主阶级的他来说是非常值得表扬的。但是，作为地主阶级，宋恕难免会无法避免一些事情，就是这个阶级的矛盾性，想做一些事但是又害怕受到牵连。比如，1899 年，唐才常组织正气会想让宋恕加入，宋恕在《己亥日记摘要》中说“我不敢入会”。其真实原因在给孙诒让的信中说“吾恐其将得大祸”而“力谢之，不敢列名”。不仅如此，在唐才常组织自立军在汉口起义失败后，宋恕为了撇清关系保全自己，将其十九本日记逐一检查，还烧掉了许多。[①] 因此，宋恕的敏感与矛盾，使得我们对他的遗憾增加。用阶级分析法分析宋恕有助于我们客观地评价他。

最后，在评价宋恕时我们应该把他当做一个“人”来看待，要对其有怜悯之心，不能对其要求过高，不能因其性格和体弱多病而认为其思想不够优秀。宋恕在这样的环境下能有这样的杰出思想和观点，不易。因此，对其生性胆小和犹豫不决要同情，不能一味的指责。要把宋恕当做一个有血有肉的人，而不是高高在上的神，同情其所处时代，给其客观之评价。所以辩证的、综合的来分析宋恕，我们可以看出宋恕是值得肯定的一位思想启蒙家，由于性格和身体多病导致的缺陷是小方面的，其学术和思想才是大方面的，对社会发展起了巨大的促进作用。

五、结语

通过对宋恕的生平、政治思想（包括无政府主义、“三始一始”与专制改良思想）和人道主义思想（包括济众博爱、男女平等思想）等方面的阐述，以及对宋恕的简单评价，使我们对宋恕有一个全面的认识。宋恕一生志在经世济民，有着深刻的政治思想和自觉的人文关怀，致力于追求一种家给人足、崇尚道德、和谐文明的社会秩序，但事与愿违，折射出身处乱世的中国知识分子的彷徨与无奈，这是无可避免的时代局限造成的。但这种局限性并不能掩盖宋恕的价值，他的终极关怀是面向底层社会深受苦难的民众，带有儒家特色。宋恕的思想对社会的发展主要是其进步作用的，而宋恕这个人我们也要同情他，他是近代值

① 孙邦金：《晚晴温州儒家文化与地方社会》，北京：人民出版社，2017 年，第 294 页。

得肯定的一位启蒙思想家,其思想精华对当代中国建设和发展也具有重要的借鉴价值。

(李邹强,温州大学2019级硕士研究生)

宋代温州书院的时空分布

尚　璐

摘　要：书院作为中国古代特殊的教育制度与教育场所，是学校教育的一种组织形式。宋代是我国古代书院发展的重要时期，在整个书院发展史上举足轻重。宋代温州地区书院发展轨迹基本与全国的步伐一致，受到政治经济文化以及地理环境等多重因素的影响，时间上分北宋与南宋两个发展阶段，空间上以县治为中心，呈东多西少之局面。

关键词：宋代；温州书院；时空分布

温州的私学在三国两晋南北朝时期便已发轫，历史上有众多名人历任温州地方官，如谢灵运、王羲之等人，对温州学校教育的发展起到推动作用。宋代温州书院伊始，与"皇祐三先生"有关，据载，王开祖是温州书院讲学风气的创始人，曾在永嘉华盖山附近讲学，命名为东山书院，自此便开启了温州书院兴建之热潮。关于书院的研究成果颇丰，从教育学、民俗学、建筑学、图书馆学以及旅游和史学等多学科进行研究的都可以见到。但是关于宋代温州书院的专门性研究，基本集中在对浙江或者浙南地区的书院进行思考时涉及温州书院，且论著以明清时期书院居多。对宋代温州书院的进一步探讨是很有必要性的。

一、宋代温州书院兴建情况

温州书院在宋时得到飞速的发展，且鼎盛一时。部分学者曾做过如下统计，季啸风的《中国书院辞典》[①]一书中，共收录浙江书院 118 所，其中温州 10 所，宋代温州 7 所。据李国钧《中国书院史》[②]一书的附录——《历代书院名录》，在宋

① 季啸风：《中国书院辞典》，杭州：浙江教育出版社，1996 年，第 46—75 页。

② 李国钧：《中国书院史》，长沙：湖南教育出版社，1994 年，第 1011—1014 页。

代浙江的书院中,有温州书院16所等。笔者根据古籍、地方志、教育志等记载,加上先前各位学者的相关著作与论文[①],整理出宋代温州地区的书院名录。由于宋代温州行政建置的变动,加上永嘉、瑞安、乐清、平阳、泰顺向来为温州的主要构成区域,所以主要以该五处为考察地,情况如下表一:

表一 《宋代温州书院统计表》

序号	书院名称	创办时间	创办人物	分布区域
1	浮沚书院	宋徽宗间	周行己	永嘉
2	皆山书院	宋孝宗间	戴明	永嘉(今洞头)
3	永嘉书院	宋理宗间	王致远	永嘉
4	白鹿书院	南宋晚期	吕声之	永嘉
5	东山书院	宋仁宗间	王开祖	永嘉
6	醉经堂	宋仁宗间	丁昌期	永嘉
7	岱山书院	宋度宗间	刘黼(待考)	永嘉
8	芙蓉书院	南宋	不祥	永嘉
9	会文书院	宋徽宗间	陈经正	平阳
10	江南书社	宋孝宗间	章用中	平阳
11	聚奎书院	不祥	薛氏	平阳
12	聚英书院	不祥	薛氏	平阳
13	毓秀书院	不祥	薛氏	平阳
14	朝阳书院	南宋后期	缪存斋	平阳(今苍南境内)
15	鹅峰书院	宋真宗间	钱惟潛(待考)	平阳(今苍南境内)
16	萱堂	宋神宗间	林石	瑞安
17	心极书院	宋孝宗间	陈傅良	瑞安
18	仙岩书院	宋孝宗间	陈傅良	瑞安
19	虎丘书院	宋宁宗间	曹豳	瑞安
20	白石书院	宋徽宗间	钱尧卿、钱文子	乐清

① 主要参考《弘治温州府志》,《文献通考》,《温州市志》,《浙江通志》,温州各地县志,季啸风的《中国书院辞典》,李国钧的《中国书院史》,李国钧的《中国教育制度通史》,胡佳的《浙江古书院》,《胡雪冈集》,《宋代温州科举研究》和《浙江历史文化研究》,朱鹏的论文《宋代温州的学校教育》,辛珊珊的硕士论文《宋元浙南地区书院的文学书写》,赵飞跃的论文《宋代温州书院学风的形成及其影响》等资料。

续 表

序号	书院名称	创办时间	创办人物	分布区域
21	梅溪书院	宋高宗间	王十朋	乐清
22	北山书院	宋孝宗间	黄仲参	乐清
23	宗晦书院	宋度宗间	郑滁孙	乐清
24	徐氏书院	宋太宗间	徐氏	泰顺
25	石镜书院	宋高宗间	吴氏	泰顺
26	侯林书院	宋宁宗间	吴子益	泰顺
27	中村书院	宋理宗间	吴子良	泰顺

表一中共统计了宋代温州书院27所，经考证，从前人论著的书院统计中摘录出宋代温州书院24所，加上对地方志等资料的搜集，补充白石书院、徐氏书院、石镜书院3所。其中宋代温州所创书院的时间和分布区域这些信息较为明晰，影响其时空分布的因素需要我们进行探讨。

二、宋代温州书院的时间分布及其影响因素

书院产于唐，五代、北宋是其发展时期，至南宋达到繁荣阶段。宋代温州地区的书院也与全国书院发展状况相当，只不过起步相对较迟，可根据其时间分布制出分朝统计表。

表二 《北宋时期温州书院分朝统计表》

朝代	书院数	名次
宋太祖年间	/	
宋太宗年间	1	3
宋真宗年间	1	3
宋仁宗年间	2	2
宋英宗年间	/	
宋神宗年间	1	3
宋哲宗年间	/	
宋徽宗年间	3	1
宋钦宗年间	/	
总计	8	

表三 南宋时期温州书院分朝统计表

朝代	书院数	名次
宋高宗年间	2	2
宋孝宗年间	5	1
宋光宗年间	/	
宋宁宗年间	2	2
宋理宗年间	2	2
宋度宗年间	2	2
宋恭宗年间	/	
宋端宗年间	/	
南宋不祥具体朝代	3	
总计	16	

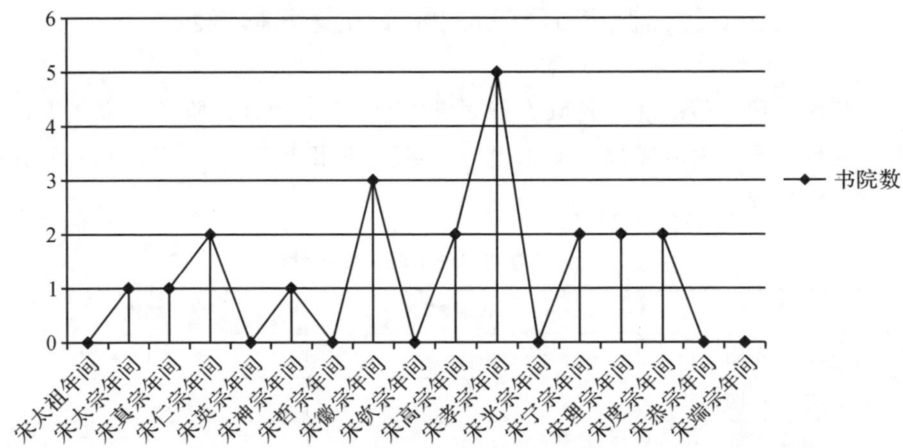

图一 宋朝书院朝代分布折线图

据表二、表三和图一,可看出温州地区宋代书院的朝代分布:太祖间温州未有书院,之后以两宋为界分两个发展阶段。北宋,温州书院发展呈上升态势,随着时间的推移书院数量有所增加。太宗到仁宗年间持续发展,中间有所衰弱,至徽宗年间又得到振兴,出现三个攀升态势。宋仁宗年间和宋徽宗年间是宋代温州书院发展的高潮,神宗年间亦是书院发展的一个小高峰,发展较为曲折。南宋,温州地区书院的发展态势略微由兴盛到衰败,但整体发展态势比较平稳,且情况优于北宋时期。南宋温州新增书院是北宋的两倍，发展更为迅速，孝宗时期达到发展顶峰，宁宗、理宗、度宗三朝出现一个发展高峰。

宋代是温州书院快速发展的关键期，从北宋的萌芽到南宋的鼎盛，这些都离不开政治、经济、文化等诸多因素的影响。宋代书院的发展面貌是多种因素共同作用的结果，同时，其发展情况也是温州地区甚至是国家书院发展状况的一个侧影。

（一）政治的变动与文教政策的影响

温州书院从北宋到南宋的阶段性发展与当时的全国大环境密不可分。北宋立国之初，天下未定，亟需大批人才投入到国家建设中去，官学却势单力薄。“书院之作，乃古庠序之遗志，宋之初，学校未立，故盛行于时。”[①]宋初在中央官衰微，地方官学几近空白的情况下，书院，承担起为国家“建国君民”“化民成俗”的责任，作为为封建社会输出高等人才的教育机构应运而生。但温州在宋朝政权建立之初并未纳入宋朝版图，在宋建立之后的五十多年间无一人及第，直至仁宗朝才诞生温州第一位进士朱士廉，可见当时教育的落后状况。这也与表二中太祖间史载温州未出现书院的情况相一致。

文教政策对书院的发展有颠覆性的影响。在官学式微的状况下，国家发起过三次“兴学运动”。从庆历兴学到熙丰兴学再到崇宁兴学，至北宋末年，温州已有 1 州学和 4 县学，官学教育系统相对完善。解额人数有从宋初的 2 人增至徽宗朝的 13 人。从图一我们可以看出北宋温州书院在仁宗、神宗、徽宗三个时期均出现发展的小高峰，但明显神宗时期的发展势头略弱。北宋温州书院的曲折发展与三次“兴学运动”有着相当大的关联。兴学运动虽是为了官学的发展，但促进了向学风气的盛行，北宋前期温州并未形成重视教育的风气，但随着教育设施的完善，温州教育事业有所起色，一定程度上促进了书院的发展。至于神宗时期书院的发展势头不如其他两次发展高峰，可能与当时推行文化高压政策有关，这一时期书院数量虽然有所增加，但发展缓慢。

靖康之役，宋室南渡，浙江由原来的政治边缘地跃为中心地，这也成为宋代温州书院发展的分界线与转折点。“两浙路治所杭州，温州州城距杭州 890 里，为两浙路离杭州最远的府州……北宋首都设在开封府，自温州前往，陆路 3480

---

① 李东阳：《李东阳集》第三卷《衡山县重建文定书院记》，长沙：岳麓书社，1985 年，第 73 页。

里,水路4030里,差不多是温州到杭州里程的四五倍。”[①]北宋时,温州是受政治辐射较弱的边缘地,随着宋室的南迁,温州受政治和强权的干预程度明显较北宋深,也使南宋书院的朝代分布有着更为浓厚的政治色彩。

至南宋,在政治与科举的腐败的情况下,国家对书院的扶植是南宋书院得以发展的根本性原因。“此邦学政其弊久矣,士子习熟见闻,因仍浅陋,知有科举而不知有学问。”[②]当时的科举制度腐败不堪,朱熹曾在复兴白鹿洞书院时强调学生不要参加科举,部分不屑于参加科举之士多寻幽静的山林潜心研究学问,这些场所有的便发展为书院。而国家对于官学衰弱的状况深感无能为力,绍兴八年,温州州学教授叶琳曾上书请兴太学,李谊言:“今若尽如元丰养士之数,则军食方急,固未所暇。若止以十分之一二为率,则规模稍若,又非天子建学之体。”[③]养士需要大笔的财政支出,但当时国库空虚,此外,北宋时期兴学运动的开展,培养了一批针砭时弊、议论朝政的士子,统治者对此颇感头疼,便直接放弃官学对书院加以扶持。南宋书院的复兴,始自朱熹对白鹿洞书院的复兴,加上统治者实行一系列宽松的文教政策,允许自由讲学,设立理学宗庙等,使书院进入官民共建的发展阶段,步入繁荣时期。据表二、表三,南宋温州新增书院数量是北宋的两倍之多,这与当时国家政治与文教政策密不可分。

(二)土地制度的变化与经济发展的影响

宋代实行以“田制不立”“不抑兼并”为主要特点的土地政策,这直接影响着国家兼并势力的更新换代以及租佃关系的更加普遍化,从而导致阶层间人员流动的加速以及人身依附关系的松懈。越来越多人通过从事经济活动巩固自身势力,“江淮间,虽衣冠士人,狃于厚利,或以贩盐为事”[④],这些追求富贵的新型人才,他们科举致仕的目的是为了追求地位与财富,崇尚享乐主义。与此同时,商人阶层企图通过积累的财富提升文化水平,通过科举之路、卖官鬻爵或者攀附权贵甚至联姻等途径实现阶层跨越。北宋枢相冯京便是宋代“由商而仕”的典型例子,其通过科举之路、加上两娶相女的政治联姻手段,实现阶层跨越。

温州在这方面的表现就更为突出,“以商带工,以工补农”,手工业和商业十

---

① 乐史:《太平寰宇记》卷九九《温州》,北京:中华书局,2007年,第1976页。
② 朱熹:《信州州学大成殿记》,载《晦庵集》卷八〇,影印文渊阁四库全书本。
③ 毕沅:《续资治通鉴》卷一二〇《宋纪》,长沙:岳麓书社,2008年,第3册,第81页。
④ 脱脱等:《宋史》卷一八二《食货志》下四,清乾隆四年武英殿校刻本,第8196页。

分繁荣。在手工业中，温州的造船业、漆器业和丝织业是在当时享誉一时的重要产业，“京西转运使杨峤言：澶州浮桥，用船四十九只，自温州历梁堰二十余重”[①]，澶州在今河南濮阳，能在温州定做，可见温州造船业在全国的地位之显著。据笔记小说载，宋时就已有温州漆器商店，并且在现今的考古发现中有很多宋代温州漆器。宋代的温州的丝织业也很发达，已经出现了专业的“机户”。温州的商业相当繁荣，传统重农抑商的思想对他们的限制较小，“其货纤靡，其人多贾”。[②] 宋代从事商业活动的温州人不在少数。

故，能够让人们积累财富的商品经济得空前发展，能够使人们提升文化水平的书院也如雨后春笋般涌现。“吾瓯自宋以来，有书院，有义塾，学业炽盛，正藉于此。”[③]文化下移，追求文化的群体不断扩大，人民的社会心态也发生变化，对于精神世界与人生价值的追求驱使市民文化和乡党之学兴起，造成“是时未有州县之学，先有乡党之学”[④]的局面，启蒙教育深入各个阶层，私塾、蒙学等已经不能满足人们追求更高层次教育的需求，在官学式微的情况下，书院便作为特殊替代物得到了极大发展。故温州书院在宋代得到极大的发展，北宋时期数量基本持续递增，至南宋时到达鼎盛时期。

（三）理学的发展与学者的努力

理学的发展为宋代书院的发展奠定了思想基础，书院亦是儒家与佛、道斗争的武器与理学发展的重要阵地。“文靖曰：学而不闻道，犹不学也。若庸亦曰：创书院而不讲明此道，与无书院等。”[⑤]这里道具体就是指理学，这句话便把理学与书院的关系表达得相当明确。理学是书院授课的主要内容，书院也成为研究与传播理学的重要场所。

书院的发展也离不开学者的努力与支持，尤其自朱熹复兴白鹿洞书院后，掀起了学者复兴已有书院、创办新书院的热潮。“据《宋元学案》中出现的人名统计，宋元时期温州籍学者总数 126 人，在浙江省 11 个州级行政区中排名第 3。

---

① 李焘：《续资治通鉴长编》卷一〇六，天圣六年三月乙酉，北京：中华书局，2004 年，第 2467 页。

② 程俱：《北山集》卷二二《席益差知温州》，影音文渊阁四库全书本，台湾：台湾商务印书馆，1980 年，第 1130 册，第 221 页。

③ 王瓒、蔡芳：《弘治温州府志》卷二《书院》，上海：上海社会科学院出版社，2006 年，第 27 页。

④ 马端临：《文献通考》卷四六《学校考》七《郡国乡党之学》，北京：中华书局，2017 年，第 431 页。

⑤ 黄宗羲：《宋元学案》卷八三，杭州：浙江古籍出版社，1992 年，第 6 册，第 322 页。

如以县统计,永嘉籍学者64人,在今浙江省所辖县中同样位居第3。”[①]宋元温州学者较多,不少为书院发展做出贡献者。譬如,王开祖创东山书院、周行己办浮沚书院,陈傅良创心极书院和仙岩书院,王十朋建梅溪书院等。其中不乏辍官之员,或被贬谪,或被废黜,面对腐败的政治当局,他们转而以培养人才为另一种报国方式,或研究学问以作感情寄托,凭借着大儒的吸引力对书院的发展起到巨大的推动作用,同时为温州地区文化的传播与文风的形成起到不可估量的作用。

(四)文化传播技术的发展

文化传播技术的进步对书院的发展也有一定促进作用,两宋时期,温州的印刷工业和造纸业得到了快速的发展。温州出土的大量宋代佛经就是雕版印刷技术高超的一个重要体现,现存宋版《大唐六典》30卷就是出自南宋绍熙四年的温州州学刻本。此外,温州造纸业发达,尤以蠲纸闻名。北宋圣和年间,蠲纸已被列为贡品,宋代笔记小说中曾记载温州的蠲纸店铺开到临安府。造纸业的进步,印刷技术的精进与质量的提升,直接促使温州纸质供应与书籍印刷的增加,间接推动书院藏书事业以及读书事业的发展。

在宋代特定政治背景与文教政策下,温州书院以两宋为界呈两个发展阶段。在特定土地制度与经济政策下南宋温州书院得以繁荣。特定区域文化下,宋代温州书院可以说与永嘉学派相辅及学者相成,共同发展。加上文化传播技术的发展,都对宋代温州书院的时间分布有着不可忽略的影响。

三、宋代温州书院的空间分布及其原因

相较于宋代温州书院发展的时间轨迹,其地理分布有更为明显的区域特色。除经济、文化外,受国家政治动向影响稍弱而受地形地势因素的影响较大。

温州地区宋代的书院共27所,其中分布在永嘉的有8所,平阳7所,瑞安、乐清、泰顺各4所,平均每处5.4所。大致位置的分布如图二:

① 朱海滨:《近世浙江文化地理研究》,上海:复旦大学出版社,2011年,第36页。

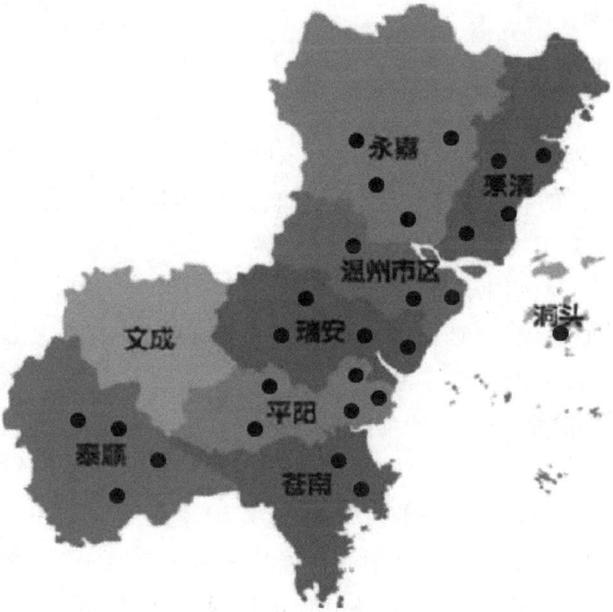

图二　宋代温州书院地域分布图①

通过图二，我们可以清晰地看出宋代温州书院的地区分布特点：宋时温州地区书院分布不太平衡，大体以郡府为中心向周围扩散。基本各个地区都有分布，甚至是洞头都有分布。书院区域分布中其中以永嘉最多，分布最广，平阳次之，最后是瑞安、乐清、泰顺三处分布相对较为均匀。南北比较，书院分布呈北多南少之格局，平阳以南地区书院分布少；东西相较，书院分布呈东多西少之态，瑞安以西地区几乎没有，书院主要集中在东部沿海。

在宋朝的政治基础下，独特的地理环境、经济特征与文化特色都影响着温州书院的地域分布格局。永嘉作为当时的府城所在地，是温州地区的政治经济文化中心，故宋代温州书院的分布以永嘉最多。地理环境是影响一地无论是书院还是其他方面发展的重要因素。温州发达的手工业和繁荣的商业，为书院的发展奠定了一定的物质基础。偏安国家东南角落，有山、有水的复杂地理形势，使战火很难蔓延，故相对平安，为书院发展和选址提供了有利条件。

---

①　图中黑色标记点代表书院，由于很多书院具体位置不可考，只能确定其大致范围，故上图黑点并不代表书院的具体位置，只代表书院相对在温州行政区划内的模糊位置。地图上的温州市区以及永嘉在宋时都在永嘉的行政建置下，苍南在平阳境内，文成在宋时隶属于瑞安，泰顺区域部分属于平阳，部分属于瑞安，因分不清其具体归属地，为更直观显示出书院的地域分布，故直接列出泰顺一地。

(一)地势地形与交通条件

温州坐落于浙江东南,“地势自西向东倾斜,西部属浙南中山区,迤东高度逐渐降低为丘陵地,东部是沿海平原。”[①]土地贫瘠,面海负山的地理特征,使温州地区呈现山多而耕田少,交通不便的特点。

地势地形对于温州书院的空间分布有一定的影响。温州西部多山地,交通闭塞,东部多平原滩涂,且西部的自然灾害多于东部,随着历史的发展形成了西部较之东部落后不便的状况。根据图二可看出,书院多分布于东部沿海区域,自东向西书院的分布减少,西部的书院多是南宋以后才出现的,这与其独特的地理特征紧密相关。

交通格局也是影响当地书院分布的重要因素之一。温州地区陆路交通闭塞,多仰赖水上交通,交通闭塞之地的发展状况相对落后于东部沿海区域。永嘉作为县治所在,不仅交通状况较温州其他区域通畅,更是温州的政治经济文化中心,作为州学所在地,教育风气相对浓厚,教育事业起步相对较早,成为书院数量最多区域。除县治所在地外,平阳县城是自两浙路进入福建的最后最重要的交通中心,县城南的迎坡扼大路口,“接于七闽而极于交广。凡士大夫之北去与夫官于南者,往往取道于此;与夫土地所产、百货之交,贩夫、贩妇、侏儒、伛偻所以提携负荷、朝往而暮归者莫不道于此”[②]。所以在书院分布上除永嘉之外,属平阳最多。

(二)人口发展与山区开发

一地的经济发展情况对该地教育事业的发展起到至关重要的作用。宋代城市经济得到发展,原本作为政治、文化中心的城区,随着城市人口膨胀,城区便被赋予了很强的经济意义,然后以城区为中心向外围辐射,带动外围的发展。

温州区域人口的分布状况与书院的空间分布有一定联系。在西晋时温州才开始置郡,此前都是地广人稀的状态,“楚越之地,地广人稀,饭稻羹鱼……无饥馑之患”[③]。到宋代有“余观今之为生者,土以寸辟,稻以参种,水蹙而岸附,垄削

① 温州市志编委会:《温州市志》,北京:中华书局,1998年,第187页。

② 许景衡:《横塘集》卷一八《迎坡阁记》,影印文渊阁四库全书本。

③ 司马迁:《史记》卷一二九《货殖列传》,武汉:崇文书局,2010年,第754页。

而平处，一州之壤日以狭矣”[①]。土地资源相比之前有愈发狭窄之势，这正是温州地区人口增加的体现。入宋以后，温州人口呈阶梯式增长。据载，北宋太平兴国五年至端拱二年(980—989)，主户16082，客户24658共40740户。[②] 至南宋嘉熙二年(1181)，达到200000户[③]，两百年间人口增加了十多倍。其中“(平阳)宋绍圣主户11260，丁25542，客户10576，丁11230”[④]。随着人口的迅猛增长，温州书院也得到了发展。平阳作为当时人口较多的县，成为书院除县治之外数量最多的区域。

人口增加带来的人地矛盾使温州百姓开始进行垦殖山林的活动，垦殖山林对温州中西部地区的开发，使中西部的书院也随之得以发展。当时的农业生产不足以承载当地的人口，出现了“户口几二十万人，苗头仅四万余旦，海物虽繁，而地产薄……总一岁之收入，不敌浙西一邑之赋，举全州尽熟，不如苏湖一顿之粥”[⑤]之景。温州的粮食产量与苏湖以及浙西相比十分薄弱，本土粮食产量只能够养活区域内人口的五分之一左右。人们开始采取开山垦土、围海造田、修建水利设施等措施。“百级山田带雨耕，驱牛扶耒半空行”，这是南宋楼钥的诗句，其中就反映着当时人民开垦山地，在梯田播种的图景。部分中东部平原地区人口开始向中西部山区流动，这对温州中西部地区的发展起到了推动作用，垦殖山林的移民与开发，使一些书院得以在中西部地区被建立起来。

(三)独特的区域文化熏陶

温州独具特色的区域文化，以重商主义与耕读文化，永嘉学派与事功思想，多神信仰并行为主要组成部分。这些特点在不同程度上影响着宋代书院的分布。

在区域文化的熏陶下，温州人民勇于冒险，积极从事工商业，开辟了温州手工业、商业以及市镇经济繁荣的局面。但是工农商是生存之本，而读书是升迁之途，这就是其“耕读文化”，据乾隆《温州府志》载，当时温州通过科举取仕之人多是出自这种手段。很多本土宗族，聚居家族(因为聚集家族比较重视道德观念的

① 叶适:《叶适集》卷九《温州开元寺千佛阁记》，北京:中华书局，1961年，第157页。

② 乐史:《太平寰宇记》卷九九《江南东道十一·温州》，北京:中华书局，2007年，第1976页。

③ 吴泳:《鹤林集》卷一六《知温州到任谢表》，影印文渊阁四库全书本。

④ 张南英等:《乾隆平阳县志》卷六《贡赋·户口》。

⑤ 吴泳:《鹤林集》卷一六《知温州到任谢表》，影印文渊阁四库全书本。

灌输和人才的培养,所以比较重视宗族教育)甚至是移民而来的外来宗族,大都开课讲学,书院蔚然成风。很多书院设于宗族聚居之处,有的直接是宗族所设,例如中村书院、石镜书院和侯林书院均为库村吴氏一族所建,徐氏书院为畴村徐氏所立,聚奎书院、聚英书院、毓秀书院均为平阳薛氏一族所设。

温州地区宗教信仰盛行,“瓯俗多信鬼,乐巫祠,是其为俗”[①]。他们很早就有宗教信仰,加上外来宗教的传入,形成了儒、释、道、摩尼教以及东瓯王、忠靖王与海神信仰等多元共存的局面。多神信仰以及宗教信仰的盛行对书院的择址、建筑格局、书院祭祀以及书院与寺院宫观的纠缠等方面都有相当感染。

温州书院的选址受宗教的影响,“皆择山水最佳处”,经常建设在名山大川中,比如雁山书院处于雁荡山大龙湫附近,心极书院在仙岩寺附近,皆山书院在今洞头等名胜之地。东山书院在华盖山麓,位于郡城附近,华盖山有华盖洞,是道教“三十六洞天之十八洞天”,很多隐士飞升修炼之地。醉经堂书院在永嘉枫林镇垟山村东郊枫林创办。朝阳书院和浮沚书院都建于水边,并且都是因其周围景色而得书院名。浮沚书院是周行己在罢官回乡后在谢池坊故宅创设,在城内松台山下水雁池附近。朝阳书院所在之地东为沼,沼之东为江,其地“每一晨兴,日光晃漾”,故名。有的甚至建设于寺院宫观附近甚至“因袭曾拓”,湖南长沙岳麓书院碑载:“书院乃寺地,有二僧,一名智璿,一名某,念唐末五季湖南偏僻,风化陵夷,习俗暴恶,思见儒者之道,乃割地建屋,以居士类。凡所营,多出其手。时经籍缺少,又遣其徒市之京师,而负之归。士得屋以居,得书以读。其后版图入职方,而书院因袭曾拓至今。”[②]这也造就了书院与释道之间的冲突,虎丘书院便设在瑞安曹村五灵寺。另外一部分建于城郊附近或者是创办者的居住地以及先贤讲学之所。比如东山书院和浮沚书院就是建于永嘉城区,而东山书院和心极书院分别为王开祖和陈傅良讲学之所。这些地方的共同点是景色美,风水佳,不是依山就是傍水,有的山水俱有。值得注意的是,这些地方虽在山水佳处,但并不偏僻,或在城区、城郊,或在乡镇附近人口聚集之所。与唐末五代为避乱归隐的文人墨客不同,书院是教书育人之所,所以一般建在有需求的人口聚居处甚至城区附近以满足生活之需。

在温州原有商业文明以及特色文化下,加之地理环境的限制,温州书院呈由东向西逐渐减少之势。在解决人地矛盾过程中,山地垦殖的进行让我们看到宋

---

① 王瓒、蔡芳:《弘治温州府志》卷一《风俗》,上海:上海社会科学院出版社,2006年,第11页。

② 欧阳守道:《巽斋文集》卷七《赠敬了序》,影印文渊阁四库全书本。

代书院向西部的发展趋势，而市镇经济的繁荣带来的政治经济文化人口的聚集刚好可以解释宋代温州书院以县治为中心向外辐射的分布特点。温州的宗教信仰之盛也与温州书院尤其是书院具体地点分布有颇深渊源。

结语

温州作为浙江省的东南一隅，其书院的发展对全国书院的发展态势影响较小。但是作为整个大环境中的一员，国内书院发展的整体环境，对温州书院的发展之影响确是极大的。受宋朝整个政治环境与文教政策，土地制度与经济发展，理学发展与学者努力以及文化传播技术等因素的影响，温州书院在时间分布上起步较晚，出现几起几落，北宋时期得以快速发展，南宋达到繁荣期。在宋朝的政治背景下，温州独特的地理环境与区域文化，以及人口的增长与经济的发展，宋代温州书院空间分布上以郡府为中心向外围辐射，主要呈东多西少的分布格局。宋代温州书院的发展整体上基本与全国书院发展步伐一致，却在细微之处凸显着自己的特色。

（尚璐，温州大学人文学院19级中国史研究生）

宋元时期温州本土海神信仰

张　雪

摘　要:海神是民众在涉海过程中为满足心灵的慰藉根据已有的神祇所想象出来的神灵。海神信仰既是涉海民众的一种精神寄托,又是海洋文化的一种展现。宋元时期随着海上交流活动的不断深入以及宽松的信仰政策,促使该时期温州本土海神信仰更加活跃。虽然温州本土海神信仰没有系统的体系,但是本文根据已有的史料记载,对宋元时期温州本土海神信仰做出一定的考察与分析。

关键词:温州;海神信仰;宋元时期

一、宋元时期温州本土海神信仰活跃的因素

温州自古以来本土海神信仰得以发展,至宋元时期海神信仰十分活跃的原因有以下几点。

第一,独特地理环境的影响。温州背山面海,地形复杂,自古以来陆路交通极其不便,因此温州素来发展航运。但是由于台风多发,民众的生命财产经常受到威胁。有关台风灾害的史料记载,如南宋乾道二年(1166)八月秋分日温州沿海发生的大潮灾中"死者十万辈"。[①]《文献通考》中记载乾道六年夏秋"凡三大风,水漂民庐,坏田稼,人畜溺死者甚众"[②]。自古以来,民众在无能为力的时候,总是会将希望寄托在神明身上,自然灾害的频繁、独特的地域环境催生了温州本土的海神信仰。

第二,海洋贸易的刺激。温州负山面海,自古至今依托着港口发展海上贸

---

① 薛季宣:《浪语集》卷二四《与刘复之二》,永嘉丛书。

② 马端临:《文献通考》卷二九七,北京:中华书局,1986年,第2348页。

易，直到宋元时期开放的海洋政策，促使更多人为追求利润在海上奔波，但是这也要求海商面对的是更漫长的海道，更复杂的海况。虽然宋元时期我国的航海技术已经达到很高的水平，但是沿海地区多灾，航行于海上的人们面对变幻莫测的海上自然环境，海上风暴、触礁等海难随时都可能使他们葬身大海。航海群体在切身感受海运凶险的情况下，寻求海洋神灵的帮助。正是在这样的背景下，海神崇拜之风愈盛。就如有学者所言：海神信仰“是人们在涉海生活中创造出来的，并随着涉海生活的深入而不断丰富和变化，实际是涉海民众海洋观念的外化表现”[①]。人们通过借助神灵来实现精神的慰藉。宋元时期的温州海神信仰除了以往的海潮神外，还出现了航海保护神。伴随着海外贸易发展，粮食海运规模庞大，不测风涛常常导致船毁人亡，面对恶劣的自然环境，人们往往把平安的希望放在神灵身上，主宰航海的保护神在温州地区十分流行。

第三，官方对海神信仰的重视。官府对海神信仰的重视主要表现在海神祭祀方面。自宋代开始有关海神祭祀的国家礼制更加完善，统治者从修纂祭祀神明的国家礼典入手，努力恢复海神的祭祀活动。到南宋时期统治者更加重视海神祭祀活动，其中礼部太常王信奉命编纂的《中兴礼书》中详细记载了高宗、孝宗两朝祭祀岳镇海渎的祝文。此外，官方对海神庙宇的要求更加严格，官府甚至参与到神祠的维修、管理当中。宋元两代官府对沿海地区海神进行大肆敕封，并列入祀典。伴随着官府对海神信仰的重视，海神的地位也随之提高，辐射的范围自然也越来越大。

正是在上述多种因素的共同推动和影响下，共同促成了宋元时期温州众多本土海神共荣共存的局面。

二、宋元时期温州本土海神的构成

宋元时期温州的海神信仰获得了较为充分的发展。众多的史料中有关宋元时期温州海神的记载颇多。从海神类型来说，主要可分为两大类，其中之一为受沿海自然灾害影响而产生的海潮神，一般祈求波涛不兴，风调雨顺；另外就是航海保护神。温州地区则多航海保护神，同时大多数航海保护神又兼为漕运神。

① 朱建军：《从海神信仰看中国古代的海洋观念》，《齐鲁学刊》，2007 年。

(一)海潮神

温州的仁济庙祭祀唐代温州的治水英雄周凯。平水王周凯是为西晋衡阳(平阳县)人。横阳地处濒海，地形低洼，台风多发，海水倒灌现象经常发生。平水王周凯向当地长官建议疏导河流，但“永康中，三江逆流，飓风挟怒潮为孽，邑将陆沉，民咸惧为鱼，神奋然曰：‘吾愿以身平之’。即援弓发矢，大呼冲潮而入，水忽裂开，电光中见神乘白龙车去，但闻海门有声如雷，而神莫知所在矣。俄而水势平，江祸乃绝。邑长思其功，号其里曰平水，且建祠尸祝之”[①]。在永康年间当地突发海啸，民众的生命财产面临着危险，在此情况下，周凯奋不顾身，冲入潮水才使得潮水减弱。当地人为了纪念他为他建祀。平水王周凯的行为解决了当地人民的生存诉求，因此得到了当地人的尊重与热爱。南宋时温州知州楼钥曾为其写道：“故老有言，始悟灵神之在迩，谓护国通天之号，有济民惠物之功绩……爰陈菲奠来谒明灵，伏愿矜小已之寡闻，悯斯人之无告沛乎。”[②]根据这段评价可知平水王神灵迹素著，其信仰在宋朝已广为流行。在南朝陈到元末为止，先后有十三位郡守修理过周凯庙。平水王信仰不仅历史悠久，其传播范围也扩大到台州、处州等地。

(二)航海保护神

温州濒海，海边的住民，以渔业生产为主，自古以来他们敬奉神灵，祈求出海平安、鱼虾满仓。宋元时期温州内河和海上航行空前繁荣，航行于水上的各种群体数量剧增，为满足海上航行的顺利出现了大量的护佑航行的神灵。

忠烈侯是唐代乐清县人，神姓田名居合，其庙“在茗屿乡馆头”。唐乾符王郢弄兵，为江浙福建患。僖宗诏十道兵诛伐。侯奉命以行，士马历险，疲甚。至象浦，并遇寇，众寡不敌，力战以死。邦人哀其义烈为祠[③]。乾符年间(874—879)，王郢作乱，田居合奉命讨伐，最终因寡不敌众而牺牲。民众为其忠义所打动，便为他立祠。大顺二年间刺史朱诞奏海上破贼侯有冥助，赠右骁卫将军。龚湮为

① 宋濂：《文宪集》卷一六《温州横山仁济庙碑》，四库全书本。

② 楼钥：《攻媿集》卷八二《海神庙祈祝文》，丛书集成初编。

③ 王瓒等：弘治《温州府志》卷一六《祠庙》，上海：上海社会科学院出版社，2006年，第423—424页。

寇侯以阴兵破之。宋皇祐四年，郡守刘述录功状以闻，乃新侯庙，曰忠烈[①]。大顺二年间屡次帮助当地民众抵抗外来贼寇侵扰，赠右骁卫将军，后又被朝廷多次授以封号。忠烈侯不仅是当地保护神，也是当地的航海保护神，保护往来船只，“海舟来往者悉祷焉”[②]。

广济侯林三益，字友直，生于宋神宗熙宁年间，经常救助海上遇险的船舶，民众遇到水旱灾害、海寇侵扰祈祷该神皆显神通。元代“临海寇侵境，张同知禧梦神告以助灵，贼果退。李州判恺押运在海遇风，神显护得济，海商郑宁航米遇贼，呼神号，现兵，贼遁。岁旱，监州哈剌祷雨感应。元末虎入市就擒。赵知州荣祖以其事闻，宋咸淳七年(1271)封广济侯”[③]。由此看来，林三益在宋代得到兴起与海上活动有着密不可分的联系。

瑞安县嘉屿乡陈逸是唐朝人，封为惠民侯，也是三港之神其中之一。相传陈逸异于常人，“幼时宅旁有大竹林，母令取竹，神以两指握之皆破，今有二竹林。当岁除在南闽，乡人同舟者皆忆家。神谓曰：‘宜各闭目，来日可到家贺新正。’咸未之信，姑从其言。但闻舟戛林木有声，达旦则舟抵其乡矣”[④]。陈逸死后海商出海遇到危险，他都会显灵，护送往来船只平安航行，民众为其立祠于三港，俗称“三港大圣”。

惠民侯陈逸在宋代已经受封，但是受封的具体时间存在一定的争议。如乾隆《瑞安县志》载：“宋端拱二年(989)诏封惠民侯，宣和二年(1120)诏封护国惠民侯，宋德祐元年(1275)诏封护国惠民福善圣王，元至正二十二年(1362)加封庄济二字。”[⑤]嘉靖《瑞安县志》载：“宋宣和敕封赐额。”光绪《永嘉县志》载温州城内三港惠民王庙：“在北市街，宋宣和间尚书郎郑邦彦舍宅建。《旧志》……寇方腊犯境，神显异，寇不敢入。邑令王济上其事，封护国惠民侯，进福善王，元至正间加庄济。”[⑥]但是不论具体是哪一年册封的，海神陈氏在宋代已经得到重视。据光绪《乐清县志》、弘治《温州府志》等众多的文献记载，可以得出三港大圣分布在温州的多个县中包括瑞安、永嘉、乐清、泰顺等。三港大圣在温州的分布范围也从侧面反映了海神信仰在此时期的发达现象。

---

①② 王瓒等：弘治《温州府志》卷一六《祠庙》，上海：上海社会科学院出版社，2006 年，第 423—424 页。

③ 姜准等：《岐海琐谈》卷一二，上海：上海社会科学院出版社，2002 年，第 203—204 页。

④ 王瓒等：《弘治温州府志》卷一六《祠庙》，上海：上海社会科学院出版社，2006 年，第 423 页。

⑤ 乾隆《瑞安县志》卷五《祠祀志》，清乾隆十四年刻本。

⑥ 光绪《永嘉县志》卷四《坛庙》，清光绪八年刻本。

除了以上的几个海神外，人们还向其他神灵祈祷航海平安。杨府爷姓杨名精义，唐贞观时人，“凡远行商贩者、泛海捕鱼、及婴疾濒危卒、病沉疴者，必祷诸神以藉庇佑。妇女死于急症，禾稼成熟而糠秕者，俱指为神所攸摄。传闻每春夏交，往海鬻鲞，积雨遇晴谓神晒鲞之候”①。杨府爷是温州渔民和商人的航海保护神，曾在海上拯救渔民击退海贼，后人建庙祭祀，凡是出海经商、出海捕鱼等情况都向他祈祷。有关其他海神的祠庙，还有永嘉县的广惠庙、惠应庙，瑞安县的晏公祠，平阳县的平浪庙等等。②

上述航运保护神和海商们的旅途平安有关，神灵在海商陷于危难之际的境地时帮助他们渡过凶险，使其逢凶化吉，从而保证海洋贸易的顺利进行。由此观之，海神在温州民众生活中占据主导地位。

三、宋元时期温州本土海神信仰的基本方式

宋元时期，从皇室到民间，无不重视海洋神灵，朝廷敕封和海运相关的神灵，地方政府和官僚通过对海神敕封、为其修建庙宇、按时致祭等方式，不遗余力地崇祀海洋神灵。

册封神灵是人们表达对神灵的崇敬的方式之一。宋代以来官府对海神的敕封来越普遍，建炎中，高宗逃亡明、台、温三州后敕封三州海神，温州许多本土海神也逐渐被赋予了正统地位。如前文所提及的海潮神周凯，在唐代敕封周凯为“平水显应公”，很快又改为“平水显应王”。宋代在唐封基础上累加“通天”“护国”“仁济”谥号，并将其神位列入皇帝祭天的郊坛，德祐元年(1275)官府又建周凯庙于横山，宋恭帝赐庙额为“仁济庙”。元代赐“威惠”谥号，并敕封为“太和冲圣帝”。元末瑞安州同知李恺潜运出海，海上遇风涛，祈祷于神，结果浪平风灭，得抵达大都，朝廷诏封林三益为昭惠广济公。除了平水王周凯外，太尉郑侯敕封为忠烈将军、林三益被封为广济侯等等皆是明证。

庙宇可以作为人与神沟通的一种媒介。为海神建庙一方面使得神灵有所凭依；另一方面，它也让有需求的民众求助有门。民众为神灵建庙，供祀香火，而神灵则负责为人们消灾避难，应其所求。宋元时期温州民众和官府为本土海神修建了大量的庙宇，弘治《温州府志》所载的惠民侯陈逸，立祠于三港。平水王周凯

① 姜准等:《岐海琐谈》卷一二，上海:上海社会科学院出版社，2002年，第204—205页。

② 王瓒等:《弘治温州府志》卷一六《祠庙》，上海:上海社会科学院出版社，2006年，第417—426页。

死后民为立祠，庙宇有司常加修缮，元代温州路达鲁花赤左答纳失里就曾修缮该庙[①]。

宋以来温州本土海神祭祀也较为普遍。据弘治《温州府志》记载，“幸而有海神庙者，在郡城东北隅海坛山之上。风浪之兴，长吏或躬往，或遣僚属祷之”[②]。每当台风来临之际，温州知州亲自前往海神庙或者派遣人员前往祭祀。过去一些渔民出海前，要进庙祭拜，并从庙中领来“令旗”，以保出海平安。农历五月二十三为杨六郎寿日，各杨府庙有祭祀活动。其中供品之一为炒豆，意为作弹药，以备杨六郎御海寇时之所需[③]。今瑞安人周作甫《题白岩杨府石洞七律一首》：“杨爷昔日独来兹，为避尘嚣斩乱丝。入圣超凡成正觉，青灯古佛度平日。团峦剩有荒坟在，木梓泽犹存乡里知。历代敕封照功绩，千秋纪念后人思[④]。”以作诗等方式表达对海神的崇拜。

四、宋元时期温州海神信仰的特点

根据温州各县志所记载的宋元时期温州本土海神来看，海神信仰在此时期的温州社会中十分盛行并具有着以下的特点。

一方面，在宋代之前温州的本土海神屈指可数，且呈现出抽象化的特点如龙神信仰。到宋代以后温州本土海神大量的出现并且海神的人格化更加显现。大量的海神都来源于真实存在的人物并根据人物的真实事迹进行美化赋予其海神地位。另一方面，海神崇拜的功利性目的更加凸显。宋代以前沿海民族崇拜海神多祈祷风调雨顺、波涛不兴、海洋生活安定。伴随着宋代以来航海技术的发达，温州商品经济的发展，大量的民众赴海经商、捕鱼、运粮，民众对海神崇拜的目的又增加了危难之际祈求航海安全。元代实行粮食海运，温州成为漕粮来源地之一，此时期的海神也兼备漕运神的职能。可以说，温州的民众对海神的崇拜是基于现实的需要，主要是期望通过祭神的方式来满足直接的功利性需求，为自身服务。

---

① 陈彩云：《元代温州路研究》，暨南大学，2009 年博士学位论文。

② 弘治：《温州府志》卷十九《词翰》，上海：上海社会科学出版社，2006 年，第 510 页。

③ 温州水利局，http://wzsl.wenzhou.gov.cn/art/2019/10/9/art_1324819_38701128.html。

④ 瑞安论坛，http:bbs.ruian.com/thread-385953-1-1.html。

结语

宋元时期温州本土海神的活跃,是该时期特殊历史的直接反映。在海上航行大发展的宋元时期,由于商品经济发展,海上贸易繁荣,以及官方漕运规模巨大等因素,海上航行空前频繁,航海人数也极大增长。温州民众凭借着便利的水上交通优势在此时期赴海外经商,为自身和家人的生计往来于海上。这些航海人群祈求航海安全,希冀神灵能福佑苍生。官府企图通过控制民间信仰来维护其统治所采取的宽松的信仰政策,对温州名气大的海神进行加封、建祠。在此背景下,官府、航海群体等人群,共同将海神信仰活动推向了高潮。

虽然民众信奉的海神有一定的虚构成分,但是我们不能简单地将海神信仰视为“封建迷信”来对待。它是植根于中国传统社会的一种社会文化,它的存在具有合理性。一方面是海神信仰是海边人们心灵寄托的物化,沿海人民在海上从事活动遇到危险时试图通过虔诚信仰海上神灵保佑自身平安;另一方面,统治者将海神信仰视为维护自身统治的工具,通过大肆宣扬海神所具备的忠孝、仁义之品格,来教化民众、引导社会风俗,从而实现维护自身统治。

附录:宋元时期温州本土海神信仰简表

地区	祀庙/封号	修建时间	类型	资料来源
温州乐清	忠烈侯		航海保护神	永乐《乐清县志》
温州瑞安	晏公行祠		航海保护神	弘治《温州府志》
	文孝行祠		航海保护神	弘治《温州府志》
	惠民庙		航海保护神	嘉靖《瑞安县志》
	天妃行祠	洪武二十一年(1388)迁于此	航海保护神(漕运神)	嘉靖《瑞安县志》
	广济王	至正二十八年(1368)	航海保护神(漕运神)	嘉靖《瑞安县志》
杨府爷				
温州平阳	平浪庙		航海保护神	弘治《温州府志》
	平水王		海潮神	嘉靖《永嘉县志》

续 表

地区	祀庙/封号	修建时间	类型	资料来源
温州永嘉	忠烈将军	文宗大德年间（1297—1309）	航海保护神	嘉靖《永嘉县志》
	晏公行祠		航海保护神	弘治《温州府志》
	惠民王庙		航海保护神	弘治《温州府志》
	惠应庙		航海保护神	弘治《温州府志》
	广济庙		航海保护神	弘治《温州府志》
温州泰顺	晏公庙		航海保护神	弘治《温州府志》
	惠民王庙		航海保护神	弘治《温州府志》

（张雪，温州大学人文学院2019级硕士研究生）

忠义之士:卓敬功名研究

吕　瑞

摘　要:卓敬作为明初的一代名臣,为官清廉,足智多谋,针砭时弊,深受太祖的赞誉,却因靖难之役后拒绝效忠成祖而被处死并夷三族。通过对卓敬生平的了解与认识,从文采出众、清正廉明、谦逊孝顺、忠君报国四个方面对卓敬个人德行进行分析,并通过分析明清、近代不同时期官方对卓敬功名发展过程的演变,展现了卓敬为臣、为子、为官的忠义精神。

关键字:卓敬;忠义;功名

卓敬,字惟恭,浙江瑞安卓岙人,生年存疑,一说生于1349年,一说生于1356年,死于1402年(建文四年)。洪武二十一年中进士,为户科给事中。曾向太祖进言,嫡庶尊卑有序,为太祖采纳,受到太祖器重。后升为户部侍郎。建文年间谏言,燕王雄才大略,宜徙南昌,亦易控制,被建文帝拒绝。燕王即位后,诱卓敬为之效力,遭到卓敬拒绝,因其之前与姚广孝有嫌,受姚广孝诬陷,被斩,并夷三族。万历时,由御史屠叔方上言,为卓敬建造祠堂。这也是为卓敬建祠的开始,在其后不同时期卓敬祠也在不断的发展,以前学者对卓敬的研究主要集中在卓敬的生平事迹考、忠义精神的研究,但很少从后世对卓敬祠建立的角度考虑卓敬忠义精神。本文主要结合卓敬本人德行从后世卓敬功名发展的角度对卓敬忠义精神进行研究。

一、学术史回顾

关于对卓敬的研究并不算很多,在史料方面,《明史》中在卷一百四十一、列传二十九中专门为卓敬作传,宣德年间刘球为其作《卓忠贞公敬传》,《明史纪事本末》、焦竑《明卓忠贞公庙碑》、袁袠《户部右侍郎卓敬传》、《明实录》中都有对卓敬相关史料的相关记载,通过这些史料能够详细地了解卓敬的生平事迹。关于族谱的记载有《西河堂卓氏族谱·西河郡卓氏上祖世系表一》《惟恭公卓敬源自西河世系表》还有《塘栖卓氏宗谱续编》收录的高圻详《卓敬家世及生年考》。

地方志记载有弘治《温州府志》卷十一人物忠义篇、嘉靖《温州府志》卷三人物·国朝篇、万历《温州府志》卷十二人物忠义篇、康熙《温州府志》卷二十人物、乾隆《温州府志》卷二十人物忠臣、《浙江通志》等基本上都记载了卓敬生平并将卓敬列为忠义。《温州市志》、《瑞安市志》卷三十三人物、嘉靖《瑞安县志》卷八人物·忠义、乾隆《瑞安县志》卷八人物·忠义、嘉庆《瑞安县志》卷八人物·忠臣、民国《瑞安县志稿》人物卷。现《四库全书》中收进的《忠贞录》,是为卓敬树碑立传的著名文献。此书共有三卷,卷一专门收录卓敬所写的诗文,卷二收载有后人所写的卓敬传记、史书有关卓敬的数条记载、后人所写的卓敬祠记和祭祀卓敬的祭文,卷三收录 33 个后人悼念卓敬的诗歌。以上三卷的内容,可使读者依据卓敬的自撰诗文加深对卓敬思想的了解。曾唯编纂的温州自宋至清代乾隆年间的诗歌总集《东瓯诗存》中,辑录了卓敬的诗,是研究卓敬诗文化的重要资料。

论文方面有赵素文的《卓敬事实辨疑》,通过对卓敬的史传和地方谱牒资料的考察,对其生卒年、登科时间、仕历、殉难事实,及遗著情况进行梳理、考察和辨析。侯咏梅在《〈忠贞录〉的内容及其产生的时代背景——兼论〈四库全书总目〉所撰〈忠贞录〉提要之一误》中,对《忠贞录》的内容、编写年代技巧失误进行了考证。

在著作方面地方性著作比较多,有《温州历史人物》、《历代人物与温州》,《温州名人录》、《温州城区历代人物录》、《瑞安历史人物传略》、《瑞安历代名人名胜选录》、《瑞安十大杰出历史人物》、《东嘉先哲录》卷十七、《浙江人物简志·中》、《浙江古今人物大辞典·上》等,都详细介绍了卓敬。其中尤为重要的是由瑞安市政协文史资料委员会编并于 2002 出版发行的《瑞安文史资料》(第 21 辑)。本书将有关卓敬的各种文史资料进行了汇编,包括纪念卓敬罹难 600 周年、卓敬诗文、卓敬诗十九首,卓敬诗补遗三首,有关卓敬传记、传后、序、跋、祠记、碑记,《忠贞录》提要、《忠贞录》原序、刘球所撰《卓忠贞公敬传》、焦竑的《卓忠贞江心祠碑记》等,内容非常详细。在其后还有有关卓敬文章的收录,如高圻祥的《卓敬家世及生年考》,潘知山的《有关卓敬遗迹调查》,孙中存整理的卓敬的遗稿,孙宝澄的《卓敬的故里》,郑心增的《对卓敬的另一种解读》,张翊中的《卓敬怒迁城隍庙(民间传说)》,俞海的《"碧血伤千载"——浅析孙希旦〈宝香山吊卓侍郎〉诗》、陈之川的《卓敬诗作乡情浓》等。

二、卓敬个人德行

(一)文采出众

卓敬学识渊博,涉猎范围极广,据《明史》中记载:“敬立朝慷慨,美丰姿,善谈论,凡天官、舆地、律历、兵刑诸家无不博究。”①卓敬仪表堂堂,善于谈论,凡是天文、地理、律历、兵刑诸家无不广泛探究。由此足以看出卓敬其人文采极好,知识渊博。官方史料中记载卓敬为洪武二十一年进士,并未说明其名次,据《浙江通志》记载:“卓敬,瑞安人,戊辰榜眼。”②卓敬应为洪武二十一年的榜眼。从隋朝开始已设进士科,科举制正式形成,因进士科最难考,因此从隋朝时就已有中进士难且尤为尊贵的说法。到明朝时,殿试考试分为三甲,一甲称为进士及第,二甲称为进士出身,三甲为同进士出身,都统称为进士。榜眼也就是一甲第二名,在这么多人中仍能取得如此成绩,没有一定文化基础是不可能有如此成就的。卓敬著有《性理发明》10 卷、诗文 50 卷。其中《性理发明》已遗失,没有保存下来,诗文现存 22 首。《四库全书》中收录其诗文共 19 首,其中古诗 2 首,五律 1 首,七律 4 首,七言绝句 12 首,另有序文 2 篇和墓志铭 1 篇。据雍正《浙江通志》载:“卓敬游梅雨潭诗:横空峭壁泻飞瀑,声震渊霆摇地轴,絪缊气湿浮太空,冲崖散作珠万斛,源头直与银河通,半空簌落飞流淙,此境定知无炎热,万壑千岩洒晴雪。”③主要记载了卓敬游玩梅雨潭时所做的诗词,由其中的造词遣句,可见卓敬其诗气势磅礴,文采斐然。又有“卓忠贞公遗书,明诗综,卓敬著,字维恭,瑞安人,宣德中庐陵刘球得其遗文传之,按分省人物考文集五十卷”④。刘球根据卓敬的遗书进行考证编纂的,共有 50 卷之多。卓敬诗文虽然有部分遗失,其《性理发明》也没有流传下来,但其诗文斐然是不可磨灭的事实。

---

① 张廷玉:《明史》卷一四一,列传二十九,北京:中华书局出版社,2000 年,第 2673 页。

② 嵇曾筠:《浙江通志》卷一三四,清文渊阁四库全书本,第 2926 页。

③ 嵇曾筠:《浙江通志》卷二〇,清文渊阁四库全书本,第 397 页。

④ 嵇曾筠:《浙江通志》卷二四九,清文渊阁四库全书本,第 6087 页。

(二)清正廉洁

卓敬不仅学识渊博,在为官上也能保持好自己的心态,坚守自己的本心,做到清正廉明。明成祖即位后,卓敬被抄家夷三族,抄家时,室内并无其贵重财物,只有书画数轴,可见其清廉。卓敬洪武二十一年中进士后因受太祖器重,升为户部侍郎,为正三品。明朝初年,朱元璋杀胡惟庸,废除丞相,罢中书省,权分六部。户部掌管着全国的财政大全,户籍、赋税、田地的事物都由其掌控。户部部长为户部尚书,其下为户部侍郎,可以说卓敬在户部是除尚书之外权利最高之人,但即使是在这样的情况下,其死后所遗留下来的也只是几轴书画而已。一个人在拥有一定权利之后,还尚能保持着高洁正直的心态尤为难得。卓敬不仅是一名官员,更是一名诗人,写下了不少的诗文。由诗及人,诗歌的书写是诗人内心情感的表达,卓敬的诗文也恰能表现其品质。如

《墨竹》

洞庭木落水生波,月入斜窗露气多。
虞帝不归秋自晚,满江烟雨泣湘娥。

《栽梅(射洪谢东山云:"末句乃宋人翰镏诗。》

风流东阁题诗客,潇洒西湖处士家。
雪冷江深无梦到,自锄明月种梅花。

《红梅》

谁教姑射饮流霞,烂醉西湖处士家。
几度春风吹不醒,至今颜色似桃花。

《落梅》

山中昨夜东风恶,诗客柴门向晚开。
狼藉一庭春意思,半飘风雨半依苔。[①]

卓敬诗文中多是咏梅、竹的诗文,其以咏梅为最多。梅在中国古代一直有代表着坚强、高雅、忠贞高风亮节的品质,卓敬也正如他诗中所展现的一样高风亮节,借咏梅来抒发本心,彰显其独特风格。

① 曾唯:《东瓯诗存》,张如元、吴佐仁校补,上海:上海社会科学出版社,2006年。

(三)谦逊孝顺

卓敬不仅从小聪慧,刻苦读书,而且也谦逊孝顺,这也正和其风采相照应。中国的传统文化理念就有一个“孝”字,特别对于入仕为官的士人来说,尤为重视孝。西汉时期,朝廷选拔人才,实行察举制,举孝廉,其中“孝”尤为重要。在万历《温州府志》卷十二记载:“(卓敬)性至孝,读书宝香山,时年十五,虽远不废定省,会夜归值大风雨,昏宴不知所之,得一牛凭之而行,及抵家启门乃黑虎也,时以为孝感所致。”[①]面对读书和孝之间的冲突,卓敬能够妥善处理好,既读好书又不忘行孝道。这也和当时的主流思想相符合。在中国传统社会中,一旦父母双方任何一方去世,即使作为官员,也要守孝三年,三年之后再继续做官。由此可见在中国古代社会中孝重于仕途,极其重要。而卓敬就从小秉承着孝道,铭记于心,不敢忘却。

(四)忠君报国

然而,最让人不能忘却的是卓敬乃忠义之士,卓敬不仅在太祖时期因其卓越的见识,受到太祖赏识,而且其忠君之志也始终没有改变。太祖死后,建文称帝,但燕王藩王势大。户部侍郎卓敬密奏曰:“燕王智虑绝人,酷类先帝。夫北平者,强干之地,金、元所由兴也,宜徙封南昌以绝祸本。”帝览奏,袖之。翼日曰:“燕王骨肉至亲,何得及此。”敬曰:“隋文、杨广非父子耶!”帝默然良久,曰:“卿休矣。”[②]敬既食君禄,当尽君事,认为藩王势大,燕王又足智多谋,其所封之地北平,极其重要,是金、元兴起的地方,应当将燕王封到南昌,以此来断绝燕王祸乱的根源。在燕王未乱之时,卓敬针砭时弊,清楚地分析境况,为君分忧,虽然被建文帝以燕王为骨肉至亲为由否决,但根据后来燕王以“清君侧”发动“靖难之役”,可看出卓敬的远谋。“靖难之役”后朱棣称帝,卓敬不改其忠君之心。据《明史纪事本末》载:“户部侍郎卓敬被执,责以不迎乘舆之罪,曰:‘尔前日裁抑诸王,今复不臣我耶?’敬曰:‘先帝若依敬言,殿下岂得至此!’文皇怒,欲杀之,而怜其才,且系狱,命中人讽以管仲、魏征事,敬涕泣不可。文皇感其至诚,犹未忍杀,而姚广

① 汤日昭:《温州府志》卷一二,明万历刻本,第300页。

② 谷应泰:《明史纪事本末》卷一六,清文渊阁四库全书本,第128页。

孝力言养虎遗患，意遂决。敬临刑，从容叹曰：'变起宗亲，略无经画，敬死有余罪。'"[①]卓敬被抓，仍不臣服于燕王，只悔恨当时建文帝没有行其计策，面对燕王怜惜其才能，以管仲、魏征追随新主，建功立业，造福百姓的例子来召卓敬，卓敬仍然坚决拒绝，坚守自己忠君之心，不改其道，就连燕王都被其忠义之气所感动。虽然卓敬最终被杀，但燕王也不得不感叹："国家养士三十余年，不负其君者，唯卓敬耳！"[②]卓敬忠君之义，不仅得到燕王的赞赏，在后世其忠贞也广受赞赏。

"汤不以伐夏而欲强沉渊之务，光武不以剪商而遂绌采薇之墨，允非天下之至公，其畴能与于此嗣。后二百余祀，京兆用今皇帝癸酉诏书建祠冶成山侧，祀公等若干人，名之曰表忠，所为明主恩厉臣节之意甚厚，公（卓敬）生东瓯而郡之专祀其魂未妥，乡人兴叹，蜀卫侯承芳来守是邦始，即中川文山祠，右为祠以祀公。"[③]在明王鏊所写的卓忠贞公庙碑中就记述了在卓敬死后二百年后，其忠贞思想就已经受到赞赏，并为其建造祠堂来祭祀他。在卓敬的一生中，他的忠君思想一直都得到彰显。为君谋略，替君分忧是其忠君的体现。在忠君与自身利益相冲突时，他毫不犹豫的选择了忠君。纵不见古今有多少人，为了所谓的自身利益，背叛自己的信仰，背弃国家的利益，只为了自己一己私欲，将其他都抛之脑后，就可见卓敬舍生取义的大无畏思想是多么宝贵。

三、后世卓敬功名发展

(一)明清时期

卓敬死后并夷三族，虽然受到燕王忠义赞赏，但卓敬不受成祖之召，其事迹与名声并未广为流传，其原因也是可以理解的。卓敬的"忠君思想"是值得时人追捧的，但他所忠之君是建文帝，而不是当时已是皇帝的成祖，所以至少在成祖一朝，对卓敬忠义的纪念是不可能发生的。直到万历初年开始建褒忠祠："在钱塘学宫之东，改清军公馆为之祀明建文间死事诸臣，吕本褒忠祠记侍御萧君廪，按浙檄所司核实祠祀在宁海则有：文学博士方孝孺、太常少卿卢原质，在瑞安则

① 谷应泰：《明史纪事本末》卷一八，清文渊阁四库全书本，第 162 页。

② 张廷玉：《明史》卷一四一，列传二十九，北京：中华书局出版社，2000 年，第 2673 页。

③ 嵇曾筠：《浙江通志》卷二六六，清文渊阁四库全书本，第 6506 页。

有户部侍郎卓敬。”[①]这是为卓敬建祠的开始，由御史屠叔方向万历皇帝上奏，为建文朝的忠义之士建祠纪念，虽然这次建祠更大的原因还是处于政治目的的考虑，面对北方异族的侵扰，万历皇帝需要嘉奖这些忠义之士以此来稳定统治，但也是对卓敬忠义的肯定。

后因原卓敬祠处于低洼狭窄不好打理之处，遂于万历十一年又将卓敬祠移至江心屿文公祠的右边，焦竑为其作《卓忠贞公庙碑》，万历丙戌孟冬月刻，碑文不仅记载了卓敬为君谋划、忠贞为臣的事迹，还对其大加赞赏，并为其作词：“粤古贞臣，动必以正。图国忘身，见危授命。砥柱不流，疾风斯劲。”

> 峨峨卓公，忠出其性。有明开辟，地正天刊。龙战甫戢，元黄未乾。
> 九海波沸，千岳峰剜。勇智不作，芈裔畴安。真人踵兴，国统斯削。
> 帝续中庙，坛社如昨。箪食壶浆，稽首崩角。命有废兴，人无适莫。
> 公也娇匕，力抗其冲。贯策定制，晁疏徒封。委身王室，削灭侯宗。
> 水投石距，心苦力穷。无波不随，有作莫遂。大厦倾杞，一木焉济。
> 勇婴鳞逆，心安骨碎。鼎镬如甘，社稷是卫。畴不自委，日月懿亲。
> 公志迈世，矢死靡分。心坚百炼，义不二君。凌历白日，翯藹高云。
> 周民则顽，殷彝已厚。养士卅年，庶几无负。厥有褒词，皇皇天日。
> 君义臣忠，异途同纽。我皇御宇，丹书白麻。闵彼忠魂，一酒垢瑕。
> 旌祠治城，锡胤厥家。仁风扇动，义日光华。海峤瓯乡，公之桑梓。
> 祠宇弗虔，仰瞻奚以。有美卫侯，鸠墉相址。高菀云构，层楹电起。
> 长江孤屿，楚楚新宫。摹文像卓，作配西东。奸雄泚颡，烈士动容。
> 刊碑撰德，今古英风。[②]

在词中主要是对卓敬的赞赏，但也不难看出其忠义贯穿其中，这是对卓敬的肯定。但不久，卓敬祠坍塌。康熙年间，陈孝廉倡导捐资重修，乾隆二十一年督学使福建雷翠庭先生郭铉，又率领永嘉崔邑侯、曾邑侯，进行重修。因考虑规模制度等问题，重修后的祠稍微狭小。祠中名流对联以及过客题咏的诗词，已经很少见了。但有焦弱侯单独为卓敬作祭，叙述详细并刻于卓敬祠的墙壁上。其后，卓公祠被日寇所毁。为卓敬建的祠还有一处，位于瑞安城关镇的西岘山建有四

---

① 嵇曾筠：《浙江通志》卷二一七，清文渊阁四库全书本，第 5453 页。

② 政协瑞安市文史资料委员会：《瑞安文史资料》(第 21 辑)》，2002 年，第 191—192 页。

贤祠："旧系南山律院五通庙，国朝康熙二十五年，知县范永盛改祀宋许景衡、陈傅良、元高明、明卓敬，额曰章安四贤祠。"①将许景衡、陈傅良、高明、卓敬一起建祠，统称"四贤祠"。

从万历时期开始为卓敬建祠纪念，卓敬"忠义思想"开始流传，福王时追谥卓敬"忠毅"。从万历到乾隆，不仅对卓敬祠进行建造，还不断的进行修复和重修，足以看出对卓敬忠义节操的肯定。祠堂的建造是文化传承的一种方式，以这种形式将卓敬的"忠义思想"，一代一代地传去。卓敬的一生是短暂的，他的仕途也是非常短暂的，但其身后功名却是不断发展的。

(二)近代以来

近代以来，卓敬祠不断遭到破坏，尤其受到日寇的轰炸，现已不复存在，但有关卓敬其他的纪念活动并没有停止。卓敬被杀时，被夷三族，其亲人大部分都已不在。卓敬有妻刘氏，女杨奴，没有儿子，卓敬被杀，女儿被充入教坊，直至宣德年间才被赦放，称为"卓氏女"。卓敬本人并无亲子，卓氏其他后人或死或改姓，逃到金山改成章姓。直到明成化年间，卓敬逃往金山的本族兄弟始复卓姓，并在嘉靖年间重修族谱，视为《金山卓氏宗谱》。在记卓氏遗谱中有："谓仅曰：令先伯遭此大难然吾先人亦遭愍克间关，南北徙靡常，宦邸匆匕鲜藏，吋检拾诗文各项，散逸巳多。卓氏宗支颇存一帙，并口口口口口藏于家，今宜奉还，当自珍重。虽禁网稍开不口口口，仅遂行拜受以归。展阅之，乃系沧洲一派，口口口但已亡半矣。岂天图此，以表忠义耶。余因先君纪迁居事迹，亦笔之谱首，庶使来嗣，知其所得之由。而颂黄氏之功不可衰也。"②由此可知《金山卓氏宗谱》是由原沧州族谱一脉相传，而卓敬正是沧州一脉，《金山卓氏宗谱》的延续可以说是对卓敬一脉的延续，由此卓敬生平有证可考。现《金山卓氏宗谱》于 2005 年再次重修。卓氏宗谱的不断重修，说明卓敬身后功名的继承与发展。2010 年，对卓敬故居重新修缮。修缮后的卓敬故居，亭额上有一匾名为"御碑亭"，其名得于明万历年间，浙江提督学校佥事陈大绶立的一块"明卓忠贞公故里"石碑，至今保存完好。2011 年 7 月 23 日，"卓敬纪念馆"在瑞安高楼大京村(寨寮溪风景区)落成，纪念

① 李琬修、齐召南：《温州府志》卷九，清乾隆二十五年刊，民国三年补刻本影印，台湾：成文出版社有限公司印行，1966 年，第 516 页。

② 政协瑞安市文史资料委员会：《瑞安文史资料(第 21 辑)》，2002 年，第 239 页。

馆由瑞安市历史名人办公室和浙江卓氏宗亲共同筹资,在原卓府旧址上修建。[①]卓敬故居位于翠华门古城墙内,卓敬故居和纪念馆都在此地。在“卓敬纪念馆”旁,有瑞安名人李笠撰、徐立夫书的楹联:“千年碧血江山改,一代贞魂草木香。”这既是对卓敬忠义的褒赞,也是对其身后功名的发展与延续。

总结

卓敬的仕途之路虽然比较短暂,但从其所做之事来看却极为不普通。自古以来,君为臣纲的理念一直并行不废,忠君爱国更是士大夫的理想追求,而卓敬将其发挥到了极致,甚至为此付出了自己的生命。可以说在道德层面上,卓敬完全是舍生忘利。不管是从哪个方面来说,卓敬都无愧于忠义二字。生命的长短并不能决定一个人的人生价值,卓敬虽然已经为其心中理想而献身,但后世对卓敬并没有忘却。时至今日,我们仍然可以看到卓敬文化的传播,卓敬纪念馆、卓氏家谱的编纂,卓氏故居的修缮,这些不仅是卓敬精神的流传,也是卓敬人生价值的体现。

(吕瑞,温州大学人文学院2020级中国史研究生)

① 卓崇豪:《瑞安卓敬纪念馆落成》,《温州日报》,2011年,第6版。

“清”“静”“空”“圆”

——永嘉四灵诗歌禅意略论

邓佩佩

摘　要：本文主要从永嘉地区诗歌源流和四灵概说、生平交往、思想内容、诗歌风格等方面研究“四灵”与佛教禅宗的关系。永嘉四灵是南宋比较有影响力的诗歌流派，他们大力推崇晚唐诗风，以“情”反对理学派和江西诗派。从诗歌渊源上来说，“四灵”诗歌创作主要受晚唐贾岛、姚合和四灵的老师叶适等人的影响。而这些人也都与禅宗有渊源，所以说禅宗对四灵生活及诗歌创作的产生了极大影响。在佛教禅宗的指引下，永嘉四灵领悟到用“清”“静”“空”“圆”等思想去消解和升华人生的苦。这也体现在永嘉四灵的诗歌中，他们的诗常常体现出“清”“静”“空”“圆”等风格特点，暗含禅宗思想，诗歌意境空灵清幽，这与他们名字也相吻合。

关键词：永嘉四灵；叶适；禅宗

虽然永嘉四灵的影响力远远比不上宋代的大诗派和大诗人，但是他们的出现曾使宋代诗歌发生过显著变化，推动着宋诗的发展进入新阶段。严羽、方回、戴表元等在研究宋诗时也对四灵总有提及。因此，我们需要重视他们的创作和文学思想。

“四灵”现存的七百多首诗中有不少与禅相关的，但就目前搜集的资料来看，对于“四灵”诗歌与禅的研究较少。关于“四灵”的研究有一些，目前唯一的一部研究专著是赵平的《永嘉四灵诗派研究》[①]。此外，研究永嘉四灵相关的论文目前有四十余篇，研究内容主要集中于四灵的创作渊源、生平考证、诗歌鉴赏、诗集整理和文学主张等。总的来说，对于四灵与禅宗的关系，前人较少论及，有待进一步研究。因此本文选择了略论“四灵”诗歌与禅学，希望能为四灵的研究和宋

① 赵平：《永嘉四灵诗派研究》，杭州：浙江大学出版社，2006年。

代禅宗的影响研究尽绵薄之力。

一、永嘉四灵诗歌风貌

(一)永嘉历史上的诗歌源流

“永嘉”的意思是“水长而美”。自古以来,永嘉不仅拥有着秀美的景色、丰富的资源,还人才迭出。如文学家谢灵运、沈约、骆宾王、孟郊、寒山等。

谢灵运(385—433),不仅是永嘉山水的发现者,还是中国文学史上山水诗派的开创者。公元422年其出任永嘉太守,翌年九月离去,仅一年就发现了永嘉山水的幽美。虽然他的山水主要完成于永嘉、始宁、临川三个地方,但其中以在永嘉所作的山水诗数量最多。经谢灵运,永嘉之美名扬天下,吸引了更多诗人的目光,成了诗人喜欢争相游览的地方。

在谢灵运之后,陶弘景、沈铨期、王维、孟浩然、陆游、朱彝尊等一批诗人慕永嘉山水之名而来,留下了不少珍贵诗篇,影响了永嘉文化。两宋时期的许景衡、刘安节、王十朋等人是永嘉本土诗人的代表,也写有不少赞叹永嘉山水的诗作。

叶适(1150—1223),温州人,号水心居士,是永嘉学派之集大成者,倡导修实政、行实德、实事实功。在诗歌方面,叶适不满江西诗派生硬奇拗的诗风,而倾向于晚唐,尤其尊崇贾姚二人的清淡苦吟。叶适作为四灵的老师,对他们的诗作和成名有很大影响。叶适曾刊印他们的诗集,并极力推崇。

(二)永嘉四灵诗风

“永嘉四灵”生活在南宋中期光宗绍熙年间至宁宗嘉定年间(1190—1224),主要活动范围在温州永嘉县,一共四位诗人:徐照、徐玑、翁卷、赵师秀。因他们四人人生际遇、生活志趣、诗歌审美都大致相似,且都师从永嘉学派的叶适,因而往来非常密切,其字或号中又都带有“灵”字,所以被称为“永嘉四灵”。叶适在《题刘潜夫南岳诗稿》中说:“徐照诸人摆落近世诗律,敛约性情,因狭出奇,自号四灵云。”吴之振在《宋诗钞・苇碧轩集》记载,认为永嘉四灵的字号是故意取成一致的,以便人们来称呼他们这个小团体:“盖四人因卷字灵舒,故遂以道晖为灵晖,文渊为灵渊,紫芝为灵芝。”

徐照，卒于嘉定四年(1211)闰月二十三日，生年不详。据记载，徐照生平有两大嗜好，一是爱喝茶，二是爱游历山水。叶适称他"嗜苦茗甚于饴蜜，手烹口啜无时。上下山水，穿凿幽深，弃日留夜，拾胜其会，向人铺说，无异好美色也"(叶适《徐道晖墓志铭》)。相比繁华的都市生活，闲静的山居生活更得他的青睐。但迫于生活，徐照一直不得已四处谋生。甚至在他亡故后，连安葬的钱都是靠朋友们凑得。徐照是"永嘉四灵"中存诗最多的一位，现存诗 259 首，诗集名为《芳兰轩诗集》，共 3 卷。叶适在《徐道晖墓志铭》中说："道晖有诗数百，研思尤奇，皆横绝教起，冰悬雪跨，使读者变跨谬栗，肯首吟叹不自已。然无异语，皆人所知也，人不能道耳"表达了对其诗歌的褒奖。

徐玑的生平资料是较为详尽的，生卒年也是"四灵"中最清楚的一个：生于绍兴三十二年(1162)，卒于"嘉定七年(1214)十月，时年五十三"。[①] 徐玑在"永嘉四灵"之中，是与叶适相交最早的人。因承受父荫，徐玑任了建安主簿，且在为官期间颇有作为："麻溪峒民业铸兵鬻盐者，官穷治群捕，因聚为逆，多杀官军。州恐，以君(徐玑)将而往。君不用众，但命土人持榜告谕，皆散去。罪止三人。"[②]后来，徐玑在负责监管御茶时，发现上级官吏私吞御茶，便写诗揭发。因这样刚正不阿、不懂变通的行为而见罪于上司，最后被贬任微职。其诗集名《二薇亭集》，共 2 卷，存诗 164 首。对诗学，徐玑颇有自己的领悟。叶适说他评诗"高者迥出，深者寂入，郁流攒中，神洞形外"。[③]

就目前记载来看，翁卷的生平资料非常少。方回曾感叹"四灵中翁独后死，然未能考其没在何年"。从目前一些资料来看，翁卷最开始是追求仕途的，他曾前往军中效力，徐照和徐玑均有《送翁灵舒游边》诗相赠，但他供职时间很短，仅在江淮边幕中呆过一段时间。就翁卷现存的作品来看，他喜欢隐居、游历山水，他曾游历过家乡附近的永嘉、处州等地，南昌、信州、湘中、闽中也都踏足过。在《翁灵舒诗集序》中，叶适提到，自魏晋以来，士之通塞无不以诗，翁卷正是这样，他钻研诗艺的目的通过诗歌出名，进一步"求达"，一生穷其术而不悔。然而，他多是职场失意。在仕途走不通的情况下，翁卷认识到了"我无资身策，合守贫贱居"(翁卷《酬友人》)，就又把精力投全部入到了诗歌创作中，有《苇碧轩诗集》1 卷传世，又名《西岩集》，存诗 138 首。刘克庄在《赠翁卷》中评价他"非止善唐风，尤于《选》体工，有时千载事，只在一联中"。

一般来说，赵师秀被认为是"永嘉四灵"中成就最高的一位。葛天明赞其"五

---

①②③　叶适：《叶适集》卷二十一《徐文渊墓志铭》，刘公纯等点校，北京：中华书局，1961 年，第 410 页

字已专城”[1]。较之其他三人,赵师秀出身并不差。据资料记载,赵师秀是宋太祖的八世孙,现一般认为其生于1170年,卒于嘉定十三年(1220)。其诗集名为《清苑斋集》,共存诗141首。此外,师秀还热衷于选诗,曾编《众妙集》,还编有《二妙集》《众妙集》。“二妙”是指贾岛、姚合两位苦吟诗人,“四灵”都以贾姚之诗作为研学的楷模;“众妙”是上起沈铨期的七十六“妙”。

二、“永嘉四灵诗禅渊源

(一)永嘉地区的禅宗发展

中国的禅宗,从6世纪之初开始出现,经过达摩、慧可、僧璨、道信、弘忍,到了神秀和惠能时代开始兴盛起来。在《温州开元寺千佛阁记》中,叶适曾提到“盖薄其家而厚佛僧,自唐以来迄于渡江,其俗然矣”,据此可以看出永嘉地区历来有奉佛的习俗。浙江自中唐以来成为了中国禅宗的主要活动中心,在五代以后至两宋时期,其禅学发展更是鼎盛,所以永嘉有着深厚的禅学渊源。魏晋南北朝时期,佛教大乘经典不断传入中国,促使中华文化更为丰富多彩。永嘉地区在佛教界曾经出过两位著名人物:玄觉大师和义寂大师。

玄觉大师(665—713),唐代僧人,永嘉人,俗姓戴,字明道,号永嘉玄觉。当时世人又称其为真觉大师,师法号又作“元觉”。唐玄宗开元元年,又说开元二年或先天元年圆寂,享年四十九岁,谥号为“无相大师”,世人称之为“永嘉大师”。

据《五灯会元》记载:“永嘉真觉禅师,讳玄觉,本郡戴氏子。丱岁出家,遍探三藏,精天台止观圆妙法门,于四威仪中,常冥禅观。后与东阳策禅师,同诣曹溪。初到振锡,绕祖三匝,卓然而立。祖曰:‘夫沙门者,具三千威仪,八万细行。大德自何方而来,生大我慢。’师曰:‘生死事大无常迅速。’祖曰:‘何不体取无生了无速乎。’师曰:‘体即无生,了本无速。’祖曰:‘如是如是。’于时大众,无不愕然。师方具威仪参礼,须臾告辞。祖曰:‘返太速乎。’师曰:‘本自非动,岂有速邪。’祖曰:‘谁知非动。’师曰:‘仁者自生分别。’祖曰:‘汝甚得无生之意。’师曰:‘无生岂有意邪。’祖曰:‘无意谁当分别。’师曰:‘分别亦非意。’祖叹曰:‘善哉善

---

① 葛天民:《简赵紫芝》,《全宋诗》,北京:北京大学出版社,1995年,第2725页。

哉。'少留一宿,时谓一宿觉。"[①]这就是佛届广为流传的有名的"一宿觉"的公案。永嘉的"宿觉庵"就是因他而得名。

据说,玄觉大师曾于山水清幽的松台山修行,他圆寂以后,后人就在那建了净光塔以此供奉其真身舍利子。2003年,温州市进行了松台山净光塔的重建工程。在清理塔基时挖掘出了刻有铭文、花纹的塔砖、滴水及筒瓦、石柱础、须弥座的砖雕构件等文物,并且在一个装有骨灰的缸罐中发现了一颗舍利子。八十岁高龄的温州妙果寺主持释达崇法师称,出土的骨灰和舍利子就是唐代禅宗玄觉大师真身。

此外,永嘉还有一位天台宗的重要人物,那就是义寂大师。义寂(919—987),一说羲寂,是宋代天台山螺溪传教院高僧,号称天台十五祖,浙江永嘉人,俗姓胡,字常照,世称净光大师、螺溪义寂、螺溪尊者。十二岁温州开元寺出家,后入天台山,从清竦研学止观。在清竦圆寂后,经国师德韶的推荐,义寂又为吴越王钱弘俶释天台教义。

(二)两宋之间禅学发展

魏晋南北朝时期,中国诗开始融入禅宗的理论。到了唐代,其发展更为兴盛,在宋代达到了全盛。宋代理禅之风广为流行,人们社会生活的各个角落都掺杂了宗教思想。诗与禅紧密结合在了一起。尤其是禅宗思想在两宋间的发展、递延,对四灵的生活态度和诗歌创作产生了不容小觑的影响。

虽然表面上看诗与禅是有明显不同的,但事实上二者很有共同之处。诗歌创作是必须依托文字的,但最初禅宗主张"不立文字"。钱钟书说:"了悟以后,禅可不著言说,诗必托诸文字。"这是诗与禅的不同处。禅理可以"不立文字""不由文字""以心印心",不用语言表达而转向借用某种契机,如自然景物,对语言既凭借又超越;而宋人杨时在《龟山语录》中指出:"学诗者不在语言文字,当想其气味,诗之意得矣。"诗与禅必然有共同之处,这个共同点就在"悟"上,或者说"妙悟"。严羽认为,"以禅喻诗"是诗禅沟通的重要桥梁。

唐武宗会昌灭佛(841—846)以后,佛教各宗发展逐渐式微,唯有禅宗简易朴素的传教方式得以幸免。并大有取代各宗之势。从晚唐到五代,禅宗风靡一时。经五代至两宋,五宗发展极不平衡。其中沩仰、法眼、曹洞先后衰微,只有云门与

---

① 普济:《五灯会元》卷二,苏渊雷点校,北京:中华书局,1984年,第91页。

临济一直鼎盛于两宋。禅宗“越来越从无字禅走向有字禅,从讲哲理走向讲机锋,从直截清晰走向神秘主义,从严肃走向荒诞”[①]。但是也使得那些富有文学艺术修养的士大夫对禅宗产生了莫大的兴趣。例如,宋代诗坛的两个巨擘苏轼和黄庭坚,都出自黄龙派的门下,其中苏轼出自惠南法嗣东林常总禅师门下,黄庭坚出自惠南另一法嗣黄龙祖心禅师门下。

南宋初期,曹洞、临济两家因宗风不同,分别出现了两种不同的禅观法门:“默照禅”和“看话禅”。曹洞主知见稳实,临济尚机锋峻烈;曹洞贵婉转,临济尚直截。到了北宋末南宋初,出现了曹洞的宏智正觉倡导的“默照禅”和临济的大慧宗杲倡导的“看话禅”。

“默”是沉默专心坐禅,“照”是以智慧观照原本的清净心性。默照禅就是要凝心静坐,潜神内观,以至彻悟道,是一种守默与般若观照相结合的法门。它基本修习方式是打坐,追求“心空”的目标,认为一切现象、形相,都源于心。用正觉的话来说,就是“默默忘言,昭昭现前,鉴时廓尔,体处灵然”(正觉《默照铭》)。

南宋时期静室禅房焚香默坐者大有人在,由此可见默照禅在当时很流行。如徐照,就有过这种“掩关人际外,得句佛香中”(《宿寺》)的经历。

“看话禅”即就一则古人公案的话头进行参究,并最终获得领悟的禅风。看话是为了参悟,但心中要忘记悟与不悟,它与舍弃语言、闭目合眼的默照禅势不两立。

(三)四灵诗歌渊源与禅宗

在《论“四灵”诗的艺术渊源》一文中,刘怀荣先生根据《众妙集》《二妙集》的收诗情况认为“永嘉四灵”诗承袭了贾岛、姚合、大历十才子、沈约、谢朓等;此外,也有人专门研究四灵与九僧的承袭关系,著作有《九僧与四灵》;而四灵曾师从叶适,叶适也为他们编选诗集。巧合的是,贾姚等人和叶适都与禅宗颇有渊源。

贾岛(779—843),一作浪仙,早年出家为僧,法名无本,曾携诗拜韩愈,后受教于韩愈。因“推敲”而被韩愈发现才华,并还俗应举步入仕途。然而贾岛累举不中第,发现自己仕途无望后,只好选择回归佛门,以禅消解现实中的苦闷。

姚合虽常被人们与贾岛并称“贾姚”,但其在诗歌上的成就远不如贾岛。目

① 葛兆光:《禅宗与中国文化》,上海:上海人民出版社,1986年,第60页。

前对他相关的研究较少，在现有的这些研究中，常提及他信仰佛教，且与部分僧人相交甚密，所以诗歌深受佛教思想的影响，并进而影响了姚合咏怀诗、隐逸诗、禅悦诗的思想内容。例如其诗歌“三千世界里，何处是无生？”“长爱东林子，安禅百事休”“世间多少事，无事可关心”等。

贾姚与“四灵”有众多相似之处，这也促使“四灵”对贾姚的追求和模仿。从时代背景来看，他们都生逢末世。贾姚生活的朝代已是衰败之势，当时的唐王朝因朋党之争、宦官专权、藩镇割据，已经陷入了无法挽救的危机之中；而“四灵”生活的南宋也是内忧外患：统治阶级横征暴敛，朝堂之上奸臣当道，再加上金人的剥削，民众苦不堪言。

从个人际遇来说，贾姚和四灵几乎都经历过仕途的坎坷不得志、生活的困顿。贾岛早年屡试不第，生活潦倒贫困，到了五十九岁时才被做了长江县主簿，但也备受排挤；姚合虽然后半生仕途顺达，但早年命运也很坎坷，年近不惑才中科甲，四十五六岁以前一直在偏僻小县为官。与他们相类似的，“四灵”或为小吏，或终身布衣，浮沉于州县之间，终身未施抱负，郁郁不得志。正如前面所提到的，徐照身后连丧葬费用都是朋友们筹钱办理的；徐玑因刚正不阿见罪于上司而被贬官；翁卷一生多隐居漫游，仅入过江边幕僚；赵师秀虽为皇族后裔，且中过进士，但仕途也不尽如人意。相似的人生经历容易唤起情感上的共鸣使得“四灵”对贾姚的作品更容易接受，也更易模仿。

叶适与禅宗的渊源更为深厚。十四岁时，叶适师从名士刘愈为学。叶适称其“学佛得空解，自称无相”（《刘子怡墓志铭》）。十六至十九岁时，叶适担任乐清白石山北小学舍的讲习，经常与学舍附近的“白石净慧院”僧人择饶法师等研习禅法，来往密切，跟择饶法师的的交往对叶适的学问与文章有很大的影响。二十七岁时，叶适曾借雁荡山的僧舍授徒教学。然而，后来叶适也表达了对禅宗的一些不满，但他的批判正说明了他对禅宗的深刻理解。例如他认为“浮屠本以坏灭为旨，行其道必亡，虽亡不悔，盖本说然也”①。而叶适之所以对禅宗有所非议，最主要的原因是他认为人们对禅宗思想的参悟实际上是惧怕现实、逃避责任，是“异”是“惰”②，这与他所提倡的事功主义是相悖的。

叶适晚年时，身体多病，少有人事酬答，一般多深居简出。此时的净光禅寺早已衰败，而钱塘僧人本然和蜀僧居宽欲重建禅庵，叶适陪同二僧登山选址，就

① 叶适：《习学记言》卷四三，北京：中华书局，1976年，第二册。

② 李承贵：《叶适思想世界中的佛教——叶适佛教观的特质及其意蕴》，《河北学刊》，2006年，第26卷第4期。

在松台山绝境亭下个人出资重建了"宿觉庵",也叫净光禅寺。寺庙建成后,叶适常在那儿与僧友、诗友相与论道谈诗,"永嘉四灵"也在其中。叶适还专门写过《宿觉庵记》以此纪念。由此可知,叶适晚年心境又重归佛门。

"永嘉四灵"深受佛家的影响,这使他们的诗作也大多都带有佛家的印记。"四灵"诗现存700多首,据粗略统计与佛禅直接相关的大概有70余首。在他们诗中,古钟、寺院等意象很常见。其中,大部分是描写寺庙的诗,涉及歙山寺、能仁寺、宝冠寺、上封寺、石门庵、祥符寺、宿觉庵、灵峰寺、净名寺、定慧寺、龟峰寺、翠岩寺、秀峰寺、万年寺、江心寺、天台宗的国清寺、福州黄聚寺、信州草衣寺等多处。

四灵虽然不曾入空门,却和僧侣往来密切:"此世永相隔,何僧可与交(徐照《哭居尘禅师》)。"他们的诗歌中有许多都是写与僧人之间的交游的,如徐照的《怀如顺上人》、徐玑的《赠东庵约公》、翁卷的《石门僧》、赵师秀的《和人韵赠北山僧》等。"四灵"热衷于学习贾姚的禅化诗风,而"远关人迹外,得句佛香中"(徐玑《宿寺》)则是四灵最理想的创作方式,他们的诗歌多学习贾姚的禅化诗风,多使用清冷的意象,追求清高的理想人格,坚守自己的禅学理念和诗歌精神。例如:

何计从师老,生涯若履冰。——徐照《访爽公宿和其韵》
一宿此禅宫,身同落发翁。——翁卷《宿寺》
分我一峰与此住,与师相聚愿辞官。——赵师秀《示五峰僧》
忆师每欲寻师去,芝术栽成自可成——赵师秀《寄茅山温师尊》
分我一峰于此住,与师相聚愿辞官——赵师秀《示五峰僧》

三、"清""静""空""圆"的禅意

中国的文化精神推崇人与自然的合一,认为人与自然关系应该是是和谐融洽的。在中国最早的两部诗歌总集《诗经》和《楚辞》中,人们表达情感往往借助花草鱼虫、山川草木作为纽带和象征。在这种文化精神的孕育下,与自然景物紧密相联的山水诗应运而生。《文心雕龙·物色》篇谓文学是"窥情风景之上,钻貌草木之中",这一"窥"一"钻",恰到好处地将诗人对自然之美的有意探询的态度揭示了出来。

佛教注重通过打坐冥想来使精神集中,以心定从而达到禅定的境界。与中

国文化强调人与自然合一不同的是，佛教对于自然更多的是采取静观体悟的方式，倡导通过自然去参悟无边的佛法。

（一）清

"清"是佛教十分看重的一点，而这也是"四灵"诗作的突出特点。佛门素喜清净，在禅家看来，佛的本性就是"清净"，"清"是成佛的必要条件。例如神秀的："身是菩提树，心为明镜台。时时勤拂拭，莫使惹尘埃。"可见禅家强调佛性的清净，容不得任何尘埃的浸染。

《坛经·行由品》中说："菩提自性，本来清净。但用此心，直了成佛。"《忏悔品》进一步阐明："世人性本清净，为浮云盖覆，上明下暗，忽遇风吹云散，上下俱明，万象皆现。世人性常浮游，如彼天云……被自念浮云覆盖自性，不得明朗。若遇善知识，闻真正法，自除迷妄，内外明彻，于自性中万法皆现，见性之人亦复如是，此名清净法身佛。"（《坛经·忏悔品》）禅宗认为人之初本来都具有佛性，但现实生活中的各种羁绊遮蔽住了人的本性、扩张了人的欲望。只有断绝与红尘的牵连，通过清心寡欲的修禅来了断欲念，放弃执念，才能回归本性，即"清净"的佛性。而"永嘉四灵"喜与僧侣交往在很大程度上也就是对"清"这种境界的追求。

"四灵"对"清"的领悟，首先表现为对清静外在环境的一种追求。修禅之人往往心性清高，喜欢独处于远离尘世喧嚣的清境，这对"四灵"来说是向往之地。从诗中可以看到他们常在诗中赞誉佛徒及对那种清静的生活环境的向往之情。

《宿寺》

徐照

古殿清灯冷，虚堂叶扫风。
掩关人迹外，得句佛香中。
鹤睡应无梦，僧谈必悟空。
坐惊窗欲晓，片月在林东。

《宿寺》

徐玑

古木山边寺，深松径底风。
独吟侵夜半，清坐杂禅中。

殿静灯光小,经残磬韵空。
不知清梦远,啼鸟在林东。

《春日和刘明远》

翁卷

不奈滴檐声,风回昨夜晴。
一阶春草碧,几片落花轻。
知分贫堪乐,无营梦亦清。
看君话幽隐,如我愿逃名。

《冷泉夜坐》

赵师秀

众境碧沈沈,前峰月正临。
楼钟晴听响,池水夜观深。
清净非人世,虚空是佛心。
却寻来处宿,风起古松林。

因为喜佛交僧,"四灵"深受禅宗的濡染,佛门的"清"吸引着他们追寻的目光,他们自觉追求"清"的艺术表达,始终以清心远世来告诫自身,完完全全沉浸到了"清"的世界。虽然历史上文人在对"四灵"评价的表述不同,但无一例外都肯定了他们诗歌"清"的特点。例如:

严羽在《沧浪诗话·诗辨》中说:"近世赵紫芝翁灵舒辈独喜贾岛姚合之诗,稍稍复就清苦之风,江湖诗人多效其体,一时自谓之唐宗,不知止入声闻辟支之果,岂盛唐诸公大乘正法眼者哉。"①

《四库全书总目·云泉诗提要》曰:"宋承五代之后,其诗数变……于是永嘉一派以晚唐体矫之,而四灵出焉……其法以清切为宗,而写景细琐……"②

戴表元《洪潜甫诗集序》曰:"永嘉叶正则倡四灵之目,一变而为清圆,清圆之至者亦可唐,而凡杩中捷口之徒皆能托于四灵,而益不暇为唐,唐且不暇为,尚安得古?"③

---

① 严羽:《沧浪诗话·诗辨》,《历代诗话》下册,北京:中华书局,1981年,第688页

② 《四库全书总目》卷一六五,《云泉诗提要》,北京:中华书局影印本,1965年,第1410页。

③ 戴表元:《剡源文集》卷九《洪潜甫诗集序》,文渊阁四库全书本。

纪昀《四库全书总目·芳兰轩集提要》在评价徐照的诗歌时有这么一段话："盖四灵之诗……照在诸家中尤为清瘦……要其清隽者在此，其卑靡者亦即在此。"[①]

"四灵"更是直接称其创作为"清吟"[②]。徐照曾表示"不念为生拙，偏思得句清"(《归来》)。据粗略统计，在"四灵"的700多首诗中，"清"是"四灵"最常用的的字眼之一，至少出现过158次。由此可见，他们对于"清"是非常偏爱的。

事实上，古代知识分子都追求"清"，认为是一种超尘脱俗的表现。"清"不仅是古典诗歌的终极审美理想的代表，而且体现了古人对高洁的人生理想和自身清高节操的追求。四灵"以清新刻露之词写野逸清瘦之趣"[③]，这种生活趣致和追求也正符合其他的中下层文人心中所感，所以经叶适"一点"，"四灵"的诗便声名大噪。

与大多数中国古代知识分子推崇的"清"不一样的是，"四灵"的"清"更体现一种包容性。禅宗是佛教中国化的产物，在发展递延中又与中国传统道家和儒家的思想碰撞交流，是一种包容性很强的宗教。而受其影响，"四灵"所追求的"清"，在内涵上也体现出更大的包容性。它除了具有佛教本身的清心寡欲，又有儒家的清高，还有道家的清静无为。这三种思想的交融构成了"四灵"独特的清韵。

（二）静

"禅"是Dhyana的音译，意译为"静虑"，现多译为禅定，要求佛门弟子以"静"为法斩断痴念。"静"是佛门修心悟道的重要法门，其重要作用不言而喻。可以说"静"是悟道的一个基本条件，只有"静"才能达到心定，而心定才能斩断杂念，从而进入沉思冥想的心灵状态，集中注意力参悟真谛。

《宝箧经》中说："一切诸法皆是寂静门。"《俱舍论》中也认为："一切功德，多依静虑。"所谓"观寂静法，灭诸痴闻"(《华严经》)，"静"在"四灵"心中也有着独特的涵义和审美趣味。"静"是与喧嚣繁杂对立的概念，它首先指自然界的宁静：

① 纪昀等：《四库全书总目提要》，北京：中华书局，1965年，第1389页。

② 徐照《会宿赵紫芝宅》："旧集三年久，清吟四坐同。"徐玑《上叶侍郎十二韵》："于今幽兴极，正可办清吟。"

③ 游国恩：《中国文学史》第三册，北京：人民文学出版社，1963年，第150页。

《访僧居》

徐照

客至无他事,房门不厌敲。
好山元带郭,损屋旋铺茅。
静砌生灵药,高林出远郊。
水禽冬不见,春暖渐营巢。

《净光山四首·会景轩》

徐玑

屋自与山背,西原景最清。
凉风从下起,新月向前明。
林静闻僧语,四虚见鹭行。
此方多积翠,略似镇南城。

《宝冠寺》

翁卷

山多猿鸟群,永日绝嚣氛。
一涧水流出,几房僧共闻。
拄环私落欢,拂石动寒云。
谁昔来营此,寻碑看记文。

《太平山读书寄城中诸友》

赵师秀

野人无别事,故得坐空林。
黄卷还铺日,青莲未悟心。
铎音山殿静,萤影石池深。
不敢邀芳屐,因闲傥一寻。

山林之中的行云流水、花草虫鱼,寺庙的青灯古殿等营造出一种幽静娴淡的氛围。而这种与世俗喧嚣隔绝的生活是“四灵”梦寐以求的,令他们流连忘返。僧人们为了静心修行、远离尘世喧嚣往往把寺庙建于深山密林之中。例如徐照的《题岩僧房》提到:“山高九千丈,百事不曾知。”“四灵”也总是积极寻找静谧之所，或登山林或访佛寺，去追求一种娴静的生活。“掩关人迹外，得句佛香中”（徐照《宿寺》），这种僧人的生活环境和生活方式是符合他们的理想的。徐玑的《山居》云“地僻春犹静，人闲日自迟”，徐照也表示“明朝也向山中去”（《会饮鲍使君池台》），表露出他们对静的追求。

“四灵”常喜欢自称“幽人”“静者”，以此标榜对“静”的追求，而这种“静”不仅指外在环境，也象征着内心的平静祥和。如徐玑的《冬日书怀》“非是分嚣寂，由来趣不同”，徐照《种菊》称：“不与群物竞，静性如幽人。”此外，“四灵”还经常互赠诗来称赞对方的“静”道。如徐玑的《赠赵师秀》：“养成心性方能静，化得妻儿不说贫。”《赠徐照》：“城居亦似山中静，夜梦俱无世虑魔。”虽然“四灵”生活大多苦闷困顿，但仍很注重保持孤标傲世的清高，努力修“静”希望跳脱出现实的压力。对于他们来说，“静”也是调解内心、减轻压力、保持心态平衡的有效手段。翁卷在《鲍使君闲居》诗中说：“闻说近来心更静，案头惟有一琴横。”赵师秀的《柳下书斋》写道：“养静抛书册，销闲倚杖黎。谁知风城外，宛是武陵溪。”他们都认为一个人真要超脱世俗，得到内心真正的宁静，须得悟“静”于心，由内转外达到真正的“静”。

“静”，不仅是佛门慧禅，与之诗歌也别有一番艺术境界。诗人同僧人参禅一样进入创作状态往往也需要“静”。“静”更容易滋长诗情。从“四灵”的作品中可以看出他们对世俗生活的厌恶，一直想要逃脱冗杂的世务，摒弃外界的干扰，静心自己的生活与创作。

据统计，在四灵诗集中，“静”一共出现不少于27次，其同义词或意近词“幽”“寂”“僻”等也出现了30余次，还有一些诗虽无“静”而现静境，如徐照《访可公宿》“坐听风吹雪，吟移照佛灯”。“四灵”因常喜欢偏僻安静的地方，如深山老林、寺庙道院等，所以作诗也多取象于这些偏僻的场所。诗中多营造静谧清幽的意境。

（三）空

支遁在《妙观章》中说：“夫色之性也，不自有色。色不自有，虽色而空，故曰色即是空，色复异空。”“色”即现象，“空”即本性。佛教主张透过“色”（现象）来参悟“空”（本质）。

佛教认为，“四大”（地、水、火、风）和“五蕴”（色、受、想、行、识）造成了“八苦”：生、老、病、死、爱别离、怨憎会、求不得、五阴炽盛。而佛教对于人生价值的基本评判就是伴随人一生的“苦”。而“生”“老”“病”“死”是人生最基本的苦。

而佛家希望能够将众生从无边苦海中解脱出来,往往采取一种“空”的重要思想来消解苦难。《金刚般若经》说,众生之相“如梦、幻、泡、影,如露,亦如电”,世间万物不过是过眼烟云,一切都是幻相而已,世界必将归于虚无。永嘉正觉禅师在《证道歌》中曰:“诸行无常一切空。”指出世间万物都在不停地运动,一切都是虚幻不实的。《圆觉经》上有云:“一切诸众生,身心皆如幻。”[①]面对人生沉浮,佛家主张以“空”的观点对待,不去执着于得失成败,心中“空”自然无“俗事”,随缘自适,因任情性。佛教关于人生“空”的道也引起了“四灵”的情感共鸣,在他们的诗作中不断表现这一思想:

《喜翁卷至》

徐照

古殿清灯冷,虚堂叶扫风。
掩关人迹外,得句佛香中。
鹤睡应无梦,僧谈必悟空。
坐惊窗欲晓,片月在林东。

《送徐照还旧山》

徐玑

役役劳形器,乾坤一转蓬。
暗因凡虑汩,明为此心空。
小舍依沙渚,扁舟击荻业。
且能渔钓乐,亦似古人风。

《悼雪庵禅师》

翁卷

悟了无生妙,归空若故乡。
竹房三尺像,石榻一炉香。
坏衲犹悬树,新松忽过墙。
僧中留不得,几日为凄凉。

---

① 苏军、黄夏年:《圆觉经今译》,北京:中国社会科学出版社,1994年,第39页。

《冷泉夜坐》

赵师秀

众境碧沈沈，前峰月正临。
楼钟晴听响，池水夜观深。
清净非人世，虚空是佛心。
却寻来处宿，风起古松林。

我们可以从这些诗中明显感受到“四灵”对佛家“空”人生观的赞成。虽然在现实生活中，“四灵”并不是完全与世无争、清静无为的，但也是努力追求内心的平静与洒脱的。“四灵”把他们所悟到的“空”融入诗中，表现了不为尘世烦扰的心境：

徐照的《中夕》云：“中夕独依依，闲行未掩扉。水边山出月，松上雨沾衣。掉响初如近，萤光渐欲稀。不甘尘内事，长与此心违。”

这首诗写了作者半夜出门赏月的情境：夜深后，诗人一人独自漫步水边山林赏，看月亮初升，进而到朝露沾衣，最后晨光熹微，在这宁静而美好的月色中诗人流连忘返、乐在其中而不拔。最后不禁发出“不甘尘内事，长与此心违”的感慨，表达了想要跳脱出尘世冗杂烦扰的寄托。全诗月夜幽林之景自出。

“四灵”咏山水来抒禅，以潇洒自如的抒情方式，多营造清澈空灵的意境。他们才情不够富，也难以圆滑入世，在仕途上很难有所发展，最后想要远离世俗喧嚣和欲望，尽醉心于山水禅韵和诗歌艺术。在诗作中，“四灵”摒弃世俗权势，而选择与渔樵僧道为侣。他们所追求的禅宗之美说到底是对原始佛教艺术在摆脱尘世的俗气之后的审美上的回归，是对佛教寂静之美、出世之美、虚空之美的推崇。

（四）圆

禅理的教育往往采取不立文字、直指人心、见性成佛的方法，但没有固定的原则。具体来看，不同的禅师传道方法也不尽相同，有的采取温和的方法，如扬眉、瞬目、喝茶、手指……；而有的主张用强烈的方法，如打、踢、喝……；其中也有不少以绘圆来表达禅理。实际上，中华禅自六祖门下有多位禅师都热于借用圆相来表达禅理，诸如：南阳慧忠、仰山慧寂、圭峰宗密、南泉普愿、曹山本寂等都善用“圆”来阐明禅意。

禅宗认为人的本性是趋于圆满的、完美的,这是人性之美的集中表现。钱钟书先生明确指出:“形之浑简完备者,无过于口。吾国先哲言道体道妙,亦以圆为象……”[①]圆相的另一重要含义,就在于突破语言文字的迷障,而直探生命的本源。

不难发现,中国自古以来就喜用圆形器具(杯盘镜等),人们普遍认为这样象征圆满吉祥。“圆”寄载了人民对美好圆满的追去和向往。永嘉四灵的诗歌也对“圆”有着这样自觉的追求。

戴表元在《洪潜甫诗集序》中这样评价四灵:

> 永嘉叶正则倡四灵之目,一变而为清圆,清圆之至者亦可唐,而凡枵中捷口之徒皆能托于四灵,而益不暇为唐,唐且不暇为,尚安得古?

戴表元在这一评价中直接用“圆”来评价四灵的诗歌,赵师秀自己也曾说“诗篇老渐圆”(《寄薛景石》)。与江西诗派部分诗人过于讲究用典不同,永嘉四灵更多地喜欢描写生活中常见的事和景,较之过分用典而造成的生新瘦硬、诘屈聱牙,四灵的诗歌多语言清新,音节朗朗上口,圆润自然。例如:

《新凉》

徐玑

水满田畴稻叶齐,日光穿树晓烟低。
黄莺也爱新凉好,飞过青山影里啼。

这首诗写的是江南夏秋交替之时的景。凉本来是人的一触觉,诗人却是通过视觉形象(具体景物)表现出来的:水满秧齐、水清叶绿,凉意自然而生。后两句诗人表达自己在新凉之中的悠闲惬意,但没有直接写,而是借一只也喜欢新凉的小黄莺道了出来,构思精巧。在全诗中诗人一直紧紧抓住初秋早晨这一时间的景物特点,构造了情景交融的美妙意境,语言明快淡雅,圆润流丽,读来晓畅自然。

而四灵诗歌不仅喜欢在语言表达上显示“圆”,还喜构造完整圆满的诗歌结构和圆润浑融的诗境。如徐玑的《初夏》:“一雨临初夏,惊雷昨夜新。地晴烟冉冉,堤涨渌粼粼。兰麝销衣润,珊瑚净几尘。墙阴旧无竹,笋过谢东邻。”

---

① 钱钟书:《谈艺录》,北京:中华书局,1984 年,第 111 页。

这首诗首联先交代了时间(初夏清晨),描写了雨后初夏的景,表现了江南地区初夏雨后景色的艳丽秀美:雨过天晴后,空中轻烟冉冉、水气氤氲迷蒙;河堤旁波光粼粼、绿水高涨……尾联诗人把自己的情感和生活融入其中,融情入景又借景抒情,不直接写人却又景中有我。景与情,物与我都浓缩在短短的诗句之中,结构完整,语言浅易却非常鲜活,远胜于江西末流那些生搬硬套之作。

正如前文提到的,"永嘉四灵"大多平生不得仕途,甚至生活也困顿潦倒。他们面对人生的不圆满,选择以圆润的态度来逃避现实,试图从不圆满的生活中追求圆满的精神境界。但这并不是说他们一味求圆,事实上他们"圆"中也带刚,努力于浊世保持自身节操,坚守自身的信念,不趋炎附势,不与世俗同流合污。为了维护自身清高不惜见罪于上司。正如徐照《种菊》声称"不与群物竞,静性如幽人";徐玑刚直不阿,曾因释放无辜百姓见罪上司。由此可见,他们的"圆"不能说为圆滑世故,而是带有自身节操的,体现出一种灵动之气。

结语

永嘉四灵的诗多为托物言志,诗风平和自然,提倡回归山水,强调个人感情的抒发。借以白描、苦吟的手法表露其在平淡生活中追求诗意、禅意的灵光。四灵不仅对后来的江湖诗派产生了重要影响,还推动了南宋诗风的演变。但是"四灵"由于生活阅历的局限,创作也大多局限在书斋之中,导致他们的诗歌存在眼界不广、格局气象狭小、缺乏社会现实意义的缺点。纪昀批评说:"四灵之徒,虽镂心鉥肾,刻意雕琢,而取径太狭,终不免破碎尖酸之病。"①

总的来说,受禅宗和生活经历的影响,他们的作品更多的表现为一种感时伤世的悲悯情怀,忧国忧民大多点到为止,没有过多的执着,同时也缺乏那种高昂的激情和独特的见解。

(邓佩佩 温州大学人文学院古典文献学专业 2021 级硕士研究生)

① 纪昀:《四库全书总目·芳兰轩集提要》,北京:中华书局,1965 年,第 6 页。

蔡幼学的人才观探析

李巧楠

摘　要:南宋名臣蔡幼学在其著作《育德堂奏议》中表达了其人才观,他的人才观首先是建立在承认人才的积极作用基础上。其次指出统治者应懂得御才之术,要知道如何使用人才,只要君主能善任人才,亲贤臣远小人,做到任人以明,这些人才是能创造太平盛世的重要力量。蔡幼学的人才观是他多年担任中下层地方官经验的总结,对当时人才的选拔和任用有重要的影响,对挽救民族危亡有深刻的意义。

关键字:蔡幼学;人才观;《育德堂奏议》

面对南宋自偏安江左以来,国势衰微、政局不稳、疲敝不堪的现状,蔡幼学充分认识到人才的重要性,提出了“治道之盛衰,本乎贤材之进退[①]”的观点,并结合实际情况表达了他的人才观,其具体内容正是当时社会现实和有识之士需求的反映,是当时社会状况的重要组成部分,不容忽视。而且其人才观中有不少合理与进步的成分在今天仍有借鉴意义。因此,我们有必要对蔡幼学的人才观进行研究。

目前学界对蔡幼学关注较少,仅有一篇对其仕宦生涯研究的论文[②],以及在对永嘉学派的研究中略有涉及。笔者目前尚未看到论及蔡幼学对人才看法的文章,因此本文试就此论题做进一步探究,来探究蔡幼学人才思想的内容,以期对当时的社会有一个更清晰的认识,不足之处请多指教。

---

① 蔡幼学:《育德堂奏议》卷二之《十一月应诏言事状》。

② 王小平:《蔡幼学研究》,四川师范大学,2017年硕士学位论文。

一、任才以宜

蔡幼学初露锋芒时，年轻气盛，不谙官道，当时正逢外戚张说专权。张说本是小吏，因娶高宗皇后妹妹为妻受到重用，孝宗即位后，对外戚极尽恩荣，欲让其进入执政行列，群臣反对才作罢。但张说后期结识了虞允文，允文自为相后，积极筹划北伐事宜，但未获得支持，而张本就是行伍出身，在一些观点上与虞不谋而合，二人达成了共识。次年孝宗旧事重提，为达目的，不惜罢免了一批忠直之臣，之后，虞张二人权倾朝野，在朝中排斥异己，培植党羽。当时幼学策对孝宗，指出当下风俗日坏，纪纲紊乱，人心浮动，只因"(二相)或以虚誉惑听，自许立功；或以缄默容身，不能持正[①]"，将虞梁二相阴附无为之举讽刺殆尽，又引经据典直指外戚张说，"汉武帝用兵以来，大司马、大将军之权重而丞相轻，公孙弘为相，卫青用事，弘苟合取容，相业无有……今陛下使姨子预兵柄，其人无一才可取。宰相忍与同列，曾不羞耻，按其罪名，宜在公孙弘上[②]"。幼学批宰相，辱外戚，直言外戚宰相的无能无德，指出用人不当于国于民的害处，期望警醒孝宗，任才以宜的观点初次提出。

科举制在宋有了极大的发展，录取名额、选拔频率都有很大提升，更多的有识之士进入统治层，士大夫阶层的构成逐渐发生变化。他们怀着以天下为己任的情怀积极建功立业，但是幼学却提出了他的担忧，再次向孝宗上策，提出了重要的"中材误国论"观点。他认为国家人才济济毋庸置疑，但大多都为中材，而不是贤才，二者有本质的不同。所谓"贤才"，是以身许国的人，应为君主心腹，这类人少之又少，真正多的是中材，而中材有不可克服的弊端，"中材之士，互有短长，而又守正寡者，怀邪者众，自昔愿治之君，每失于中材者，无他，惟用过其分，始见其所长，而终累于其所短也[③]"。中材有自己的长短处，而君主却只注意到他的长处，忽略其短处，丧失自己的主观判断，可能因此误国，但君主的主观意愿并非如此，只是过于依赖中材，误入歧途，但是中材的使用又不可避免。对此，蔡幼学也提出了解决的办法，"陛下之明于群臣之邪正短长……所谓真才实能，至诚而许国者，陛下诚审而择之，得一二人焉，授以腹心之任，又推而求之，得数人焉，或寘之论思，或委之方面，而天下之纲举矣。贤材登用，群臣晓然知圣意之所在，则

---

① 蔡幼学:《育德堂奏议》卷一之《淳熙轮对札子一》。

② 蔡幼学:《育德堂奏议》卷一之《淳熙轮对札子一》。

③ 蔡幼学:《育德堂奏议》卷一之《淳熙轮对札子三》。

所谓中材者皆将激昂洗濯,各出其所长,以为陛下用,而陛下得以兼收而器使之矣,若夫情状之已见,过失之已彰,则有黜责焉[①]"。在蔡幼学看来,君主一定要任才以宜,须有自己的一套御才手段,首先要分辨出贤才与中材,得一二贤才授以心腹之任;其次懂得驾驭中材,材分文材与武材,职务有吏治,有武治,各有所长,不可能一人兼数智,样样都通,要广泛地采纳选拔,精准地辨别甄选,观其所长,随材而任,扬长避短,放在合适的位置,臣子就会衷心效君,君主尽用贤才,尽得人心,从而成就霸业;最后要懂得取舍,资质驽钝愚劣者贬黜,聪敏有志者选拔,徇私舞弊,危害政治者贬黜,公正廉洁者选拔,如此才能贤当其位,各尽所长,关键就在于"在人主用舍如何耳[②]",这是革新政治的重要之处。幼学还指出人才对于为政治国是最重要的,但如果有了人才而不能有效地使用,即等于失去了人才,"有贤而不善用之与无贤同[③]"。

二、知人善任

蔡幼学认为,要革新政治,就要能够做到"知人善任"。乾淳之业在短短数年间急剧衰败,光宗负有不可推卸的责任,尤其在知人善任这方面尤其失败。光宗朝的三位宰相,周必大虽称贤相,但为相三个月就被罢去,留正"去国于危难之际[④]",葛邲政绩平平。一系列刺激后,光宗精神病发作,史载,"光宗自发病后,政治日昏,孝养日怠,而乾、淳之业衰焉[⑤]",对身边的人多疑、猜忌,较多诡谲之人充斥朝中,而正直之士却遭颇多疑惧,使之"纵有所怀,莫能尽吐[⑥]",朝中渐无贤臣。幼学进劝光宗,希望其兴起奋励,不要为小人所左右,指出君臣之间"相求则其志可同,相待则其势易隔[⑦]",君主应"推诚以任人,屈己以从谏[⑧]",但当时光宗病态愈重,并不理会。

宁宗即位,博延儒英,众贤盈庭,史称小元祐,幼学入对,提出为君之道的关键之一就是任贤,"大臣以兴治为职也……近臣以效忠为职也,求贤如不及,则何

① 蔡幼学:《育德堂奏议》卷一之《淳熙轮对札子三》。

② 蔡幼学:《育德堂奏议》卷一之《淳熙轮对札子一》。

③ 蔡幼学:《育德堂奏议》卷一之《绍熙应诏言事奏状》。

④ 虞云国:《南宋行暮——宋光宗宋宁宗时代》,上海:上海人民出版社,2018年,第117页。

⑤ 脱脱:《宋史》卷三六《光宗》,北京:中华书局,2013年,第710页。

⑥ 蔡幼学:《育德堂奏议》卷一之《绍熙轮对札子二》。

⑦ 蔡幼学:《育德堂奏议》卷一之《绍熙轮对札子二》。

⑧ 蔡幼学:《育德堂奏议》卷一之《绍熙轮对札子一》。

以作天下之才[①]”，希望宁宗广求贤才，委以重任。可惜之后韩侂胄专权，“时时乘间窃弄威福[②]”，借用宁宗御笔，将朝中正直之士纷纷扫尽而以自己之鹰犬代替，随后掀起的党禁风波又将陈傅良等贤臣外贬，幼学请求外任，临走时上书宁宗：“朝廷尊崇，权柄归一，国势之所以增隆也，贤者汇升，言路无壅，君德之所以益著也，倘操纵不审，则一事之中决已，足以容左右之奸，用舍不谨慎，则一贤之轻去已，足以失士庶之望……委大臣以腹心使之，同寅协恭，以兴起治功为职，待多士以诚意使之，竭情悉虑，以进尽忠言[③]。”希望宁宗知人善任，亲近贤臣，务实求进，远离小人，谨防韩侂胄等身侧之人，善用其权，一举一动，皆为至公，不要轻易寒了百官的心，进而危害了国家。但可惜的是宁宗与他的父亲一样，亲小人远贤臣。王夫之言“自光宗以后，君皆昏痿，委国于权奸[④]”。

开禧三年，侂胄被诛，酷烈的党禁、专擅的政治、污浊的吏风令国家元气大伤，百姓像送瘟神一样欢庆他的死亡。宁宗广开言路，幼学多次上书，一为历陈侂胄之罪；二劝宁宗引以为鉴，知人善任，所用之人皆应为有真才实干的人，不因外界因素而存疑，也不因流言蜚语而轻弃，用之不疑，记功忘过，如此贤人才能更好地发挥才干，“苟其人果贤，勿以形似而致疑；苟其人果有用，勿以浮言而轻弃。举直错枉，厉以风节；记劳忘过，期以功名。用天下之实材，以兴天下之善治[⑤]”；三为肃清朝政，将侂胄爪牙一一弹劾，其培植的党羽在其之后依然窃弄大权，作威作福，如幼学说陈自强昏昧阘冗，贪得无厌，宜“削夺官爵，窜之远方[⑥]”；如史达祖、耿柽、董如璧三人，“贪邪尚炽，不用重典，无以震动人心……而犹不忍加诛杀，何以警众[⑦]”，幼学将官场不良之风一一厘正。

幼学还积极对贤不当位的人提出反对意见，他认为除授官职时，用一人而众人无异，则授予的人不会存疑，而被授的人也可以无愧，如果除授官职，天下人多不赞同，则就不能除授，人才的选任，不能只观一时或图一瞬的兴起，必定要采诸公论。如嘉定初年，赵师罿除知临安府，按旧制，应当有不允的诏书，幼学当时正任兼直学士院，负责起草诏书，幼学认为“（赵）天资浮薄，素行贪污，三守临安，赃

---

① 蔡幼学：《育德堂奏议》卷一之《绍熙应诏言事奏状》。

② 脱脱：《宋史》卷四七四《韩侂胄传》，北京：中华书局，2013 年，第 13772 页。

③ 蔡幼学：《育德堂奏议》卷一之《庆元陛辞札子——元年二月》。

④ 王夫之：《宋论》卷一四《理宗》，北京：中华书局，2013 年，第 249 页。

⑤ 蔡幼学：《育德堂奏议》卷五之《应诏言事状》。

⑥ 蔡幼学：《育德堂奏议》卷二之《缴韩侂胄陈自强与在外宫观指挥状》。

⑦ 蔡幼学：《育德堂奏议》卷三之《缴堂吏史达祖等决配指挥状》。

状狼藉，盖举天下之人能言之。其谄附权幸，不顾廉耻，亦举天下之人而能言之[①]”，拒绝为其起草；再如《缴吴璹知建宁府指挥状》中，认为建宁地重事繁，民俗轻悍，而吴璹阅历尚浅，难以适应，希望其仍奉内祠；如《缴戴坦特循一资指挥状》中，认为对戴坦的赏赐过重，名不符实，赏一人而开他人侥幸之心，后患无穷，应量其轻重，依制推赏；如对程錫知，楊舜卿等多人的任命诏书提出反对意见。

此外，蔡幼学是一位正直贤明的识才之士，多次为朝廷荐举人才，希望可以得到善用。奏议中共有 70 篇奏章，但仅荐举人才的就多达 20 篇，前前后后荐举多达百人，其认为："布衣韦带之士虽有真材异能，舍此无以自见，老死岩穴，盖有之矣[②]”，经常为人才得不到重用而惋惜，一旦遇到有才之人，积极荐之于朝，才能不"上孤朝廷，下负士论[③]”。如福建人杜东，"习于儒学，夙有其名，博闻强识，能诗与文”，又"性行纯笃，志向伟特[④]”，却四试不中，幼学积极推荐，终中嘉定七年进士；又如朝请郎行司礼寺主簿留恭，"履行温良，临事谨恪……区处郡事，巨细有条[⑤]”，却因年纪大被革职，太过可惜；刘弥正、钱文子、刘崇之三人性资淳实、意气磊落，都为难得之才，却因权臣擅朝，家食累年，希望朝廷可以采用；举潘霆自代，说他处事周详，做事干练；举王棐自代，称他品行高洁，士流所推；荐举刘允、俞亨宗等人，所推之人，不胜枚举。

三、委之欲专

南宋建国初期，内外交困，金军大举南下，高宗向金称臣乞和，陶醉在偏安一隅的升平景象之中，孝宗即位，锐意收复中原，展开隆兴北伐，但主将不和，军心涣散，战败后签订隆兴和议。幼学策对，认为此时大耻未雪，境土未复，应当有所作为，遂为兴国安邦大业积极谋划，劝诫孝宗"天下之大功者，非可轻动而尝试之也，必先定其大纲……辅相之臣相与图回于内，帅师之臣相与经营于外[⑥]”，幼学主张辅相之臣主内，师帅之臣御外，各司其职，而君主要做的就是赏罚分明，善于

---

① 蔡幼学：《育德堂奏议》卷四之《缴赵师睪京湖制置使指挥状》。
② 蔡幼学：《育德堂奏议》卷五之《福建诸司乞采录杜东状》。
③ 蔡幼学：《育德堂奏议》卷五之《福建诸司乞采录杜东状》。
④ 蔡幼学：《育德堂奏议》卷五之《福建诸司乞采录杜东状》。
⑤ 蔡幼学：《育德堂奏议》卷四之《应诏荐郎状》。
⑥ 蔡幼学：《育德堂奏议》卷一之《淳熙轮对札子一》。

择人，利用手中的权柄来操控他们，治理国家，则天下就可安定全盛，尤其在此时内外交困，边戍未解，战端常起于无声无息之时，因此边防的安全必须重视，师帅之臣的选择应更加谨慎，得到孝宗赞赏。

隆兴和议签订后，宋金两国四十年相安无事，宋也渐放松了对边关的治理，从光宗即位到开禧北伐前，关于南宋军队的素质，有人描述："今之所谓将者…未闻有尺寸之效，积素之威，可以服人心而协众论，甚懵不知军政，漫不知军旅，唯知刻剥军人，聚敛财富，凡可以便私计者，无不为也[①]"，兵士的情况也不容乐观，"朝廷养兵万人，所可用者数千人而已…朝应募而夕逃遁，为主将者，无以谁何，故任其去来而已[②]"。幼学一直有收复中原，恢复故土的愿望，看到这样的现状，深感忧虑，在边防将领的选任上多次向光宁二帝上书。

> "臣恭闻太祖皇帝开创之初，规虑宏远，其经理西北二边，必谨择其人而久任之，在西边，则若姚内斌之守庆，董遵诲之守通远；在北边，则若李谦溥之守隰，贺惟忠之守易，李汉超、何继筠之守齐、棣。其积劳累迁，有自刺史至节度使，历二十余年，而不易其地者，加以委任之专，待遇之厚，是以其人展布四体，思以功名自见，而其將士吏卒亦皆服习恩信，乐为之用…至咸平景德间，何承矩李允则之在雄州，亦无虑十余年，盖太祖之成画也…凡边郡之寄，用惟其材，勿轻除代，其经画有方，劳効可纪者，宠以职秩，因而任之，庶几吏思称职，民有固心[③]。"

幼学引用太祖皇帝谨慎择人用人以维持西北边数十年稳定的例子，指出维持边防稳定的要素就是委任之专，太祖皇帝任用姚内斌、董遵诲等武将作为守臣长期镇守边关，历时一二十年，功名自现，将士信服，边关稳定，以此希望警醒光宗。

在日后给宁宗的多篇奏议中，幼学提出了更近一步的任人措施，宜"轸念边民，汲汲经理，精选慈惠恻怛、公正勤敏之士为之郡守[④]"，谨慎选人而重其权力，熟悉边事，治边有方、有劳可称者才可以授予职役，一经选任，就不能轻易变更，因为边关距离朝廷久远，朝廷不能及时熟悉情况，守臣的责任至关重要，更换频

① 《历代名臣奏议》卷二三四蔡戡《论和战》。
② 《历代名臣奏议》卷二三四蔡戡《论和战》。
③ 蔡幼学:《育德堂奏议》卷一之《绍熙轮对札子三》。
④ 蔡幼学:《育德堂奏议》卷四之《缴黄环放罢指挥状》。

繁，难以使民信服，因此“沿边守臣，率令久任[①]”是必要的，即使上一任守臣要辞官，也应由其“举材之可用者，以备选除[②]”，由上一任熟悉边关情况的守臣推举地方之能人，“随其器能，次第奖拔，庶几将材辈出，人思自效[③]”，如此也才可以达到民心稳定，兴利去弊的效果，以维持边关的长治久安。而如今边界井邑萧条，声势不足，外不足以屏障强敌，内不足以应接中原，究其原因，就是因为用人不专，守臣玩忽职守，更换频繁，只待任期一满，随即迁去而已，言语切中时弊，言辞恳切。

韩侂胄不度事势，妄启兵端，开禧一役，不仅使其明白他的大业依仗的是一批怎样的酒囊饭袋，也更加充分暴露了边防的脆弱，侂胄被诛后，宁宗开始“亲政”，改元嘉定，开始所谓的嘉定更化。其一就是开言路，幼学上书宁宗，希望其引以为戒，重视将帅的选任，勿要旧事重演，并再次引经周汉典故，“臣闻周有方召，而复古之功立，汉有卫霍，而复雠之义伸，將帅得人，规恢之切务也，方无事之日，武夫玩于苟安，偷惰贪竞之习成，而真材实能晦于无用，一旦有事，驱驰行阵之间，无能者情见迹露，而才者始得以自奋，选任之方不可以不谨也[④]”，劝诫宁宗要委任之专，谨慎择人，选取有真才实能的人共图大业，“弭患于未形，图功于久远[⑤]”。

结语

蔡幼学是南宋一代名臣，为当时和后人所敬重，叶适评其：“内负实力，而忧世至深，愤耻复雠，无悠悠碌碌之论，节减于民，无奇奇怪怪之策，所知必立，所立必遂，不前锐而后挫，不外强而中弱[⑥]。”他积极为国建言献策，有的放矢，字字在理，其形成的人才观，切中当时的时弊，故而“一语不妄发[⑦]”是对其最恰当的评价，但无奈迫于时代的局限，谏言多数未被采纳，仕途几经沉浮，但在其仕途生涯中，依然深刻践行了“鞠躬尽瘁，死而后已[⑧]”的理念，其一生可以

① 蔡幼学：《育德堂奏议》卷三之《嘉定陛辞札子》。
② 蔡幼学：《育德堂奏议》卷三之《嘉定陛辞札子》。
③ 蔡幼学：《育德堂奏议》卷二之《开禧上殿奏事札子一》。
④ 蔡幼学：《育德堂奏议》卷二之《开禧上殿奏事札子二》。
⑤ 蔡幼学：《育德堂奏议》卷二之《开禧转对奏状三年五月》。
⑥ 叶适、刘公纯：《叶适集》卷二三《兵部尚书蔡公墓志铭》，北京：中华书局，1983 年，第 445 页。
⑦ 脱脱：《宋史》卷四三四《蔡幼学传》，北京：中华书局，2013 年，第 12898 页。
⑧ 叶适、刘公纯：《叶适集》卷二三《兵部尚书蔡公墓志铭》，北京：中华书局，1983 年，第 445 页。

称得上是“花卉之炫丽，风露之凄爽[1]”。他的英名，存于史册，传颂于民间，值得永远纪念。

（李巧楠，温州大学20级中国史学生）

① 叶适、刘公纯：《叶适集》卷二三《兵部尚书蔡公墓志铭》，北京：中华书局，1983年，第445页。

简论《论语集说》的学术价值

郭　婷

摘　要：宋蔡节所撰《论语集说》一书，其书编撰体例清晰，引诸儒之说众多，又在诸儒学说中灵活取舍，其主旨在阐述己意。虽受《四书章句集注》影响较大，但仍有其自得之学。此书也反映了他不唯权威，敢于申明自己的治经观点，有其独特价值。姜文龙称其已深得朱熹、张栻之骨髓。

关键词：《论语集说》；蔡节；《四书章句集注》；评析

一、蔡节其人与《论语集说》

关于蔡节，南宋永嘉人，生卒年不祥，蔡幼学之子，曾任朝散郎，集英殿修撰，湖州、明州、衢州诸军。《四库全书总目》提要谓其："始末未详，惟书首淳祐五年进表结衔称朝散郎太府卿兼枢密右承旨。[①]"考《浙江通志》载："蔡节，永嘉人，于宋理宗时历知湖州、明州、衢州诸军。"蔡节久居官场，世人评价其廉政寡求、奉公守正。其中宋人许应龙撰《东涧集》卷四有一篇《蔡节除司农卿兼检正制》文，谓："仓廪委积，悉赖大农……以尔疏通无雍，廉静寡求……省闼弥纶，奉公守正，力求外补，勉徇雅怀……以称朕意。[②]"足见蔡节其人在朝在野都是能"省闼弥纶""勉徇雅怀"的长才，故能"复还旧职，进陟正卿"。

《论语集说》今作10卷，为宋淳祐六年(1246)湖畔刻本，每半页10行，行18字，小字双行同，白口，左右双边。通行本有清康熙十九年纳兰成德刻《通志堂经解》本、清《四库全书》本等。此书信息多散见于明清文献中，如明黄虞稷《千顷堂书目》卷三：蔡节《论语集说》十卷，淳祐五年进表；清丁立中所撰《八千卷楼书目》

① 纪昀：《四库全书总目提要》，河北：河北人民出版社，2000年，第936页。

② 许应龙：《东涧集》卷四，《四库全书》第1176册，上海：上海古籍出版社，2003年，第443页。

卷上载:《论语集说》十卷宋蔡节撰通志堂本;清代史料笔记《陶庐杂录》卷四载:清《四库全书总目》、清孙诒让《温州经籍志》亦有所载。

此书能够为世人所知,缘于康熙二十五年,康熙下令博访采集遗书,用来充实藏书府库。征求善本书的布告下达后,天下纷纷进书,蔡节《论语集说》十卷位列其中。

关于此书的的编纂与表进过程,该书前所附《进〈论语集说〉表》阐述较为详细。主要阐述了自己进呈此书的原因、自己对《论语》的理解,并附自己的官职。李致忠在《宋版书序录》中言,蔡节此道进书表,主要说明了三方面的问题。第一,蔡节《论语集说》之所以能进呈内府,以备乙夜之览,并不是群臣表荐,贤达恭推的,而是他自己于淳祐五年(1245)五月十一日具奏,乞求投进的。奏入后不久,或者说当月,便备奉圣旨,许令投进。第二,着重阐述了《论语》的价值。其表阐述为:"惟洙泗垂训之书……能博文而约礼,复笃志而近思……放郑声,远佞人,邦政以立;举逸民,继绝世,人心攸归……[①]"第三,说明自己所撰的《论语集说》卷、册数,及其表进时的结衔。蔡节自信而又大胆地举荐自己,欲帝王以《论语》求知行之实,克己复礼为仁,笃志近思,辨乎天理人欲,判乎君子小人,放郑声,远佞人,举逸民,继绝世,立国兴邦,体成汤之罪己,法帝尧之则天。故甘冒天威,呈递《论语集说》一书,表现出他强烈的责任感。最终也不负期望,因为他的才华与恳切言行,得以将自己一生的心血进呈内府。

关于版本,此书存世宋刻本为国家图书馆藏宋淳祐六年丙午湖畔刻本,书号6053.半叶10行,行18字,小字双行同,白口,左右双旁。张秀民说:"蔡节《论语集说》,淳祐六年,湖畔,白纸十册,版框字体均不大,而天头地脚左右四旁空白最大,为宋版书中最大本,纸墨精良。"[②]版本顶端记本业字数,中题"论语集说卷第几",下记页数、刻工。在清代《论语集说》的源流情况,有清成亲王永瑆《论语集说》(淳祐堑本)翁同龢"蔡氏论语集说(宋刊十册,常熟翁氏藏)"题签。今有"东宫书府""钦赐名孚敬字茂恭""李开先印""成亲王""诒晋斋"诸印。清于敏中《钦定天禄琳琅书目》卷四也载蔡节《论语集说》:"一函五册,十卷。前载节《进书表》、并《集说例》、宋姜文龙《序》。"《文渊阁书目》《天禄琳琅书目》《四库全书总目》《中国古籍善本书目》《中国古籍总目》著录,《中华再造善本》影印。刻工有:建安游熙、葛楷、曹湜、钱瑜、余良、刘申等。

---

① 孙诒让:《温州经籍志》,《绪修四库全书》第918册,上海:上海古籍出版社,2002年,第221页。

② 张秀民:《中国印刷史(插图修订本)》,浙江:浙江古籍出版社,2006年,第726页。

从版本而言《论语》相关宋刻本存世者廖若星辰。其中,最为学者熟知的是国家图书馆藏朱熹的《四书章句集注》本三种宋刻本;邢昺《论语注疏解经》;其三为宋淳祐六年湖畔刻蔡节《论语集说》十卷。宋人《论语》著述仅存朱熹、邢昺、蔡节三人论著,从版本学价值说,不可谓不重要。朱子与邢昺之书,历代研究颇多,蔡节所著《论语集说》则相对欠缺,原因大抵是学术界通常认为此书仅仅是对朱子之学的承续。

二、《论语集说》与《四书章句集注》

《四库全书》载:"臣等谨案《论语集说》十卷……是时朱子之说已行,故大旨率从《集注》。其间偶有异同者,如……其中惟'太师挚'一章,可备一说,余皆牵强穿凿。盖朱子于注《易》、注《诗》,诚不免有所遗议。至于《论语集注》,则平生精力具在于斯,其说教他家为确。务于立异,反至于不中理也。然出入者不过此数条,其余皆诠释简明,词约理该,终非胡文炳等所可及焉。"①四库馆臣认为,蔡氏《论语集说》多从朱子之说,与朱子相异之处中唯有一章之解较为周全,其余不免牵强附会。致力于立异,反而不合事理,除此外,大都诠释简明、词约理赅。四库馆臣对此书,总体上呈肯定态度,对与朱子有异处呈否定。但其在下此结论时,朱子之说已广为流行,故我们可以思考其评价是否具有不客观性。周中孚《郑堂读书记》卷十二:"《论语集说卷》十卷,通志堂经解本……大旨从《集注》,而尚有所出人于其间。"②关文瑛《通志堂经解提要》:"宋蔡节《论语集说》十卷,盖以义理而解论语者也……大抵其书以朱子《论语集注》《集义》《或问》诸书为本,以二程、张栻诸家之书为辅,又旁采众说以翼之……至其训解,亦偶有与晦翁違违异之处,据四库提要所举者,凡十有八条,其余則皆与晦翁相符。"③昌彼得《论语版本源流考析》:"蔡氏说《论语》,大旨亦从朱子《集注》,一般而论,其采朱子之说,皆诠释简明、词约理该。偶有背朱子而采郑汝皆《论语意原》来解释的,则不免牵强穿凿,反而不中理。"④向辉认为,昌氏此说于版本之说均为的见,然于义理之说,则未免有瑕,或如周氏、兰氏之说均源自四库馆臣。向辉认为,周氏、兰

① 真德秀:《四库全书》,上海:上海古籍出版社,2003年,第558页。

② 周中孚:《郑堂读书记》,上海:上海书店出版社,2009年,第211页。

③ 纳兰成德:《通志堂经解研究论集(下册)》,华东师范大学出版社,2008年,第696—697页。

④ 昌彼得:《蟾庵论著著全集》,台北:台北故宫博物院出版社,2009年,第596页。

氏、昌氏之说均源自四库馆臣。[①] 笔者认为不可仅以四库馆臣之说为定论，蔡氏《论语集注》节与朱子之说有其相似之处，如蔡节所引诸儒60余家，但其主旨在阐述己意。据陈铁凡统计，《论语集注》引用共35家574处，主要是集合诸家之注，引注超过朱熹自己的注释，但也主要为了阐述自己的理学思想。除此外，两书仍有明显差异，并非以朱子只说为本，而是有其自得之学。

第一，从体例来看，蔡节《论语集说》的编纂体例很清楚，以"集曰""释曰""注书""节谓"四例说明之。卷前镌有《论语集说例》，谓："集曰例：全用一家之说，则独书姓氏于下；兼用诸家之说，则各书姓氏于下；杂用皆家之说，则于末后总书姓氏；添入己意三数语，则于末后书本某氏说。释曰例：全附以己意。注书例：集曰已编正说，有它说可以互相发明者，则附注于下释曰同。节谓例：集诸家说，后附己意，故曰节谓。低集释一字例：非正说而旁引可以见意者，则低一字书。"其中最为值得我们关注的是，蔡氏並非对《论语》的每一章都是自己的解释，而是有选择的加以诠释，以彰显其己意。"释曰"四十七章全用蔡节本人的诠释，从全书来看，虽引用诸儒之说多达六十余家，但其主旨应在阐述其"己意"，所谓己意既包括蔡氏对《论语》原文的心得之解，也包括他对诸儒之说的融贯之说。

而朱熹的《四书章句集注》的编纂体例，是朱熹在二程思想的基础上，将《论语》《孟子》集注和《大学》《中庸》章句集合，统称《四书章句集注》，首创"四书"之名。其中有《大学章句》1卷、《中庸章句》1卷、《论语集注》10卷、《孟子集注》14卷。在编排次序上，将《大学》排在首位，《中庸》次之，而后才是《论语》《孟子》。

第二，从注释体例上看，蔡节《论语集说》以二程子之说为本，且蔡氏书中所称"子"者惟程颢、程颐，其余诸儒均以"某氏"言之，其本之明道、伊川的然而章，同时又多以朱熹、张栻之说为据。蔡氏集说具体方法是先注某字的反切读音，次以汉唐古注注明字义，次集诸儒之说以诠释句义文义，次以蔡节本人理解诠说。

而朱熹的《四书章句集注》直接注释经文，避免了义疏体的繁琐。继承《口义》的编写体例，不仅参考宋以前的诂、音读，而且加入朱熹的个人见解，《晦庵先生朱公文集》卷七十五，《论语训蒙口义序》载："本之注疏，以通其训诂；参之《释文》，以正其音读。然后会之于诸老先生之说，以发其精微。一句之义，系之本句之下；一章之指，列之本章之左。又以平生所闻于师友而得于心思者，间附见一二条焉。"[②]《论语集注》既吸收了宋以前的训诂、音读，又博采宋人的义理解说，

① 向辉：《荣耀之礼：蔡节〈论语集说〉版本学考察》，《版本目录学研究》，2017年，第8期。

② 朱熹：《晦庵先生朱公文集》卷七五，《四部丛编》180册，上海：上海书店出版社，1989年，第18a页。

同时加入大量个人按语。

第三,从注释内容来看,蔡节以己意诠释《论语》的章节不少,在近50处集说中一再阐述其本人的学术主张。

例如:一、“里仁第四”“人之过也”章。

a.《论语集说》:“释曰:党谓党于人也,言人之过也,各于其所党,处见之大抵仁者之过,近于厚而已。观其所谓过,斯知其所谓仁矣。刘侍读曰:周公使管叔监殷而管叔以殷畔,鲁昭公不知礼而孔子以为知礼是过也。然管叔兄也,昭公君也,是乃所以为仁也。”

b.《四书章句集注》释为:“过,类也。”又引程子、尹氏、吴氏、之说,其中程子曰:“人之过也,各于其类。君子常失于厚,小人常失于薄;君子过于爱,小人过于忍。”《论语集注大全》载:蔡氏曰:“圣经浑涵宏博,但曰‘人之过也,各以其党’而厚薄爱忍自无不包,但曰‘观过’而观人自观自无不备,但曰‘斯知仁’而仁不仁皆在其中矣。”①

蔡节解释“党”为社会关系。说人的过错,就可以看他们对人际关系的处理,君子经常对人太好了,以至于在有些人眼里是不对的,那我们看到君子的错误,我就知道了仁的意思。朱熹释“党”为“类”,人的过错失误,各有各的种类,君子是对人太好,小人是对人太刻薄。君子是太为别人着想,小人是很自私。朱熹直接定性,直接说人和人的不同,有些人是君子,所以他这么做;蔡节并没有直接说什么是君子什么是小人,是通过一个人的做法判断仁还是不仁。(这也是蔡朱二人最大的区别)

二、“君子怀德”章。

a.《论语集说》:“释曰:怀者,思念也。君子乐善,故其所思则以躬行为事也;小人苟安,其思在于田里而已。君子恶不善,故其所思则以法律自绳也;小人务得,其思在于惠利而已。此言君子小人之志趣殊也。”

b.《四书章句集注》释为:“怀,思念也。怀德,谓存其固有之善。怀土,谓溺其所处之安。怀刑,谓畏法。怀惠,谓贪利。君子小人趣向不

① 胡广:《论语集注大全》卷四,《四库全书》第205册,上海:上海古籍出版社,2003年,第183页。

同,公私之间而已矣。"又引尹氏曰:"乐善恶不善,所以为君子;苟安务得,所以为小人。"

蔡节言,因为这个人喜欢善,他才会去发扬善:这个人喜欢苟安,所以他就不管道德不道德,只要有土地就好了。君子最怕的是违反自己的德行,法律和门锁一样,防君子不防小人,小人只是怀思福惠。朱熹则说,君子小人是不一样的,为什么不一样就在他们公心和私心不同。什么是君子,什么是小人,朱熹分的很明确。蔡节从实用主义来说,朱熹则认为认为君子就应该有具备这个理,就是这个道德的样子,生下来他就具备,体现了他的理学思想。

三、"事父母几谏"章。

a.《论语集说》:"释曰:几,微也。事父母,几谏言。父母有过,人子之进言贵于婉也。见志不从,又敬不违言,人子于亲之,未从党加诚敬而不违其几谏之初心也,劳而不怨言,不倦于谏,用力虽劳而又不敢怨也。所以如此者,终期纳亲于善而后己。"

b.《四书章句集注》释为:"此章与内则之言相表里。几,微也。微谏,所谓父母有过,下气怡色,柔声以谏也。见志不从,又敬不违,所谓谏若不入,起敬起孝,悦则复谏也。劳而不怨,所谓于其得罪於乡,党、州、问,宁熟谏。父母怒不悦,而挞之流血,不敢疾怨,起敬起孝也。"

蔡节说,看到父母不听意见,要更加真诚恭敬地建议,不违背自己数次建议的本心。数次进言而没有埋怨的话,不会为此感到疲惫,用了心力而没有怨言抱怨父母,这就是为了劝导父母变得更好的缘故。朱熹说,侍奉父母,他们若有过失,要婉言劝告。话说清楚了却没有被接纳,仍要尊敬他们,不要忤逆对抗,继续操劳而不怨恨。朱熹认为子女生来就要孝,而这种孝主要体现在形式上;蔡节则认为孝主要体现在态度上,并不单纯的父母犯错要劝,别人犯错更要劝,将孝上升为仁,符合孔子推己及人的理念。

总而言之,蔡氏先解释字词之义,然后对文句的义理加以诠释。朱子集注则一般只对关键字加以纾解。仅以三章为例,可知蔡节与朱子之说有明显差异,并非以朱子只说为本,而是有其自得之学。朱熹每次先给人立一个规矩,你要怎么做,你要怎么想。而蔡节是每次先想我应该怎么做,从自己的内心悟出一个行为标准,去实践。如果说朱子的集注是一种立足于对经典的义理为主的诠释,则蔡氏的集说是一种立足于文本的义理诠释。向辉总结其二者的差异时认为,主要在于朱子《四书章句集注》往往将经典视为不言自明的文本,诠释的工作是使其义理更好的加以呈现;蔡氏《论语集说》则视经典为存在多种可能的文本,诠释的工作是对这种可能性加以限定并在此基础上对文本义理加以论说。[①]

三、蔡节《论语集说》评析

蔡节《论语集说》一书,于淳祐五年(1245)五月十一日进呈内务府。两宋时期,理学得到空前发展。从北宋五子周敦颐、二程、张载、邵康节到南宋朱熹集大成,思想家携各自的主张在两宋政坛上争奇斗艳,可谓百家争鸣。蔡节《论语集说》成书时,朱熹理学尚未被确立为正统思想,其真正发挥深刻影响是在宋理宗之后。因而,蔡节此书兼采数思想主张的同时,注重阐释己意,促进了当时代思想的繁荣。

文学掾姜文龙于淳祐六年(丙午 1246)写短跋一篇,已明确表明蔡氏深得朱熹、张栻之骨髓。跋称:"晦庵先生尝语门人曰:'看《集注》熟了,更看《集义》,方始无疑。'又曰:'不看《集义》,终是不浃洽。'永嘉蔡先生《集说》之作,自《集义》中来,本之明道、伊川二先生,参以晦庵《或问》,而于晦庵、南轩先生,尤得其骨髓。盖南轩学于五峰先生,又与晦庵相讲磨,故语说多精切。是书也,说虽博而所会者约,文虽约而所该者博,大有益于后学,遂请刊于湖畔。淳祐丙午冬至,文学掾姜文龙谨书。"这段跋文的主旨,是阐述《论语集说》的渊源所自,价值所在。蔡氏《集说》一书中,对伊川程子之论采用颇多,同时又以朱熹、张栻为据,故姜氏称其得晦庵、南轩骨髓。其他所列诸儒多达百余家,也并非四库馆臣所说的专主朱子学者。而姜文龙所谓博,可能指的就是蔡氏所引用的诸儒之说较多,与一般儒者所谓注疏仅仅为一家之言或门户之见不同;所谓约则为蔡氏在诸儒学说之间加以灵活取舍,使之融为一炉而不见违和。引证的家多说简,阐释得文约义赅,实有裨于后学,故由姜文龙向蔡节提出请求,将论语集说刊印于湖畔。一方面,姜文龙此言说明本书版本应为"南宋淳祐六年(1246)姜文龙湖州畔宫刻本",另一方面也强调了而蔡节的《论语集说》也有其独特价值,反映蔡节不唯权威,在具体问题上敢于申明自己观点的治经态度。

蔡节对于《论语》有自己的观点,这也蕴含了其政治、社会的思考。例如在其

---

① 向辉:《荣耀之礼:蔡节〈论语集说〉版本学考察》,《版本目录学研究》,2017 年,第 8 期。

《论语集说》卷一，对“贤贤易色”章的解释，蔡节说：“贤贤易色，谓贤人之贤，而为之改容更貌也，力无所不尽之谓竭。致犹委也，谓不有其身也。诚于好贤、孝于事亲、忠于事君、不欺于朋友，四者人道之先务也。子夏言：有能如是之，人虽或以为未当为学，我必谓之已学者，盖以学当务其本也。”“贤贤易色”，谓圣人之贤为之改容更貌，对于贤人要诚实，对亲人孝顺，对君主忠诚，不欺骗朋友，这四方面是人道的先绝条件。与朱熹把“贤贤易色”解释为尊重贤者而看轻女色不同，蔡节提出了自己的看法。

蔡节《论语集说》一书，对后代学者也产生了较大影响。清孙诒让《温州经籍志》卷六载：“《论语集说》二十卷……是书《宋艺文志》不载，诸家藏书目俱未收。予乃购得之，幸矣！”永嘉自伊洛诸儒未作，王景山出，发明经蕴，述《儒志》一编。其后则有刘安节元承、鲍若雨商霖、谢天申用休、潘旻子文、周行己恭叔、陈经正贵一暨弟经邦贵叙，其姓名皆入《伊洛渊源录》中。而著群经说者若陈鹏飞少南、薛季宣士龙、张淳忠甫、叶适正则、戴溪肖望、陈傅良君举、叶昧道知道、钱文子文季、黄仲炎若晦、汤建达可、陈埴潜室、王与之次点，皆有成书著录。谚曰：“温居瀛端，理学之渊。”不信然欤？顾诸君子之书，或存或亡，不可尽得，予序蔡氏《集说》而附及之，盖将以求所未见焉。康熙丙辰夏五，纳兰成德容若序。纳兰容若在此序中，把蔡节与薛季宣、叶适、陈傅良等理学大家并提，列举了 20 多名温州学者姓名后感叹：“温居瀛端，理学之渊，不信然欤？”并指出自己购得此书，不胜欣喜，由此可见其对此书的认可。又曰：“其书体例清整，训释经义虽多遵朱子《集注》及张氏《癸巳论语说》，然于何氏集解及皇、邢两疏亦多征引。永嘉诸儒则于钱白石、戴珉隐两家之说采录颇多，固非徒抄语录者也。”①孙氏以清《通志堂经解》所收录之《论语集说》本为据，考证了蔡节生平事迹，不以四库馆臣之说为限，对该书文献价值做了重新评估，认为其书“体例清整”“训释经义”徽引多家。

从今天来看，蔡节《论语集说》一书，无论是从版本还是内容而言，都有其独特的价值。其次，在朱子之说已盛行的时代，蔡节能不畏权威，大胆提出自己的观点，也体现出其人超群的才华和人格魅力。

参考书目及刊物：

[1] 于敏中. 钦定天禄琳琅书目[M]. 上海：上海古籍出版社，2003.

[2] 纪昀. 四库全书总目提要[M]. 河北：河北人民出版社，2000.

[3] 许应龙. 东涧集[M]. 上海：上海古籍出版社，2003.

① 孙诒让：《温州经籍志》，《绪修四库全书》第 918 册，上海：上海古籍出版社，2002 年，第 222 页。

[4] 王士祯.四库家藏 池北偶谈[M].山东:山东画报出版社,2004.
[5] 李致忠.宋版书序录[M].北京:国家图书馆出版社,1997.
[6] 黄虞稷.千顷堂书目[M].上海:上海古籍出版社,2003.
[7] 丁立中.八千卷楼书目[M].北京:国家图书馆出版社,2009.
[8] 法式善.陶庐杂录[M].北京:中华书局,1959.
[9] 张秀民.中国印刷史(插图修订本)[M].浙江:浙江古籍出版社,2006.
[10] 真德秀.四库全书[M].上海:上海古籍出版社,2003.
[11] 周中孚.郑堂读书记[M].上海:上海書店出版社,2009.
[12] 纳兰性德.通志堂经解研究论集(下册)[M].华东师范大学出版社,2008.
[13] 昌彼得.蟫庵论著著全集[M].台北:台北故宫博物院出版社,2009.
[14] 向辉.荣耀之礼:蔡节〈论语集说〉版本学考察[J].版本目录学研究,2017,8.
[15] 朱熹.晦庵先生朱公文集[M].上海:上海古籍,2002.
[16] 胡广.论语集注大全[M].上海:上海古籍出版社,2003.
[17] 孙诒让.温州经籍志[M].上海:上海古籍出版社,2002.

(郭婷,温州大学20级中国史学生)

事功视域下薛季宣《书古文训》思想探微

王　煜

摘　要:南宋前期,朝野上下充满着尖锐复杂的阶级矛盾和民族矛盾,商品经济在种种刺激下显著发展,以讲求事功为思想特色的儒家学派——浙东事功学派逐渐崛起。在浙东学派中,真正在思想上与宋代理学、心学构成鼎足之势的学术流派只有永嘉学派。薛季宣是永嘉学派承上启下的关键人物。一方面,他接受了二程以来的道学传承;另一方面,他以制度新学为旗帜,指明了温州区域文化与北宋后期以来的道学传统分道扬镳的方向,由此奠定了永嘉学派的理论基石,开启了以陈傅良叶适为代表的永嘉学派的全盛时代。《尚书》为"政书"之祖,薛季宣解《书》看重人事,看重事功,侧重于发掘经世致用精神,解经中常渗入天理人欲之辨与心性思想,成为理学建构的重要环节。薛季宣对永嘉学派的发展有重要贡献。

关键词:薛季宣;《古文尚书》;《书古文训》;永嘉学派

薛季宣(1134—1173),字士龙,号艮斋,人称常州先生,南宋两浙东路温州永嘉人,出生于官宦世家。六岁而孤,被伯父敷文阁待制薛弼收养,随后跟随伯父宦游,得见渡江诸老,闻中兴经理大略。[①] 十七岁时,薛季宣跟从岳父荆南帅孙汝翼,在岳父身边担任书写机宜文字,获事程门弟子袁溉。薛季宣与朱熹、吕祖谦、张栻等人都有往来。朱熹喜谈心性,而薛季宣则兼重事功。薛氏学问淹博,著书有《古文周易》《古诗说》《春秋经解》《春秋指要》《论语直解》《小学》,又有《浪语集》三十五卷。除文集外,其余大多亡佚。

薛季宣有关《尚书》的学术著述是《书古文训》,该书共有 16 卷,据《四库全书总目》记载,有内府藏本;现存的是清代纳兰性德的《通志堂经解》本,何焯说此本

① 陈良中:《薛季宣〈书古文训〉研究》,《历史文献研究》,上海:华东师范大学出版社,2015 年,总第 35 期。

处于宋本[①]。现存国家图书馆藏的康熙庚申《通志堂经解》本,有王国维校并跋《中国古籍善本书目》二。四库馆臣评价它"变乱古经"。由于四库馆臣的批评,学界对薛季宣的《书古文训》研究很少。事实上以"古文"书写《尚书》文本体现了薛氏恢复故经原貌的宗旨,而且开启了清代以来《尚书》的文字研究。而解经中推重事功正是永嘉学派基本思想,是宋代理学构建之重要一环。

本文在其他学者研究的基础上,考察古文《尚书》的来源及流变与薛季宣《书古文训》的解《书》宗旨,并辨析其中蕴含的思想及其意义,总结薛季宣《书》学阐释对永嘉后学的影响。

一、《书古文训》经文依据与解《书》宗旨

(一)《书古文训》经文依据考辨

薛季宣的《书古文训》是《孔传古文尚书》的训义,所载经文亦出自这部东晋以后才流行的伪古文。关于古文《尚书》的来源,一直以来已经有很多学者加以考辨。《史记·儒林传》说:"秦时焚书,伏生壁藏之。"至"汉定,伏生求其书,亡数十篇,独得二十九篇"。《汉书·刘歆传》又说,伏生"《尚书》初出屋壁,朽折散绝",成了残文断简。根据杨善群的《古文〈尚书〉流传过程探讨》,古文《尚书》大致有以下几个来源:一是伏生壁中,二是孔子宅壁,三是河间献王,四是河内女子,五是宫中秘府,六是杜林,七是孔氏家族。自西汉、东汉以至魏晋,古文《尚书》一直在民间流传,曾有不少学者见过其书。[②] 经过长期流传,古文《尚书》大约在魏晋之际已经相当完备,并形成传授关系。

陆德明《经典释文叙录》云:"《尚书》之字本为隶古,既是隶写古文,则不全为古字。今宋齐旧本及徐、李等音所有古字,盖亦无几穿凿之徒务欲立异,依傍字部改变经文,疑惑后生,不可承用。"[③]陆氏认为《尚书》隶古定本非全为古文,而宋、齐之间古文本乃时人伪造,不可信。《经典释文》独存《尚书》古文一二,则唐初古文尚有遗存。《隋志》称"晋世秘府所存,有《古文尚书》经文,今无有传

---

① 周琦:《薛季宣研究》,南京:南京师范大学出版社,2012年,第39页。

② 杨善群:《古文〈尚书〉流传过程探讨》,《学习与探索》,2003年,第4期。

③ 陆德明、黄焯汇:《经典释文汇校》,北京:中华书局,2006年,第3页。

者"[①]。是唐初《古尚书》已亡。但《册府元龟》载天宝三载(744)七月诏曰:"《尚书》应是古体文字,并依今字缮写施行。典谟无乖于古训,庶遵简易,有益于将来。其旧本仍藏之书府。"[②]唐玄宗令改古文从今文,古文《尚书》文本由是遂绝。五代郭忠恕作《汗简》,征引古文凡 71 家,所引有《古尚书》,集古字四百余。成为后来谈古文者援据的基础。王应麟《玉海》又载后周显德六年(959)郭忠恕定《古文尚书》刻板,[③]晁公武《读书志》载有《古文尚书》13 卷,谓"吕大防得本于宋次道、王仲至家,以核陆氏《释文》,虽有小异同,而大体相类。观其作字奇古,非字书傅会穿凿者所能到,学者考之,可以见制字之本。"[④]晁公武未言宋、王之本何来。四库馆臣以为"宋、王二氏所传,宋太宗所得,即郭忠恕所见本。忠恕所见,即唐内府本。"[⑤]

《宋史》载有《古文尚书》2 卷。《古文尚书》两汉以来一直在流传,未绝如线。薛季宣认可《孔传古文尚书》,并不认为其为伪书。他所训义的是隶书本,"隶古定《书》最古,孔氏文义,多本伏生之说,唐明皇帝更以正隶改定,而俗儒承诏,文多舛驳,古文是训,不劳乎是正之也。"[⑥]薛季宣据之而作《书古文训》16 卷,以古文奇字书写《尚书》经文,存古文于不绝。[⑦] 四库馆臣认为《书古文训》"变乱古经",谓"季宣此本又以古文笔划改为今体,奇形怪态不可辨识,较篆书之本尤为骇俗,其训义亦无甚发明"。又谓"惟薛季宣之赝古,王柏、贺成大、胡一中之改经,特黜而存目,一以杜好奇之渐,一以杜变乱古经之渐也"。[⑧] 在经学时代,四库馆臣之说有鲜明的护教目的,可以理解。而在今天看来,四库馆臣之说无疑是片面的,"以古文笔划改为今体,奇形怪态不可辨识"正是薛季宣《书古文训》摹写隶古定而存古本的贡献,与故作新奇以变乱古经的王柏、贺成大、胡一中非为同类。

---

① 魏征、令狐德棻:《隋书》卷三二,北京:中华书局,1973 年,第 915 页。

② 王钦若等:《册府元龟》卷五〇,北京:中华书局,1960 年,第 562 页。

③ 王应麟:《玉海》卷三七,扬州:广陵书社,2007 年,第 712 页。

④ 晁公武、孙猛:《郡斋读书志校证》卷一,上海:上海古籍出版社,1990 年,第 51 页。

⑤ 永瑢等:《四库全书总目》卷一三,北京:中华书局,1965 年,第 106 页。

⑥ 周琦:《薛季宣研究》,南京:南京师范大学出版社,2012 年,第 39 页。

⑦ 陈良中:《薛季宣〈书古文训〉研究》,《历史文献研究》,上海:华东师范大学出版社,2015 年,总第 35 期。

⑧ 永瑢等:《四库全书总目》一三,第 106 页。

(二)《书古文训》的解《书》宗旨

《书古文训》是薛季宣好尚古文字的个性反映,也是宋代金石学发达的体现,同时也是宋代疑经运动的重要反映。薛季宣力图复《尚书》古文之旧,一是受到唐以来疑古惑经思潮的影响,一是来自于个人对金石学的爱好。薛季宣以隶古定文字(含有先秦古文)摹写经文,带有强烈的恢复旧经的精神。这种"复古"的背后潜藏着薛氏对《尚书》的基本认识,自云:"隶古定《书》最古,孔氏文义多本伏生之说,唐明皇帝更以正隶改定,而俗儒承诏,文多踳驳,古文是训,不劳乎是正之也。好古之僻,走何辞焉……故序篇端,论以读《书》之法。"

恢复隶古定《书》的目的是正卫包改隶古定为正体字之失,保留文本的真实面貌,"述而藏之以待能者"①,同时也包含他解《书》的基本宗旨,云:"以《书》学《书》,《书》而已;遗《书》学《书》,非《书》矣。不以不遗,未足与于《书》之旨。以而遗之,从之不可,或庶几乎!"② 陈良中认为它提出了"以而遗之"的正确读《书》方法,也就是既要以《书》解《书》,即注重经典文本,读懂文本的前提就是恢复《书》之旧。同时又要遗《书》,即不要死守经典文字,而是要发掘经典用世精神,所谓"读《书》而能触类而长,始可与之言《书》"③。

除了文字复隶古之旧外,薛季宣单列《书序》一卷为注,也是为了恢复汉儒的故旧文本。从现存的宋代《尚书》著述来看,薛氏的《书古文训》是最早把《书序》从经文中剥离出来的著作。他认同孔子作《书序》的说法,谓"尧舜,圣之盛也。孔子序《书》惟以聪明称之"④。薛季宣明确阐释《书序》作于孔子,又解《序》之文无有怀疑《书序》者,可以明确其对孔子作《序》说的认同。陈良中的《薛季宣〈书古文训〉研究》认为薛季宣用隶定古文解经保留了文本的真实面貌,肯定薛氏解经中体现的经世致用精神以及天理人欲之辨的心性思想。⑤

二、《书古文训》思想辨析

薛季宣《书古文训》不仅在《尚书》文字研究领域具有不可替代的作用,在训

---

①② 纳兰性德:《通志堂经解》第5册,薛季宣:《书古文训序》,扬州:广陵书社,2007年,第239页。

③ 同上,第280页。

④ 同上,第306页。

⑤ 陈良中:《薛季宣〈书古文训〉研究》,《历史文献研究》,2015年,总第35期。

释上也有很多新的见解，该书解释条目不泥于章句，有薛季宣自己的考证，在思想创获上也颇具特色。薛氏解经时摒弃远古时代神化因素，关注人事事功，深入发掘正君以正天下，人性本质及如何复性，这些都带有鲜明的永嘉事功学派特色，他的思想是宋代理学建构的重要一环。

（一）天道本诸人事

薛季宣对于天道的追问主要集中在人事上，提出"天道本诸人事"的重要思想，《书》中文字凡涉及天道都以人事为本加以解释。如解《洪范》"六极"云："六极可畏，亦皆自取之耳。天道在上而不可见，惟人之所向畏，因其天材之笃，虽未可必，得之多矣。君子言天道而一本诸人事。心，天君也，一正心而天道至矣……天道昭昭，其要在人而已。汉阴阳家以九畴五行配合天地之数，虽有稽于《易》象、《九章》之作，岂直数之陈乎！"[①]"天道而一本诸人事""天道昭昭，其要在人"，天人感应的关键在于人事，而人事的关键在于正心。薛氏坚决反对汉儒天人感应的神秘说法，而强调用人事来证明天道。人类价值的终极来源是天，因此人事在根本上受到天的制约，但薛氏更强调不能听凭天道处置，而是要尽人事，充分发挥人的能动作用，这一解释带有鲜明的人文理性精神。

薛氏又解《金縢》篇云："精诚之至，天道顺之，王卒有瘳，为自作元命矣。后世未究于精诚之学，动辄委诸天命，人道不至，其何以知天乎？"[②]薛氏借《金縢》发挥人与天地鬼神沟通之道，至诚可感鬼神，"精诚之至，天道顺之"，在这里更多揭示的是人事的能动意义，反对后世"动辄委诸天命"，明确指出人道如果不及，不足以知天。又认为："《金縢》之说，精诚之感，若合符契，天之变见谆谆应之，至诚感神，非一朝一夕之故也。天地感动于积年之后，岂不昭昭矣乎！"[③]薛氏反复阐释周公至诚动天，不是对天命的倚赖，而是对于人事的强调。

薛季宣不相信灾异的说法，却常常用阴阳、天人感应的说法说解《书》。如解《尧典》"敬至南讹"云："阳极阴生之序，敬之所以儆其至也。"[④]薛氏"儆其至"盖指儆"阴"之来。又解释《尧典》"以殷仲春"云："殷，盛也。曰正曰殷，以二气言

① 薛季宣：《书古文训》卷八，第 275 页。
② 薛季宣：《书古文训》卷八，第 276 页。
③ 薛季宣：《书古文训》卷八，第 277 页。
④ 薛季宣：《书古文训》卷一，第 240 页。

也。”①“二气”指阴阳二气。又解《舜典》“以齐七政”云:“七政,北斗星名。天子之居明堂,法天之道以齐七政之运,随所见而授人时也。”②这里以北斗星为“七政”是继承汉代今文家的说法,经的本义是说用斗柄方位而定四时。薛氏认为天子居明堂“法天之道以齐七政之运”而“授人时”,这是基于《礼记·月令》天子依据时节改变他的住所来顺应天常为说,是用天人感应加以解,这是他不同于别人的新见解。薛季宣用阴阳感应的说法解经,但他并未把重心集中在天命,还是意在强调人事的重要性。

薛季宣重视事功,相信人事,《书古文训》中对神异之事多有批驳。如解《洪范》“天乃赐禹洪范九畴”云:“旧说天以书为赐,非敢知也。在《易》,《河图》《洛书》皆地之理,龙之说无非鸟兽之文……欲神圣人而流入于怪,非君子之道。”③批判天以书赐禹之说,认为“龙之说无非鸟兽之文”,是《易》取象的依据,而不是赐禹之内容。由此提出“欲神圣人而流入于怪,非君子之道”的观念。薛氏认为“《河图》《洛书》乃山经之类”,实质就是地理志。薛氏对《河图》《洛书》作的解释充满理性色彩,彻底否定了龙神秘之说,显示了他强烈的实证精神。

(二)淑世精神

薛氏解经时常常关注经典中蕴藏的用世精神,往往于解释中发掘圣贤精神以期对社会有益。如论舜巡守四岳云:“巡守之礼舜始行之,一岁而遍四岳,文中子以为兵卫寡而征求少,是为得之。”④薛氏用王通“兵卫寡而征求少”之说,对于后世君王假巡守以淫游天下、勤苦人民不无警戒之意。薛氏解《舜典》“伯益作秩宗”发议论云:“读尧、舜二典知乡举里选之法行之尚矣,未有知所自来者。四岳所荐类称‘师赐’‘佥曰’者,以公义告,非四岳之私也。取人不由乡里之选,终苟道也。”舜任命二十二官都经过荐举,薛氏推测认为“乡举里选之法”,由“师赐”“佥曰”探知举荐的社会意义,这种解释关系到朝廷的用人之法,有利于朝廷集中优秀人才。《大禹谟》“六府三事允治”,“六府”指的是“水、火、金、木、土、谷”,“三事”指的是“正德、利用、厚生”,五行叙则万事成。将“六府”解释为“六官(六卿)”,六官治理六府来养民。将“三事”解释为“三公”,三公正德来做人民的表

① 薛季宣:《书古文训》卷一,第240页。

② 薛季宣:《书古文训》卷一,第241页。

③ 薛季宣:《书古文训》卷八,第273页。

④ 薛季宣:《书古文训》卷一,第241页。

率,利用人民有用之处来成就人民的道德,接受人民的赋税来厚积民生。薛氏的说解明显脱离上下文,阐释重心在于"立政为民"、官是为了人民而设,这一思想具有重要现实意义,与今天的"以人民为本"思想不谋而合。

又总论《说命》云:"大抵人君喜以富贵骄其臣下,而贤者因以轻其爵禄。高宗惟知禄轻于治,故不敢以富贵骄人,所以得贤为知,人君之道耳。古人观古而耻其不及,今人观古而惰于难及。古今之道不远,在乎为与不为。"[①]薛氏批评人主好以"富贵骄其臣下"而丧失贤名,从而推扬高宗"不敢以富贵骄人"而得贤士以治,进而对后世人主提出规劝,希望能效法先王治国之道,此解显示了他鲜明的价值导向。

薛氏议论虞廷赓歌,舜"安止知人"是为治的根本,是唐虞圣世实现的关键,阐明君王道德对于社会治化的意义。由"君明臣良而有无为之化"而论三代礼乐教化是治世的根本途径,批判后世为政者废止礼乐就得不到治化效果,解经中蕴含淑世情怀。

(三)天理人欲之人性论

薛季宣继承伊洛之学,解经中多渗入天理人欲之说,来阐明他的心性思想。《大禹谟》"人心惟危,道心惟微。惟精惟一,允执厥中"这"十六字心传"是二程讨论"心性"的关键,薛氏对此的观点是:"道心而下传禹之道也。道心、人心非有二心也。道心,本也。人心,自外观人者也。人心本正,千万人所同然者。自外观之则人各有心,或险于山川矣。惟精得所谓微者,人心虽危,诚则明。所谓道心,则千万人之心,本一心耳,宁有二道哉。所谓允执厥中,所以立道也。"[②]薛氏以此十六字为圣贤相传之道,以"道心"为人之本心,是"千万人所同然者",也就是人共同的本质。"惟精惟一"是把握精微"道心"的方法,"允执厥中"则是求道之方。薛季宣解释《君陈》"惟民生厚,因物有迁"说:"人性无有不正,心无,有不正,逐物忘反,习贯自然则将流为小人之归,愚不可夺。"阐明了人性本善,但人容易追逐事物流连忘返以致失去本心。又《立政》"曰三有俊,克即俊",《传》谓"能用刚、柔、正直三德之俊能就其俊事,言明德","三俊"盖指刚、柔、正直这三类人才。薛氏解释道:"人心无有不正,性无有不善,明德之俊,人皆有之。德之克明,为有

---

① 薛季宣:《书古文训》卷六,第267页。

② 薛季宣:《书古文训》卷二,第245页。

以明之也;不明其德,由人欲之害。”此本《传》“明德”之言从人性角度进行了阐释,指出人性本善,但人的欲望会掩盖人美好的品德而使人变得不善,人欲是宋代儒家经常用到的的说法。

薛氏常用天理人欲之说解《书》,以此正人心、理教化,治国政,对于《尚书》之现实价值有很大价值。如《仲虺之诰》“惟天生民有欲,无主乃乱。惟天生聪明时乂”,经义本是说人民生来便具有各种欲望,倘若没有君主的治理就会放纵情欲而一定招致祸乱,只有那些天生聪明的人才能治理人民。薛氏解释说:“非有圣人之教,从人欲而悖天理,其乱何所不至?圣人者作,有天之聪明,代天理物,为之纲纪政教,使民得之观感,知善之美,知恶之咎,惟日迁善。贤者得其天性之正,其不贤者不敢为恶以底于罪,则何穷欲之乱?置君所以治人,非以虐之也……代天作后而穷人欲,如是则何以安民哉!”[①]薛氏阐释重在讨论人的本性以及本性的遮蔽,欲望掩盖了人的本性,“非有圣人之教,从人欲而悖天理”,圣人为人民作纲纪而用善感化人民,是人复性的关键。这段论述以天理人欲为主旨,探讨了人的本性,以及圣人教化人民向善的关键,薛氏认为改造现实人性的基本法则即是天理人欲,同时也是治国行政的基本理论。又《汤诰》“惟简在上帝之心”经义本是说上帝简察其善恶。薛氏解释说:“帝心简在,谓天理之所存也。君者,民之表也,表正则影正。”[②]用“天理”来解释“帝心”,又用“君”来解释“上帝”,这种解释虽然背离经的本义,但无疑是一种创造,推衍出只有君正天下才能正,“存天理”在这里被解释为君王处身之道,从而具有了普遍意义。

三、薛季宣《尚书》阐释对永嘉后学的影响

薛季宣是永嘉学派发展历程中一个承上启下的人物,他实现了永嘉学术由性理之学向事功之学的转向。他在继承原有的永嘉程学一脉的基础上,通过对《尚书》等经典进行诠释,注入了具有区域特色的新内容,即他提出的“制度新学”。薛季宣阐释《尚书》时关注人事事功,认为天道本诸人事,为永嘉学派的事功思想发展奠定了基础。此外,薛季宣解《金縢》篇时反复阐释周公至诚动天,不依赖天命,《书古文训》中对神异之事也多有批驳,都体现了他强调注重人事,这也符合他的务实精神。他重视事功之学,主张民本思想,重视以经制言事功,经

① 薛季宣:《书古文训》卷五,第258页。
② 同上,第259页。

史并重，这些都为永嘉学派思想的集大成者叶适指明了方向，并且对陈傅良、陈亮、吕祖谦等人产生过不可忽视的影响。

(一)重视事功之学

薛氏深受家乡学风影响而颇重事功之学，此为永嘉学派的特色，是永嘉之学建构的关键人物。《书古文训》中对神异之事也多有批驳。薛季宣强调"学以致用"，反对不实的空言。薛季宣认为"《河图》《洛书》乃山经之类，实质就是地理志"，合理地解释了这类书，否定了之前的神秘说，是他实证精神的体现，给永嘉后学经世致用以启示。其历官所至，兴除利弊，皆卓有成绩。"胸中坦易无机械，勇于为善，于世务二三条如田赋、兵制、地形、水利甚曾下工夫，眼前殊少见其比。"[①]为学注重实用，在讲学家可称有体有用者，与空谈心性者有别。薛季宣解经特重义理，关注经典的现实价值发掘，重义理阐释则重心不在于对经文的准确释义，而在于能否从经文中发掘出用世精神，对于永嘉学派的发展壮大有重要贡献。

(二)民本政治思想

"重民思想"是中国传统政治思想的重要内容之一。《尚书》中就说"天听自我民听，天视自我民视"，这里就把天的尊严与"民"的意愿联系在一起，而不是与"君"的思想联系在一起，是中国传统思想中"民贵君轻"论的先声。《大禹谟》"六府三事允治"，薛季宣在《书古文训》中将"六府"解释为"六官(六卿)"，六官治理六府来养民。将"三事"解释为"三公"，三公正德来做人民的表率，利用人民有用之处来成就人民的道德，接受人民的赋税来厚积民生。他的阐释重心在于"立政为民"、官是为了人民而设，这充分体现了他"民为政本"的民本思想。他指出："国以民为本，民以心为本，君子之得民，得其心也。"[②]从永嘉学派的功利主义角度出发，他认为得民心要与养民行动联系在一起才有实际意义，要想长久维系统治者与人民之间的鱼水关系，就必须脚踏实地为人民着想，行养民之策。

---

① 吕祖谦:《东莱别集》卷七，黄灵庚、吴战垒:《吕祖谦全集》第1册，杭州:浙江古籍出版社，2008年，第412页。

② 薛季宣:《薛季宣集》卷二十九《大学解》，上海:上海社会科学院出版社，2003年，第406页。

(三)以经制言事功

薛季宣解经特重义理,研究有利于国计民生的学问,从《尚书》经解中可以看出薛季宣对儒家义理性和制度改革的深化认识。他反对轻视功利,反对空谈义理,关注经典的现实价值,从中发掘出用世精神,发展壮大了永嘉学派。他的经制之学强调实践,重视政事和制度分析。叶适用“制度新学”这个术语来指称薛季宣的学术体系特征,根据“有用”“实能附之世用”的标准,以南宋的政治经济形势论,兵制、舆地之学自然是最有用的。以经制言事功是永嘉事功学的特色。薛季宣的《书古文训》从经学还原三代法度,古为今用。解经时的“淑世精神”也随处可见。《舜典》里舜命二十二官皆由荐举,薛季宣推以为“乡举里选之法”,认为从“师赐”“佥曰”可以看出推举制的社会意义,这是他对于朝廷用人之法的见解,体现了他强调实践的经制之学。薛季宣“考订千载,自井田、王制、司马法、八阵图,该通委曲,真可施之实用”。经制研究的目的,就是从儒家经典中挖掘适用于当代国家治理的思想、制度和办法。它既属于历史学研究的内容,也具有事功的特点。在经制研究中,永嘉学者以事功思想解释经制在《习学记言序目》《水心文集》《水心别集》等著作中,经制研究成果多有体现。

结语

薛季宣承传伊洛学说,吕祖谦认为薛季宣学承周、张、二程,学有所受又能参融百家、兼收并蓄。同时又能把学到的用于实践,用世精神很强。弟子陈傅良为他撰写行状说他:“平生所推尊,濂溪、伊洛数先生而已。”[①]四库馆臣认为薛季宣《书古文训》“训义亦无甚发明”。在经学时代,这种窜乱古经之事往往被刺为妄诞而被忽视。事实上,薛季宣《书古文训》不论是在《尚书》文字研究领域,还是在训释上,亦或是思想创获上,都是一部颇具特色的著述。

薛季宣对《尚书》的文本解释对后世有很大影响:一是以古文摹写经文,开启了后人对《尚书》的文字研究。二是单列《书序》为一卷,恢复汉代《尚书》之旧,启发其后学者对真古文《尚书》文本的研究,在《尚书》学史上意义重大。刘起釪先生评价说:“此书的可贵点,特别是在保存了唐开元时命卫包用楷书改写伪古文

---

① 陈傅良、周梦江:《陈傅良先生文集》卷五一,杭州:浙江大学出版社,1999年,第644页。

本而改错了许多字以前的隶古定原本。”对《书古文训》的价值有深刻认识。薛氏解经中对远古时代神化因素的摒弃，对人事事功的关注，对正君以正天下，对人性本质及如何复性的深入发掘，都带有鲜明的永嘉事功学派特色，对永嘉学派的建立和永嘉后学的学术发展都产生极大影响。

（王煜 温州大学人文学院中国古典文献学专业2021级硕士研究生）

事功学派视野下叶适易学思想略论

孙迎雪

摘　要:叶适作为永嘉学派的集大成者,其易学思想受永嘉学派"经世致用,义利并举"的事功观念影响颇多。作为学派中全面研究《周易》的代表人物,叶适的易学研究自成体系,在前人观点的基础上,从体系、方法、精神、目的等方面对《周易》经传进行了较为全面的解释和论述,其中,崇阳黜阴、义利并举、道不离器等思想观点,为他"以道易天下"的主张提供了依据,叶适的易学思想对后世王夫之等人的易学研究有深远影响。

关键词:叶适;易;皇极;崇阳黜阴;道不离器;义利

作为薛季宣、陈傅良之后的永嘉学派集大成者,叶适所代表的永嘉事功学派,与当时朱熹的理学、陆九渊的心学并列为"南宋三大学派"。南宋外敌环伺,永嘉学派继承并发展了传统儒学中"外王"和"经世"的一面,一方面更加重视社会历史的兴衰变化,改进政治制度的弊病;另一方面讲求实事实功,反对空谈义理,主张"义"不离"利"。为适应南宋商品经济发展的时代需要,叶适试图在道义与功利之间构建一种平衡关系,以"利"促进"义",要求追求建立功业与个人道德修养提高相结合。永嘉学派创始人薛季宣出于程门,广益多师,诸子百家无有不通。他将《易经》作为群经之首,重视《易》的地位,因此反对当时程朱学派对《易》的解释,希望发掘《易》真正的精神和内涵。薛季宣主张道器不离,重视"物"的体用,通过物象阐释义理,以疑古精神反对程朱理学所持的《周易》本为"卜筮之书"的成书观点,对叶适的易学体系形成影响重大。继之者陈傅良同样认为道即是器,重视实践和名物制度在现实中的功用,要求知行合一。叶适进一步发展了薛季宣等人的易学观念,以"物"作为"道"的本源,道不离器,"以道易天下",并将"功利"思想作为一面旗帜,使叶适功利易学得以成为与杨简心学易学、朱熹理学易学鼎足而三的南宋易学流派。

叶适的易学思想阐释主要依据《彖》《象》二传,重视相关文献的考订。宋代疑经思潮兴起，欧阳修首先对孔子作《易传》之说提出怀疑[①]，叶适继承了欧阳修的易学思想，对七种《易大传》加以区分。“易之象，为君子设者五十有四焉。其词意劲厉，截然着明，正与论语相出入，然后信彖象系辞为孔氏作无疑。”[②]叶适认为《系辞》等五传是妄附之作，将《彖》《象》作为推崇和研究对象，正因为二传展现了纯正的儒家伦理道德，能够规范人的行为。

叶适继承宋学先贤和永嘉前辈等人的观点，加以阐发，企图找寻出振兴南宋、转弱为强的途径，“经世之学”的主张渗透在叶适的易学思想中，最终形成了“皇极”“崇阳黜阴”和“道不离器”“理出于物”的易学观念。叶适学说“稽合孔子之本统”，最终目的还是培养出经世致用的君子，落脚点在国计民生。

一、以“物”为本的易学体系

（一）“皇极”思想

《习学记言序目》广泛体现了叶适的治学思想，《宋元学案》云：“《习学记言》存于今者，《序目》而已。内经共十四卷：《易》四卷，《书》一卷，《诗》一卷，《周礼》《仪礼》合一卷，《礼记》一卷，《春秋》一卷，《左氏传》二卷，《国语》一卷，《孟子》一卷，若《韶言》原本不知若干卷，惜乎不得见矣！”[③]。从《习学记言》现存的篇目来看，易学体系在叶适的经学研究中占有重要地位，他在四卷《易》中对自己的易学观点进行了全面系统的论述。

从世界本源出发，叶适赞同张载的气论。他并不盲目因袭前人，对于“物”的观点与周敦颐、二程、朱熹的易学观点不同。他从根源上反对“太极”之说，认为世界之源并不是“太极”，而是气所产生的八卦之“象”。“日与人接，最著而察者八物，因八物之交错而象之者，卦也”[④]，乾、坤、巽、震、坎、离、艮、兑八个卦象分别代表天、地、风、雷、水、火、山、泽这八种具有概括性的自然事物。“按诸卦，未有有其物而言无者”[⑤]，八卦作为世间万物的特征的总结，通过变化显示整个阴

① 欧阳修：《欧阳文忠公集》卷七六至七八《易童子问》，北京：国家图书馆出版社，2019 年。

② 叶适：《习学记言序目》卷三，北京：中华书局，1977 年，第 35 页。

③ 黄宗羲：《黄宗羲全集》第五册，杭州：浙江古籍出版社，2005 年，第 174 页。

④ 叶适：《习学记言序目》卷三，北京：中华书局，1977 年，第 34 页。

⑤ 同上，第 27 页。

阳系统的内涵。在这方面,叶适的看法是更直接客观的,他的“物极”说较之《洪范》“五行”和汉代董仲舒“五行化气”的观点更加深刻,对周敦颐等人虚无缥缈的“无极”“太极”之说进行批判。“无极”本于《老子》“道生一,一生二,二生三,三生万物”①,借用了“道”的概念,但由于老子本旨在于道法自然,道难以言说。“故有‘太始’‘太素’‘未始有夫未始有无’茫昧广远之说,传《易》者将以本原圣人,扶立世教,而亦为太极以骇异后学,后学鼓而从之,失其会归,而道日以离矣。”②叶适排斥《系辞传》中的“太极”等说法,延续汉代古文经学解《易》的风格,力图将《周易》与先秦儒家学说结合起来,以维护儒家思想正统地位。

从“极”出发,叶适不言茫昧广远的“无极”,而是更多关注社会道德和个人德行的程度。“极”是“物”的最完备状态,“夫极非有物,而所以建是极者则有物也”③,有“物”方有“极”,“物”是“极”的依托和发展基础,“极”是“物”的完备状态。随后,叶适推演了“皇极”的概念。“皇极”取自《尚书·洪范》“皇建其有极”,指的是作为君主的法则。叶适将其用来解释君主为政的一种完美状态:“而在唐、虞、三代之世者,上之治谓之皇极,下之教谓之大学,行之天下谓之中庸,此道之合而可名者也。”④皇极是“极”的顶点,一种理想的政治状态,这种状态分布于事物之中,政治上就可以“无外事之忧”,众人各司其职,各项事宜有条不紊,君臣、夫妇、父子、兄弟、朋友都和合融洽,内外无不合,上治下教。叶适对“极”这种可以进行规定解释的抽象等级进行描摹,所希冀的就是在政治民生上达到一种“极”的状态,“极之于天下,无不有也;耳目聪明,血气和平,饮食嗜好,能壮能老,一身之极也。孝慈友弟,不相疾怨,养老守孤,不饥不寒,一家之极也。刑罚衰止,盗贼不作,时和岁丰,财用不匮,一国之极也。越不瘠秦,夷不谋夏,兵革寝伏,大教不爽,天下之极也。”从“一身之极”到“天下之极”,叶适对“极”的状态进行了具体描述,将“皇极”视为经世致用的总纲领。叶适的“皇极”思想将“极”与儒家对个人修养、伦理秩序、道德品格、国家法则的最高要求融为一体,将儒家的政治理想体现得淋漓尽致。“夫上有治,下有教,而道行于天地万物之中。”⑤天地万物到达“极”的状态之后,道充盈于天地之间,就能实现古之尧舜的圣贤之治。

---

① 饶尚宽:《老子》四十二章,北京:中华书局,2007年,第105页。

② 叶适:《习学记言序目》卷四,北京:中华书局,1977年,第47页。

③ 叶适:《叶适集》卷七《水心别集》,北京:中华书局,1961年,第728页。

④ 同上,第726页。

⑤ 同上,第727页。

(二)道不离器

叶适的道器观不仅本于易学,更是他学术思想的结晶,“物之所在,道则在焉”。正因叶适坚持宇宙之原在于“气”,物象由“气”而生,因此他质疑宋儒普遍持备的道器论,认为“道”与“器”不可分离而论,“道”统一于“器”。“气”生八卦之物象,观察和体悟物象的方法是“器”,万物产生和运行的规律和理论原则是“道”,因而万事万物中都蕴含着“道”,“道”统御万物,又可以从万物中被总结出来。叶适认为“易”的含义就是变化:“以其义推之,非变则无以为易,非经非别则无以尽变,古人之所同者,不知其安所从始也。”[①]易道几乎包含了所有“物”的变化发展,“易之于物,无所不取”[②],而“物”作为客观存在,人们掌握了其中的“道”,形成指导生活的“器”,就可以将行为准则落实到实践中去。

叶适的“道器”之见与永嘉学派薛季宣等人一脉相承。薛季宣认为道为“体”,器为“用”,体用不分。六经成为了载道之“器”,道不离器,离器之道则如空中枝蔓,无可依托。叶适在永嘉前辈的基础上,结合张载等人的观点,明确提出:“物之所在,道则在焉。非知道者,不能该物;非知物者,不能至道。道虽广大,理备事足,而终归之于物。”[③]没有“道”,就不能彻底认识事物,不知“物”,更谈不上获得“道”。他否定“道”能够脱离器物而独立存在,“道”确实存在,但不是一种客观存在,只是人理性精神的产物,而“物适自聚不为我聚”[④],“物”不为主观条件而转移,是一种客观实在,“道”必须依附于“物”。

道不离器[⑤],而“器”最终要用于世才能行道。为了落实居于“形器之间”且“不离物”的道,他反对《系辞传》和道学家所提倡的“藏器待时”之说。“藏器待时”语出《周易·系辞下》,历代学者对这种怀才自诩、等待时机之道颇为推崇,是合于中庸的明哲保身之道。叶适在《习学记言》第四卷中批判此说,“君子藏器于身,待时而动,何不利之有当解之时?……夫用之则行,非待时也。舍之则藏,非藏器也。传有藏器待时之说,而学者方沾沾焉抱其所有如贾之售物,适以为悖而

① 叶适:《习学记言序目》卷四,北京:中华书局,1977 年,第 39 页。
② 叶适:《习学记言序目》卷二,北京:中华书局,1977 年,第 19 页。
③ 叶适:《习学记言序目》卷四七,北京:中华书局,1977 年,第 702 页。
④ 叶适:《习学记言序目》卷二,北京:中华书局,1977 年,第 25 页。
⑤ 王长红:《叶适易学哲学体系管窥》,《东岳论丛》,2012 年第 6 期。

不足以解悖矣!”[①]君子之“器”无需掩藏,有利于当时才是解决之道,学者藏“器”不用,犹如待价而沽,是一种愚蠢的行为。“器”是为了用,本身是载道的容器,有“器”不用,“道”也就不能施行于世。君子用“器”,方可“以道易天下”。

叶适解《易》,处处贯穿着“道不离器”“理出于物”的易学观念。他对“物”十分重视,“故君子之戒曰:慎辨其物,而居其方,宜上者毋下也,宜下者毋上也,不然则物交错而方乱矣”。君子应当谨慎辨“物”,这样才能保持端方。“物”作为被观察使用的客体,其自身的秩序是很重要的,君子通过观察“物”解决实际问题。而君子是行道的主体,道不离器需要在君子那里得到贯彻。[②] “君子以作事谋始,乾道之行也,首出庶物,物咸赖之,受事听谋,惟乾所命而已。”[③]《易》道是乾道,君子对于“物”的评价和判断,用“物”的方法,都需要在乾道的指引下进行。叶适重视“物”,主张“道不离器”,根本目的在于反对程朱理学空谈天理性命,崇尚经世致用,为现实的政治民生服务。

二、本于事功思想的解《易》方法

南宋绍兴年间,汉代象学复兴,宋代象数学家集前代之长,一时间宋代解《易》之风蔚为大观。宋代大儒程颐、苏轼等人发展《易传》的“卦变”思想,中间又涌现了朱震、林栗、郑东卿、沈该等人的卓越研究,到朱熹时,他以虞翻卦变说为框架,将象数作为易学的基本要义,形成了全面的卦变体系。“卦变,自原理上说,一是乾施一阳于坤而生三男震、坎、艮,坤施一阴于乾而生三女巽、离、兑,而成八卦,八卦相重而成六十四卦。二是乾交乎坤,自垢至剥,坤交乎乾,自复至夬,而成十二消息卦,十二卦中爻有升降而成六十四卦。”[④]

叶适在解《易》方法上,虽没有构建前人那样完备的体系,却有自己独具一格的观点和见解,将社会现实与解《易》方法结合。首先不同于朱熹等人认为乾坤生六子,叶适主张伏羲画卦说[⑤]:“按易之初一画对分而为十二,二卦对立而为六十四,书之始终具焉,圣人非罔民以自神者,而学者多异说,不知之过也。”[⑥]阳爻

---

① 叶适:《习学记言序目》卷四,北京:中华书局,1977年,第49页。

② 叶适:《习学记言序目》卷三,北京:中华书局,1977年,第33页。

③ 叶适:《习学记言序目》卷一,北京:中华书局,1977年,第4页。

④ 王铁:《宋代易学》章五,上海:上海古籍出版社,2005年,第164页。

⑤ 蒋国保:《叶适易学思想发微》,《杭州师范大学学报(社会科学版)》,2011年第1期。

⑥ 叶适:《习学记言序目》卷三,北京:中华书局,1977年,第35页。

一画，阴爻两画，则老阴老阳、少阴少阳这四象共十二画，(伏羲)在四象基础上每一个都加上阴爻和阳爻，就形成了八卦。这与朱熹等人的“乾施一阳”“坤施一阴”凑成八卦大不相同，在叶适看来，三阳爻才是成卦的根本。“按易之始有三而已，自然而成八；有六而已，自然而成六十四。一成一反，象类晓然而名义出焉，非四十九所能用，非卦非归非再扐所能通也。”[①]有了三阳爻，自然就有了描绘物象的八卦，这是顺理成章的事，并不需要揲蓍成卦之类故弄玄虚的卜筮之法。

“以蓍求卦，蓍非圆也，吉凶在卦，蓍非神也。六十四卦皆因其象而成理，非洗心也。圣贤皆不杀，独谓为易不杀，亦非也。”[②]叶适看来，六十四卦重要的是象，象是观察事物所总结的概括性规律，要观卦象总结出“理”，而不是去使用蓍草进行占卜，《易》中之象并无占意，用占卜的眼光来看待易是不对的。叶适不将《周易》完全视为一家所作的占筮之书，而认为是夏商多代贤人通过观察世界运行规律和自然现象而作，用《易》进行占卜是“卜筮牵合之虚文”[③]，对人的理性思考与实践能力有害。

叶适重视乾阳的作用，因此常从阳爻变化的角度来分析卦象的变化，通过阳爻位置的变化，卦象也就出现了刚柔转换、阴阳变化。如遁卦与大壮卦，“一阴在内，古人已畏之，故其象为刚遇柔，况二阴乎，故其象为刚遁柔。当是之时，非遁不亨，五不以位，二不以应，皆必于退者也。使其迟疑系客，犹系万一，则否之匪人，君臣义定，坐受消殒，虽欲全退，尚可得哉……其遁若此，而其壮也则不然。阳虽有进阴之势，而君子无自进之法，反观与己，至刚至大，内消阴柔，非礼弗行，尽去私欲，为此可以当大壮刚动之象，为四阳群长之祥，而区区进退之际，胜负通塞之间，不足言也。嗟乎！天地之情岂远乎哉！”[④]遁卦综卦为大壮卦，本卦四阳爻居上，大壮卦四阳爻居下。遁卦二阴在内，阳的形式是“为刚遇柔”，阳刚之象被阴柔之气压制，虽想转化却处于凝滞状态，不得其法。随后，阳爻进到阴爻的位置，君子得到阳德，反观于己，自刚自大，运势壮大，停滞不前的状态就化解了。又如夬卦变为姤卦，“决者，智愚之分，利害祸福之涂也。观易以五阳并进，一阴乘之，乃有决去之义，犹曰‘孚号有利，告自邑，不利即戎’，然则如是者不决，而犹有惧焉，盖德以畜言，不以决言也……然则刚贵长而不贵决，决者，长之极，而势不得已也，善养刚者，不使之至于极也。姤虽有‘勿用取女’之戒，然自夬言之，决

① 叶适：《习学记言序目》卷四，北京：中华书局，1977年，第45页。
② 同上，第46页。
③ 同上，第40页。
④ 叶适：《习学记言序目》卷二，北京：中华书局，1977年，第20页。

刚在我,而惧其无阴者,畏刚之不可与立也。若夫姤,则虽已在物矣,当居位之权,及未衰之势,抚一阴而使之,犹足以有为也。”[①]夬卦五阳爻在下,阳爻将代表决断的刚毅之气充盈在内,有长久之势,而转变为姤,以一阴在五阳之内,不能长久。

叶适的卦变虽然不成体系,但他将卦象放到一起综合分析,通过卦变反映卦象中阴阳的变化,以乾阳之道指导日常行为。叶适解《易》,既不耽于象数,也不空谈义理,而是将二者豁然贯通,解《易》方法博采众家之长,避免了妄谈之弊,注重实用精神。他阐发易道作为君子为人处世的标准,激励人们拼搏进取、发愤图强,具有强烈的功利色彩。

三、“崇阳黜阴”的易学精神

南宋开禧年间,国事衰微,战事吃紧,叶适因目睹南宋羸弱颓败之相,力主抗金却遭贬谪,深感南宋朝堂缺乏刚健之气。叶适晚年在《习学记言序目》中论《易》,也透漏着希望改良南宋朝廷官员软弱柔靡之风,为当时的社会提供精神指导的想法。在他看来,《易传》表达的是一种开拓进取的智慧,核心之道在于刚健精神:“能自强不息厚德载物,而天地之道在我矣!”[②]天行健,君子应当效法乾道的阳刚品质,展示自己自强不息的意志和独立人格。[③]

(一)独乾非坤

在“乾”“坤”中,叶适特别注重代表天的“乾”。“《易》之始画也,独乾而非坤,故《象》之赞乾也,有乾而无坤,及其赞坤也,顺承乎天而已。”[④]在叶适的易学体系中,“乾”作为占据绝对地位的主导,是具有自己独立特性的统御者和领导者,而与之相对的坤,则几乎销声匿迹。叶适承认《易》的阴阳关系,将八卦分为两组,“阳则乾、震、坎、艮,阴则坤、兑、离、巽”[⑤],认为乾坤阴阳的关系是连续的,正在不断发展变化。

---

① 叶适:《习学记言序目》卷二,北京:中华书局,1977 年,第 24 页。
② 叶适:《习学记言序目》卷四,北京:中华书局,1977 年,第 42 页。
③ 孙金波:《叶适易学的经世特征》,北方论丛,2007 年第 3 期。
④ 叶适:《习学记言序目》卷四,北京:中华书局,1977 年,第 40 页。
⑤ 叶适:《习学记言序目》卷一,北京:中华书局,1977 年,第 1 页。

“然则乾道成男，坤道成女，乾知大始，坤作成物，乾以易知，坤以简能，是非坤不足以配乾，非乾坤不足以成易，而独乾非坤有乾无坤之义。”有乾无坤，乾坤虽然发展变化，坤却只是“顺承乎天”，坤道虽然存在，却只发挥着简单的“成物”功能。与以往辩证的范畴不同，坤不再具有能够与乾对立统一的地位，而更像是乾的寄生物，依托乾道来进行调整。同时，叶适进一步反对《系辞》认为乾坤成易的观点，乾坤成易是褊狭了乾的功效，“乾为《易》之主，其进无不遂者”，乾是易道的主宰，发扬乾道精神可以“进无不遂”。

“大哉乾元！万物资始，乃统天。云行雨施，品物流形，大明终始，六位时成，时乘六龙，以御天。乾道变化，各正性命，保合太和，乃利贞。首出庶物，万国咸宁。”叶适解释《彖》中的乾卦，断定乾统御万物的品质，“秉乾之德，明上之分”①，乾德使国家秩序井然，百姓可以自在安定。“‘乾道变化，各正性命’，充满载覆，无非乾也。”乾的作用，在于承载包容一切，规定世界的秩序和变化，力量无与伦比。在叶适的易学体系中，乾道折射了儒家刚正雄健、自强不息的气魄和态度，乾的阳刚正气才是世界资始，是天道所在，条理万事万物。

(二)独阳论

对于阴阳关系，叶适也将乾与阳、坤与阴相对应，“道者，阳而不阴之谓也。一阴一阳非所以言道也。仁者不忧，知者不惑，见于道莫察焉。”在这一过程中，所谓易道，只有阳而没有阴，突出阳而消解阴，“阴无预乎阳，阳必有待于阴”，在阴阳二气中，阴对阳没有影响，但是阳对于阴来说意义重大。“夫乾，其静也专，其动也直，以大生焉。”②阳德本就存在，它自有生物之功，无需依靠阴弱小的力量。而对于阴，叶适则说：“阴何功于物？杀其已生，坏其已成者，性情使之耳。”③叶适对阴之性情大加贬斥，认为阴柔之气会破坏原本的格局和环节，具有影射现实政治之意。叶适意图通过易学的研究来为南宋后期的学界带来一些阳刚劲健之风，以道为用，正直刚明可见一斑。

叶适于《习学记言》前三卷中，言必称“众阴从之”“一阳而摄众阴”“阴失其所”“众阴听命”，几乎都是轻视贬低阴的言论。叶适的主旨虽然是消解阴，但阴的概念还没有消失，只不过被轻视弱化，处在依附者的地位。前人观点多为阴阳

---

① 叶适：《习学记言序目》卷一，北京：中华书局，1977年，第6页。

② 叶适：《习学记言序目》卷四，北京：中华书局，1977年，第42页。

③ 叶适：《习学记言序目》卷二，北京：中华书局，1977年，第15页。

平衡，诸如“阳不可无阴”，但这些说法也只是依从了“卜史之论”[①]，并无原本依据。阴虽然还存在，在叶适看来也近乎消解了，只有阳需要的时候，阴才被动地发挥自己的效能，但由于乾阳本是万物主宰，一切能力都已经具备，所以阴的作用只是附属。如小畜卦：“夫功之在我也，以一阳而摄众阴，势之在人也，以一阴而畜众阳，观象不明，则居受畜之地而犹自许，以有行者，君子之深戒也。”[②]小畜卦：“象曰：风行天上，小畜。君子以懿文德。”卦名为“畜”，意为畜养德行和能力，小畜卦本卦一阴爻，一阴在五阳之中，君子深戒，蓄积文德以自我勉励。叶适正是要说明畜卦并非是“巽之畜”，而是乾的功劳，“乾之自养有余矣”，又以此来反对“一阴而畜众阳”，认为只是前人“观象不明”。“乾之不可畜”，乾不能被任何事物产生，“畜众阳”绝不是因为“一阴”所畜而是阳自生。

阳作为主导，阳德在卦中居于核心和首要地位。“乾居外而其内为坤，为离，为艮，为兑，为巽，无有吉者；独为震也，以刚居内而消阴。妄者，阴也，无妄者，刚居内而消去之也。圣人欲教天下之不为妄，则必自其刚之居内者始。夫刚之在外，不若在内，畜阴而聚之，不若顺阴而升之，此升之多吉所以过于萃之多忧。”[③]阳爻在内，阳刚之气由内而发，阴自然消去，乾阳居外不如居内时带来的力量充沛，卦中乾阳之德占上卦象为吉，反之则不然。而对于复卦，叶适又称：“方其众阴类进，几于无阳，穷秋大冬，摧折皆尽，而孰知其复哉！世谓复特阳之萌芽……阳之顿复，非萌芽而渐长所能当也。其一念健疾，克己复礼，亦犹阳之顿复也。”复卦内卦为震为雷，外卦为坤为地，六爻只有一爻为阳，然一阳居内，所带来的力量澎湃而有生命力，“非萌芽而渐长所能当”，阳气充盈，萌芽之势不可遏止。叶适认为《象》《彖》确凿为孔子所作，也正是因为二传中体现了阳德的生生不已、笃实自新。

乾阳之道最能代表《易》自强不息，刚健笃实的精神，叶适的易学精神以阳德为核心，崇阳黜阴，坚持独乾、独阳的作用，通过卦象阐述君子应当坚守乾道，奉行阳德。《象》《彖》二传的“乾阳”精神是融合在政治智慧中的，叶适要君子领会乾道精神，也是为君子参与国家政治做铺垫。

---

① 叶适：《习学记言序目》卷二，北京：中华书局，1977年，第15页。

② 叶适：《习学记言序目》卷一，北京：中华书局，1977年，第6页。

③ 叶适：《习学记言序目》卷二，北京：中华书局，1977年，第16页。

四、以君子观和义利观为核心的解《易》目的

儒学自汉唐以来，处境浮沉不定。儒学在佛道思想的渗透下变化很大，又经过历代经学家对经典的阐释，儒学思想内容和观点概念受到很大影响，失去了本来面目和精神，叶适希望回归儒家真正的“道”，于是“根抵六经，折衷诸子”，逐本溯源，希望通过尊崇孔孟之道与解释六经来总结儒家纯粹的精神和内容。叶适在解释经典时，将儒家思想外向化推展，时时刻刻将儒道贯彻到实用中。孔孟思想中对君子培养与《易》的精神相符，都要求君子践行自强不息的拼搏精神，成为支撑社会运行的人才。叶适认为，《易》作为一部宣扬儒家道德修养、政治理念的经典，君子之德均在六十四卦卦象中得到了充分的利用和发挥。“夫君子以乾为德而用乾之难如此，学易之所宜尽心也。”要发扬乾道精神很难，因此君子应从《易》中学习作为君子的品德。

叶适始终秉持着孔子建立的儒家伦理模式，对君子的德行以仁义礼智信“五常”为基本的考察标准，“夫人之一身，自仁义礼智信之外无余理，行于世故，自六十四卦之外，无余义……故余谆谆焉，以卦象定入德之条目而略于爻，又以卦名通世故之义训而略于卦者，俱沿流不足以求源也。”[①]仁义礼智信是作为君子最崇高也是最基本的道理，除此之外，“人之一身”别无他物，所以叶适以卦象确定入德条目，认为在六十四卦之中展现了五常之义。

在《习学记言序目》的前四卷中，叶适数十次提及“君子”，其中屯卦、泰卦、恒卦等卦象，他都援引君子之德对卦象之义加以解释，以卦象反应君子之德。恒卦中，叶适云：“至于日月照明，四序迭行，终古而在恒也，君子之象是也，于人之有杂，然而来则虚已以受之，于己之有凝然而止，则自立而不可易也。”[②]以日月四时为恒，君子观此卦象，从而立于正道，坚守不易，此条虽未明说五常，然坚定不移、德行守恒蕴含其中。如蹇卦，叶适则云：“故也夫其蹇也，惰德攻阙，以反于己，及其解也，赦过宥罪，以恕乎人，君子之道可知矣。”[③]蹇卦山高水深，故以“恕”为前行之要义，君子反求诸已，修养德行，君子仁义从此卦可见。又如大有卦，“遏恶扬善，顺天休命，乾之材也，亦君子之志也。”③君子的志向应当是以行“义”作为标准，扬善惩恶，发扬志意风发的乾道。君子保持自身的积极主动性，

---

① 叶适：《习学记言序目》卷三，北京：中华书局，1977 年，第 36—37 页。

② 叶适：《习学记言序目》卷二，北京：中华书局，1977 年，第 19 页。

③ 同上，第 22 页。

发挥自身的活力,“智”和“义”就都能得到弘扬和施展。叶适以乾道为君子之道的核心要义,是为了培养社会的刚健自强之风,从而推动社会出现一批踊跃实干的君子,成为朝堂的中坚力量。

既有君子,必然提到君子之义。“义利之说乃儒者第一义”[①],义利之辨构成了儒家伦理最核心、最基本的问题。作为事功之学的集大成者,叶适在对于义利关系的把握上,继承薛、陈之说,又加以阐扬。叶适首先对汉儒董仲舒为代表的“正谊(义)不谋利,明道不计功”的观点提出异议。叶适认为:“‘仁人正谊不谋利,明道不计功。’此语初看极好,细看全疏阔。古人以一利与人而不自居其功,故道义光明,后世儒者行仲舒之论,既无功利,则道义者乃无用之虚语尔。”[②]以此为旨归,叶适把功利提高到与道义并提的地位。

在对《易》的解读中,叶适则曰:“‘崇高莫大乎富贵’,是以富贵为至权,与道德并称,书诗何尝有此义!学者不可从也,从之则富贵不足以成道德,而终至于灭道德矣!按卦比以五阴宗一阳,大有以五阳宗一阴,其象比曰:‘先王以建万国亲诸侯。’象大有曰:‘君子以遏恶扬善,顺天休命。’然则崇高富贵必如是而后可,故显比则失前禽,交如则信以发志,不然,则以富贵高天下而其敝至于秦汉矣。”[③]《系辞传》云:“崇高莫大乎富贵。”叶适批评此说法“以富贵为至权”,将富贵作为最高权力并不合理。叶适虽持功利之说,但还没有将功利提高到居于道德之上,“而终至于灭道德”的地步。义和利当是相互结合,而不是相互对立。叶适事功之学所讲的功利指的是国家民族的社会公利,而不是个人私利,讲“利”必须贯彻“义”的精神,但一切都应以“义”为先,争取功利理所当然,但不能违背道德。这与康德所提出的道德原则[④]相似,康德认为,道德只能是纯粹实践理性的产物,道德的普遍性是通过道德命令和道德义务的无条件性来保证的,道德作为人自发的善,是一种绝对命令。叶适同样以“义”为先,强调追求“义”与获得利益并行不悖,但他同时也支持用利益来促进道德的实施,认为上古的贤人追求“以利和义,不以义扬利”,主张用适当的合理利益促进社会稳定,目的是为了国家富强。君子之德务必以“义”为第一要务,如果“利”在“义”先,就会造成王朝秩序紊乱、颠倒倾覆的后果。“以富贵高天下,而其敝至于秦汉矣。”秦汉的颓败,正是因为重利益而破坏了社会道德所造成的。

---

① 朱熹:《与延平李先生书》,《朱子全书》第二十一册,上海:上海古籍出版社,2002 年,第 1082 页。

② 叶适:《习学记言序目》卷二三,北京:中华书局,1977 年,第 324 页。

③ 叶适:《习学记言序目》卷四,北京:中华书局,1977 年,第 47 页。

④ 康德:《道德形而上学原理》,上海:上海人民出版社,2005 年。

叶适对追求功名富贵的看法独特，他依据的还是孔子的境界，即君子要坚持操守，虽然追求富贵但不以富贵为意。而在追求富贵的过程中，正是精神刚健、心绪勃发的阳刚精神最为活跃之时。叶适在解需卦时云："孔子曰：'饭疏食饮水，曲肱而枕之，乐亦在其中矣！'又曰：'贤哉回也！一箪食一瓢饮，在陋巷，人不堪其忧，回也不改其乐，贤哉回也！'夫进不过于富贵，苟不足以行其道，成其功则刚消而为柔，阳靡而为阴，失其所以乾矣！不然则进而未遂，需而未至，虽饭疏饮水，箪瓢陋巷，皆足以乐也。"[①]能达到功名富贵固然是好，但也不过是富贵扬名，得到了人就会趋于安逸。而在等待成功之时，乾道所生发的进取精神才是最强烈的，这样周围环境艰苦也能自得其乐。"使有志于进者不以己而以人"[②]，追求富贵并不是为了自己的私欲，而是为了整个社会的利益。

君子可以保证"义"的同时追求"利"，这并不违背君子的品格，甚至更加鼓励君子发奋进取。但叶适并没有明确指出追求利益是人的正当本性，也没能为义利结合的关系构建牢不可破的伦理体系，因此永嘉学派的义利之说最后被程朱理学的"存天理，灭人欲"，即否定个人私欲和私利的观点融合。

结语

叶适作为南宋后期的思想家，其学术思想和政治主张自成一派，对后世产生了深远影响。他在易学方面的研究别具一格，从阐《易》之体系，解《易》之方法，易学之精神，到论《易》之目的，叶适自成一派，从各方面对经典做了深刻的分析研究。通过对"物""极"的论述和定义，叶适构建以"物"为本、"道不离器"的易学体系，要求崇尚阳道，发扬《易》中"天行健，君子以自强不息"的刚健精神，以期培养出规范的能够积极进取的君子，满足社会现实政治的需要。

"自强勉励，不有止息。"《周易》作为中华民族创新理念的重要思想源头，其中的进取精神对叶适影响巨大。继承浙东学派的传统，叶适重视易经，通过阐释《易》来发挥自己的经世致用之学也就不足为奇。叶适的易学思想对后世影响深远，对元明清三代的易学研究都产生了一定影响，为王阳明"知行合一"的学说渊源之一，受到黄宗羲《宋元学案》的肯定，对王夫之道器观的形成也意义重大，至于后来乾嘉学派朴实考证的易学也受此影响。叶适肯定功利地位的义利之说，

① 叶适：《习学记言序目》卷一，北京：中华书局，1977年，第3—4页。

② 同上，第6页。

强调刚健进取的精神,在温州地区产生了巨大影响,奠定了温州一直以来的重商传统,为温州人精神的思想发源提供了强有力的学术支撑。

(孙迎雪,温州大学人文学院古典文献学专业2021级硕士研究生)

玄言与隐逸

——论谢灵运诗歌中庄子思想影响

孔晓叶

摘　要：“宋初文咏，体有因革。庄、老告退，而山水方滋；俪采百字之偶，争价一句之奇，情必极貌以写物，辞必穷力而追新。”[①]晋宋之交时期的谢灵运是中国诗歌史上第一位全力创作山水诗的诗人，而在他的诗中，一个重要的精神源头是庄子思想，这令谢灵运不但开启了体味山水之风，将山水当作描摹、赏爱的对象，而且也在诗作之中体现着老庄的玄言哲思，并且，在徜徉山水的同时，重获虚静之心，使得诗作中蕴含着清淡的隐逸之妙。由此可见，庄子的精神思想使谢灵运的山水诗具有了独一无二的气质与意蕴。

关键词：山水诗；谢灵运；庄子思想；玄言；隐逸

自然山水是人类的栖息之处，亦是人心灵的归宿所在，自古以来，山川日月滋养了人，而人们亦用自己的方式描摹、镌刻下山水之美与自然之灵，人与山水之间的联系从未断绝。就如沈德潜所说：“江山与诗人相为对待者也。”山水之美，向来是文人墨客歌咏寄托的对象，早在《诗经》中便有记述：“秩秩斯干，幽幽南山。如竹苞矣，如松茂矣。”这便是借自然山水进行“起兴”的作用。

有学者认为，现存最早的山水诗是曹操的《观沧海》，而真正以自然山水为写作主体的山水诗的发展，却离不开晋宋之交时期才子的谢灵运，其诗中有38首可称得上是成熟完整的山水诗。谢灵运对于自然美景的细腻刻画，极尽言语所能，力求载录山川之美。由此，山水不再是烘托氛围、起兴寄托的工具，而成为了独立的欣赏对象，这不但推动了文学自身的发展，同时也成就了谢灵运独一无二的文学品格。

---

① 范文澜：《文心雕龙注》，北京：人民文学出版社，2006年，第78页。

一、身如浮萍——傲然背后的落寞

(一)世事的浮沉

晋宋易代之际,世事纷乱不堪,权利更迭异常迅速。东晋时期,谢氏可谓是名门贵族,荣耀显赫的政治成就和风雅独尚的人文品格使之成为当时极具代表性的豪门,然而,在其繁荣的表面下,却暗藏着危机。谢安、谢靖等人的相继故去,令谢氏的地位陡然坠落。西晋初期,豪门并起,司马氏政权一直被门阀政治所左右,处于弱势地位,在南渡初期,司马氏不得不借助贵族、豪门之势巩固东晋政权,而随着政局平稳,皇权与豪门之间的政治主导权之争也逐渐地显示出来。

而谢氏家族作为曾经风流自尚的名门,当下对政治的态度是淡泊与规避的,并不是十分热衷,"余祖车骑,建大功淮肥,江左得免横流之祸。后及太傅既薨,建图已辍,于是便求解驾东归,以避君侧之乱,废兴显隐,当是贤达之心。①"由此可见,主动避让、寻求隐逸,是谢氏在处理纷乱世事中的主要手段。然而,曾经尊贵的地位与世人的景仰逐渐式微,形势对于豪门愈发不利。公元420年,刘裕取代东晋建立刘宋政权,同时提拔寒门子弟,巩固自身势力,皇权的扩张和寒门的崛起使得谢氏家族逐渐丧失权利,豪门势力被大大削弱。在双重压力之下,谢氏子弟为了能够力保曾经取得的社会地位,于是不得已地纷纷投入到政治争夺的漩涡之中。

(二)谢灵运的坎坷仕途

世事纷乱,对于谢灵运个人而言,他的宦途亦十分坎坷,穷其半生都在错误的政治集团中挣扎。入仕之初,他追随刘毅,而刘毅却败于刘裕,即便刘裕顾忌谢氏的门楣地位并没有将其迫害,然而却始终对他保持警惕之心。随着处境的每况愈下,谢灵运不甘臣服于出身寒门且不学无术的刘氏,希望自己可以有所作为,于是便结交刘裕的次子刘义真,而刘义真却在政治斗争中惨败,谢灵运因此被贬到永嘉(今浙江省温州市),成为永嘉太守。之后又经历了坎坷的反复归隐

---

① 曹虹:《谢灵运〈山居赋〉自注与柳宗元山水游记》,《江海学刊》,1989年第6期,第162—164页。

与复出，最终的现实却与谢灵运的政治期许相去甚远，谢氏一族的昔日繁华复兴无望，不由得引人落寞无奈。

纵观谢灵运的政治生涯，他实际上是有着很强的入仕之心的，渴望得到社会的认同，能够取得一定的社会地位。然而由于他的门第使然，独尚风雅气质使得他不愿跟随胸无点墨之人，他所选择投靠的政治集团，如刘毅、刘义真等人，不仅手握权力，更重要的是有着和他共同的文雅喜好，由此可见，谢氏的风流自赏和清雅孤傲是刻在谢灵运骨子里的。

命运浮沉，屡次入仕失意使得谢灵运失望落寞，宋文帝最终的"讽旨令自解"使他不再对仕途抱有任何幻想，于是选择以投身于文学的方式来寄托自己心中的苦闷。谢灵运身为名门望族之后，自身文采卓尔不群，举止潇洒自如，仿佛了无羁绊，然而，他内心深处不被认同的困顿与焦虑却不能因此而解脱。因此，在谢灵运的诗歌中，即便他有着纵情山水的恣肆，与同样是仕途失意的陶渊明所作诗歌相比，也少了分悠然自得，多了分刻意描摹，看似投入其中，傲然肆意，而实际上却难以掩饰他的怅然与落寞，谢灵运的山水诗便被赋予了独一无二的品格与意蕴。

（三）落寞之后的玄言寄托

玄言诗起于西晋末年，在东晋兴盛一时，主要以阐释老庄与佛教哲理为主要内容，玄言诗的产生，与魏晋玄学及清谈之风兴盛有关，并且也离不开东晋政局以及由此形成的士人心态。东晋士人处于较为安定富足的生活环境之中，他们没有采取老庄那样鄙弃功名、追求自然的生活方式，而是追求心隐与避世，无论在朝在野，只求适意，因此便促成了东晋士人优雅从容、风流潇洒的个性，他们的生活主体便是醉心山水和热爱谈玄。

然而，玄言诗虽然扩展了文学的角度，却过于追求老庄之道，使得诗歌成为解释玄学的工具，失去了文学本身的审美特性，变得"理过其辞，淡乎寡味"，缺乏生动的艺术形象以及充沛的情绪感染力，以老、庄思想为指归，枯燥无味，并不是健康的文学风貌。而谢灵运山水诗歌的出现，改变了当时枯燥寡淡、毫无生机的诗坛，将绮丽的山水之姿尽情展现在诗篇之中，极尽言语所能，诗歌至此为之鲜亮，同时也继承了玄言诗老庄思想的奥妙韵味。

刘勰《文心雕龙·明诗》中说："宋初文泳，体有因革，庄老告退，而山水方滋。"实际上，山水文学起兴之时，庄老并没有告退，虽然谢灵运的山水诗创作，改变了西晋以来的玄言诗风,开启一代崭新的山水审美,而溯起本源,可以发现庄子思想对谢灵运的创作影响颇深,这不仅仅体现在谢诗总是“拖着一条玄言的尾巴”,更是在其风格与内蕴上。据韩国学者李光哲《谢诗用典之探析》一文的考证结果,谢诗中用典出自《诗经》183 次,《庄子》91 次,《周易》63 次,《老子》25 次……[①]庄子思想对谢灵运的深刻影响可见一斑。

二、“游心大道”——开启描摹山水之风

首先,谢灵运对于山水的热情观照离不开庄子“游心大道”哲学的影响。在老庄哲学中,“道”的含义大抵有两层:一便是形而上的宇宙本体,二则是指万物运行的客观规律,道体虚无,无形无声,运动循环,生生不息,变化不拘。庄子在《知北游》一篇中阐述了他对体认“道”的方式:“天地有大美而不言,四时有明法而不议,万物有成理而不说。圣人者,原天地之美而达万物之理,是故圣人无为,大圣不作,观于天地之谓也。”[②]庄子认为要通过内心的修养来体认道,将自身融入天地之间,体会生命与自然的完美结合,就可以体认“无为”“不作”的自然之道。因此可以得知,庄子认为观照天地之美是一种推究万物之理的手段,沉醉在自然山川之间,也就逐渐体悟到了自然之理以及生命的意义,获得了至高无上的哲理体认,这既是哲学思辨也是一种愉悦的审美活动。在庄子看来,若要摆脱世俗以及功利所累,回归本真的自我,须得亲身游赏于天地之间、陶醉于山水之处,从而才能令“身游”转化为“心游”,在对山水的审美观照之中逐渐达到逍遥自适的境界。

其次,山水游赏早在汉代就已经成为贵族文人享乐的一部分,这同样影响到了谢灵运。在汉大赋中就有描写君王游览皇宫苑囿的巨丽篇章,当时的社会风尚,由此可见一斑。而在曹魏时期,以曹丕、曹植为代表的文人骚客也常常聚焦于山水赏玩,书写景物之美、游园之乐。东晋之际,文人将山水游乐提升到了顺应自然的哲学高度,更加迎合了贵族文人的高雅的生活趣向,正如左思《招隐诗》所云:“非必丝与竹,山水有清音。”

庄子“游心大道”的思想影响了晋人,“借山水以体玄”的创作规律便验证了这一点,“玄”即是“道”,这一时期的玄言诗以老庄哲学为思想基础,在山水之中

---

① 李光哲:《谢诗用典之探析》,宋红编译,《日韩谢灵运研究译文集》,桂林:广西大学出版社,2001 年。

② 陈鼓应:《庄子今注今译》,《外篇·知北游》,北京:中华书局,2009 年,第 601 页。

感悟“道”，这便是谢灵运山水诗中描摹山川风物之外又加以玄言的审美特点。“以玄言来表理，反不如用山水来表理，更有文学的效用①”，如此便是谢灵运山水诗中受到庄子思想影响的其中一环。

山姿水态在谢灵运的诗中占据了主要的部分，刘勰在《文心雕龙》中评价他为“极貌以写物”，可见，谢灵运极尽言语之所能，描绘山水客观之美，细致入微，力图将美景真实再现，如他的《入彭蠡湖口》：

客游倦水宿，风潮难具论。洲岛骤回合，圻岸屡崩奔。
乘月听哀狖，浥露馥芳荪。春晚绿野秀，岩高白云屯。
千念集日夜，万感盈朝昏。攀崖照石镜，牵叶入松门。
三江事多往，九派理空存。灵物郄珍怪，异人秘精魂。
金膏灭明光，水碧辍流温。徒作千里曲，弦绝念弥敦。

谢灵运对于自然景物的观察与体验非常细致，以精妙的笔触描写自然景物的动态之美，如“回合”、“崩奔”等词语，哀狖悲鸣，芳草馥郁，视听听合，而“春晚绿野秀，岩高白云屯”中的色彩映衬更是十分明艳，清新可人。再如《游赤石进帆海》一诗：

首夏犹清和，芳草亦未歇。水宿淹晨暮，阴霞屡兴没。
周览倦瀛壖，况乃陵穷法。川后时安流，天吴静不发。
扬帆采石华，挂席拾海月。溟涨无端倪，虚舟有超越。
仲连轻齐组，子牟眷魏阙。矜名道不足，适己物可忽。
请附任公言，终然谢天伐。

从此诗可以看到谢灵运对于自然风物的审美观照，夏日郁郁葱葱的芳草，天边的变幻莫测的阴云与霞日经过他的欣赏记述变得清丽动人，先写倦游赤石，进而写帆海之思，“扬帆采史华，挂席拾海月”。此等无边无际、飘然自适的畅游引得诗人即游生想，进而悟彻到《庄子·山木》中太公任的“直木先伐，甘泉先竭”，“露才扬己，必遭天伐”，唯有中充而外谦，才能养生全年。

对于山水的赏爱，令谢灵运达到了逍遥自适的境界，他眼中的一切景致都变

① 王瑶：《中古文学史论集·玄言·山水·田园——论东晋诗》，北京：商务印书馆，2011 年，第 326 页。

得灵气动人,无一不承载着诗人对于宇宙自然的融合与体认。同样,他也致力于追求更高的艺术特性与技巧,在体悟哲思的同时,也以清新绮丽之语著下了诸多描摹山水的妙语佳句。如“白云抱幽石,绿筱媚清涟”(《过始宁居》);“池塘生春草,园柳变鸣禽”(《登池上楼》);“晓霜枫叶丹,夕曛岚气阴”(《晚出西射堂》)。不难看出,谢灵运对于景致的描绘非常细腻精妙,无论是色彩的结合还是动静相衬都清新自然,浑然天成,精练工整,如同画卷一般。

纵观谢诗,根据宋绪连先生对于谢灵运山水诗结构的研究,谢诗自有其写作特点,先叙出游,次写见闻,最后以抒情或者议论结尾,如同一篇严整的旅行日记,而写景间议论的诗章占绝大多数,谢诗的议论又大多以阐述易、老、庄等三玄的思想为主,形成了一种“写景+玄理”的结构模式,而这种模式的形成,与庄子的“游心大道”思想是分不开的。

三、“物我为一”——注入玄思哲理之韵

抒情诗歌史中国诗歌的传统,想来以抒情言志见长,如《诗经》《楚辞》等,都是以抒发作者的内心情感为主要目的,很少将哲理融入诗歌之中。然而,自建安之后,中国诗歌逐渐转向诗人的内心,并且发现事物的变化规律,开辟出了崭新的领域。

两晋时期,由于儒学正兴,玄学得不到发展的空间,这一时期著名的诗人,如潘岳、陆机、左思等人,均不是玄学中人。

而在两晋更迭之际,玄学开始大规模地深入到诗歌领域,由于当时的清谈之风盛行,所以以玄入诗也成为一种风尚。以玄入诗不仅仅扩展了文学的内容,给诗歌的发展提供了更加广阔的新世界,并且代表着一种创新与转变,由现实转向内心,由抒情转向哲思,跨越到了一个无限自由、超越时空的思想境界。

谢灵运诗歌的创作离不开庄子“物我为一”的玄思哲理。《庄子·齐物论》中言:“昔庄周梦为胡蝶,栩栩然胡蝶也。自喻适志与?不知周也。俄然觉,则蘧蘧然周也。不知周之梦为胡蝶与?胡蝶梦为周与?周与胡蝶则必然有分矣,此之谓物化。[①]”庄子与蝶实则是指人与自然,而“化蝶”则是融入自然,从而达到天人合一、物我两忘的哲思境界,“天地与我并生,万物与我为一”,诗歌在描摹物象、抒发情感之外,还寄托了一种主客统一的哲理意蕴,使人获得超越言语的抽象的

① 陈鼓应:《庄子今注今译》,《内篇·齐物论》,北京:中华书局,2009年,第101页。

深远意境。故而,"物我为一"不但是"忘我",更是"忘物",顺其自然,不以人的外部意志去改变本心与天性,以至于来于万物,归于万物,体悟万物。这正是一种淡雅自适、超然物外的思想境界,既是庄子毕生所寻,亦是东晋玄言诗人游于山水之间想要达到的境界,更加影响了谢灵运的山水诗创作。

谢灵运受到这种"物化"思想的影响,"会心处不必在远,翳然林水便自有濠濮间想也,觉鸟兽虫鱼自来亲人。"主客交融,自身与山水契合无间,达到了物我两忘的境界,如他的《过白岸亭》:

拂衣遵沙垣,缓步入蓬屋。近涧涓密石,远山映疏木。
空翠难强名,渔钓易为曲。援萝聆青崖,春心自相属。
交交止栩黄,呦呦食苹鹿。伤彼人百哀,嘉尔承筐乐。
荣悴迭去来,穷通成休戚。未若长疏散,万事恒抱朴。

诗人先写白岸亭之景色,山涧淙淙流过,密石遍布,远处山林空灵叠翠,从而使得诗人有所体悟,引以《老子》中"曲则全"的典故,通过层层递进,将眼前的景致与玄思向结合,并且抒发感叹。引《诗经》之中"交交黄鸟,止于棘"以及"呦呦鹿鸣,食野之苹。我有嘉宾,鼓瑟吹笙"等句子,表现出荣辱休戚无偿,不如放开执着的思考。诗人欣赏山水,融入山水,在自然中保持本真的心灵,不为外物所累,"万世恒抱朴"也表现出谢灵运舍弃浮华,回归朴素的自然与本真的思想,如此才可修身养性、体悟万物。

再如《石室山》一诗:

清旦索幽异,放舟越坰郊。莓莓兰渚急,藐藐苔岭高。
石室冠林陬,飞泉发山椒。虚泛径千载,峥嵘非一朝。
乡村绝闻见,樵苏限风霄。微戎无远览,总笄羡升乔。
灵域久韬隐,如与心赏交。合欢不容言,摘芳弄寒条。

此诗详细写出诗人苦苦寻觅的过程,由于山石高僻幽异,世人难睹其景致,山岭高耸入云,水流湍急,兰草茂盛,乃是一派清幽雅致的景色,诗人处于山水之间,不由得感叹眼前亦真亦幻的景致,仿佛生出载舟而过于天地,超越千载时空之玄思,深刻体现了庄子物我两化的美学意蕴。然而由于"灵域久韬隐",并不为人所知道、所欣赏,故而诗人发出了"合欢不容言,摘芳弄寒条"的感叹,为灵域所感叹,也是为自己感叹,灵域遇到了与它一般分外出色然而却不为人知赏的知己,而在世间同样得不到欣赏的谢灵运,也只好与石室“合欢”了。

谢灵运描写景物,无论是山川风物还是岩石河流,都将自己的一腔热忱观照渗透其中,使得诗歌显示出极强的生命力,表现出他热爱生活、享受人生的品格。在其山水诗中,情、景、理常常相互交融,在眼前景色转化为人生参悟的同时,也是心与外物之间的沟通,在这个过程中逐渐达到物我合一的境界,故而,王夫之说:“情不虚情,情皆可景,景非滞景,景总含情。”

四、“虚而待物”——清灵淡雅的隐逸风格

庄子的“虚而待物”思想也影响到了谢灵运的诗歌风格。因为在老庄哲学中,道是宇宙万物之本源,具有自然无为的特性,不能用一般的方式把握、体悟。感受道的过程需要“致虚极,守静笃”,尽力排除物欲,保持内心的单纯与虚静,才可以使得自身与“道”契合无间,达到体认道的最高境界。故而,在庄子的《人间世》一篇中如此写到:“若一志,无听之以耳而听之以心,无听之以心而听之以气,耳止于听,心止于符,气也者,虚而待物者也。唯道集虚,虚者,心斋也[①]。”由此可见,庄子认为审美过程需要排除一切非审美性的因素,如功利、外欲等等,以一种超然自适,宁静致远的态度来进行对自然的审美活动,此为“虚而待物”,并且“心斋”也非常重要,即心中虚空澄净,纯净旷达,忘却荣辱休戚,只求“心隐”,以这种达观纯净的态度观照自然山水,就能够消除一切纷杂的功名浮华对主体审美的干扰,摆脱是非荣辱对于审美的影响,从而以真心来发现、体验美,并且领悟到自然之道。

受到庄子思想的影响,晋宋之际的文人游赏山水之时都表现出一种淡泊宁静、与世无争的心态,这与庄子的虚静一脉相承。如王羲之在《答许询诗》中说:“争先非吾事,静照在忘求。”由此可以看到当时文人的一种逍遥避世的隐逸心态。随着这种心态的生发,便影响到了诗人对与诗歌意象的选择以及风格意蕴的变化,更多清幽盎然的自然风物出现在诗人的视野之中,偏离世俗,回归山林,显示出潇洒自适的隐逸风格。如:

① 陈鼓应:《庄子今注今译》,《内篇·人间世》,北京:中华书局,2009年,第150页。

萧瑟仲秋月，飙唳风云南。山居感时变，远刻兴长谣。
疏林积凉风，虚岫结凝霄。湛露洒庭林，密叶辞荣条。
抚叶悲先落，攀松羡后凋。地主观山水，仰寻幽人踪。
回沼激中逵，疏竹间修桐。因流轻转觞，冷风飘落松。
时禽吟长涧，万籁吹连峰。
往化转落，运草勾芒，仁风虚降，与时抑扬。
兰栖湛露，竹带素霜，蕊点朱的，薰流清芳。

从以上诗句不难看出，晋宋之际的诗人所选择的刻画对象都有着清新雅致的风格，清泉、长川、秋月、疏林、疏竹等等，并以玄意注入其中，而“清”“轻”“素”“翠”“疏”等形容词，亦突出了景物的清幽澄明，疏朗旷远。并且将玄思与清雅之景结合，有着玄道之美。这样的特点，在谢灵运的诗歌中体现得更为明显，他以“超尘埃以贞观”为理想人格，静赏山水，超脱世俗，有着一尘不染的纯净与悠然，故而使其诗歌有着清灵淡雅的隐逸风格。宋人叶梦得赞赏谢灵运的“池塘生春草，园柳变鸣禽”一句：“此语之工，正在无所用意，猝然与景相遇，借以成章，故非常情所能到。”“无所用意”正是谢氏所表现出的清灵隐逸所在，情随自然，毫不刻意，有着天然来雕饰之美，《登石门最高顶》便能是最体现谢灵运这种虚静隐逸心态的诗：

晨策寻绝壁，夕息在山栖。疏峰抗高馆，对岭临回溪。
长林罗户庭，积石拥基阶。连岩觉路塞，密竹使径迷。
来人忘新术，去子惑故蹊。活活夕流驶，噭噭夜猿啼。
沉冥岂别理，守道自不携。心契九秋干，目玩三春荑。
居常以待终，处顺故安排。惜无同怀客，共登青云梯。

诗人晨夕之间都在山间游赏，山峰疏朗，溪流弯回，密竹积石，是一派清净与静谧之所在，诗人陶醉其中，忘却世间纷乱嘈杂，心情归于隐逸虚静，物我相容，故而有“来人忘新术，去子迷惑故蹊”之感，心中无一杂念，只有沉醉山水。而“居常以待终，处顺故安排”更体现出谢灵运闲适从容、顺其自然的萧散胸怀，以一种隐逸空灵的心态观赏山水，有着耐人寻味的美学意蕴。谢诗不但改变了玄言诗的单薄枯燥，也规避了南朝诗风追求声色、错彩镂金之弊端，正因如此，谢诗中原本随处可见的山水、草木，经过他的审美观照，都变得清灵淡雅、隐逸淡泊，如出水芙蓉一般自然可爱。

然而,谢灵运实际上是有着积极入世观念的,“出为永嘉太守,郡有名山水,灵运素所爱好,出守既不得志,遂肆意遨游”[①],他实际上并不一味是避世守拙的心态,而是逐渐地在游赏山水间慢慢平淡下来、最终归于宁静,“散怀山水,萧然忘羁”[②],在他的名诗《登江中孤屿》《石门岩上宿》等诗中都可以体现出,起初游赏的心境是并不平和的,“久痛昏垫苦”“羁苦孰云慰”,而经过山水的洗礼,才最终淡然静思,逐渐平息:“清辉能娱人,游子淡忘归。”也就是说,对于谢灵运而言,自身与自然之间还未达到平衡,仕途艰难无望,唯有山水可以解忧,平息从前的忧愤无奈,以“虚而待物”的思想来缓解现实的失落与苦闷,逐渐超脱世俗烦忧,向着空灵玄妙的自然境界飞驰。

结语

明代学者陆时雍有言:“诗至于宋,古之终而律之始也。体制一变,便觉声色俱开,谢康乐鬼斧默运,其梓庆之锯乎！颜延年代大匠斫而伤其手也。寸草茎,能争三色春秀[③]?”此言体现出对谢灵运诗歌在古代诗歌史的地位之高与影响之大,处于晋宋之交的谢灵运,上承魏晋之风骨,下启南朝之声色,乃是“元嘉之雄”,是诗歌发展的关键人物。除了风骨、辞采之外,还能够大胆创新,开启了山水赏爱之门,以清丽可爱的语言,细致入微地将山水自然描摹于纸上,并寄托自己对于万物的玄思与理解。雁山云影,瓯海潮淙,谢灵运在温州开创了中国山水诗流派之先,不但对同一时期的鲍照、谢惠连有影响,更影响了南北朝的谢朓、江淹等人,亦对唐代的李白、杜甫、柳宗元、张九龄等人产生了深刻的影响,以及后来同样出自于温州地区的“永嘉四灵”,他们很大程度上继承了谢灵运清灵幽静的隐逸风格,描摹永嘉山水,在这片美丽灵动的土地上著下诗篇。

并且,谢灵运使得山水之美在诗歌之中独立了出来,以非目的性的视角来描摹山水之资,这不但扩充了诗歌的内容形式,也带来了一种崭新的心态,即忘却浮华,萧散自适,以一种单纯、虚静之心,陶醉于天地大美之间。

而在谢灵运的山水诗中,无论是其描摹对象、风格内蕴,还是思想境界都离

---

① 沈约:《宋书·谢灵运传》卷六七,北京:中华书局,2000年,第526页。

② 李剑锋:《兰亭集校注》,王徽之《兰亭诗》,济南:山东大学出版社,2019年,第195页。

③ 陆时雍:《诗镜总论》,《历代诗话续编》本,丁福保辑,《历代诗话统编》影印民国铅印本,北京:北京图书馆出版社,2003年,第3册915页。

不开庄子思想的影响。"游心大道"令谢诗属意自然山水的风貌,"物我为一"令谢诗存有哲理玄思的妙意,"虚而待物"令谢诗超脱世俗,回归到清灵淡雅的隐逸风格之中。比起老庄所提倡的无为与避世之消极,谢灵运则是持有一种积极逍遥的人生态度,取老庄其中的超脱隐逸之意与天人合一的玄理,融合自己一腔参与现实的热忱与赤诚,使得他的诗歌有一种独一无二的情致与意蕴,正可谓"自有五言,未有康乐,既有康乐,更无五言[①]"之绝世风采。

(孔晓叶,温州大学人文学院古典文献学专业 2021 级硕士研究生)

① 王夫之:《古诗评选》卷五,《船山遗书》本,太平洋书店 1935 年铅印本,第 5a 页。

叶适《诗经》二雅评判

袁莉芸

摘　要:叶适为永嘉学派的集大成者,并对《诗经》有一定的研究,本文着重选取其阐述《诗经》大雅、小雅的部分论述,分析其对《毛诗序》中变风、变雅的批驳,以及叶适对二雅诗歌本事的重视程度。同时,通过对具体诗歌的相关论述,探究叶适对毛诗的批判与继承,并分析叶适的《诗》论与其学术流派和政治主张的关系。

关键词:叶适;《诗经》;二雅;永嘉学派

作为南宋时期永嘉学派的集大成者,叶适在文学、哲学、政论方面都有相当大的成就,其有关《诗经》的理论阐述收录于《习学记言序目》以及《水心别集》中。前人对叶适论《诗》的研究并不很多,大多总结其观点,或将其《诗》论与其哲学思想并提,用叶适在文学上额理解佐证哲学观点或政治主张。而笔者将目光投放在叶适对二雅的相关论述上,以期分析叶适对《诗经》二雅地位的理解及其对毛诗的继承。

一、风雅正变之辨

叶适将风雅并提,从而提取出风雅的相同点,再论述其不同之处。因此,分析叶适对二雅的论述,就必然要分析风雅之辨。从《习学记言序目卷第六·毛诗》一章论诗的顺序及题目可以看出,叶适在论《诗》的过程中一定程度继承了毛诗的批判思维,叶适将风、雅并提,认为"论风雅者必明正变,尚矣"[①],即就《毛诗序》中"变风""变雅"进行论述,叶适认为"夫自上正下为正,固也,上失其道,则自

① 叶适:《习学记言序目》卷七,北京:中华书局,1977年,第61页。

下而正上矣，自下正上，虽变，正也”[①]，即讨论“以诗证道”与“因诗作诗”的关系，叶适所言“上”即春秋战国时期的统治阶级，而“下”为作诗、献诗者，即普通的百姓或文人士大夫。叶适认为，诗歌本有统治者由上而下教化百姓、启迪百姓心智、维护周天子统治的作用，此为“正”。当统治者失道时，《诗经》亦有自下而上规劝统治者的功用，此为《毛诗序》所称“变风”“变雅”。与毛诗不同的是，叶适认为，自下而上规劝统治者也可称为“正”，流传至今的《诗经》三百篇，大都可以教化百姓以“正人”。《毛诗序》中“发乎情，止乎礼义”的变风是不足以称为“正”的，“其证人哉?”变风变雅不足以教化百姓，也更无法自下而上对统治者起到规劝讽刺的作用。由此可见，叶适在继承毛诗的同时，也有批驳的一面，他将国风与二雅并提，从而讨论“变风”“变雅”之说的不合理性，同时，叶适并非将风雅完全等同，而是在肯定二者都有讽喻教化作用的基础上将二者区分。

叶适给二雅下的定义是“雅为朝廷礼乐政事而作”，即比起国风大多论及不同地域的风土人情，叶适更希望二雅保持专一性与政治性，但“今考《南陔》《白华》《何人斯》《蓼我》《无将大车》《都人士》《米绿》《绵蛮》往往其人自言人身及一家之事，不必关朝廷”[②]。即点出二雅中仍有一部分诗歌立足于一人之事，而非至于统治者的立场上。《南陔》《白华》为笙诗，有目无辞，毛诗记载其为“孝子相戒以养也”[③]“孝子之洁白也”[④]。《何人斯》为“苏公刺暴公也”[⑤]，但全诗以被弃妇人的口吻斥责寡恩薄幸、无情无义，仅一句“二人从行，谁为此祸”中的“二人”与暴公有关，因而将此诗完全理解为苏公刺暴实属牵强附会。《蓼我》一诗，毛诗解释为“刺幽王也”[⑥]，但欧阳修在《诗本义》中认为此诗为孝子感念父母操劳，痛恨自己无法赡养父母，刺幽王一说“非诗人本意”。《无将大车》一诗在毛诗的解释为“大夫悔将小人也”[⑦]，朱熹则认为此诗为行役劳苦者作。以下《都人士》《采绿》《绵蛮》大都如此。由此可见，叶适对毛诗进行了一定的批驳，并认为以上诗歌仅仅言一人一家之事，“不必关朝廷”[⑧]，同时，“盖雅者周人所为诗，亦下兼风土，如豳人之风固上兼朝廷也。[⑨]”即二雅中的诗应“上兼朝廷”，国风所收录的诗歌才要涉及风土人情，因而在叶适看来，风雅收诗有一定的杂糅性。叶适在评

---

① 叶适:《习学记言序目》卷七，北京:中华书局，1977年，第61页。

② 同上，第62页。

③④ 郑玄:《毛诗传笺》，北京:中华书局，2018年，第224页。

⑤ 同上，第286页。

⑥ 同上，第294页。

⑦ 同上，第303页。

⑧⑨ 叶适:《习学记言序目》卷七，北京:中华书局，1977年，第62页。

《大雅·民劳板》时也提到“二雅之刺,斥言不避读之者皆以为当尔,而于国风乃有异说,是不知以类求诗也”[1],即仍然认为《诗经》在风雅的诗歌分类不够周密,偶尔会造成杂糅的情况。

在叶适之前,一直存在着关于《毛诗序》的争议,《毛诗序》的作者及主旨问题历来莫衷一是。叶适虽然对《毛诗序》中变风、变雅一说提出异议,但事实上叶适认为诗序是体现诗歌主旨的,诗歌的含义虽然在历史的变迁中逐渐为人不解,但读者依旧可以凭借诗序考察诗歌的主旨,还原诗歌创作时的本来面貌,如果缺少诗序,单凭后人评说,诗意会逐渐丧失。但如果一味附和《毛诗序》,植根于旧体而不求新变,也并不是正确的论《诗》之道。叶适所代表的永嘉学派,与朱熹等理学一脉格格不入,浙学讲求的以“物”为本源也就与程朱之“理”有了根本差异,反映在《诗经》上,也呈现出不同的新变。叶适对于《毛诗序》的继承与反思,以及对《毛诗序》中具有重要意义的反映统治者自上而下教化的风、雅,作诗者自下而上讽喻君主的变风、变雅的反驳,加之叶适提出的对风雅收诗规范的质疑,都可以看做是对被奉为正统理学的挑衅。

二、二雅中的诗歌与本事之辨

叶适在《小雅·鹿鸣至南有嘉鱼之什》一篇中论述了诗歌与其本事之间的关系,并将其分为两部分,即有本事的诗歌与无本事的诗歌。

(一)有本事的诗歌

叶适认为,二雅中的诗歌应该反映一定的德行,符合政治统治的需要,因此,诗歌中的本事也应与政治有关。有了本事,将其编成诗谱上曲,这首诗歌才算真正完备。有本事且被记载流传至今的诗歌完美符合“以政求诗”。如《常棣》《采薇》《出车》《扶杜》《鱼丽》《湛露》《彤弓》。以《采薇》为例,此诗借“薇柔”“薇作”“薇刚”表示时间变化,描写诗人随着时间的推移逐渐感叹自己离家远行服役已久,从而流露出的反战意味。该诗借征夫口吻写战争之苦,而以此诗背景“文王之时,西有昆夷之患,北有玁狁之难,以天子之命命将率,遣戍役以守中国”[2]为

① 叶适:《习学记言序目》卷七,北京:中华书局,1977年,第77页。

② 郑玄:《毛诗传笺》,北京:中华书局,2018年,第227页。

本事，再由本事作诗谱乐成为诗歌，此诗表达出行役之苦、思乡之悲，因而此诗反映一定的政治倾向性，希望借此诗讽喻统治者，以达天听，因此此诗完美符合叶适所认为的二雅收诗标准。

但除了以上有本事且在《诗经》中完整记载的诗歌，仍有许多诗歌有本事，可以详细传达主旨，但已失传，仅从现存的只言片语看出确有本事，诗歌也是由本事衍生出的。如"南陔孝子相戒以养"，"白华孝子之洁白"应确有孝子与本事，"华黍时和岁丰宜黍稷"应确有"丰年嘉禾之事"[①]。叶适将《田庚》《崇丘》《由仪》并提，认为此三诗虽无详细记载，但从"得"字可看出三诗与顺应天命生物自然生长有关，所以这些事虽无详细记载，但仍可用一句话概括诗歌大义上看，这些诗也是有本事的，不能因其本事散佚忽略其反映政事的功用。

第三种情况则是讽喻教化的主旨未明确但实有本事，由本事而衍生出诗，进而谱乐成歌，虽"义"未明，但不能否认其本事的重要性。如《鹿鸣》一诗虽表达的中心思想是诗人得一贤人，欣然宴请，以此表达君臣同心，故叶适将此诗称为"得此贤人与之燕乐"；《四牡》《皇皇者华》讲"王事方急，特命使臣往来王所"，《伐木》一诗是"感鸟声以求友，故于粲洒扫八簋肥羜以速亲戚"，《天保》一诗"当是人臣实有为此诗以祝其君"，《蓼萧》一诗指"天子巡狩远方"，诸侯君臣"喜于得见"[②]，这几首诗在历史上均能找到对应的本事，由本事写成诗，再由诗成为诗歌，收录于《诗经》中，叶适认为这是正常诗歌的完成方式。但同时，《诗经》二雅里也出现了本无本事，逆而有诗的情况。

（二）无本事的诗歌

二雅中也有本无其事，诗歌先行的情况，叶适称之为"逆"。称为"逆"，是因为这类事与一般诗歌完成步骤"本事——诗——歌"相反，诗歌无本事。叶适认为这些诗："出于上则为具文，出于下则为虚美。既非其实，岂能折治？"[③]

"具文"一词在历史上有两种含义，其一指徒有形式而无实际作用的文字，如《汉书·宣帝纪》中"上计簿，具文而已"，其二指用文辞表达主旨，如晋朝杜预《春秋左氏传序》中"四曰尽而不污直书其事，具文见意"。"虚美"一词指不切实际的称颂、虚空的赞美，如扬雄《扬子法言·卷第十》"不虚美，不隐恶"，宋代魏了翁所著《鹤山集》将"具文"与"虚美"并提，曰"陛下初政之美亦仅，及半年而变。天下

①②③　叶适：《习学记言序目》卷七，北京：中华书局，1977年，第72页。

之理苟非本以纯忱，而徒为具文虚美之，尚未能久者”，可见此二词并提多表批判。结合“虚美”所表达的贬义意味，可看出叶适在此处运用“具文”应与“虚美”相对应，因而叶适认为，无本事的诗歌仅仅有诗歌的体裁形式，却没有讽喻教化的实际功用，诗歌表达的思想也不切实际，因此，这类诗歌在诞生时无法起到讽喻统治者教化百姓的政治功用，后世未想到诗歌实际功用，仅一味代代相传，忽视其在周朝时本无意义的情况。

但叶适也指出，这些无本事的诗歌中也有例外，这些例外大多言之有义，如《南有嘉鱼》主旨为“乐与贤”，即诗人与贤人交往共事，表达君子与贤人交往时其乐融融。如《南山有台》指“乐得贤”，即表达君主受到有治国之能的贤才辅佐，贤才之绩如同南山之基一般稳固。如《菁菁者莪》主旨为“乐育才”，即贤才是立国之本，同样强调贤才的重要性。这几首诗虽没有记载具体本事，但符合叶适对二雅“为朝廷礼乐政事而作”的规范，叶适评其为“上可具文以待之而非豫，下可虚美以祈之而非谄”，即认为无本事的诗歌虽“具文”“虚美”，但上述几首因其言之有物、主旨鲜明且有政治规劝性，被誉为“非豫”“非谄”。

从以上论述可看出，叶适认为二雅中的诗需有本事，在本事的基础上创作诗歌，宣扬主旨，才是“正”；只有少数几首诗可以无本事，但必须符合二雅的收录规范，且意义明确。但同时，叶适提出了风与雅的不同之处，即国风中《周南》《召南》中的诗歌虽看上去无本事先成诗，但其寓意着后妃之德或媵妾之礼，从中引出的需要百姓遵守礼法的主旨同样有教化作用，因此叶适将其归于有本事的诗歌中。如《周南》中《葛覃》《卷耳》确有其人其事，进而创作为诗，所以并非无本事逆而为诗，只是记载不详细。《伐木》一诗，叶适以此诗感情真挚为由认定其必有本事。从中可看出，叶适对二雅的本事分析较为严苛。

叶适的《诗》论与永嘉学派“经世致用，义利并举”的理念一脉相承，永嘉学派注重经世致用，重视文学的实用价值，在论《诗经》时，言之有物且有实际效益的诗歌就更让叶适欣赏。而判定一首诗歌是否有实际功用的标准就是诗歌是否真正有本事，本事是否确有其事，本事引人感怀，进而生诗，这种诗歌才真正能够催人感怀，同时言之有物，有明确政治规范性。也因此，叶适非常重视诗歌的本事，并将二雅中的诗歌按照是否有本事，本事主旨是否鲜明来进行划分。因为叶适的《诗》论中融合了本人的思想论调和政治倾向，因此，他谨慎列举哪些诗歌合乎他的审美规范。

三、在评判二雅时对毛诗的批评

叶适直接继承了毛诗一派的观点，但同时有独立的见解。除上述所论以外，叶适独立评述了二雅中的三十五首诗歌，在评点的过程中蕴含着自己的见解。

（一）纠正前人理解

叶适在继承前人对二雅理解的同时，也有很多纠正前人理解的言论。如《小雅·皇皇者华》一诗，叶适认为，此诗虽运用大量变文，但中心主旨"皆咨访之义"[①]，即使臣出使时问求善道，宣扬国誉。但《左传·襄公四年》中叔孙豹出使后根据此诗引申出"访问于善为咨，咨亲为询，咨礼为度，咨事为诹，咨难为谋，臣获五善"之类言论属于过度阐释，是当时爱好解说文义的笺传之风盛行的结果。再如评《小雅·四月》及《小雅·雨无正》时，叶适认为二诗诞生时间为西周灭亡至东周迁都之前，因而二诗主旨并非讽喻朝政，但在诗歌流传的过程中没有考据其创作节点，以至于一般人认为这是一首怨刺诗，这是前人考证不足而造成的失误。除此之外，叶适也对前人的理解提出批评，如《大雅·文王篇》，此诗称颂文王，说文王是天道的代表，没有声音和气味，虽不为人所知却能包容一切，但《中庸》"上天之哉，无声无息，至矣"，虽化用《大雅》诗句，但将功绩归于上天，认为上天的仁德是没有声色却泽被万物，这是由于后人错误地将天道归于"冲漠"，即虚极恬静之间，而没有归于此诗的本事：歌颂文王。《大雅·旱麓》一诗，毛诗认为此诗"鸢飞戾天，鱼跃于渊"[②]是比兴手法，前者喻"恶人远去，不为民所害也"，后者喻百姓和乐，但叶适认为此句为诗人感生机勃勃，单纯写景，并不是比兴，毛诗对此诗的理解有误。在评判《大雅·思齐》时，叶适列举《思齐》《黄矣》等诗，认为"思齐之言文王，人道层也""皇矣之言文王，天地合也""书若稽古四人诗则一文王也""通于天理，达于性命，惟于文王发之"[③]，即认为《雅》《颂》中的颂赞诗多归于文王，文王之道延泽后世，颜孟将文王之德流传下去，后世学者应知道圣人之道源自文王，因此，叶适反对道家天人合一的思想，并认为这是后世学者没有正确认识到儒家正统思想的重要性。

---

① 叶适：《习学记言序目》卷七，北京：中华书局，1977 年，第 73 页。

② 郑玄：《毛诗传笺》，北京：中华书局，2018 年，第 364 页。

③ 叶适：《习学记言序目》卷七，北京：中华书局，1977 年，第 76 页。

除此之外,叶适还列举出词汇在流传过程中与原意相背离的现象,如评《大雅·烝民》时,叶适认为诗中"既明且哲,以保其身"一句指仲山甫聪慧且富有哲理,不关心自己的死生祸福,在政治上不让自己处于危险之境。本是称赞之语,但后世班固化用此句,用"明哲保身"一词责备司马迁,此词逐渐被曲解为"违背原则,只为保全自己",与原诗大相径庭。

(二)借诗歌以论政事

叶适在奏折与书信中曾大量表达过自己的政治理念,多收录在《水心集》中。在评论二雅的过程中,叶适也传达过自己的政治意见。而二雅乃至《诗经》本就与当时的政治教化息息相关,叶适往往由一诗联想到后世的相关评价,进而阐释自己的政治主张。

《小雅·采芑》一诗中,叶适举"于彼新田,于此灾苗",认为此诗在写作时并无深意,但王安石将此句作为变法的政令,进而列举《小雅·斯干》与《小雅·鸱鸮》,前者原为称颂宣王圣德及其建宗庙祭祖的行为,后者为称颂周公知礼,但叶适认为,虽有如此称颂统治者的诗篇,但统治者依然应居安思危,否则将会诞生《黍离》之悲。叶适借《大雅·行苇》一诗阐释自己的仁政观念,叶适认为,"行苇忠厚""既醉太平"等诗句写出文王忠厚待民,施以仁政,与臣民百姓其乐融融,故有以文王为垂范的德治,周王朝也由此兴盛。《尚书》"虞宾在位,群后德让",以及孟子所言"象忧亦忧,象喜亦喜"都是赞颂舜仁义的语典,可见,其中包含了叶适的政治理想。《大雅·方汉》一诗阐述统治者须有忧患意识的观点,叶适借厉王与宣王正反论证,认为厉王之所以倾覆的原因是没有居安思危,而宣王之朝兴盛的原因恰恰是因为其有忧患意识,古代圣贤安邦治国的根本原因也在于此。

叶适所在的时代正是南宋与金对峙时期,靖康之耻已过,南宋统治者却偏安一隅对金妥协。同时百姓民不聊生,多次起义,面对这种内忧外患的情况,叶适多次上书反对割地议和,并陈改革事。可以说,叶适的政论及奏章在其个人文集中占了相当大一部分。也正因他是南宋时期力图改革的主战派,他的政治思想也如实反馈在其诗论中。叶适向往上古时期的圣明君主,在论诗的过程中对舜、文王、周公等颇为赞扬,而将向往的为政之道投射于反映周王朝统治的二雅中。在评《大雅·绵》时,通过虞、芮二国争抢国民及国境却发觉文王极为圣德克己复礼而自惭形秽一事,叶适认为统治者的德行应为"不以人之归我者为德,而以人之不自克者为己惧也",即理想中的圣明君主应行仁政,时刻规范自己的言行,自然会成为民心所向。同时，二雅中称颂文、武的诗句也给了他启发。如在《上宁宗皇帝札子》中，提到："臣欲占国家盛衰之符，必以人才离合为验。昔周文、武身致多士，作而用之，豫卜天命，最为长久。"①在论诗的过程中，叶适也对《南有嘉鱼》《南山有台》等有关君主招纳贤才的诗歌加以盛赞。可见叶适的《诗》论与政论的联系极为紧密。

（三）借诗歌以论做人

叶适不仅将"德行"置于政治理念中宣扬，对个人的品德也相当重视，《大雅·烝民》篇着重提及仲山甫的德行，此诗以"柔嘉""令仪""令色""小心"等词来形容仲山甫，叶适借仲山甫阐述其为人之道，认为有德行的人不应以刚倔示人，而要"柔而不茹，刚亦不吐，不侮鳏寡，不畏强御"，即在保持刚柔并济之态，且有侠气，有行动力，这也是叶适的自许。

叶适认为，程朱理学"虚意多，实力少"，即过多关注于内在品德与心性，致力于内在修养的约束，虽然理学盛极一时，但事实上，随着社会局势的变化，理学的弊端也逐渐显露，越来越多的儒者开始谋求新的学术理念，或力求改革理学之弊。叶适所倡导的事功之学植根于实践之中，浙学比起理学更注重外在的践行，而叶适评《烝民》时的"不侮鳏寡，不畏强御"也反映了这一点。虽然与理学家主导的以理为本源背道而驰，但同样重视道德修养。他将人内心的精神与外在实践结合在一起，将纯粹的道德规范与追求实际效益的"利"结合在一起，并在日常实践中得到诠释。可以说，作为永嘉学派集大成者的叶适不仅在政治上力求改革，希望兴办实业，在人格品质上，他也将永嘉学派的事功思想融汇在为人处世中，并重视务实与入世，积极投身于实事中。一般认为周行己与郑伯熊二人分别为永嘉学派"兢省以御物欲"起到了承上启下的作用，而薛季宣与陈傅良分别为永嘉学派"弥纶以通世变"饰演了起始复终角色，而叶适自己吸取前人之长，又集永嘉学派之大成，不仅重视道德修养，也注意到实用思想的重要性。叶适不仅将自己的哲学思想投射于政治主张中以求新变，在他的思想人格修养方面也如此践行。同时，叶适的《诗》论是叶适这两方思想的融汇，叶适在论《诗》时并不是纯以文学的角度品读，字里行间可看出叶适内圣外王的理想，也传达出诗人的所认为的个人品格规范。

① 叶适：《叶适集》卷一，北京：中华书局，2010 年，第 1 页。

四、结语

叶适评二雅诗时,相当一部分是直接继承毛诗,在毛诗一脉的论点的基础上阐释。如《小雅·庭燎》一诗,叶适总结为:“厉王久无会朝之礼,《庭燎》所以美宣王也,或未央,或未艾,或有辉,人臣来朝之次第,盖皆不失会期也,近世所讲殊未然。”很明显继承了郑玄笺中“诸侯将朝,宣王以夜未央之时,问夜早晚”的观点。在评《常棣》《南山有台》等诗中也可以看出叶适对毛诗的接受程度。

叶适对《诗经》二雅的相关论述结合了他对毛诗的批判与继承,并将个人的学术思想与政治倾向融合其中,从而提出了对变风、变雅的不赞同,以及对诗歌本事的重视程度。并且在分析二雅时,叶适在对前人知识成果进行取舍之后又融入了自己的见解,从而体现出属于叶适本人的智慧之道。并且,也可以从叶适论《诗》的过程中窥探到其代表的永嘉学派重视实用思想的一面,以及与程朱理学有根本不同的“兢省以御物欲”“弥纶以通世变”的特点。

(袁莉芸,温州大学人文学院2020级硕士研究生)

章纶及南阁古村章氏家族研究

张　引

摘　要:章纶是大明王朝的忠直臣子,是南阁章氏文化世家的发轫者,也是乐清乃至温州地区的乡贤先正。他以立德、立功、立言"三不朽"名留青史,为家族树立了榜样。

关键词:章纶;章氏家族;南阁古村

作为明朝著名的直臣,以及乐清地区的乡正明贤,章纶的人格力量对子孙后代的影响是历久弥新的。目前学界对于章纶的研究成果主要以乐清市历史学会主编的《自是胸中铁作肝:章纶及其家族研究文萃》和蒋振喜选编的《乐清谱牒文献选编》为主,且多集中在对章纶的研究上,对其家族的研究涉及的较少,具有进一步的研究空间。近年来"温州学"研究方兴未艾,章纶等地方先贤也是"温州学"研究的重要组成部分。因此,本文主要以"温州学"研究为背景,将正史与《瓯海轶闻》等地方文献相结合,来考证南阁章氏家族源流、梳理章纶的政治经历,并对章纶刚直的人物性格进行简要勾勒。

一、家族源流

乐清南阁地区自然风光秀丽、人杰地灵,历来就是风水宝地,人才辈出。而位于其中的南阁章氏更是个中翘楚,其家族历史源远流长。据章氏族谱载,可上溯至先秦时期。

> "乐清之南阁章氏,东瓯一大望胄也。而其受氏之原,则在春秋齐人所降之障,后世去邑而为章。溯而上之,则自周初佐武王克商之师尚父,本吕姓,别封其支子于障;又溯而上之,则自帝世之神农氏本姓姜,至太公望隐居东海而改氏,盖由姜而变为吕,又变为章,约略数千年。

至章之可考者,唐时有康州刺史曰及者,迁闽之浦城。其孙名仔钧,五季之末,王审知荐为闽王太傅,有武功,生十五子,并为显宦,人谓其夫人练氏救全一城生灵,阴功所致。第七子仁政,生三子,次曰贲,提举括苍,迁南閤,以南閤之地发脉雁荡,灵秀所钟,数千里踪迹而至,见之如获异珍,因而卜宅焉。”①

周武王灭商,分封天下,姜子牙的后代被封于鄣地为侯,至周夷王时,去邑为章,章姓自此而立。自公元前11世纪的周朝中期,章氏立姓,历秦、汉、晋、隋、唐,至及公迁浦城,经过两千多年的发展演变,章氏族开始进入鼎盛时期,忠臣良将、文人学士,层出不穷。氏浦城始祖及公,于唐宣宗大中年间(约847),由泉州南安迁入浦城。其子孙兴旺发达,枝叶繁茂,令今人叹为观止。至元朝末年为官者达460多人,不胜枚举,故有“千支万派,总归浦城”之称谓。明清时期至中华人民共和国成立前,章氏家族的发展处于低潮时期,名人贤士,寥寥无几,多是守本份的平民百姓,加之连年战祸和灾荒,不少人携儿带女,背井离乡,四出奔波,至今无以查考。

而关于南阁章氏的来历,章氏族谱也有记载。章姓的开村鼻祖为章文贲,生于后晋天福元年(936),世居福建浦城。他在后晋括苍(今浙江丽水市东南)任官期间,举族迁到南阁,这里即为章氏居地。谢铎《桃溪净稿》中记载:“章故吴姓,其后章则自德清公始。五代时有为闽太傅曰仔钧之孙贲,实徙温之南阁。”②章纶这一支的开宗先祖本吴姓,自德清公后子孙才改作章姓,同时也记载了南阁章氏是在章文贲时迁到温州南阁。《介庵集》中也有类似的表述:“其先世闽之浦城人,唐末有曰仔钧者,仕王审知为太傅。第七子仁政,避五季之乱徙乐成之南阁,子孙世居之。传几世讳开宗,本吴氏子,出为章氏后,仕元湖州德清典史,是为处士之曾祖也。”③孙衣言在《瓯海轶闻》中对这段史料进行注解,处士为恭毅父章文宝。

将上述史料与章氏族谱结合来看,可基本理清南阁章氏的家族起源及的发展脉络,源于浦城章氏,至贲时由福建浦城迁至温州南阁,后世子孙世代居于此

① 杜宁:《南阁章氏宗谱序》,蒋振喜选编:《乐清谱牒文献选编》,北京:线装书局,2009年,第414页。

② 谢铎:《平园处士章公墓表》,孙衣言撰,张如元校笺,《瓯海轶闻》(下),上海:上海社会科学院出版社,2002年,第1077页。

③ 《介庵集》:《处士章君墓志铭》,孙衣言撰,张如元校笺,《瓯海轶闻》(下),上海:上海社会科学院出版社,2002年,第1077页。

地。开宗祖先本吴姓，出继为章氏，在元朝时曾担任德清典史。

理清南阁章氏家族发展脉络后，其传世的家族文献也是不容忽视，受资料的限制，本文主要探讨章氏家族的族谱和在维护家族团结稳定、传承章氏文化方面起到重要作用的章氏族训。

章氏族谱中比较重要的主要有《章湾谱》《海安章氏族谱》《湖北章氏组》《浙江青田章村章氏族谱》《六安章氏族谱》《庐江章家嘴章氏家谱》等。在这些章氏族谱、家谱中，都比较系统规范地记录章氏家族的发展情况。

"族训"是一个宗族的管理制度，是约束宗族成员的行为总则，是伦理教化的重要内容。《南阁章氏族训》[①]是在章氏家族首次编修宗谱时由章纶撰写的，是章氏家族文化的重要组成部分。其内容上继承了儒家文化传统，在"孝悌""诚敬""耕读""节俭"等八个方面对族员和章氏后裔提出明确的要求，起到了警示、教育、示范和熏陶的作用。

"孝悌以笃亲长"，孝敬父母、友爱兄弟姐妹，是做人的基本道德和根本，是中华民族的传统美德。《南阁章氏族训》把"孝悌"教育放在首位，突出了"孝悌"的重要性，也说明章氏家族崇尚传统美德。"诚敬以崇祖宗"，祖宗先贤为后人创造了生活环境、思想文化，积累了为人处世的经验，树立了做人的楷模。后辈应怀着崇敬的心情敬仰他们，学习他们的优秀经验，继承他们的优秀文化传统。"雍睦以聊同宗"，族亲之间要和睦相处、互相帮助，团结一致，同舟共济；不能疏离，更不能嫌贫爱富。强调要勤修家谱，重视物质和精神财富的积累，敢于担当，乐于奉献，为宗族的繁荣兴旺积极做贡献。"耕读自安本业"，"耕"是生存之道，"读"是升迁之路。"耕读文化"是南阁古村的文化特色，是广大族员和士大夫安身立命的根本所在。这一条族训是要求章氏后裔要秉承前人尚读传统，弘扬耕读文化，好读书，读好书。"节俭对裕资财"，"一粥一饭，当思来之不易；半丝半缕，恒念物力维艰"。崇尚节俭是中华民族的传统美德，不仅有经济意义，更有其道德意义。我们要从自身做起，将厉行节约，反对浪费的理念落实到日常生活中。"婚嫁以免失时"，婚姻是家庭的基础，家庭是社会的细胞。族训告诫人们，要及时成家立业，理想的婚姻、美满的家庭需要夫妻双方同心同德、共同经营。"守分以避官刑"这条族训告诫宗族成员要认识到法律的严肃性，违法犯罪不仅会受到法律的制裁，还会受到其他宗族成员的耻笑。要增强法制观念，遵守法律

① 乐清市历史学会：《自是胸中铁作肝：章纶及其家族研究文萃》，北京：中国文史出版社，2013年，第224—229页。

法规。“周济以厚阴德”,要求成员们要铭记“上善若水”的古训,常做好事,行善积德。对于老弱病残等弱势群体要存有关怀、爱护之心,能够慷慨解囊,积极伸出援助之手。

综上所述,《南阁章氏族训》在促进族员修身养性、传承章氏文化、促进族员团结、稳定社会秩序、和谐社会关系和培养杰出人才上发挥了不可估量的作用。章氏一族从小小山垄中走出多位文化明贤,与《南阁章氏族训》良好的教化熏陶是密不可分的。

二、宦海浮沉

章纶,字大经,号癸心,明乐清南阁人。明朝正统三年(1438)乡试中举,次年春闱得会魁,正统四年(1439)登进士第,授南京礼部主事。明英宗正统十四年(1449)土木堡之变,英宗被俘,于谦拥英宗弟朱祁钰为帝,改元景泰。章纶奉诏回北京,任仪制郎中。景帝废皇太子见深为沂王,立己子见济为太子,废皇后汪氏,立见济母杭妃为皇后。章纶遂于景泰三年(1452)进《太平十六策》,建议整肃朝纲、为政得人、广开言路、严明考核、作育人才、守备边境、官吏养廉、端正风化等。次年十一月,皇太子见济死。五年五月,纶上疏陈修德弭灾十四事,主张内官不可干外政,佞臣不可假事权,后宫不可盛声色,并要求复汪后于中宫,还沂王之储位,初一、十五率领群臣朝见太上皇。

景泰帝见疏大怒,据《明史》记载:“时日已暝,宫门闭,乃传旨自门中出,立执纶及钟同下诏狱。榜掠惨酷,逼引主使及交通南宫状。濒死,无一语。会大风,扬沙昼晦,狱得稍缓,令锢之。”[①]不顾天色已晚宫门已经关闭,将惩治章纶和钟同的圣旨从门缝中递出,皇帝的愤怒也反映出章纶奏疏的犀利。直言进谏的结果是,章、钟二人被投入诏狱,打的皮开肉绽、血肉模糊,最后更是被囚禁在狱中。直到天顺元年(1457),英宗复位后,章纶才被释放并因直言有功而升任礼部右侍郎。

虽然身陷囹圄,但是章纶还是仕途抱有期待的,有诗文为证:“蛟龙失势在池中,他日乘云入汉霄!”[②]但是现实却给了他迎头一击,英宗复位后,他所期待的政治局面并没有随之而来,而他个人更是因不趋附权宦石亨,又和尚书杨善论事

---

① 《明史》卷一六二《列传五十·章纶传》,点校本,北京:中华书局,2013年,第4411页。

② 乐清市历史学会:《自是胸中铁作肝:章纶及其家族研究文萃》,北京:中国文史出版社,第124页。

不合，遭到了石、杨二人的诽谤，被调往南京礼部，后改又就吏部。直到宪宗即位，章纶仍然被排挤在权力中心之外，游离于政治的边缘，他所上疏的各项建议也不被重视，后来被人以“纵子冒籍”的罪名弹劾。好在派去的官员秉公执法，证明章纶的清白，加之宪宗感念章纶直言的功劳，并未惩罚他。经历了这一系列的打击以后，章纶对政治彻底失望，屡次上书求罢。于成化十二年(1476)辞官回乡，优游林泉，以诗书自娱。成化十九年(1483)三月去世，享年七十一岁。

从正统四年中进士到成化十二年辞官，章纶任侍郎一直未得升迁，个中缘由值得探究。《明史・章纶传》记“纶性戆，好直言，不为当事者所喜”。性格刚毅正直，好直言不讳，难免会被皇帝不喜。《章恭毅公传》记载：“四年夏，车驾欲幸隆福寺，公上疏曰：‘佛者西竺之法，非圣人之道。以万乘之尊，临非圣之地，史官书之，传之万世，恐累圣德。’疏上，即日罢行。”[①]隆福寺建成，皇帝欲前往，章纶认为佛教是外来思想，为蛮夷所崇拜，不是圣人之道，皇帝不去太学反而去佛寺，被史官记录下来流传于后世，有损于圣德。章纶等人的直谏，使得皇帝取消此行。封建专制体制下，儒释道都是统治者加强思想控制的工具，皇帝想去佛寺参观也无可厚非，大可顺应皇帝的心意，默认此举的合法性，但是章纶却直言劝阻，被臣下直接驳斥，不知道景泰帝作何感想，但不喜章纶是毋庸置疑的，至于在复储事件把钟同和章纶从严处置，自是后话。

除直言不讳以外，章纶不屑于和权宦、奸臣同流合污的高尚品格也是一个方面。“纶既以大节为帝所重，而性亢直不能谐俗。石亨贵幸，招公饮，纶辞不往，又数与尚书杨善论事不合，亨、善共短纶。”[②]石亨因发动“夺门之变”有功成为政治新贵，杨善以告密发家并参与南宫复辟和陷害于谦，被封为礼部尚书，成为章纶的顶头上司。但是性格刚烈又嫉恶如仇的章纶，对这种炙手可热的权佞之流，从来不假以辞色，连一般的应酬也不屑为之。这种坚守本心的清流之士的仕途注定不是一帆风顺的，而是伴随着诽谤和诬陷变得一波三折。

三、人物性格

通过章纶自号“戆夫”和正史中对他的记载“性戆，好直言”，我们可以看出，刚直即是章纶最鲜明的性格特征。而章纶仕宦经历就是因卷入景泰年间的复储

① 何乔新：《章恭毅公传》，孙衣言撰，张如元校笺，《瓯海轶闻》(下)，上海：上海社会科学院出版社，2002年，第692页。

② 《明史》卷一六二《列传五十・章纶传》，点校本，北京：中华书局，2013年，第4412页。

事件,由荣而辱,由辱而荣,最终致仕回乡。因此,复储事件最能突出他刚直的性格特征。

《明史》记载:“五年五月,纶上疏陈修德弭灾十四事,主张内官不可干外政,佞臣不可假事权,后宫不可盛声色,并要求复汪后于中宫,还沂王之储位,朔望率群臣朝见从瓦剌赎回之英宗。景帝见疏大怒,立下纶于锦衣卫大狱,榜掠残酷,血肉狼藉,濒死无一语。天顺元年(1457)英宗复位,下旨释放,擢礼部右侍郎。”①

在皇帝因独子去世性格暴躁无常,大臣们三缄其口的情况下,章纶敢于首先提出恢复沂王储君和汪后皇后之位,以及要求景泰帝善待太上皇的奏疏,表现了他不畏强权、敢于直谏的大无畏精神。英宗复辟以后,听到内侍所诵章纶的奏疏,诵至“敦孝义”条时,称他为“好官人好臣子”。

封建专制制度发展到明朝已经相当完备,其显著的特征就是皇权的不断加强,士大夫们地位的不断衰落。宋以前有三公坐而论道的说法,贾谊和汉文帝谈话,不觉膝之前席,可见不但三公,连小官见皇帝都是坐着的。唐初的裴寂甚至和唐高祖共坐御榻,十八学士在唐太宗面前也都有坐处。到宋朝便不然了。从太祖以后,大臣上朝在皇帝面前无坐处,一坐群站,三公群卿立而奏事了。到明代,不但不许坐,站着都不行,得跪着说话了。从坐而站而跪,说明了三个时期的君臣之间的关系,也说明了士大夫地位的下降。从此,士大夫不但可杀,而且可辱,君臣间的距离有如天上地下,“天皇圣明,臣罪当诛。”礼貌固然谈不到,连主奴间一点起码的恩意,也被板子、鞭子打得干干净净了。②

章纶自号“戆夫”。“戆”字在《新华字典》中有两种释义:一是刚直;二是鲁莽。新版《辞海》则是将两意合二为一,解释为“愚而刚直”。乐清方言中有“戆头”一词,意为“愚而鲁莽”。“戆夫”是一种性格,是一种精神,是在封建专制淫威下,知识分子在风骨上总体侏儒化的大背景下的特例。从方孝孺到章纶、钟同再到海瑞,劫难不仅未能压弯“戆夫”们的脊梁,反而使他们的骨头变得更硬。这样的“戆夫”可谓代不乏人,史

① 《明史》卷一六二,第4411页。

② 吴晗:《朱元璋传》,长沙:湖南人民出版社,2018年,第205页。

不绝书。对于这些“戆夫”，我们能做的不仅是瞻仰他们的光辉事迹，对于他们身体力行所宣扬的宁直不弯的“戆夫”精神更是要传承与发扬。

结语

章纶作为乐清乃至温州地区的乡贤先正，以“忠直”名留青史，为家族后人和乡邻树立了好的榜样。其撰写的《南阁章氏族训》在促进族员修身养性、培养杰出人才和传承章氏文化上发挥了不可估量的作用，使得南阁章氏出现了一门四代三进士的无限荣光。此外，章纶致仕以后，在家乡建读书堂，收藏书籍，也为南阁带来了浓浓的书香。研究章纶及章氏家族不仅对我们学习先贤事迹、传承先贤精神起到积极影响，而且对促进“温州学”的发展也具有重要的意义。

（张引，温州大学人文学院中国史专业2020级硕士研究生）

温州近现代史研究

浙南火种精神研究

刘建国　林彬彬　陈恩慧

摘　要：浙南大地具有光荣的革命斗争传统，并在长期的革命斗争实践中形成了鲜明的浙南火种精神。那就是坚定信念、百折不挠的奋斗精神；勇立潮头、敢为人先的开拓精神；实事求是、灵活应变的务实精神；丹心铁骨、正气凛然的牺牲精神。文章从浙南火种精神形成的历史背景、主要内涵及其现实意义三个方面首次对浙南火种精神展开全面深入的阐述。

关键字：浙南火种精神；历史背景；内涵；现实意义

伟大的革命实践诞生伟大的革命精神，伟大的革命精神指导伟大的革命实践。五四运动揭开中国新民主主义革命的序幕，1924 年 12 月，浙南地区第一个党组织——中共温州独立支部正式成立，至 1949 年 5 月，浙南全境除洞头等沿海少数岛屿外基本解放。在这二十多年艰苦卓绝的革命斗争中，中共浙南党组织由小到大，由弱到强，点燃革命星火，带领浙南人民走向解放，不仅完成伟大的革命使命，更培育和形成了伟大的浙南革命精神——这种精神集中表现为“浙南火种精神”。革命斗争实践虽已过去，但革命精神历久弥新，时至今日，依然是我们取之不尽、用之不竭的精神矿脉。浙南革命精神的火种，生生不息，代代相传。

一、浙南火种精神形成的历史背景

浙南火种精神的形成不是一蹴而就，它萌芽于五四运动时期，初创于中共温州独立支部成立之际，在之后的浙南革命斗争实践中不断发展完善。浙南火种精神不仅淬炼于浙南革命斗争的历史，而且熔铸于浙南地域文化和独特民风，脱胎于红船精神。

浙南火种精神是中国共产党人在浙南地区长期坚持革命斗争的历程中淬炼出的革命精神。1919 年五四运动爆发，马克思主义随之在浙南地区广泛传播，浙南火种精神的萌芽就此产生。1924 年 12 月,中共温州独立支部建立,浙南革命的火种也就此点燃。此后,在浙南党组织的领导下,历经土地革命战争、抗日战争和解放战争三个时期,浙南大地先后出现中国工农红军第十三军、中国工农红军挺进师、各地武工队、抗日游击队、永乐人民抗日自卫游击总队和中国人民解放军浙南游击纵队等人民武装。浙南共产党人前赴后继,浴血奋战,使革命星火燃遍整个浙南大地,最终完成浙南地区新民主主义革命的伟大历史使命。

浙南火种精神是地域文化和革命实践相结合并升华的文化结晶。浙南革命深受浙南地域文化的影响。温州古称永嘉,南宋时期诞生著名的永嘉学派,其思想主张深深影响浙南各地。永嘉学派不尚空谈,主张"务实而不务虚",讲求经世致用。永嘉学派蕴含的务实思想深深地影响着浙南地域文化,养成当地人民求真务实、敢当大任的精神特质。同时,浙南独特的民风是浙南火种精神形成与发展的优渥土壤。浙南地区多低山丘陵和盆地,"七山二水一分田",养育浙南人民不畏艰险、勇于开拓、勤劳聪敏的人文性格。在长期与自然抗争的生产生活中,浙南人民形成强悍的民风,抗争意识强烈。自古以来浙南地区不乏反压迫、反侵略的英勇事迹,浙南人民总是勇立时代潮头,顽强拼搏。在革命战争年代,浙南人民纷纷投身革命,浙南革命队伍能在短时间内迅速发展壮大。

浙南火种精神是中国共产党领导人民坚持革命斗争的革命精神文化在浙南的延续与发扬。浙南火种精神脱胎于红船精神。红船精神的内核是开天辟地、敢为人先,坚定信念、百折不挠,立党为公、忠诚为民。1921 年中国共产党创立后,中国共产党人怀揣着为中国人民谋幸福,为中华民族谋复兴的初心和使命,开展革命斗争。浙南地区亦是如是,浙南共产党人始终坚持首创精神、奋斗精神和奉献精神,在浙南大地上点燃革命火种。谢文锦、胡识因、郑恻尘等早期共产党人在浙南传播马克思主义,建立中共温州独立支部。金贯真、胡公冕、雷高升等革命骨干点燃革命火种,红十三军的出现沉重打击了国民党反动派。1930 年 6 月 18 日至 22 日,王国桢、曹珍、赵胜等浙江各地党代表在瑞安仙岩镇渔潭中村(今属瓯海区)灵佑宫组织召开中共浙南第一次代表大会,选举产生中共浙南特委,和红十三军一起在浙南掀起革命高潮。刘英、粟裕、叶飞等红军将领转战闽浙边,红军挺进师和中共闽浙边临时省委在长期远离党中央,甚至一度和上级党组织失去联络的恶劣环境下,浙南共产党人坚持斗争,保存革命力量,完成战略转变,联合各界群众一致抗日。红军挺进师留在浙南坚持斗争的将士成为解放战争时期中国人民解放军浙南游击纵队的基础,革命精神也一脉相承。龙跃、郑丹甫、胡景瑊等浙南党政军领导人继续领导浙南人民开展游击战争,1949 年 5

月浙南全境基本解放，新生人民政权在浙南建立。这些共产党人始终牢记红船精神中的初心和使命，在浙南点燃革命火种，谱写出壮丽的革命史诗。

二、浙南火种精神的主要内涵

浙南火种精神是浙南党组织在革命斗争的艰苦岁月中集体智慧的结晶，集中反映了我们党的优良传统和作风，有着极为丰富深邃的精神内涵。浙南火种精神就是坚定信念、百折不挠的奋斗精神；就是勇立潮头、敢为人先的开拓精神；就是实事求是、灵活应变的务实精神；就是丹心铁骨、正气凛然的牺牲精神。

浙南党组织以坚定信念、百折不挠的奋斗精神，攻坚克难，在浙南播下革命火种，推动浙南革命事业不断前进。

1921 年 7 月，中国共产党正式成立，中国共产党人开始肩负初心和使命展开革命活动。浙南亦是如此，1924 年 8 月，温州籍党员谢文锦受党中央指派，抵达温州筹备地方党组织创建工作。12 月，中共温州独立支部在温州城区侯衙巷新民小学成立，领导人民投入反帝反封建的国民革命。

国民革命失败后，浙南党组织遭受严重破坏，浙南共产党人转入农村，坚持革命斗争。1927 年蒋介石集团掌握政权后，浙江成为其统治的腹心地区。蒋介石安排大量特务、党棍和军官，自上而下建立起严密的国民党党部组织和庞大的特务系统，地方建立保甲组织，严密控制着浙江，因而浙江的反革命社会基础相当深厚，浙南共产党在此的斗争也尤为艰苦和险恶。1928 年 1 月，中共浙江省委特派员郑馨抵温，找到分散各地坚持斗争的党员骨干，决定整顿和恢复党组织。中共永嘉、瑞安、平阳县委先后成立，领导人民开展减租、抗粮、增加雇农工资和平粜粮食等斗争，[①]浙南地区农民运动迅速发展。1929 年，浙南农民武装斗争形势高涨，中共永嘉中心县委成立革命委员会，组建红军游击队，展开游击战争，并于次年 5 月整编为中国工农红军第十三军，编入中央军委正式序列。1930 年 6 月，中共浙南第一次代表大会在仙岩渔潭村胜利召开，会议选举产生的中共浙南特委和红十三军紧密配合，使浙南地区革命形势重新高涨。虽然后来中共浙南特委和红十三军的斗争遭遇挫折，浙南党组织也遭受严重破坏，但革命火种已遍布浙南大地。

① 中共温州市委党史研究室：《中共浙南特委七月份工作报告(1930 年 10 月 8 日)》，《浙南革命历史文献汇编(一、二战时期)》，北京：中共党史出版社，2006 年，第 333 页。

1935年红军挺进师转战闽浙边,展开南方三年游击战争,再度点燃革命火焰。面对革命形势的风起云涌,国民党立即对红军挺进师进行长达八个月的残酷“清剿”,“尽管浙南游击区的中心地区所遭受的摧残是十分严重的,但是几块游击根据地还是坚持下来了,而且保存了较多的干部,浙南这个战略支点,坚如磐石。”[①]随着西安事变的和平解决,抗日民族统一战线的确立,1938年红军挺进师编入新四军开赴皖南,政委刘英留下坚守浙南阵地,与国民党合作抗日。但国民党顽固派发动多次反共摩擦,制造“九柏园头事件”和“温州事件”等恶劣事件,[②]导致浙南党组织遭受重大损失,但浙南革命武装仍然坚持抗日,争取胜利。

解放战争期间,国民党在浙南投入大量兵力,先后展开三次武装“清剿”,浙南革命武装不但没有被打垮,反倒在瓦解敌人进攻的同时不断发展起来。1948年11月,中国人民解放军浙南游击纵队正式建立,在瓯江南北发动攻势,将敌人围困在少数城镇中。浙南党组织一面坚持武装斗争,一面又积极争取国民党温州专员兼保安司令叶芳起义,和平解放温州城,随后以秋风扫落叶之势,迅速解放周边县城,取得浙南解放战争的伟大胜利。

由此可见,浙南革命历程是异常艰辛和漫长的,而浙南共产党人以高昂的革命热诚与坚定的革命信仰,艰苦奋斗,百折不挠,愈战愈勇,用鲜血和生命谱就气壮山河的英雄史诗。这种精神力量成为鼓舞和激励后来者不断攻坚克难,取得胜利的强大精神动力。

浙南党组织在浙南艰苦复杂的斗争环境中长期坚持武装斗争,彰显了勇立潮头、敢为人先的开拓精神。

在二十多年艰苦卓绝的革命斗争中,浙南党组织创造了多个“第一”。1924年浙南共产党人创立浙南地区第一个共产党支部——中共温州独立支部,使得浙南革命形势焕然一新。“温独支”建立后,积极发展党、团员,完善组织体系;深入基层,进行革命宣传;创建各类组织,团结工农大众;密切结合广大青年学子,指导成立学生联合会;处理好同国民党的关系,打击西山会议派的嚣张气焰。“温独支”的工作成功唤醒了浙南民众的革命意识,1926年6月,“温独支”总结:“温州的群众,原来不知道什么叫群众运动,为什么要革命,自经我们同志宣传之结果,才略有觉悟醒。最近一年来,曾有几次市民大会,游行示威的运动,成绩都

① 粟裕:《忆南方三年游击战争》,上海:上海文艺出版社,1987年,第229页。

② “九柏园头事件”指1938年10月10日,国民党顽固派以“取缔非法组织”为借口袭击新四军驻温州通讯处,先后逮捕七名我党同志的恶劣反共事件。“温州事件”指1942年2月8日中共浙江省委书记刘英在温州城区被国民党顽固派逮捕,5月18日在永康方岩牺牲的恶劣反共事件。

很好。"[①]同时,也培养了一批革命骨干,如胡识因、金贯真、雷高升、叶廷鹏等,这些人后来都成为浙南革命的中流砥柱。这一系列活动为之后浙南革命斗争打下坚实的组织基础,革命火种也随之播下。

1930 年 5 月,浙南党组织在永嘉、瑞安、平阳农民大暴动后,积极组织发展红军游击队,成功创建浙南历史上第一支正规红军——红十三军,这是受党中央直接领导并编入中央军委正式序列的全国 14 支正规红军队伍之一。6 月,中共浙南第一次代表大会胜利召开,中共浙南特委再度建立。红十三军和中共浙南特委相互配合,不断发展壮大。红十三军鼎盛时期发展到 6000 余人,中共浙南特委领导群众运动也盛况空前,浙南革命烈火愈烧愈旺,也由此遭到国民党的疯狂"围剿"。

1935 年刘英、粟裕率领红军挺进师挺进闽浙边,并成功开辟浙南地区第一个真正意义上的游击根据地——浙南游击根据地,革命火种随之重新燃起。在红军挺进师和中共闽浙边临时省委的努力下,红军挺进师由初到浙南的 300 余人发展到 1000 余人,浙南游击根据地的范围也从福鼎、平阳、泰顺山区发展到平阳北港和飞云江中游南北两岸的平原地区。随后国民党罗卓英和刘建绪组织两次大规模武装"清剿"行动,红军挺进师损失很大,但浙南游击根据地保存了下来。中央对浙南游击根据地高度重视,1945 年 3 月 21 日,华中局明确指出:"浙南为我党将来打通闽浙联络与配合盟军作战有重大战略意义的地区。"[②]浙南共产党人排除万难,坚守阵地,巩固和发展浙南游击根据地,使其成为中国革命在南方的战略支点,在之后抗日战争和解放战争中发挥重要作用。

1939 年 7 月 21 日至 30 日,中共浙江省第一次代表大会在浙南平阳县凤卧乡胜利召开,这是新民主主义革命时期浙江党组织组织召开的唯一一次全省党代表大会。中共浙江省一大是在国民党顽固派积极反共的背景下召开,会议统一和加强了浙江党的领导,对鼓舞全省党员干部坚持抗日,争取胜利有着重大意义。

这数个"第一"充分彰显了浙南共产党人勇立潮头、敢为人先的开拓精神。即使环境艰苦异常,浙南共产党人依旧高举革命旗帜,领导浙南人民朝着既定目标胜利迈进。这种精神已深深融入浙南儿女血脉之中,在不同年代都能迸发出

---

① 中共温州市委党史研究室:《温州独支工作计划(1926 年 6 月)》,《浙南革命历史文献汇编(一、二战时期)》,北京:中共党史出版社,2006 年,第 34 页。

② 中共浙江省委党史研究室:《浙南——南方革命的一个战略支点》,北京:中共党史出版社,1991 年,第 3 页。

强劲的生命力。

浙南共产党人秉承实事求是、灵活应变的务实精神,成功在浙南大地闯出一条武装斗争的胜利道路。

浙南地区地形复杂,交通不便,通讯闭塞,且孤悬敌后,敌我差距悬殊,物质条件极度匮乏。在如此艰苦的环境下,浙南党组织坚持求真务实的思想品质,在贯彻党中央方针政策和上级党组织指示命令的前提下,认真研究浙南形势,不拘一格,因地制宜,在消灭敌人的同时壮大自己。

国民革命失败后,浙南党转入地下,积蓄力量。1929 年浙南爆发历史罕见的灾荒,社会矛盾激化。中共永嘉中心县委审时度势,发动群众进行闹荒、反对土地陈报及村里制等斗争,扩大了党的影响,促进了各地党组织的恢复和发展。同年 11 月,西楠溪爆发 84 个村庄 4000 多名农民参加的大暴动,中共永嘉中心县委因势利导,派遣雷高升、李振声前往西楠溪组建红军游击队,红军游击队随后发展成红十三军。

在土地革命战争向抗日战争转变时期,红军挺进师和中共闽浙边临时省委在远离党中央,甚至一度与上级党组织失去联络的不利条件下,刘英、粟裕等浙南党政军领导人审时度势,灵活转变斗争策略,和党中央从"反蒋抗日"到"逼蒋抗日"再到"联蒋抗日"的方针不谋而合。1936 年 2 月 14 日,刘英致信叶飞,提出为适应民族斗争的需要,应采取"联合战线"的政治口号,适时改变工作方式与斗争策略。6 月上旬,"两广事变"爆发后,刘英和粟裕在浙南和浙西南地区发表宣言,揭露蒋介石"攘外必先安内"反动政策的真相,号召停止内战,团结抗日,提出"民族革命战争"和"抗日反帝的统一战线"等口号。8 月至 9 月期间,中共闽浙边临时省委和党中央取得联系,获得一批中央重要文件,刘英立即将其作为省委扩大会议的文件,组织浙南党政军干部学习,领会党中央的政策精神,并再次调整口号和政策。12 月,"西安事变"和平解决,我党进入"联蒋抗日"阶段。虽然蒋介石采取"北和南剿"策略,命刘建绪进攻浙南游击根据地,但刘英、粟裕等领导人顺应历史潮流,将部队化整为零,在坚持武装斗争的同时,始终不放弃用非军事手段解决问题的机会,并先后与国民党地方当局进行多次和平谈判,从而在保存浙南游击根据地,发展人民抗战力量的基础上,使浙江出现国共合作,共同抗日的新局面。

解放战争前期,在蒋介石"假和平真内战"的阴谋下,浙南党遭受国民党浙江保安团数次残酷"清剿",但浙南党取消永乐人民抗日自卫游击纵队的番号,精简部队,化整为零,使敌人失去"清剿"目标,不战而退。解放战争后期,在浙南形成农村包围城市的态势后，中国人民解放军浙南游击纵队包围浙南中心城市温州。为避免温州城卷入战火，减少人民的痛苦，浙南游击纵队在龙跃等领导下，决定由军事强攻为主转为和平谈判为主，最后和国民党温州专员兼保安司令叶芳达成反正起义协定，和平解放温州城。

浙南党组织正是以实事求是、灵活应变的务实精神，才在如此艰苦复杂的浙南地区坚持下来，时至今日这对我们的建设社会主义现代化依然有着重要借鉴意义。

浙南共产党人用鲜血和生命彰显信仰的力量，以丹心铁骨、正气凛然的牺牲精神，书写出气壮山河的英雄史诗。浙南大地从不缺少铁骨铮铮的英雄儿女。

在革命战争年代，无数革命先烈前赴后继，为革命事业奉献一切。1927 年蒋介石发动反革命政变，大肆捕杀共产党员。4 月 11 日，浙南地区共产党组织创始人、时任中共南京地委书记谢文锦，原中共温州独立支部主要领导人郑恻尘接连被杀害。国民党右派在温州开始残酷“清党”，温州顿时陷入白色恐怖之中。4 月 15 日，中共温州独立支部主要领导成员陈仲雷、戴树棠、苏中常被国民党军警抓捕，关押在杭州陆军监狱。“温独支”剩余成员在共青团温州支部书记蔡雄主持下转入地下，继续斗争。5 月 18 日，蔡雄被捕，国民党对他施以酷刑，但蔡雄坚贞不屈，拒不招供，24 日深夜被残忍杀害。中共温州独立支部虽因破坏而停止行动，但中共瑞安“特支”保存下来，继续坚持革命斗争，从未在敌人的屠刀面前退缩，成为延续革命星火的组织基础之一。

1930 年红十三军和中共浙南特委相互配合，浴血奋战，有 1700 多名共产党员和红军战士为革命献出宝贵生命，[①]特委主要领导和红十三军团(师)以上干部大部分殉难。红十三军政委金贯真，是红十三军的创建者之一，1930 年 5 月 20 日被捕，在当晚便被残忍杀害，《红旗》称金贯真为“布尔什维克党员的模范”。特委书记王国桢，为革命事业鞠躬尽瘁，1931 年 10 月 16 日被内奸出卖，在狱中宁死不屈，英勇牺牲。代理书记曹珍，临危受命，主持工作，亲手在天台等地区建立红军游击队，1932 年 12 月于瑞安县被捕，不幸牺牲。红十三军红一团(师)团(师)长雷高升，红十三军后期斗争的主要负责人，带领红军战士战斗到最后一刻，被国民党反动派诱捕，1932 年 5 月 28 日被绑赴温州华盖山刑场，一路高呼“共产党万岁！”从容就义。

---

① 浙江省新四军历史研究会浙南分会:《浙南武装斗争二十年 1929—1949》，北京：当代中国出版社，2005 年，第 4 页。

1935 年,随着红军挺进师挺进浙江,开辟浙西南游击根据地和浙南游击根据地,国民党调集 32 个团,连同地主武装约 7 万人,合围红军挺进师。因敌我数量过于悬殊,红军挺进师领导决定留下第二纵队和第五纵队 400 余人坚守浙西南游击根据地,主力部队向浙东和浙闽边境突围。第二纵队和第五纵队在浙西南特委书记黄富武的领导下,浴血拼杀,在数次打击敌人后,黄富武于遂昌战斗中阵亡,第五纵队大部分指战员壮烈牺牲,第二纵队退避到山林之中,没有过冬的衣服和粮食,仅靠野菜度日,一直坚持到 1936 年 6 月,最后仅剩 40 余人。[①] 1936 年 12 月,国民党又对浙南游击根据地进行"清剿",红军挺进师利用游击战击破敌人进攻。但因为物质条件匮乏,缺盐缺粮,缺少医疗用品,红军挺进师指战员因战死、饿死、冻死、病死,人数由 1500 多人锐减至 300 多人。[②]

1939 年冬开始,国民党顽固派在全国范围内掀起反共高潮。1940 年 4 月—10 月,国民党顽固派以平阳北港为重点,在浙南发起武装"清乡",抓捕共产党员、革命群众 400 余人,杀害 49 人。[③] 1942 年 2 月 8 日,因叛徒告密,中共浙江省委书记刘英在温州被捕。面对敌人威胁利诱,刘英始终坚贞不屈,还向看守们宣讲抗日民族统一战线政策,痛斥国民党顽固派破坏抗战的罪行。5 月 17 日,蒋介石急电国民党浙江省当局"饬令从速处决刘英"。18 日拂晓,刘英在永康方岩马头山上被残忍枪杀,长眠于浙江这块他深爱的热土。

浙南共产党人和浙南革命群众在战场上,出生入死,浴血奋战;在监狱里,铁骨铮铮,英勇不屈;在刑场上,舍生取义,慷慨赴死。浙南共产党人始终怀抱坚定的革命信念,以丹心铁骨、正气凛然的精神姿态,展现出共产党人克己奉公,视死如归的英雄气概。

三、浙南火种精神的现实意义

浙南火种精神是在浙南革命历程中淬炼而出的红色革命精神,不仅在革命年代熊熊燃烧,而且在中华人民共和国成立后的和平年代依旧有着深刻的现实意义。重温浙南党的光辉历史,能够让我们更好地传承忠诚基因,汲取信仰力量,在新时代的长征路上奋勇前行。浙南党组织长期坚持革命斗争所留下的浙南火种精神,是浙南共产党人不忘初心、牢记使命,在血与火、生与死的严峻考验

①② 浙江省新四军历史研究会浙南分会:《浙南武装斗争二十年 1929—1949》,北京:当代中国出版社,2005 年,第 7 页。

③ 中共温州市委党史研究室:《中共温州党史》(第一卷),北京:中共党史出版社,2004 年,第166 页。

中形成的实践成果。在决胜全面建设小康社会的今天，这种精神仍历久弥新，绵延不绝，不断迸射出催人奋进的璀璨光芒。

浙南火种精神有着鲜活的生命力，它是浙南地域文化一脉相承的体现。浙南地区曾诞生永嘉学派，培育浙南人民脚踏实地、敢为人先的人文性格，从而在革命年代淬炼出浙南火种精神。这种实事求是、勇立潮头的精神内核犹如火种般生生不息，指导着浙南人民奋勇向前：在新中国成立后永嘉燎原社首创“包产到户”新模式，彰显“燎原精神”；改革开放新时期温州人四海经商，形成“温州人精神”；在党的百年新起点，警醒着新时代的开拓者们不忘初心与使命，实现中华民族伟大复兴的中国梦。

如今，刻有“浙南火种精神”的浙南火种纪念碑已矗立在中共浙南一大会址门前，作为温州当地著名红色革命景点供人参观学习。2020年6月21日，中共温州市瓯海区委区政府举办“纪念中共浙南第一次代表大会90周年”活动，中共温州市市委书记陈伟俊出席会议，并对“浙南火种精神”予以充分肯定。

在新时期，我们更要大力弘扬浙南火种精神，坚定理想信念，为实现共产主义远大理想和中国特色社会主义共同理想，矢志不渝、百折不挠地奋勇向前；紧跟时代步伐，勇立潮头，彰显敢为人先的开拓精神，为实现中华民族伟大复兴而不懈努力；坚持实事求是，统筹全局，敢闯敢拼，灵活应变，为实现社会主义现代化而矢志奋斗；深深扎根于人民，一切为了人民，一切依靠人民，在全面建成小康社会的关键时期，不畏艰难困苦，乐于奉献，勇于牺牲，敢攀高峰；加强爱国主义教育，厚植爱国主义情怀，众志成城，攻坚克难，从胜利走向胜利。

历史已然过去，精神永恒不朽。浙南党组织取得革命胜利后的数十年间，浙南党组织领导人民不断推进革命和建设、改革与开放的伟大事业，创造无数辉煌。如今，我们继承前人的事业，开拓未来的道路，更要大力弘扬浙南火种精神，为实现“两个一百年”奋斗目标、实现中华民族伟大复兴中国梦而奋斗不止！

浙南火种，生生不息！

（刘建国，温州大学人文学院教授；林彬彬，温州南浦实验中学教师；陈恩慧，温州大学人文学院2021级硕士研究生）

孙诒让商业活动研究

许广律

摘 要:孙诒让作为晚清著名的学者和教育家,他在学术方面的贡献和在办学上的成绩已经为人所熟知。其实,孙诒让晚年除了致力于教育事业和继续整理早年的学术著作之外,还在温州进行了不少商业活动。这些商业活动在温州近代有着重要的意义。鉴于孙诒让商业活动的重要意义以及目前学界对孙氏商业活动研究的欠缺,本文即以此作为研究对象。本文的内容主要可以分为孙诒让从事商业活动的原因,具体从事的商业活动的内容,商业活动中表现出的一些特点以及商业活动与办学、学术研究之间的关系这五个部分。通过对上述五个部分的论述,我们可以发现孙诒让的商业活动对近代温州的某些行业有着开创性的作用。此外,本文探讨了孙诒让的商业活动、办学以及学术研究之间的关系。比起单纯地研究商业活动,这种形式颇具创造性,能帮助我们更好地理解孙诒让的商业活动。

关键词:孙诒让;永嘉学派;商业活动

孙诒让(1848—1908),幼名效洙,又名德涵,字仲容,别号籀庼,浙江温州瑞安人。中国晚清经学大师、爱国主义者和著名教育家,与俞樾、黄以周合称清末三先生,有“晚清经学后殿”“朴学大师”之誉,章太炎称他“三百年绝等双”。孙诒让在学术方面颇有建树,所著《周礼正义》为一生心力所瘁,《墨子间诂》亦为注墨之作;《契文举例》为考释甲骨文开山之作。在地方文献方面,写成了《温州经籍志》(36 卷),被誉为“近世汇志一郡艺文之祖”。在目录版本学方面,则撰有《四库全书简明目录批注》(20 卷),《四部别录》(2 卷)。上述这些著作不仅使孙诒让获得了朴学大师的荣誉,还奠定了他在清代学术界,乃至整个近代学术史上的地位。此外,孙诒让还为晚清永嘉学派的复兴倾注了心血,孙诒让协助其父孙衣言整理的《永嘉丛书》(13 种),收录了刘安上、刘安节、许景衡、薛季宣、林季仲、陈傅良、叶适等永嘉学派学者的别集,为永嘉学派的复兴做出了巨大的贡献。在孙诒让的晚年，除了继续进行学术研究外，孙诒让还从事教育、商业以及政治活动，此时的孙诒让不仅是一位学者，更多地表现为一名教育家、社会活动家和企业家。

近年来学术界对孙诒让的研究，主要表现有五个方面，一是研究孙诒让所著的《周礼正义》；二是研究孙诒让所著的《墨子间诂》；三是研究孙诒让的生平和学术成就；四是研究孙诒让的文字学；五是研究孙诒让晚年在温州的教育事业（主要分为孙氏的教育实践和教育思想），但学界对于孙氏的商业活动研究较少。事实上，对孙诒让商业活动的研究只在王兴文《孙诒让与温州教育近代化研究》[①]的第四章"孙诒让的西学思想及其实践"中以及尤育号《清末温州的士绅、商会与地方社会略论》[②]等著作或论文中，有所提及。因此，孙诒让商业活动的研究还大有可为。

一、孙诒让从事商业活动的原因

（一）自身原因

孙诒让早年的学习经历使他比起其他学者更能接受西学，这也是他从事商业活动的重要原因之一。

1. 少时自主治学经历

孙诒让"未尝师事人"，他曾说"少耽文史，恣意浏览，久之，则知凡治古学，师今人不若古人，故自出家塾，未尝师事人，盖以四部古籍具在，善学者自能得师"[③]。也就是说，孙诒让早年学习时，除父亲孙衣言以外，未曾以其他学者为师。这与他治学的原则即"四部古籍具在，善学者自能得师"有关。也正是因为这样的经历，孙诒让能够不受学术派别的影响，以包容的态度来对待西学。

2. 父亲与永嘉学派的影响

孙诒让的父亲孙衣言学宗永嘉之说，十分推崇永嘉学派经世致用的学说。在清代永嘉学派复兴的过程中，孙诒让曾经协助其父孙衣言整理出《永嘉丛书》

① 王兴文：《孙诒让与温州教育近代化研究》，武汉：武汉大学出版社，2015年，第87—97页。

② 尤育号：《清末温州的士绅、商会与地方社会略论》，《史志学刊》，2019年，第45—52页。

③ 孙延钊：《孙衣言孙诒让年谱》，上海：上海社会科学院出版社，2003年，第351页。

(13种),收录了刘安上、刘安节、许景衡、薛季宣、林季仲、陈傅良、叶适等人的别集。从时间上,自北宋末期程学南传开始,一直贯穿到南宋中期陈傅良、叶适为代表的永嘉学派全盛期。长期接触永嘉学派,使得孙诒让受到孙衣言永嘉经世之学的影响非常大。孙诒让大加称赞永嘉之学,"我朝乾嘉以来,此学(指永嘉之学)大盛……而某自志学以来,所最服膺者也"。从关于永嘉学派的特点,孙诒让也曾做过这样的描述,"永嘉诸儒,本以经制为宗……于井地、军赋尤为专门之学,宜其精究治本,非空谈经世者比之"。这句话中就可以看出孙诒让深受永嘉经世之学的影响。

3. 西学影响下的思想转变

孙诒让还经历了思想上的转变。孙诒让生长于官宦之家,自小便随其父读书、识字、写作。可以说,孙诒让对中学最初的认识都来自于其父孙衣言。在这样的家庭长大的孙诒让,不免受到中国古代传统的读书——做官思想的影响。而孙诒让也确实多次参加科举考试。1868年至1894年,孙诒让八次参加进士考试,但八次都没考中。同样是在1894年,孙诒让的父亲孙衣言在家中去世。在这双重打击之下,47岁的孙诒让心灰意冷,放弃了中学。更严重的是,1894年正值中日甲午战争中国战败之际,国家的危难、民族的危机,使孙诒让看到了西学给日本带来了巨大的效益。上述的种种都使得孙诒让不再执着于功名利禄,使他渴望能用西学来挽救自己的国家。

总而言之,"未尝师事人"的学习经历、早年父亲与永嘉学派的影响以及思想上的转变,使得孙诒让不像其他学者那样,在面对西学时经历激烈的阵痛,而是能够以包容、开放的态度来面对西学。孙诒让提出的"学无新旧、为其致用"的观点,就非常明显地表明了他对西学的态度。

(二)外部原因

上述种种是孙诒让自身接受西学,进而从事商业活动的原因。事实上,外部环境的变化也使得孙诒让去从事商业活动。

1. 温州对外交通条件改善

温州开埠之后不久,近代交通就开始发展。在1877年4月时,就有外国的船只在温州停泊。英国怡和洋行下属的客货轮船"征服号"(Conquest)在从上海至福州这一航程途中会在温州停留,大致每两个星期来温州一次。[①] 除此之外,1878 年 4 月,上海轮船招商局的客货轮船"永宁"号首次来温州,中断几个月之后,自 1879 年起常年行驶于温沪线。[②]

得益于交通的发展,自 1879 年温州已有几家民间信局,主营委托沿海或者内河航船转送书函货物。[③] 在这种条件下,许多近代报刊杂志以及西方的书籍著作,就能够被运往温州。

孙诒让就是交通发展的受益者,交通条件的改善使孙诒让能够接触到各种类型的新式报刊以及有关西学的著作。

1879 年孙衣言辞官回乡,孙诒让便随其父长时间居住在温州或瑞安。这一时期,孙诒让开始利用温州已经发展的便利的交通,从外界订阅了大量近代资产阶级改良派出版的报刊。比如天津《国闻报》、澳门《知新报》、上海《实学报》等。还有其他的报刊比如《格致汇编》《申报》《万国公报》等,也在孙诒让的阅读之列。

除了报刊,孙诒让还开始大量阅读有关西学的著作,比如《西洋动物学》的各个译本、魏源的《海国图志》(古徽堂重刊本)、徐继畬的《瀛环志略》(大字刊本)、《地理备考》(海山仙馆刊本)、《海道图说》、《长江图说》(江南制造局刊本)等[④],写下了《与友人论动物学书》《光不灭论》等文章。

得益于当时温州交通的发展,孙诒让能够大量接触西学,他的思想开始了转变,并逐渐有了从事商业活动的想法。

2. 温州开辟对外贸易口岸

第一次鸦片战争后,随着中英《南京条约》《虎门条约》,中法《黄埔条约》等不平等条约的签订,中国被纳入到了资本主义世界经济体系,受到以英法为代表的资本主义国家的经济入侵与掠夺。在 19 世纪 70 年代末期,温州因为《中英烟台条约》的签订而被开放为商埠,开始受到了帝国主义列强的经济侵略。

由于列强的经济入侵,温州本地市场逐渐萎缩,如在 1885 年,温州从外国进口铁 700 多担,到 1886 年一下子增加到了 3500 多担。在之后的几年时间中,温州进口洋铁的数量不断增多,这就使得温州本地的土铁业失去了市场,渐渐衰

① 赵肖为:《近代温州社会经济发展状况——瓯海关贸易报告与十年报告译编》,上海:上海三联书店,2014 年;周厚才:《温州港史》,北京:人民交通出版社,1990 年,第 50 页。

② 同上,第 172 页。

③ 浙江省地方志编纂委员会、浙江省通志馆:《重修浙江通志稿(标点本)》,北京:方志出版社,2010 年,第 8094 页。

④ 孙延钊:《孙衣言孙诒让父子年谱》,上海:上海社会科学院出版社,2003 年,第 210、214—215 页。

落。甲午战争之后,日本将经济侵略的步伐迈向了温州,他们直接在温州经营工商业,抢夺温州人的市场,这使得温州本地的工商业的生存处境越发艰难。

面对外国列强的经济入侵,孙诒让实业救国、与外国资本家进行商战的愿望愈发强烈。他曾说"五大洲遂为商战之天下",他还在《兴儒会略例》中提出"购商轮,行驶各埠,运货经商,以分洋商之利";"建造机器、纺纱织布各局,以保中国自有之利权"①等主张。因此,帝国主义列强的经济侵略,可以说是孙诒让从事商业活动的重要原因之一。

除了上面两个原因之外,诸如清末洋务运动和维新变法鼓励民间经商等时代大背景,也是孙诒让从事商业活动的重要外部原因。

二、孙诒让的商业活动及其特点

在上述的个人原因和时代条件下,自 1897 年起,孙诒让开始从事商业活动。其商业活动主要集中在蚕桑、瓯柑业,渔业,交通运输业以及矿业这四个领域,并分别创办了永嘉蚕学馆、瑞安农学会、瑞安渔业公司、东瓯通利公司、大新轮船公司、富强矿务公司等企业。下面详细叙述孙诒让在上述四个领域从事农业和工业领域的商业活动及其特点。

(一)农业领域的商业活动

1. 蚕桑、瓯柑业

温州历来以蚕桑业发达而闻名。早在南朝刘宋时期,郑缉之在其所著的《永嘉郡记》中,将温州称为"八蚕之乡"。然而在晚清,温州本地的蚕农依然采取传统方法来养蚕和缫丝。传统的方法无法有效应对蚕病,产出的生丝质量也欠佳。另外,1877 年温州被开放为商埠后,随着帝国主义列强的经济侵略,温州本地的生丝业,在外资的打击下逐渐萎缩。温州的蚕桑业面临着严重的危机,改进养蚕技术,改良蚕种,已成为当务之急。

在这种情况下,孙诒让联合其他有志之士,于 1897 年筹资创办了温州第一所蚕学馆——"永嘉蚕学馆"。在孙诒让撰写的《告温州同乡书》中,孙诒让明确

---

① 孙诒让:《兴儒会略例并序》,引自张宪文《孙诒让遗文辑存》,杭州:浙江人民出版社,1990 年,第 8 页。

提出蚕学馆要"搜集历来相传之中国种桑养蚕旧籍，兼近代新译出版之法、意、日本各国蚕桑学书，并作教材，以资教习"①，并且还需要"附辟广场，以供实验，务使土桑劣种逐渐改良，多病蚕身，随时疗治"②。除了上述内容之外，在蚕学馆创办之后的几年内，其他一些学习资源也陆续落实。比如1901年，蚕学馆用童兆蓉捐款的数千元购买桑苗，种于蚕学馆所属的土地中，以供教学之用；在教具方面，蚕学馆利用筹措的资金，建立了蚕室，购买制缫车以及显微镜等。这些都表明，以孙诒让为代表的有志之士，振兴温州蚕桑业的决心。

事实上，蚕学馆确实对温州的蚕桑业做出了贡献：在蚕学馆开办期间，大量蚕种得到改良；每年的春蚕时节，蚕学馆的学生还奔赴温州各地乃至全国各地从传播种桑养蚕的先进技术。

除蚕桑业之外，孙诒让在振兴温州柑橘业贡献颇大。温州的柑橘业久负盛名，早在三国时期，温州就开始种植柑橘，孙吴沈莹在其所著的《临海异物志》中，对温州的柑橘有着这样的描述"鸡橘子大如指，味甘，永宁界中有之"③。

到了宋代，由于中国的经济重心已转移至南方，温州的柑橘业也更为兴盛。北宋诗人梅尧臣有诗云："禹书贡厥包，未知黄柑美。竞传洞庭熟，又莫永嘉比。"足见当时温州柑橘业的繁荣。

然而到了明清时期，温州的柑橘业却逐渐衰落。温州明清方志中对柑橘品种的记载可以表明这一衰落。下面我以温州府、乐清县以及永嘉县为例，列出明清时期方志中记载的柑橘品种：

府县名称	方志名称	柑橘品种
温州	弘治(1503)温州府志	海红柑、枝柑、洞庭柑、木柑、朱柑、金柑：花柑、山金柑、乳柑
	万历(1605)温州府志	乳柑、洞庭柑、海红柑、枝柑、朱柑、花柑、狮子柑、金柑、木柑、山金柑
	康熙(1685)温州府志	真柑、生枝柑、海红柑、洞庭柑、朱柑、金柑、木柑、甜柑
	乾隆(1760)温州府志	温柑、佛手柑、狮子柑

①② 孙延钊：《孙衣言孙诒让父子年谱》，上海：上海社会科学院出版社，2003年，第280页。

③ 沈莹：《临海异物志》，上海：商务印书馆，1935年。

续 表

府县名称	方志名称	柑橘品种
永嘉	康熙(1682)永嘉县志	乳柑、朱柑、女柑、香柑
	乾隆(1765)永嘉县志	温柑、佛手柑
	光绪(1882)永嘉县志	瓯柑
乐清	永乐(约 1419—1424)乐清县志	沙柑
	嘉靖(1526)雁山志	草木柑、狮子柑、皱柑、沙柑、乳柑、朱柑
	隆庆(1572)乐清县志	乳柑、花柑、朱柑、金柑
	康熙(1685)乐清县志	柑(无详载)
	道光(1826)乐清县志	重复隆庆县志
	光绪(1902)乐清县志	重复隆庆县志

资料来源:明清时期温州府县方志,温州市图书馆古籍部藏。

由上表可知,自清中叶开始,温州各府县柑橘的品种逐渐减少,甚至出现了无详载的记录。

面对柑橘业衰落的状况,为了改善柑橘品种以致振兴柑橘业,1897 年,孙诒让联合黄仲弢、黄叔颂等人,发起组织了瑞安农学会。孙诒让还撰写了《劝农通启》,声明农学会将"购置附郭田园,试种湖桑、瓯柑,酌采欧美种植之方,以兴本邑自然之利"[①]。

2. 渔业

"兴渔盐之利""通舟楫之便",一直是中国人长期持有的海洋观。甲午战争以前,中国人对于海权、制海权等近代海洋观念没有清晰地认识。直到甲午战争战败后,日本人通过海战、掌握制海权取得战争胜利的做法深刻地震撼了中国人。不少先进的国人认识到了海权以及制海权的重要性,希望能通过自己的努力来实现中国对海洋的控制。

孙诒让和张謇就是这些先进人士的代表,张謇提出"海权界以领海界为限,领海界以向来渔业所至为限"的观点,他认为要掌握海权就必须确定本国的领海,而本国领海的范围则全依仗于渔业的发展。因此,甲午战争结束后,张謇为推动中国渔业近代化做出了不懈的努力。1904 年,在张謇的努力下,江浙渔业

① 孙延钊:《孙衣言孙诒让父子年谱》,上海:上海社会科学院出版社,2003 年,第 280—281 页。

公司在1904年正式成立。

江浙渔业公司成立后，孙诒让被推举为副理。但当时孙诒让已是温处学务分处总理、瑞安商会总理，忙于温州商务、学务的孙诒让，无暇分身处理江浙渔业公司的事务，于是只好婉拒了公司的任命。虽然自己没法担任副理，但孙诒让推荐了曾任瑞安普通学堂学监、温宁大新轮船股份公司及大富铅矿公司总经理等职的郭凤鸣，到江浙渔业公司任职。

有感于张謇创办江浙渔业公司及其提出的渔业和海权的相互关系，孙诒让也迫切地想要发展温州的渔业。1905年，孙诒让撰写《告郡、邑各绅书》，提出“现拟另集墨银三十万元，分三万股，每股十元，添制渔船三艘”①，以此来创办瑞安渔业公司。同时，针对温州“渔民智识未开，拘守旧法，获利甚少”② 的情况，孙诒让还在《告郡、邑各绅书》中提出“于上海设立商船、水产两大学校”③，以此培养具有近代渔业知识的人才。

(二)工商业领域的商业活动

1. 交通运输业

交通运输业对于一个地区、国家经济的发展是至关重要的，孙诒让也深刻地认识到了这一点。1904年2月，在其所撰写的《东瓯通利公司章程》中认为：“东西洋各国物质文明进展之速，其一原因，在于水陆交通四方通畅。”④

前文说到，温州开埠不久就有英国“征服号”等外国客货轮船停留，这是温州经济发展的一个极好的条件。但是，一段时间之后，外国人发现温州的内陆交通极其落后，无力承担一个开放商埠的客流、物流量，因而非常不利于本地经济的发展。

面对这种窘况，孙诒让是看在眼里，急在心里。针对当时温州“虽开埠廿年，而地方街道未修，马路未辟，尚难行驶马车，更不能骤议行驶电车、汽车”⑤ 的情况，同时鉴于人力车具有“轻小而易行”⑥“通衢狭巷，无施不可，而购办之费，又较省约”⑦ 等优点，孙诒让于是建议设立东瓯通利公司，在温州发展人力车业。通过发展温州的交通，以至于从人力车发展进步到马车、电车以及汽车等。

孙诒让在发展内河轮船航运方面也做出了努力。1904年6月，孙诒让租用

---

①②③ 孙延钊：《孙衣言孙诒让父子年谱》，上海：上海社会科学院出版社，2003年，第325页。

④⑤⑥⑦ 同上，第316—317页。

湖广轮船,在瑞安设立了大新轮船公司,并在瓯江设立了航线。孙氏还致信温处道童劭甫,请求他准许大新轮船公司的船只下水航行。同年9月,孙诒让还与杨定勇商议"温台商轮航务之联络"。[①]

2.矿产资源开发

中国自古以来就对矿产资源进行了开发,这在《周礼》《汉书·地理志》等史书中,都有记载。但是在明代,由于矿税扰民现象日益严重,加之"奸民私开往往滋事"[②]这一弊端,地方政府于是封闭了当地的矿洞,禁止人民开发矿产。至清代,情况稍有好转,但是矿产资源的开发,仅仅局限于云南一地,并且是由政府主导开采,民间开采量微乎其微。近代以来,越来越多的帝国主义列强,与清政府签订了不平等条约,中国的矿产资源越来越多地被列强所侵占。

本国开发不力,外国夺取矿权的要求日盛,这样的情况严重损害了中国在矿产方面的利益。孙诒让于是提出在温州开发矿务的想法。1904年3月,永嘉孙坑、郑山、前山、横山等地,被查明有铅矿产出,而孙坑"为孙氏族众聚居之地,商洽较便"[③]。因此,孙诒让建议设立富强矿务公司,以开采孙坑的铅矿资源。

之后,孙诒让又致信费峻怀,让其联络时任商矿务大臣盛宣怀,请求遣人来查探孙坑铅矿的储量。后经人探查,发现孙坑铅矿储量不多,而且温州交通比较落后,不适合发展矿产开采业,设立矿务公司的计划遂告失败。

虽然遭到了失败,但孙诒让仍不死心。同样是在1904年,他派遣郭凤鸣前往湖南、湖北等地,对那里的矿务进行考察,还要求郭凤鸣在外地招聘技术人员,来温州办理矿务事业。

上述是孙诒让晚年商业活动的基本内容,从中可见孙诒让传承永嘉学派经世致用思想,从学术研究和社会实践两方面创新性转化和发展西学,并且也愿意使用西方先进的技术来辅助地方经济的发展。虽然他从事商业活动时,出于时代条件和内外因素制约,孙氏的商业活动也有失利之处,如人力车事业因温州道路崎岖等因素而被迫废止,还有矿务事业由于矿产储量不足加之交通不便而无法开展。但孙诒让毕竟通过其商业活推动了温州经济的发展,也促进了西学在温州的传播,其积极意义是我们不能忽视的。

---

① 孙延钊:《孙衣言孙诒让父子年谱》,上海:上海社会科学院出版社,2003年,第320页。

②③ 同上,第318页。

（三）孙诒让商业活动的特点

1. 具有实业救国的倾向

正如前文所说，永嘉学派经世致用的思想以及帝国主义列强的经济入侵等，是孙诒让晚年从事商业活动的主要原因。也正是在这些因素的影响下，孙诒让发出了"五大洲遂为商战之天下"的感慨，认识到通过商业活动"夺外人之利"的重要性。另外，在《兴儒会略例》中，孙诒让也提到通过商业活动来达到"不致仰给于西人，复仇雪耻之大功，庶或可望告成"[①]的目的。以上种种均表明孙氏的商业活动，更多地表现出实业救国的倾向。

具体来讲，在《东瓯通利公司章程》中，孙诒让提出以人力车业的发展，来便捷温州的交通，进而"将来能从此扩充，俾马车及电、汽各车次第兴办，以与其他城市商埠各地媲美"[②]。虽然上述内容，只是限定于发展温州交通运输业这一方面，但也毫无疑问地表现出实业救国的愿望。

在办理富强矿务公司时，这种实业救国的倾向则表现得更加明显。"永远不许加入外国人股份""每年以纯收益百分之五报效国家"[③]这两处记录，将实业救国的愿望清晰地展现出来。

2. 因地制宜发展地方经济

除实业救国意外，孙诒让从事的商业活动中，还具有因地制宜的特点。孙诒让在进行商业活动的过程中，并不是异想天开，想到什么就做什么，而是根据温州本地的情况，因地制宜地来进行商业活动。

因为温州自古以来就有经营蚕桑业的传统，蚕桑业的基础较好，孙诒让便提出设立蚕学馆，"兼用中西新旧诸法，考验品种，选制蚕子纸，教导饲蚕种桑"[④]。在原有的基础加上先进的技术，使得温州的蚕桑业迅速恢复、发展。

在矿务方面，也遵循着因地制宜的原则，孙诒让也是因为孙坑被查出可产铅矿才着手设立富强矿务公司，以开采矿藏。在交通运输业方面同样也如此，由于温州"虽开埠廿年，而地方街道未修，马路未辟，尚难行驶马车，更不能骤议行驶

① 张宪文：《孙诒让遗文辑存》，杭州：浙江人民出版社，1990年，第8页。

②③ 孙延钊：《孙衣言孙诒让父子年谱》，上海：上海社会科学院出版社，2003年，第317页。

④ 同上，第280页。

电车、汽车”[①]的条件,孙诒让才想要先发展人力车业,进而陆续发展近代交通。虽然孙氏在矿务和交通运输业方面取得的成效不多,但其遵循因地制宜这一原则的做法对于现在的我们也是有借鉴意义的。

三、孙诒让商业活动与学术研究及办学活动的关系

孙诒让学术研究活动的前半部分先于商业活动,后半部分则与商业活动重合。而他的办学始于1895年,商业活动始于1897年,这两者在时间上基本是重合的。通过对孙氏学术研究活动、办学活动与商业活动关系的研究,我们发现三者之间有着密切的联系。

(一)学术研究与商业活动之间的关系

1. 前期学术研究与商业活动的关系

1897年以前,孙诒让将自己的大部分时间和精力用于学术活动上。通过对这一时期孙氏学术活动的研究,我发现这些学术活动与后来孙氏从事的商业活动是有关联的。

在这一时期,孙诒让致力于复兴永嘉学派并且取得了不小的成就。永嘉学派在南宋时期最盛,断裂于宋元之际,自清代中叶起,众多温籍学者为复兴永嘉学派而矢志奋斗,永嘉学派也开始了其漫漫复兴之路。其中,孙诒让协助其父孙衣言整理出《永嘉丛书》(13种),收录了刘安上、刘安节、许景衡、薛季宣、林季仲、陈傅良、叶适等人的别集。从时间上,自北宋末期程学南传开始,一直贯穿到南宋中期陈傅良、叶适为代表的永嘉学派全盛期。入选书目本身,就是一部永嘉学派发展的学术史,这一工作对永嘉学派的复兴所具有的历史意义不言而喻。孙衣言十分推崇永嘉经世之学,受父亲的影响加之长期接触永嘉学说,使得孙诒让对永嘉经世之十分推崇。他曾这样描述道:“我朝乾嘉以来,此学(指永嘉之学)大盛……而某自志学以来,所最服膺者也。”[②]永嘉经世之学也成为孙诒让从事商业活动的一个重要原因。

另外,孙诒让也十分推崇墨子的科技思想。在《墨子间诂·经说》中,针对墨

① 孙延钊:《孙衣言孙诒让父子年谱》,上海:上海社会科学院出版社,2003年,第317—318页。

② 同上,第351页。

子提出的“圜，一中同长也”理论，孙诒让做出了自己的解释：“按《几何原本》云：‘圜界至中心，作直线俱等。’”针对《经下》中墨子提出的“临鉴而立，景到”这一有关光影的理论，孙诒让则做出了这一注解：“此即光学所谓约行线由侈而敛……”《墨子间诂》中的这些内容，不仅说明孙诒让将自然科学知识用于墨学研究，而且还体现出孙诒让对自然科学知识，以及西方先进科技的热情与推崇。正是因为这一热情与推崇，孙诒让才能坚持不懈地去学习西方先进的科技，并最终促成其商业活动。

2.后期学术研究与商业活动的关系

1897年以后，孙诒让将主要的时间和精力用于商业和办学等活动上，但他依然有在进行学术方面的活动。通过对孙氏这一时期学术活动的研究，我发现孙诒让在晚年并没有从事过多的著书立说一类工作。他主要是阅读各类关于西学的书籍，如1899年四五月时，孙诒让阅读了浙江书局刊本黄遵宪的《日本国志》(40卷)①；同年七月，孙诒让还阅读了他收藏的西洋动物学书各种译册，并与中国古籍参互推校。另外，孙诒让也订阅许多新式报刊杂志，以供阅读。

上述这些活动，极大地丰富了孙氏科学、商业等方面的知识，并对其商业活动奠定了基础。1904年，在孙氏撰写的《东瓯通利公司章程》中，他提出：“东西洋各国物质文明进展之速，其一原因，在于水陆交通四方畅达。”②正是因为孙诒让大量阅读了有关西学的书刊，积累了西学知识，才能提出这一观点，并最终付诸实践。

在创办富强矿务公司时，孙诒让采用了股份制的形式。“公司第一次集股本万元，孙氏族众应享有干股千元，以后随公司资本增加，以五千元为止。干股只许提息，不得取本……”③这种西式公司组织形式的提出，也是与孙诒让早先积累的西学知识分不开的。

(二)教育活动与商业活动的关系

1.教育目标与商业活动的关系

孙诒让在其1907年撰写的《学务本议》中提出：“夫学无新旧，唯其致用。”即

① 孙延钊：《孙衣言孙诒让父子年谱》，上海：上海社会科学院出版社，2003年，第290页。
② 同上，第316页。
③ 同上，第319页。

强调学以致用的教育目标。我认为这里的“学以致用”,意思是通过学习西方先进的科学知识与技术,来发展近代工商业,进而振兴国家的经济,以此挽救严重的家国危机。事实上,在孙诒让1907年以前的办学活动中,“学以致用”的教育目标就已经得到了明显地展现。

1895年孙诒让着手创办瑞安算学书院(次年改名为瑞安学计馆),这是一所致力于培养掌握算学(即数学)这一学科人才的专门型学校。之所以开办学计馆,是因为孙诒让已经深刻地认识到算学在西方各门学科中的基础作用,“泰西一切政教理法,莫不以算学为根本。”只有学好算学,打下牢固的基础,才能掌握并应用西学其他学科的知识,这样一来,国家富强、民族振兴便成为可能。因此,在有关学计馆的各个文件中,孙诒让强调了算学的重要性,如“学计馆之开,专治算学,以为致用之本”。在《瑞安新开学计馆序》中,他也提到:“……开学计馆以教邑之子弟……培养人才……以应时需,意甚盛也……”[①]上述文件中的说法,除能展现算学的重要性之外,还体现出“学以致用”的教育目标。

1897年创办的永嘉蚕学馆,不仅可以说是孙诒让为了发展温州的蚕桑业而进行的一次商业实践,也可以将其看作一所以培养具有先进蚕桑种养技术人才的专门学校。1897年孙氏撰写的《为创办蚕学馆告温州同乡书》,明确提出办学目的:“务使土桑劣种,逐渐改良,多病蚕身,随时治疗。”[②]1898年《蚕桑验要序》中重申了蚕学馆的教育目标:“……则吾乡蚕桑之学,行将渐兴……以与泰东西专家抗衡,则中国富强之机庶或在是矣。”[③]

学计馆、蚕学馆作为孙诒让创办的专门学校,其教育目的归根结底是为了培养具有某种专门知识或技术的人才。这些人才中的一部分,在学成之后便会投身于工商业的经营,如蚕学馆的学生,在学成后致力于传播先进的种桑养蚕技术,发展了温州乃至其他地区的蚕桑业;学计馆的毕业学生如郭啸吾,虽然没有直接在孙诒让创办的企业中就职,但也为温州本地实业的发展做出了贡献。

2.教育内容与商业活动的关系

由于孙诒让所创办的各所学校,都有着“学以致用”的教育目标,这些学校的

① 孙诒让:《瑞安新开学计馆序》,引自张宪文:《孙诒让遗文辑存》,杭州:浙江人民出版社,1990年,第291—293页。

② 孙诒让:《为创办蚕学馆告温州同乡书》,引自张宪文:《孙诒让遗文辑存》,杭州:浙江人民出版社,1990年,第90—91页。

③ 孙诒让:《蚕桑验要序》,引自张宪文《孙诒让遗文辑存》,杭州:浙江人民出版社,1990年,第365—367页。

教育内容便也自然而然地展现出“学以致用”“唯其致用”的特点。

1897年，孙诒让在其撰写的《为创办蚕学馆告温州同乡书》中，明确规定了课程的内容是：“搜集历来相传之中国种桑养蚕旧籍，兼采近时新译出版之法、日本各国蚕桑学书，并作教材，以资讲习。”[①]即以国内外种桑养蚕的技术与知识，作为蚕学馆教学的主要内容。

除了蚕学馆以外，孙诒让创办的其他职业学堂的教育内容，也都体现出“学以致用”的特点。如实用学塾的科目为：“识字、拼写、作文、书札、笔算、会计、阅报等八门。”商务学社设置的科目则为：“识字、写信、闽语、甬语、看银洋等。”[②]在《温处学务分处暂定学堂管理法》中，孙诒让提出了关于农工商业学堂的课程设置：“初等农工商学堂教科：修身、国文、算术、体操（普通科）外如农业应加格致或酌加地理、历史、农业理财、大意画图等科。”[③]会计、笔算、看银洋以及农业理财等科目，都体现出极强的实业性并与商业联系密切。

上面的两个例子，都是职业教育方面的。在通用教育方面，其教育内容也有着“学以致用”的特点。

孙诒让在《学务枝议》中提出“注重初级小学之应用科目……惟日本小学，率有薄记一门，教其懂理财计，为他日营业治生之助……又手工一科，为实业之基础，于应用尤为重要”[④]。这里孙诒让强调在小学教育中增设应用性的学科，从小学开始就教授学生薄记、手工等科目。长远来讲，这对于培养商业人才具有基础性的作用。

不管是教育目标还是教育内容，“学以致用”是这两者的共同特点。正是因为有了“学以致用”这个特点，孙诒让的办学和商业活动得以联系在一起。

另外，晚清众多士人的办学史可以被看作是一部筹措经费的历史。孙诒让从事商业活动的一个重要原因是为了缓解其办学事业在经费方面的压力。虽然孙氏的商业活动由于种种原因成效甚微，没能为教育事业提供很多经费，但经费确实把孙诒让的办学与商业活动联系在了一起。

---

① 孙诒让：《为创办蚕学馆告温州同乡书》，引自张宪文：《孙诒让遗文辑存》，杭州：浙江人民出版社，1990年，第90—91页。

② 孙延钊：《孙衣言孙诒让父子年谱》，上海：上海社会科学院出版社，2003年，第309—310页。

③ 温处学务分处：《温处学务分处暂定学堂管理法》，上海：上海时中书局，1906年。

④ 孙诒让：《学务枝议》，引自张宪文：《孙诒让遗文辑存》，杭州：浙江人民出版社，1990年，第41—46页。

结语:孙诒让商业活动的意义和影响

(一)孙诒让商业活动的意义

纵观孙诒让的一生,学术研究占了大部分的时间。其晚年从事商业活动的时间虽然不长,但孙氏的商业活动所具有的开创性的意义使其成为孙诒让人生中最重要的时光之一。这也是我研究孙诒让商业活动的原因之一。本文的内容主要可以分为孙诒让从事商业活动的原因,孙诒让的商业活动,商业活动中表现出的一些特点以及商业活动与办学、学术研究之间的关系这五个部分。其中,孙诒让的商业活动和商业活动与学术研究之间的关系两部分是全文的重点内容。我在孙诒让的商业活动这一部分中详细介绍了孙诒让在蚕桑、瓯柑业,渔业,交通运输业,矿业这四个领域进行的商业活动;商业活动与学术研究之间的关系这一部分则探讨了孙氏早期和晚期学术研究与商业活动的联系。最后,通过上述五个部分的叙述,我总结出了孙诒让商业活动的意义。

第一,孙诒让从事的商业活动的领域十分广阔,涉及到农业、渔业、交通运输业以及矿业。其中,在交通运输业方面,孙诒让创办的东瓯通利公司开了温州人力车业的先河并且影响后续几十年温州人力车事业的发展,其开创性意义十分明显。

其次,孙诒让从事商业活动时体现出的因地制宜与实业救国这两个特点对于我们今天仍具有重要意义。首先,在经济全球化的今天,一个国家经济的发达与否是国家综合实力的重要指标,也是广大人民生活幸福的重要保障。在这样的状况下,发展实业、从事商业活动,树立实业救国的信念就显得十分重要。在孙诒让生活的那个年代,实业救国表现为发展本国经济以对抗列强的经济侵略,而在今天,实业救国则更多地表现为通过发展经济来提高人民的生活水平。另外,因地制宜在今天更多地被理解为“具体问题具体分析”这一原则。在生产生活中,我们都会自觉地或者不自觉地运用这个原则来解决问题。

最后,商业活动不但是孙诒让对永嘉经世之学的一次践行,还可以看作孙氏对永嘉之学的传承与发扬。以孙诒让为代表的先贤推动了温州地区的创新和发展,他们对永嘉经世之学的践行使温州孕育了务实创新、实业报国、商行天下、善行天下的精神。温州人正是在这种精神的指引下抓住了改革开放的历史机遇,创造了举世瞩目的“温州模式”。

(二)孙诒让商业活动的影响

孙诒让去世于1908年,享年60岁。但其商业活动却不随孙氏的去世而停止,而是产生了深远的影响。

孙诒让去世后,他主持创办的蚕学馆继续发展。1911年,改称温州府官立中等农业学堂;1912年,复校名为温州蚕桑学堂;1915年,改为温属乙种蚕业学校;1923年,学校升格为温属甲种蚕业学校,规模达到6个班,学生200余人;1927年,学校又改为永、乐、瑞、平、泰五县联办,校名温属联合县立蚕桑职业学校。蚕学馆作为一所专业学校,对晚清至民国这一时期温州的蚕桑业做出了巨大的贡献:该校不但改良了蚕种,使得温州各地如永嘉楠溪、瑞安高楼、乐清虹桥、平阳南北巷的蚕农竞相订购,而且蚕学馆的学生还在每年的春蚕季节奔赴各地传授先进的技术。这样,蚕农获得了优良的蚕种和先进的技术,蚕学馆亦能获得经济收入与良好的声誉,温州的蚕桑业就这样得到了发展。

以东瓯通利公司为代表的人力车业虽然在孙诒让在世时成效甚微,但在孙氏去世后,温州的人力车业还在继续发展。孙诒让去世几年后,温州路况交通得到了改善,人力车车轮改为钢圈橡胶轮,乘坐人力车变为一种时尚,以上内容表明温州人力车业发展的条件已成熟。温州的人力车业也确实得到了大的发展,到1936年温州城内已发展到800辆,到1949年,温州市区共有人力车1154辆。中华人民共和国成立后,交通工具逐渐向多样化方向发展,人力车也慢慢被其他先进的交通工具所淘汰。直至今日,温州的交通工具比起新中国成立时又得到了极大的发展进步,而这一交通工具发展的源头则可追溯到孙诒让创办的东瓯通利公司。

在渔业方面,孙诒让在世时不仅创办渔业公司与学校,而且利用瑞安商会制定渔船生产管理、交税、防盗等办法,送省、道立案。在他去世后,瑞安的渔业继续发展。1928年,按《渔会暂行章程》的规定,成立了瑞安渔会;1934年,瑞安设省第三特区(温州)护渔事务所瑞安分所,由县长兼主任,为官办护渔之始,次年7月,改为温州护渔事务所瑞安分所,次年又改为温州渔业警察瑞安分局,下辖北麂警察队,负责护渔。除此之外,在民国时期,瑞安全县有大小集市(海鲜交易菜市场)23处,市场自晨至午设半日市。瑞安城关的南郊至西郊地属滨江,帆樯云集,山港货及鱼鲜起卸于此,行铺较为密集;东郊航船埠为河乡及赴永嘉小船、轮船停泊之所,商业也很繁荣。上述内容足见民国时瑞安渔业之繁荣。

哪怕是现在,我们依然可以从孙诒让的商业活动中提炼出一些具有借鉴意义的内容。作为温州从事商业活动的先驱,孙诒让永远值得我们去敬仰。

(许广律,温州大学人文学院2021级中国史专业硕士研究生)

试评价陈虬

张 彪 何钦楠

摘 要：陈虬是我国近代著名的维新派代表人物之一，在中华民族面临生死存亡之际，为了富强中国和解放人民，倡导“变”的思想和主张社会改革，在政治、军事、经济、教育、医学等方面提出了自己的思想和主张，大多创见具有价值。然而，由于时代局限性和自身思想不足，也可见其保守性和落后性。本文希望通过其思想主张和相关事迹的梳理介绍，给予陈虬一个基本肯定的评价。

关键词：陈虬；思想主张；评价

一、陈虬的个人生平简介

陈虬，原名国珍，字志三，号蛰庐，自称皋牢子。温州瑞安人，原籍乐清，虽已迁居瑞安十一世，仍喜自称为“乐清陈虬”。他是我国近代著名的维新派思想家，也是造诣较深的中医学家，还是瓯文拼音的设计者，留下的著作较多，成就颇深。其生于咸丰元年(1851)，死于光绪三十年(1904)，可以说他的一生处于中国最动荡、最屈辱、最无助的时代。

陈虬出生的那一年，正值太平天国运动爆发。咸丰十一年(1861)，陈虬开始接受启蒙教育，天资聪颖，“读书目十数行下”“终日不作诵声，及背读无一字遗”①。同治三年(1864)，此时的陈虬已 14 岁，为了庆祝国内动荡结束，其作诗《王师克复金陵诗以志喜》。同治四年(1865)，跟从其兄陈国桢潜心学习，后复从陈国桢学习易数。同治六年(1866)，参加应试，长沙徐尚书树铭见其文，“奇之，破例补诸生发落”②，开始重视词章、训诂之学。同治九年(1869)，参加秋试不中，开始留意经世之学，加上该年过度劳累，疾病缠身，便有志于学习医学。同治

①② 胡珠生：《陈虬集》，北京：中华书局，2015 年，第 475—476 页。

十一年(1871),徐启畴联合其创立兰书社,以便于同乡人为学。陈虬后多次参加省试,皆不中,但医术方面进步巨大,多次为人救治,成效显著。光绪七年(1882)先与陈介石、徐启畴等在瑞安组织“安乐村”,后改名“求志社”。光绪九年(1884),撰《治平三议》,即《宗法议》、《封建议》、《大一统议》,较系统地提出了其维新变法思想。光绪十一年(1885),建立利济医院和利济医学堂,创办《利济学堂报》。光绪十五年(1889),其39岁,过会试,为举人。光绪十六年(1890),入京参加会试未中,路过济南,谒见山东巡抚张耀,上书条陈八事,受重用。光绪十八年,撰写《元经宝要序》《经世博议序》《救世要议序》和《东游条议序》。光绪二十一年(1895),中日甲午海战战败,清廷求和,陈虬仍上京参加会试。光绪二十四年(1898),陈虬与陈黻宸、章献猷因会试见于京师,此时戊戌变法运动兴起。光绪二十六年(1900),北京被八国联军攻破,陈虬取消了其五十寿宴。光绪二十九年(1903),创造瓯文,撰成《新字瓯文七音铎》《瓯文音汇》。光绪三十年(1904),卒,终年54岁。

生于国家危难之际,长于社会动荡之间,陈虬的一生都试图以经世之术救时弊、富其国、强其军,倡导经世致用,望能抵御外族入侵,实现民富国强。认清现实之后,倡言“变”的思想,勤奋向学,致力于科举事业,求取功名以获权来实现改革变易,来实现自己维新变法思想和政治主张,然毕其一生,未取得成功。

二、陈虬的政治思想和军事主张

陈虬面对晚清衰败的局面,在救亡图存的时代背景下,以变易的思想和经世致用观为指导,提出了救国方案,积极倡导政治变革和军事改良。

(一)政治方面

1.批判君主专制制度

自秦代确立皇帝制度以来,经过两千年多年的发展,到了明清时期,君主专权达到了顶峰,明清之际,黄宗羲认为君主专制是天下之大害,提倡“法治”,改革君主专制制度。晚清时期,外族入侵,社会动荡,西学的冲击,使不少仁人志士观察到了君权高度集中的弊端,倡言改革。陈虬就是其中一位。

青年时期的陈虬,就已经注意到了皇权高度集中的弊端,其曰:“后世名法家倡为尊君之说于是乾纲独揽,居其位者辄以为犬马之道以驭其臣,威福自专,复侈然日以从事于声色、范囿、狗马之娱，而篡弑之活烈矣。”[①]为了救时弊，他回到先秦去寻找救世的“药方”，其提出以先秦社会的封建宗法制度来矫正君主专制制度。提议将晚清的地方“省、府、厅、县行政区划”改为古代“公、侯、伯、子、男国”，给予地方更大的自主权，这是其“分镇”的主张。与此同时，为了更好地分权，其也对地方官制的改制做了具体的规定。当然，在当时的时代背景下，其并不想完全废除皇帝制度，仅主张适当地限制君权，“凡国之大事，君以为然，三公以为否，则格不行君以为然，三公或然或否，则诏本科大宰及左议曹等参议，谋众乃从”[②]，希望加强大臣的决策权，去限制皇权。我们可以看到，陈虬并不是像王莽一样，一味地复古，而是有所变通，由于其时代的束缚与自身思想资源的局限，还打不破“尊君”的牢笼。不过，在一定程度上，质疑君主专制制度的神圣性，体现了其政治思想的进步性。

2.设立议院，广开言路

西学的传播，使陈虬了解到西方议院具有“下情上达”之优点，希望中国建立类似于西方的议院机构，广开言路。其曰：“今牧令以数千里外语言不通之人，贸贸然亲临其上，父事兄事，碎不得其要领，不得不委之无识之吏胥。于是施其鬼贼狡脍之计，蒙蔽长官，吓诈平民，上下奎格，而弊不可胜言矣。”[③]他认为像吏胥这样专权的官吏造成了君民相隔的局面，中央与地方的交流出现危机，社会问题才会积重难返。

他作为一名熟读古书的知识分子，深知中国古代无议院之名，但有其实“考之传记，黄帝有明堂之议，实即今议院之权舆。《管子·大匡篇》：‘凡庶人欲通，乡吏不通，七日囚。’郑子产不毁乡校，其知此义矣。盖古圣铎之设，犹轩之使，皆诱之使言，凡以求通下情而已。”[④]可以看出，他的主张的议会制度非西方的议会制度，而是带有中国古代浓厚的“民贵君轻”的民本思想，其目的只是为了“通下情”。

在具体的操作上，其认为将西方的议会完全照搬至中国是不必要的，西方那一套“其制繁重，不易操作”，陈虬主张在中央和地方都建立议会。首先，在中央，把中央议院建设在督察院衙门下，并受其控制；其次，在地方上，可以在书院或寺

① 胡珠生：《陈虬集》，北京：中华书局，2015 年，第 7 页。

② 同上，第 5 页。

③ 同上，第 419 页。

④ 同上，第 419 页。

庙的基础上建立议院,地方上的大事必须通过其集体审查决定。不仅如此,地方官员要亲临议院,“与地方父老周咨详问,互相驳辩,议定而后行。务使上下之间煦煦味味,如家人父子之自议其私”。[①] 地方议院的职权仅仅局限于对地方大政方针的讨论和咨询,并无实权。因此,无论中央或地方议院绝非西方式的立法机构和实际掌握权力的实体。正如学者论道:“其作用仅仅在于扩大言路,通上下之情,以消除君臣、君民之间的隔阂,这种议院不过是一种咨询机关。”[②]此外,其议员也不是出于民选,中央议员必须是官吏出身,普通民众并无权力。地方议院遇大事需要集议,也并无正式议员,这样的议院所能起到的作用值得怀疑。

3.官制改革

晚清时期,官僚队伍急剧膨胀,冗官现象十分严重,官僚体制改革迫在眉睫。他认为应该从以下方面着手:

第一,裁撤冗官和精简机构。其主张“裁内务府、织造等官。其朝、庙一切度支、仪制,可按部分办”[③],以此来减轻财税不足的状况。第二,强调满汉平等。从清初开始,满清就一直实行民族歧视政策,满族、蒙古族一直享有特权,到了晚清,民族矛盾日益尖锐,故此,其提议“官设九品,文曰正,武曰从,满汉一例”[④]。第三,重视地方县令在治理地方的作用,强调加强对县令政绩的考绩与监察。这可能与其长期在小县城生活有关,提出“讲富强当首重县令始”[⑤]的观点。第四,主张网罗人才,知人善任,严格内外官升转。官僚的腐败,其认为贤才不得其用是重要原因,故此,陈虬认为“网罗人才,尤今日切中之切务也”[⑥];其又曰:“内官以吏、户、礼、兵、刑、工分属,外官以省、道、县为纲……其升转之法:知县必由主事试用始得升补,知县以上则内外对转,庶扬历中外,得以练达朝野掌故。”[⑦]“内外调换”之法,使得京官能有机会了解基层的情况,外官更易传达民意,这样才能让中央和地方有效的沟通,使天下大治。

总之,陈虬的政治思想和主张目的是为了改变政局的混乱局面,具有时代性和进步性,较前人来说,提出不少创见之说,充满价值与智慧,但由于时代的局限

---

① 胡珠生:《陈虬集》,北京:中华书局,2015 年,第 420 页。
② 许神恩:《陈虬维新思想研究》,湖南师范大学硕士学位论文,2008 年。
③ 胡珠生:《陈虬集》,北京:中华书局,2015 年,第 19 页。
④ 同上,第 20 页。
⑤ 同上,第 22 页。
⑥ 同上,第 420 页。
⑦ 同上,第 20 页。

性和其自身观点的不足，从其观点中看，给人一种“纸上谈兵”的意味，难以付于实践。在其“中体西用观”的指导下，为学习到西方制度的精髓，更多是以中国古代部分制度和组织比附近代西方的政治制度和机构，未看到君主专制制度是社会发展、国家富强最大的阻碍，未提出完全废除该制度的主张，这是其局限性。然而，敢于质疑“君主专制制度”的合理性，并提出建立议院机构矫正其弊病的主张，已有超越前人之功，对官制的改革主张，也具有合理性。整体来说，其政治主张多代表着时代前进的方向，基本上是进步的。

(二)军事方面

陈虬的父亲和叔父以军工述职，在这样的家庭环境下长大，所以他幼时起就开始喜欢体育和军事，稍长些，便跟从父亲和叔父练武，常“路不平，叱咤用武”。中法战争之后，中国的边疆危机日益严重，作为关心国家安危的读书人，他非常关注国家的军国政事。他提出了用军事改革来护其国、求其强。面对中华海陆边疆危机日益严重的艰难处境，他在 1892 年著的《经世博议》中提出了“筹海御边”的军事防御策略，主张“以守为战”。

1. 海防、陆防并重

自鸦片战争以来，中国在海战上屡战屡败，洋务运动的开展，也十分重视“海军”的建设，陈虬深明其理。而且，中国一直以来是背靠大海、以陆立国的国家，拥有辽阔的疆域，边疆线十分狭长，多国觊觎中国的疆土，故其说到“今日边防之急者，东北则保满、蒙以卫本根，西南则护卫藏以固藩篱”①，特别重视对俄罗斯的抵御。1874 年，日本染指台湾，朝野上下掀起了海防、陆防孰重的争论，而陈虬则坚定地主张海陆防御并重。在陆防方面，陈虬希望修建通边疆的铁路，加强军事交通的建设，以及采取“兴屯保甲、加强军事防御工事”的措施，提高边疆的抵御能力。在海防方面，提出一些较为具体的措施，例如在沿海各置炮台、自制炮弹等等。

2. 提高军队战斗力

陈虬思考到，晚清出现边疆危机，一方面与西方列强的侵扰和武器装备的先进密切相关，另一方面也与清政府武器落后、军备废弛和统治者不思变法有关。

① 胡珠生:《陈虬集》，北京:中华书局，2015 年，第 56 页。

在其文章《筹边》中，详细分析了中国边疆日益严峻的原因，故此主张采取措施，提高军队的战斗力。第一，主张加强训练，提高军人的战斗素质。第二，重视将帅的作用。“将官皆当略通文义，须辑一韬钤简明之书，使令平日讲习，”[①]为将帅者，必须有一定文化水平。此外，其还认为，拥有一定的战斗经验也是必要的。第三，采取适当的军事策略。其认为，中国海军建设成就不大，原因在于盲目追随西法而未学其根本，“事事仅知摹仿门面，未尝深求其命脉、弊病之所在”[②]。振兴海军，必须结合敌强我弱的国情，采取正确的军事防御策略，其提出了“以弱御强、以小胜大、以散敌整”的方针。

3. 全民皆兵

陈虬不仅重视正规军队的建设，也关注地方武装的建立，广泛鼓励民众参与军国大事，建立起“全民统一战线”。有学者论到，陈虬提出“联师儒以安万民”“做其同仇敌忾之心焉”的宏观军事构想，希望社会各阶层能够团结一致抗敌御辱、保家卫国，正可总结为“全民统一战线”。[③] 其非常重视基层民众的力量，希望建立保甲、民团等组织，建议他们采取正规军的训练方式，提高自身的军事素养，此外，也希望通过组织渔团、训练僧兵的方式，全民参与防御。

陈虬在军事方面，海、陆边防并重的思想和主张是正确的，至今我国采取的边疆防御策略基本是此。其对边疆形势的判断，经过历史检验，大致无误。提高军队战斗力方面，不少献策也值得运用。然其军事思想和主张，带有浓厚的落后的军事思想残余，更多是中国古代保甲制度的翻版，实用性值得怀疑。

三、陈虬的经济思想

(一)农业方面

中国自古以来以农立国，农业的发展水平决定了社会的稳定度和国家的富强程度。明清以来，人口的急剧膨胀与农业生产水平低下之间的矛盾越来越严重，为了缓解农业问题，陈虬从改革土地制度和提高农业生产量等方面提出了自

---

① 陈虬：《治平通议》，北京：朝华出版社，2018 年，第 57 页。

② 胡珠生：《陈虬集》，北京：中华书局，2015 年，第 76 页。

③ 吴妮妮、冀晋才：《军事与政工结合：陈虬军事思想新探》，《温州职业技术学院学报》，2019 年第 4 期。

己的主张。

在改革土地制度方面，其主要集中在限田和垦荒两个方面。他认为："贫民辛苦起家，尚属自食其力，其富宜也。唯士人一行作吏，即满载而归，产业多从贪墨所得，不可不为之定限。"[①]贫民本来生活不易，限制民田的做法只会让普通百姓生活雪上加霜，而官吏多贪污受贿，生活富足，于是，其主张通过限制官吏占田来缓解土地兼并的积弊。由于近代战乱不断，有的人战死，有的人为躲避灾祸远离故乡，故出现不少荒田，对此，其提出的具体方法有二：其一，招民佃种荒地；其二，安置流民垦荒。

在农业生产方面，其认为必须学习西方先进的自然科学知识和种植技术来增加农产品的产量，降低生产成本，以抵御列强农产品的出口，降低贸易逆差。"环球巨利，百谷为首。刍狗树艺，国将萎瘁。西土先觉，神明兹道……建农院，则新理于焉日出。吁嗟我夏！稼穑维艰。耕敛不足，补助乏闻。荒歉一遇，饿殍载途。振作稍缓，斯艺恐梏。近日报章，率多议及，录辑其要，不无裨补。一则可以兴中华固有之利权，一则可以敌外洋勃起之商务，斯亦有志之士所乐观乎！"[②]"每省各派精通化学、植物学者巡视辖境，专办其事，视有成效，册报存档，优以不次之赏，其利未可以亿计也。"[③]由此可以看出，其将"西学为用"的理论运用于农业生产方面，借西洋之术以促进农业的发展，并继与西洋争利。

（二）工商业方面

1. 奖励工商，提高商人地位

中国自商鞅变法起，历代采取"重农抑商"的政策，在"士农工商"的社会结构中，商人的地位最为低下，各个朝代都对商人采取打压的方式，有意降低其社会地位。近代通商口岸开通以来，大量西人来华贸易，赚取了大量钱银，民贫国穷，加上近代温州士绅复兴并传承着南宋永嘉学派的"事功"思想，故此，陈虬希望通过"奖励商人"的办法来促进工商业的发展。其认为最好的方式为"每人总税银三百两矣。宜奖以九品。二百万者八品，三百万者七品，四百万者六品而止。皆

① 胡珠生：《陈虬集》，北京：中华书局，2015年，第25页。

② 同上，第355页。

③ 同上，第45页。

赐以利名郎,志乘列名。逾四万万者爵以通侯,赐名裕国,国史列传。"[①]

2.兴制造,发展机器工业

在西方入侵之前,中国没有完整的工业体系和相关机器生产经验,故此,唯有"照葫芦画瓢",模仿西方的机器生产技术和相关制度,来发展本国的机器工业。为了不过分依赖于西方工业,其主张我们应该培养自己的技术人才,"以士为师,以工为徒,引伸仿制,十年之后谓制造不及泰古者,吾不信也。"[②]

此外,陈虬为了激励人们敢于发明创造,主张采用西方的专利制度,凡"能自出新意、制器利用者,造成报官给照,酌准专利年分。其或确能利用者,准世其业,物勒工名",[③]如果机器发明者无力自措资金投产,政府应当大力扶持,出示招股,尽民力。

3.广商务,与洋人争利

自西洋人采用鸦片打开了中国的贸易大门,中国一直处于贸易逆差的困境,大量钱银外流,长期已久,国无养兵之银,民无生存之钱,故此,陈虬提出"与洋人争利"的主张。他认为与西人"商战"获胜的关键在于:扩大出口,减少进口,敢于去参与竞争。其曰:"今中国习用洋货,其实中国之器玩,西人亦嗜之若渴也。丝、茶、大黄,无论矣。此外如苏州之顾绣、处州之冻石、江西之瓷器,西人皆啧啧称赏。苟再能设局采购各省新奇可喜之器玩,载以出洋,当可获利。"[④]从其话语间,可以看出对此充满了信心。

陈虬还呼吁政府给予鼓励、保护本国国民进行对外贸易,搜集外国贸易情况的相关信息。此外,其认为自开商埠口岸是振兴本国商业的又一途径。其认为,在被迫开放的通商口岸中,西洋人得到种种特权,在贸易中掌握着主动权,与其这样,不如我们自己自开商埠,主动出机,自己掌握商埠管辖权和贸易主动权。

4.鼓励开办民营企业,提倡效仿西方的公司制度

洋务运动中官办企业的开办,陈虬深明其弊,故此,主张鼓励民营企业的创办,弥补官办企业的不足。"保险、信局、铁路、矿务官力所未及办者,可准华商包

---

① 胡珠生:《陈虬集》,北京:中华书局,2015年,第40页。

② 同上,第39页。

③ 同上,第39页。

④ 同上,第40页。

开，许其专利若干年。”[①]通过西方的专利制度来鼓励民营企业的发展，此外，大量华人为了生存，出国谋生，不少华人、华裔积聚起一定的财富或掌握了西方先进的科学技术，“夫华工久在西国者，于制造、机器、矿物诸西学濡染既深，当能得其指要”[②]，陈虬希望借助华人、华裔的力量，解决资金不足和技术人才短缺的问题。

在商业管理方面，陈虬十分倾慕西方的公司管理制度，主张中国商人应该仿效西方成立股份制公司，不用官府干预，而由民间自由集资。他在《温州出口土产宜设公司议》里就提出了在温州成立公司的较具体设想。

陈虬的经济思想和改革主张涉及农业、工商业等方面，对工商业领域的发展关注尤甚，其目的是希望建立一个稳定、有序的国内市场，利用西方先进技术、管理制度和经济理论，促进民族资本主义的发展，从而使民富国强。其冲破了中国传统“重农抑商”的思想束缚，不少主张和关切，超出了同时代人的水平，具有一定的实用性和进步性，对当时的人产生了较为深远的影响。其思想不仅受到了宋恕、谭献等人的赞赏和山东巡抚张曜、两江总督张之洞的关注，而且集中体现其经济思想的《治平通议》一书还被梁启超收入《西学书目表》，从而声名鹊起，名噪一时。然而，其作为近代中国过渡时期的读书人，没有系统学习西方经济理论和参与现实实践，其说难免存在说教性和理想主义，谬误的地方也不少，但这也不足遮蔽其耀眼的光辉。

四、陈虬的教育思想

1. 开民智

陈虬并非出生于文化世家，而是出生于军事家庭，父辈多希望其发愤读书，为祖宗争光。自身聪颖，在广泛接触到西方思想后，其认为中国羸弱的原因在于国民愚笨，其认为西方教育制度具有优越性，曾谈到“泰西八岁不学，罪其家长，一艺之细，亦开学堂，故人材奋起，国势日强”[③]，还认为日本维新变法之所以取得成功，是因为日本重视教育、重视人才的培养。这集中体现了其教育救国的思想，因此，其希望通过振兴教育、开民智来挽救民族危机。

---

① 胡珠生：《陈虬集》，北京：中华书局，2015 年，第 39 页。

② 同上，第 41 页。

③ 同上，第 398 页。

为了普及教育,其也重视女学教育,提议“宗设小学、女学各一”[①]。中国传统盛行“女子无才便是德”的思想,女子入学一直受到限制,陈虬认为,西方推崇男女皆入学,日后成果国家栋梁,中国应效仿西方,禁止缠足,让女子获得教育的机会。1884年,他撰成了《女婴堂议》,其中对女子不幸充满了同情,从中可窥见其女学教育思想,他建议对“女婴六岁以后渐督以女工……年届十三,各令夜课文史及算数……五年,董事亲试优劣,各加赏罚”[②],一方面希望女婴掌握基本的生存技能,另外一方面希望其掌握文史等知识,提高女子自身的文化素养。启发女子的智慧,也是开民智的重要部分之一。

为了实现其主张,陈虬提出较为具体的措施。第一,兴讲堂、建学校,开展师范教育。要发展师范教育,其认为“方言、格致、制造、矿机、军师、武备诸公局学堂而拓为师范,继以自强,识时务者可不谓之既藏乎哉”,[③]他还试图通过上疏获得官方的支持。陈虬在《经世宜开讲堂说》里认为,中国地广人多,不患无才,只要开讲堂、兴学校、普新学,“异材不啻斗量”[④]。第二,为了便于普及教育,实行文字改革,创造瓯文新字,并撰写了《新字瓯文七音铎》《瓯文音汇》。陈虬指出,汉字较西方字母,具有笔画多、字数多等缺点,不利于民众快速掌握,文化不兴,则国难求富强。第三,建立类似于今日公共图书馆的“心兰书社”,以便于同乡人学习。

陈虬种种措施的目的是为了更有效地普及教育和开发民智,“不论妇女、农野,每日熟课一点钟,月余皆能写信记帐,简捷无比。一人学成,可教一家,尚祈大力推广,多开新字瓯文学堂,进化当视寻常学堂,事半功倍。”[⑤]然而,在当时糟糕的社会环境下,不能将其付诸于实践,且其新字瓯文方案也较繁杂,领会的人较少,操作难度也较大,故影响有限。

2.改革科举制度

陈虬自启蒙起,努力学习科举知识,致力于科举考试,终于在其39岁,以末榜中秀才,后多参加会试不中,抱憾去世。陈虬对科举制度应该是非常熟悉,对其弊端也深有所感。科举制度发展到清末,其自身积弊已久,像陈虬这样的士人深知时局动荡,西学的冲击让其思想出现多元性,科举考试让读书人沉迷于儒家

---

① 胡珠生:《陈虬集》,北京:中华书局,2015年,第4页。

② 同上,第262页。

③ 同上,第360页。

④ 同上,第361页。

⑤ 同上,第409页。

经典，脱离现实，故陈虬感叹到“科举，盛名也，而弊矣”[1]，不能有效地为国家培养真正的人才，其从经世致用的角度主张改革科举制度，提出相应的方案。

陈虬十分清楚“八股取士”缺乏实用性，主张全废除之。他提出改设五科，即“艺学、西学、国学、史学和国学”。根据陈虬所列的功课，规定五场皆录用。如此士人学习的内容皆为实用之学，由浅及深，所学知识要求广泛，国家培养出的也都是不器之器，“治平之道基此矣”。此外，陈虬提出对考生年龄也做了限制，规定二十五岁还没有通过乡学考试的强制其改习别业，十六岁如果还没有开始攻习学业，其他考试全部取消，有违反规定的罚做苦役。

3. 加强医学教育和商业教育

在陈虬二十岁时，因过度劳累，身患重病，“得咯血不寐症”，加上秋试不第，便潜心学医，兼以谋生。从 24 岁开始，“排日自课”习医。26 岁时开始出议方药，步入医师行列，治愈过很多疑难杂症，成为受人尊敬的名医。他十分重视医学的作用，不仅希望国家把医学作为“登民仁寿”的十科之一看待，而且还在蒙学课本《利济教经》中专门列有医道、医统两章，要青少年从小就知道医学事业的重要。他还发起创办了利济医院、利济医学堂。时人评论说：“捐一身事业功名，为医学大开教育。”

陈虬十分强调医学对“保种”的重要性。在国家饱受欺凌之际，黄种人面临灭绝的危险，其认为只有靠医学才能保住黄人之根。其举“轩辕氏因其《黄帝内经》而君临天下”的例子，证明其观点。不仅如此，其进一步议论到“故夫医也者，不独其能疗疾、为生、延年也，人类之蕃，道昌而运隆，罔不基此”[2]，在其看来，医学不仅能起到治疗疾病、保障卫生、增加寿命的作用，人类的繁殖生长以及“道昌而运隆”，都离不开医学的帮助，所以当今只有靠医才能使吾国人种得以保存。

为了避免庸医误治、滥治，他主张加强医学教育，从小培养医学人才。他在光绪十年(1884)撰写《医院议》；于光绪十一年(1885)，同陈孝廉、何明经、陈茂才等人在瑞安创建利济医院和医学堂。陈虬特别明确了建院授课的目的，学习医学经典的同时也要了解其他理论，希望所习皆为“明体达用之学”。陈虬希望通过简捷的教学方式，能使学生在短期内掌握多方面知识，早日成为报效国家的人才。

在商业教育方面，前文所述，陈虬十分重视工商业的发展，故此，为了更好地

---

① 胡珠生：《陈虬集》，北京：中华书局，2015 年，第 390 页。

② 同上，第 294 页。

与西人争利,其主张通过教育手段,提高商人的素质。他建议学校开设工商等相关课程,“十年树木,深虑缓不济事,宜令各府州县,各设小学堂四所,分兵、农、工、商四门”[①]。义塾则要添设商学一门,选拔聪颖子弟入学选修商务,教学内容主要为“习算,习看银洋,习方言,习书札,兼阅洋报”,[②]从而达到拓宽知识领域即“广见闻”的目的,学成以,后则“资以外出,办理商务”。

五、陈虬的医学事业和社会救济

如上所述,陈虬自二十岁,学医治病救人,与他人合作筹建利济医院和利济医学堂,重视医学人才的培养,先后著《利济医药讲义》8册、《元经宝要》2卷、《瘟疫霍乱答问》1卷、《利济本草》6卷、《利济医统》6卷、《医雅》4卷、《医绎》4卷等多本医书,贡献颇多,为人称赞。

1. 医院、学堂的建立和治病经历

光绪十年(1884),陈虬撰写《利济医院议》,此为我国近代第一份建立中医医院和中医学校的计划。1885年,陈虬与陈黻宸、何迪启等人共同创建利济医院、利济医学堂,招收从医学徒,培养医学人才。学堂以“道济群生,泽衍万世”“借学堂为造就人材之地”“以冀将业勉成国手,方不失上医医国之旨”[③]为宗旨;借鉴西方办学制度,传授传统中医理论;借鉴先进教学体制,制订《习医章程》《学堂教条》等制度,实施股份办学;教学内容分普通课和专业课,并自编《利济讲义》《利济语文课》等教材;采取灵活的教学方法,开辟临床实习基地,设置生药局和鲜药圃,吸收有专长的优秀中医人才任教。利济医学堂为温州近代第一所培养医学人才的机构,学堂附设医院,他自任主讲,所编的《利济教经》是近代中国最早新式医学教科书。1895年,又在温州小高桥设利济分院,在周宅祠巷设利济分院学堂,后经营不善,亏损严重。

为了更好地宣传维新变法思想,1896年添设药房,分设利济学堂报馆于温州府前街,陈虬亲任主编,刊行《利济学堂报》。学堂报以传播维新变法思潮为宗旨,亦刊载了部分医学讲义和论文,兼及时事、洋务、农学、艺事、商务、物理、化学等多方面的内容,实为综合性学报,后《利济学堂报》经营不善,负债累累,被迫

---

① 胡珠生:《陈虬集》,北京:中华书局,2015年,第397页。

② 同上,第113页。

③ 同上,第325、320、325页。

闭馆。

陈虬自其26岁起，才始“出议方药”。光绪三年(1877)，秋冬时节，瘟疫爆发，其医治了患瘟疫的许方荪，使其“吐泄均止”，同年，治愈了因产后大量服姜汤而致萎靡的妇人，因为其医术在疾疠中获得成效而备受赞誉，扬名于外。此后，多次为人医治，解决了不少人的疑难杂症，陈虬将其治病大量案例记录于《蛰庐诊录》中。陈虬对中西方医学之关系，持有正确的主张，其阅读了大量中国关于医学方面的经典著作，如《黄帝内经》《伤寒杂病论》《千金药方》等等，对中医理论了解颇深，然对西方的医学知识也多有关注，强调“中西并济，以西佐中”的思想主张，肯定西医的价值。

2.社会救济

陈虬的社会救济贡献主要体现在以下方面。第一，陈虬长期生活于瑞安，感叹“瑞安值全浙尽处，由省垣东南行，历婺、括万山入东瓯，而县治然斗出滨大江，风气阻上郡，故邑鲜以文学、功名自见。其嵚奇多之士，皆苦无书可读”[①]，学子饱受其苦，于是与许启畴、陈献哀等人一起创设“心兰书社”，以供贫寒子弟使用。心兰书社可视为我国近代第一个公共性质的图书馆，它的创立不仅给当地苦寒且无书可读的读书人提供了众多的文化资源，也为当地文化带来了更加开放的格局，社会教化意义重大。第二，女婴救济。在中国浓厚的“重男轻女”的观念下，许多家庭遗弃女婴，陈虬对此多有关注。1884年，他撰成了《女婴堂议》，认为以往的育婴堂存在弊端，“办之者往往不得其法，男孩尚易为功，女婴每苦无术。虐之如鸿，豢之如采，人遂视婴堂如废疾院。纵至出堂之后，或取为假女、养媳，邻右亲串亦耻为伍，终其身不能自拔”。[②] 陈虬对这些命运悲惨的女婴表示深深的同情，并试图为其提供帮助，建议在城中某隐蔽之处建女婴堂，堂中雇请壮盛乳妇哺养女婴。婴堂所耗经费则“选劝殷实铺户，日捐数钱，中户米月数升，约里千户，岁一千贯，不难致也”[③]。如前所说，考虑到这些女婴的前途和未来，他主张女婴从小开始学习女工等谋生技术，并学习文史知识来具备基本的文化素养，这有利于妇女的思想解放和个人自由的追求。

陈虬在医学事业方面，下了比较大的功夫，不仅与乡人共同建立利济医院和利济医学堂，为人治病与培养医学人才，而且也努力参与社会扶持与救济，承担

① 胡珠生:《陈虬集》,北京:中华书局,2015年,第294页。

② 同上,第262页。

③ 同上,第262页。

其社会责任，发扬儒家“兼济天下”的奉献精神。其医学事业的建立与发展，为温州中医医学事业的复兴奠定了基础，对中西医学关系的正确论述，便于西方医学的传播与利用，有利于促进温州医学的近代化。陈虬还亲自参与治病救人的实践活动中，在抗击瘟疫的斗争，其提倡的方法与手段以现代的医学眼光看，虽部分主张与论说显然比较荒谬，但还是有值得实践的地方。医学论著的撰述，为后世留下借鉴，以及其对医学人才培养的高要求，体现了其医德高尚。其对社会弱势群体救济的实践与构想，有利于良好社会环境的营造。

六、对陈虬的整体评价

以上，笔者从政治、军事、经济、教育、医学和社会救济等诸方面，大致展现了陈虬的思想主张和社会贡献，其思想多不系统，毋庸置疑。然作为维新派人士，其倡导“变”的思想和社会改革的主张，都是基于时代背景下的正确反应，符合历史的发展方向。

陈虬生于中国由传统到近代的过渡阶段，其思想主张一方面具有进步性和实践性，另一方面不可避免地具有落后性和说教性。他出生于温州瑞安，因其地缘性对南宋永嘉学派的“事功”思想多有继承与发展，也受到早期维新派先驱龚自珍、魏源等人经世致用思想的影响，自己希望自己提出的主张，能切于实用。随着局势的日益崩坏，对西方的了解与西学知识的吸收更加深入，融汇于一身，形成具有个人特色的维新变法思想。其一生致力于社会的进步和国家的富强，在一段时间内代表着社会前进的潮流与方向，具有进步性和爱国性。

其重视教育的作用，鼓励予民权、开民智、“以人为本”的思想主张，看到了人才对推动行业发展和国家富强的重大作用。其对于君主专制制度和科举考试制度的批判并提出改良的主张，对人们思想的解放和个人自由的追求，具有巨大的意义。比早期维新派思想家如王韬、薛福成、马建忠等人，较先关注到了设立“议会”的重要性。为了普及教育，创造新字瓯文方案，加上提倡女子也接受文化教育，有利于促进普通民众素质的提高和社会“男女平等”观念的形成。陈虬的主张都是根据现实问题而发，具有针对性和实践性，如政治上的官制改革、经济上的工商业发展、军事上的边疆防御、教育上的开民智和医学上人才培养等等，反对过去的“重义轻利”的思想，主张“义利并重”，至今具有现实性意义。

然而，作为过渡时代的人物，其思想和学说无可避免地具有局限性和保守性。陈虬看到中国传统制度的弊端，如君主专制制度和科举制度，只能采取逐步改良的主张；对西学的学习，固囿于“中体西用”或“西学中源”的框架之内，如对议院的引进，只能依附在维护清政府的统治下，在其看来，资本主义经济的发展也离不开官僚势力的扶持。其多项主张，仅寄希望于当局政府，依赖性强。不仅如此，陈虬对一些长期盛行于中国的落后观念，表示赞同，如认为“三纲五常虽极千祀而难革也”[①]，便遭到好友宋恕的批评。陈虬还有复古改制的主张，认为宗法、封建等先秦制度，于革今日时弊大有裨益，也提出“分镇”的政治建策，可见历史循环论对其的影响，不谓不深。在与他人谈论中国古代医学相关问题时，附会于“阴阳、五行”之说，带有迷信落后思想，这具有落后性。

总而言之，瑕不掩瑜，陈虬虽一生未完成其志愿，其思想主张也多有不足，然而其紧跟时代步伐，以“天下兴亡，匹夫有责”的责任感，关注国家的方方面面，在国家生死存亡之际，提出自己的思想和主张，对世多有裨益，也为后来的戊戌维新变法提供了一定的思想借鉴，在一定程度和时间范围上来讲，其代表了时代前进的方向。

（张彪，温州大学人文学院2020级中国史研究生；何钦楠，温州大学法学院2021级法学专业学生）

① 胡珠生：《陈虬集》，北京：中华书局，2015年，第18页。

张棡与林骏交游考

——以《张棡日记》《林骏日记》为中心

陈　林

摘　要:张棡与林骏同属温州地方士绅,两人因共同的志趣爱好、姻亲关系有颇多交集。探寻他们的日常生活交往、学术切磋、新旧思想等,对于了解二人的待人处事方式、性格特征有重要作用,且有利于全面深入地认识历史人物,并对拓宽地方士绅、交游研究大有裨益。

关键词:张棡;林骏;交游;知己

中外学界关于人物交游的研究,大多都偏向于民族、国家和社会的上层人物,而对于那些在地方社会有不小影响力的人物研究甚少,张棡和林骏即属于后者。目前对张棡的研究多集中在他的阅读世界[①]、社会事业[②]、日常生活[③]等,但对张棡的交游并未涉及,因此笔者以《张棡日记》与《林骏日记》为主来探讨张棡与林骏的交游,以期更加全面地了解张棡和林骏,拓宽对地方士绅的研究。

张棡(1860—1942),字震轩,号真叟,晚年自号杜隐主人,瑞安汀田人。廪贡生,终生以教书为业。民国《瑞安县志稿》称他"造就后进无虑数千人"[④],他还是地方士绅,参与筹办海塘,修寺庙等,在地方社会有不小的影响力。林骏(1862—1909),字宝熙,号籥云,又号小竹,瑞安城关人。廪膳生,以教书为业。《林骏日记》虽残缺不全,但对于研究清末江南知识分子心路历程、交游活动和当时学术

① 尤育号:《在旧学与新知之间:一个乡村士绅的阅读世界》,《历史教学问题》,2011年第4期,第93—100页。

② 李萌:《清末民初瑞安地方士绅与社会事业》,《湖南人文科技学院学报》,2017年7月第34卷第4期,第29—33页。

③ 尤育号:《乡村士绅张棡的日常生活和阅读世界》,《因地制宜:晚清温州士绅社会研究》,上海:上海三联书店,2019年,第248—285页;李发根:《近代乡村社会环境变迁的乡土叙事:浙南乡绅张棡的日常生活史考察》,《中国农史》,2019年第4期。

④ 瑞安县志委员会:《民国瑞安县志稿》,出版社不详,1935年,第54页。

文化风气仍然具有相当的参考价值。张棡的生平好友中,长一辈有孙衣言、黄绍第,师事孙诒让,与宋恕、陈虬、陈黻宸亦有交往;其后往来较密者,有杨绍廉、刘景晨、池志澂、林骏、洪彦远等。其中比较特别的是他与林骏的关系:“洎予娶君女弟为继室,往还尤密。”[①]他们因姻亲关系来往密切,又因共同的志趣爱好成为知己。张棡、林骏二人有过密切的交游,并且有着深厚的友谊。兹以四个方面具体论证。

一、情关手足,志趣相投

张棡是林骏的妹夫,本就因姻亲关系来往密切,再加上两人都有共同的志趣爱好,其交往超越了普通的郎舅关系。

张棡极爱观剧,林骏亦是,因此两人经常相约去观剧;除此之外,两人都还喜欢看灯,带着自家孩子一起,共享家人欢聚之愉。

如果说是彼此共同的娱乐爱好,使他们成为好友,这是远远不够的。二人“文字之契好”“酷好书”[②],才是使他们成为良朋畏友的关键。他们经常在一起欣赏前人旧作[③],只要看到对方想要或猜测对方有需要的书,就会不遗余力地买下:

> 轩兄又代余购来《无邪堂答问》五册、《续富国策》四本、《格致书院课艺》十三本。[④]
>
> 据小竹云,前日余欲买《清议报》,昨日轮船抵温,黄敦卿已于昨晚动身,延曙、季芃均托伊先购本年报计洋六元,而余全份则由小竹令徒叶芰汀先行垫费。惓惓友谊,令人感荷,因于书尾致谢数语。[⑤]

林骏知晓张棡想要购买《清议报》,但当时没有多余的钱,林骏自己借钱为其购得,张棡叹这样的友谊,令人动容。除此之外,还为对方论书价亦或是为对方

① 张棡:《故明经内兄林君小竹别传》,引自林骏:《林骏日记》,北京:中华书局,2018年,第841页。

② 张棡:《张棡日记》,北京:中华书局,2019年,第1243页。

③ 同上,第7页。

④ 林骏:《林骏日记》,北京:中华书局,2018年,第119页。

⑤ 张棡:《张棡日记》,北京:中华书局,2019年,第700页。

向书商预定[①]。字里行间,流露出浓浓的关切之情,感激之意。

张棡与林骏互相欣赏、信任对方,林骏去世时正值壮年,张棡为其写的祭文,感情深厚,令人涕下,文中书写了林骏的一生,其中张棡对林骏的肯定一目了然。祭文如下:

祭内兄小竹先生文:以君之资,温粹如玉;以君之品,凝重如金;以君之行,可以颉逋仙而掩颐叔;以君之才,可以凌庾、鲍而抗机、云。[②]

在《故明经内兄林君小竹别传》中,张棡认为在他一生交游的人里,有才能的人固然有很多,但是能够以善修身、以善修世,好学有恒,努力进取,诲人不倦的人,只有林骏一人。如果上天能多授予他几年,他的成就是不可估量的[③]。这其中既有张棡对林骏的欣赏,又有对林骏英年早逝的惋惜之情。而在林骏眼中,张棡学识渊深宏博,每当接到张棡的新作或手札,他都不由得赞叹一番:"盥诵一过,殊令人眉飞色舞矣"[④]"托物兴怀,颇得风人赋比兴之旨"[⑤]。此外,张棡对他在一些难以抉择的问题上帮助很大:1906 年周田三官堂住持妙安,私卖林氏墓产,张棡应林骏请求为其书控妙安呈词,且再呈也是由张棡代为改削,且在此期间何时将呈词投署,林骏都要问张棡的意见[⑥],而张棡也认真对待此事,呈词"颇具匠心,勿草草阅过为盼云云",且告诫林骏定要将呈词一一解剖,方能案无循饰,林骏对此感叹"深感良朋忠告不我弃也"。如此种种,足以看出林骏极其信任张棡,钦佩张棡的学识才能;而张棡也是不负林骏,真心相待。对于自家孩子发蒙,他们都互交给对方,这是对彼此的一个全面肯定:"请震轩妹丈为二子燠枬燠桴发蒙"[⑦]"申后,乘舟往丁田张震轩妹丈家,为明日甯甥上馆,邀予发蒙者也"[⑧]。

二人在对彼此的称呼上也很亲近:张棡应称林骏为内兄,但他有时称林骏为小竹弟或小竹兄;林骏也是如此,有时称呼张棡为轩兄。张棡与林骏经常到访对

---

① 林骏:《林骏日记》,北京:中华书局,2018 年,第 815 页。
② 张棡:《张棡日记》,北京:中华书局,2019 年,第 1243 页。
③ 张棡:《故明经内兄林君小竹别传》,引自林骏:《林骏日记》,北京:中华书局,2018 年,第 841 页。
④ 林骏:《林骏日记》,北京:中华书局,2018 年,第 822 页。
⑤ 同上,第 108 页。
⑥ 同上,第 694 页。
⑦ 同上,第 81 页。
⑧ 同上,第 394 页。

方家,而《林骏日记》中有关张棡来林宅的记录更是体现了两人关系之特别:“震轩妹丈自丁田来,余即归”[①];“余以震轩妹丈来,不到馆”[②];“闻震轩妹丈有事来城,余先告假以俟之,而轩兄不至”[③]。每每张棡到访,仆人都会来向林骏报告,若是学馆无大事,他便会“即归”;如若实在脱不开身,他通常会让仆人将他近日所作带给张棡改削,有时甚至因震轩要来城,林骏告假不去学馆,恭候张。这样的记载在日记中比比皆是,足见林骏对张棡的重视以及两人的亲密。

如果张棡身体抱恙,林骏定会第一时间赶去探望,在得知张棡想吃新鲜的鱼时,立刻为对方购取[④]。而于张棡而言,亦是如此。故而引得林骏感叹,两人乃情关手足,他人无法相比[⑤]。1909 年九月至十月期间林骏病体久治不愈,张棡多次探望,且一天去林宅探望两次也是常有。张棡每次去探望林骏,都要详细询问林骏近来的身体状况,分析缘由。并且尝试为林骏找治病良方:

> 晨问叶叔炳,近来小竹病症服胡崧甫补剂,可以转机否。叔炳谓此病已虚极,所喜者胃口尚好,或有生机。然服此种药决无效果。何则?以其所制之方,忽补忽提,不能得力故也。予因乞其背拟一方带归。[⑥]

张棡尝试为林骏找良方,并询问叶叔炳是否可行,并了解不可行的原因,此外,乞求叶为林骏拟药方。字里行间体现了张棡对林骏的关心,不厌其烦地为林寻治病良方。

张棡与林骏都属于晚清时期的读书人,在当时及第成名就是他们梦寐以求的事。作为至交,一方面,张棡深知林骏对科举功名的看重,所以他劝林骏去秋试[⑦];而另一方面,张棡不希望林骏在没有积蓄的情况下,因为“抬廪”一事四处筹借,且世态炎凉,人情浇薄,未必能如愿,就算借得,最终也是一身债务,一定要量力而行。[⑧] 但林骏却是志在必行,而张棡作为其好友,在真心劝告无果后,却

---

① 林骏:《林骏日记》,北京:中华书局,2018 年,第 24 页。

② 同上,第 186 页。

③ 同上,第 507 页。

④ 同上,第 440 页。

⑤ 同上,第 774 页。

⑥ 张棡:《张棡日记》,北京:中华书局,2019 年,第 1229 页。

⑦ 林骏:《林骏日记》,北京:中华书局,2018 年,第 26 页。

⑧ 同上,第 260—261 页。

也是为林骏四处奔走借款,自己为林骏写借条,无条件支持林骏[①]。在林骏要寻人顶廪缺时,也是张㭎为其办妥:

> 弟之廪缺,已为河乡人陈君寿石顶就,其价计英洋二百数,此事之成,都仗轩兄大力。千金重担,窃喜息肩,使兄闻声,当为弟加一大快也。[②]

林骏表示顶廪缺一事全倚靠张㭎大力相助,让他如释重负。总而言之,张㭎在自己力所能及的事情上都尽力帮助林骏,而对于自己不能插手的事情,张㭎也会给林骏合理的建议。林骏先人灵柩已停顿多年,应该举行安厝,但因近年钱款紧张,又因抬廪一事开销巨大。张㭎深知林骏的难处,所以他劝林骏,虽然营葬一事是他的分内之职,但岁馑钱荒,应慢慢地去办,切不可急于一时,导致借债难偿。因此,林骏说:“吁!轩兄真知我也。”[③]而对于不理解自己的人,林骏对此发出的感叹,与林骏对张㭎这个知己好友的情感形成了鲜明对比:

> 宵初,李彬臣表兄来,坐谈之间,语及许秬村,谓余今年在馆多旷功,舍己芸人。心有未解,陡闻此言,中情不平者良久。自思平日凡受人付托,都竭股肱之力,矧于馆课愈加严密,恒恐误人子弟,每惴惴焉,许君真不知余心也。昔人云:“士为知己者死”,不知我者,何足道哉![④]

林骏在馆授课,自认悉心教导学生,但还是有人指责他不敬业,林骏对此直叹士为知己者死,而对于不知者,何足挂齿。这样的感叹与林骏谓张㭎为“真知”形成鲜明对比,张㭎为林骏真心考虑,而林骏也视张㭎为知己。

二、学术切磋,不间晨昏

张㭎与林骏都酷好书,而对于做学问更是一丝不苟,两人同样都是治学严谨

① 张㭎:《张㭎日记》,北京:中华书局,2019年,第697页。
② 林骏:《林骏日记》,北京:中华书局,2018年,第579页。
③ 同上,第324页。
④ 同上,第321页。

之人[①],改削新作、同作文、和诗等占据了两人平日交游的大部分时间。就文学而言,林骏是赞赏并钦重张棡及其诗文的,同时他很渴望得到张棡对自己诗作的认可:“与震轩妹丈坐论,并出官课文一阅,谓此文作法完密,余微哂之。”[②]而张棡批评林骏之作,却是毫不留情,指出修改处有很多,并且复函说明林骏近作之赋有数弊端:

> 一布局未解肖题,二对仗未求工整,三押官韵未近自然,四炼句未甚雅饬。又谓吾儒立身,贵在定见,使第决得失于一夫之目,甘心随俗浮沉,不研实学,恐淫哇靡靡,卑卑无甚高论云云。[③]

张棡不仅针对林骏所作指出问题所在,而且从所作赋中看到林骏不研实学,甘心随俗浮沉;或直言不讳说林骏近作都如“黄茅白苇,未入题奥”[④]。而林骏也不介意,他虽觉得汗颜,但更多的是对张棡的感激:“犹幸良朋切磋,助我綦深,中心感激者不已。”[⑤]并把张棡的忠言逆耳当座右铭,而且乐此不疲地给张棡送自己的新作[⑥],连张棡自己都感叹林骏的坚持:“君每值官师课,及平时兴到之作,必就正与予,始定稿,盖其服诚善之诚有如此。”[⑦]而张棡对于林骏送来的每篇新作都认真过目,批阅之下,涂乙殆尽。“每有佳构,就予细论,推敲一字,不间晨昏。”[⑧]。由此可见,两人都是对作学问极其认真的人;此外,也可以看到两人的关系毫不虚假,都是真心待彼此。

两人还一起为各自的新作找可用的材料:例如,林骏想仿作厉樊榭论印绝句,因专论浙人,自己在这方面所阅书甚少,又没有印谱可寻,于是张棡就帮助林骏,两人“翻笥倒箧”“搜阅殆尽”,终于找到了可下笔之处[⑨];而当张棡想要考察王景治河事,林骏也是尽心帮其搜罗:

---

① 张棡:《故明经内兄林君小竹别传》,引自林骏:《林骏日记》,北京:中华书局,2018年,第841页。
② 林骏:《林骏日记》,北京:中华书局,2018年,第170页。
③ 同上,第5页。
④ 同上,第14页。
⑤ 同上,第215页。
⑥ 同上,第57、126、186页。
⑦ 张棡:《故明经内兄林君小竹别传》,引自林骏:《林骏日记》,北京:中华书局,2018年,第841页。
⑧ 张棡:《张棡日记》,北京:中华书局,2019年,第1243页。
⑨ 林骏:《林骏日记》,北京:中华书局,2018年,第22页。

小竹出《子史精华》,予阅无有。又出《日知录》,予翻检河渠类,有裘文达《治河疏》,内引有《王景上明帝疏》,乃知此人系后汉时人。小竹又检《汉书·明帝纪》,于阅果有王景治河事,因再检列传,则王景人《循吏传》,见《后汉书》七十六卷。①

两人作为彼此都经常作文的好友,吟诗作对、和诗、一起校书自然是少不了的,两人在和诗等方面来往的信件,更是体现了他们的严谨态度:张棡于1908年八月二十六,给林骏送去了自己的新作《述和吟》长歌,并同人和诗,而直到九月初十,林骏也未将和诗寄去,而是给张棡写了覆函,讲明自己的和诗即将脱稿,但为韵所窘,其中情致恐欠熨贴,是宜加意推敲,容俟审定录呈②。前后间隔足足超过十天,作为常作诗作赋之人,林骏完全可以在很短的时间内作出,并寄给张棡,但林骏没有如此草率:“挑灯欲作《述学吟》和诗,心绪不清,遂搁笔。”③而是在思路清晰的情况下,经过斟酌、认真思考审定后,才寄给张棡;两人校对同一本书,林骏先校,张棡后校时,中间互有异同的,均列眉批,以备他时刊刻可也④,治学严谨,可见一斑。

三、新旧交错,以旧为主

张棡与林骏都是晚清民国时期的地方士绅,一方面,他们自小接受了儒家传统教育,这些传统思想掣肘他们,无法彻底抛弃旧的东西;而另一方面他们生活在中国剧烈变革、新学新思想涌入的时期,因此不可避免地,他们对于很多新学新事物持赞成态度。这是当时士绅的常态,张棡与林骏是当时士绅的一个缩影。但从二人日常交流中,可以发现对于他们来说,二人互动研究旧学远比新学占据的时间多:讨论所作之赋的对仗官韵、仿作厉樊榭论印绝句、作《叶水心文集》书后、作《古今体诗》、校《求古精舍金石图》、乞假魏氏《左传经世钞》8册等。此外,二人的和诗《述学吟》体现了他们对于新旧学的态度:

(张棡原诗)……忆昔乾嘉诸大老,专尚训诂勤搜讨。……欧化东

① 张棡:《张棡日记》,北京:中华书局,2019年,第954页。

② 林骏:《林骏日记》,北京:中华书局,2018年,第827页。

③ 同上,第824页。

④ 同上,第417页。

渐势力锐，圣贤古调弹者稀。弹者愈稀国无学，世衰道微邪说作。……大造生材无今古，英雄立志宜御侮。[①]

(林骏和诗)……人言国粹存乎微，欧云亚雨竞交飞。孔教一发千钧系，古调独弹知者稀。自我言之中西学，此经彼纬皆可作。……东隅虽失悔莫追，桑榆犹冀晚能补。读书有味同鸡肋，启我新知扩旧闻。[②]

张棡的原诗说道曾经乾嘉学派专尚训诂的光景已逝，而西学东渐的趋势愈演愈烈，学习圣贤古学的人寥寥无几，越是如此我们的国学就越衰弱，最终导致世道衰弱邪说四起；林骏和道如今还保留的国学国粹很少，外来的新学新知翻涌而入，儒学已到了千钧一发之际，学习圣贤古学的人寥寥无几。中西学应该是经纬的关系，而不该有所偏重，新知旧闻我们都要知道。两人的和诗都表达了他们对于新学传入，而旧学日渐式微的深深担忧。个人的为学志趣、多年的科考磨炼使他们钟情于古学典籍，科举停废对他们的影响不至于太大，因为他们尚可凭借自己多年文史方面的旧学修养在新式教育中谋得一席之地[③]。而如今，在被迫接受科举废除的诏令后，他们还要眼看着伴自己半生的圣贤旧学衰弱至此，其中的惋惜、无奈跃然纸上。诗的最后两人都表达了在内忧外患的时局下，抵御外侮、岁不与我的志向。虽然二人在学术交流方面是以诗文等旧学为主，但二人各自都积极地接触新学新知，例如张棡读《申报》《时务报》《湘学报》《万国公报》等，且对创设购阅新学书报的机构颇为热心[④]；林骏时常阅读《时务报》《新闻报》《新民丛报》并且还夸赞《天演论》"说理切实，不事钓奇，洵西人理学之第一书也"[⑤]。

此外，二人不仅在学术交流中以旧学为主，在平常两人互动中也能体现他们的旧思想浓厚，但他们在不同事情上观点各异：

是夜，城隍神排驾游巡沙堤，同社诸君恨执其事者失于周旋，中途阻驾，不令回宫。震轩谓余曰："神聪明正直，灵爽丕照，人竟能左右之，轻亵已甚，其不激神之怒也幸。"余曰："瑞俗近陋，相沿日甚是宜革之为

① 林骏：《林骏日记》，北京：中华书局，2018 年，第 835 页。

② 同上，第 834 页。

③ 尤育号：《在旧学与新知之间：一个乡村士绅的阅读世界》，《历史教学问题》，2011 年第 4 期，第 95 页。

④ 张棡：《张棡日记》，北京：中华书局，2019 年，第 738 页。

⑤ 林骏：《林骏日记》，北京：中华书局，2018 年，第 216 页。

急。昔曾涤斋相国有迎会之禁,殆以是欤?"[①]

对于城隍神排驾巡游一事,张棡和林骏持不同态度:张棡以为城隍神巡游被阻驾,这样的行为不触怒神明,也是幸运,且张棡夸赞神明聪明正直;而林骏却以为城隍神排驾巡游本就是本地陋俗,应立刻革新废除。由此可见,张棡对于这样的迎神之会持赞成态度,且张棡对神明是敬畏的;而林骏则相反。

但对于赴学院行辕处投文一事,两人则都未能免俗。在投文之前张棡就已写信提及投文那日是"破日"[②],再等一日,而当投文的人说到紧急公事哪里顾得上问是否为破日时,林骏又默思儒家用破除日大合宜,古人云破壁而飞、读书破万卷,均不出一个破字,如此一来,林骏又说服自己,又说:"我愿效古人之为一破昏蒙,飞腾直上,何施而不可?"[③]此事一方面体现了两人旧俗思想浓厚,另一方面也可看出两人对抬廪投文的重视,对功名的向往。

四、执笔传君,真情永在

1909 年十月二十八日,林骏因病逝世,张棡于第二日接到消息,即命备船带妻儿奔丧:"见小竹尸,一把瘦骨仰卧匡床,令人为之酸鼻。"[④]对于张棡而言,林骏不仅是他的内兄,更是多年的知心好友,故其卒对张棡之情感打击亦惨重。几天后,张棡撰祭小竹文,将内心之深哀剧痛泻于笔端。在祭文中,张棡感叹他不能不为林骏伤心,一为两人之文字契好,二为姻娅之追随;深情追忆了林骏每有佳构,就和他细论,不分白昼的情景,张棡感叹:"愧予浅学,扪烛扣盆。蒙君错爱,黍谷生温。";张棡对林骏垂青提抱豚儿、细心教导之情,充满感激。全文处处流露出对林骏之死的惋惜、悲痛,文章肝肠寸断、惹人泪下,摘录如下:

> 呜呼篃云!君竟一蹶而不复振耶!君竟一去而杳无闻耶!……呜呼篃云!天竟不可问耶?数竟不可逃耶?以君之修善而蒙祸若此,则凡远不如君之刚正、万不及君之力学者,尚亦望沐彼苍之眷佑……君今弃予,有泪生吞……惨闻君讣,痛呼苍旻。呜呼篃云!君果死耶!死果

① 林骏:《林骏日记》,北京:中华书局,2018 年,第 13 页。
② 指旧历书中不吉利的日子,每年有 21 天为破日。
③ 林骏:《林骏日记》,北京:中华书局,2018 年,第 263 页。
④ 张棡:《张棡日记》,北京:中华书局,2019 年,第 1229 页。

有知耶？抑无知耶？……君肯即恝然舍去，而不返九原魂魄，作重游故乡之思耶？……此即予与君最后永诀之辞也。呜呼哀哉！①

林骏之离世，使张棡在这个世界上失去了其衷心信赖的挚友，张棡感叹林骏就这样一去不回，这祭文是他们的永别之辞。而到了 1941 年冬，在林骏逝世三十二周年后，张棡还是放不下他的这位挚友，在耄耋之年为《林骏日记》写了一篇代序，即《故明经内兄林小竹别传》。对于《林骏日记》的存世，张棡有不可剥夺的贡献：林骏英年早逝，后来家境困难，子女对父亲的手稿没有保管好，过了好多年，大约 30 年代，手稿移交到张棡手中时，已经残缺不全，张棡为了保存这部日记，就叫其二儿子张毓宬整理誊抄，这才得以将这部残缺的日记保留下来。虽然，日记遗失的部分很多，我们看到的大约只有九年，但对于研究清末江南知识分子心路历程、交游活动和当时学术文化风气仍然具有相当的参考价值，这其中张棡作的努力是不可磨灭的。《故明经内兄林小竹别传》用极朴实、通俗的语言将林骏一生呈现在世人面前，这既是林骏的一生，又是张棡眼中的林骏，其中文章流露出的思念、惋惜之情，令人动容，摘录如下：

……幼时啼哭，见书即止。长遂嗜书若渴，其天性也……君每值官师课，及平时兴到之作，必就正与予，始定稿，盖其服诚善之诚有如此……清光绪三十四年，朝廷有言扬行举之典，邑之知交，咸荐君为孝廉方正，惜次年十月间，君竟以微疾殇，得年仅四十有七。呜呼！予与君中表旧谊，兼郎舅至亲，熟悉君之性情莫如予，然予历溯生平交游，才具卓卓者固多，而求能淑身淑世，好学有恒，孟晋追群，诲人不倦者，独君一人……后嗣又凌替不振，丛残著述，大半沦亡……而回思往日与君文字商榷，函札往来，忽忽已睽隔三十有三年，日月逾迈，残年幸存，执笔传君，实不胜风雨人琴之感矣。②

张棡深情回忆林骏是嗜书若渴之人，故而作学问极其认真，只要有小作就带来让张棡帮忙指正。张棡指出，林骏是其一生中独见的对学问如此认真的人。回首与林骏文字商榷的往事，已经过去很多年，如今，他在风烛残年，执笔为林骏

① 张棡：《张棡日记》，北京：中华书局，2019 年，第 1243—1244 页。

② 张棡：《故明经内兄林君小竹别传》，引自林骏：《林骏日记》，北京：中华书局，2018 年，第 841—842 页。

的日记写传，表达对林的深切哀悼之情。张棡为《林骏日记》写传时，林骏已去世三十多年，但张棡一直没有忘记他，且不忍看到多年好友的遗作消逝，故而为其执笔写传，从中体现了林骏在张棡心中很重要，即使经过岁月的流逝，这份真情也永远存在。

结语

张棡与林骏不同于普通的郎舅关系，他们更为亲密，往来更频繁，这其中唯有共同的契好、彼此的关心宽容，才能使二人成为知己。他们是晚清民国时期的地方士绅，在科考这条道路上努力了很多年，且都有一些祖传的田产，相对那些连廪生都不是或家境更为清寒的士子而言，不至于到毫无发挥影响力的地步。因此，对于地方士绅的研究也应该包含类似于张棡和林骏这样的人。本文借由两人的交游，以微观视角入手，为地方经济社会发展的重要群体——地方士绅阶层的深入研究提供些许思路。

（陈林，温州大学人文学院2020级硕士研究生）

浅论刘绍宽教育思想

——以《刘绍宽日记》为例

董春晶

摘　要：刘绍宽是近代浙南地区的著名学者、教育家，他不断进行教育实践并开创了近代温州教育的新局面，这离不开他的教育思想的指导作用。他的教育思想分为教育目的、教育内容、教育方法等几个方面，这些思想都在其所著的《刘绍宽日记》中有所体现，这一日记也被称为“跨越清末与民国时期的地方史料库，记录半世纪温州风云的乡土文献”。通过对刘绍宽教育思想的研究，一方面有利于更加完整地了解这一历史人物，另一方面也有利于更好地塑造新时代教师队伍，为我国教育强国战略添砖添瓦。

关键词：刘绍宽；教育思想；《刘绍宽日记》

历史人物一直是史学研究的重点，随着近些年研究视角的下移，史学界对于一些地方人物的关注度逐渐上升，有关此类人物的文献整理及研究亦日渐增多，而刘绍宽就是其中之一。刘绍宽本人著有《厚庄日记》《厚庄诗文钞》《厚庄诗文续集》《东瀛观学记》《籀园笔记》和《平阳县志》等著作，其中《厚庄日记》作为刘绍宽先生的私人日记，记述有关教育的内容颇多，是研究他教育思想的重要资料。2018 年 3 月由温州市图书馆编纂，中华书局出版的五册本《刘绍宽日记》[①]面世，它是对于《厚庄日记》的一次完全整理，它的出现为刘绍宽的研究提供了诸多方便。

目前，对刘绍宽教育方面的研究主要集中在以下几个方面：其一是关于刘绍宽与温州教育近代化的研究。如齐雅芬的硕士论文《刘绍宽与近代温州教育变革研究——以〈厚庄日记〉(1888—1942)为中心》[②]，以私人日记为切入点，从刘绍宽的教育思想演变、日本考察教育的经历及思想启蒙、教育变革实践、温州教

① 温州市图书馆、方浦仁、陈奖盛：《刘绍宽日记》，北京：中华书局，2018 年。

② 齐雅芬：《刘绍宽与近代温州教育变革研究——以〈厚庄日记〉(1888—1942)为中心》，温州大学硕士学位论文，2019 年。

育近代化四个方面进行了论述,以期窥探整个温州地区的近代教育变革。其二是关于士绅与温州近代社会转型的研究。如吴梦柔的硕士论文《近代地方士绅与温州社会转型研究——以平阳刘绍宽为中心》①,以《刘绍宽日记》为中心史料,从刘绍宽的文化理念、教育实践、政治观感三方面入手,揭示了近代士绅与温州近代社会转型的历史。其三是关于刘绍宽教育情感的研究。如周洪宇、王配的《一位近代乡村塾师教育情感的三重境界——〈刘绍宽日记〉阅读研究》②,从教育情感史研究的角度出发,对刘绍宽职业生涯的三个阶段进行分析,指出其教育情感的三重境界即——正业、乐业、志业,同时作者认为这种职业情感在刘绍宽的教育行为和活动中存在并且发挥着重要作用。周洪宇、王配的《给教育情感世界打开一扇窗——以近代乡村塾师刘绍宽为例》③一文从教育情感史研究的时代诉求、理论架构和近代乡村塾师教育情感世界管窥三个部分进行论述,作者认为每个人的情感总是"库存性情感"和"场域性情感"的综合,并指出在刘绍宽这位乡村塾师的教育行为和活动的背后即有这种情感的存在。

综上所述,学术界对刘绍宽的研究已有一定成果,但还存在有不足之处。刘绍宽作为近代浙南著名的教育家,在本地区占有举足轻重的地位,但学界对于刘绍宽教育思想的专门研究还无人涉足,它仅在个别文章中以零散的方式存在,这将不利于对刘绍宽整体研究的进展。下面本文将以《刘绍宽日记》为主要资料,从教育目的、教育内容、教育方法等方面对其教育思想进行全面梳理。

一、刘绍宽的家世与生平

刘绍宽,字次饶,号厚庄,1867年生于浙江平阳县江南乡白沙里刘店(今苍南县龙港镇)一个世代书香的家庭,他是浙南近代著名学者、教育家。生父刘庆祥,字玉溪,是县学廪生,善诗文、骈文,精篆刻,著有《铁耕小筑印集》4卷,《诗文钞》1卷,以授徒为业。生母薛太孺人,同治七年逝世。当时刘庆祥兄嫂杨氏已四十二岁,受翁姑之命,抚绍宽为己子,携归张家堡东墩娘家居住。自此刘绍宽

① 吴梦柔:《近代地方士绅与温州社会转型研究——以平阳刘绍宽为中心》,温州大学硕士学位论文,2019年。

② 周洪宇、王配:《一位近代乡村塾师教育情感的三重境界——〈刘绍宽日记〉阅读研究》,《教育学术月刊》,2019年第10期,第35—42页。

③ 周洪宇、王配:《给教育情感世界打开一扇窗——以近代乡村塾师刘绍宽为例》,《教育研究》,2020年第2期,第72—80页。

一直随母居外家并求学于此，刘绍宽先后受业于多位先生，例如杨镜澄、周穆生、项雨农等，其中项雨农博通经史，“邑中名宿多出其门”。光绪九年，刘绍宽中秀才，其后在吴承志、杨愚楼的指点下，开始对小学、考据和地理产生了兴趣并接触到了义理之学，同时他还向孙诒让、黄绍箕等多所请益。

光绪十二年，刘绍宽开始授徒生涯，十四年刘绍宽开始记日记，并师从金晦学习实用之学。光绪二十四年，他在平阳城关创办龙湖书院，二十五年他筹办化学学堂，但以失败告终。光绪二十八年任龙湖书院山长，后书院改为平阳县学堂，任中文教习。光绪三十年，同陈子蕃东渡日本进行考察，归国后写成《东瀛观学记》。光绪三十一年，刘绍宽应孙诒让之邀，参与温处学务总汇处筹划，任编辑，三十二年温州府学堂成立，刘绍宽任监督并两度主持该校校务(1906—1912，1917—1918)。辛亥革命后，辞去校长职务，回平阳任教育会长。民国元年任教育科长，查访全县各校。民国四年，任《平阳县志》副总纂，六至七年，第二次任温州中学校长，后引咎辞职，回平阳修志，直至民国十四年县志脱稿。民国十五年担任旧温属籀园图书馆馆长，二十一年着手校勘黄溯初的《敬乡楼丛书》第三辑。民国三十一年刘绍宽逝世，众门生集资在平阳县治山之麓(平阳第一中学内)，建立刘公堂纪念。刘绍宽一生著有《厚庄日记》《厚庄诗文钞》《厚庄诗文续集》《东瀛观学记》《籀园笔记》和《平阳县志》等著作。

二、刘绍宽的教育思想

刘绍宽是近代浙南著名的教育家，他开创了温州近代教育的新局面。刘绍宽作为晚清时期的一位塾师，在激荡变革的时代背景下不断接触新学并融合中西，同时他还于1904年赴日本考察教育，这些行为都促使他的教育思想不断走向成熟，反过来成熟的教育思想又使得他在教育事业上取得了更大的成就。具体来讲，刘绍宽的教育思想可以分为教育目的、教育内容、教育方法三个方面。

(一)教育目的

在教育目的上，刘绍宽主张救国与育才相结合。首先，刘绍宽具有强烈的爱国思想，他认为教育也应该激发学生的爱国情怀，促进学生对于国家事务的关注。他在《刘绍宽日记》中写到“世俗之坏，人心之变，远之天下，近之乡邑，皆系吾人之责”[①],他将改变当下的社会风气看作是教师的责任,把教育与救国联系在一起,企图使国家走出困境。1904年他东渡日本考察教育时又写到“徒以热肠忧国……自分于教育一途稍竭智虑,庶于国民分子略有补救”[②],再次将教育与国家人民的前途命运联系在一起。同时,他还时常带领学生演说“国家政要”,让诸生“知有国事”,而生发“爱国之心”[③]。

其次,刘绍宽认为教育的另一目的是育才。他对当时的教育予以了批判,“中国教育之坏久矣!利禄之途开,士为仕而学,其不为士者,举为无教之民矣。即其为士者,亦只以学弋利禄而已,而无所为教育”[④],他认为利禄功名是当下士人追求的首要目标,这将难以实现教育培育人才的目的。要改变这样的情况,教育者必须从实现自我职业价值出发,用心去培育人才,而不是将教师一职看作谋生的工具,他本人曾讲到“育才吾党事,岂为稻粮谋”“吾但求自尽吾道,惟日孜孜,死而后已……不计功利也”[⑤]。同时,他又要求教师以学职为命,“收罗后来俊,导以求学方”,为国家尽心培育人才。为了实现育才这一目的,刘绍宽对于求学者也提出了建议,即“热心学问之士,专自造就其国民资格,万不可有希翼利禄之心,以致荒废正业”[⑥]。在这双重教育目的之下,刘绍宽在温州开创了许多新式学校,为国家建设培养了众多人才,如中国微分几何学派创始人苏步青、词学宗师夏承焘、现代考古学奠基者夏鼐、文化史学家陈竺同等。

(二)教育内容

从刘绍宽的个人经历来看,他中秀才之前系统接受了中国传统文化教育,其后又从多方面接触到了西方文化,这种特殊的文化背景使得他在教育内容上融合中西,且注重学生全面发展。在他看来,当时的教育内容严重不足且急需更新。他批判中国那些所谓的史学地理名家“以稗贩志书为精地理,剽窃陈论为讲史学者,可自悟其失矣”,这种陈旧过时知识体系不利于学生的全面发展,更不利于学生适应中西融合的社会现实。于是,刘绍宽主张为了应对西方瓜分中国的

---

① 温州市图书馆、方浦仁、陈奖盛:《刘绍宽日记》,北京:中华书局,2018年,第149页。

② 黄庆澄、陈庆念等:《东游日记·湖上问答·东瀛观学记·方国珍寇温始末》,上海:上海古籍出版社,2005年,第120—121页。

③ 温州市图书馆、方浦仁、陈奖盛:《刘绍宽日记》,北京:中华书局,2018年,第344—345页。

④ 同上,第367—368页。

⑤ 同上,第149页。

⑥ 同上,第367—368页。

浪潮，应在教育内容中加上西语知识。他在日记中写到："瓜分之说，诸生谅已有闻，向时不学西文，不通西语，当无大碍。今则处处将与外人交涉，如不通西语，将大有妨害。"[①]

1899 年，刘绍宽与其他几位塾师联馆，"分任教科，设十二目：理学、经学、小学、史学、舆地学、算学、物理学、体学医理附、掌故学、时务学、词章学、应试学"[②]，1905 年他又指出"吾邑各乡学堂，音乐一科皆阕如，应派人来堂附学，以广传授，至为要着也"[③]，这些既充分体现了他对学生德智体美劳的全面培养方针，也体现了他对物理与医理等实用知识的关注。其后在刘绍宽主持温州府学堂期间，该校的课程设置是全国三个范例课程之一，在光绪末年就已经开设法制课、经济课、音乐课，这在当时是难能可贵的。刘绍宽虽然赞同学习西方文化，但他认为过度地提倡新学导致了社会道德退化的问题，而要解决这一问题则需要依靠中国传统文化，他在《瓯风社记》中提到："洎乎欧学东渐，趋新之士往往骛智识而轻道德，世道人心日以隳坏，际其会者，益思永嘉之学体用兼该，本末具备，实为救时良剂，固学人所当急讲也。"[④]这无不体现着他融合中西，注重全面兼备的教育主张。

（三）教育方法

1. 因材施教

在教育方法上，刘绍宽主张根据学生的不同特点，采取不同的教学方法，最大程度的激发学生的学习能力，如"理孚文不入格，想必以所授文境太高，无从学步耳。今改授《小题正鹄》，令挨次选读，候一月后，看所作如何"[⑤]，"福泉作试帖，殊无进境，今思得一法，随举两事命题，令作联句二联，限韵赋之，当可开发心思，能悟于琢句支对之法。因命两题：《罂粟花》《油菜》，限'歌'韵"[⑥]。他根据理孚在教学过程中的反应来调整教学内容，同时又根据福泉的试帖情况开发新法教学，在他这种因材施教的教育方法之下，理孚和福泉的学习能力进一步提升，

① 温州市图书馆、方浦仁、陈奖盛：《刘绍宽日记》，北京：中华书局，2018 年，第 344—345 页。
② 同上，第 260 页。
③ 同上，第 399 页。
④ 刘绍宽：《瓯风社记》，《瓯风杂志》，1934 年，第 4 期。
⑤ 温州市图书馆、方浦仁、陈盛奖：《刘绍宽日记》，北京：中华书局，2018 年，第 55 页。
⑥ 同上，第 281 页。

这也为理孚将来成长为温州地区的著名学者奠定了基础。

2. 学思结合,温故知新

刘绍宽在教学过程中乐于观察学生,研究教法。他认为当时科举制度下的教学方法存在诸多弊病,学生拘泥于背诵八股文章,严重束缚了自身的思考能力。他告诫弟子说:"读书不能成诵,须是能思,随读随思,随思随读,意义侠洽,自能成诵。若果读,决不能上口也。孔子曰:'学而不思则罔。'正是如此。"[①]除此之外,他还强调对学过的知识及时进行复习,"人之知觉记忆,日有知,月有忘,知者新人,忘者渐消,设不温理,不复习,未有不全消灭也。惟时时记忆复习,所以不忘耳"[②],这也就是所谓的"温故而知新"。

3. 宽严相济,张弛有度

在刘绍宽看来,对学生进行教育时要宽严张弛相结合,做到"宽而有制",这一点对于儿童尤为重要。他在《刘绍宽日记》里总结道:"教小儿,终日读诲于其侧,师苦而小儿亦不快,且小儿拘束习惯,一旦稍弛防闲,彼即放态,不肯受教,使后人难乎为继,此必不可。惟总揽一日功课之大纲,勿使拖欠,讽诵章句,时时听察而提撕之,使之心有所警,体无所拘,则乐诵读而服吾教,与夫终日束缚,驰骤使若牛马者,似有间也。"[③]刘绍宽在小儿教学中掌握的宽严程度甚为得当,这不仅减轻了教师的负担,而且使得学生容易体会到学习的快乐,不至拘苦。

4. 寓法于游戏

刘绍宽对待游戏有一个正确的态度,他认为合适的游戏可以用来辅助学习和教学。如他在日记中谈到:"鄙意谓小儿嬉戏之事,亦多不可省,盖小儿之性甚动,出外不能不嬉戏。其嬉戏固多损伤,然亦多有益之事,如博、弈二件无益有害,须悬为厉禁。徐若踢球、超距及一切角力角技诸事,并丝竹弹唱,均无不可为。但须长者于塾近旁另设一嬉戏之所,听小儿于诸事自择之。如踢球之类,运动血气,增长材力;丝竹之类,亦令渐解宫商,将来学琴学乐,亦易入门。虽曰嬉戏,即是储材,所谓游于艺也。"[④]。刘绍宽将游戏分为有益与无益两种,对待博弈这种无益之游戏他主张严厉禁止,而对待球类运动、丝竹弹唱他则主张由教师加以引导。其后,他在日记中又谈到"教育小儿,寓法于游戏,宜于格致浅理可为

① 温州市图书馆、方浦仁、陈盛奖:《刘绍宽日记》,北京:中华书局,2018 年,第 241 页。

② 同上,第 485 页。

③ 同上,第 16—17 页。

④ 同上,第 131 页。

戏法者,类辑成书,系之图说,并具仪器焉,大可为发蒙之助"①。将游戏引入课堂,并利用其为教学之辅助,更有利于学生对于知识的理解。他寓法于游戏的这一主张不仅丰富了当时的教学方法,而且对学生的全面发展也大有脾益。

5.提倡演说教育,利用公共教育资源

1903 年,刘绍宽从上海震旦书院求学归来后,极力主张在平阳县学堂推广演说教育,这无疑是受震旦书院重演说教育的影响。他主张演说要多与时政相关,这样既可以激发学生的爱国之心,也可以推动学生去关注国家政要。在他的极力主张下,平阳县学堂随后多次举办了演说会。与此同时,刘绍宽还利用图书馆等公共教育资源进行文化普及。他主张大力普及图书馆并把图书馆由藏书之所变为用书之所,更好地发挥它的社会效用,以期实现"启迪民智"这一目的。其后,在多年的实践中他施行了图书馆分馆、图书流通站等举措,还在图书馆举办展览、讲座、演说会,大力地推动了教育事业的发展。

三、结语

纵观刘绍宽的一生,他都在为温州教育近代化事业而努力,在其长达数十年的教育实践中,他凝练出了丰富的教育思想,它包括了救国育才的教育目的,融合中西实用多样的教育内容以及因材施教、学思结合,温故知新等教学方法,这些思想在当时引领教育潮流,为近代温州培育了大量人才。到今天,刘绍宽的教育思想亦未过时,它仍对我国的教育改革和教师队伍建设具有重大的指导意义。

(董春晶,温州大学人文学院 2019 级硕士研究生)

① 温州市图书馆、方浦仁、陈盛奖:《刘绍宽日记》,北京:中华书局,2018 年,第 371—372 页。

徐定超永嘉之学思想研究

陈泽槟　许莉琼

摘　要:徐定超是近代中国历史上运用永嘉之学思想投身于救亡图存实践的重要人物之一,在永嘉之学晚清复兴的过程中发挥着重要的作用,他的事功实践和思想主张丰富了晚清永嘉之学的思想内涵。学习具有温州地域特色的事迹与理论,有利于丰富温州地方史,挖掘并宣传温州近代的文化资源。

关键词:徐定超;永嘉之学;永嘉学派;温州

一、晚清时期永嘉之学的复兴

(一)晚清永嘉之学复兴的背景

南宋时期永嘉之学曾风行一时,门人众多,但从南宋嘉定年间起,由于朱熹理学在温州地区的渗透与发展,永嘉之学逐渐被其统摄和同化。尽管明朝时期温州地区曾出现黄淮、张文选、项乔、王叔果等人才,但他们的学说又混杂陆王心学。与永康学派、金华学派等其他学派相比,南宋后的永嘉之学显得黯然不彰。值得庆幸的是,这一情形到清朝前中期开始得以改变。以孙希旦和张振夔为代表的温州学者重新提出研究永嘉之学的任务。孙希旦,号敬轩(1736—1784),乾隆年间进士,著有《礼记集解》。他摒弃汉宋门户之见,在礼学的研究中注入了永嘉之学"以经制言事功"的精髓,后经由孙锵鸣编校刊刻。张振夔(1798—1866),嘉庆年间举人,著有《介轩集》。他在《上俞松石观察书》表明要"考校东嘉儒派之得失,以裕后生经济之用而自补东隅之失"[①]。可以说,孙希旦和张振夔是清朝

① 张振夔:《介轩文钞》卷五,清同治刻本,第16页。

前中期较早提出复兴永嘉之学的学者。尽管永嘉之学的复兴在清朝前中期未取得较大的进展，但张振夔和孙希旦的成就成为后人振兴永嘉之学的强心剂，如孙衣言推荐温州学者钻研张振夔的学问，如此“则永嘉诸儒之盛其将复见于今乎”[①]！

（二）晚清永嘉之学复兴的发展过程

至晚清时，孙衣言和孙锵鸣率先为永嘉之学的复兴做出贡献。孙衣言“考诸乡先辈之遗书”[②]，辑成《永嘉学案》《永嘉先生时文》《永嘉古文词略》《永嘉集》等；孙锵鸣则历时多年精心编校刊刻孙希旦的《礼记集解》、抄录宋代王致远的《开禧德安守城录》、辑成明代王健的《鹤泉集》等等。在收集整理乡邦文献的同时，孙衣言和孙锵鸣也大力发展温州教育，以南宋永嘉之学代表人物的著作教导学生，培养出诸多永嘉之学晚清复兴中的重要人物，例如徐定超、宋恕、陈黻宸皆曾师从孙衣言和孙锵鸣。1908 年，六十多岁的徐定超仍在《先中宪大夫兄弟五人合传》中回忆起他受业于孙衣言的情景。宋恕也曾回忆道：“当是时，孙太仆归田，提倡乡哲薛郑陈叶之学，设诒善祠塾，以馆英少。”[③]陈黻宸也说道：“是时我邑孙琴西太仆致仕归，置诒善祠塾，招当时能文士讲肄其中，人才称盛。”[④]在孙衣言和孙锵鸣的不懈努力下，晚清时期的温州终于出现“独幸乾淳儒术在，于今乡里渐多才”[⑤]的局面。另外，以孙诒让、陈遇春、黄体芳、陈虬、宋恕、陈黻宸、徐定超、黄绍箕、黄庆澄、金晦等为代表的温州诸子也把复兴永嘉之学作为己任，更加有意识地表彰永嘉之学。其中，被誉为“朴学大师”的孙诒让编撰了卷帙浩繁的《温州经籍志》和《永嘉丛书札记》，收集了大量永嘉先贤的著作；徐定超则是被时人寄予厚望，如黄绍第称其为“必能以经制文章张我永嘉之学者”[⑥]。可以说，在晚清众多温州学者的共同努力下，永嘉之学结束了长期的衰歇状态，而迎来晚清重振。

① 孙诒让、潘猛補：《温州经籍志》卷二〇，北京：中华书局，2011 年，第 1592 页。

② 孙衣言：《逊学斋文钞》卷六，清同治十二年刻增修本，第 200 页。

③ 陈德溥：《陈黻宸集》，北京：中华书局，1995 年，第 1220 页。

④ 同上，第 657 页。

⑤ 徐和雍，周立人：《孙衣言、孙诒让父子年谱》，上海：上海社会科学院出版社，2003 年，第 260 页。

⑥ 徐定超、永嘉县文史委员会、陈光熙：《徐定超集》，杭州：浙江古籍出版社，2018 年，第 557 页。

二、徐定超的成长经历与事功实践

(一)徐定超的成长经历

徐定超字班侯(1845—1917),温州永嘉枫林人。徐定超年少时曾于杭州紫阳书院从孙衣言受永嘉之学。光绪六年,黄体芳任江苏学政,徐定超被聘为幕僚,与黄体芳"既晨夕以文艺相商榷"[①]。这一时期,徐定超"获交名公巨儒,所学益粹"[②]。徐定超与孙诒让、宋恕、陈黼宸、刘绍宽等人的关系也十分密切,如徐定超曾与孙诒让共同商议"海防局及巡船数艘诸事"[③]。又如徐定超曾为宋恕的足疾开好药方,嘱咐宋恕"乞察核施治"[④]。实际上,徐定超在温州的师友圈便是晚清永嘉之学的师友圈,徐定超正是在永嘉之学的文化氛围中成长起来的,以事功为核心的永嘉之学思想对徐定超产生了重要的影响。

(二)徐定超的政治实践

徐定超于光绪九年中进士,官至京畿道监察御史,也曾任山东道监察御史、江西道监察御史、旅京浙江公学监督、浙江两级师范学堂监督等职。身为朝廷谏官的徐定超为了救亡图存,围绕注重财政、整顿吏治、以民为本、发展军事和重视人才等方面的内容,多次上奏为清政府出谋划策。在清政府灭亡前夕,徐定超就已经顺应时局,加入浙江省国民尚武会,支持革命党人的事业。随着温州的光复,徐定超也回到温州,历任温州军政分府都督、旧温属护商警察局局长、浙江都督府顾问、浙江通志局提调等职务。在任温州军政分府都督期间,徐定超为稳定温州政局和社会秩序做出极大的贡献。为了保障老百姓的生活,徐定超采取措施平抑米价,打击商户囤积居奇的行为。他"召集米业公会及商会,勒令各米铺、股户将米谷价平价出粜"[⑤],并且颁布法令,称:"本分府为保护民食起见,倘有不

---

① 陈继达:《监察御史徐定超》,上海:学林出版社,1997年,第418页。

② 同上,第328页。

③ 同上,第266页。

④ 同上,第270页。

⑤ 徐定超、永嘉县文史委员会、陈光熙:《徐定超集》,杭州:浙江古籍出版社,2018年,第55页。

肖商人及殷户恶棍等运米出洋，一经查获，以军法从事。”[①]为了维护社会的安定，徐定超对温州治安力量的建设给予大力支持。如为了平息永嘉县的匪乱，徐定超将枪支弹药分发给当地的民团，并派出分府军队进行支援。又如瓯海里海盗猖獗，徐定超将海防局改成护商警察局，添置巡舰，严厉打击海盗，使得海盗闻风丧胆。为了支持温州教育事业的发展，徐定超大力兴学。在他的扶植下，永嘉县立第一高等小学新校舍、永嘉县女子学校、东瓯法政学堂、温州织锦学堂和永嘉贫民习艺所等学校相继建立和发展起来。同时，徐定超也对温州军政分府内部的官僚队伍进行整顿，“理顺了军政分府内部关系，勤政廉政，防止自相残毒，祸起萧墙。”[②]

（三）徐定超的医学与史学实践

徐定超在医学研究上颇有造诣，曾任清政府的京师医学堂总教习，并亲自编写《伤寒论》和《灵枢素问》讲义作为教材。徐定超的讲义以经解经，博采众说，为后世中医学教材的编写起到示范作用。在 1912 年 9 月的温州水灾中，年迈的徐定超依旧亲自“为疾病者施医药类”[③]，时人称之为活佛。实际上，徐定超的医学事功实践是其救国救民的努力，他在《伤寒论讲义自序》中写道：

> 自天子王侯以下，一遇疾病，无不惟医是赖。故欧美各国之医士，精心研究，日新月异，而岁不同。期于穷极性命之微而后已。日本之人亦兼采中西，蒸蒸日上。今之论日本者，至以此事为强国之始基，何其盛也！[④]

可以看出，徐定超认为医学的发达是欧美国家和日本强盛的重要原因，徐定超想要振兴中国的医学，以此强健中国人的体魄，救国家于危难之中。因此，为了推动中国医疗事业的发展，徐定超曾上呈奏折，一方面主张清政府继续发展中医事业，另一方面主张清政府聘请各国良医，购买西医之书，设立单独的西医学堂，将西方先进的医疗技术引入中国，为中国的强盛打下基础。

---

① 徐定超、永嘉县文史委员会、陈光熙：《徐定超集》，杭州：浙江古籍出版社，2018 年，第 55 页。

② 同上，第 515 页。

③ 同上，第 516 页。

④ 陈继达：《监察御史徐定超》，上海：学林出版社，1997 年，第 78 页。

徐定超对地方史的研究十分重视。1915年,徐定超任浙江通志提调,为重修《浙江通志》劳碌奔波。为了弥补各县旧志的不足,徐定超要求《浙江通志》要把疆域分并、城署桥梁、运河堤岸、海塘工程修筑年月、户口盈耗等事关国家建设与生计之事做成表册和档案,并附上清楚的年月,造册备案,以此方便查询。徐定超修《浙江通志》要求史料丰富且准确,他说:"俾载笔者获有根据,早垂信史,且章国故,文献幸甚,典籍幸甚。"[①]为使"续修通志方有基础而臻完备"[②],徐定超还拟定非常详细的《续修浙江通志征访细则》,要求"各县知事所派征访员切实征访,迅速按五个月限内具次第报局;以资纂录"[③]。由此可见,徐定超从经世致用的角度对《浙江通志》的修撰给予高度重视。

三、徐定超的永嘉之学思想

(一)徐定超的崇儒重道思想

徐定超坚守中国传统的优秀儒家理念。在身为监察御史期间,他多次上奏强调学习中国传统儒家理念的重要性。例如在《请饬各直省练兵处废去军棍滥刑改良训练教导诸法片》中,他说:"练兵之法,先须教以忠爱,养其廉耻。"[④]在《请饬广设蒙养学堂折》中,他认为小学学立本,而学会孝、悌、忠、信就是立本,如今学堂中"惑于平权、自由之说,不受教诲,驯至犯上者亦所在多有"[⑤]的原因便是这一部分人的孝、悌、忠、信没学好,因此要广设蒙养学堂以植始基。可以看出,坚守中国传统儒学是徐定超向西方学习的前提。

(二)徐定超的经世致用思想

徐定超推崇永嘉之学经世致用的思想,在从政期间始终秉承着"天下事当须

---

① 徐定超、永嘉县文史委员会、陈光熙:《徐定超集》,杭州:浙江古籍出版社,2018年,第64页。
② 同上。
③ 同上。
④ 同上,第32页。
⑤ 同上,第12页。

责实，不可徇名”[①]的理念。例如，由于清末新政变制纷更，脱离实际，徐定超曾上奏谏言：“为变制不在纷更，首在实事求是。”[②]为了推动清政府的立宪工作，徐定超也曾多次上奏。在《请速设议院保护华侨以维人心弭民变折》中，徐定超指出清政府的立宪工作如果“谋未定而先动，议未集而欲行”[③]就如同刻舟求剑，不会取得成功。在《司法官制关系宪法始基拟请详加厘正折》中，徐定超也指出清政府要解决相关的司法问题才能使“宪政有观成之日”[④]。总而言之，徐定超主张经世致用，提倡就实理，做实事，讲实效，谋实功，是永嘉之学事功思想的鲜明体现。

（三）徐定超的发展财政思想

为了解决清政府财政困难的窘境，身为朝廷谏官的徐定超多次上奏建议清政府加强对财政的管理。如在《兴复滇省铜矿折》中，徐定超指出清政府“矿政不修，利权外溢”[⑤]的困局，主张重建被废弃的云南铜矿；在《浙鹾加引迟延请饬清查由》中，徐定超要求清政府尽快彻查浙鹾加引延迟一事，说道：“盐课之衰旺，财政之盈虚系焉。”[⑥]在《更定官制办法十条折》中，徐定超认为治理财政是“除宿弊而裨新政”[⑦]的必然要求，因此他明确提出增修铁路、扩大开矿、劝农、劝工、劝商、整顿税务和盐务等具体措施。再如，其时英国对两浙铁路虎视眈眈，强迫浙江商办铁路向其借款，徐定超得知后，便上奏《浙江忽借英债请饬妥筹补救由》，建议清政府应以国家的名义向英国政府借款，不使路权落入英国手中。徐定超注重财政，主张通商惠工，主张国家与洋人争利权，其中体现出的永嘉之学思想诚为不刊之论。

（四）徐定超的创新变通思想

徐定超主张向西方学习，体现出创新变通的精神。“贯穿古今，融汇中西”是

---

① 徐定超、永嘉县文史委员会、陈光熙：《徐定超集》，杭州：浙江古籍出版社，2018年，第14页。
② 同上，第1页。
③ 同上，第16页。
④ 同上，第42页。
⑤ 同上，第7页。
⑥ 同上，第10页。
⑦ 同上，第1页。

徐定超在三千年未有之大变局所选择的救国之策。徐定超不仅主张学习西方先进的技术,也主张学习西方先进的制度。例如,徐定超积极为清政府的君主立宪工作出谋划策,主张参考西方的自治制度设置乡官,“由民间公举才望卓著之人”[①]处理地方事务,并且主张设置议院,认为这是“立宪国不容缓之要政”[②]。他还提出各学堂应“添讲君主立宪法制”[③],使君主立宪的观点深入人心。但徐定超在向西方学习时难免受到“西学中源”说的影响,如他将君主立宪制说成是中国固有之成法,将君主立宪制中的“天皇神圣不可侵犯”[④]思想说成中国自古相传的“尊君亲上”[⑤]思想,将西方内阁成员比作周汉的三公、明朝内阁的大学士,议员则比作中国的卿大夫,力图为立宪工作寻找到历史文化依据。

(五)徐定超的强军思想

清政府内忧外患的困境使徐定超认识到:“当今之世,以练兵为要图。”[⑥]他针对清朝军队存在的弊病,提出发展军事的具体措施。第一,徐定超主张练兵有方。如在《请饬各直省练兵处废去军棍滥刑改良训练教导诸法片》中,徐定超请旨废除军棍滥刑,“改良一切训练教导诸法”[⑦],使士兵为国效命。第二,徐定超主张提升将帅素质,认为清政府应培养综合型军事人才。如在《江皖待赈孔急请暂缓秋操节省经费由》中,徐定超认为,中国不缺少士兵,而是缺少将帅之才,“果能于水师学堂、陆师学堂各学生,教以忠义及一切枪炮、营垒、运筹决策之事,达于极点,他日为国驰驱,定收实效。”[⑧]第三,徐定超意识到中西武器力量的悬殊,主张升级武器装备和发展海军,认为清政府应立即设机器学堂,制造出精良的武器以发展军事。如在《重整海军请设机器学堂精求制造折》中,他便指出”兴办海军,以求才制械为要端。”[⑨]徐定超的强军思想在晚清永嘉之学复兴的时代背景中显得尤为重要。

---

① 徐定超、永嘉县文史委员会、陈光熙:《徐定超集》,杭州:浙江古籍出版社,2018年,第6页。
② 同上,第18页。
③④ 同上,第33页。
⑤ 同上,第33页。
⑥ 同上,第13页。
⑦ 同上,第32页。
⑧ 同上,第14页。
⑨ 同上,第39页。

(六)徐定超的重视人才思想

徐定超重视人才，主张清政府任人唯贤、广开贤路、发展教育。他针对当时人才滞塞、升迁困难、官员猥冗等情况，多次上奏谏言。如在《更定官制办法十条折》中，徐定超便指人才事关国家兴衰，主张“资深才优已有要缺要差者均得留任”①。由于科举废除，官制更改，“翰林学士以下白首沉沦，等于废弃”②，浪费大量的人才，因此在《翰林院升途拥挤请变通官制以免淹滞人才折》中，徐定超主张划一官制，使得翰林学士能为国家出谋划策。徐定超也十分注重人才的培养，在《请饬广设蒙养学堂折》《重整海军请设机器学堂精求制造折》《中西医派不同宜分办学堂折》中，他都提出要普及教育、为国家培养人才的主张。

结语

徐定超是近代中国历史上重要的人物，他将永嘉之学的思想积极运用于近代中国救亡图存的事功实践当中，一生事功都致力于谋求国家的富强和民生的安定。他丰富了晚清永嘉之学在全国范围内的社会实践和思想内涵，为永嘉之学在晚清的复兴注入强大的核心力量。总而言之，徐定超的形象和思想是鲜活的。对徐定超进行研究不仅有利于温州的地方文化建设，而且能够为进一步深化改革开放和实现中华民族伟大复兴的中国梦提供更多的理论支持和更充足的养料。这是在中国特色社会主义进入新时代的历史背景当中进一步深化永嘉学派研究和推进温州学研究的必然要求。

(陈泽槟，广东省汕头市潮阳林百欣中学；许莉琼，温州大学人文学院 2021 级硕士研究生)

① 徐定超、永嘉县文史委员会、陈光熙:《徐定超集》，杭州:浙江古籍出版社，2018 年，第 2 页。
② 同上，第 27 页。

“温独支”的历史地位、作用及影响

李岳松

摘　要:中共温州独立支部,建立于1924年12月,“温独支”直属于中共中央领导。“温独支”建立不久,帮助国民党筹建永嘉县党部,促成第一次国共合作;积极宣传新思想、新文化和马列主义,唤起民众,抵制外货,查禁漏海;迎接北伐军入境;联合国民党左派和其他进步人士,开展国民革命运动,为浙南革命斗争做出了重要贡献。1927年“四一二”反革命政变,“温独支”虽然遭到破坏,但在浙南大地播下的革命种子,为日后浙南中共党组织的重建和红十三军的创建奠定了基础。

关键词:“温独支”;新思想;新文化;国民革命运动;地位;作用

中共温州独立支部(以下简称温独支)建立于1924年12月,是浙南最早成立的中共党组织,直属中共中央领导。“温独支”成立以来,以温州城区为活动中心,领导温属各县建立党团组织,开展党的工作,帮助筹建国民党永嘉县党部,组织开展群众运动,进行反对国民党右派的斗争,迎接北伐军进入温州,促进温州国民革命运动的开展。温独支遭破坏后,部分党员转入农村继续坚持斗争,为日后浙南党组织的恢复和红十三军的创建奠定了条件,最终取得了温州全境的解放。100年来,“温独支”为浙南革命斗争和党组织的建设做出了重要的贡献,并产生了深远的影响。

一、温州独立支部建立的历史背景及地位

1.中共温州独立支部建立的起因

温州地处我国东南沿海,是最早遭受帝国主义列强入侵的地区之一。1843年英国侵略者开始在温州走私贸易。1876年《中英烟台条约》签订,温州辟为通商口岸。不久,英、美等国公司纷纷前来设立机构,温州遭受帝国主义列强的殖

民掠夺。随着鸦片大量输入温州，城乡吸食鸦片、赌博盛行，加上自然灾害频繁，导致许多人家破人亡，民不聊生。

在强大的帝国主义和封建势力双重压迫下，软弱的民族资产阶级不可能领导革命取得成功。资本主义的道路、资产阶级共和国方案在中国行不通。正当中国的先进分子在寻求新的出路时，1917 年，俄国十月革命，给中国送来了马克思主义。随着工人阶级的成长，工人运动的发展，中国共产党终于在 1921 年 7 月诞生。

2. 新思想、新文化的传播为“温独支”的建立奠定了思想基础

在 1919 年“五四”运动影响下，5 月 15 日省立第十中学(今温州中学)毕业生郑振铎从北京回温州，偕同十中同学陈仲陶、黄超、游侠等，在华盖山双忠祠创设救国讲演社，出版《救国讲演周刊》，宣传新思想、新文化，声援抵制日货、劝用国货等活动。11 月 23 日，温州城区学生罢课游行，声讨日本暴徒制造“福州惨案”，学生的活动得到了社会各界的拥护和支持。

郑振铎

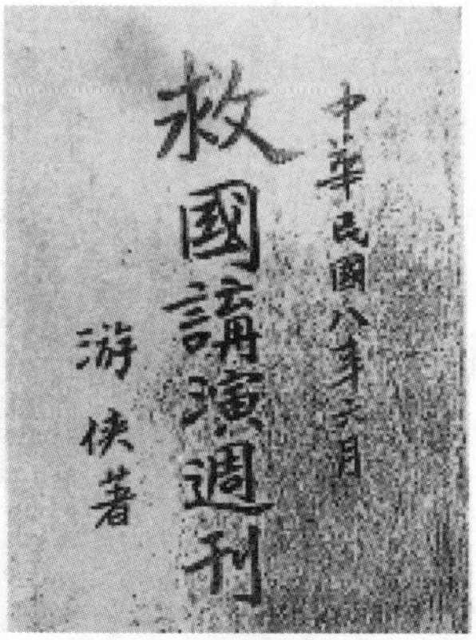

7 月 25 日，任南京高师教员、暨南学校校务主任姜琦，回温发起组织永嘉新学会并任干事长，会员发展到 70 多人。[①] 1920 年 1 月，创办《新学报》[②]，发表了郑振铎《新文化运动者的精神和态度》《俄罗斯文学的特质及略史》等，成为国内最早介绍马列宁主义和俄国革命的进步刊物之一。新学会的成立和《新学报》的创办标志着社会主义新思想、新文化在温州开始传播。

1923 年 9 月，学生蔡雄、苏中常、金贯真等在著名作家朱自清指导下，成立了新文学研究团社——宏文会和血波社，试用白话文写作，提倡新文化，开展反帝宣传。十中、十师学生自治会创办的《浙十中期刊》，以及温州城区的《大公报》

① 中共温州市委党史研究室:《中共温州党史》第一卷，北京:中共党史出版社，2004 年，第 18 页。

② 中共中央马、思、列、斯著作编辑研究室:《五四时期期刊介绍》第二集(上册)，上海:上海·生活·读书·新知三联书店出版社，1959 年，第 461 页。

等进步报刊和进步社团设立的阅览室,宣传了爱国反帝反封建的新思想、新文化。“五四”运动以后,温州广大爱国青年学生,为寻找革命真理,以求改造中国,逐步走向社会,并在斗争中涌现出一批具有初步共产主义思想的先进分子,为温独支的建立奠定了思想基础。

3.民族工业的兴起为“温独支”的建立奠定了阶级基础

民国初年,由于政府奖励工商,温州社会有识之士,在城区兴办棉织、制皂、机械、印刷、采矿、电业、通讯等行业工业。尤以李毓蒙与人合伙,创办李毓蒙制造絮棉机厂,生产的“双麒麟”品牌在上海、西湖等博览会上获优质奖;郑恻尘等合伙创办的中一花席公司,其产品销往上海等地及南洋群岛;吴百亨创办的百好炼乳厂生产的“白日擒雕”牌炼乳畅销大半个中国,寓意敢于同英国商人在中国开设的英瑞公司“飞鹰”牌炼乳竞争。“抵制日货,振兴实业”成为温州人响应五四运动、发展经济的重头戏。民族工业在原有的基础上得到了较快发展,也促进了部分工人先进分子逐步接受马列主义,走上革命道路,为温州共产党组织的创建奠定了阶级基础。

4.温籍留学苏俄先进分子为“温独支”的建立创造了人才条件

1921年至1927年,温州的谢文锦、李得钊、金贯真、胡识因、金省真、金石真、金演周、谢文侯、徐时惠、李立敬、郑育才、郑祚非和林秉权等十多位革命先进分子代表,受中共中央派遣先后到苏俄留学[①],进入莫斯科东方劳动者共产主义大学、莫斯科中山大学和莫斯科航空大学学习。谢文锦于1921年上半年和刘少奇等去莫斯科“东大”学习,1923年冬回国,先后任中共中央秘书、中共上海地委委员、秘书兼组织部主任。1924年8月奉命回温州宣传马列主义,筹建党团组织,12月成立了直属于中共中央领导的、浙南地区最早的中共党组织——中共温州独立支部。1925年5月担任上海总工会总务科副主任。1926年7月调任中共南京地委书记。

李得钊1925年下半年进入“东大”,1927年2月回国。1930年任中共中央军委秘书,是中共中央军委书记周恩来的得力助手。期间,为中国工农红军第十三军的创建作出了重要的贡献。金贯真1929年8月回国,1930年1月中旬任浙南巡视员,协助胡公冕组建红十三军,军长胡公冕,政治委员金贯真。1930年8月,周恩来在莫斯科接见留苏学生时说,浙江人民称金贯真是“浙江的金龙”。

① 李岳松:《求索——李岳松论文选》,北京:中国文史出版社,2017年,第22页。

金石真于 1929 年春奉命回国后，顾不得回乡看望家人，就去中央革命根据地的红四军工作，担任红四军某团参谋长。同年 5 月，在福建龙岩的一次战斗中不幸牺牲。这批留学苏俄的温州进步知识青年回国后，在中国革命的实践中作出了很大的贡献，大部分人为国献身，体现了为真理奋斗的坚忍不拔的革命精神，给后人留下了一笔精神财富。

5.“温独支”的建立与发展确定了它的历史地位

早在 1920 年 8 月，谢文锦就参加了在上海创建的中国社会主义青年团，成为浙江籍的 7 位青年团员之一。1924 年 8 月下旬，中共中央派谢文锦和胡公冕一起到温州筹建党团组织。他们到温州后，首先联系郑恻尘和胡识因夫妇，并先后到楠溪和温州城区，通过走亲访友、召开座谈会、发表演讲等形式，在工农、学生中宣传全国革命形势和党的纲领，揭露封建军阀勾结帝国主义的罪行，唤醒民众推翻反动统治，使人民群众获得新生。在开展宣传的同时，着重做好组织工作，谢文锦首先介绍郑恻尘、胡识因夫妇加入中国共产党。郑恻尘系温州中一花席公司总技师，胡识因开办新民小学，系负责人兼任女子师范学校教师。他俩思想进步，在温州实业界、妇女界和教育界有较高声望。12 月在新民小学成立了中共温州独立支部，胡识因任书记。这是直属中共中央领导的浙南地区最早建立的中共党组织，是浙江继杭州、绍兴等之后最早建立的党组织之一。

胡识因与子郑筱中(中)、女郑昨非(后)合影

“温独支”以温州城区为活动中心，领导温属各地党的工作。在建党的同时，谢文锦还介绍戴宝椿、金贯真、李德昭(得钊)等 8 人加入社会主义青年团，成立中国社会主义青年团温州支部，戴宝椿任书记。[①] 到 1925 年 10 月，温独支已有党员 12 人。[②]

① 中共温州市委党史研究室、中共鹿城区委党史研究室:《中共温州独立支部与国民革命运动》，北京:中共党史出版社，1998 年，第 79 页。

② 同上，第 21 页。

"温独支"成员金贯真(左一)与李得钊(右一)等合影

1926年9月,"温独支"建立了干事会,书记兼组织干事唐公宪,干事会下设2个支部,这时有党员17人。[①] 1926年秋,温独支派林去病和钱国恩、林立到乐清发展党员,成立中共乐清支部,书记林去病。11月温独支又指派林去病、叶辅赓到瑞安建立党小组。1927年2月,瑞安党小组改建为中共瑞安特别支部,书记林去病。至1926年底,在永嘉(含今鹿城、瓯海、龙湾三区)、瑞安(含今文成县)、平阳(含今苍南县)、乐清[②]、泰顺等县共发展党团组织50多人。

二、"温独支"在国民革命运动中的作用

1.帮助筹建国民党永嘉县党部

为推进国民革命运动,1923年11月,中共三大决定共产党员以个人身份加入国民党,凡没有国民党组织的地方,由共产党帮助建立国民党组织。共产党员加入国民党后,在政治上仍接受共产党的领导。

"温独支"建立时,温州尚无国民党组织机构。根据中共中央指示精神,1925

① 中共温州市委党史研究室、中共温州市鹿城区委党史研究室:《中共温州独立支部与国民革命运动》,北京:中共党史出版社,1998年,第258页,记载有党员17人;中共温州市委党史研究室:《中共温州党史》第一卷,北京:中共党史出版社,2004年,第29页,记载有党员13人。

② 据1982年林立写的回忆,曾成立乐清党支部。

年春，郑恻尘等以个人身份加入国民党，帮助国民党永嘉县党部筹备员王超凡发展国民党员，并于8月成立国民党永嘉县党部，中共党员郑恻尘、胡识因、陈仲雷和国民党员王超凡、吴江冷（孝乾）、张寿卿、项强等7人分别担任执委和候补执委，中共党员成为国民党永嘉县党部中的骨干分子。

1925年12月17日，国民党永嘉县党部召开第二次党代会，中共党员胡识因、郑恻尘、戴树棠和共青团员戴国鹏被选为执行委员会执委。第一次国共合作在温州形成后，“温独支”和以共产党员为骨干的国民党永嘉县党部，积极领导人民进行国民革命运动，并很快地扩大到工人、农民、妇女、学生等各阶层，孙中山的联俄、联共、扶助农工三大政策得到了贯彻，永嘉的国民革命运动蓬勃发展。

郑恻尘

与此同时，瑞安、平阳、乐清等县的“温独支”成员，积极参与各县组建国民党县党部，领导工农商学各界开展国民革命运动。

2.促成国民会议运动兴起

在国共两党的共同努力下，国民革命的思想得到传播。谢文锦于“温独支”成立后的当月返回上海，致信胡识因，要她利用在妇女界的声望和在女子师范学校讲课的有利条件，率先成立温州国民会议女界促成会，响应全国性的促成国民会议运动。1925年1月1日，温州国民会议女界促成会成立，公推胡识因、姚平子、庄竞秋等7人为促成会委员。会后发布《告民众书》，提出“打倒帝国主义，推翻封建军阀”“召开国民会议，共商国是”[①]等口号，组织宣传队开展宣传。1925年春，胡识因等带领女师师生参加由十师和女师举办的学术演讲会。会上十师附小主任在演讲中提出“男女不能平等、不可平等、不必平等”的言论，引起全体师生的愤慨。女师全体师生即离开会场以示抗议，并向校方提出要求撤换附小主任。为此郑恻尘、林平海在《温州大公报》发表文章，谴责附小主任破坏妇女运动，以声援女师。十师校方不得不派代表向女界促成会道歉，并登报认错，在温州妇女解放运动中产生积极影响。不久，在女界促成会的基础上成立永嘉县妇女协会，并加入全国妇女联合会。

1925年2月26日，由各界参加的温州国民会议促成会成立。3月温州代表戴宾、戴夏出席国民会议促成会在京举行的全国代表大会。会上戴宾和邓颖超

① 中共温州市委党史研究室：《中共温州党史》第一卷，北京：中共党史出版社，2004年，第31页。

等11人被选为内政问题委员会妇女问题小组成员。

4月12日温州促成会与各界1万多人在十中操场开会追悼孙中山先生,这标志着温州国民革命运动的初步兴起,人民群众的政治觉悟得到了提高。

3.促成学生和工农运动的开展

1925年5月30日,上海工人和学生在街头举行宣传和上街示威游行,英国巡捕突然向手无寸铁的群众开枪,打死13人,伤数十人,酿成震惊中外的五卅惨案。为此,温州省立十中、十师、女师等十来所学校师生立即召开紧急会议,恢复五四运动时期成立的温州学生救国联合会和温州救国会,同时,致电沪杭同乡会,表示对帝国主义的愤慨和对上海工人的声援,同时捐款援助上海罢工工人。温独支领导的学生救国联合会等组织成立温州五卅惨案后援会,掀起了声势浩大的罢市、罢工、罢课的反帝爱国运动。6月6日,邀请上海学生会宣传委员张任天、唐砥中报告上海五卅惨案经过情况,会后游行。当游行队伍经过"东洋堂""三井洋行""英美烟草公司"等处时,"打倒帝国主义""为死难同胞报仇"等口号此起彼伏,吓得洋行老板紧闭大门,不敢露面,活动持续半月之久。

同年冬,鹿城布厂资本家无故开除钱国恩等3名工运骨干,"温独支"领导织工研究会举行了全城棉织工人联合罢工,相持10天左右,成为五四运动后城区最大的一次罢工斗争。

1926年3月12日,"温独支"在温州城区十中(今八中)操场召开纪念孙中山逝世一周年大会,到会2000多人,会后游行。

同年3月18日,北平"三一八"惨案发生,"温独支"于4月10日发动温州学联等10多个社团成立温州各界"京案后援会"。12日,温州学联在十中召开殉难同胞追悼大会,声讨帝国主义对华侵略和段祺瑞政府的卖国罪行。4月,温州学联会创办会刊《温州学生》,"温独支"成员、学联会宣传部主任蔡雄写了发刊词,要学联"树立起20世纪时代科学的革命的旗帜……向一切反动势力以统攻击"①。

王国桢

10月,"温独支"成员王国桢、张培农参加毛泽东主持的广州第6期农民运动讲习所学习归来,以国民党中

① 中共温州市委党史研究室、中共温州市鹿城区委党史研究室:《中共温州独立支部与国民革命运动》,《温州学生〈发刊词〉》,1926年4月,第131页。

央农运特派员的身份分别到永嘉、平阳领导农运。1927 年 1 月，永嘉县农民协会成立，王国桢当选为会长。全县 500 多个村成立农会，会员 9 万余人，[①]发动农民进行废除苛捐杂税和减租减息斗争。有的农民协会还行使了部分基层职权职能，沉重地打击了地方封建势力。

在“温独支”的协助和领导下，温州的学生和工农运动进一步高涨。以行业工会为基础的温州总工会于 1927 年 1 月成立，中共党员施德彰（雷高升）当选为主席。此后，瑞安、平阳也相继成立县总工会，领导工人进行斗争。

4. 开展与国民党右派的斗争

1925 年 11 月，国民党右派在北京西山召开国民党一届四中全会（即西山会议），通过《取消共产党在国民党中之党籍》的决议。国民党永嘉县党部常务委员王超凡等人秉承西山会议派旨意，大搞分裂活动，公然操纵县党部。接着，控制《温州大公报》舆论阵地，排斥编辑共产党员林平海。温独支根据中共中央的指示，反击国民党西山会议派在温州的势力活动。

国民党浙江省党部经过激烈的斗争，推定胡识因为特别妇女代表出席预定 1926 年初召开的国民党第二次全国代表大会。但是，浙江西山会议派头子沈定一，于 1925 年秋秘密派爪牙孔雪雄到温州活动，串同王超凡、魏介夫等，企图阻挠胡识因出席国民党“二大”。“温独支”除了在群众中进一步宣传孙中山的“三大政策”外，郑恻尘等在县党部召开的紧急会议上，揭露并挫败这一阴谋。同年 12 月 4 日，国民党永嘉县党部的中共党团员和国民党左派成员召集国民党各区分部执委开会，揭露西山会议派的罪行，弹劾县党部常务委员王超凡和执委魏介夫、吴江冷，并解散赞成西山会议派的区分部。同时推选郑恻尘、戴树棠、陈仲雷为县党部临时执委，发表声明：“此次北京西山会议无效。”

1926 年 2 月，胡识因参加国民党二大归来后，贯彻二大精神，奉省党部命令，对永嘉县党部进行改组，增补吴秋江、王纪为执委，王超凡等从执委中被清除出去。

5. 迎接北伐军进入温州

为了推翻帝国主义支持的军阀统治，实现中华民族的独立、自由、民主和统一，1926 年 5 月，温州各界民众团体和青年学生联合会在纪念五卅惨案一周年大会上，发出请求广东国民政府早日北伐等 8 则通电。6 月“温独支”以温州学

① 中共温州市委党史研究室、中共温州市鹿城区委党史研究室：《中共温州独立支部与国民革命运动》，北京：中共党史出版社，1998 年，第 10 页。

联会的名义致电广州请求国民革命军兴师北伐。

同年7月9日,在中国共产党的推动下,国民革命军在"打倒列强、除军阀"的雄壮口号声中正式出师北伐。

1927年2月8日,北伐军十七军进占温州。宣中华率国民党浙江省党部代表团抵温迎接,2月17日与十七军军长曹万顺等在温州铁井栏洞桥头礼堂合影。前排:郑恻尘(左三),萧铮(左五),李坤(左七),曹万顺(左八),宣中华(左九),李超麟(左十),查人伟(左十一),胡识因(左十二);中排:项强(左一),李干甫(左四),陈仲雷(左五)。原载《浙江人民革命史画册》

11月初,福建方面的北伐军迫近莆田,军阀孙传芳部福建省督军周荫人先后有1.3万多溃兵向温州方向流窜。周荫人部"纪律极坏,为温州向来所未睹"。到达永嘉城区(今鹿城),"驻扎之学校校舍被溃兵糟蹋不堪,板壁床铺木料,皆作为燃料;随意粪便,经其门,辄须掩鼻而过。""士兵殴打人民、奸淫妇女,时有所闻。"到12月29日,该残部:"索开拔费50万元……往返磋商,始允报交12万元,由中国银行支行垫出,付给清楚,始陆续向乐清、处州而去。"[①]周荫人部在温

① 《周逆败兵过温之骚扰》(1927年1月21日),引自中共温州市委党史研究室、中共温州市鹿城区委党史研究室:《中共温州独立支部与国民革命运动》,北京:中共党史出版社,1998年,第239—241页。

州期间，"温独支"两次召开党员会议，揭露周荫人罪状，发动民众反对当局趁机派款、强拉民夫，维护社会秩序。

为了统一指挥浙江前线战争，北伐军成立东路军前敌指挥部。"温独支"派人送信给北伐军东路军前敌指挥部，要求迅速发兵温州。1927 年 1 月 15 日，北伐军第十七军宣传队率先进入温州城。十七军主力抵温州时，温州民众前往郊外迎接。1 月 24 日，永嘉县党部和温独支联合举行规模盛大的温州市民庆祝北伐胜利大会。2 月 8 日，北伐军一部从福建经平阳、瑞安抵温，受到沿途民众的热烈欢迎。2 月 15 日、16 日，温州召开了均有万余人参加的欢迎北伐军大会和各界军民联合大会。2 月底，北伐军光复浙江全境，结束了封建军阀孙传芳在浙江的统治。郑恻尘、胡识因赴杭州国民党省党部复职，温独支书记由陈仲雷担任。

三、"温独支"遭破坏后的历史影响

1."四一五事变""温独支"遭到破坏

1927 年 4 月上旬，帝国主义在直接武装干涉中国革命的同时，决定拉拢蒋介石，阴谋从内部破坏中国革命。为了篡夺革命胜利成果，4 月 3 日至 5 日，蒋介石在上海召开秘密会议，决定策划反革命政变。4 月 19 日，南京国民政府发布"秘字第 1 号令"，"通缉"全国各地共产党员应"务获归案重办"的包括毛泽东等在内的 197 人名单，其中有温独支及温籍的成员胡公冕、胡识因、郑恻尘等 12 人[①]，接着大肆逮捕、残酷屠杀共产党员。4 月 11 日，温州地区共产党组织的创始人，时任南京地委书记的谢文锦在南京被秘密杀害。同日，国民党军警包围了国民党浙江省党部，省商民部部长、温独支主要成员郑恻尘为掩护其他同志，在杭州被捕，惨遭杀害。

4 月 15 日温州开始"清党"，国民党右派率武装军警闯入国民党永嘉县党部，逮捕了正在参加县执委会的陈仲雷[②]、苏中常[③]、戴树棠[④]等中共党员。当晚他们又到温州总工会逮捕了共产党员童伯吹，接着数次包围城区各中学，搜捕中

① 中共温州市委党史研究室、中共温州市鹿城区委党史研究室：《中共温州独立支部与国民革命运动》，北京：中共党史出版社，1998 年，第 242 页。

② 温独支书记、县党部执委兼农民部部长。

③ 温独支成员、永嘉县党部执委兼组织部部长。

④ 温独支成员、永嘉县党部秘书。

共党员、共青团员和进步教师。

“四一五”事变后,“温独支”及其下属党组织均遭破坏而停止活动,革命斗争进入低潮。蔡雄不顾自身的安危,于5月18日化装成农民,到处奔波营救被捕人员,当蔡雄刚从小南门僻静处上岸,就被带到警察局当夜审讯,受尽酷刑。5月24日深夜,当局将时年仅21岁,被打得血肉模糊、坚贞不屈的蔡雄抬到十中操场杀害。接着分别到瑞安、平阳、乐清等县组织反共“清党”委员会,继续搜捕共产党人和革命群众,取缔各种进步组织。至此,温州的国民革命运动遭到严重破坏。

2.“温独支”对浙南革命的深远影响

“温独支”成立近三年里,认真宣传马列主义,积极建立党团组织,实现地方国共合作,广泛开展国民革命运动。

“温独支”及其下属党组织虽然遭破坏停止活动,瑞安、平阳和温州城区原温独支部分党员迅速转入农村,秘密发展党员,建立党团支部,继续同国民党反动派作斗争。“温独支”在浙南大地播撒的革命种子,为日后中共党组织在浙南的重建和农民武装暴动奠定了基础。“温独支”成员多数成为1930年成立的中国工农红军第十三军和浙南特委的领导人和重要骨干,对浙南革命影响深远。

(1)唤醒浙南人民革命意识

“温独支”成立后,浙南革命面貌焕然一新。成立前,群众生活贫困,反抗意识淡薄,思想觉悟不高;成立后,开展了轰轰烈烈的工人、农民、学生、妇女运动,唤醒了人们的觉悟,提高了浙南人民的革命精神。1928年6月,永嘉、瑞安、平阳三县农民联合武装暴动,给国民党以沉重打击。中共浙江省评价:“共产党英勇的领导这许多斗争,在农民群众中已树立了很巩固的信仰。”正因为大革命时期党在浙南开展了一系列的革命活动,才提高了人民群众对党的了解和支持。

(2)培养革命骨干力量

大革命失败后,保存下来的“温独支”成员成为继续开展浙南革命的骨干力量。1927年6月17日,原“温独支”成员张培农、游馥、叶廷鹏和吴信直等组织农盐民武装攻打平阳县城,标志着温州地区共产党人领导武装斗争的开始。1928年2月,永嘉、瑞安、平阳三县成立县委,书记郑馨、林去病、游侠,均为原“温独支”成员。1930年,红十三军成立,“温独支”成员金贯真任政委、雷高升任第一团团长。1930年6月18日至22日,在瑞安渔潭中村(今瓯海)召开中共浙南第一次党代会,选举产生了浙南特委,“温独支”成员王国桢任特委书记。1931年后,以原“温独支”成员叶廷鹏、陈卓如为代表的浙南老共产党人,在红十三军失败后极端困难的条件下，坚持武装斗争，建立和领导浙南地下党，开辟浙南游击区，迎接红军挺进师和中共闽浙边临时省委进驻平阳北港，为建立浙南游击根据地作出了巨大贡献。

(3)奠定继续革命的组织基础

“温独支”为此后浙南党组织的成立和建设提供了经验教训，影响深远。“四一二”反革命政变后，“温独支”下属的瑞安特别支部由于郑馨的及时警报，未遭受严重破坏，依然在继续坚持斗争。农民协会作为“温独支”领导农民运动主要的组织形式，后来成为浙南党组织领导的农民武装暴动的组织基础，并对红十三军等革命斗争产生密切影响。农民协会的领导人成为农民武装暴动领导和骨干力量；农民协会的会员是农民武装暴动的主要力量；不少农会会长和会员加入了红军队伍。“温独支”成员在以后的抗日战争和解放战争中，为浙南人民的解放事业发挥了重要的作用。温州的革命斗争在全省甚至在全国都有影响。

（李岳松，温州市鹿城区档案馆、鹿城区委党史研究室）

浅析“温独支”领导下的温州农会对农民武装暴动的影响

王　薇　林城妤

摘　要:1927至1930年间温州各地暴发数次参加人数较多、影响较大的农民武装暴动,其中较为著名的是平阳农民武装的“三打平阳”和“西楠溪农民暴动”,这些农民武装暴动虽然都以失败告终,但其影响却非常深远。而此前国民革命时期“温独支”领导的温州农会对这一时期的农民武装暴动有着重要的影响。本文以“三打平阳”和“西楠溪农民暴动”为例阐述中国共产党温州独立支部(简称“温独支”)领导的农会在领导力量、骨干力量、组织基础和主要力量等方面对农民武装暴动的影响。

关键词:“温独支”;温州农会;农民武装暴动;影响

“四一二”政变后,面对国民党的武装进攻,“温独支”成员自觉地拿起武器,发动群众武装反抗国民党的残暴统治。从1927年到1930年间温州地区爆发数次参加人数较多、影响较大的农民武装暴动。其中较为著名的是平阳农民武装的“三打平阳”和“西楠溪农民暴动”。虽然这些农民暴动均以失败告终,但是其影响却是深远的。尤其是通过农民武装暴动形成了一批有组织、有战斗力的农民游击队,这对红十三军、红军挺进师的活动和斗争都有积极影响。而国民革命时期“温独支”及其领导的温州农会对这一时期农民武装暴动的影响无疑是巨大的。本文将从农民暴动的领导力量、骨干力量、组织基础和主要力量等几个方面来说明,“温独支”及其领导的农会对农民暴动的影响。

一、“温独支”领下的温州农会

温州地区的农会由其下属的永嘉、平阳、瑞安等县农会组成。1924年,共产党员永嘉楠溪人谢文锦奉党组织的命令回到温州建立党组织。他回到温州后,先后发展了郑恻尘、胡识因、金贯真、李得钊等30多人加入中国共产党和社会主义青年团。12月，谢文锦等在温州新民小学建立浙南地区最早的党组织——中国共产党温州独立支部。“温独支”成立后进行了一系列活动，如领导成立妇女协会；发动和组织农村革命青年参加北伐军；帮助国民党组建县党部；对温州地区进行社会调查；领导学生、工人、农民运动等。组建农会即是他们的重要活动之一。

1926年初，共青团温州支部发动团员和进步青年在瑞安塘下、莘塍前埠、永嘉上下河乡等地开办农民学校和平民夜校，提高当地农民的政治觉悟。此后，共青团温州支部书记戴国鹏等在南塘开办农民夜校，提高农民的文化水平和政治觉悟。是年春，“温独支”成员王国桢、张培农去广州参加毛泽东同志组织的农民运动讲习所。8月，晚稻歉收，全县农民要求减租减息，这一要求在“温独支”的支持下取得一定的成效。9月，“温独支”成员陈仲雷被推为国民党永嘉县党部农青部部长。10月，王国桢、张培农两人返回温州，”温独支”派他们以国民党中央农运特派员的身份分别负责永嘉、平阳两县的农运工作。

王国桢接受“温独支”的任务后，立即深入永嘉新桥、瞿溪和梧埏一带农村进行调查研究和组织农会工作。他大力宣传组织农会、打击土豪劣绅、实行减租减息、废除苛捐杂税的革命道理，发动当地群众。他还挨家挨户访贫问苦，细致地做群众的工作。在他的宣传和鼓动下，先后成立了南塘、黄善、上光、上埠、东埠、汤家桥、桥河等7个村农会。不久，永嘉县7个镇、8个乡普遍建立了农会。农会建立后，在“温独支”的领导下开展了轰轰烈烈地减租减息、抗捐抗税的斗争，给当地农村的反动势力以很大打击。1927年春，王国桢被选为永嘉县农会主席。

张培农回到他的家乡平阳县，和“温独支”成员游侠、章尚友、叶廷鹏和吴信直等人在当地进行革命活动。他回乡后深入发动农民群众，积极筹建农会。1927年1月中旬，平阳县第一次农民代表大会召开，成立平阳县农会。张培农任农会主任。2月初，平阳县第一个基层农会——环川农会成立。接着万全成立了宋桥、练川、南山等农会；小南成立了雾垟下、梅溪等农会；山门成立了东屿、大楼、畴溪等农会；江南成立了云头垟、湖前、将军、南水门、洋门、绿萍等农会；南港成立了平南、繁枝等农会；蒲门成立了蒲城、南坪、下峰、沿浦、魁里、澄海、霞关等农会。随后，凤卧、麻步、萧江、水头、腾蛟、鹤溪、青街等地也相继成立农会。平阳县农会在“温独支”领导下开展了“攻打盐堆”“平粜”“斗争劣绅吴醒玉”等斗争，推动了当地农运的发展，打击了当地土豪劣绅。

1926年秋,“温独支”成员林去病、林立、钱国安到乐清开展革命活动。林去病到乐清后,以司秤员为掩护,兴办盐民夜校,自编教材,自任教师,帮助盐民学习文化,宣传革命思想。林去病、林立、钱国安在西乡的翁垟、白石、白象和东乡的竹屿等地建立了农会小组。1927年春,乐清各地闹粮荒,农会组织纠察队缉拿漏海奸商,白象农会缉获一船漏海粮食,当即没收平粜,解决了农民粮荒问题,农会因此迅速壮大。

1927年春,瑞安县农会派共产党员林忧民来到西区(今大峃、峃口、玉壶、珊溪区),发展农民组织,先后建立了大峃、樟台、龙川、中堡等基层农会,之后又建西区农会,领导农民开展“二五减租”斗争。与此同时,公阳也建立了农会。温州地区农会和农民运动达到高潮。

1927年4月初,蒋介石在上海密谋发动政变,逮捕在上海的各地共产党员。“温独支”当时在上海的有唐公宪、胡识因、郑恻尘、林平海、金家济、戴国鹏等,郑恻尘等不久遇害。“四一二”政变后,国民党浙江省党部“清党”委员会派王超凡、魏介夫到温州“清党”,大肆捕杀中共党员,蔡雄等遇害,“温独支”遭到破坏。“温独支”领导的农会或被解散或被勒令整改,被整改后的农会成为国民党控制农民的工具。温州地区的农民运动遭到严重挫折。

二、1927—1930年温州地区农民武装暴动概况

1.三打平阳县城

“四一二”事变后,平阳国民党右派林骅等在省防军驻平阳警备连支持下发动政变,改组国民党平阳县党部,解散了县农会。不久,万全农会也被捣毁。“温独支”成员张培农、叶廷鹏、游侠、游馥、吴信直被迫转入地下活动。1927年6月上旬,原“温独支”成员张培农、叶廷鹏、游馥、吴信直、林珍等人在江南新安环川农会举行秘密会议,决定组织农民武装攻打县城,赶跑国民党右派,夺取平阳政权。环川会议表明平阳中共党人在国民党右派的进攻下自觉地走上武装反抗压迫的道路。6月17日,张培农、叶廷鹏、吴信直、林珍等率领江南农盐民武装300多人,埋伏于平阳县城外的东门山。由于行动中暴露了目标,守城敌人开枪示警后,紧闭四处城门,并集中火力向东门山上射击。张培农、林珍等见偷袭不成,遂主动撤离。第二天,敌人出动搜捕暴动农民,平阳中共党人独立领导的武装暴动遂告失败。不久,张培农在赴永嘉的途中遭国民党反动派查扣,随后被解送到温州省防军第四团团部关押。由于主要领导人被捕,平阳农民运动暂时沉寂下去。

1928年1月，中共浙江省委特派员郑馨来到温州恢复和整顿党的工作。1月20日，郑馨在瑞安城关召开永嘉、瑞安、平阳三县党的骨干会议，他在会上传达了贯彻中共中央八七会议关于实行土地革命和武装反抗国民党反动派的总方针。会议决定恢复与整顿党的组织，领导农民开展斗争，准备武装暴动，会议还要求建立中共永嘉、瑞安、平阳县委。2月，中共平阳县委建立，游侠任书记。3月，浙江省委增派林平海、王屏周来温州协助郑馨工作，加紧暴动准备，林平海、王屏周召集永嘉、瑞安、平阳三县党的负责人及有关人员，在永嘉县上河乡开会，秘密商讨浙南联合武装暴动计划，并成立浙南联合暴动总指挥部，统一指挥永瑞平三县联合大暴动。林平海、王屏周在平阳云岩鲸头山的内庵基堂(今属苍南县)召开永嘉、瑞安、平阳三县党的联席会议，制定了县农民联合大暴动的具体计划。参加会议的有林去病、雷高升、林珍、游侠、游馥、叶廷鹏、吴信直、陈步全等三县党的骨干分子50多人。会议决定：(一)联合永、瑞、平3县统一定期发动大暴动，攻打县城，夺取政权；(二)铲除贪官污吏，土豪劣绅，没收财产；(三)发动贫雇农，组织农会，建立苏维埃政权。会后，平阳成立了暴动领导小组，林平海、游侠为正副组长，林珍、游馥、叶廷鹏、吴信直、陈步全等人为成员。领导小组下设指挥部，林珍任指挥，以上诸人中林去病、林珍、游侠、游馥、叶廷鹏、吴信直是“温独支”成员。6月27日傍晚，叶廷鹏、吴信直、吴传稿等率领万全、江南、南港等地农民武装暴动队1000多人，分三路乘夜攻打平阳县城。由于不慎暴露目标，于是林平海等人提前攻城。激战1小时许，万全暴动队领导人叶廷鹏右肩中弹，江南暴动队领导人方式惠身负重伤，攻城部队为保存实力而退出战斗。次日，国民党省防军1个连包围了设在万全练川下薛的暴动攻城指挥部。暴动队员杨公亮、李荣生、周坑不幸被捕，解送驻温省防军第四团团部。联合暴动失败后，林平海在赴温州的途中被国民党便衣跟踪逮捕，叶廷鹏负伤后被转移到荒岛治伤，江南暴动队领导人方式惠因伤重医治无效牺牲，暴动队的其他领导人也都被通缉。游侠出走杭州，林珍前往上海隐蔽，游馥转往台州坚持斗争。平阳地区的农民运动再次陷入沉寂。

1929年，温属各县灾荒，水旱并行，风虫为虐，70%的百姓断粮。可吃的草根挖尽，可吃的树皮剥光。这是浙南历史上空前的大荒年。当时中共永嘉中心县委向中央报告说，温属6县饥民达40万以上，不少地方出现村村饿殍相枕藉，十家九室无炊烟，而国民党政府只顾实行土地陈报，加收佃粮，苛捐杂税有增无减，人民生活在水深火热之中，阶级矛盾日趋激化。6月，党中央派邵天民、徐英到浙南巡视，进一步贯彻六大决议，深入开展土地革命宣传，加紧领导农民以反对国民党苛捐杂税、土地陈报和"村里制"等斗争。

1930年1月,中共中央巡视员金贯真来浙南,在瑞安肇平垟召开中共永嘉中心县委第二次扩大会,传达中共中央六届二中全会精神,筹组浙南红军和浙南特委,布置以发动闹荒和反对土地陈报为中心的土地革命斗争。会议决定以永嘉西内乡和楠溪、瑞安西区(今属文成)、平阳江南为游击战争中心区域,首先在这一带组织暴动,推动并援助其他各区的斗争,造成温属各县的总暴动。

2月28日,金贯真向中央汇报说,由于闹荒和反对土地陈报斗争的发展,浙南各地都有向武装暴动方向发展的可能。

二打平阳城战斗中负伤的"温独支"成员叶廷鹏,在一个海岛上治愈伤口后,化装作"兑糖客",挑着糖担举着摇铃手鼓,穿街走巷,历尽艰辛,跑遍浙南各地,终于在宁波找到了党组织。当他得悉中共中央已派人来浙南筹建红军时,便兴高采烈地赶回平阳,在江南缪家桥找到"温独支"成员吴信直等农运骨干,通报了激动人心的革命形势后,密议如何发动农运积极分子,配合红军游击队领导人收缴敌人武器,武装自己。3月16日及4月8日晚,叶廷鹏、吴信直等先后两次协同"温独支"成员王国桢、雷高升等夜袭平阳江南白沙瓯盐公所缉私队及当地17个盐堆,收缴40多支枪支。叶廷鹏还组建一支数十人的武装队伍进入玉苍山开展游击活动。5月,浙南红军正式编为中国工农红军第十三军,在永嘉县五村宣布成立红十三军军部。平阳、瑞安等县去了不少游击队员和赤卫队员,参加集训。

5月20日,手持杂式枪械的红十三军雷高升部900余人,在军长胡公冕的率领下,从永嘉楠溪表山出发,经3天3夜急行军,经青田、瑞安,袭击了陶山警察所,镇压了所长和警长。瑞安县城告急,戒备森严,联络人又联系不上,胡公冕见机行事,改变计划,下令直攻平阳县城。在瑞安涂厂地方渡过飞云江,冒着大雨,经平阳万全湖岭和石塘,于5月24日晨到达平阳县城西门。听取了郑贤塘(瑞安农运领导人)、叶廷鹏汇报敌情后,军部当即决定9时开始攻城。

5月24日,又是个端午将近的日子,从四面八方进城的农民群众,三五成群,络绎不绝。到上午9时,城内已熙熙攘攘。红十三军在瑞安和平阳的1000多名赤卫队员的通力配合下,从南门和北门发起进攻,枪声喊声顿时震撼山城。其中叶廷鹏的一队,手持枪棍刀棒像钱江怒潮般地杀进大街。守城敌军一时慌了手脚,县长叶燕荪急忙越墙逃命。红军很快占领了敌稽查站,并冲入县府,打开监狱,释放了被关押的40多名无辜群众,并缴获县府大印,战斗进展十分顺利。但是从西门进城转攻北门的一支红军队伍,由于人地生疏,带队的人将五显殿错认为省防军连部驻地城隍庙，扑了空；待再转向城隍庙时，因耽误了时间，敌军已占据城内制高点.再加驻南门外敌巡缉队闻讯火速回城增援，一时枪声大作，硝烟弥漫，形势逆转。自上午9时至下午3时止，短兵相接，激战6个多小时。红军和赤卫队员面对强敌，前仆后继，英勇搏斗。后因敌援兵陆续进城，红军和赤卫队处在重兵包围之中。为避免更大伤亡，胡公冕军长一面紧急通知撤出战斗，一面组织并亲率部分骨干，手持长短枪，在城内往返冲杀，掩护撤退。只因部队已被冲散，无法及时接到撤退通知.再加路线不熟，欲突围出城而不能。有的负伤战士被城内居民掩护在家，失去联系。下午3时后，四门关闭，巡缉队队长程蛟组织力量进行全城逐户大搜查，凡不是平阳当地口音的，立即枪杀。此役红军和赤卫队员共牺牲192名(死于非命的群众有200余人)，这是红十三军在各次战斗中伤亡最大的一次。这样，“三打平阳”战斗以失败告终。此后平阳县委书记吴信直在赴永嘉的途中被捕，平阳农民运动再一次陷入低潮。

三打平阳后，由于平阳党组织受到破坏，农民武装也遭到很大损失，平阳农民运动陷入低潮。

2.西楠溪农民暴动

1929年，浙南地区发生了历史上罕见的大灾荒，田地颗粒无收。国民党政府不管百姓的死活，不但不赈济灾民，反而加税增捐，加重人民的负担，百姓怨声载道。正在这时，仙居一和尚到西内茗岙、平坑等地，以造桥的名义，“募捐”了500银元，被茗岙农会发觉后，悉数没收。和尚到四里郑庄与民团头子徐敏臣商量，徐敏臣即派团丁到茗岙捕去农会会员4人，并夺去银元。因茗岙农会力量不足，农会负责人陈明善派人四处联络，要求邻地农民鼎力相助。在中共党员的策动和引导下，11月13日，钟山区的下徐、前村、坦头垟、龙头、罗徐、西溪下、廿四垄、蒲瓜墩、黄坑、茶坑、阮山和西内区的昆阳、赤岭、林山、郑山、梅坑、荆州、邵园、白泉、岭下、梧岙、碧莲、澄田等84个村庄的农民武装4000多人，在胡秀、陈明善、杨岩斌、陈奇泉、徐岩星、吴茂元、李成登等人的带领下，集中在明岙陈宅祠堂。然后农民背着火药枪、棒头刀、马刀等武器，臂缠红布，向郑庄出发。徐敏臣闻风丧胆、立即释放了4名农会会员，自己带着家眷逃往他乡。农民武装到郑庄，将徐敏臣的浮财没收，打开粮仓，把粮食赈济贫苦农民。

此时，楠溪大源地区的胡协和带领的农民武装正在溪下，杀了潘坑底地主金阿者，又活捉三重坑地主金玉泉。胡协和闻讯西内区农民暴动，便率队与西内农民武装在界坑汇合，于14日同八保里等地民团决战。农民队伍人众势大，战胜了民团，打死团丁7人，打伤多人。

11 月 16 日,碧莲"赤卫局"徐宗桃、刘日品等人责令富户缴交枪支,共收缴白朗宁手枪 1 支,快枪 1 支,毛瑟手枪 1 支,土枪 20 余支。晚上,林朝督与昆阳地方农会负责人潘仲南、潘良方、潘太开等人率领农民武装,乘势去缴国民党驻昆阳的永嘉第五公安分局的枪支。警察事先察觉,已经逃往桥下街。农民武装缴不到枪,但捣毁了国民党永嘉县第五公安分局。

11 月 17 日,下坑口村的章华,石染村的章玉麟等农民武装与林朝督率领的赤岭、林山、郑山农民武装一起,攻打驻上董的国民党浙江省保安队及八保里民团。胡协和闻讯后,带 350 多人武装队伍从溪下赶来增援,董佐光在内部接应,国民党兵惊慌失措,向南坑方向狼狈逃窜。这次战斗缴获了 10 支枪和一些弹药以及其他物资。[①] 19 日,在溪下开始组织红军,编成四个中队,并组织临时革命委员会指挥一切。24 日,与国民党军队和民团在黄南遭遇,打死敌人连长 1 人,排长 2 人,士兵 16 人,缴获快枪数十支。后因为无弹药供给,就退入黄山驻扎。这些武装是后来名动浙南的红十三军的重要组成部分。

三、"温独支"领导下的农会对农民武装暴动的影响

1. 农民武装暴动的领导和骨干力量多是"温独支"成员、农会领导人

从农民武装暴动的领导和骨干力量来看,"温独支"成员、农会的领导人是农民武装暴动的骨干力量,在其中起领导作用。

"四一二"政变后的温州农民武装暴动,是在"温独支"成员、农会领导人的领导和推动下发展起来的有组织、有领导、有计划的、有目标的农民暴动。农会领导人对农民武装暴动的发生、发展产生了重要的领导和推动作用。

1927 年 6 月上旬,"温独支"成员张培农、叶廷鹏、游馥、吴信直、林珍等人召开环川会议,会上制定了武装攻打平阳县城,推翻国民党统治的计划。其中张培农是平阳县民协会会长,叶廷鹏是万全农会会长,吴信直是白沙农会会长,游馥是平阳县农会的重要领导人。他们都是"温独支"成员、平阳农会的重要领导人,对平阳农会的建立、壮大,农民运动的发生、发展都有着重要的贡献。6 月 17 日,他们领导了平阳农盐民武装第一次攻打平阳县城。他们打响了浙南地区武装反抗国民党反动统治的第一枪。

---

① 中共永嘉县委党史研究室:《中共永嘉历史(第一卷)》,北京:中共党史出版社,2009 年,第 27—28 页。

1928年2月，永嘉、瑞安、平阳县三县党的联席会议召开，参与制定了三县农民联合大暴动的具体计划的领导人中，除林珍、叶廷鹏、吴信直是平阳县农会领袖外，林去病也曾在瑞安、乐清组织多个农会，是瑞安、乐清农会领导人之一。会后，平阳成立了暴动领导小组，林平海、游侠为正副组长，林珍、游馥、叶廷鹏、吴信直、陈步全等人为成员。领导小组下设指挥部，林珍任指挥。是年6月27日，万全、江南、南港等地农民武装暴动队第二次攻打平阳县城。平阳农会领导人叶廷鹏是组成部分之一。由此可见二打平阳县城的农民武装暴动从暴动计划的制定到具体指挥战斗，"温独支"成员、农会的领导人在其中都起到重要的作用。

1930年5月24日，平阳农会领导人叶廷鹏率领的平阳县农民武装配合胡公冕率领的红十三军第三次攻打县城，"温独支"成员、农会领导人及农民武装在其中也起了重要作用。

从西楠溪农民武装暴动的经过来看，西楠溪暴动的发起人是茗岙农会会员。而茗岙农会负责人陈明善以及钟山区和西内区84个村庄的农会领导人胡秀、杨岩斌、陈奇泉、徐岩星、吴茂元、李成登等领导和推动了西楠溪农民武装暴动的发展和壮大。由此可见永嘉西楠溪地区胡秀、陈明善、杨岩斌等农会领导人在西楠溪农民武装暴动的发生、发展中也起着重要的领导和推动作用。

总之，温州各县"温独支"成员、农会的领导人领导和推动了农民武装暴动的发生、发展，他们不但是农民武装暴动的领导者、组织者，而且是农民武装暴动的推动者和骨干力量。

2."温独支"领导下的农会是农民武装暴动的组织基础

从农民武装暴动的组织形式来看，"四一二"政变后的农民武装暴动的组织基础是农会。"四一二"政变后，在国民党的清党运动中，"温独支"遭到破坏，"温独支"成员或被捕牺牲或出逃外地或转入地下继续革命。直到1928年2月中共浙江省委才派郑馨来到温州恢复和整顿党的工作。此后，永嘉、瑞安、平阳的党组织虽得到恢复，但是温州各县的党员数量非常少，各县基层党组织也很少，而且组织工作非常不完善。以永嘉县为例，到1929年4月下旬，全县只有中共党员300人，基层党支部34个。[①] 由此可见，1927—1931年间温属各县的党组织非常不健全，党组织的力量也非常有限。因此以党组织作为农民武装暴动的组

① 中共温州市党史研究室:《浙南革命历史文献汇编(一二战时期)》,北京:中共党史出版社,2007年,105页。

织基础是不现实的。而在这一时期,温属各县的农会组织却非常发达,农会会员的数量很多。在国民革命时期,温属各县在"温独支"的发动下,几乎都成立了县农会,县农会下面区乡村农会也普遍建立。"四一二"政变后,温属各县农会虽然被国民党当局或解散或整顿,但是仍有很多农会处于地下活动或以合法农会的名号继续活动。据中共统计,直到1929年4月下旬,温属各县仍有900多个乡农会,农会会员达130000人之多。① 可见当时温州各县农会组织的规模,而这些农会及农会会员均在"温独支"成员、农会领导人的影响下。

另外,由于国民党的"清巢",中共党组织处于地下活动状态,这不利于中共党组织公开活动并扩大其在农民中的影响。而农会虽然在"四一二"政变后也遭到了国民党的解散和整顿,但是由于当时国民党的工作重心在于清党和整顿地方实力派,国民党统治下的农会等社会团体实际处于放任自流的状态,这为"温独支"、农会领导人通过农会影响广大深受压迫的农民。因此,农会相对于中共党组织有一定的合法性,便于其扩大在农民中的影响,也便于"温独支"成员、农会领导人通过半公开的活动组织和发动农民武装暴动。

鉴于农会在组织规模、影响力以及合法性等方面相较于中共基层党组织具有明显优势,"温独支"成员、农民暴动的领导者必然是利用农会作为组织基础动员、组织农民群众开展武装暴动。更何况,这些农民武装暴动的领导者很多是农会的领导人。他们早在大革命时期就已经利用农会组织发动农会会员及农民开展轰轰烈烈的国民革命了。

3. 深受"温独支"影响的农会会员是农民武装暴动的主要力量

从参加农民武装暴动的主要力量来看,"四一二"政变后的农民武装暴动的主要参加者是农会会员,这些农会会员深受"温独支"影响,并在其领导下开展过农民运动和武装斗争。

国民革命时期,温属各县农会会员在"温独支"成员、农会领导人的领导之下开展了轰轰烈烈的农民运动。如1927年上半年,乐清白石农会在"温独支"领导下开会斗争乐清土豪劣绅支维素;瑞安农会在在"温独支"领导下赶走阻止农运的瑞安商会会长鲍漱泉;平阳农会在"温独支"成员张培农、吴信直等领导下攻打盐堆、平粜、斗争劣绅吴醒玉等。这些斗争不仅扩大了"温独支"及其领导下农会在农民中的影响,同时这些斗争也教育了广大受压迫农民群众,使农民群众富于

① 中共温州市党史研究室:《浙南革命历史文献汇编(一二战时期)》,北京:中共党史出版社,2007年,106页。

反抗精神，勇于反抗残酷的压迫。这些斗争还锻炼了农民群众，使农民群众特别是农会会员认识到团结的力量，使他们团结起来反抗压迫。因此，温属各县农会会员相较于普通农民更富于反抗精神，也更易于团结起来。总之，农会会员深受“温独支”及其成员的影响。

虽然就笔者所见还没有直接证据表明参加温州地区农民武装暴动的主要力量的构成情况。但是从平阳地区农民暴动的经过来看，参加“三打”平阳的主力是平阳江南、万全、南港等地的农盐民武装，而这三个地区是平阳县、乡、村农会活动最活跃的地区。平阳县参加攻打盐堆、斗争劣绅吴醒玉的主力即是万全、江南、南港地的农会会员。由些可见，“温独支”成员张培农、叶廷鹏、吴信直等农会领导人领导或参与领导的“三次”攻打平阳县城的农盐民武装，其主要力量也必然是以万全、江南、南港等地的农会会员为基础的。从永嘉西楠溪农民武装暴动的经过来看，农民暴动的发起者茗岙农会会员，农民暴动的领导人是当地农会的领导人，其主要力量也必然是以永嘉县钟山、西内等区 84 个村的农会会员为基础的，这些农会领导人及农会会员都是深受“温独支”及其成员影响的。

从“三打”平阳、永嘉西楠溪农民暴动的经过来看，农民武装暴动的领导是由当地农会的领导人直接领导或参与领导的，其主要力量也是由当地农会会员组成的。

综上所述，“四一二”政变后的温州地区农民武装暴动的领导和骨干力量、组织基础、主要力量等方面均受到国民革命时期“温独支”领导的农会的影响。

（王薇，温州大学人文学院 2020 级硕士研究生；林城好，温州大学人文学院 2020 级硕士研究生）

浙江共产党人践行红船精神与群众路线的历史考察

——以中共浙江省委重建和省“一大”召开的曲折历程为中心的探析

张雨婧　陈传银

摘　要:践行红船精神,走群众路线是中共党组织发展壮大的重要法宝。红船精神是浙江共产党人接续奋斗的精神指引,中共浙江省委的重建和中共浙江省“一大”的召开都离不开红船精神的启示作用。在中国共产党百年的发展历程中,红船精神不断成为精神动力和价值引领,对新时代中国特色社会主义现代化建设和实现浙江省红色文化建设都具有重要意义。

关键词:浙江;共产党人;红船精神;群众路线;中共浙江省“一大”

1939 年 7 月,中国共产党浙江省“一大”在平阳凤卧召开,这是新民主主义革命时期浙江党组织召开的唯一一次全省党代表大会。大会全面总结了中共浙江省委重建以来的工作,确定了今后的任务和党的工作方针,选举产生了新的省委和出席党的“七大”的代表。中共浙江省“一大”是浙江党的历史上一次非常重要的会议,具有特殊的地位。中共浙江省“一大”从 1928 年第一次提出到 1939 年正式召开前后历时 11 年,其时间不可谓不长、其过程不可谓不曲折;期间,中共浙江省党组织多次遭到破坏并重建。为什么中共浙江省委能在屡遭破坏后得以重建?为什么中共浙江省“一大”能在历经曲折后得以胜利召开?其中体现了什么精神?本文将从浙江共产党人及中共浙江省“一大”的精神传承方面对其进行讨论。

一、中共浙江省委曲折的重建过程彰显了浙江共产党人对红船精神的传承

(一)红船精神的灵魂——开天辟地、敢为人先的创新精神

红船精神主要是指“开天辟地、敢为人先的首创精神,坚定理想、百折不挠的奋斗精神,立党为公、忠诚为民的奉献精神”。开天辟地、敢为人先的创新精神是红船精神的灵魂,是动力之源。[①] 开天辟地、敢为人先的实质是一种创新精神。只有认清时代发展的趋势,把握时代发展的规律,才能形成创新的思想和理念,才能做出敢为人先的创新举措。同时,有了创新的理念和坚定的理想信念,还不等于成功,还需要有实干精神。光说不做,或者半途而废,都是不能做成任何事情的。只有认定目标,坚定理想,百折不挠,脚踏实地,一步一个脚印,无论遭受多少困难、挫折都不动摇、不退缩、不屈服,才能不断克服前进道路上的艰难险阻,实现自己的奋斗目标。[②]

(二)中共浙江省委重建的曲折过程是浙江共产党人的开天辟地、敢为人先精神的集中体现

1. 中共浙江省委的建立

浙江是中国共产党的诞生地之一,也是全国建立党组织较早的省份之一。早在中国共产党创建时期,一批浙江籍先进分子就积极参加建党活动,为党的建立作出了重大贡献。1921 年 8 月初,党的一大最后一天会议在嘉兴南湖举行,庄严宣告了中国共产党的诞生。1922 年 8 月,中共中央、上海地委兼区委、北京区委都派人到杭州开展建党活动。同年 9 月,浙江第一个党组织——中共杭州小组成立,共有党员 3 人,隶属中共上海地委兼区委领导。[③] 此后,绍兴、海门

① 红船精神领航中国梦编写组:《红船精神领航中国梦》,杭州:浙江人民出版社,2015 年,第 31 页。

② 同上,第 33 页。

③ 中共浙江省委党史研究室:《中国共产党浙江历史》第一卷,北京:中共党史出版社,2011 年,第 94 页。

(今椒江)、温州、宁波、嘉兴、金华、定海、遂昌、衢州、湖州等地党组织也相继建立,杭州、宁波、绍兴还建立了地委组织。到1927年4月上旬,全省党的组织已从杭州党小组1个发展到30多个,党员从3人发展到4000余人。[①] 但这一时期,全省党组织还没有统一的领导机构,各地的党组织有的隶属党中央直接领导,有的隶属上海党组织领导。1927年"四一二"反革命政变后,浙江党的力量遭到很大损失。为了挽救革命,加强对浙江党的工作的领导,同年6月,根据中央的决定,以杭州地委为基础建立了中共浙江省委,[②]这是浙江最早建立的省委组织。省委成立后,使全省党的组织有了统一的领导,推动了全省党组织的恢复和发展。到1929年3月,全省有40多个县建立了党的组织,党员7000余人。[③]

2.暂时取消中共浙江省委建制及重建中共浙江省委的努力

浙江省委成立后,一直处于严重的白色恐怖中,斗争环境极其险恶,省委机关多次遭到破坏,在不到两年时间里,先后担任省委书记或代理书记的有:庄文恭、王家谟、张秋人、陈之一、夏曦、卓兰芳、龙大道、李硕勋、徐英、罗学瓒等10人。其中张秋人、王家谟、卓兰芳、徐英、罗学瓒等人,在浙江牺牲。1929年4月,中共中央决定暂时取消浙江省委建制,划分为6个中心区域,建立中心县(市)委,直属党中央领导。浙江省委撤销后,先后建立了杭州、宁波、永嘉、台州、湖州、兰溪、永康、建德、东阳等9个中心县(市)委。但是,这些组织也先后都遭到严重破坏。到1932年底,除少数地区尚有党组织活动外,全省大部分地区的党组织,已被破坏殆尽。为了恢复浙江党的组织,1933年1月,中共中央决定在杭州建立中共浙江省临时工作委员会,但因不久因书记被捕叛变,省临工委遭到破坏。[④]

就在浙江内地的革命斗争遭到严重挫折的时候,浙赣、闽浙和浙皖边界的革命斗争方兴未艾,并迅速向浙江境内发展,在浙西的开化、江山、淳安等地建立过党组织,有特委、中心县委和县委等,分别隶属于中共赣东北省委、闽浙赣省委和皖浙赣省委及有关特委领导。1935年3月,红军挺进师进入浙江后与闽东特委

---

① 中共浙江省委组织部、中共浙江省委党史研究室、浙江省档案馆:《中国共产党浙江省组织史资料》,北京:人民日报出版社,1994年,第83页。参见中共浙江省委党史研究室:《中国共产党浙江历史》第一卷,北京:中共党史出版社,2011年,第162页。

② 中共浙江省委党史研究室:《中国共产党浙江历史》(第一卷),北京:中共党史出版社,2011年,第185页。

③ 同上,第202页。

④ 中共浙江省委党史研究室、中共温州市委党史研究室、中共平阳县委党史研究室:《中共浙江省第一次代表大会》,北京:中共党史出版社,2007年,第2页。

联合建立了中共闽浙边临时省委，刘英任书记，先后下辖浙西南特委、闽东特委、浙东特委、浙东南特委、浙南特委等5个特委。闽浙边临时省委成立后不久，1936年4月在安徽郭公山成立了由关英任书记的中共皖浙赣省委，省委下辖的下浙皖特委和浙皖特委机关都设在浙西，上浙皖特委在浙西境内也有活动。[①]但后来由于国民党的“围剿”，浙西游击根据地全部丧失，这些地方的党组织都遭到破坏。

3.浙江党组织的恢复及中共浙江省委的重建

抗日战争爆发后，在第二次国共合作和抗日救亡运动的推动下，浙江各地党组织很快得到恢复和发展。闽浙边临时省委把迅速恢复和重建党组织、壮大党的力量作为当务之急，积极巩固已有的各级党组织，发展新的组织。与此同时，驻南京的中共中央代表团及南京、上海、武汉的八路军办事处，各地新四军办事处及全国其他地方的党组织，也先后陆续派党员来浙江工作，恢复和发展浙江党组织。1937年11月，中共浙江省临时工作委员会成立，书记徐洁身；翌年2月，改为中共浙江省工作委员会，书记顾玉良。[②] 在省临工委和省工委的领导下，先后组建了中共浙东临时特委、台州临时工委和一批县级党组织。

在全省各地党组织纷纷恢复和发展的过程中，为了适应抗日战争的新形势，加强对分属不同系统的全省各地党组织的领导，成立统一的中共浙江省委已是十分必要和非常紧迫。1938年3月，中共中央东南分局副书记兼组织部长曾山到平阳山门，传达了中共中央长江局和东南分局的指示，成立中共浙江临时省委，待中央批准后转为正式省委。[③] 5月，中共浙江临时省委在平阳玉青岩村成立，同时撤销中共闽浙边临时省委和中共浙江省工委。同年9月，经中共中央批准，浙江临时省委转为正式省委，刘英任书记，省委先后下辖宁绍特委、浙南特委、金衢特委、处属特委、台属特委、浙西特委。中共浙江临时省委和省委建立后，认真贯彻中央和东南分局的指示，大力发展党的组织，使全省党组织获得了大发展，各级党组织普遍建立起来。1939年春，周恩来视察浙江抗战，对浙江党的工作作了重要指示，对浙江党的组织建设和思想建设起到了积极的推动作用。到1939年7月中共浙江省第一次代表大会召开前夕，全省建立了55个县委或

① 中共浙江省委党史研究室、中共温州市委党史研究室、中共平阳县委党史研究室：《中共浙江省第一次代表大会》，北京：中共党史出版社，2007年，第3页。

② 中共浙江省委党史研究室：《中国共产党浙江历史》（第一卷），北京：中共党史出版社，2011年，第296页。

③ 同上，第299页。

县工委,没有建立县委和县工委的县也有党的支部或党员的活动,党员近2万人。①

总之,从1927年中共浙江省委建立到1939年浙江省"一大"召开的12年间,中共浙江省委历经暂时取消省委建制和屡次重建浙江省委的努力,最终于1938年重建中共浙江省委。这一过程彰显了浙江共产党人开天辟地、敢为人先的创新精神。浙江共产党人正是认清了中国近代时代发展的趋势,认定了只有中国共产党可以救中国的目标,坚定理想,百折不挠,脚踏实地,一步一个脚印,无论遭受多少困难、挫折都不动摇、不退缩、不屈服,才能不断克服建党道路上的艰难险阻,最终实现重建省委奋斗目标。

二、中共浙江省"一大"召开的曲折历程是红船精神的体现

(一)红船精神的支柱——坚定理想、百折不挠的奋斗精神

坚定理想、百折不挠的奋斗精神,是红船精神的支柱,是胜利之本。② 坚定理想,是指树立起共产主义远大理想和对马克思主义的坚定信仰。百折不挠,特指把马克思主义基本原理和中国具体实践相结合的过程中,会遇到前所未有的问题和挑战;面对困难和挫折,中国共产党人进行了长期艰苦卓绝的斗争,从而开创了具有中国特色的革命和建设道路。③

(二)中共浙江省"一大"召开的曲折历程是坚定理想、百折不挠的奋斗精神的体现

1. 中共浙江省第一次党代会的流产

1922年8月,中共中央、上海地委兼区委、北京区委都派人到杭州开展建党活动。是年9月,浙江第一个党组织——中共杭州小组成立,共有党员3人,隶

---

① 中共浙江省委党史研究室、中共温州市委党史研究室、中共平阳县委党史研究室:《中共浙江省第一次代表大会》,北京:中共党史出版社,2007年,第4页。

②③ 红船精神领航中国梦编写组:《红船精神领航中国梦》,杭州:浙江人民出版社,2015年,第68—70页。

属中共上海地委兼区委领导。此后，绍兴、海门（今椒江）、温州、宁波、嘉兴、金华、定海、遂昌、衢州、湖州等地党组织也相继建立，杭州、宁波、绍兴还建立了地委组织。到 1927 年 4 月上旬，全省党的组织已从杭州党小组 1 个发展到 30 多个，党员从 3 人发展到 4000 余人。但这一时期，全省党组织还没有统一的领导机构，各地的党组织有的隶属党中央直接领导，有的隶属上海党组织领导。[①]“四一二”反革命政变后，浙江党的力量遭到很大损失。为了挽救革命，加强对浙江党的工作的领导，1927 年 6 月，根据中央的决定，以杭州地委为基础建立了中共浙江省委，这是浙江最早建立的省委组织。省委成立后，使全省党的组织有了统一的领导，推动了全省党组织的恢复和发展。

1928 年 11 月，浙江省委作出决定，在当年 12 月底召开全省党的代表大会，并就准备召开全省党代会向中央作了报告。[②]中央在接到报告后，于 12 月 8 日致信浙江省委，明确表示不同意召开浙江省第一次党代表大会，但认为应该从速召开省委扩大会议。中央在信中指出：“就浙省日前工作情形，中央（认为）不必召集，省委可开始着手准备。”在准备中，努力“发展全省工作，特别是在杭州、宁波等重要城市的工作要建立起来，最低的限度，必须在这些区域建立几个很好的工人支部，在工作上有了相当的发展，然后再召集全省代表大会，才有意义，更能推进全省工作的发展”[③]。这样中共浙江省第一次党代会就此流产。

2. 再次召开中共浙江省“一大”的筹备工作

从 1939 年初开始，中共浙江省委根据中央的指示精神，为迎接党的“七大”的召开，积极筹备召开全省党的代表大会。根据中共中央和东南局的指示精神，浙江省委积极开展迎接党的“七大”的准备工作。1939 年 2 月 1 日，省委作出《关于第七次全国代表大会准备工作的决议》，号召：“浙江全党同志加紧从政治上组织上来进行准备工作，加紧进行这个有极重大意义的第七次全国代表大会的宣传与选举工作。”[④]《决议》要求全省各级党组织，在“七大”召开以前的一段时间内，在党内广泛、积极地做好宣传工作和选举工作。各县委、特委都要召开党的代表大会，县党代会选举产生参加特区党代会代表，再由特区党代会选举出

---

①② 中共浙江省委党史研究室、中共温州市委党史研究室、中共平阳县委党史研究室：《中共浙江省第一次代表大会》，北京：中共党史出版社，2007 年，第 1—2 页。

③ 《中央致浙江省委信》（1928 年 12 月 8 日），《浙江省革命历史文件汇集》（补 2），第 398 页。参见中共浙江省委党史研究室：《中国共产党浙江历史》（第一卷），北京：中共党史出版社，2011 年，第 200 页。

④ 浙江省档案馆《中共浙江省委关于第七次全国代表大会准备工作的决议》（1939 年 2 月 1 日），《浙江革命历史档案选编》（抗日战争时期上），杭州：浙江人民出版社，1987 年，第 70 页。

参加全省党代表大会的代表。在此基础上,省委准备召开全省党代表大会,选举浙江省出席党的“七大”的代表。同年4月16日,省委在温州召开组织工作会议,检查各地贯彻省委《关于第七次全国代表大会准备工作的决议》的情况,并着重研究了召开全省党代表大会问题,决定在各特委召开党代会、选出参加全省党代会代表的基础上,召开全省党代表大会。

根据浙江省委关于“七大”准备工作的决议,全省各级党组织在4月至6月间,普遍地开展了自上而下的拥护党中央召开“七大”的宣传活动。各县党组织均于4月间召开了党代表大会,总结了本县党的各项工作,选出了参加本区党代表大会的代表。在此基础上,宁绍特委、金衢特委、浙南特委、处属特委、台属特委,相继于5月至7月间召开了党代表大会,总结各特委近年来的工作,确定各地今后党的工作任务,并选举了出席中共浙江省第一次代表大会的代表。

在各县、各特委相继召开党代表大会的基础上,1939年6月,浙江省委决定全省党代表大会于7月下旬在浙南基本地区平阳凤卧召开,并提出这次代表大会的目的和任务是:用马列主义总结自浙江临时省委成立一年多来的工作;在总结经验教训的基础上,克服党内存在的弱点与缺点,发扬优点;根据上级指示精神,结合浙江实际,讨论和决定今后浙江党的任务和总方针;检讨浙江党执行抗日民族统一战线政策的成果,加强国共亲密合作,团结各抗日党派,动员全浙江人民参加一切抗战工作;民主选举新的省委领导机构;选举出席党的“七大”的浙江代表。①省委还在凤卧乡的玉青岩村召开预备会议,为省第一次党代会作准备。

3.中共浙江省“一大”的召开

1939年7月21日至30日,中国共产党浙江省第一次代表大会(原会议名称是中国共产党第七次全国代表大会浙江省代表大会)在平阳县凤卧乡的冠尖和马头岗两地召开。大会的开幕式、闭幕式以及刘英的政治报告和一次大会发言在冠尖进行,小组会和两次大会发言及选举在马头岗进行。

出席中共浙江省第一次代表大会的代表共26名,其中省委机关代表5名:刘英、薛尚实、汪光焕、吴毓、丁魁梅;浙南特委代表7名:龙跃、林辉山、郑海啸、陈平、孙经邃、孙绍奎、刘发羡(刘先);宁绍特委代表4名:杨思一、王文祥(高子清)、谢廷斋(肖岗)、魏文彦;台属特委代表3名:郑丹甫、周义群、林尧;金衢特委代表3名:林一心、王明扬、何霖(胡岩岁);处属特委代表3名:张麒麟、周源、傅

① 中共浙江省委党史研究室、中共温州市委党史研究室、中共平阳县委党史研究室:《中共浙江省第一次代表大会》,北京:中共党史出版社,2007年,第7页。

振军；浙西特委代表1名：顾玉良。省委机关和浙南的部分干部程为昭、胡景瑊、陈碧如、陈辉、杨雅欣、郑竟成、郭道款、郑贤塘等列席了大会。大革命时期入党的老党员叶廷鹏应邀以来宾身份出席会议，并在大会上发言。参加闭幕式的人则更多，浙南特委和平阳县委两机关的一些干部以及所在地的支部书记和支部委员也都参加了会议。

大会通过了《关于目前抗战形势与浙江党的任务的决议》《国际国内形势问题》《党的建设问题》《统一战线问题》《职工问题》《关于农民问题的讨论提纲》《对青年群众团体的领导问题》《妇女工作问题》和《告全浙民众书》等一系列文件。

大会以无记名投票的方式，选举产生了新的中共浙江省委，书记：刘英；常委：汪光焕、薛尚实、龙跃；委员：张麒麟、郑丹甫、林辉山、刘清扬、顾玉良；候补委员：杨思一、林一心。省委领导机构成员：组织部部长薛尚实，宣传部部长汪光焕，统战部部长和妇女运动委员会主任刘英（兼），青年运动委员会负责人郑嘉治，职工运动委员会负责人陈雨笠。

大会最后选举了出席党的“七大”的浙江代表12名：刘英、汪光焕、龙跃、张麒麟、顾玉良、郑丹甫、林一心、杨思一、丁魁梅、林辉山、孙绍奎、刘发羡；林尧、谢廷斋等3人为候补代表。

综上所述，从中共浙江省委决定于1928年12月召开中共浙江省第一次代表大会到1939年7月中共浙江省第一次代表大会在平阳凤卧胜利召开的11年中，中共浙江省“一大”经历了一个准备召开到流产再到胜利召开的艰难曲折过程，这一曲折过程体现浙江共产党人对坚定理想、百折不挠的奋斗精神的传承。正是浙江共产党人始终坚定共产主义理想，百折不挠地实现党的使命，才使中共浙江省“一大”在11年后得以顺利召开。

三、走群众路线是中共浙江省“一大”顺利召开的重要保障

群众路线是党的根本工作路线，以毛泽东为主要代表的中国共产党在长期斗争中形成了一切为了群众，一切依靠群众和从群众中来，到群众中去的群众路线。新民主主义革命时期，中共平阳县委正是遵循一切为了群众，一切依靠群众和从群众中来，到群众中去的群众路线才能够在国民党的反动统治中建立并发展的。1939年，中共平阳县委正是坚持走群众路线，才保证了中共浙江省“一大”在凤卧顺利召开。

(一)走群众路线是中共浙江省“一大”召开地——中共浙南游击区得以建立和发展的保障

1935年11月7日，红军挺进师政委会与中共闽东特委在白柯湾小宫庙举行第二次联席会议，正式宣布成立中共闽浙边临时省委。刘英任省委书记、粟裕任组织部长、叶飞任宣传部长兼少共临时省委书记。①

中共闽浙边临时省委成立后，先后取得白柯湾之战胜利，并扫清外围之敌，为建立浙南游击根据地奠定坚实基础。1936年3月，中共浙南特委建立，郑宗毓任书记，下辖福鼎、鼎平、瑞平泰三个县委。6月，红军挺进师逐渐打通了瑞、平、鼎、泰各县、区之间的联系，使各基本地区连成一片。8月，浙南人民革命委员会在福鼎县前岐李家山村成立。郑丹甫任主席，陈辉、蔡爱凤任委员，下设瑞平泰、鼎平、福鼎、桐霞、泰顺、平阳等六个县人民革命委员会，共辖16个区人民革命委员会。②

各级人民革命委员会引领广大穷苦大众以高涨的革命热情，投身于翻身解放做农村主人的伟大斗争。人民革命委员会的工作重心是开展土地革命。除普遍领导群众“四抗”(抗租、抗债、抗捐、抗税)外，还在基础比较好的瑞平泰、福鼎、鼎平、桐霞等四个县开展包括分青苗在内的分土地斗争。翻身农民热爱红军，掀起参军热潮，红军挺进师由300多人发展到1600多人。

在党的领导下，根据地人民纷纷建立各类革命团体。贫农团、雇农工会、手工业工会、农会、青年团、儿童团、妇女会和抗租团等群众组织纷纷建立。它们积极参与动员群众参军拥军、支前等各项工作。红军到了哪里，哪里的群众就像迎接亲人一样迎接红军，帮助红军买米买菜，送草送柴。红军伤病员寄养在群众家里，受到群众无微不至的热情照料。鼎平县龙沙、半垟有个妇女组织叫“十枝花”，寿溪的一个妇女组织叫“五将士”，她们负责护理伤员、送信、贴标语等，十分活跃，颇得部队和民众的好评。

1937年3月上旬，刘英率闽浙边临时省委机关和教导队转战至平阳北港，在龙尾山区与中共浙南委员会书记叶廷鹏、平阳县委书记郑海啸等会合。中共闽浙边临时省委决定，中共浙南委员会并入中共浙南特委，在组织上确定了平瑞

① 浙江省新四军历史研究会:《红军挺进师与浙南游击区》，杭州:浙江人民出版社，2007年，第148页。

② 浙江省新四军历史研究会:《红军挺进师与浙南游击区》，杭州:浙江人民出版社，2007年，第4章。

游击区并入浙南游击根据地。龙跃[①]任中共浙南特委书记，统一领导浙南地区各县党组织。中共浙南委员会并入浙南特委后，进一步壮大和加强了浙南的革命力量，浙南游击根据地范围正式扩大到平阳北港和平瑞边地区[②]。

中共闽浙边临时省委机关进入平阳后，在平阳党组织和人民群众的掩护下，在龙尾、吴小垟、凤林、赤砂、大屯等地山区坚持了两个多月的反"清剿"斗争。他们每到一处，都非常注意发动群众，深入了解和帮助解决群众困难，宣传党的政策，发展党的组织，培养当地干部，使游击根据地的建设得到了很大的发展。在反"清剿"斗争中，挺进师在平阳群众的掩护下，渡过了一个又一个难关。直至浙江省国共和平谈判的成功。[③]

（二）中共浙江省"一大"的保卫和后勤工作的成功是走群众路线的结果

中共浙江省"一大"，是在国民党顽固派开始积极反共，在各地疯狂捕杀共产党人和基本地区群众的严重形势下召开的。大会召开之前，中共浙江省委书记刘英亲自把大会的安全保卫和后勤工作交给了平阳县委书记郑海啸负责。在浙南特委的直接领导下，平阳县委认真安排了大会的安全保卫和后勤工作。当地党员、干部和群众，为保证大会顺利召开，在安全保卫和后勤供应方面做了大量工作。

1. 保卫工作

为了确保会议安全，平阳县委在北港各地动员党员和群众在水头街和山门街以及交通要道秘密放哨，监视和传送国民党军警活动情况。

平阳县委还做好基本群众的政治思想工作，使他们认识到党的保密、保卫工作的重大政治意义。做到了家家户户、男女老少有高度的革命警惕性。因此他们对外来讨饭、算命问卦以及做小买卖的，凡有可疑的都采取了监视、防范和应急措施，并及时向党组织报告。如大会所在地冠尖有个反动分子，长期蹲在北港区署。当会议开到中途，反动分子突然窜回，群众发觉后就来报告，地下党支部就布置他所住的左邻右舍的基本群众，监视其动向。反动分子在当天下午就返回水头据点，大会的情况没有被他得去半点。平阳县委向刘英作了汇报，刘英同龙跃、郑海啸等商量后决定在当天夜里转移大会会址。为了大会安全转移，平阳县地下党支部做做好养狗农户的思想工作，动员他们都把狗关到屋里去，使代表

---

①②③　浙江省新四军历史研究会:《红军挺进师与浙南游击区》，杭州:浙江人民出版社，2007年，第4章。

们在深夜安全地转移,连当地基本群众也没有察觉到大会转移的行动。[①]

2.后勤工作

平阳县委通过当地党支部组织采购物品,筹办后勤物资供应。平阳当地党员分头购买粮食、肉类和部分蔬菜,凤卧街基本群众开办的小商店协助购买南北货和海产品,秘密送到县委机关。平阳当地群众从自家菜园挖出部分蔬菜,以慰劳的名义赠送给大会。县委和当地党组织对大会所需物资作了充分准备,省委和大会代表对后勤安排都感到非常满意。[②]

3.统战工作

平阳县委布置在国民党机关内的共产党员和统战朋友密切注意调查了解国民党地方当局活动情况。平阳县委对当地开明士绅和上层人士做团结争取工作,很有成效。一些保长、开明士绅被争取过来后,替平阳县委办事,有敌情就向县委报告。如当地一个保长被争取过来后,到国民党据点探听动静,并把探听到的情况向平阳县委汇报,为保卫工作争取了主动。[③]

平阳县委的安全保卫和后勤供应工作,有力地保证了中共浙江省一大的顺利进行。大会从始至终都安全、顺利地召开,取得了圆满成功。这样大规模、长时间的会议闭幕了,国民党地方当局却毫无察觉,此举是浙江革命保卫工作史上一个成功范例,也是平阳党组织和群众对浙江党的建设的一大贡献。

综上所述,践行红船精神,走群众路线是中共党组织发展壮大的重要法宝,是中国共产党胜利开展工作的秘密武器。从 1927 年中共浙江省委的建立到 1939 年中共浙江省第一次代表大会在平阳凤卧顺利召开的 12 年中,中共浙江省委经历了艰难的重建过程,中共浙江省第一次代表大会也经历了流产到顺利召开的曲折过程;中共浙江省委能历经艰难在 1938 年重建,中共浙江省第一次代表大会能历经曲折在 1939 年胜利召开,正是浙江共产党人践行红船精神,走群众路线的结果。

(张雨婧,温州大学人文学院硕士研究生;陈传银,平阳县史志办编研科)

① 中共浙江省委党史研究室、中共温州市委党史研究室、中共平阳县委党史研究室:《中共浙江省第一次代表大会》,北京:中共党史出版社,2007 年,第 73—74 页。

② 中共平阳县委党史研究室:《中共平阳党史》(第一卷),北京:中共党史出版社,2008 年,第 122 页。

③ 中共浙江省委党史研究室、中共温州市委党史研究室、中共平阳县委党史研究室:《中共浙江省第一次代表大会》,北京:中共党史出版社,2007 年,第 74 页。

红军挺进师对红军长征的贡献

寿彬岑　谭桂涛

摘　要：中央红军长征期间，红军挺进师开展灵活机动的游击战争，牵制敌军，配合中央军事行动；宣传革命思想，配合中央宣传工作；开辟浙西南、浙南游击根据地，配合中央革命战略；诠释宝贵革命精神，丰富长征精神内涵。红军挺进师对红军长征做出了不可磨灭的贡献。

关键词：红军；挺进师；长征；贡献

1934 年 10 月—1936 年 10 月，中共中央、中央红军为粉碎国民党反动派第五次反革命“围剿”，扭转被动局面，英勇开展二万五千里长征。长征是一首激动人心、催人奋进的史诗，是一幅波澜壮阔、气势恢宏的画卷。长征的胜利，粉碎了反动派扼杀革命的企图，推动抗日救亡运动掀起新高潮。长征期间，为配合主力红军行动，中央指示成立“中国工农红军北上抗日先遣队”。1935 年 1 月，北上抗日先遣队在江西怀玉山失利，突围部队根据中央指示，组建红军挺进师。红军挺进师转战千里，犹如插入敌人心脏的利剑，开展系列革命斗争，为长征做出巨大贡献。重温长征这段峥嵘岁月、缅怀先烈功绩、传扬革命精神，不能忽视对长征发挥过重要作用的红军挺进师。本文拟在充分吸收学界既有研究成果基础上，进一步搜集史料、拓展视角，尝试在全面认识该问题上起到推动作用，恳请学界同仁批评指正。

一、从北上抗日先遣队到红军挺进师

红军挺进师的前身是“中国工农红军北上抗日先遣队”。“九一八”事变后，日本帝国主义开始局部侵华，民族危机逐步加深。以蒋介石为首的国民党反动派奉行“不抵抗”“攘外必先安内”等反动政策，连续五次大规模“围剿”红色革命根据地。受“左”倾错误影响，中央红军在第五次反“围剿”中节节失利，革命形势极为危急。中共中央、中央军委为化被动为主动,吸引牵制敌人兵力,于 1934 年 6 月将红七军团编为“中国工农红军北上抗日先遣队”,计 6000 余众,军团长寻淮洲、政委乐少华、参谋长粟裕、政治部主任刘英。主要战略目的是:政治上,宣传抗日救国思想,批判蒋介石集团的反动政策,发动民众抗日;军事上,在闽浙赣皖国民党统治地区开展游击战争,牵制和调动敌军,减轻中央苏区压力,策应主力红军战略转移。

北上抗日先遣队于 7 月 7 日自瑞金出发,转战于闽浙赣皖边界,在多次战斗中获胜。8 月 7 日—9 日,攻打福建省省会福州,极大震惊敌人。11 月 4 日,先遣队根据中央指示,到达闽浙赣苏区,与方志敏领导的红十军会师,合编为红十军团,对外仍称北上抗日先遣队,有 8000 多人,力量进一步壮大。11 月 18 日,根据中央军委指示,红十军团军政委员会组建,主席方志敏、军团参谋长粟裕、政治部主任刘英。12 月 10 日,军团主力开赴皖南与红十九师会合,途中,被国民党军 10 万余人围攻于黄山汤口地区。14 日,红十军团在黄山谭家桥伏击战中失利,红十九师师长寻淮洲牺牲,刘英右手腕负伤。1935 年 1 月,根据上级命令,返回闽浙赣根据地,在江西德兴遭敌袭击,被截为两段,主力 2000 余人被围于怀玉山地区,浴血奋战,弹尽粮绝,大部分牺牲或被俘,方志敏、刘畴西等主要领导人被捕。先遣队虽然失利,但 6000 余众自瑞金主动突围,影响了敌人对红军主力动态的判断;广大指战员在闽浙赣皖四省边界驰骋纵横,甚至一度进攻福建省会福州,给敌人造成较大震动,牵制了敌军,减轻了中央红军的压力,对长征起到不可忽视的策应作用。

1935 年 1 月,抗日先遣队先头部队在参谋长粟裕、政治部主任刘英率领下突围,到达赣东北苏区。同月,收到上级指示:以突围部队为基础组建“中国工农红军挺进师”,粟裕任师长、刘英为政治委员。2 月中旬,红军挺进师正式组建,全军 538 人,有重机枪 4 挺、轻机枪 8 挺、长短枪 445 支。红军挺进师人数不多,但装备较好、指战员革命经验丰富、政治立场坚定,是一支精锐之师。此后数年,红军挺进师开展游击战争、壮大革命力量、牵制敌人兵力、恢复发展党组织、宣传革命思想、开展土地革命。1935 年夏、1935 年 10 月,浙西南、浙南游击根据地先后开辟。1936 年底,全师发展到 1500 多人。

二、红军挺进师对红军长征的贡献

红军挺进师以 500 余众,处于敌人四面围困之中,面对陌生的斗争环境,可谓困难重重。但广大指战员凭着坚定的革命信念、顽强的革命意志、不屈不挠的斗争精神、大无畏的牺牲精神，奇迹般地取得了丰硕的斗争成果。他们通过英勇奋战和积极工作，在军事上、政治上、宣传上配合了中央红军长征，以鲜血和实际行动留下了宝贵的精神财富，丰富了长征文化内涵。

（一）牵制敌军，配合中央军事行动

中央赋予红军挺进师"经过闽北到浙江，长期行动，发动广泛的游击战争，扩大党与苏维埃的政治影响，发动群众斗争，直到分配土地，创立苏维埃新的根据地，以及建立党的组织，配合友军行动，调动和牵制住大批的敌人，保卫闽浙赣基本地区及邻近游击区域，并打通闽东闽北的联系，取得工作上、行动上有力的配合，响应主力部队的行动，彻底粉碎敌人的'清剿'计划与第五次'围剿'"[①]的任务。从组建意图看，红军挺进师的主要任务依然侧重军事方面，对长征进行策应配合，同时也包括土地革命、根据地创建、党组织发展等，是抗日先遣队战略意图的继续和发展。

1935 年 2 月，红军挺进师采用"声东击西"的战术迷惑敌人，把敌军注意力吸引到闽浙赣苏区西南。27 日，红军挺进师自江西德兴南下，翻山越岭，突出重围。28 日，在白沙渡口渡过信江，沿上饶、铅山一带南进，进入闽北，进行半个多月的整训。3 月 23 日，经浦城县北到达浙江。浙江是蒋介石的老家、江浙财阀的重镇、国民党统治的后院。红军挺进师犹如一把利剑插入敌人心脏，被敌人认为是"肘腋之患"。红军挺进师击溃过的敌人包括省保安团、保安队、基干队、区公所、封建会道门性质组织"大刀会"等。上至国民党高层，下到县政府、乡村，均极为惧怕。7 月，受浙西南革命根据地发展威胁，蒋介石命令"闽赣浙皖四省边区清剿总指挥部"自福建南平迁至江西蒲城；8 月初，国民党军委会命令卫立煌、罗卓英为该指挥部正、副指挥，该指挥部又由蒲城移到江山；江西"剿匪"军第二纵队也入浙，配合十八军行动；在南京的国民党中央财政部税警团 1000 多人也被调到浙江增援[②]，可见红军挺进师吸引了国民党中央的注意力。国民党浙江省政府方面，主席黄绍竑于 1935 年 6 月 12 日，匆匆赶到浙西手忙脚乱地应付，还派出被自己视为"怀中利剑"、不轻易一用的"士官教育团"，该团由各县基干队

---

① 刘英：《北上抗日与坚持闽浙边三年斗争的回忆》，《刘英纪念文集》，北京：中共党史出版社，2002 年，第 265—266 页。

② 张敏卿：《红军挺进师与浙南游击根据地》，呼和浩特：内蒙古人民出版社，2006 年，第 81 页。

长和常备队长组成,装备精良。7 月 26 日,敌浙江省政府任命宣铁吾为省保安处长,宣铁吾部进驻遂昌,成立"浙南剿匪指挥部",统一指挥全省部队,将浙保 4 个团大部部署于松阳、遂昌西南,云和、龙泉西北地区,妄图全歼红军,可见红军挺进师也吸引了浙江省高层的注意力。敌县级干部更是狼狈不堪,据宣铁吾所言,很多县政府、党部、公安局"每天有很多的电报(向省里)打来告急"①。乡村的土豪劣绅也受到冲击,旧的乡村统治秩序荡然无存。国民党"围剿"的部队共计六七万,是挺进师兵力的 40 倍。

红军挺进师浴血奋战,灵活转进,分散了敌人的注意力,吸引和牵制了大量敌军,减少了用于"围剿"中央红军的敌人,在军事上对长征发挥了一定策应、配合作用。

(二)宣传革命思想,配合中央宣传工作

宣传工作是配合军事行动、争取政治主动的必要措施。中央红军在长征途中,除英勇作战外,还积极开展革命宣传,抨击国民党反动政策,揭露日本帝国主义野心,呼吁停止内战、一致抗日,号召人民参军参战。红军挺进师设有专门的宣传队伍,认真做好宣传工作。宣传对象包括根据地人民群众、国民党官兵及全国人民。

尽管行军过程形势严峻、步伐匆匆、斗争紧张,但红军挺进师依然在所到之处开展宣传,比较常见的形式是张贴革命标语。1935 年 3 月,在闽北浦城县仙阳镇,宣传员不顾行军劳累,连夜张贴"红军万岁""打倒蒋介石""打倒国民党反动派""中国共产党万岁"等标语,表明部队名称、指明斗争对象。天亮后,老乡们看到满街的标语,得知红军到了,又惊又喜②。4 月,到达斋郎后,战士们利用战斗间隙在墙上书写"打土豪、分田地"等标语,号召开展土地革命,符合农民急需获得土地的愿望。口头宣传,也是一种常见形式。这种面对面的方式,既亲切,又可以及时解答群众的问题、了解群众思想动态,做好引导工作。在闽浙边境行军时,遇到"大刀会"骚扰,除武力斗争外,战士们挨家挨户做会众家属的思想工作③,使他们提高了思想认识。家属被革命思想熏陶后,主动参与劝说会众,使

① 中共泰顺县委党史研究室、泰顺县史志学会:《宣铁吾在省政府举行总理纪念周会上关于浙边剿匪情形的报告》,《红军挺进师在泰顺》,北京:中国文史出版社,2015 年,第 230 页。

②③ 浙江省新四军历史研究会:《红军挺进师与浙南游击区》,杭州:浙江人民出版社,2007 年,第 26 页。

他们不要与红军为敌，部分会众还参加了红军。

面向根据地内人民群众，红军挺进师常见的宣传方式是在村庄的墙头、屋壁上书写上红军的标语，内容主要是号召农民参加革命队伍、控诉土豪劣绅等，泰顺九峰乡田坪仔村的标语一直到中华人民共和国成立后还保留着。[①]。墙体标语醒目显眼，具有很强提示作用，有利于营造浓厚革命氛围。他们还创作、翻印《为了人民把苦担》《红军纪律歌》《送郎当红军》等革命歌谣。歌谣内容通俗易懂，节奏性强，唱腔生动活泼，富于感染力，群众易学乐学，受到一定熏陶。值得一提的是，挺进师宣传人员还深入结合地方实际，就地选取素材编写革命歌谣，例如他们在泰顺编写《攻打五里牌》《李家山上两株合抱枫》等歌谣[②]，当地群众感觉非常亲切熟悉，容易记住，学习积极性很高。

面向国民党军队，红军挺进师通过文告等形式开展宣传，代表作有《中国工农红军闽浙政治部告白军书》《中国工农红军闽浙独立师政治部告白军士兵书》《中国人民红军闽浙军区政治部布告》等。这些文告简洁明了、通俗易懂、有埋有据，说服力和感染力都很强。文告揭露日本帝国主义的狼子野心，控诉国民党政府的不抵抗政策，歌颂十九路军、东北义勇军等队伍的抗战精神，驳斥“无力抵抗论”，指出“以全中国之财力、人力、兵力、武器，同日本帝国主义作战，其力量确实有余”[③]。1935年，华北事变后，中日民族矛盾上升为中国社会的主要矛盾，挺进师积极响应党中央“八一宣言”精神，呼吁国民党官兵进一步认识到民族危机的严重性，表达与国军合作抗日的诚意，表示愿意与国民党官兵合作“进行神圣的民族革命战争，夺回我们的东三省和华北”。[④]1936年6月，闽浙边临时省委根据抗日形势的变化，调整工作方针政策调整，将“没收委员会”改为征收抗日捐的“征收委员会”；将对国民党乡镇保长的政策由“镇压”改为“争取”；宣传口号由“穷人不打穷人”改为“中国人不打中国人”等，体现了紧跟形势发展的宣传思路。

浙南地理位置较为偏僻、交通不便，但红军挺进师尽量搜集新闻报刊等，随时关注全国动态。“一二九”运动爆发后，闽浙边临时省委及时发表通电全国，声援北平学生的爱国行为，在认真分析国内外形势的基础上指出抗战救亡的紧迫

---

①② 中共泰顺党史研究室：《中共泰顺历史》(第1卷)，杭州：中共党史出版社，2004年，第43—44页。

③④ 《中国工农红军闽浙政治部告白军书》，引自中共温州市委党史研究室：《浙南革命历史文献汇编》(一、二战时期)，北京：中共党史出版社，2006年，第377—378页。

性,要求国民党“立刻停止进攻苏区及军阀战争”①。年底,党中央在瓦窑堡会议中正式制定抗日民族统一战线政策。挺进师以这一政策为指导,及时调整宣传策略,提出有计划、有步骤地宣传“目前民族运动中联合战线的口号”②。

卓有成效的宣传工作,体现了挺进师宣传工作人员的匠心独运,对党中央、中央红军的宣传工作起到配合作用,有利于推动联合抗日新局面的到来。

(三)开辟新区,配合中央革命战略

长征,不仅是战略转移,还是以积极姿态开辟新的革命根据地,推动革命形势发展。尽管长征后,革命重心由南方转移到北方,但中央绝不放弃南方根据地。安排项英等留在南方坚持斗争,体现了中央对南方苏区的巩固和扩大寄予厚望。挺进师通过一系列工作开辟了浙西南、浙南游击根据地,使之成为成为南方革命的重要战略支点。红军挺进师等队伍的斗争,使南方的革命火种不仅没有熄灭,而且燃烧到更广阔的地区,这扩大了长征的胜利战果,配合了中央革命战略。

红军挺进师将“工农武装割据”思想和浙南地区实际相结合,致力于根据地的创建。1935年5月,师政委会在云和县召开,决定创建以仙霞岭为中心的浙西南游击根据地。为此,全师进行改编,实现由正规军向游击队的转变;深入联系群众,将“青帮”领袖陈凤生、卢子敬培养为重要革命骨干,对原“青帮”组织进行改造,使之成为革命武装的一部分,扩大统一战线;成立地方工作团,开展群众工作;清除地主恶霸武装,摧毁农村反动势力;开仓赈济贫民,帮助农民渡过难关;英勇作战,击退敌保安团进攻。7月,浙西南各地相继成立苏维埃政府,并开展土地革命,浙西南游击根据地面貌基本形成。此外,在与敌人周旋作战的过程中,1936年夏,初步建立浙南游击根据地。

根据地建设是巩固革命基地的必要措施,是推动革命进一步发展的必需。1935年6月,小吉会议对扩大和巩固根据地做出周密部署。会后,挺进师加强根据地内党组织建设,与党组织同时建立的,还有各级苏维埃政权。6月,恢复闽东临时特委。同月,闽东临时特委决定成立鼎平县委。8月,正式成立闽东特

---

① 《中共闽浙边临时省委致北平学生书》,引自中共泰顺县委党史研究室、泰顺县史志学会:《红军挺进师在泰顺》,北京:中国文史出版社,2015年,第173页。

② 《刘英给叶飞的信(一)》,引自中共泰顺县委党史研究室、泰顺县史志学会:《红军挺进师在泰顺》,北京:中国文史出版社,2015年,第176页。

委，书记叶飞；建立寿泰县苏维埃政府。11 月 7 日，在泰顺白柯湾，正式成立中共闽浙边临时省委、闽浙边临时省军区。1936 年 3 月，成立浙东南特委。5 月，中共浙南临时革命委员会成立。6 月至 8 月，相继成立福鼎、鼎平、桐霞、平阳（今属苍南）、泰顺、瑞平泰等 6 个县人民革命委员会和 16 个区人民革命委员会，决定在以上县区部分地区逐步建立乡、村政权，颁发苏维埃公民证。同年 10 月，景宁、云和、龙泉、遂昌、松阳、宣平、浦城、汤溪、龙游、武义等县普遍建立党组织。同时派遣党政干部挺到浙东，成立永、缙、仙、处等县某些地区的党组织。

各级苏维埃政权还组织开展分青苗、分田地的土地革命。以泰顺为例，1936 年 8 月，浙南人民革命委员会在泰顺月湖乡东云村召开土地革命会议，阐明这次土改对象、步骤和方法。第一步，登记土地、人口，将地主、富农出租的包括青苗在内的田地没收，按人口平均分给贫雇农，中农土地不动；第二步，佃农所耕种租地的青苗分给他人，可得到工本的补偿。9 月，中共瑞平泰中心县在该县实行分粮土改运动，按人口先分谷子后分土地，其中鼎泰区在月湖、富洋、鹏山三乡分配约 3000 余亩耕地。土地革命在经济上满足农民的土地要求，提高农民生活水平。为加强医疗与后勤保障，1935 年 5 月，红军挺进师在松阳安岱后建立医疗所，在遂昌后塘村建立后方供给基地，在松阳玉岩、枫坪间建立硝磺厂，在浦城县长坑建立缝纫厂。通过一系列举措，红军挺进师在游击根据地赢得了民心，站稳了脚跟。

（四）因地制宜，丰富游击战术

红军在长期的斗争实践中逐渐摸索出一套系统的游击战术，成为克敌制胜的工具之一。浙南地区在地形上峰峦起伏，崇山峻岭纵横，河谷深切、多急流。蔚然的高山、广布的密林、众多的岩洞，有利于抵御进攻、应对搜捕和主动攻击敌军，是游击战的绝佳之地。红军挺进师结合浙南特殊的地理环境，形成独具特色的游击战术。红军挺进师刚成立时只有 538 人，但战斗力强、革命意志旺盛。1935 年 5 月，云和会议指出，实现由正规战向游击战的转变。师部开展思想政治工作，提高大家必胜的信心；通过实际斗争锻炼，培养战士分散游击的本领。这支善打游击并不断善于吸收积极成分的队伍，到 1935 年 9 月，已壮大到 1200 多人。

红军挺进师创造出多种富有特色的游击战术。包括：战略之一，主动进攻，重点袭击国民党军后方。敌人行军时，往往在岔路口做路标，红军挺进师抓住这点,事先占据有利地形进行埋伏,敌军大部通过仅剩下"尾巴"时,红军移动路标,将尾巴"引进设伏地段,将其围攻缴械。战略之二,破坏敌人通信联系。当时浙江大部分县城均通电话,为阻断敌人的电话联系,红军挺进师锯断电线杆,使敌人不能互相配合协调。战略之三,及时转移。在实力悬殊而遭到敌人进攻时,红军挺进师为避敌锋芒、迅速转移,利用有利地形和两路敌人互不联系的条件,导致敌人自相冲杀。战略之四,为隐蔽行动和企图,采用兜圈子、大小圈、"8"字形、"S"形、电光形、回马枪、东去西返、早出晚归等方式,使敌人无法探寻踪迹。战略之五,"白皮红心"①。故意让党员和群众参加联甲队、反共义勇队等组织,明里替敌人站岗放哨,暗里替红军监视敌人,秘密传递情报和掩护红军行动。这些灵活运用的战术,是克敌制胜的有效武器。

(五)留下财富,丰富长征精神内涵

长征精神是党和人民军队思想精神宝库中一颗璀璨的明珠,永远绽放着耀眼的光芒。长征精神不仅仅由中央红军体现,还是长征时期各地红军队伍集体精神的结晶。

红军挺进师体现了顾全大局、勇挑重担的精神。孤军深入敌人统治的中心地区作战,是非常危险的。但面对中央的命令,挺进师毫不犹豫、坚决执行,这是因为广大指战员不计个人利益,一切服从组织纪律、服务大局。挺进师健儿千里转战、备尝辛苦,他们牢记使命、浴血奋战,以生命书写忠诚、以鲜血诠释信念,经受住了严峻考验,付出了重大牺牲。

红军挺进师坚持理论联系实际的工作作风。他们把工农武装割据思想和浙南地方实际相结合,一切从实际出发。结合浙南地区崇山峻岭纵横、林木茂盛的地理特点,将正规战转化为游击战;对付地主反动武装"大刀会"时,选取了毛竹叉这种很"土",但是又很有实用性的工具,让会众闻风丧胆。

红军挺进师坚持密切联系群众的工作作风。他们始终明确人民子弟兵的定位,牢记为人民服务的宗旨,坚持一切为了群众、紧紧依靠群众。他们在青黄不接时,及时开仓赈济,使群众免于饥饿;为满足农民土地要求,大力开展土地革命。浙南人民也坚决拥护红军,他们积极参加红军、及时报告敌情、破坏敌人交

① 根据地建立的各级党的组织,政权名义上是国民党的,实际上乡村基层政权,乡、保、甲长绝大多数控制在红军挺进师手里。

通线，配合红军抓俘虏、收缴武器。刘英回忆："浙南、浙西南及闽浙边数十县的民众，对红军的热望与拥护，确实表现得非常明显，在某些地区甚至表示同老苏区一样。"[①]感人泪下的红军山洞医院，就是军民鱼水一家亲的有力证明。

红军挺进师的战斗历程，是一首激动人心、催人奋进的史诗，是一幅波澜壮阔、气势恢宏的画卷。红军挺进师追求民族独立、人民民主的崇高理想，怀着革命必胜、人民必胜的坚定信念，具备百折不挠、迎难而上的革命意志，坚持殉身不恤、蹈死不顾的牺牲精神……红军挺进师以实际行动体现的革命精神，是长征精神的有机组成部分，丰富了长征精神的内涵。

三、余论

斗转星移，岁月如梭。国家和社会形势都发生了翻天覆地的变化，红军挺进师追求的民族独立、人民民主早已实现。中国人民正在党的领导下，在加快推进社会主义现代化建设、康庄大道上阔步前进，中华民族伟大复兴的光荣事业必将实现。但红军挺进师的历史意义并不因时间的推移而褪色，而是如陈年醇醪，历久弥香。而今重开卷，我们依然为红军挺进师的革命精神所感动、所鼓舞。红军挺进师的光辉战斗历程值得铭记；红军挺进师的革命精神，是我们践行社会主义核心价值观、开展反腐倡廉工作、落实"两学一做"的宝贵精神财富。

（寿彬岑，温州大学人文学院 2021 级广告专业学生；谭桂涛，浙江省泰顺中学教师）

① 刘英：《北上抗日与坚持闽浙边三年斗争的回忆》，引自中共泰顺县委党史研究室：《泰顺革命亲历记》1995 年内部刊印，第 6 页。

试论中共浙南特委对党的作风建设实践探索

亢梓璇　何梦钶

摘　要:党的作风建设是党的建设中的一项重要任务。中国共产党历来就重视党的作风建设,在长期革命战斗年代里,形成了党的三大优良传统与作风。中共浙南特委作为浙南地区党组织的领导核心,十分重视党的作风建设,对党的作风建设作了艰辛的探索。本文从理论联系实际、密切联系人民群众、批评与自我批评这三大党的优良传统与作风入手,分析梳理中共浙南特委在革命年代领导浙南党组织所进行的一系列党的作风建设实践活动,从中总结党风建设的实践经验,为当今复杂的时代环境下,加强党的自身建设提供些许有益启示和参考。

关键字:中共浙南特委;作风建设;实践探索

党的作风建设是党的建设中的一项重要任务。中国共产党历来就重视党的作风建设,在长期革命战斗年代里,形成了党的三大优良传统与作风,即理论联系实际、密切联系人民群众、批评与自我批评。中共浙南特委作为浙南地区党组织的领导核心,十分重视党的作风建设,对党的作风建设作了艰辛的探索,开展了一系列党的作风建设的实践活动,纯洁了浙南党的组织,提升了浙南党的凝聚力和战斗力,为浙南革命斗争提供强有力的政治保证和革命基础。

一、坚持理论联系实际的作风

坚持理论联系实际就是重在调查研究。调查研究工作是理论与实践沟通的桥梁。中共浙南特委的各项政策不是“坐而论道”的结果,而是深入调查研究的产物。在执行“隐藏精干”政策,坚持浙南革命阵地的斗争中,浙南各级领导机关、地方工作人员和武工队,每到一地,第一件大事就是作社会调查,分头找群众谈话,了解群众的思想,向群众不断宣传党的政策和八路军、新四军抗日的胜利消息，特别是揭露国民党顽固派反共反人民的罪行，使广大群众紧紧地团结在浙南党的周围。1941年3月，中共浙南特委发布《怎样做居民工作的指示》，关于该文件的撰写，中共浙南特委书记龙跃在《坚持浙南十四年》中写道："那时我还没有机会读到毛主席的有关阶级分析和社会调查等问题的著作，我是根据自己在中央苏区参加分田队时，经过学习还能记得的一部分材料，再参考《社会科学基础》这本书，联系实际工作经验写出这个文件的。"①中共浙南特委的工作由于革命形势很难第一时间获得党中央的最新指示与文件，日常工作的常态是中共浙南特委通过调查研究结合浙南实际，制定出适合浙南的各项政策，指导革命斗争。

1942年，在开展新地区工作中，中共浙南特委一再强调"调查工作"的重要性，下发《关于怎样开展新地区工作的指示》，要求："在决定了开展工作的方向以后，首先要着手进行调查工作，调查工作是一切工作的先声，没有调查工作就不能了解新地区的实际情形，工作的进行就没有把握，所以我们对地理环境、政治环境、民众组织情形和文化状况等均要加以详细的调查。但调查工作一方面要收罗有关该地区的各种文案材料，一方面要深入地访问和刺探，务求详尽准备。"②1943年7月15日，中共浙南特委根据华中局指示，下发《中共浙南特委关于今后工作任务的决定》，强调加强调查研究工作，认为调查研究工作，是政治领导的主要前提，没有这一工作，领导就不会具体，工作也不会深入，一切社会活动形式更加无法驾御。今后各县除设调查研究干事外，还须每月将调查研究所得情形向特委作一专门报告。1947年，龙跃在第一期军政干部训练班讲话时，谈到浙南党组织在以往的党建过程中存在着一些错误与不足，对于克服的方法龙跃提出"建立调查研究工作制度"，明确要求"各级党委与负责人，必须有系统地了解所属范围党内外的具体情况，一切决定与指示，必须依据与这一工作实际出发"，同时"调查所得材料与研究的具体结论，必须报告特委"③。

整风运动过程中，中共浙南特委同样十分重视运用理论联系实际的方法。1944年10月25日下发《中共浙南特委关于整风运动的指示——理论联系实践的方法》，从理论与实际的关系、对过去理论与实践联系的检讨、如何联系三个方

---

① 龙跃：《坚持浙南十四年》，上海：浙江人民出版社，1990年，第141页。

② 中共温州市委党史研究室：《中共浙南特委关于怎样开展新地区工作的指示（1942年）》，《浙南革命历史文献汇编（抗日战争下）》，北京：中共党史出版社，2009年，第237页。

③ 中共温州市委党史研究室：《关于组织领导问题的指示（1941年5月14日）》，《浙南革命历史文献汇编（抗日战争下）》，北京：中共党史出版社，2009年，第37页。

面来指导浙南党在整风运动中正确运用理论联系实践的方法。中共浙南特委指出“没有调查工作,就没有发言权”“情况不了解,策略是必错误”。特委要求:“对各方面的情况或某一事物有了精密的调查,并运用马列主义的方法加以去粗取精、去伪取真的分析与批判,不仅能够了解各方面的或某一事物的内部情形(主要矛盾与次要矛盾,矛盾之主导方面与辅导方面),外部关联(与其他各方面和其他事物的联系)及具体的发展,而且能够根据它的发展趋势及可能前途,定出正确的方针,并为这个方针进行具体的斗争,推动它向前发展。”因此,中共浙南特委对“理论联系实际的作风”的高度重视,体现了浙南化的特色,中共浙南特委的每一个指示,只有和浙南的实际情况相结合,才能够发挥指导作用。

二、坚持密切联系人民群众的作风

艰苦的革命斗争中,中共浙南特委深厚的群众基础是特委经受敌、顽军无数次摧残能坚持下来的基本因素。中共浙南特委在革命斗争中探索出一条适合浙南的群众工作道路,特委认为群众工作中,最重要的方法是密切党和群众的联系。

首先,中共浙南特委认为要做好群众工作就必须要了解和帮助群众。中共浙南特委始终深入群众,倾听群众呼声,了解群众的要求。1941 年 5 月 14 日,中共浙南特委下发《关于组织领导问题的指示》,强调:“党要深入群众,了解各种各样实际情形,注意群众的革命情绪,倾听群众的意见,研究群众实际斗争来决定 x 的政策与口号,根据群众(的要求)而实际来检查政策与口号的正确性,如果错了就要改正他。”[①]同年 6 月 30 日,中共浙南特委下发《关于目前党的组织政策和执行方法的指示》,要求各级党员干部:“深入群众、依靠群众的雄伟力量来达到党长期埋伏的目的。所谓脚踏实地面向群众,就是每个党员都要生活在群众中间,深刻地了解群众情绪生活要求等,领导他们进行各种斗争以逐渐提高他们的觉悟程度及其政治经验,但千万不要以共产党员的面目出现,而应以群众的面目出现,要在群众中长期埋伏和苦干,并起积极的核心领导作用。”[②]那么,怎样深刻了解自己行动地区的群众的内部情形?中共浙南特委认为各级党要作全面

① 中共温州市委党史研究室:《关于组织领导问题的指示(1941 年 5 月 14 日)》,《浙南革命历史文献汇编(抗日战争下)》,北京:中共党史出版社,2009 年,第 37 页。

② 中共温州市委党史研究室:《关于目前党的组织政策和执行方法的指示(1941 年 6 月 30 日)》,《浙南革命历史文献汇编(抗日战争下)》,北京:中共党史出版社,2009 年,第 112 页。

性与历史性的调查与研究。1945年12月21日,中共浙南特委在《关于转变斗争方式的指示》中指出:"深刻了解群众的生活情况、迫切要求斗争历史、政治觉悟程度、派别情形、各派的政治背景,了解各地士绅、群众领袖……等直至每一细小的事件,都要清楚的了解,以便决定我们的对策。"同时,浙南虽然是党的基本地区,但有由于"党的存在和组织与工作都是非法的",这就需要严格秘密工作,利用党的各个工作部门内客观上存在的合法的与半合法的可能性去进行活动,为此特委要求:"党的组织必须有计划地埋藏到群众中与群众团体中,党员必须有很好的群众联系与合法地位,干部要注意职业化,反对专门依靠党过生活的现象。"①

其次,中共浙南特委也十分注意反对领导方式上的官僚主义。中共浙南特委认为要密切同群众的联系,搞好党群关系,党员就必须树立良好的作风,而良好作风最大的威胁就是官僚主义。1947年2月27日,在《中共浙南特委直属支部第二期整风总结报告》中,中共浙南特委强调目前领导方式上的官僚主义,即"脱离群众,不面向群众,不尊重群众利益,不了解不关心群众的实际情况与要求,漠视群众的意见,反以发脾气来代替耐烦的解释"。1947年10月21日通过的《中共浙南特委四届八次扩大会议关于已往(1941年1月—1947年9月)瑞安工作的基本总结》,指出瑞安党组织工作中存在着"对人民群众以天生的领袖自居,出风头、吹牛皮,不关心群众的痛苦,不倾听群众的意见,站在人民头上,赫赫其威,摆布群众,打骂群众(如香底等处),破坏群众纪律,违犯群众利益(如暴露突出,走地主富农路线,以及某地支部同志如石弹保长、河头支部与黄法树敲诈与压迫群众)等"②官僚主义领导行为。特委强调:"显然的,这不但不是为人民服务的观点,而且简直是在帮助国民党反动派来反对人民群众。"③因此,中共浙南特委提出:"要坚持一个地区的斗争与建设一个坚强的党,就必须正确地执行民主集中制的原则与为人民服务的路线。否则,党内就不能团结,党与群众就要

① 中共温州市委党史研究室:《中共浙南特委关于当前浙南党的中心任务的指示(1942年11月10日)》,《浙南革命历史文献汇编(抗日战争下)》,北京:中共党史出版社,2009年,第205页。

② 中共温州市委党史研究室:《中共浙南特委四届八次扩大会议关于已往(1941年1月—1947年9月)瑞安工作的基本总结》,《浙南革命历史文献汇编(全国解放战争时期·一)》,北京:中共党史出版社,2009年,第386页。

③ 中共温州市委党史研究室:《中共浙南特委四届八次扩大会议关于已往(1941年1月—1947年9月)瑞安工作的基本总结》,《浙南革命历史文献汇编(全国解放战争时期·一)》,北京:中共党史出版社,2009年,第386页。

脱节,而党与党的负责人和党的干部就要成为官僚机关与官僚分子。"[①]此外,中共浙南特委还要求各级党组织要利用巡视工作加强对下级党委和群众实际情况的了解,要求巡视员要"下基层"。实践表明,密切党群关系是共产党优良的作风和政治优势,党群关系和谐是浙南党的各项事业取得成功的关键。

三、坚持批评与自我批评的作风

批评与自我批评,是中国共产党人在长期艰苦的革命斗争中形成的三大优良传统与作风之一,也是中国共产党同其他政党区别开来的显著标志之一。中共浙南特委高度重视浙南党组织养成批评与自我批评的良好作风,及时对错误作出总结和检讨。

关于批评与自我批评的重要性,中共浙南特委强调:"思想斗争是保卫党的武器,自我批评是开展思想斗争的保证。"[②]1941 年 4 月,中共浙南特委制定关于党的建设问题工作大纲,提出模范党员的条件之一就是"要有自我批评的精神"[③],要求党员要诚意地承认并克服自己的错误;要有耐心说服纠正其他党员错误的精神;积极地与不良倾向的一切错误观念作斗争。1942 年 10 月 5 日,中共浙南特委下发《关于具体实施党性教育给各级党的指示》,强调党内作风建设要确立党性原则,要求浙南各级党在实施党性教育过程中要正确地发扬自我批评与思想斗争。认为只有经过正确的自我批评与思想斗争,揭发党内各种错误与缺点及一切坏现象,才能纠正分歧,改正与清除各种不正确的非无产阶级的思想意识,提高党的威信,巩固党的纪律,加强党的领导,也就是加强党性。同时,针对浙南党内对批评与自我批评具体含义不理解的现象,中共浙南特委与 1944 年在《中共浙南特委对整风运动的认识与态度》文件中进一步明晰了自我批评的概念即:"自我批评就是自上而下,自下而上的有系统地检查,并公开与诚意地揭

① 中共温州市委党史研究室:《中共浙南特委四届八次扩大会议关于已往(1941 年 1 月—1947 年 9 月)瑞安工作的基本总结》,《浙南革命历史文献汇编(全国解放战争时期・一)》,北京:中共党史出版社,2009 年,第 392 页。

② 中共温州市委党史研究室:《中共浙南特委为完成巩固党的任务给各县委的指示信(1940 年 2 月 15 日)》,《浙南革命历史文献汇编(抗日战争上)》,北京:中共党史出版社,2009 年,第 261 页。

③ 中共温州市委党史研究室:《中共浙南特委关于党的建设问题的工作大纲(1941 年 4 月)》,《浙南革命历史文献汇编(抗日战争下)》,北京:中共党史出版社,2009 年,第 9 页。

发和承认自己的错误”[①]。

开展批评与自我批评作风建设的关键在于，是否能够客观地指出存在的缺点和错误。因此，是否使用正确的方式进行自我批评就十分关键。1941 年 4 月，中共浙南特委在《关于党的建设问题的工作大纲》中对自我批评方式与方法进行指导，特委要求，第一要有耐心的细心的原则去分析问题，并以诚恳坦白的态度去批评。第二要使用讲道理说服教育方式，并还要以不同的态度去对待不同的错误与不同的人。第三要通过个别谈话的方式，来说服教育少数同志。1947 年 2 月 27 日特委在《中共浙南特委直属支部第二期整风总结报告》中又强调应该注意严格的批评与适当鼓励联系的方法，一方面对错误要不放松地严格批评，另一方面对情绪低落的党员，要有适当的鼓励；并且对党员与党员之间发生无原则的纠纷与成见，要及时加以解决。1947 年 6 月 27 日《过去党建工作的检讨与总结》中，特委再一次强调“鼓励与批评应适当配合”，要求今后凡特委对县委的鼓励与批评，应转给区委及其他工作人员与支部阅看，县委对区委的鼓励与批评，应转各工作人员与支部阅看。只有这样，才能真正加强上下级的联系，使下级更好地团结到上级周围。[②]

其次，中共浙南特委要求开展批评与自我批评要充分发扬党内民主，使同志与同志之间，组织单位与组织单位之间，上级与下级之间，相互积极提意见。例如，在中共浙南特委直属支部第二期整风中经常通过开小组会议与支部大会，有时还采取特别会议的形式来进行反省。同时一般党员的反省报告都比以前更为坦白、深刻与全面。对自己与别人的品质，有了进一步的认识。1947 年 6 月 27 日，龙跃在第一期军政干部训练班讲话时要求建立与健全各级组织生活，包括其具体组织生活，包括各级党部的直属支部，发扬互相批评与自我批评的精神，凡是在一定组织会议上，任何一个党员有批评其他任何一个党员（包括负责人在内）的权利，同时任何一个党员（包括负责人在内）不得妨碍与侵犯其他任何党员批评与发表意见的权利与机会。[③]

对于反省的内容，中共浙南特委要求：反省要从自己的思想、生活、言论、行

---

① 中共温州市委党史研究室：《中共浙南特委对整风运动的认识与态度（1944 年）》，《浙南革命历史文献汇编（抗日战争时期下）》，北京：中共党史出版社，2009 年，第 354 页。

② 中共温州市委党史研究室：《过去党建工作的检讨与总结（1947 年 6 月 27 日）》，《浙南革命历史文献汇编（全国解放战争时期一）》，北京：中共党史出版社，2009 年，第 301 页。

③ 中共温州市委党史研究室：《过去党建工作的检讨与总结（1947 年 6 月 27 日）》，《浙南革命历史文献汇编（全国解放战争时期一）》，北京：中共党史出版社，2009 年，第 300 页。

动与工作以及对人的关系等各方面的各种具体事实中,作历史性全面性的反省。发现错误之后,就要纠正错误。特委强调批评反省的最终目的是为了改造。“反省错误是要正确地认识到错误,决心纠正错误,达到改造自己改造别人,改造党的目的”“要懂得认识错误仅仅是改造的开始”。[①]《中共浙南特委关于怎样开展整风运动给各级党的指示》中强调反省与改造、自我批评与互相批评要正确地结合起来,“对事不对人”,要防止一切意气作用与无原则的纠纷。因此,在以上正确方法的指导下,浙南党对如何开展党内批评的认识进一步提高,党内批评与自我批评的渠道逐渐畅通,气氛日渐浓厚。1948 年 1 月《中共闽浙边中心县委关于一九四七年工作给特委的总结报告》中,在中共闽浙边中心县委汇报给特委一年来的工作发展经过可以看出,在特委正确的领导与经常督促帮助之下,中共闽浙边中心县委从最开始领导上存在着严重的家长制度和事务主义,不虚心接受下层的批评,命令主义,不报告,不检讨等错误倾向,严重地阻碍了边区党的前进的情况,经过一年的努力以及五月间开展整风运动和自我批评与中心县委扩大会议的自我批评的讨伐,已开始克服了家长制度,建立会议制度、自我批评与上下级间互相批评制度,特别是由下而上的批评,党内官僚主义已逐渐减少。

结语

中共浙南特委通过多种途径加强党的作风建设,并取得了极大的成效,在领导解放浙南的伟大事业中,浙南各级党组织和广大党员领导干部,艰苦奋斗,形成独特的作风和精神面貌。中共浙南特委坚持从理论联系实际、密切联系人民群众、批评与自我批评三大作风建设入手,开展了一系列富有成效的党的作风建设实践,教育了全体党员,取得了很好的历史成效。如对于调查研究的重视,使得中共浙南特委能够及时掌握浙南地区发展的实际情况,从而实事求是,理论联系实际地做出正确指示,领导浙南斗争。对党群关系的高度重视,对党员干部抵御脱离群众风险、保持密切联系群众的工作作风起到了重要作用,深厚的群众基础是浙南党领导浙南革命取得胜利的重要力量。浙南特委充分发扬党内民主,要求党员干部通过自我批评的方式,及时纠正错误,克服领导方式上的家长制度和事务主义,不断完善党的领导,加强党内团结。

---

① 中共温州市委党史研究室:《中共浙南特委直属支部第二期整风总结报告(1947 年 2 月 27 日)》,《浙南革命历史文献汇编(全国解放战争时期一)》,北京:中共党史出版社,2009 年,第 167—168 页。

展望未来,党的作风建设,是现代政党建设的永恒课题,践行优良作风是凝聚党心民心的巨大力量源泉。进入新时代,中国共产党面临着严峻、复杂、尖锐的内外环境挑战,要为人民谋幸福、为国家谋复兴,为人类作出新的伟大贡献,必须坚持党的全面领导,加强作风建设,保证党的先进性和纯洁性,因此党的作风建设一直在路上。

(亢梓璇,温州大学人文学院2019级硕士研究生;何梦钶,温州大学化学与材料工程学院2021级本科生)

浅谈夏鼐的精神世界

李林霞

摘　要:作为现代中国考古学奠基人之一的夏鼐,他的一生除了数不尽的研究成果、荣誉称号,也给当代人带来了精神上的启发。文章主要通过梳理《夏鼐日记》分析夏鼐的精神世界。他游浩瀚书海,秉严谨学风,穷学理之真相,筑学术之高塔,却仍行报国之志,不忘培育英才,这都激励着后辈奋进。

关键词:夏鼐;新中国考古;考古学家;精神

夏鼐,浙江温州人,是中国近代著名考古学家,是新中国考古工作的主要指导者和组织者,是现代中国考古学的奠基人之一。从1910年至今,夏鼐先生诞辰已百余年。在过去的一个世纪里,我们借鉴着他的治学方法不断在中国考古学中取得新突破。笔者通过梳理《夏鼐日记》回顾夏鼐的一生,除了这些学术成果,他所体现的精神也值得我们学习、借鉴。

一、研究现状

近年来,史学界日渐重视夏鼐的学术地位,对夏鼐的研究也日渐增多。笔者对有关夏鼐的研究做出梳理,认为关于夏鼐的历史研究主要集中在四个方面:

第一,对夏鼐的学术成果研究。该部分是关于夏鼐研究的重要部分。大多回顾了夏鼐一生的学术生涯,针对夏鼐学术成果展开评价。在学术思想上,汤惠生(《夏鼐苏秉琦考古学不同取向辨析》,《中国社会科学》2017年第6期)对夏鼐与同时代苏秉琦的考古理论主张做了辨析,指出与苏秉琦的理论派不同,夏鼐的学术理论是实证学派,更注重史料的主体地位。裴世东(《夏鼐日记所见夏鼐考古学思想体系的形成》,安徽大学博士论文2019年)以《夏鼐日记》为主要材料将夏鼐考古学思想体系分为三个阶段,以具体的事例为论据,概括出一个以马克思主义为指导思想,借鉴西方考古学,重视新技术和多学科交叉合作研究的考古学思想。姜波(《夏鼐先生的学术思想》,《华夏考古》2003 年第 1 期)则通过回顾夏鼐的学术生涯,总结学术贡献,对夏鼐的治学方法进行探讨。以及许宏(《高度与情节:夏鼐关于夏商文化问题的思想轨迹》,《南方文物》2010 年第 2 期)通过夏鼐与夏商文化的研究,归纳夏鼐对该问题的学术思想轨迹。陈星灿(《紧跟世界学术潮流的夏鼐先生》,《中国文物报》2011 年 8 月 5 日第 8 版)则从夏鼐的学术眼光入手,通过夏鼐的阅读书目、研究问题的概念、方法和思路,甚至对西方考古学理论的学习展现夏鼐的世界眼光。在学术成果上,学者多选取与夏鼐相关的历史学分支,对夏鼐的学术成果进行梳理,例如夏鼐在古埃及学上的成果梳理、中国考古学成果梳理、对丝路货币研究的贡献,也有站在更高的视角,对夏鼐世界性与民族性的思考,分析夏鼐在考古学界所取得的瞩目成就。刘春强(《承续永嘉精神:夏鼐早年治学的心路历程及其学术风格》,《史学月刊》2020 年第 2 期)以永嘉精神为切入点,在史料方面引入蒋廷黻的回忆录,丰富了夏与蒋的历史渊源,总结了夏鼐经世致用、理论与实证相结合的学术风格。

第二,对夏鼐求学经历的研究。夏鼐的求学从温州到北京,从中国到英国再到埃及,从燕京大学到清华大学再到伦敦大学,从社会学到历史学再到考古学。对夏鼐的求学研究,有胡一峰(《夏鼐清华读书记》,《民主与科学》2014 年第 5 期)关于夏鼐在清华的广泛阅读、师从蒋廷黻,有戴海滨(《十字街头钻古塔:夏鼐与中国近代是研究的一段姻缘》,《读书》2013 年第 2 期)对夏鼐学习中国近代史的记述,也有书玉(《夏鼐先生的英伦之缘》,《文物天地》1998 年第 6 期)与汪涛(《对夏鼐先生英伦之缘的几点补充》,《文物天地》2000 年第 4 期)对夏鼐英伦之缘的研究,更有王齐(《考古门内的人生站点读夏鼐日记之二》,《南方文物》2014 年第 1 期)关于夏鼐从中国史转向考古学的人生转折的研究。通过对不同时段夏鼐求学的剖析,完善了对夏鼐求学经历的认识。

第三,对夏鼐的人物关系研究。清华求学、伦敦之缘都让夏鼐结识了李济、陈寅恪、王国维、胡适、傅斯年等人,在其日记里也记录了与这些人的点点滴滴,因此有关夏鼐的研究也涉及了人物关系研究。武玉娟、徐峰(《李济与夏鼐两代考古领军人的"情与隙"》,《大众考古》2018 年第 6 期)通过梳理夏鼐与李济两位考古学家,揭示了二人在学术理念上的师承关系和亦师亦友的师徒情,也记述了后期因不同的政治立场而出现嫌隙,及彼此间的挂念与肯定。戴海斌(《十字街头钻古塔夏鼐与中国近代是研究的一段姻缘》,《读书》2013 年第 2 期)立足夏鼐与吴晗,展现了两人在学生时代清华园里的互帮互助。尹媛萍(《从夏鼐日记看夏鼐与蒋廷黻的一段学术姻缘》,《清华大学学报(哲学社会科学)》2013 年第 5

期)通过对夏鼐日记的整理,发现了夏鼐与蒋廷黻的学术因缘。

第四,是对夏鼐故乡及其品质的研究。王兴研究了夏鼐的故乡情怀[①],其他以周广明(《魂兮归来纪念和感知夏鼐先生》,《南方文物》2015 年第 4 期)、任式楠(《夏鼐诲人不倦的导师》,《考古》2010 年第 2 期)、刘庆柱(《我心中的夏鼐先生》,《考古》2010 年第 2 期)为代表的学者,通过纪念文的形式展现了夏鼐对后辈的热情指导、爱国主义与世界情怀。

此外,这些研究在发布的时间节点上多以夏鼐诞辰或逝世的周年纪念居多,在研究的史料来源上以 2011 年华东大学出版社出版的《夏鼐日记》十卷本为主体,此处笔者不再赘述。

综上所述,关于夏鼐的历史研究成果丰富,但总体缺少对夏鼐精神的概述,笔者希望通过梳理以上研究成果、阅读《夏鼐日记》及其纪念文集,通过其精神总结给予青年人学习的动力,希冀对之后有关夏鼐的研究有所助益。

二、游浩瀚书海,秉严谨学风

作为一个学者,夏鼐的一生都遨游书海。作为一个研究员,夏鼐的一生都秉承严谨。

如果用四个字形容夏鼐的读书,一定是"博览群书"。"群书"是对夏鼐阅读量的最好概括。在《夏鼐日记》里,常常一日只记一句,读了哪本书,读了多少页。[②] 1932 年新年伊始,夏鼐在日记里制定了他一年的学习计划:"预备读 50 部以上 100 部以下的书籍。暑假回家一次。法文至少要认识 2000 字以上的生字……年终时能够翻字典读浅近的法文书。暑假中读点外交史的书,同时对关于中国通史已出版的书籍加以稍有系统的研究。"[③]在这年计划里,单单是书籍的阅读数量就规定在了 50 本以上。笔者根据 1932 年日记统计,这一年夏鼐阅读书目共 82 本,其中还不包括对报纸和单篇文章的阅读、对法文的学习。不仅是 1932 年,从日记的记录来看夏鼐每年的读书量都在 50 本以上。因为想要翻看的书籍太多,夏鼐也会抱怨自己的阅读速度:"此书(《当代社会学学说》)仅 900

① 王兴:《夏鼐的"故乡情怀"和及温州地方民俗》,《寻根》,2017 年第 5 期。内容上缺乏夏鼐对故乡的思念的具体史料支撑,但指明了日记中对温州的描述有助于温州抗战史的研究,也是研究地方经济史、地方民俗、地方名人社交、夏鼐论文撰写的重要史料。

② 夏鼐:《夏鼐日记第一卷》,上海:华东师范大学出版社,2009 年,第 94—143 页。

③ 夏鼐:《夏鼐日记第一卷》,上海:华东师范大学出版社,2009 年,第 88 页。

余页，我竟费了12天的工夫才读完它，每天平均仅75页。”不由感慨“阅读速率实在太慢。”为此，夏鼐也多次表示要“训练速览的能力才好”“当改换方法，以求阅读速率之增加”[①]，但也因“读书没有一蹴便到捷径的……不能太取巧以贻后悔”[②]而作罢。读书对别人而言是兴趣，对夏鼐而言是生活的一部分，“今日忽然没有报，使我便有空虚之感。”[③]而常常“一进书库，便似着了魔”忘记自己应当要查找的资料，东翻西翻地乱翻书。[④] 即使自己身体抱恙，也仍然不放弃学习，在风寒病症中夏鼐：“上午阅读了《萍踪寄语二集》，又读了《日华辞典》所附之文法篇。”[⑤]即使行山路遇雨，衣衫尽湿，一连几天身体不适，他也仍然阅读了斯托普斯的《持久的情欲》“以作消遣”。[⑥] 在英国学习期间因肠胃旧疾送入医院，住院期间他仍然阅读了皮克与弗勒的《法律和圣经中的预言书》和斯文·赫定《戈壁沙漠之谜》等书，却也抱怨“住院还有好几天，我只带了这两本书来，颇有闹饥荒的危险”。[⑦] 夏鼐说：“我的念书成了瘾，用功这字和我无关，要克制欲望以读书才配称用功，上了瘾的人便不配称用功。”[⑧]

“博览”是对夏鼐阅读广度的形象概括。1931年2月到4月间，从陶希圣的《中国社会之史分析》到克罗伯的《人类学》、伊里奇的《唯物论与经验批评论》、加纳的《政治学与政体》、对经济学考试的准备，夏鼐阅读的书目涉及历史学、社会学、人类学、哲学、经济学、政治学。学期间没有上完的英文读本，夏鼐也会在假期自学。[⑨] 在英国学习期间，夏鼐还学习了俄文。[⑩] 庞杂的阅读为夏鼐之后在中国考古学上的成就积累了巨大的能量。

夏鼐严谨治学从其读书起便有显现。他总会把同一主题的书放在一起阅读，两相比较，辨析差异。在读金兆梓的《现代中国外交史》时也参考了刘彦的《帝国主义压迫中国史》，通过两相比较发现金氏一书有抄袭刘氏一书的痕迹，夏鼐这样评论：“材料大抵相同，惟较简略耳，但分章不同，条例似较清晰。”[⑪]在阅

---

① 夏鼐：《夏鼐日记第一卷》，上海：华东师范大学出版社，2009年，第57页。
② 同上，第21页。
③ 同上，第144页。
④ 同上，第226页。
⑤ 同上，第349页。
⑥ 同上，第134页。
⑦ 同上，第106页。
⑧ 同上，第31页。
⑨ 同上，第10页。
⑩ 同上，第1页。
⑪ 同上，第108页。

读《秦始皇本纪》时也参阅《史记志疑》,自己也注重搜集"嬴秦遗物考"材料。这种严谨也曾体现在阅读《永元十一年幽州书佐秦君石刻》的拓本中,因"字迹漫漶,七行中多不识,花了许多功夫只认出几个字",面对字迹不清,夏鼐仍坚持仔细探究。[①] 参加工作后,夏鼐会为每一次考古发掘做充足的知识储备。1941 西川考古发掘时,夏鼐阅读了扬雄《蜀王本纪》、常璩《华阳国志》、龚煦春《四川郡县志》、民国二十三年修的《乐山县志》,还涉猎了《南溪县志》《四川通志》《华西边疆学会会志》《蜀中名胜记》,将《乐山县志》中描述的"县境图摹画下来,以备将来参考"[②],对《四川通志》中古迹、陵墓、金石和《华西边疆学会会志》四至九卷中有关川地考古的文章做了札记作摘记,描摹十万分之一详细宜宾至李庄地图,对李庄附近的地图上色。[③] 这些无不体现着一位历史学者根治于内心的严谨态度。

三、穷学理之真,践报国之行

夏鼐对学术的热忱并非止于"两耳不闻窗外事,一心只读圣贤书",他对学术卓越的追求根植于他一心为国的心事中。

穷学理之真,是逆境的坚守。夏鼐曾因对藁城出土的铜柄铁钺初次鉴定结果的怀疑,在"文化大革命"中被批评"打击新生力量",夏鼐坚持"认为这是一个学术问题"不肯做出让步;在登封王城岗遗址被认为是"禹都阳城"时,夏鼐指出目前学术界在该问题上的争论,对"禹都阳城"提出怀疑,拒绝过早的结论性定义[④];在伯希和参观安阳考古时,梁思永担心墓葬中的殉葬人坑被外国人看到有失国誉,夏鼐在日记里发问:"这又是何必呢?"指出在同时期的中欧曾出现食人习俗,[⑤]将此作为人类发展史上的一个阶段。在夏鼐的学术认知里,无需因凸显中华文明的历史悠久而做出错误的学术判断,无需刻意鼓励"新生力量",也不会因中国历史上的文化陋习而感到羞愧尽力遮掩。"他能够如实地看待和衡量中国考古发现和中国文明成就"[⑥],在求真的学术路上表现出高度的文化自信。

报国,是远赴求学的动力,是点点滴滴的行动。从夏鼐最初的赴英求学,其

---

① 夏鼐:《夏鼐日记第七卷》,上海:华东师范大学出版社,2009 年,第 65 页。

② 同上,第 367 页。

③ 同上,第 369—371 页。

④ 夏鼐:《谈谈探索夏文化的几个问题》,《河南文博通讯》1978 年第 1 期。

⑤ 夏鼐:《夏鼐日记第一卷》,上海:华东师范大学出版社,2009 年,第 325 页。

⑥ 周广明:《魂兮归来纪念和感知夏鼐先生》,《南方文物》,2015 年第 4 期,第 29 页。

学术就为了报国。1933年,《外交月刊》载《国联报告书》,就日本占领东三省事件作出调查报告,其中提出将东三省改为国际共管,夏鼐读后,将国民政府评为甘心媚外。1936年,日本发动了对中国的战事,当得知上海十九路军的失败,夏鼐忽觉:"似晴天霹雳一般,使人骤然失神。"[①]又"知日人又在津北闹花样,掘铁路轨道,栽赃中国。不知道时局如何,殊为忧虑"[②],深感"中国民族之命运,即决于此数日之中"[③],悲愤填膺。面对国内的紧张的政治局势,夏鼐常常发出"国家前途,极为惨心""国事已至存亡危急之秋"的感叹,而对"自己反仍从事与此不急之务,故纸堆中弄生活,殊自惭自恨"[④],坚持"每天咬着牙冠去死读书"[⑤],他钻于旧纸堆中的努力是"欲早日返国服务"的期盼。[⑥] 在国外学习考古时,夏鼐曾跟随英国人迈尔斯先生(Mr. Myers)和文克勒博士(Dr. Winkler)在埃及参加发掘,两位博士对埃及工人得古物即来索要小费的举动加以鄙视,嘲讽埃及人的愚昧[⑦],认为他们贪婪、懒惰、虚伪,"恨不得Aswan(阿斯旺)堤溃决,将其人民悉行溺毙"。夏鼐听后"未免为埃及人民难过"想到自己的国家也"幸得没有开放外国人进来挖古,否则免不得遭骂"[⑧],深感"自己也是受压迫的民族"。想必这时这位青年人心里一定埋下了图强的种子,认为"救国只有下死功夫来学别人的好处,以求并驾齐驱,而终于轶出其上"[⑨]。1980年5月,夏鼐随中国社会科学院代表团出访英国利兹大学,日记中记下考古学教授B. S. J. Isserlis评价中国考古学的一段话:"曾看到中国考古发掘的照片,工作井井有条,不知如何取得如此水平,今天谈后才知道曾从SirMortimerWheeler学习过田野考古方法的。"日记中虽没有对此发言,但"并驾齐驱"的努力得到了肯定。

"功名万里外,心事一杯中。"夏鼐曾勉励自己在国外的学习应看淡学位,努力学习知识,学有所成后服务于祖国,虽觉田野工作"单调,不生兴味"也注意到"中国考古学上的材料颇不少,可惜都是未经科学式发掘方法,故常失了重要的枢纽"。[⑩] 他希望将自己掌握的西方考古界积累的科学发掘和研究方法引入中

① 夏鼐:《夏鼐日记第一卷》,上海:华东师范大学出版社,2009年,第140页。
② 同上,第44页。
③ 同上,第73页。
④ 同上,第119页。
⑤ 同上,第116页。
⑥ 同上,第33页。
⑦ 同上,第152—154页。
⑧ 同上,第142页。
⑨ 同上,第75页。
⑩ 同上,第326—328页。

国考古领域,弥补中国考古学在考古发掘方法上的不足。认为:“假使中国政治社会稍为安定,考古学的工作实大有可为也。”[①]在英国学习考古知识时,夏鼐仍关注中国考古状况,得知安特生在中国甘肃的考古工作时批评其考古“无科学精神可言”[②];认为葛维汉的华西发掘报告因未受专业考古训练而“缺陷甚多”[③]。这些外国考古学者不科学的考古挖掘,使夏鼐得知四川大学与哈佛大学的考古合作计划时,当即表示反对,认为“不能贪小便宜,将研究权拱手让人”。[④]

四、筑学术高塔,育满园桃李

从十字街头到钻入古塔,夏鼐在自己选择的古塔里为中国乃至世界考古学的发展做出了自己的贡献。

筑学术高塔体现在夏鼐对学术难题的攻克。1953 年南京博物院发掘了江苏宜兴的西晋周处墓,出土了十七件镂孔花纹的金属带饰,考古工作者对其鉴定后结果为铝片。因铝元素分布广、难以冶炼,在 19 世纪才被丹麦人提炼出,为此西晋周处墓铝制品的发现引起全世界的震动。但之后多个科研机构对碎片进行化验,其结果始终不能如一。学术界对西晋周处墓金属带饰的争论愈演愈烈,1964 年夏鼐通过中科院物理所对完整的样本在不损害的基础上重新鉴定,得出西晋周处墓出土的金属饰品是银而非铝,并依据地层的扰乱及埃及金字塔考古中发现的后世铁器、玻璃珠做出了铝片为后世混入物的推断,[⑤]纠正了中国早在 3 世纪便能提炼人工铝的错误说法。此外,夏鼐严格制定了中国史前考古遗迹的命名方法,对夏文化做了严格的定义。[⑥] 在世界史学方面,夏鼐通过整理伦敦大学学院皮特里收藏的串珠、开罗埃及博物馆和牛津的阿什莫林(Ashmolean)的串珠,做了 1760 张索引卡片,参考了布莱克曼关于殖民地的经典著作《上埃及的农民》,[⑦]最后完成博士论文《古埃及串珠》。这篇博士论文和索引卡片改写了考古学皆对早期发掘情况的认识,以至于“在伦敦竟无人敢于再做这种对于其他人来说可能会花费一生时间的工作”。被认为“是埃及考古学上具有重要意义的

① 夏鼐:《夏鼐日记第二卷》,上海:华东师范大学出版社,2009 年,第 53 页。
② 同上,第 4 页。
③ 同上,第 18 页。
④ 同上,第 73 页。
⑤ 夏鼐:《晋周处墓出土的金属带饰的重新鉴定》,《考古》,1972 年第 4 期,第 39 页。
⑥ 夏鼐:《关于考古学上文化的定名问题》,《考古》,1959 年第 4 期。
⑦ 斯蒂芬·夸克:《夏鼐先生与古埃及串珠研究》,《考古》,2014 年第 6 期,第 103 页。

一项基础性研究成果”。[①]

学术高塔的筑造离不开夏鼐对科学技术的兼容并蓄。夏鼐在阅读《古代埃及的冶金术》时注意到国外“用显微镜视察细品以定古代金属之制作过程”认为“尤为有价值”。[②] 可见在他的认知里，考古发现不应该拘泥于古法，需要借助科学技术的力量。为此在1946年夏鼐返国后，曾向任史语所所长的傅斯年提议：“充实内部设备，建立实验室。”[③]这样的提议虽被采纳，但面对国内的战乱难以实现。中华人民共和国成立后，夏受梁思永、郑振铎的邀请北上抵京，加入新中国考古研究所。1953年，再次“赴院本部基本建设处，商谈修建古物修理室订合同事”[④]，也同苏秉琦商酌“为北大考古专业购买仪器”[⑤]，最终于1953年7月“验收所盖之古物修理室”[⑥]，那个期盼已久的实验室终于建成。而现下中国考古学界普遍使用的C^{14}测年法与夏鼐有着密切的关系。1950年利比发现C^{14}的重要作用，之后发表《放射性碳素测年法》引起了整个史学界的关注。对世界学术动向密切关注的夏鼐将利比的成果以一篇《放射性同位素在考古学上的应用》文章将其介绍到中国，在文中夏鼐言：“我国到现在还没有利用这方法来测定年代。考古研究所正在向有关的研究机构提出计划请求协助。我们希望在不久的将来，这计划能够实现。”[⑦]1958年C^{14}测年相关设备的研制开始实施，仇士华、张雪莲两位科学家恰因“右派”被介绍于夏鼐，夏鼐以“我们考古工作不保密，可以用”[⑧]将二人带入考古所，用以建立碳十四实验室。在1965年，夏鼐得到“仇士华通知汇报C^{14}实验工作情况”，[⑨]经测验“正式得到考古学家的认可”[⑩]，实验室建设成功。

桃李满园，是夏鼐对新一代考古人才的悉心培育。中华人民共和国成立后，因大批考古人才随国民党南下，新中国考古人才十分缺乏。夏鼐在抵达中国科学院考古所后，便积极培育一批新中国的考古人。到任不满一个月，他便带着安

① 斯蒂芬·夸克：《夏鼐先生与古埃及串珠研究》，《考古》，2014年第6期，第104页。

② 夏鼐：《夏鼐日记第二卷》，上海：华东师范大学出版社，2009年，第40页。

③ 同上，第80页。

④ 同上，第10页。

⑤ 同上，第17页。

⑥ 同上，第29页。

⑦ 夏鼐：《放射性同位素在考古学上的应用》，《考古通讯》，1955年第4期，第78页。

⑧ 中国社会科学院考古研究所：《夏鼐先生文集纪念夏鼐先生诞辰一百周年》，北京：科学出版社，2009年，第144页。

⑨ 夏鼐：《夏鼐日记第六卷》，上海：华东师范大学出版社，2009年，第255页。

⑩ 同时，第181页。

志敏、王伯洪、王兴邦等青年人前往河南省辉县,进行考古发掘,“为了训练这些年轻的新手,花费了极大的心力。”常常亲自拿着小铲子进行挖掘,在挖掘现场“指示他们严格划分土层,正确判断层位关系……不放过任何细微的现象”。每天晚上又:“检查大家的记录是否及时完成,记录的内容有无差别。”“从1953年的第二届培训班起,夏鼐每次都会亲临实习现场,讲授田野调查的方法。”[①]即使自己再繁忙,他都会“参加考古培训班筹备会”。[②] 在其努力之下,早期培训班中的安志敏、王仲殊、王伯洪、石兴邦也逐渐负责教务处的具体工作,甚至能够参加授课、担任野外实习辅导员。[③] 即使在其逝世的今天,以夏鼐捐赠稿费作为基金的“夏鼐考古学研究成果奖”也激励着新一代的考古学者不断开拓进取。

(李林霞,温州大学人文学院2019级硕士研究生)

---

① 夏鼐:《夏鼐日记第一卷》,上海:华东师范大学出版社,2009年,第3页。

② 同上,第17页。

③ 同上,第3页。

刘英在南方三年游击战争时期对浙南游击根据地建设的贡献

沈　飞

摘　要：1935年底至1937年9月，刘英等率领红军挺进师，在浙南进行了三年艰苦的游击战，并在这里建立游击根据地。在分析刘英为捍卫和建设国民党反动派"清剿"下的浙南游击根据地而进行的一系列革命工作基础上，总结关于党的建设，武装斗争，群众工作，并调整政策指导方针和统一战线的贡献。

关键词：刘英；浙南游击根据地；建设；贡献

刘英，原名声沐，1905年在江西瑞金出生。1929年参加红军第四军，并更名为刘英，同年加入中国共产党，义无反顾地决定将献身于革命事业。期间曾跟随毛泽东短短几月，在毛泽东的带领和指导下，他的革命意志和工作能力得到了极大的锻炼和提升。在刘英革命的一生中，他为浙江省的革命贡献最突出。他是江西人，却是为浙江战斗了八年，直到1942年由于叛徒出卖在温州被捕，最后在永康市方岩英勇就义。

1934年7月，刘英任中国工农红军北上抗日先遣队政治部主任，这个军队的任务是在福建、浙江、江西、安徽等省宣传我党的抗日主张，遏制敌人，发展地方革命力量。次年初和粟裕率领红军挺进师进入浙江，之后又成为了中共闽浙边临时省委书记。刘英、粟裕是浙江省党和红军的主要负责人和指挥官，在他们率部队深入浙江孤军奋战的三年中，带领广大人民群众，在浙西南、浙南和浙东都创建了游击根据地，其中的浙南游击根据地在南方的革命中起到了战略支持的重要作用。作为军事家，他作战果敢，成功领导了第二次反国民党军"清剿"浙南游击根据地的斗争，以及其他大大小小的战役。作为优秀的政治工作者，他重视党的组织建设，发展壮大了革命队伍；并推动武装斗争和群众工作有机结合，增强了革命力量；能实事求是地调整、改变政策与策略，抗日战争前夕，他积极开展浙江的统战工作，极大促进了战争初期的抗日救亡运动。简而言之，刘英对于浙南革命的贡献是不可磨灭的。

迄今为止,国内外学界对于刘英的研究成果多集中于生平事迹的概括上,以回忆录和文献资料为主,但对于他在浙南革命中尤其是在浙南游击根据地建设中的贡献很少有专家学者进行专门的研究,这点与他对浙南革命的巨大贡献十分不相称。而学习研究刘英的革命贡献,也有助于了解浙江党史、革命史,感悟和继承先烈的高尚品德。基于这些原因,本文主要通过刘英在浙南游击根据地建设中的历史事迹,总结他在其中的巨大贡献。

一、积极创建浙南游击根据地

1935 年 5 月至 9 月中,在红军挺进师武装斗争的前提下,我党在浙江西南的游击区创建游击根据地,并很快发展起来,革命队伍迅速扩大。蒋介石出生于浙江,非常重视在浙江地区的统治,因此浙江的反动统治十分牢固,我党在浙江省的发展屡遭破坏,全浙江长期处于白色恐怖之中。而浙西南游击区在短短几个月内就有这样的发展速度,这是令蒋介石和国民党既惊恐又无法容忍的。1935 年 8 月,国民党军便委派罗卓英率 7 万余人对浙西南游击区发动"清剿",也是浙江党史上的第一次反"清剿"。而我方只有 3000 多人,由于敌我对比实力悬殊等问题,浙西南游击区损失惨重,基本丧失。

在"清剿"即将开始时,刘英、粟裕借鉴中央苏区四次反"围剿"的经验,决定实行:"游击战的战略战术来粉碎敌人的'围剿'……实行'敌进我退'的方针,留下第二、第五纵队就地坚持,其余主力部队迅速跳出敌人的包围圈,以积极的作战行动吸引敌人、调动敌人,并开辟和建立新的游击根据地。"[①]主力部队很快进入浙闽边境,与中共闽东特委主要负责人叶飞等在福建寿宁会面。10 月 5 日双方经过谈判后,成立中共闽浙边临时省委员会,刘英为书记,并成立闽浙边临时省军委员会,刘英任政委,开辟浙南游击区就成为临时省委的工作重心。

浙南主要包括温州、台州、丽水等瓯江下游大片地区。在该地区建立游击区条件有利有弊。有利之处在于此地之前就有我党和红军的革命活动,中共温州独立支部在 1924 年就已成立,红十三军也曾在 1930 年左右进行革命活动,建立苏维埃政府,中共闽东特委此时也从福建发展到温州平阳、福鼎之间进行活动。

① 中国人民解放军历史资料丛书编审委员会:《南方三年游击战争·浙南游击区》,北京:解放军出版社,1993 年,第 148 页。

此外，浙南地区的敌人势力较为薄弱。但是浙南地区位于东南丘陵，重峦叠嶂，地势险要，翻越一座座山岭是进行革命工作必须要克服的困难。

因为中共闽东特委的帮助和配合，红军挺进师获得了鼎泰区作为基本活动区，“鼎泰区位于福鼎与泰顺两县交界地，群众基础好，国民党势力相对薄弱，其周围已有中共霞鼎泰县委、寿泰县委、鼎平县委及平阳县的地方党组织。”[①]凭借这些地方党组织，游击区创建工作有了极为可靠的保证，刘英、粟裕二人意志坚定，带领的军队向来能攻坚克难，党和军队在浙南地区来来回回地工作，很快就在这里为革命打开了一个新的局面，浙南游击根据地很快便初步建立起来，并且促进了浙南本地党组织建设。

二、努力武装保卫浙南游击根据地

(一)正确指挥两个发展时期的武装斗争

从 1935 年 9 月到第二年 6 月是浙南游击根据地的第一个发展时期。由于敌人的大部分势力仍然被牵制在浙西南游击根据地，给浙南游击根据地的开辟和建设创造了一个得以喘息的发展环境和机会，大块的游击区被我党和军队开辟出来。在这一时期，粟裕带领主力部队在两省交界不断进行革命活动，以掩护游击区的建设工作，而刘英主要在瑞安、平阳、泰顺和福鼎边活动，在根据地继续带领人民开展各类工作，刘英也经常要粟裕率军返回浙西南进行斗争，所以浙南游击根据地的建设相比浙西南游击区更为巩固。这是刘英从浙西南游击根据地过早、过大的暴露了我方，招致反动派敌方的“清剿”得来的教训。

由于奸细的出卖等问题，临时省委在浙南地区的革命活动还是暴露了，经常会受到敌人的攻击。刘英与粟裕作为浙江地区党和军队的主要领导人，因为作战问题时分时合。在独立行动时，两方都时常要一边带领武装斗争，一边负责根据地建设，刘英本身从事政治工作，面对军事行动却能临危不乱，果断机智地进行指挥。

刘英所带领的特务队短枪班，因作战勇猛，打过好几次胜仗，在浙南地区非常受欢迎，人数和装备增多，因此队伍力量得到十分快速的扩展。面对敌军兵力

① 张敏卿:《红军挺进师与浙南游击根据地》，呼和浩特:内蒙古人民出版社，2006 年，第 172 页。

远多于我军,武器装备也更多、更先进精良的不利局面,经过考虑最终"认为配合群众力量,采取埋伏侧击的战术,选择有利的条件,是可以给进攻敌人以打击"[①],尽量减少正面作战,占据有利地形,快速迅猛地结束战争,极力避免我军的伤亡情况。

特务队不仅骁勇善战,还在刘英的教育锻炼下有着坚定的革命意志。这支军队在1936年2月的白柯湾伏击战中,将敌人完全打垮,"从此以后,保安团的小股部队再也不敢单独出来'清剿'了。在刘英的率领下,经过几次战斗,原来小小的省委特务班很快发展到五六十人,每人都配带一支驳枪。于是,成立省委直属特务队,指定程美兴担任队长。"[②]"驳壳队"威名赫赫,不仅打击了敌人的力量,也使自己的声望大大提高。在这样的有利形势下,军队人数和武器大大增加,刘英又将特务队扩充为省委教导团。

1936年6月1日,"两广事变"后,在浙江、福建两省的大部国民党军队被调到两广镇压事变,第一次"清剿"结束。另一方面,敌人大量减少,实力削弱,对于我方来说正是继续发展浙南游击根据地的好时机。从此开始至12月的"西安事变"便是第二个发展时期。在此期间,刘英的主要任务仍然是建设游击根据地,以及率领短枪队进行武装斗争,其中军事贡献比较突出的就有李家山战斗大捷和仓边战斗。

这两场战役分别于1936年的8月和10月进行。战前刘英制定了完善的作战计划,团结了当地的农民赤卫队和群众,最终都取得完全胜利。这些战斗的胜利,充分体现了刘英的军事指导能力,极大打击了敌人的反动力量,并大大激发了我军和人民的战斗精神,为浙南游击根据地的建设扫清了一些障碍,使得根据地在泰、平、鼎有了进一步发展。

(二)胜利完成第二次反"清剿"斗争

1936年12月西安事变和平解决后,蒋介石表面上实行与共产党合作进行全面抗战的主张,但仍意图在第二次国共合作实现前消灭我党在南方的军事和根据地力量,因而实行"北和南剿"的方针,在12月派遣刘建绪调集主力部队、独立旅和地方保安团等43个团共10多万人开始了对浙南地区的第二次"清剿"。

---

① 刘英:《北上抗日与坚持闽浙边三年革命斗争的回忆(摘录)》,《平阳党史资料》,1987年第1期,第2页。

② 中共浙江省委党史研究室:《刘英》,北京:中国国际广播出版社,1992年,第57页。

这一次的重点自然是已经大大发展和巩固了的浙南游击根据地，刘英、粟裕立刻作出反应，于 1937 年 1 月重建红十九军，以其为主力进行第二次反“清剿”斗争。

此后，经过几次战斗，敌人发现我方主力部队和临时省委的位置，集结大量兵力向浙南地区大举进攻。因为敌人在军力上多于我方，占据优势地位，处于这样一种不利情况，刘、粟二人迅速带领我军主动撤退，极力避免与敌人正面冲突。刘英、粟裕将浙南游击根据地的主力部队化整为零，分几路撤退。挺进师主力在粟裕的指挥下继续在浙江各地迂回进行作战，临时省委和特务班则在刘英率领下继续从事根据地建设活动。

这一时期敌人频繁进攻我方，刘英凭借卓越的军事指挥能力和作战经验丰富的短枪队，与敌军斗智斗勇，数次摆脱敌军的“追剿”。比如 3 月 2 日，“刘英率部在平阳与保安队激战，敌泰顺翁山壮丁队长翁鳌被我军击毙。”[①]在频繁的战斗中，刘英经过冷静地分析敌情，发现敌人一直将浙南的大片山区作为作战重点，因而对平原地区有所忽略，他便决定向敌军不占优势的平原地区前进。正是在刘英的正确指挥下，“临时省委机关在环境恶劣的情况下，以瑞安县城后面的沙门山、后岗底和东区的肇平洋为依托，深入到永(嘉)瑞(安)水陆交通的要道塘河附近活动，并在那里坚持了下来。这样，敌人企图消灭闽浙临时省委和红军的计划宣告破产。”[②]

三、实事求是调整政策与策略

1936 年由于地处偏远山区、敌人全方面封锁，临时省委和挺进师基本处于一个被迫封闭和外界隔绝的状态。即便面临着自身艰难的处境，刘英、粟裕等依然时刻关注着全国革命形势的变化。他们依靠着搜集来的国民党的报刊和上海等地的进步刊物，了解大致情况，凭借敏锐的政治眼光分析革命的发展，并推论党中央的原则和政策改变。正是从邹韬奋主持的《大众生活》中，刘英知道了红军在陕北胜利会师，北平发生“一二·九”学生运动，宋庆龄、马相伯等签名发表了救国纲领。他从这些事件中洞察到，中日矛盾已成为中华民族的主要矛盾，国民党和共产党的第二次合作抗战是革命发展的趋势，党中央的政策也必会随之改变。

---

① 浙江省军区：《浙南三年》，杭州：浙江人民出版社，1984 年，第 287 页。

② 中共浙江省委党史研究室：《刘英纪念文集》，北京：中共党史出版社，2002 年，第 424 页。

刘英和粟裕,作为党和红军在浙江省的领导人,试图承担起自己身上的革命重担和政治责任。1936 年 1 月,浩大的学生运动爆发这一消息才传到浙南,刘英以临时省委的名义立即发表了声援并呼吁学生运动;6 月“两广事变”后,眼看内战又将上演的局面,当时刘英和粟裕分别在浙南和浙西南工作,即使没有接触,两人都凭借着敏锐的政治性发表了单独的宣言,极力反对在抗日大环境下地方实力派之间的内战,并要求国民政府与两广方面一致团结起来进行抗战;12 月“西安事变”发生,临时省委立刻发表刘英起草的《告各界人民书》和《致国民党官兵的一封信》,呼吁各界人士一致抗日。

根据全国革命形势的变化以及中共中央关于建立抗日民族统一战线的方针政策,闽浙边临时省委和红军挺进师对实施的具体政策作了调整。为了促成中华民族抗日民族统一战线尽早形成,刘英亲自编写宣传材料,主动适当地调整了浙南游击区革命斗争的政策、口号和措施,努力团结一切可以团结的力量,主动缩小打击范围。如对国民党的乡镇长由“镇压”改为“争取”;对地方士绅与中等商人,中立的允许自由来去;把“穷人不打穷人”的口号改为“中国人不打中国人”,把“欢迎白军士兵杀死官长拖枪当红军”改为“欢迎白军枪口对外和红军共同抗日”,[①]同时还改没收委员会为征收(抗日捐款)委员会;改“肃反队”为“肃奸队”;将“赤卫队”改为“抗日义勇队”,重视团结争取知识分子的工作和争取团结工商业者,让平原城镇的客商进山做买卖,发展山区经济,改善群众生活等等。这些具体政策的调整,扩大了党在群众中的影响。并“派吴毓、陈铁军以保持我党的独立性和保持红军武装独立性两条原则的前提下,与国民党地方当局进行谈判”[②]。由此,在我方不懈努力下,浙江的和平谈判最终取得成功,率先实现了两党由内战走向团结抗战。

这段时间正处于有利于我方的第二个发展时期,利用这一形势,一面进行游击战争,如李家山战斗、仓边战斗都取得了胜利;一面把工作重心放在号召、促进抗日民族统一战线,有机地将军事和政治斗争结合在一起。正是我方实行这些措施顺应全国革命形势,又实事求是地调整、改变政策和策略,产生积极的政治影响;另一面又坚持进行游击战,不仅保护和促进了浙南游击根据地,而且还传播、推动了浙南的抗日民族统一战线,为红军挺进师转变成为统一战线下的抗日有生力量奠定了政治思想基础。

---

① 中国人民解放军历史资料丛书编审委员会:《南方三年游击战争·浙南游击区》,北京:解放军出版社,1993 年,第 156 页。

② 中共浙江省委党史研究室:《刘英纪念文集》,北京:中共党史出版社,2002 年,第 151 页。

四、重视党的组织建设，发展壮大革命队伍

刘英十分注重干部培训，他率领部队每到一个地方进行党组织建设工作时，都会强调："当地干部和外来干部各有所长，也各有所短，要互相尊重，互相学习，取长补短，团结一致。"[①]1936年上半年，红军挺进师中先后有一些干部调任当地工作或同时担任地方领导职务。为了加强这些同志的党性和思想觉悟，刘英专门为此进行谈话和会议，再三阐述培训和团结好当地干部是地方工作的重点，他清楚地认识到，红军挺进师从江西来，要在浙江和福建这片地区扎稳脚跟，战胜敌人，完成党组织交予的创建浙江游击区的任务，必须要注重、依靠和培训当地干部。正是基于他对当地干部的重视，培养、提拔了很多地方干部，成为党在浙南地区的革命领袖，深受群众爱戴。郑丹甫、叶廷鹏、郑海啸等人便是其中最突出的几个地方领导，以他们为代表的地方干部联同原红军挺进师的主力，共同建立了浙南游击根据地。

刘英极为熟悉这些地方干部的情况和特点，做到知人善任。他用"农民领袖"高度称赞叶挺鹏、郑海啸；对于原来是知识分子的吴毓、陈铁军等，从中央苏区来的干部如龙跃等，都能给予充分的信任和器重。这些地方干部充分发挥了他们的作用，浙南游击区的建设工作也大大发展。

刘英还尤其注重提拔青年和妇女干部。被称为"浙南刘胡兰"的郑明德，面对敌人酷刑，百折不挠，年仅16岁就壮烈牺牲，她也是被刘英一手发掘培养的，年纪轻轻就例外得到了专门培训的机会，很快就凭借自身的努力成为党员。

刘英十分关注新战士的成长。对于新入伍的士兵，他总是耐心十足，帮助、教育对革命工作认识不够的新战士，端正其入伍动机。对于打胜仗抓来的俘虏，刘英执行优待俘虏的政策。首先启发他们的政治思想，最终还会根据他们的要求，想要回家的还会给他们发放回去的费用。这些回家的白军自发向他人宣传我党和红军的政策主张，间接为我党争取一些人的支持和力量，吸收更多的党员或者士兵进行革命。

刘英重视组织工作，在实践中反思我党组织工作的不足之处。他在1936年2月给叶飞的信中说道："我们的组织工作，最近在实际的表现中，似乎爱旧厌新，质言之，就是我们的组织工作只知一些老办法，而不知运用环境去进行合乎

① 中共浙江省委党史研究室：《刘英纪念文集》，北京：中共党史出版社，2002年，第35页。

当时当地的需要。"[①]明确指出了组织工作不够灵活,在当时的历史大环境下,全国各地都在致力于推进抗日民族统一战线尽快形成,刘英清醒地认识到结合实际情况和环境灵活转变组织工作的重要性。

1636年8月,由于革命形势的变化、地方干部工作的进步,刘英在福鼎李家山召开了闽浙边临时省委扩大会议。会议对党中央在1935年发表的"八一"宣言进行了研究,对《告国民党书》和《告各阶层人民书》进行深入分析,党内的领导组织也得到进一步发展,这次会议深化了干部的政治思想,向党中央靠近,闽浙边党组织建设进一步得到加强。

1935年11月,中共闽浙边临时省委在泰顺县白柯湾村成立,12月浙闽边区特委也正式成立后,其余地区的党组织也很快建设起来。1936年3月,中共浙南特委成立于泰顺县峰文乡,浙东南特委正式成立。随着党务工作的广泛开展,出现良好的发展势头。据刘英在1940年所撰的回忆录中指出:"一九三七年三月至一九三七年八月开展了永嘉、青田、瑞安等县工作,和平谈判成就前后,成立了台属工作委员会。当时党的数量是四千余,最多达到五千余党员。"[②]

红军挺进师也在党和人民群众的帮助下,利用国民党军队撤离的有利环境,武装队伍大大发展。"到1936年底,红军挺进师发展到1500余人,还有数千人的地方游击队和群众武装。游击战争的范围到达闽浙边界两侧,浙江南部金(华)衢(州)盆地以及台州部分地区,共计30多个县浙南游击根据地的范围包括瑞安(含今文成)、平阳(含今苍南)、泰顺、福鼎以及青田、景宁、丽水、霞浦、寿宁、庆元、永嘉等县的大部或部分地区。"[③]革命队伍的壮大也正是基于挺进师游击战争的胜利以及地方干部的不断努力。

五、有机结合公开的武装斗争和隐蔽的群众工作

在第二个发展时期,鉴于敌情的缓和,党和红军挺进师也更加把重心放在浙南游击根据地的建设和发展上,进一步将公开的武装斗争和隐蔽的群众工作更好地互相配合起来。之前刘英和粟裕就时常分开工作,粟裕指挥大部分挺进师

---

① 中共温州市委党史研究室:《浙南革命历史研究汇编(一、二战时期)》,北京:中共党史出版社,2006年,第384页。

② 中国人民解放军历史资料丛书编审委员会:《南方三年游击战争·浙南游击区》,北京:解放军出版社,1993年,第134页。

③ 中共温州市委党史研究室:《中共温州党史第一卷》,北京:中共党史出版社,2004年,第93页。

辗转于浙西南、浙东南等地打公开的武装斗争，为浙南游击区的各项工作打掩护并创造发展机会，而刘英则带领少数特务队做建设工作，进行隐蔽的群众工作，在双方配合紧密的前提下，工作得以顺利开展。双方都认为这种活动方法可以加大力度地开展，由此在之前的基础上分别组成了作为主力军的"牵制队"和作为武装工作队的"突击队"，前者由粟裕带领展开公开的游击战争，将大部分的敌方火力牵制住，继续为浙南游击区作掩护工作；后者由刘英带领，连同省委机关扎实浙南地区的建设，做群众工作。有了相应的组织形式，双方的配合更好，游击区的各项活动开展得也更加如火如荼。

(一)融洽群众关系，组织群众活动

1. 巩固群众基础，开展土地革命和"四抗"斗争

刘英非常重视群众关系，在浙南地区的建设中将巩固群众基础放在十分重要的地位，他率领省委机关和部队每到一地，总会亲自做群众工作，并经常找到一些当地人，举办会议，一面为党的政策作宣传工作，培养、团结当地干部，一面调查社会情况。浙南和及福建福鼎等地所用语言是温州方言和闽南方言，很难理解，对于完全不会普通话的农民们，双方很难用语言沟通，一开始都是靠打手势进行交流，这对于群众工作的展开造成了一定难度。刘英调来两个会说普通话的当地干部进行"翻译"，学习温州方言，并细心地将方言和普通话一一对应记录，反复地认真学习，不久后刘英就能听懂本地方言了，还能与群众进行一些交流了。

这样刘英很快就与当地群众打成一片，对于人民群众他总是耐心又和蔼的，他会向对革命不太了解的群众宣传革命知识和党的政策，吸收思想进步的革命群众入党，再派遣这些当地干部深入农村进行工作，对于生活上有困难的群众也会及时地给予帮助，对于帮助党和红军的群众，刘英更是给以极大的关怀和照顾。敌军曾在一次战役中对淡竹垟村村屋烧杀抢掠，致使村民损失惨重，刘英便主动给以村民经济援助，令地方干部用这笔钱一面救济伤亡村民，一面帮助他们重建房屋。村民们对刘英这种爱护人民群众的精神十分感动，群众关系就在这样的基础上逐渐巩固。

"1936 年 1 月初，临时省委决定将鼎泰区划为省委直属区。在直属区，省委深入发动群众，积极进行武装斗争和党的建设，建立贫农团、妇女会、赤卫队、少

先队等革命组织。”[①]此后，其余地区也相继建立了这些群众组织，这样一来，使得群众的力量就被有组织地团结起来。

群众组织工作的顺利开展，极大地促进了浙南游击根据地的建设，“刘英率领临时省委机关和武装工作队坚持在浙南地区发动和组织群众进行根据地的各项建设。首先集中力量打通根据地内各县区之间的联系，使各基本地区连成一片；其次，调集一批力量，向新的地区进发，扩大根据地范围。”[②]1936 年春夏，在泰顺、平阳、瑞安、福鼎等县的边界周围，形成了浙南游击根据地。

从 6 月“两广事件”爆发后的两个月间，粟裕带领的主力部队取得了十几次战斗的胜利，杀敌、缴枪数以百计。游击区各项工作的顺利开展，使得所有人的革命情绪更加高涨。1936 年 6 月，浙南人民革命委员会成立，瑞平泰、鼎平、桐霞、福鼎等以及各级区、乡人民革命委员会同时也建立起来。8 月下旬，浙南人民革命委员会主席郑丹甫在泰顺月湖乡东云自然村主持召开土地革命会议，培训骨干力量。会议主要学习临时省委关于土地革命的政策、规定，首先登记土地、人口，将地主、富农出租的包括青苗在内的田地没收，按人口平均分给贫雇农，中农土地不动；后将佃农所耕种租地的青苗分给他人，可得到工本的补偿，根据各县具体情行执行政策，为浙南游击根据地进一步开展土地革命提供了依据。

同时省委机关在浙南游击根据地积极领导人民群众开展“四抗(抗租、抗债、抗捐、抗税)”运动。土地革命和“四抗”斗争使处于困境中的贫苦农民分到了赖以生存的土地和粮食，解决了农民们的饥荒困难，生存需要得到了满足，农民们感激带领他们的共产党和红军，热烈拥护和支持我党，群众革命的积极性极大提升。

闽浙边省委机关和挺进师的全体党员和战士都在刘英与粟裕的号召和教育下，有意识地进行各项号召和组织工作，向人民群众做动员工作。政委会重视军民关系，也重视党、群众的纪律。因此，党员们每人每天要写 10 个口号，与 10 个民众进行对话，还会开展群众大会、军民庆祝行动等各种活动。此外党员和战士利用一切机会，比如分发粮食、帮助救济贫民时，充分地向游击区人民组织号召教育工作，刘英善于和地方上的长辈与当地有威望的头面人物打交道，党员们也有计划地召开家长与乡民会议，利用宗族血缘关系联结群众。

面对日寇不断入侵，全国革命局势有了重大转变的形势，党和红军将统战工

① 中共温州市委党史研究室:《中共温州党史第一卷》,北京:中共党史出版社,2004 年,第 89—90 页。

② 同上,第 91—92 页。

作放在最重要位置，适当地调整了政策，尽可能地组织到更多的抗日力量，争取、教育白军和知识分子。因此我们在浙南地区争取了更多的支持力量，浙南地区的国共对立情况也得到极大的缓解，这些足可证明浙南游击区的群众工作有了极大的成果。

在整个闽浙边地区，除了极少部分人，几乎所有人民群众都真诚地信任和支持我们的党和红军，他们通过维护人民利益的土地革命、帮助救济工作以及宣传、教育等群众工作，切身体会到党和红军愿为人民服务的热忱。浙南游击根据地的人民自发为挺进师运输、向导、送情报和治疗照顾伤员等，组织游击队进行分粮、肃反等活动，甚至为了保护红军战士，在敌人的酷刑下，很多群众视死如归。总之，浙南游击区的广大群众是奉献了自己的热血和生命来拥护党和红军的。

2.善于总结群众工作的经验教训

刘英在长期的工作中，对于在闽浙边区的群众工作也总结出了一系列经验教训：

> (1)有了党的正确领导与具体计划，还须有充分的动员工作，否则收效势必减少，甚至有时会行不通。
>
> (2)计划不应过于庞大而应根据上级的决议与指示适合当时当地的需要，定出预料能够完成的计划与任务，否则不但有名无实、不能兑现，而且很容易失去党的威信与削弱下层干部和同志的信心。
>
> (3)动员口号不是一成不变的，而应根据各个不同的时期、不同的环境定出简短有力的、适合群众斗争需要的动员斗争的口号。
>
> (4)计划决议确定后，必须派得力的干部深入下层进行不疲倦地督促、指导与帮助工作，特别是下级和同志遇到困难时必须耐烦而又细心地为之解决与切实地去帮助他。
>
> (5)奖励和指责、教育和劝导，必须灵活地运用，那种不分轻重、毫无朝气的领导方式与工作方法是无济于事的，且反而变为有害的东西。
>
> (6)要大胆与适时地创造大批当地干部，特别是有威望的干部，另一方面要大胆信任这些干部去干，包办主义、事务主义、信而不用、打小算盘和狭隘经验等等都是有害无益的东西。
>
> (7)不怕你的能力如何的强、办法如何的多，如果你在领导上不能取得干部与群众的信任，那么你要建立党与群众中强固的高度威望是不可能的。

(8)群众工作要有埋头苦干与克服一切困难的精神，另一方面要具备胜利不骄傲、失败不灰心的顽强斗争之常态，任何高慢轻举与昏头灰心的倾向和行为都是极端有害的，且足以障碍事业的进展和胜利地完成党所给予我们的任务。[①]

刘英善于总结群众工作的经验教训，并率领省委机关和部分部队积极做好群众工作，坚持为人民群众服务，浙南游击区的各项工作在群众基础上逐渐发展，正是人民群众全身心地支持党和红军，浙南地区的革命工作才能取得胜利。

(二)重视学生工作

学生代表着民族未来的希望，也是未来的知识分子，是群众中非常重要的一部分。得知北平爆发学生运动，温州学生也很快积极响应。12月就以温州中学为代表，建立了温州学生救国联合会，公开进行请愿活动和宣传活动。刘英和临时省委一直很重视做学生工作，得知"一二·九"学生运动发生后，就立刻发表宣言进行声援和号召，这便与温州学生的爱国运动相互呼应和支援起来了。"1936年下半年，温州中学读书会通过与杨进的关系，逐步与党组织取得秘密联系。从此，温州的学生运动由党组织直接领导，进入了新的阶段。"[②]

另外，刘英也经常做学校调查，和学生谈话，向他们进行号召教育，使他们了解在抗日大环境下尽快结束内战的必要性，号召学生与不同阶层的群众团结起来，共同革命抗日，推动抗日民族统一战线尽快形成。通过这样的形式，浙南地区的学生纷纷坚定了革命的信念，并培养为一大批积极分子，致力于投身抗日救亡运动。良好的学生工作配合红军的游击战争，为浙南地区的游击区的各项工作开展塑造了良好局面，同时稳定了本地区的抗日民族统一战线，也为浙南及时向全民族抗日战争过渡奠定重要群众基础。

(三)建立后方医院

1937年2月，泰顺峰文大战后，党和红军的主力部队被暴露。为了粉碎敌

---

① 中国人民解放军历史资料丛书编审委员会:《南方三年游击战争·浙南游击区》，北京:解放军出版社，1993年，第137—138页。

② 中共温州市委党史研究室:《中共温州党史第一卷》，北京:中共党史出版社，2004年，第96页。

人的进攻优势，保留我方实力，刘英、粟裕命令将军队分散开来，用多种途径迅速撤退，但是30多名重伤病员无法转移，便将他们托付给泰平区双溪口村一带的党支部。刘英信任这些在战斗中积累了相当经验的本地干部和广大群众，临走时亲自向双溪口村地下党支部书记黄明星下发任务，要求他们利用这里复杂的地形，以山洞等隐蔽地方为依托，建立一所后方医院，掩护和医治这30多名伤员。刘英还给黄明星一百块银圆和少许的医疗用具，虽然十分简陋和稀缺，但这已经是当时医院的基金和全部医疗用具。黄明星联合当地其他村党支部的干部们和一些革命群众接受了刘英的任务后，立刻便行动起来，将山洞整理出来，搬运伤员，建立了红军山洞医院。这所建立在敌后方的“医院”，经过军民所有人付出鲜血的努力，坚持了8个月，“山洞医院的30多名伤员中，除2名被捕、2名重伤未愈、1名叛变外，其余全部重新走上战斗岗位。”[①]

结语

刘英对浙南游击根据地建设的贡献是多方面的，在军事指挥、政策方针、党的建设、群众工作等方面都付出了不可磨灭的巨大的贡献。他凭借杰出的军事领导才能，数次击退国民党反动派的进攻，通过军事和策略的灵活转变，发展和壮大浙南游击队的力量，打击了国民党反动派的嚣张气焰。同时注重党组织的建设，不断壮大革命力量，浙南游击区得以建设和巩固起来。刘英和粟裕配合紧密，争取各界人士的团结，融洽不同阶层的群众与党的和谐关系，从而凝聚抗日的各方力量。红军挺进师成为一支被人民信赖、热爱的军队，浙南地区的革命工作由此坚持了下来，为即将到来的抗日救亡运动在浙江的展开奠定了坚实的群众基础。分析总结刘英对浙南游击根据地建设的卓越贡献，了解其宏大的革命业绩，我们年轻一代更应铭记浙南革命的胜利得来不易，要倍加珍惜先辈同志们为之付出了宝贵生命的和平岁月。

（沈飞，苏州科技城外国语学校）

① 刘建国、魏成：《坚如磐石驰骋浙南的红军挺进师》，杭州：浙江大学出版社，2016年，第48页。

改革开放以来在温华侨子女教育研究

厉叶珊

摘　要: 温州位于浙江省东南部,是中国历史名城、中国民营经济发展的先发地区和改革开放的前沿阵地,同时也是全国著名重点侨乡。改革开放后,得益于经济发展和政策指引,国人纷纷走出国门,侨民往来交流日益频繁。在这一波移民新浪潮中,温州移居海外华侨数量急速增加。华侨子弟继承父业和创业需要提高教育素养,同时出于民族文化认同和爱国热情,温州华侨子女的教育发展问题日益凸显。在海外华侨教育开展如火如荼的同时,针对温州地区华侨子弟教育该如何发展,温州积极探索,在取得成就同时也存在一定不足。从无到有,从零星到成体系,这些转变既体现了温州人在改革开放中敢为人先、重视教育的品质,又为其他地区促进华侨华人发展提供一条新路径。

关键词: 改革开放;温州华侨;华侨子女教育;问题与对策

"华侨"一般指定居于国外的中国公民。《辞海》对"华侨"一词的释义是"侨居国外且有中国国籍的人",因此相对于普通外籍华人,华侨与国内联系更为紧密,由此围绕华侨这一特殊群体也产生了许多研究。1905年,梁启超发表于《新民丛报》的《中国殖民八大伟人传》成为国内学者对华侨这一群体正式开始研究的起点,与此同时,针对华侨教育的研究也开启了新阶段。

"华侨教育"指华侨为其子女学习中文、科学文化知识等,在其侨居地点开创的教育,此外还包含国内吸收华侨子女入学而施行的教育和华侨回国投资开办的教育。[①] 在本文中由于地区指向性明确,即针对温州地区,因此暂不考虑海外温州华侨及社团等开展的华侨教育活动,仅以温州地区的华侨教育为研究对象。

改革开放以来,随着新一轮出国高潮出现,海外交流日益频繁,达到前所未有高度。我国的华侨子女教育也进入新一轮蓬勃发展期,学段以高等教育、中学

① 别必亮:《传承与创新:近代华侨子女教育研究》,河北:河北教育出版社,2001年,第1—37页。

教育发展成果最为显著，地区则以福建、广东、浙江等侨民聚集地为主，最突出的当属有"华侨最高学府"美名的暨南大学。我国华侨子女教育发展迅速的同时，学术研究也逐渐摆脱政治干扰得以快速发展。浙南地区的温州，是全国著名重点侨乡，有华侨之乡美誉。本文根据地方特色，着重探讨改革开放后温州的华侨子女教育情况。针对华人华侨的子女教育问题，国家与地方政府已做出应对措施。正是在时代呼唤之下，温州华侨教育的实践引起了人们的关注。在这之前已经有不少学者针对华侨史、华侨教育、高等华侨教育等开展历史研究，然而随着时代发展，针对温州地区改革开放以来这段历史的华侨子女教育，还未曾有深入研究。

在改革浪潮中，浙南尤其是温州地区作为先行者发挥了巨大力量，其中拥有巨大占比的侨民，他们的作用不可忽视。在华人华侨发展同时，保障子女教育权益也是时代所驱。但温州华侨子女教育问题的解决不是一蹴而就的，对这一问题的研究与评价有利于了解华侨发展脉络，分析华侨教育变化发展的原因，总结教育问题解决的历史影响。因此本文通过对改革开放以来温州地区华侨子女教育发展的研究，凸显华侨子女教育在华侨史研究中的价值，探索改革开放以来温州地区是如何来促进华侨教育发展，发展过程中出现什么问题，发展前景如何，进而引起学者关注改革开放后温州地区华侨子女教育的理论和实践研究，总结经验教训，为其他地区以及之后的华侨子女教育提供借鉴，为之后华人华侨发展提供一条新路径，对当今中国和谐发展有非常重要的现实意义。

一、改革开放后在温华侨子女教育发展问题的缘起

温州人海外移居的历史向上可以一直追溯至北宋时期。郑麟趾《高丽史》就有对温州人周伫去高丽经商，经历了"留之，初授礼宾省主簿。不数月，除拾遗，遂掌制诰"①，最后其因"扈从有功"在高丽王国多次升迁，官至礼部尚书的记载。景定年间(1260—1264)，永嘉人薛氏移居真腊(今柬埔寨)。② 但在明清时期，由于闭关锁国、海禁不允许商船海外贸易，鸦片战争前温州人移民海外者寥寥无几。这样的情况一直延续到1840年鸦片战争，中国门户开放，然而条件艰苦、战

① 郑麟趾:《高丽史》(第三)《周伫传》，引自杨昭示全、孙玉梅:《朝鲜华侨史》，北京:中国华侨出版社，1993年，第222页。

② 周达观:《真腊风土记》三十六"异事"。[按:周达观于1296—1297年，其遇及之乡人薛氏，曾居番三十五年，则薛氏当于南宋理宗景定年间(1261—1262)来真腊。]

乱频繁,之后在两次世界大战期间,温州移民人数较之前虽有增加,但增幅一直不大,在海外奋斗求生存的温州人从事的职业也大多以苦力、小商贩为主,中华人民共和国成立后才扭转这种局面。随着国际地位提高,综合国力不断提升,温州华侨、华人的社会经济实力也不断增加,文化结构也出现变化。然而十年“文革”再一次给温州华侨发展热情浇上了一盆冷水。十一届三中全会之后,开放政策推行,温州海外移民再一次迎来高潮,温州华侨发展也得到进一步提升。与之相应,华侨往来国内外,温州本地区的华侨事业蒸蒸日上,面对在经济条件提高的同时该如何促进华侨事业继续发展这一难题,更多的温州人将目光投向了教育。历来作为国家大计的教育问题在华侨发展上也发挥了巨大作用,多种因素导致了温州华侨教育的发展,温州华侨子女教育发展进步也是时代所驱。

(一)基础:改革开放后温州地区华侨事业的发展进步

1.侨胞职业变化及文化素质提高

温州地区华侨事业能够发展壮大首先要从主体——海外侨胞入手。作为华侨事业发展的中心人物,华侨从事的职业、华侨群体的职业结构、华侨群体的文化素质高低鲜明展现出华侨群体的生活状况,只有在经济条件提高的情况之下,华侨事业才得以发展。下面以瑞安市白门乡的华侨作为典型案例。

白门乡曾是瑞安市一个著名侨乡(现已并入瓯海区,名为白门社区),在地理位置上处于市区东北,东与仙岩街道相邻,西靠温瑞塘河,往南是同为著名侨乡的丽岙街道。白门乡人移民海外历史很早,至今也有90余年历史,其中有两次移民欧洲高潮,第一次是20世纪30年代,第二次是改革开放之后也就是20世纪80年代。这两次移民潮所代表的华侨群体有较大差异,相较于20世纪30年代的一代华侨,七八十年代的华侨已经是二代、三代华侨了。他们之间的区别可从两次移民潮中的移民职业结构和文化程度数据分析结果来看:

首先是30、40年代瑞安白门乡针对五个行政村(分别是霞嶂、曹建、下川、丽塘、泊岙)华侨的职业状况的调查,见表1。

表 1　20 世纪 30、40 年代期间白门乡(5 个村)留居欧洲华侨职业状况统计表[①]

侨居国 / 人数 / 职业类别	法国	荷兰	意大利	德国	合计
行商小贩	25	6	1		32
摆摊	2				2
长途贩运	1				1
开客栈		1			1
船员			1	1	2
工人		1			1
做彩灯	1				1
无业		1			1
不明	2	2		1	5
合计	31	11	2	2	46

从上表明显可以得出 20 世纪 30、40 年代旅居欧洲的温州华侨工作种类复杂,极不稳定。尽管当时的华侨已经不限于苦力和小商小贩,还出现开客栈、船员和普通工人这样的职业,但总体来说,这五个村庄大多数华侨从事小商小贩还是有 32 人,占比总数的 69.57%,职业结构仍以出卖劳动力为主。没有依托的稳定工作也就没有固定良好的收入来源,因此,可以说 30 年代之前,以瑞安白门乡为代表的温州华侨当时生活状况依然较差。究其原因,一方面是物质落后。这其中大多数侨民都是来自于贫穷困苦的农民家庭,没有资本从事投资较多的行业,另一方面就是精神素养不足。30 年代抗日战争爆发,当时的旧中国教育落后,文盲遍及整个中国,这一时期外出发展的白门乡侨民,大部分出身于贫苦家庭,文化素质非常低下,几乎没有多少受过教育的人,他们出国发展原因也是在于"谋生",而非"发展"。据白门乡行政调查情况可知,这个时间段文化程度普遍较低,以泊岙村和霞嶂村为例:泊岙村共调查了 14 名华侨,其中 9 人文盲,4 人初中小学水平,仅有 1 人是高中文化程度,文盲率竟然高达 64.29%。同样,霞嶂村统计的 20 人中,18 人是文盲,文盲率高达 62.07%,高中文化水平也仅有

① 章志诚、周福绵:《瑞安市白门乡华侨历史与现状》,引自陈学文:《浙江省华侨历史研究论丛》,1999 年,第 143—181 页。

4 人。尽管,当时职业情况还受经济和战乱的时代背景制约,但文化素质制约和观念落后同样是制约其发展的重要因素。也就是在这样的背景之下,1978 年十一届三中全会改革开放政策出台,大量华侨往外流动,温州出现第二次出国潮,而这一时期这些出国华侨文化与职业结构已经发生巨大改变,调查结果见表 2。

表 2　1979—1988 年白门乡留居欧洲华侨职业状况统计表①

侨居国 / 人数 / 职业类别	法国	荷兰	意大利	西班牙	合计
皮革工场(店)	45		2		47
餐馆	5	21	6	1	33
服装工场	20	1	5		26
百货商店	2				2
摆摊小贩	1				1
工人	111	8	22		141
家务及无业者	3				3
读书及幼童	53	15	1		69
合计	240	45	36	1	322

对比以上两个表格,可以得出,改革开放后第二波出国高潮中的温州华侨与 30 年代出国老华侨相比,所从事职业已经产生了许多新变化。首先,职业类别:从事小商小贩这类不固定职业者大大下降,白门乡所调查人数中仅有 1 人。这些出国的三代华侨从事的更多是固定生产的工人或工场主,行业以皮革业、服装业、餐饮业等第三产业的服务业为主。职业的改变促进工资收入提高,也更加稳定,旅欧华侨的生活境遇得到迅速改善。其次,百货商店、餐馆、皮革工场都是之前没有出现的行业,可以说改革开放后出国的这批华侨创新创业能力迅速提升,他们在老一辈华侨经济和社会基础上谋生创业。这一时期不仅仅职业结构有所改善,此时华侨群体文化素质也有飞跃性发展。据白门乡调查资料,在调查的 277 名出国华侨中,高中以上文化水平从 1 人发展到 24 人,其中还有 1 人是大

① 章志诚、周福绵:《瑞安市白门乡华侨历史与现状》,引自陈学文:《浙江省华侨历史研究论丛》,1999 年,第 143—181 页。

学文化水平，文盲率也从 62.07%降低至 11.19%。①

从三四十年代至改革开放的七八十年代，出国的温州华侨职业结构和文化结构都有明显改善，从侧面反映出以改革开放作为契机，温州地区华侨同胞的迅速成长。

2. 海外华人、华侨社团的发展

社团作为由共同特征的人聚集而建的互益组织，温州华侨华人社团的建立最早出于保护出门在外、条件恶劣的温州人利益，同时相互扶持谋生存、共发展。早期华侨社团成立方式比较简单，与现在的“同乡会”类似，他们是由国内祖籍所在地为限，形成的地缘性组织。随着后期华侨群体日益发展，华侨社团的作用也不仅仅局限于“抱团取暖”和“免受欺侮”，更多是向着更好促进团结协作、发展华侨事业、维护社团会员权利以及谋福利方向发展。

自改革开放以来，随着华侨经济发展、创业有成，温州华侨更多把注意放到了精神层次，建立起众多的联谊社团用于联系感情。社团成立目的被提高到了精神层次，社团的分布地区也逐渐走向整个世界。据温州市侨务部门资料分析，在欧洲、亚洲及美洲都新成立了众多社团：例如亚洲日本川琦市温州同乡会，于 1987 年 4 月 17 日成立，潘宝吉担任会长；欧洲的法国北方协会，1992 年 10 月 11 日成立，首届主席周亭是温州文成人；1991 年 8 月成立的旅法华侨文成联谊会；1993 年 11 月成立的法国法华工商联合会；1984 年温州平阳人梅旭华担任旅荷华侨总会会长，在任期间积极促进社团继续发展；美洲 1995 年 2 月成立的美国南加州温州同乡会。

诸多新成立或进一步发展的海外华侨社团中，温州华侨社团分布在欧洲地区数量较多，社团发展也相对成熟，这与早年温州人侨居地以欧洲为主有关。从最初地缘性社团到后来多样多地区的系统性社团，背后原因是改革开放以来温州华侨事业的快速进步。

3. 华文教育的发展

第二次世界大战后，随着中国抗日战争胜利，中国国际地位提高，华侨群体逐渐形成，经济同样快速发展。在这样的大背景之下，欧洲各国中文学校也迅速涌现，欧洲各国的华文教育发展势头迅猛。

在 20 世纪 40 年代末，也就是二战结束之际，华文教育就已经起步。温州华

① 章志诚、周福绵：《瑞安市白门乡华侨历史与现状》，引自陈学文：《浙江省华侨历史研究论丛》，1999 年，第 143—181 页。

侨社团旅荷华侨总会的前身是旅荷瓯海同乡会,最早曾在阿姆斯特丹办学,建立一个"中文学习班"[①]。一直到五六十年代中国迎来建交高潮,中国内地的华侨子女以及侨眷纷纷赴欧洲各国继承父业或者创业。这一时期,欧洲的华人、华侨人数激增,许多华侨家庭在欧洲定居生活,华侨力量在欧洲崛起。为适应子女学习教育的需要,英国、荷兰等欧洲国家的华侨社团共同促进创办中文学校。[②] 可以说这一时期华侨教育主要在欧洲极个别国家,许多国家都没起步,同时国内针对华侨教育也依旧处于停滞状态。这一现象直到进入七八十年代的改革开放时期,欧洲的华侨华人迅速增加,温州人也占据一席之地。据调查,从 1980 年至 1986 年,英国曼彻斯特、法国巴黎、荷兰鹿特丹、比利时布鲁塞尔等大中城市先后创办出将近 20 所中文学校。[③] 进入 90 年代后,欧洲各国更是刮起"中文热",截止 2002 年,荷兰拥有各类中文学校 39 所,德国 20 所,法国 30 所。[④]

综上,不难得出,二战后华侨教育才进入发展阶段,七八十年代后尤其是进入 21 世纪温州华侨在国外的华侨教育才飞速发展,尽管在发展过程中仍旧存在教材、经费、师资等问题,但可以说国外的华侨教育为温州地区的华侨教育做了铺垫,反观国内温州本地,对华侨教育的重视度则要滞后许多。

(二)现实:华侨二代、三代发展的迫切需求

随着改革开放政策出台,第二次华侨出国人数迎来高潮。据调查,1984—1994 这十年温州经公安机关批准出国领取护照人数就达到 71138 人。[⑤] 以 1979—1988 年白门乡迁居欧洲华侨人数为例,旅欧人数已经达到 368 人,是 20 世纪 30 年代的 4.5 倍,60 年代的 14 倍。据不完全统计,截至改革开放四十周年,有 6000 万华侨华人分布在全世界 233 个国家和地区,与此同时,仍有 3000 多万归国侨眷生活在我国各省市及自治区。[⑥] 这些暴增的人往往是去欧洲各国

---

① 《旅荷华侨总会五十周年纪念特刊(1947—1997)》,第 40—91 页。

② 杨万秀:《海外华侨华人概况》,广州:广东人民出版社,1989 年,第 264—265 页。

③ 章志诚:《欧洲华文教育的历史与现状》,《章志诚集》,黄山:黄山书社,2011 年,第 222—223 页。

④ 《侨务内参》,华声月报社,2002 年,第 164 页;刘昶:《欧华少儿中文班,开学大吉》,《欧洲时报》,2001 年 9 月 22、23 日;章志诚:《欧洲华文教育的历史与现状》,《章志诚集》,黄山:黄山书社,2011 年,第 222—223 页。

⑤ 章志诚:《温州华侨史》,北京:今日中国出版社,1999 年,第 104 页。

⑥ 严晓鹏、郑婷:《中国语言文化在海外华侨华人社会中的传播研究——基于对意大利华侨华人社会的考察》,杭州:浙江工商大学出版社,2018 年,第 17 页。

继承家族企业或是创新创业。

改革开放后,温州人教育观念得以转变,温州人愈加重视子女教育问题,支持教育事业发展。老华侨在欧洲开创的事业,作为接班人的第二代华侨已经出现人手不足情况,加上社会竞争压力巨大,二代、三代华侨急需补充知识以继承家业、开拓事业。

(三)情感:华侨群体爱国热情及心系家乡下华侨慈善事业发展

1. 捐资医疗卫生、教育事业

事业不断进步的温州侨胞积极向家乡投建医院、学校,嘉惠病残,改善民生。20 世纪 80 年代筹建温州大学之际,海外侨胞热情捐资支持,捐资达到 1000 多万。任岩松礼堂、林昌横教学大楼这些以捐资者命名的建筑就是象征。90 年代温州华侨曾捐资共建玉壶华侨医院,此外,瓯海华侨潘岩法、旅丹麦华侨徐定元曾捐资修建温州市第二医院外科、泌尿科等专业病房和设施。除此之外,永嘉七都镇华侨针对当地卫生脏乱差问题,还捐资共同处理环境卫生,拆除老旧路边坑厕,推动建立农户化粪池,为当地的卫生整治贡献巨大力量。

2. 改善侨乡基础设施

改革开放促进了华侨事业的发展,在这之后,温州华侨不忘家乡,大力支持家乡建设。包括为家乡修桥铺路、丰富家乡文化娱乐设施、解决家乡用水问题以及建造侨联大楼等。据记载,瑞安华侨胡邵讲、朱庆銮等曾捐资 88 万元建造永锋公路及附近的桥梁;丽岙华侨曾修建 12700 多米的水泥公路。除此之外,金温铁路以及温州机场建造落成之时,海外华侨纷纷捐资捐物,1992 和 1993 两年之间,华侨就曾赞助 90 多万元。[①] 针对丽岙地区民众用水难问题,著名华侨任岩松首办自来水厂,大大解决用水问题,之后也有不少华侨新建水厂、修筑抽水机亭、蓄水池等。除了基础设施外,为增进侨胞情谊以及办公之用,华侨捐资营建侨联大楼,如温州侨联大楼、瑞安丽岙、仙岩等地的侨联大楼。侨乡建设包含面广,投资建设力度大,反映出温州华侨事业发展,关心家乡的热情。

正是对家乡的热忱,促使发展进步的温州华侨群体在改革开放后积极投身家乡建设,包括改善基础设施、医疗卫生、教育教学,尤其关心同为华侨后代即新

① 章志诚:《温州华侨史略》,《章志诚集》,黄山:黄山书社,2011 年,第 347—351 页。

华侨的教育发展问题。在华侨倾情乐助下,温州华侨教育开始蓬勃发展起来。

二、改革开放以来在温华侨子女教育的发展

(一)办学概况

正是基于华侨事业蒸蒸日上,改革开放后,出现越来越多的华侨子弟选择出国或是创业或是继承父业这样的情况,也有一部分华侨子女成为“留守儿童”,再加上华侨群体在情感上心系家乡,热心公益与教育事业,日益突出的华侨子女教育问题亟待解决。因此在新中国成立之后尤其是改革开放以来,温州的华侨教育因时而变,逐渐发展。温州地区的华侨教育一方面与华人华侨自身资助家乡办学有关,另一方面是温州地方政府筹建华侨学校或与其他力量共建华侨相关学校。

1. 高等教育

高等教育历来是学术研究发展之地,改革开放以来温州华侨与温州地区日益重视本地高等教育发展,新建了一批公办或是民办的高等学校,这些高校的产生发展与华侨有关,同时也促进了华侨子女教育的发展。

例如创办于1984年的温州大学,原本是一所以工程技术和经济管理类为主要培养专业的综合性大学,其原校址最早位于蛟翔巷,后在学院路,占地面积200多亩。这一年5月份,温州被列为国家14个对外开放沿海城市之一,在改革开放背景下,温州酝酿创办地方高校,7月省政府同意筹办。这一消息传到国外之后,迅速掀起华侨捐资热潮,无论是华侨个人还是华侨组织纷纷慷慨解囊。“华侨及侨团捐资兴建的各类大楼达15913平方米,占学校总建筑面积的31.8%。截至1996年9月,海外华侨及港澳台同胞共捐资1200万元。”[①]温州大学经历几年发展后,专业类目逐渐增多,增设了“育英图书馆”“任岩松礼堂”等教学楼,扩大教学设施,完善教学资源。2006年原温州大学与温州师范学院合并共建以来,温州大学作为地方侨乡高校的发展势头愈加强劲。现今的温州大学是国务院侨办首批华文教育基地之一,招收外国留学生的同时也积极吸收华侨子弟,为海外学子尤其是华侨华人学生进行汉语文化学习和国情教育搭建良好

---

① 章志诚:《温州华侨史》,第244—255页。

平台。[①] 温州大学依托学校优秀对外师资及教学设施，积极开展对外交流。现如今温州大学与美、英、意、日、俄罗斯和澳大利亚等国家以及我国台湾地区的高等院校建立良好合作关系，这些都为华侨子女教育发展提供支持。温州大学还建成中日文化交流中心和韩学研究中心，与韩国、日本、意大利学校达成合作关系，这些方方面面都为学校和温州地区的华文教育、侨务活动奠定科研基础。在开展教学形式方面，在国内，温州大学积极探索，每年都举办“寻根之旅”等夏令营暑期活动，增进华侨子女的民族感情。据统计，自 1999 年至 2015 年，温州已成功举办 14 届海外华裔夏(冬)令营，累计已超 4000 人回乡参与其中[②]。在国外，开展针对海外华文教师的能力培训，提高教师素质；同时积极展开针对华文教育的科研项目，针对现状查漏补缺。2020 年温州大学更是积极谋求发展以侨为特色的“省部共建”高校，进一步为促进华侨子女教育发展而努力。

相比历史悠久的温州大学，温州肯恩大学这个由 2014 年教育部批准建立的“新人”，浙江省内唯一独立法人的中美合作性质大学(温州大学与美国肯恩大学合作筹备)，也积极推进温州华侨学生教育。温州肯恩大学充分吸收温州大学和美国肯恩大学办学特色，依托温州著名侨乡地方特色，在吸收基础上不断创新。但其办学目的又不同于两所学校，积极培养校内学生“走向世界”，可以说既符合温州华侨子女的地方特色，又针对华侨子女将来出国去侨居地发展需要提供合适的培养方案。

但总体而言，目前针对温州华侨子女教育的高等院校办学虽有所发展，但并没有成系统性，也没有形成完全性质的温州高等华侨学校，只有较少数活动兼顾培养的方案。

2. 中小学教育

相比起高等教育，中小学教育更为完备。

早在 20 世纪 50 年代之时，温州海外侨居的 1 万多华侨就曾在温州地区召开侨界的代表大会，会议审议通过了创建华侨中学的决议，并成立筹建会。很快在仅仅三个月之后就向侨胞筹集了一万多费用，筹集华侨侨居处来自各地：美国、法国、德国、荷兰、波兰……之后又成立了温州华侨中学的董事会。此外，温

① 包含丽：《侨乡地方高校开展华文教育的探索——以温州大学为例》，《八桂侨刊》，2011 年第 3 期。

② 严晓鹏等：《意大利华文教育研究——以旅意温州人创办的华文学校为例 · 引言》，杭州：浙江大学出版社，2015 年，第 1 页。

州市华侨中学也是浙江省最早由华侨集资创办的初级中学之一。[①] 经历十年"文化大革命",华侨中学一度遭受打击,直到十一届三中全会后,华侨中学才重新恢复与侨居在国外华人华侨的联系。而这一时期的华侨在国外事业发展出现高潮,急需子女出国继续发展事业。因此"1977 年温州华侨中学开办高中,为顺应温州籍华侨在国外的需要,1984 年 9 月创办首届华侨子弟烹饪班,后经批准创办温州华侨烹饪服务职业中学,1997 年改名为温州华侨职业中等专业学校"。[②] 在新形势下,温州华侨中学成立新一届董事会,并于 1987 年新建 2000 多平方米的科学实验大楼,完善教学设施。董事会的成员们积极联络海外侨胞,筹集建立各类奖学金,努力改善教学条件,将温州华侨中学推向更高层次。自建校至新世纪,毕业生已达到 2 万多人,培养出多届初中、高中、职高学生。众多的华侨子女学成后出国,运用所学继承发展老华侨的事业,甚至开创出自己的一片新天地。据调查,在 20 世纪末就已经有数十人成为各国华侨侨领,有将近 10%的学生侨居在世界将近 42 个国家、地区,因此温州华侨中学的"侨乡特色"无疑是成功的。

除却典型性的温州华侨中学,温州各市镇还有各类华侨教育的中、小学校,这些学校或多或少都与华侨相关,更加致力于促进侨乡当地教育以及华侨子女在国内的教育发展。比如温州著名侨乡丽岙镇,有大量华侨在海外经商创业,也有大量未成年子女留在国内完成学业。然而直到 1984 年,丽岙镇仍然没有一所正式中学,家乡华侨教育建设引起著名旅法华侨任岩松的关注。在 1982 年,任岩松捐助巨款来帮助故乡丽岙建成一所全日制中学,这也引起了当地政府重视,迅速破土动工,终于于 1984 年 3 月 14 日竣工并举办落成典礼。任岩松亲自剪彩,为纪念华侨任岩松,学校也被命名为"任岩松中学"。建造初期,学校占地面积 50 亩,原设初中班。1990 年之际,因发展侨乡人才需要,开设了法语、服装、烹饪等专业;1995 年积极发展分级教育,成功完成了 18 个高中班的办学规模。任岩松中学在发展过程中,一直狠抓教育质量,闻名浙南,成为温州市 11 所重点中学之一。在努力提升教学质量,提升课堂教学同时,还重视选修课,扩大发展选修课,取得较大成绩,在 1988 年温州市各项学科竞赛中,获奖频频,名列当时参赛普通学校之首。[③] 可以说任岩松中学源于华侨爱国爱家精神,更是发展了华侨,提高了华侨子女教学质量。

---

① 李方华:《温州市学校概况》,温州市北大方正激光排版中心,1994 年,第 33 页。

② 章志诚:《温州华侨史》,第 247 页。

③ 瑞安市教育委员会教育志编纂组:《瑞安市教育志》,南昌:江西人民出版社,1992 年,第 122—124 页。

类似任岩松中学这样的办学方式和办学目的的华侨中学在温州侨乡并不少见。比如1987年由华侨杨益盈、胡绍洪、叶日和等协同瓯海瞿溪镇政府共建的瞿溪华侨中学，[①]1988年温籍巴西华人潘方崇等捐资支持与当地政府共建的温州市少年美术学校，这是一所全日制中小学美术学校，在推动华侨子女艺术教育方向上提供助力。除了正规公办学校，改革开放以来还有不少民办学校以及中小学教育机构促进华侨子女文化、艺术素养的提高。

（二）教育特点与成就

1. 特点

（1）具有温州地方特色

我国发展华侨教育的学校繁多，尤其是改革开放以来，华侨群体迅速发展，国外逐渐重视华义教育，兴办华侨学校，国内各地区针对发展华侨教育的教学机构更是拔地而起。2018年华侨大学提出："港澳台地区学生培养成为自觉拥护祖国统一、拥护'一国两制'、为港澳台地区长期繁荣稳定和实现祖国和平统一做贡献的坚定爱国者；培养华侨华人为了解和热爱中华文化、对中国友好、主动担当中外交流的文化使者。"[②]我国主要的华侨大学都分布于东南沿海尤其是珠江三角洲，开放早，大量国外求学者大量涌入，因此这些学校培养对象广泛，培养目标和定位比较具有广泛性。

相对而言，温州华侨教育更具地方针对性，主要教育对象即办学地的华侨子弟。比如任岩松中学，在1984年竣工之时就向丽岙、梓岙、白门招收108名学生，这三个地区都是著名侨乡；再如文成县玉壶中学在1994年创办的20个初、高中班级里，华侨子弟425人，占总人数1063人的近40%，[③]这些学生几乎都是当地华侨子女。这些华侨学校在进行知识教育同时也积极培养学生艰苦奋斗精神。20世纪末，玉壶中学有侨居国外校友2000多人，学校常常邀请优秀侨胞来校做报告，利用这些资源开展爱国主义和艰苦奋斗教育。

温州积极谋求对外往来，与国外学校建立友好合作关系，结合市内地方大学

---

① 李方华主编：《温州市学校概况》，第132页。

② 方旭红、孙娟娟：《基于侨校培养目标的境外生国情教育路径探析》，《华侨高等教育研究》，北京：中国国际广播出版社，2020年，第1页。

③ 李方华主编：《温州市学校概况》，第726—727页。

和国外特色,走向世界,发扬温州人“敢为人先”的精神,联系温州华侨创业的实际背景,更加针对温州华侨子女教育情况,提出针对性培养方案。

(2)海外华侨支持,政府共建

从上文学校概况中,不难分析出温州的华侨教育发展离不开广大温州华侨的大力支持,各国华侨、华人团体高度重视家乡温州的发展。

从20世纪70年代初开始,移居国外华侨渐多,一些有识之士唯恐青年一代完全受国外文化影响,成为“黄皮白心”的香蕉人。在爱国呼声下,也为将来出国发展的年轻华侨们提供良好教育,海外华侨大量捐资捐物,没有华侨的支持,温州的华侨教育将举步维艰。几乎每一所学校都有华侨参与,但仅仅只靠华侨支持还不够,在发展华侨大事上政府参与也不容忽视。以温州市华侨中学为例,现名为温州华侨职业中等专业学校,是温州市普通职业融合特色高中和全国五大职业教育品牌学校。从最初的华侨集资创办,只依靠华侨捐资支撑教学,到如今拥有30多年职业教育历史和世界各地华侨校友、国内外各式人才的市直属公办学校,温州地方政府贡献巨大力量。他们响应国家号召,正确引导华侨学习优秀传统文化,培养爱国情操和祖辈艰苦奋斗精神。矗立在校园中的校标“腾飞”就展示出华侨开创的事业在政府关怀下前进发展。曾经的任岩松中学从开办以来就得到地方党和政府重视,将刚开办的任岩松中学定为温州市重点中学,助力学校以一流资源惠普当地侨民。温州市政府始终秉持促进华侨群体发展的理念,与海外华侨共同开创新时期的温州华侨教育。

(3)办学形式多样

温州的华侨子女教育形式多样。就地区而言,国外侨居地就早已开办多样的华文学校,有完全由华侨、华人社团共同筹资办学,也有华侨捐资、侨居地政府辅助办学,华侨宗教团体筹资办学等,比较而言,国内的华侨教育办学形式以华侨捐资和政府辅助为主。在办学学段上,各时间跨度都有涵盖,幼儿、中小学、高等教育、职业教育、艺术教育均存在。在办学性质方面,有公办、民办、中外合办以及私人辅导机构和暑假实践等,为华侨子女提供全面的教育选择。

2.成就

改革开放后温州华侨教育发展呈现独有特色,在不断发展同时也取得了很大成就,为温州发展做出巨大贡献。

(1)提高华侨子女教育素养,发展温州华侨事业

温州针对华侨子女教育的发展正是基于改革开放以来温州有众多华侨子女“留守”国内,成长之后要去海外继承老一代事业或开创事业这一事实,更是在提

高华侨子女教育素养和情系祖国的感情激励下发展开来的。因此,华侨子女教育的发展直接提高了这些华侨子女的素养,同时发展了华侨事业。

(2)增进民族情感,培养爱国热情

温州是著名侨乡,有巨大的华侨资源。尤其是中共十一届三中全会以来改革开放深化,侨务工作上的"左"被纠正,温州归侨、侨眷与海外的联系更加紧密,推动了又一次的移民高潮,温州华侨的发展也进入一个新阶段。老一辈华侨对祖国了解和爱国热情都比较深刻,在新形势下,新华侨的民族情感和文化认同则要依靠教育。这些针对性教育较好促进了华侨子女学习了解中国传统优秀文化,自身发展的同时不忘桑梓。

(3)推进温州教育体系完善,提供华侨发展新思路

温州作为改革开放的前沿阵地,又处于沿海地区,在经济发展迅速同时,教育迅速发展已成体系。虽然华侨教育还有许多发展空间,尤其是指向性明确的教育,但随着华侨子女教育的发展,温州教育中针对特殊群体的教育空缺将会被弥补,温州教育体系也将日臻完善。温州侨乡和改革开放前沿征地的特殊性,对比华南地区,温州重视华侨华人在温本地的子女教育发展,发展中华侨支持和参与比重巨大,与国外华侨华人教育联系紧密,这样的教育发展模式为其他地区发展提供一条新路径。

三、温州华侨子女教育发展的问题与对策

(一)问题

尽管自改革开放以来,温州地区针对华侨教育做了许多努力,也建成形式多样的教育模式,得到温州华侨和学界的认可,然而细致探究温州地区针对华侨子女的研究和华侨教育的发展,依然存在不足。

1.开展教育教学经费不足

温州地区的许多学校有极大部分建设资金都来自于华侨捐资,甚至有些完全是由华侨出资开创的,如曾经的任岩松中学。在发展期间有些学校甚至出现资金链断裂而出现停止办学情况。其中很多教师甚至是出于奉献意识来学校教学,收取的报酬也只是象征性质,而稳定的教育教学经费需要政府支持。

2. 师资严重缺乏、教材等不规范

许多华侨学校虽名为华侨学校,也积极致力于促进温州华侨子女建设,但是学校并没有足够专业的老师针对这些学生进行教学活动,任教老师虽有国外工作和生活经历,甚至也存在外籍老师,但教学往往针对性不够,文化素养不足。普通师资也出现过紧缺而导致学校暂时停办现象。

这里的教材主要针对中文教材,尤其是特定的华侨中学,吸引大量国外学生和华侨子弟,传播中华优秀传统文化以及爱国精神时,采用的教材五花八门,内容达不到统一标准,甚至文字也存在简体、繁体混杂现象,注音方式也有拼音混杂英文音标等,不利于教学。

3. 各学段发展不平衡,幼儿教育严重缺乏

上文教学概况体现出温州目前教学出现断层现象。比如,高等教育和学龄前教育办学明显不足,远不如中小学办学规模,其中学龄前华侨儿童教育更是薄弱。对比中小学和高校学生,这些学生思想、性格都不太成熟,父母往往有一方出国,导致这些群体成为“华侨留守儿童”。这些儿童家庭环境、条件不同,其心性人格往往具有特殊性,调节情绪能力比普通儿童强,但由于生活的相对独立性,亲情维系较弱,这些华侨留守儿童的亲社会行为少,反社会行为多,他们成长之后也要随父母出国定居发展,因此父母寄予厚望,甚至因“恨铁不成钢”而出现极端教育。[①] 华侨子女父母也愈加正视重视家庭教育,往往将子女送至同为华侨子女的课外辅导机构,促使子女更好适应国外环境,更培养其人际交往的能力。此类现象并不少见,但由于一直没有出现专业华侨儿童教育机构,仅仅是短期培训、寒暑假夏令营学习,并不能满足。温州地区针对华侨幼儿、儿童的教育方案亟待完善。其次即使是中学也存在参差不齐情况,更多只是地方性质的华侨特色学校,还达不到华侨学校标准。职业发展类型缺乏,职业选择少,这些学校中艺术类、技术类明显缺乏。最后,与国外华侨联系不够紧密,依然是在国内的“小圈子”里,没有走向世界,发展不够深入。

4. 华侨办学存在不确定性,政府保持政策延续性不够

温州地区的华侨办学存在不稳定性,许多培养华侨子女的华侨学校在发展过程中出现中断、停办,政府在规划建立华侨学校时,对学校推行的政策也往往

---

① 潘玉进等:《华侨留守儿童的家庭教育资源与人格、行为的关系——以温州市为例的研究》,《华侨华人历史研究》,2010 年第 3 期。

波动较大，尤其是行政区划频繁更换也导致华侨学校的发展不能延续。以任岩松中学为例，自 1982 年旅法华侨任岩松捐资，1984 年任岩松中学落成建校以来，在各方支持下虽不断发展，但也曾经历几次重大挫折，导致学校发展出现停滞。1990 年任岩松中学根据华侨人才发展需求，创设职高班，后因教育布局和师资调整，被迫于 1992 年停办。1993 年又因基础教育分级办学、分级管理，停办初中班。[①] 步入 21 世纪，任岩松中学又一次进入休整期。为适应现代化发展，任岩松中学曾迁址，其迁建工程位于瓯海区丽岙大岙底处。然而为整合优化教育资源，在市、区普通高中“十二五”规划和“高中校网重新调整布局”下，任岩松中学与梧田高中合并并改名为瓯海第一高级中学。任岩松中学“被改名”，不复存在的消息引起了海内外任岩松学子的强烈反对。任岩松中学的历史因此戛然而止，这也反映出华侨办学不稳定，政府政策延续不够，成为华侨子女教育发展受阻的重要因素。

（二）对策

1. 政府提高重视度

针对以上问题，温州市政府首先要提高重视，对比其他著名侨乡如广州、深圳等地的华侨教育发展，学习经验，取长补短，尤其是“中国第一侨校”——暨南大学，其发展研究特色为我国其他地区华侨教育发展做了尝试。温州的学校也应主动联系各地侨校，深入国内外交往，促进国内学校交流。在这一方面，温州大学一直在不断做出努力，朝着建设以侨为特色的“省部共建”高校目标迈进。2021 年 3 月 26 日，在温州大学育英图书馆召开的首届华侨华人发展与侨务工作研讨会，同样也是浙江省侨界智库联盟学术的交流会议。承办方包括浙江省侨联、中国华侨华人研究所、温州市侨联、温州大学及温大华侨学院等。在这次会议上温州大学提出要全面参与侨界智库建设，聚焦华侨华人教育及华文教育研究，提升对华侨群体研究的针对性与前瞻性，重视华侨多方面的发展，比如采用口述历史等方法促进华侨华人研究。[②] 全国各大侨校以及温州市政府和侨联机构的积极参与，展现出市政府在促进华侨发展尤其是华侨新一代教育发展问题上的决心和努力。

---

① 章志诚：《温州华侨史》，第 248 页。

② 包含丽：《温大举办首届华侨华人发展与侨务工作研讨会》，温州新闻客户端，2021 年。

2.大力引资,解决发展资金问题

在经费问题上,温州应积极招商引资,响应党和国家政策,重视并充分利用温州广大华侨资源,既要吸引侨资,重视温州本地华侨教育发展,同时又不过分依赖,继续发展自己的教育特色。其次,在引资基础之上,紧抓教学质量,包括提高师资水平,修建校舍、扩大图书资源,加强与国外华侨发展的联系,更重要的是体现"以侨为特色"。从上可以看出,温州华侨的发展已经有了"量"的基础,如何发生质变,迅速提高华侨子女教育质量是关键。发展华侨教育的初衷是促进新一代华侨的良好发展,因此温州教育革新必须以促进华侨群体教学质量为准绳。

3.发展专业教师队伍、修编适宜教材

师资力量强大,教材正确适宜,校园环境良好,才能促使学校教育不断发展。针对师资、教材等问题,需要政府教育局高度重视,通过引进人才、搭建教师竞赛平台和培训队伍来发展针对性型教师。同时还可以借鉴学习温州的民办教育体系,分享经验,关注教育对象,注意华侨子女的发展特性。相较于普通家庭子女,尤其应重视华侨子女的爱国主义教育,同时关注其未来发展方向,因此,在统一教材,避免各学校教材参差不齐前提下,需增加培养学生爱国热情以及发展祖国的内容。此外,还要提高教材刊印质量,注重每一个字词,每一个音标,由政府把关,多次审核,统一标准,提高教材质量。

4.完善各学段的华侨教育

温州华侨教育出现断层,很大程度上是由于没有可借鉴的完备教育体系。针对这一点,温州可依托温州本地原本发达的民办教育体系,联合民办教育发展华侨教育达到双赢目的。温州民营经济发达,自中华人民共和国成立以来,在发达的商品经济基础上发展的民办教育发展势头迅猛,尤其是在改革开放进入新阶段后更是如火如荼。以幼儿教育为例,温州1951年10月,温州市就从实际出发,开始在部分小学附设幼儿班。50年代末温州幼儿园迅速发展,1956年建成26所,1957年,由温州工厂和企事业建成增加的幼儿园就多达20所,民办幼儿班新增12班,近500名幼儿入园。1978年拨乱反正后,随着商品经济发展,民办幼儿园应运而生,仅1980年温州就有民办幼儿园(班)20多个,近1000名幼儿入园学习。[①] 截至1990年,全市幼儿园已有1749所,入园幼儿达11.69万人,

① 李方华:《温州市教育志》,北京:中华书局,1997年,第108—110页。

幼儿教育人员 4610 人。[①] 因此，温州在发展断层的华侨学前教育以及完善其他教育阶段上，完全可以借鉴、学习温州民办教育，充分利用地方资源，体现地方特色。

温州华侨子女教育发展之路不是一蹴而就的，但却紧紧围绕着温州地方特色与国家发展华侨的时代政策。在大力引进外资发展经济的同时，也发扬了温州人崇文重教、艰苦奋斗的精神，即使在发展过程中历经曲折，发展目标未完全达成，但温州在华侨教育上已经迈出了一大步。在开创性发展华侨子女教育体系，尤其是各学段、各学科拓展上，温州已做出表率。只要大家共同努力，妥善决解现有问题，温州华侨子女教育将会更上一层楼。

（厉叶珊，浙江省东阳市巍山高级中学）

① 章志诚：《温州市志》下册，北京：中华书局，1998 年，第 2464—2465 页。

“永嘉学派”的新时代“两创”愿景

——以“内圣外王交相成”弘扬中华民族“文化自信”

程庆国

内容提要:本文以“永嘉学派”之“内圣外王交相成”核心理念为突破口,以“和合学”与“儒家生生伦理学”理论为基础,以“理学.心学.事功学”和合创新为载体,以“孔子文化、刘基文化、‘永嘉学派’”和合创新“顽强韧劲”为主线,助力构建“人类命运共同体”精神家园人文标识,助推中华民族伟大复兴“文化自信”,力荐“永嘉学派”成为温州学“两创”规划“战略支撑”。

关键词:温州;永嘉学派;“两创”愿景;文化自信

世界百年未有之大变局,严峻地考验着中华民族伟大复兴的“文化自信”。“永嘉学派”的“经制事功.制度新学.内圣外王交相成”,以“格物致知”为首要,坚持辩证唯物主义,助力“制度自信、文化自信”。同时,积极吸收“孔子文化(六经、君子六艺)与“刘基文化”精髓(“顽强韧劲”),实现“永嘉学派”在新时代的“创造性转化、创新性发展”。

本文以习近平新时代相关“文化自信”重要论述为指导,以“和合学”之“五和(和生、和处、和立、和达、和爱)”五大原理,以及“儒家生生伦理学”(仁性智性欲性“三性”分法并耦合导入马斯洛“人的五层需要结构”理论)为学术逻辑基础,以笔者个性化“三元和合中道创生法”为逻辑工具,以“‘理学、心学、事功学’和合‘两创’”为主线,倡导“以义谋利、以义导利、以义和利”人文价值观,以“理学、心学、事功学”和合创新为载体,以“孔子文化、刘基文化、‘永嘉学派’”和合创新为主线,深度探讨“永嘉学派”新时代“两创”愿景,为“举国体制”中国特色社会主义“制度优越性”,寻找历史文化人文精神家园的逻辑依据。

一、永嘉学派“两创”愿景之“敢为人先”勇气

1.强化文化自信

在经历上下五千年中华文明史及近代极端屈辱深重苦难史的洗礼后，中华民族迎来了伟大复兴的光明前景。笔者归纳中华民族近代苦难辉煌核心部件为：

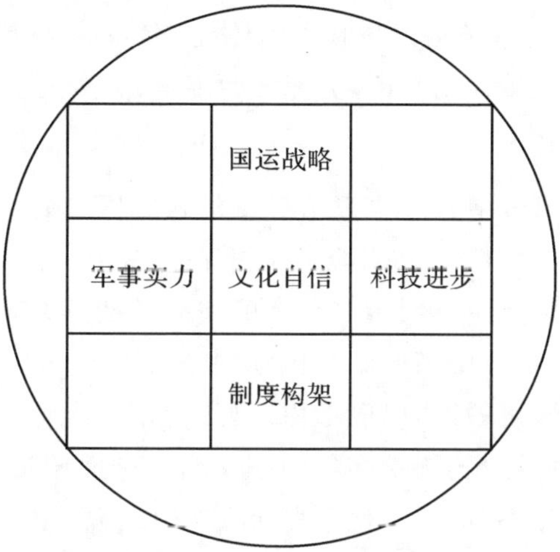

中华民族“苦难辉煌”中国梦核心部件图

“永嘉学派”，对这些主要部件，均有涉及。

2021 年 3 月 22 日，习近平主席在福建武夷山市考察朱熹园时，再次强调“文化自信”，他指出：没有中华五千年文明，哪有我们今天的成功道路。他在朱熹园，了解朱熹生平及理学研究等情况。他表示，我们走中国特色社会主义道路，一定要推进马克思主义中国化。如果没有中华五千年文明，哪里有什么中国特色？如果不是中国特色，哪有我们今天这么成功的中国特色社会主义道路？我们要特别重视挖掘中华五千年文明中的“精华”，弘扬优秀传统文化，把其中的精华同马克思主义立场观点方法结合起来，坚定不移走中国特色社会主义道路。

2017 年 12 月 1 日，习近平在中国共产党与世界政党高层对话会上作的《携手建设更加美好的世界》指出：“中华民族拥有悠久历史和灿烂文明，但近代以后历经血与火的磨难。回顾历史，支撑我们这个古老民族走到今天的，支撑 5000 多年中华文明延绵至今的，是植根于中华民族血脉深处的文化基因。”文化是制

度之母。中国特色社会主义最本质的特征,是中国共产党领导;中国特色社会主义制度的最大优势,是中国共产党领导。杨英杰教授认为[①]“讲仁爱、重民本、守信义、贵承续、推修身、知变易、崇正义、尚和合、顺自然、求大同”,作为中华传统文化精华之重要组成,被中国共产党在执政中所吸纳,已融入中国共产党的血液,成为其执政基因,是中国共产党长期执政的根本所在。近代以来,无数仁人志士所呼吁、所引入的“西方治理模式”的失败,乃是“制度的异化与文化的排异”所致。钱穆先生在《中国历代政治得失》中,考察了中国历史上“最重要的五个朝代:汉、唐、宋、明、清”的政治制度后,总结道:“政治制度,必然得自根自生。纵使有些可以从国外移来,也必然先与其本国传统,有一番融合沟通,才能真实发生相当的作用。否则,无生命的政治,无配合的制度,决然无法长成。”[②]。

2. 强化国际传播

2021年5月31日,中共中央政治局就加强我国“国际传播能力建设”进行第三十次集体学习。中共中央总书记习近平在主持学习时强调:“必须加强顶层设计和研究布局,构建具有鲜明中国特色的战略传播体系,着力提高“国际传播影响力、中华文化感召力、中国形象亲和力、中国话语说服力、国际舆论引导力。”努力塑造“可信、可爱、可敬”的中国形象。要高举“人类命运共同体”大旗,依托我国发展的生动实践,立足“五千多年中华文明”,全面阐述我国的发展观、文明观、安全观、人权观、生态观、国际秩序观和全球治理观。推进中国故事和中国声音“全球化表达、区域化表达、分众化表达”,增强国际传播的亲和力和实效性。“永嘉学派”是温州国际传播的“金名片”。

3. 强化和合创新

中国儒家文化之发生原理与发展轨迹,关于君子人格的讲求之路,主要是沿着“内圣外王”方向推进。天命崇拜+祖宗崇拜+圣人崇拜,是儒家文化也是中国传统文化的三大崇拜。中华国学,海纳百川、空纳万境、扬长避短、博采众长、有容乃大。中华文明五千年“多元和合、道统生息”,孕育了“农耕文化+草原文化+森林文化+高原文化+海洋文化”,产生了“传统优秀文化+革命建设文化+民主科技文化+图强竞争文化”,新时代新征程应以文明交流、互鉴、共存,超越文明隔阂、冲突、优越。潜心综观中华文明发展史,艰难雄起于2500多年前春秋战国时期的“孔子文化”、艰难雄起于900多年前北宋时期的“二程理学”、艰难

---

① 杨英杰等:《初心之源:中国共产党的传统文化基因》,北京:清华大学出版社,2019年。

② 钱穆:《中国历代政治得失·序》,北京,三联书店,2001年,第一页。

雄起于800多年前南宋时期“永嘉学派”（以及晚清孙诒让家学）、元末明初“刘基文化”、艰难奋起于21世纪“世界温州人精神”，有一股“儒志道学、利济苍生”巨型人文精神“龙骨主脉”，在悄悄地“脉冲式律动”，形成巨大而潜在的“正能量、公约数、同心圆”图景，需要“创造性转化和创新性发展”。

“永嘉学派—‘两创’”涉及的主要人物思想范畴

王道善治	孔子文化 （中华文明古代六经、君子六艺）	红色文化
王开祖 （开山鼻祖）	“永嘉学派”学脉传承路径： 周行己、郑伯熊、薛季宣、陈傅良、叶适（集大成者）等。	孙诒让（《周礼正义》 《永嘉学术》等）
汇聚儒家 主导的国学	刘基文化（一统江山、诚意文化《郁离子》）	借鉴法家等 思想精髓

4.助推共同富裕

1840年鸦片战争以后，西方列强凭着坚船利炮，野蛮轰开了中国的大门，中华民族陷入“内忧外患”的悲惨境地。国家蒙辱、人民蒙难、文明蒙尘，中华民族遭受前所未有“劫难”，中华民族遭受的苦难之重、付出的牺牲之大，在世界历史上都是罕见的。但是，中国人民从不屈服，不断奋起抗争，终于掌握了自己的命运，一百年来，中国共产党从黑暗中诞生，从苦难中成长，从逆境中转折，从困境中突围，从挫折中奋起，从奋斗中壮大，使中华民族实现从“站起来→富起来→强起来”的飞跃。

2021年5月20日中共中央国务院印发的《关于支持浙江高质量发展建设共同富裕示范区的意见》指出，共同富裕是社会主义的本质要求，是人民群众的共同期盼。共同富裕，具有鲜明的时代特征和中国特色，是全体人民通过辛勤劳动和相互帮助，普遍达到“生活富裕富足、精神自信自强、环境宜居宜业、社会和谐和睦、公共服务普及普惠”，实现“人的全面发展和社会全面进步”，共享“改革发展成果和幸福美好生活”。共同富裕，是体现社会主义“制度”优越性的重要窗口及更高的社会形态，这为“永嘉学派”“经制事功”理论提供新时代的实践舞台。

二、永嘉学派“两创”愿景之逻辑框架路径

1. 杨泽波教授倡导的“儒家生生伦理学”启迪

复旦大学杨泽波教授认为，儒学经过两千五百多年的发展，在伦理学部分，最关注的话题不外两个。首先，是体用问题。体即本体(本根)，用即发用。体必发于用，用必源于体。其次，是性善与性恶、心学与理学的关系问题。通过“内觉”，找出与成德成善相关的要素只有三个，即“智性、欲性、仁性”。[①]

2、张立文教授“和合学”理论的基础支撑与启迪。

和合学，是由中国当代著名哲学家张立文先生开创的哲学理论形态。

笔者理解之“和合学”逻辑构架矩阵图

<table>
<tr><td></td><td colspan="3">天人共和乐</td><td></td></tr>
<tr><td rowspan="4">和合意义之世界</td><td>共立共荣
和立原理</td><td></td><td>共达共富
和达原理</td><td rowspan="4">和合可能之世界</td></tr>
<tr><td></td><td>滋润心灵
和爱原理</td><td></td></tr>
<tr><td>尊重生命
和生原理</td><td></td><td>和平共处
和处原理</td></tr>
<tr><td colspan="3"></td></tr>
<tr><td>人和天和</td><td colspan="3">和合生存之世界</td><td>人乐天乐</td></tr>
</table>

3. 对比中西文化交融，导入“马斯洛需求层次理论”

马斯洛需求层次理论，是行为科学理论之一，由美国心理学家亚伯拉罕·马斯洛，在1943年《人类激励理论》论文中，将人类需求像阶梯一样从低到高，按层次分为五类：“生理需求、安全需求、社交需求、尊重需求和自我实现需求。”(见下表)马斯洛提出，为满足自我实现需要所采取的途径是因人而异的。自我实现的需要，是在努力实现自己的潜力，使自己越来越成为自己所期望的人物。

① 杨泽波:《儒家生生伦理学引论》，北京:商务印书馆出版，2020年，433—435页。

马斯洛需求层次

第一层次	生理上的需要	呼吸,水,食物,睡眠,生理平衡,分泌,性等等。
第二层次	安全上的需要	人身安全,健康保障,资源所有性,财产所有性,道德保障,工作职位保障,家庭安全等。
第三层次	情感和归属需要	友情,爱情,性亲密等等。
第四层次	尊重的需要	自我尊重,信心,成就,对他人尊重,被他人尊重等等。
第五层次	自我实现的需要	道德,创造力,自觉性,问题解决能力,公正度,接受现实能力等等。

4.笔者倡导"三元和合中道创生分析法"

笔者认为,就中华传统文化思维"密码、解码"而言,"三"是核心"秘钥"(金钥匙)。鲁迅先生曾说过:"中国根柢全在道教……以此读史,有多种问题可迎刃而解。"《道德经》有曰:"道生一,一生二,二生三,三生万物。"纵观历史,对于"三"的崇尚传统,几乎浸透到我国社会生活的方方面面,甚至影响到中国人的思维方式和审美心理("顽强韧劲")。

"三元和合中道创生法"(中华传统思维"密码"解析)

纲　目	"三元和合中道创生"之三要素			经世济用
王道三才	天	地	人	宇宙大观
世界观	天时	地利	人和	天人合一
人生观	过去	现在	将来	古往今来
民生福祉	身体	事业	家庭	三大支柱
	生产	生活	生态	三生有幸
	求真	求善	求美	中定自在
人性归属	自然属性	经济属性	社会属性	人的本性
管理要素	人	财	物	基础要素
	权	责	利	内在法则
	合情	合理	合法	内在机制
人生格言	自信	自强	自律	内在自觉
君子三德	仁者无忧	智者无惑	勇者无惧	内在超越
好干部	忠诚	干净	担当	新时代

续 表

正能量	蓬勃朝气	昂扬锐气	浩然正气	
公约数	志气	骨气	底气	
宋明理学	理学	心学	事功学	三足鼎立
横断科学：老三论＋新三论	信息论	系统论	控制论	数字化 智能化 新时代
	耗散结构论	协同论	突变论	
中国声音 中国主张 中国智慧	社会主义核心价值观	人类命运共同体	美丽、宜居地球家园	国际传播能力建设
和合学之和合世界	和合生存世界	和合意义世界	和合可能世界	贯通
儒家生生伦理学	仁性	智性	欲性	三性和合
数字文化	二进制	五进制	十进制	无穷妙趣

5. 中华人文精神家园总体构架的“正本清源”

叶适主导的“永嘉学派”，应列入宋明理学主流创新派。但是，根据张立文教授研究，宋明理学，作为宋元明清时期整个“理学”思潮，无疑是中国哲学思想发展史上一个重要阶段。宋明理学中，有主流派和非主流派，其区别在于其作用和影响及社会效果不同。所谓主流、非主流，指是否起主导作用或居重要地位。濂、洛、关、闽，周(敦颐)、程(程颢、程颐)、张(张载)、朱(朱熹)，加之邵雍、司马光、张栻以及陆九渊、王守仁等为主流派；王安石、苏轼、苏辙、吕祖谦、陈亮、叶适等为非主流派。主流派中又分出正统派，则为周敦颐、张载、二程、朱熹及门下弟子等。其图式如下：

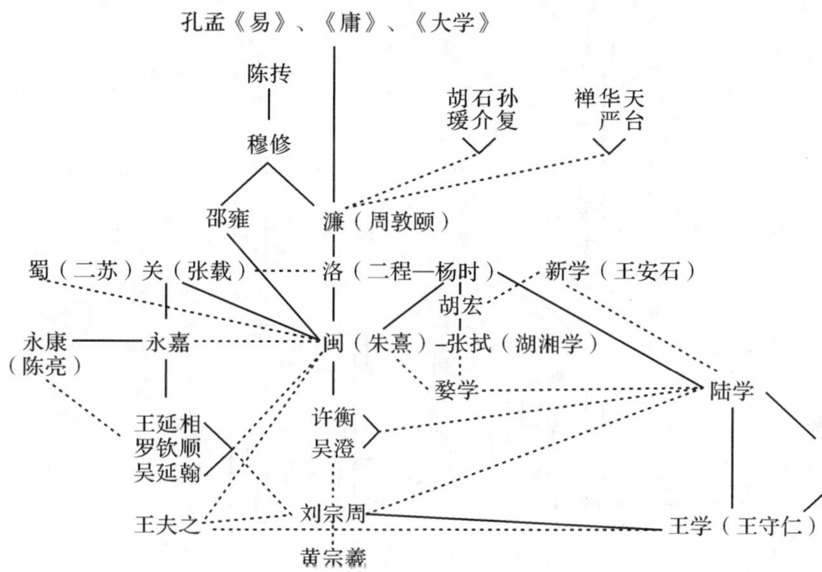

张立文《宋明理学研究》图

永嘉学派、永康之学与朱、陆鼎足而三。永嘉学派上承张载实事功的思想，反对空谈“心性”。在“道”与“理”(道)与“物”等范畴上与程、朱异趣，认为道是事物的根据，又以道不离器，道在物中，批评道学家在“道”之外求宇宙根据，便是“自贻蔽蒙”[①]晚清以来，内忧外患，士人们纷纷主张经世致用，向来追求事功的永嘉学派因之再度复兴。孙锵鸣及瑞安孙氏家族，便是有感于“自元明都燕，取士法陋，温复僻荒，至皇朝荒益甚”，而致力于复兴永嘉之学以启迪后进。

---

① 叶适:《习学记言序目》卷一六《子华子，阳城胥渠问》，北京：中华书局，1977年，第20页。

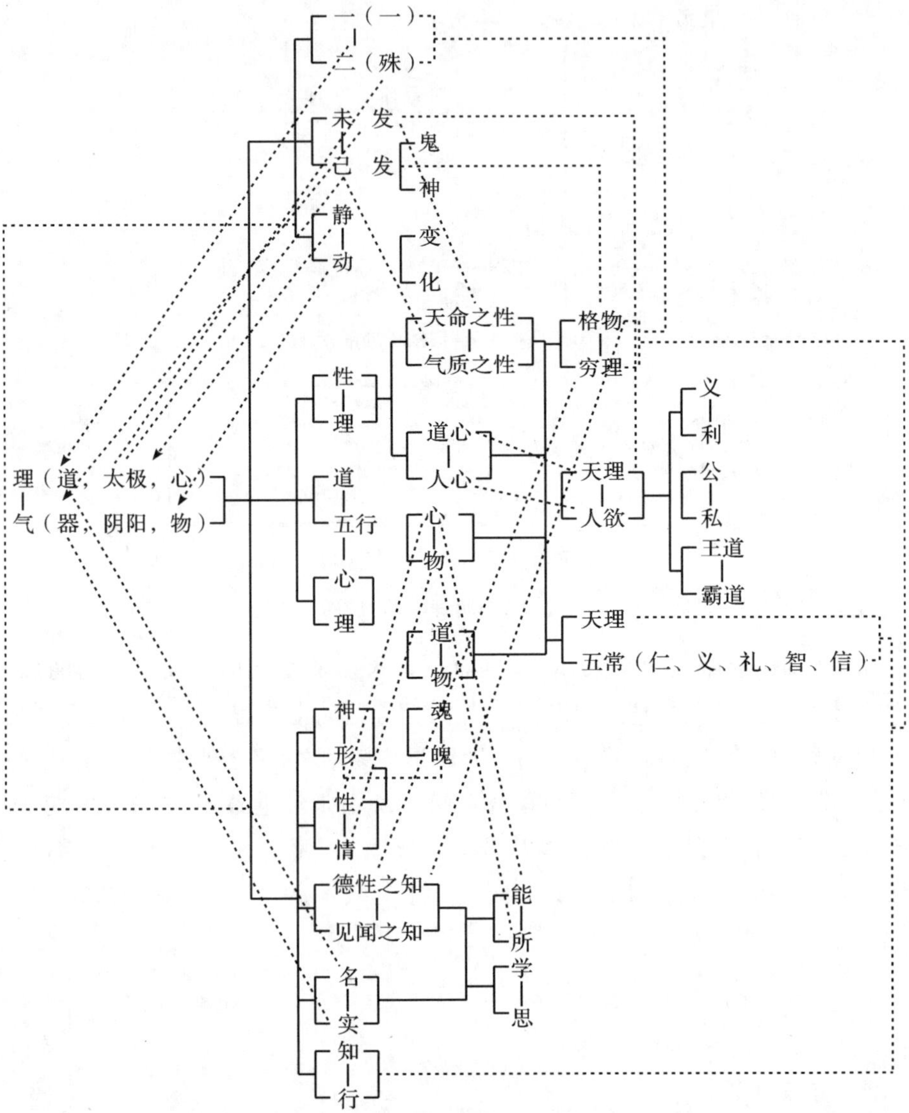

宋明理学逻辑结构体系图[①]

---

① (张立文著《宋明理学研究(增订版)》第554页)(笔者认为—"永嘉学派"是对宋明理学的整体创新改革)

三、永嘉学派“两创”愿景之改革创新哲理借鉴

1.“永嘉学派”集大成者.叶适核心思想的战略聚焦

(1)叶适对可能世界终极人文关怀“求道”的承扬创新

道究竟是什么？叶适有自己的诠释。他说：“道原于一而成于两。古之言道者必以两。凡物之形，阴阳，刚柔，逆顺，向背，奇耦，离合，经纬，纪纲，皆两也。夫岂惟此，凡天下之可言者，皆两也，非一也。一物无不然，而况万物；万物皆然，而况其相禅之无穷乎！交错纷纭，若见若闻，是谓人文。”[①]叶适讲道求道，是其终极人文关怀。“总述讲学大指”，对“道统”作了自己的诠释。叶适对道统的新诠释，蕴涵了对价值理想(包括理想社会和理想人格)的终极追求；“三代”，是儒家特别是两宋道学家的理想社会，尧、舜、禹、汤等圣王，是道学家所追求的理想人格。在这点上，叶适价值理想的追求，与道学家在总体上并无很大差异。叶适所追求之“道”，在其“总述讲学大指”[②]中作了说明：道是指始于尧，次为舜、禹、皋陶、汤、伊尹、文王、周公到孔子的道统，子思、孟子的“新说奇论”，“失古人本统”。道的内涵，是指“以建德为本，以劳谦为用”的本(体)用说，“建德”的价值理想和终极关切，与“劳谦”的功利价值和效用呈现，两者圆融会通，便成为和合可能世界的终极人文关切。[③]

道体因其度越器物，所以“道不可见”。叶适把“未发已发”，同《尚书·大禹谟》中的“道心惟微”“人心惟危”相联系。“微”，是指道心难明而易昧，与“未发”之义相近，因而以“未发”与“道心”相对应，说明“道”是具有“未发的、难明易昧、寂然不动”的品格。正是这种品格，而使其具有度越性。叶适，作为永嘉学派集大成者，是“永嘉之学，教人就‘事上理会，步步著实，言之必使可行，足以开物成务’”[④]。由于叶适关注“开物成务”，所以重道用层面。叶适并未把道体悬架起来，而在与体用的互动、互渗中，使价值理想趋于“真善美”。譬如，叶适讲“道不可见”，接着讲：“在唐、虞、三代之世者，上之治谓之‘皇极’，下之教谓之‘大学’，行之天下谓之‘中庸’，此道之‘合’而可名者也。其散在事物，而无不合于此，缘

① 叶适：《水心文集》卷七《中庸》，《叶适集》，北京：中华书局，2010 年，第 732 页。

② 叶适：《习学记言序目》卷四九《皇朝文鉴三.序》，北京：中华书局，1977 年，第 735—739 页。

③ 张立文：《宋明理学研究(增订版)》，北京：中国人民大学出版社，2016 年，第 624—629 页。

④ 黄宗羲：《宋元学案.艮斋学案》，全祖望修补，北京：中华书局，1986 年，第 56 页。

其‘名’以考其‘实’，即其‘事’以达其‘义’，岂有一不当哉”[①]。叶适吸收薛季宣的道器论，明确其道之体用论。叶适依据“物在道在”，道不离物而在的思想，“其道在于器数，其通变在于事物”[②]。

(2)叶适对《大学》《中庸》核心思想方式的创新突破

宋明理学，特别尊崇《大学》《中庸》，将其从《礼记》中单独抽出来，加以章句诠释，与《论语》《孟子》合为“四书”。作为其理论思维核心话题依傍的经典诠释文本，其经典的价值度越“五经”，而总谓“四书五经”，以“四书”为“六经”的阶梯。

关于《大学》的体认，叶适有鲜明的创新认识：

①对《大学》的总体定位有创新。朱熹以《大学》为“古之大学，所以教人之法也”[③]。而叶适则认为，不能将其看做教人的方法。“所谓大学者，以其学而大成，异于小学，处可以修身齐家，出可以治国平天下也。然其书开截笺解，彼此不相顾，而贯穿通彻之义终以不明。学者又逐逐焉章分句析，随文为说，名为习大学，而实未离于小学，此其可惜者也”[④]。大学，是学其大成，是为修身、齐家、治国、平天下，而朱熹将其章分句析，彼此不相顾，义理不贯通，名为大学，而实行小学之教，甚为可惜。

②对《大学》八条目之要的体认有创新。朱熹曾认为“格物、致知比治国、平天下，其事似小”[⑤]。叶适认为，“致知、格物，在心、意之先，为大学之要”[⑥]。又说：“此篇以致知格物，为《大学》之要，在诚意正心之先，最合审辨”[⑦]为何以致知格物为要？叶适认为：“《中庸》曰：‘诚者，物之终始，不诚无物。’是故君子不以须臾离物也。夫其若是，则知之至者，皆物格之验也。有一不知，是吾不与物皆至也；物之至我，其缓急不相应者，吾格之诚也。”[⑧]这不仅是因为八条目之端始，是格物致知，而且因为须臾不离物，离物就不能演绎其他条目。即使致知亦不离物，致知是由格物检验，知与不知是物至我与不至我。能知主体我与所知客体物，能否相互感通、交感。而后内化而意诚心正，外化而家齐、国治、天下平，一切

① 叶适：《水心文集》卷七《总述》，《叶适集》，北京：中华书局，2010年，第726页。

② 叶适：《水心文集》卷五《总义》，《叶适集》，北京：中华书局，2010年，第693页。

③ 朱熹：《大学章句序》，《四库章句集注》《朱子全书》第六册，朱杰人，严佐之，刘永翔编，上海：上古籍出版社，2002年，第13页。

④ 叶适：《习学记言序目》卷八《礼记·大学》，北京：中华书局，1977年，第115页。

⑤ 朱熹：《朱子语类》卷一五《大学·经下》，黎靖德编，北京：中华书局，1986年，第312页。

⑥ 叶适：《水心文集》卷七《大学》，《叶适集》，北京：中华书局，2010年，第731页。

⑦ 叶适：《习学记言序目》卷八《大学》，北京：中华书局，1977年，第113页。

⑧ 叶适：《水心文集》卷七《大学》，《叶适集》，北京：中华书局，2010年，第731页。

不离物[①]。

关于《中庸》的体认，叶适有鲜明的创新认识：

由于叶适以其事功的价值观诠释“中庸”之义，而与程朱以天理价值观诠释“中庸”含义不同。程颐对“中庸”的认知是：“不偏之谓中，不易之谓庸。中者，天下之正道；庸者，天下之定理。”[②]以不偏的正道为中，以不易的定理为庸。中庸，即不偏不易的正道定理[③]。而叶适则认为，程朱的中庸观，是离物而架空中庸，不合自古以来的训释：“庸字古称‘弗询之谋勿庸’。‘自我五礼有庸哉’，‘生生自庸’，‘庸庸祗祗’。《丧服四制》‘此丧之中庸’，大抵为用、为利、为实、为常之义。《周官》‘以乐德教国子，中、和、祗、庸、孝、友’，然则中庸之为德，岂其此类也欤。”中庸，不仅体现和存在于事物、活动之中，而且是教化国子的德目。换言之，离开事物的活动效用、利益和教化的德目，就无所谓中。因此，他批评“后世无所据执而以意言之，虽服膺拳拳，不敢失坠，而以义理为空言之患未忘也，此亦学者之所当思也”。意谓虽程朱等对《中庸》服膺拳拳，但患义理为空言之病。[④]

(3)叶适对由“太极”而“皇极”的认识创新突破

叶适借诠释《尚书·洪范》中的“皇极”而讲“极”的含义。“极之于天下，无不有也。耳目聪明，血气和平，饮食嗜好，能壮能老，一身之极也；孝慈友弟，不相疾怨，养老字孤，不饥不寒，一家之极也；刑罚衰止，盗贼不作，时和岁丰，财用不匮，一国之极也；越不瘠秦，夷不谋夏，兵革寝伏，大教不爽，天下之极也……是故圣人作焉，执大道以冒之，使之有以为异而无以害异，是之谓皇极。”[⑤]极，是指人的耳目、血气、饮食、壮老、家庭之间孝慈友弟等，国家的时和岁丰、刑罚衰、盗贼止，天下无战争、夷夏和等，即从人身到天下的“最和合的至极境界”。是物之极而非物外有极。“而后皇极乃可得而论也。”[⑥]

---

① 张立文：《宋明理学研究（增订版）》，北京：中国人民大学出版社，2016年，第617—618页。

② 朱熹：《中庸章句》，《四库章句集注》《朱子全书》第六册，朱杰人，严佐之，刘永翔编，上海：上古籍出版社，2002年，第32页。

③ 张立文：《宋明理学研究（增订版）》，北京：中国人民大学出版社，2016年，第32页。

④ 张立文：《宋明理学研究（增订版）》，北京：中国人民大学出版社，2016年，第617页。

⑤ 叶适：《进卷·皇极》，《水心别集》卷七，北京：中华书局，2010年，第728页。

⑥ 叶适：《进卷·皇极》，《水心别集》卷七，北京：中华书局，2010年，第728页。

四、永嘉学派“两创”愿景之历史文脉价值溯源
——从治国理政的高度,重塑“永嘉学派”社科价值

1.“内圣外王交相成(一定之谋)”到“儒志道学”

在世界观人生观上,“永嘉学派”首创性开拓“儒志道学”思想新境界——“内、外交相成之道”的经制之学。

根据陈安金、王宇的研究[①],可以认为:南、北宋之交,温州地区从默默无闻的东南海隅之地,一跃而成为在整个南宋文化版图上三分天下有其一的显赫地位,其变迁过程原因:一,程学的传入;二,太学、科场制度的变迁;三,北宋灭亡和宋室的南渡。这三个因素互相影响,并且非常幸运地同时出现在南北宋之交的温州(绝大多数南宋区域拥有第一、二两个条件,但缺乏因素三)。程学的温州传人:温州游学者中的一部分精英,接触到了当时刚刚崭露头角的程学。在这批先驱者中,比较著名的是周行己、刘安节、刘安上、许景衡等四人。

《大学》:必自一定之谋始。“谋”是正心、诚意与治国平天下的桥梁。从“内圣”开出“外王”,谋是关键的中介,是“合乎义的利”。“一定之谋”不是单纯功利主义性质的,它是连接道学与“制度新学”的一个中介。“一定之谋”的提出,是“永嘉学派”贯通“内圣外王”的首次努力。提出内圣是不能直接开出外王的,在内圣与外王之间必须有一创造性转化的中介——“制度新学”。

叶适:其说不能自白——思想的失语。从薛季宣到陈傅良,永嘉学派的创新,集中在建构一个独立于“天理”的“制度新学”。但到了叶适时代,永嘉学派已经遇到理论难题。第一,必须为永嘉学的事功经世做一合法性的证明,使之符合儒家道统而不致被目为异端;第二,进一步发挥、提升趋利避害式的“功利”观念,使之由“常识”蜕变成为“思想”,这样就需要做一本体论的证明。全祖望说:“水心之门者,有为性命之学者,有为经制之学者,有为文字之学者。”显然,叶适的学术内部,蕴含了三个发展方向,我们也可以说叶适学术,主要是由这三个部分组成的。

叶适的成就:“内、外相成之道”的经制之学。儒家的道是“内、外相成之道”,他的努力是卓有成效的。叶适所谓“内外相成之道”,就是说在儒者的事业中,内圣之学与外王之学是始终交织在一起,是互为对待的,内圣并不绝对的高于、先

---

① 陈安金、王宇:《永嘉学派与温州区域文化崛起研究》,北京:人民出版社,2008年。

于外王之学，内圣如果不结合外王的事功，就是“凿空之学”，未得落实。这一点突出表现在他对“克己复礼”的解释上：“‘克己复礼为仁’，举全体以告颜渊也……凡孔子之言仁，凡弟子之问仁，未有的切广大明白周遍如此者。”周梦江认为，叶适所理解的“克己复礼”是孔子的“一贯之道”，主观上努力“克己”，客观上用礼仪加以约束，是谓“内外相成之道”，道学的失误，就是破坏了这一“交相成”的平衡。“欲治其国者，必先齐其家，欲齐其家者，先修其身，此言为天下者，必自一定之谋始，君子正心诚意，而加于天下国家者，必自一定之谋始。”而在内圣向外王转化的枢纽，设置了一个“一定之谋”。

叶适继承了这一思路，并以《尚书·洪范》中的“皇极”标举之。具体说来，叶适的“皇极观”包含了以下三重内容：一是作为社会本体之皇极，它是“道德之本，众理之会”，总天下万物之极，圣人“持大道以冒之”，使天下“有以为异而无以害异”，成就社会历史的总纲维；二是建皇极，“皇极无不有也，而其难在于建”，即如何达到历史理性的完善化、完美性，接近道体之全，皇极无所不备，无一偏漏，自尧以下，圣哲接踵，无不以建其大极为目标；三是“识其所以建”，即何以建皇极、如何达于其极，以及认识和判别历史的方法，这是比建极更复杂、更困难的事。叶适以《大学》《中庸》为辅翼，着重发挥“始止于善，终明于德，不待外物而自为正”的存心形意之说，以及中庸“济物之两而明道之一”的辩证方法和“中和”“养诚”之旨。从历史发展的脉络和文物典章的积累而言，皇极是明道证物的枢纽，是社会历史观的核心，具有形而上本体的意义。这样以来，就把薛、陈以来永嘉学“重视名物度数考证、注意制度渊源和史学”的学术特点，整合到了儒家的“内圣—外王”的道统架构之中。

叶适以历史为对象，从历史的绵延中发现历史的走向，同时在认识论上，尽管高度重视耳目之知闻见之知，但在他的皇极体系中，仍然保留了《大学》《中庸》的位置，汲汲于追求“中和”“养诚”。叶适的认识论，总体上仍然在“格致诚正修齐治平”的框架内。叶适的认识论要点是：世界是可以认识的，人具有认识世界的能力—“诚”；方法：内外交相成；途径：格物致知，自我反躬。认识过程分四段：致中和而后诚，诚以格物致知，致知而后意诚心正，意诚心正而后治国用事。“格物致知”“意诚心正”，这些都是道学的话题。

根据陆敏珍研究认为[①]，叶适认为，曾子所谓“君子所贵乎道者三：动容貌、正颜色、出辞气”是对孔子“克已复礼”的误读，而“笾豆之事则有司存”则更与孔

① 陆敏珍：《宋代永嘉学派的构建》，杭州：浙江大学出版社，2013 年。

子所强调的“一贯”旨意不合。“道”本无贵贱之分,但曾子却将笾豆之事视为贱事而忽略之;“学”本无价值高下之分,但子贡却以性与天道来衡量其深与浅,因此,叶适得出结论说,曾子与子贡均没有得孔子之道而传之,孔氏之高弟“各因其质之所安而谓道止于如此”①。孔子以“吾道一以贯之”告曾子,又以“一以贯之”启子贡,“吾一以贯之”正是孔子“欲合门人同异之趋”的结构力。只有那些既能得而闻性与天道,又能详于笾豆有司之事的人,也就是说,只有内圣与外王合而为一,才能至于圣人之道。同时,他提醒人们,那些“唯而不悟”“疑而未达”的人,最终都只能如曾子与子贡一般“滞于所先得而以偏受为患”。

以孔子弟子偏受孔子之道的实例,来举证永嘉之学的学术取向,“吾一以贯之”的态度,来对待永嘉学术中的“必弥伦以通事变”“必竞省以御物欲”的内、外偏受取向,在他看来,“古人未有不内外交相成至于圣贤”②。永嘉学术“一以贯之”付诸行动。

2.“以利和义,义利和合(御物欲、通世变、主公利)”:

在价值观上,“永嘉学派”首创性开拓“儒志道学”理论新境界。儒学思想创新体现为对儒学义利观的全新理解。《论语》,“事功”主“经世”;而“功利”主“自私”。虽然都求“功业”,但其“初始动机”及“后续社会效应”,却“截然不同”。

根据孙邦金教授研究③:

对于永嘉之学的性质,龚鹏程直指永嘉之学“非事功之学”。叶适确曾批评过宋代性理之学说“专以心性为宗主,虚意多,实力少,测知广,凝聚狭,而尧舜以来内外交相成之道废矣”④。不过,叶适很清楚《大学》与《中庸》中“始止于善,终明于德,不待外物而自为正”之存心养性理论的重要性。他始终强调“于其险也,则果行而育德成己也;于其顺也,则振民而育德成物也”⑤,认为无论身处顺境还是逆境,“育德”不唯不可缺少,而且是“成己”“成物”的先决条件。只不过叶适自成一格的义理之学——皇权一元论,是一种与宋明理学主流的道德形上学与本体论不同的社会历史本体论,表现出了一种与道德理性或实践理性精神不尽相同的历史理性精神。“道不离器本体论”,并不反程朱理学(性理之学),只是试图在社会历史长河中,总结出一套普遍规律和历史哲学,以融摄和超越朱、陆等人

---

① 叶适:《习学记言序目》卷一七《孔从子》,北京:中华书局,1977年,第246页。

② 叶适:《习学记言序目》卷一四《告子》,北京:中华书局,1977年,第207页。

③ 孙邦金:《晚清温州儒家文化与地方社会》,北京:人民出版社,2017年。

④ 叶适:《习学记言序目》卷一四《孟子》,北京:中华书局,1977年。

⑤ 叶适:《习学记言序目》卷四九《吕氏文鉴》,北京:中华书局,1977年。

从性命之学出发的"道德本体论",得出有体有用、义理与事功兼备的系统哲学建构。丢掉或者避谈道德形上学基础的永嘉之学,就像缺了一条腿,有如无源之水、无本之木而不可能长久流传。

随着明清商品经济以及商战思想的发展,肯定并重视"利",兼顾义利之平衡,成为中国近代思潮之主流。于是永嘉学派的"以利和义"的兴利学说,在新时代又焕发出跨越历史时空的现实价值。曾国藩作为晚清理学中兴名臣和领袖,也不得不承认"兴利",应是治国平天下应有基础性条件。

事功主于经世,功利主于自私,二者似一而实二,未可尽斥永嘉为霸术。叶适在《温州新修学记》这一雄文中,清楚地指出"永嘉之学,必兢省以御物欲者,周作于前而郑承于后也",复又指出"永嘉之学,必弥纶以通世变者,薛经其始而陈纬其终也"[①]。只有将"兢省以御物欲"与"弥纶以通世变"两者结合起来,只有将义与利结合起来讲,才能够鸟瞰永嘉之学的全貌。要以叶适"古人以利和义,不以义抑利"一语为标语[②]。这不是师心自用,而是依据"利者,义之和也"(《周易·文言》)之儒家经典立场而得出的结论。叶适"以利和义"的解释,与程颐"不独财利之利,凡有利心便不可……圣人以义为利,义安处便为利"[③],薛季宣在《浪语集·大学辨》指出:"惟知利者为义之和,而后可与其论生财之道。""以利和义"思想,是永嘉之学的共同基调之一。与《二程遗书》卷十六相比,孰为儒家经典之正解,孰更合情合理,是一目了然的。"崇义以养利,隆礼以致力","言利则必曰与民"[④]。又可见其救偏之论并不偏激,而洵为兼顾持平之论。如果没有了"仁义"的内在支撑,没有了"礼制"的外在约束,以利为义只能是自私争斗,以利治国只能是杂霸之术,终究得不偿失。难怪全祖望有"永嘉功利之说,至水心始一洗之"[⑤]的见地之论。

3."经世济民、贯穿古今、通经致用到经制事功(制度新学)"

在方法论上,"永嘉学派"首创性开拓"儒志道学"道途新路径。"贯穿古今、通经致用、融会中西(晚清孙诒让)。"

(1)根据陈安金、王宇研究[⑥]认为:近代温籍知识分子从永嘉学派的文献中

---

① 叶适:《叶适集》卷一〇《温州新修学记》,北京:中华书局,2010 年,第 178 页。

② 叶适:《习学记言序目. 魏志》卷。

③ 宋程颢,程颐:《二程全书. 遗书》卷一六,朱熹编,四库全书。

④ 叶适:《水心文集》卷三《进卷·士学上》,《叶适集》,北京:中华书局,2010 年,第 674—675 页。

⑤ 黄宗羲:《宋元学案. 水心学案》,全祖望修补,北京:中华书局,1986 年,第 1738 页。

⑥ 陈安金、王宇:《永嘉学派与温州区域文化崛起研究》,北京:人民出版社,2008 年。

汲取了思想精华,在近代情景中进行了创造性的转化,正如陈瓛宸说:贯穿古今,通经致用。“贯穿古今,通经致用”是南宋永嘉学派的思想灵魂,叶适认为这是向“儒家道之本统”的回归①。“融会中西”,则是永嘉学近代存续的具体形式,而这又同于温籍知识分子对“儒术”的近代理解,从某和意义上说,也就是近代儒家知识分子对儒家“道之本统”的新见解、新境界。因此可以说,永嘉学派近代命运这一个案,展示了儒学在各种情景下存续的某种规律。

(2)根据孙邦金教授研究②认为:最精准的称谓是“制度新学”,或者“经制之学”。“制度新学”的提法源于叶适。叶适在《陈彦群墓志铭》中指出:“时诸儒方为制度新学,抄记《周官》《左氏》、汉唐官民兵财所以沿革不同者,筹算手画,旁采众史,转相考摩。其说膏液润美,以为何但捷取科目,实能附之世用,古人之治可复致也。至其他察性命以絜矩,奋豪杰以特兴,亦多微妙奇伟,非颖秀士亲承其旨趣,固莫能通。”③

这一段话揭示出了永嘉学派治学的兴趣所在及其核心内容,堪为南宋永嘉之学的真实写照。所谓“制度新学”就是主要依据《周官》《春秋》两部儒家经典,结合汉唐以来历史沿革经验,再参考其他史籍遗事,研求有关官、民、兵、财等既可“捷取科目”又可“附之世用”的制度性资源。与此同时,永嘉学者还认为“察性命以絜矩”,注意到须为“制度新学”提供道德义理的内在支撑。现代著名政治学者萧公权曾就叶适的政治思想指出,“水心最大贡献,不在重伸民本古义于专制之世,而在对政治机构作精密切实之讨论”。这样处理“虽非孟学正宗,而远较徒断断于天理人欲之辨者,为得论政之要领”。至于为何叶适能够在论政方面多有心得,萧公权则特别指出叶适“论治术之专主礼乐”,揭示了“礼学研究”对于永嘉制度新学的重要性④。

《春秋》“经制”,是永嘉学派关注的另一个核心内容。“经制”一词,常见于永嘉学派的文字中,大意是“即(是)经以求其制度器数之等”⑤,亦即依据“三礼”、《春秋》等经典阐发制度,并结合历史经验,总结出解决现实问题的对策和办法。

---

① 何俊:《叶适与道统》,张义德等编《叶适与永嘉学派论集》,北京:光明日报出版社,2000年,235页。

② 孙邦金:《晚清温州儒家文化与地方社会》,北京:人民出版社,2017。

③ 叶适:《叶适集.水心文集》卷一四,北京:中华书局,2010年,第258页。永嘉制度新学或经制之学梗概,可参见孙衣言:《瓯海轶闻》第五卷至第一二卷,上海:社会科学院出版社,2005年,第114—386页。

④ 萧公权:《中国政治思想史》,沈阳:辽宁教育出版社,1998年,第438—442页。

⑤ 叶适:《叶适集·水心别集·进卷》,北京:中华书局,2010年,第693页。

正式用“经制之学”来界定永嘉之学的，应是全祖望在续补《宋元学案》屡次使用的提法。例如，《宋元学案》卷五十二《艮斋学案》中就认为，薛季宣“其学主礼乐制度，以求之见事功”。叶适自己在《习学记言》中也说：“今且当以《周礼》二言为证，庶学者无畔援之患，而不失古人之统。”全祖望在此段话后面加按语曰：“此永嘉以经制言学之大旨！”杨太辛认为：永嘉的经制之学，是以《周礼》为中心的道法或道艺（术）兼尽之学，以《周易》为宗极的道器或道物合一之学，兼及《尚书》和《春秋》。”[①]此为见地之论。这由于“三礼”之学，不只包括礼仪、节文等形式，还是一门广泛涉及礼、法、钱、刑、名等社会制度性问题的专门学问，因此受到了注重现实问题研究的永嘉之学的重点关注。

“必弥纶以通世变”——叶适的礼学思想。叶适虽然没有专门的礼学著作，但是他却是永嘉制度新学或者经制之学的集大成者，对社会现实政治问题的历史流变与制度改良方面，有过较为具体而系统（“宏阔”）的建树。《周易》为其“道在器中”的道器关系论，提供了理论依据。《尚书》《春秋》及历代正史，为其提供了历史经验。而礼学，则为其奠定了“弥纶以通世变”的制度性规范。叶适的“三礼”之学，在其《水心别集·进卷》和《习学记言序目》中，有相对集中的论述。不过周礼即便不是周公制作，也并不影响此经所具有的政治价值。叶适就认为，《周礼》“虽不必周公所自为，而非如周公者亦不能为也”。周礼，作为周代政治制度与智慧的结晶，“教法齐备，义利均等，固文武周召之实政在是也，奈何使降为度数事物之学哉！”它类似于现代宪法一样的根本大法，对于中国历代政治的启示是不可替代的，因此他很反对将《周礼》视作一般的政治规范与技艺之典籍。《周礼》，之所以充分反映了“周之道”——周代的“王道政治”智慧，是因为它包罗万象而又条分缕析的政治内容。正所谓“周之道莫聚于此书，他经其散者也；周之籍莫切于此书，他经其缓者也”[②]。叶适特别看重此书的政治价值。他在《水心别集·进卷·周礼》中，进一步指出：“盖周礼六卿之书，言周公之为周，其于建国、设官、井田、兵法、兴利、防串、器械、工巧之术咸在。凡成、康之盛，所以能补上世之未备而后世之为不可复者，其先后可见，其本末可言也。”[③]叶适在《水心别集》中的诸多制度性建言，与周礼“按六卿分职，各以数字之微使归统叙”这一“整体制度架构”是分不开的。

---

① 杨太辛：《永嘉学派的学术宗旨——以经制言事功”的内涵、性质及现代意义》，洪振宁编：《叶适与永嘉学派论集》，北京：光明日报出版社，2000 年，第 493—513 页。

② 叶适：《水心文集》卷一二《黄文叔〈周礼〉序》，《叶适集》，北京：中华书局，2010 年，第 219 页。

③ 叶适：《叶适集·水心别集·进卷》，北京：中华书局，2010 年，第 703 页。

“和合、中道治理、不偏不倚(非功利主义)”:儒学边界警醒:在分水岭上,“永嘉学派”警惕性撇清“功利主义”学派的混淆。叶适非常“理性”并明确,“永嘉学派”不支持陈亮的“功利主义”事功学派观点。

4. 孙诒让欲以合汉宋之裂的宏图愿景

孙诒让认识到,当时学界汉宋之学这种对立的分裂局面,最终将会损害国学的传承,永嘉学传统资源却可以“综汉宋之长而通其区畛”。永嘉学在近代的新使命即在于此,永嘉学复兴的契机更在于此。晚清有志于复兴永嘉学派的温籍知识分子,从经世致用的角度给予史学高度的重视。具体而言,孙氏兄弟做了以下工作。在学术史的梳理方面,孙依言编录的《瓯海轶闻》58 卷,其中甲集《永嘉学术》21 卷中,有 17 卷是与宋代永嘉学派有关的。同时,孙依言在孙诒让的协助下,点校整理了《永嘉丛书》,本丛书收录了温州历代文献 13 种,刘安上、刘安节、许景衡、薛季宣、林季仲、陈傅良、叶适等人的别集,从时间上,自北宋末期程学南传开始,一直贯穿到南宋中期陈傅良、叶适为代表的永嘉学派全盛期,人选书目本身就是一部“永嘉学派”发展的学术史,这一工作对永嘉学的复兴所具有的历史意义,不言面喻。

孙诒让的《周礼正义》与《周礼政要》,他耗时近三十年结撰《周礼正义》86 卷,近 230 万字。后书今收入《续修四库全书》第 82—85 册。梁启超认为,《周礼正义》“可算清代经学家最后的一部书,也是最好的一部书”[①]。代表了《周礼》问世以来,最高水平的研究成果。可以说,此书是继 1879 年《温州经籍志》36 卷成书之后,真正为作者在晚清学术界中,赢得了显著的学术影响力与话语权,奠定了其三百年绝等双”[②]的学术地位。晚清温州学术,亦因此获得了可以与海内主流学者比肩的高度。

温州文化自南宋永嘉之学开始,以“三礼”之学为主要对象的学术研究,贯注了对现实问题、礼仪规范和制度建设的特别重视。因此制度儒学——“永嘉经制之学”“永嘉制度新学”,才是永嘉之学最为恰当的称谓。

根据孙邦金教授著的《晚清温州儒家文化与地方社会》[③]:以礼治国,重视制度建设与创新。有关“三礼”之学的学术研究,并不仅仅是细枝末节的修饰和繁

---

① 梁启超:《清代学者整理旧学之总成绩》,北京:商务印书馆,1999 年,第 16 页。

② 章太炎:《章太炎全集》第 4 册《太炎文录初编》卷二《孙诒让传》,上海:上海人民出版社,1985 年,第 213 页。

③ 孙邦金:《晚清温州儒家文化与地方社会》,北京:人民出版社,2017 年。

文缛节的损益，它是一门包罗万象的综合性学问。礼学，既有形而上的“发乎情，止乎礼”的思想辨析—“礼义”；也有形而上之伦理规范——“礼仪”；还有典章制度的安排——“礼制”等，完全可以视其为中国古代社会经济、政治和文化等制度文化的总汇。南宋以及后来的永嘉学者前赴后继地精研礼学，将“三礼”之学的研究，当作永嘉之学的主干或理论基础，已经较为充分地展现了礼学中的制度性资源，代表了中国儒家传统中“制度儒学”的重要面相。孙诒让(1848—1908)，作为著名的清代朴学殿军和教育家而享誉晚清学界，代表了晚清温州学术的最高水平。宋恕作为孙诒让的堂妹夫，曾经这样评价过他的学术贡献与地位：“明百代，精儒墨，所著《周官正义》《墨子间诂》，盖集斯二学最后之大成者，于是温州孙氏乃以文章闻海内外矣！”孙诒让出身书香门第，自幼受过系统的学术训练，远承永嘉经制之学，专重礼学制度的传统，近因乾嘉朴学强调实事求是的征实作风，沉潜专一，在经学(周礼)、小学(文字)、子学(墨学)等方面造诣精深，为世人所推重。他的政治见解与其礼学研究相始终，大都以《周礼》为依托，再广为吸收西方近代政治思想，两相碰撞之后提出了“西政暗合《周礼》”这一特有的中西政治文化观。“处今日而论治，宜莫若求其道于《周礼》”——永嘉经制之学的近代回响。《周礼》为“三礼”之一，亦称《周官》，包括“六官”——天官冢宰、地官司徒、春官宗伯、夏官司马、秋官司寇、冬官司空(《考工记》)等六个各司其职而又融为一体的职官系统与典章制度体系。用现在的话来说，他们的分工大致为：天官主管宫廷，地官主管民政，春官主管宗族，夏官主管军事，秋官主管刑罚，冬官主管营造，涉及社会的方方面面。[①]

五、永嘉学派“两创”愿景之人文精神家园畅想

1. 导入“孔子文化. 刘基文化. ‘永嘉学派’”和合创新

笔者认为，“永嘉学派”具有的“历史局限性”(内修方面较少)，可以通过其“开山鼻祖”王开祖和元末明初刘基文化纵横和合来“弥补”，而且他们都共同尊崇“孔子文化”。

(1)《儒志编》为王开祖(字景山，号儒志)于东山书院讲学语录，当时周敦颐、二程等理学元老之学说犹未大盛，讲学者各尊所闻，虽贤如司马光，犹不免有《疑孟》之作，而开祖独毅然奋起，以讲明圣道为事。王开祖于东山所讲明之“道学”，

① 彭林：《中国古代礼仪文明》，北京：中华书局，2004年，第61页。

为孔孟儒学,当时所讲皆《六经》、孔孟之道,被问及为学之主意时,他说道:“由孟子以来,道学不明,吾欲述尧舜之道,论文武之治,杜淫邪之路,辟皇极之门。”此正为“为往圣继绝学,为万世开太平”之意。然则在开祖那里,述尧舜之道而讲明道学,目的并不仅仅在于学问自身,亦在于将学问转换为现实上有效的政治价值,以开辟出外王经世之事业,而复归于“文武之治”的辑熙雍穆。除了重视孔孟之道学,王开祖亦十分强调践行。他说:“举天下知孔子之言而不行孔子之道,是不知孔子之道也。”受其影响所致,南宋永嘉学者尤重视事功。所以,清代学者全祖望、黄宗羲等人在《宋元学案》评论永嘉学者说:“其学主礼乐制度,以求见之事功。”王开祖东山讲学开创永嘉学术之风气,其后继学者亦创办许多书院,如浮沚书院、仙岩书院、会文书院等,书院培养的门人群体使永嘉学派的传承也具有相当的稳定性。王开祖之后,永嘉学术又得郑伯熊、薛季宣、陈傅良继之,至叶适、蔡幼学、曹叔远等人而极盛,始与朱熹的理学、陆九渊的心学,并列为“南宋三大学派”。

(2)笔者认为,刘基文化的核心价值观《郁离子》应该“倒着读”,其核心思想在《郁离子·九难第十八·难九》篇的“明志愿”,这就是刘基文化的核心价值观。《郁离子·九难第十八·难九》公子曰:“愿闻先生之志。”郁离子愀然曰:“公子!三王既没,孔子道塞。九流杨墨,百家并出。淫辞横说,从横反覆。惨害阴毒,恫疑恐惑,变幻白墨。如飙之发,可使晦日;如水之激,可使漂石。萦纡迴遹,以蟊以贼。此其章章者也。其矫者,则谓天地为蘧庐,黔首为虫蛆,文章礼乐皆不足为,以耀以夸,使人染之如膏,吞之如钩,虚浮谲诡,诞生罔死,舍形索影,慢弃伦理,此皆迷生之曲蹊,蠹世之巨蝎也。方今威弧绝弦,枉矢交流,旬始欃抢,降魄流精,为貙为豻,为蛟为蛇。犬失其主,化为封狼,奋爪张牙,饮血茹肉,淫淫瀰瀰,沉膏腻,穷渊积,骸连太陵,无人以救之,天道几乎熄矣。而欲以富贵为乐,娱游为适,不亦悲乎?仆愿与公子‘讲尧禹之道,论汤武之事,宪伊吕,师周召,稽考先王之典,商度救时之政,明法度,肄礼乐,以待王者之兴’。”

刘基哲学思想,发散在其《郁离子》《覆瓿集》《犁眉公集》《写情集》《春秋明经》等著作中(均收录于《太师诚意伯刘文成公集》),总体上呈现出“辩证唯物主义和历史唯物主义”的“初始萌芽”。概括为下图:

<table>
<tr><td colspan="5">“性诚心明”能应“万事”</td></tr>
<tr><td rowspan="3">历史唯物主义</td><td>明</td><td>（心无不明）</td><td>心</td><td rowspan="3">辩证唯物主义</td></tr>
<tr><td></td><td>刘基
元气论</td><td></td></tr>
<tr><td>性</td><td>（性无不诚）</td><td>诚</td></tr>
<tr><td colspan="5">基于“天地万物”：
《郁离子》中《天地之盗》等18篇寓言散文哲理精髓</td></tr>
</table>

刘基文化哲学思想核心内容图示

刘基的理学伦理思想：概括起来就是四个方面：①道德缘起于“天”。“天者，众物之共父也”；“人也者，天地之分体”。②“天道好善而恶恶”的人性论思想。关于“奸宄多而仁义少”的探源；“性迁于习”。③“心敬则存”的道德修养论。“敬也者，其万事之根本与”；“驱之以利剑，而不为不义屈”。④“化不善之为善”的道德教化论。“人之所以参天地者，三皇为之也”；“夫学也者，学为圣人之道也”。[①]

根据张宏敏《刘基思想研究》认为：

“格物致知”方法论的哲学思想导向：刘基对程朱理学“格物致知”“即物穷理”认知识论推崇与发挥。在《郁离子·物理》篇中，刘基对“格物致知”的“要道”有着自己的解读：“观其著，以知微；察其显，而见隐。此格物致知之要道也。”（《郁离子》第216页）在《赠弈棋相子先序》文中有论：“儒者之道，格物以致其知，贵能推其类也。故观水而知学，观耨田而知治国，善推之而已。”[②]

刘基之“理”：刘基所论之“理”与程朱理学的核心范畴所论之“理”迥然有别。程朱理学是一个以哲学本体论、认识论、道德修养方法论等为主要内涵的完整的学术思想体系。刘基作为传统儒者，并不是严格意义上的理学家，也不是一个创建了自己知识论体系的哲学家。刘基之“理”有“物理”的涵义，即事物自身所具有的本质属性，也就是天性之“理”。“虎豹鹰鹯，日杀物以养其躯，至死不厌；驺虞生草而不折，见生虫而不践。其嗜好不同，出于天性，易之则两死物理然也。”可见天性之“理”，是生命有机体所特有的一种与生俱有的自然属性。

刘基所提之“理”终归于“元气”。刘基的“元气论”体现了一种朴素的唯物主

① 陈谷嘉：《明代理学伦理思想研究》，长沙：湖南大学出版社，2015年，第2页。

② 刘基：《刘基集》，林家骊点校，杭州：浙江古籍出版社，1999年，第66—67页。

义思想。“元气”作为刘基《天说》哲学体系的最高范畴,并非刘基本人的首创。《鹖冠子·泰录》:“天地成于元气,万物乘于天地。”《论衡·谈天》:“元气未分,浑沌为一。”《论衡·言毒》:“万物之生,皆禀元气。”《白虎通义·天地》:“天地者,元气之所生,万物之祖也。”这里,“元气”主要用于指称构成天地万物的原始物质质料,抑或阴阳二气混沌未分的物质实体。董仲舒《春秋繁露·王道》:“王正则元气和顺。”柳宗元在回应屈原《天问》的《天对》篇中认为“庞昧革化,惟元气存”,“元气”乃是宇宙万物的起源。刘基的“元气说”是吸并整合前代学者已有的学术理论,而加以重构的思想观念。除却《天说》篇,刘基在寓言政论集《郁离子》中,多次用“元气”称天地刀物的主宰。有时,刘基的“元气”还是“天地之正气”的代表,天翻地覆元气在,斯人万古其犹龙。”[①]这里的“元气”,可以用孟子笔下的“浩然正气”来解释。

2. 重新构建“内圣外王交相成”《大学》八目认知

作为“内圣外王交相成”核心基础的《大学》里的“八目”理解,也需要创新如下:

<table>
<tr><td colspan="12">一、内圣外王“君子人格”之“一条龙”表达</td></tr>
<tr><td colspan="12">格物、致知、诚意、正心、修身、齐家、治国、平天下</td></tr>
<tr><td colspan="12">二、内圣外王“君子人格”之“四元分法”表达</td></tr>
<tr><td colspan="3">格物、致知</td><td colspan="3">诚意、正心</td><td colspan="3">修身、齐家</td><td colspan="3">治国、平天下</td></tr>
<tr><td colspan="12">三、内圣外王“君子人格”之“二元分法”表达</td></tr>
<tr><td colspan="6">格物、致知、诚意、正心</td><td colspan="6">修身、齐家、治国、平天下</td></tr>
<tr><td colspan="12">四、内圣外王“健朗型君子人格”之“三元和合法”表达</td></tr>
<tr><td colspan="4">格物、致知</td><td colspan="4">诚意、正心、修身</td><td colspan="4">齐家、治国、平天下</td></tr>
<tr><td colspan="12">五、“理学、心学、事功学”和合创新核心价值</td></tr>
<tr><td colspan="4">理学——最大公约数</td><td colspan="4">心学——最强正能量</td><td colspan="4">事功学——最美同心圆</td></tr>
<tr><td colspan="4">现代科技进步</td><td colspan="4">人类精神家园</td><td colspan="4">人类命运共同体</td></tr>
</table>

“永嘉学派”至今,世界经历了“四次工业革命”:第一次,蒸汽机时代;第二次电气化时代;第三次计算机时代;第四次智能化时代。第一次工业革命所开创的“蒸汽时代”(1760—1840 年,至 2022 年已 262 年),标志着农耕文明向工业文明

① 刘基:《刘基集》,林家骊点校,杭州:浙江古籍出版社,1999 年,第 524 页。

的过渡，是人类发展史上的一个伟大奇迹。第二次工业革命进入了“电气时代”（1840—1950 年，至今已 181 年），使得电力、钢铁、铁路、化工、汽车等重工业兴起，石油成为新能源，并促使交通的迅速发展，世界各国的交流更为频繁，并逐渐形成一个全球化的国际政治、经济体系。两次世界大战之后（1945 年，至今已 76 年）开始的第三次工业革命，更是开创了“信息时代”（1950—），全球信息和资源交流变得更为迅速，大多数国家和地区都被卷入到全球化进程之中，世界政治经济格局进一步确立，人类文明的发达程度也达到空前的高度。第三次信息革命方兴未艾，还在全球扩散和传播。

中国近代史上，从“格致学”（Physics～Science）的由来，可见一斑：1874 年，徐寿（1818—1884）与傅兰雅傅在上海创办格致书院，创办中国最早自然科学期刊《格致汇编》。国内 1886 年译著《格致小引》，1889 年《格物入门》出版。京师大学堂（创办于 1898 年，第一所国立大学），1902 年在格致科下设物理学，1912 年改格致科为理科，下设物理门；同年金陵大学设物理学课目；1918 年商务印书馆出版《物理学》（中国第一本命名《物理学》著作）。1927 年以后，量子场论、原子核物理学、粒子物理学、天体物理学和现代宇宙学，才迅速发展。

由此可见，当时“永嘉学派”和“刘基文化”对“格物致知”的真知灼见，闪烁着“真理的光芒”。

3. 倡导对“理学、心学、事功学”和合创新之大胆畅想

助力构建“人类命运共同体”精神家园人文标识：从历史脉络重新拓展“永嘉学派”“两创”核心价值。“见道最早”的王开祖，是“永嘉理学之开山祖”，首创性开拓“儒志道学”思想新境界。根据相关史料介绍，王开祖（约 1035—1068），字景山，世称儒志先生，永嘉县城（今温州市鹿城区）人，宋皇祐五年进士，任秘书省校书郎，处州主簿。后辞官回乡，在东山书院讲学授徒，从者数百。学者称为“永嘉理学之开山祖”。在整个理学发展史上，王开祖属于最早的提倡者之一，因此全祖望称他“见道最早”，而后来永嘉学术的繁荣，其实也由王开祖奠定了基础。南宋永嘉学者陈谦对王开祖的评价非常高，在其《儒志学业传》中，称王开祖为永嘉理学的“开山祖”，云：“当庆历、皇祐间，宋兴未百年，经术道微，伊洛先生未作。”

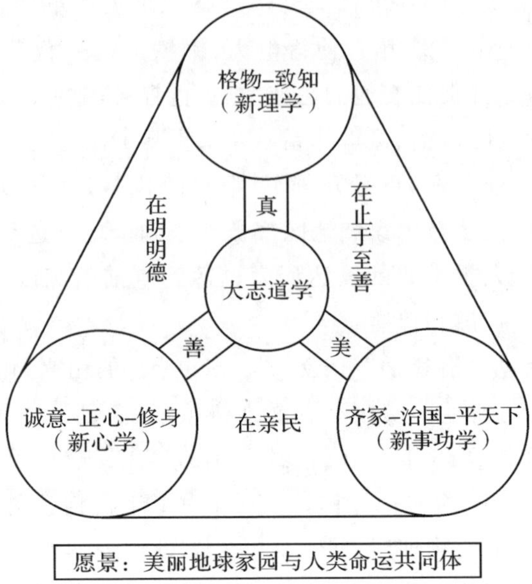

笔者对“永嘉学派‘两创’”的思维逻辑“创意图”

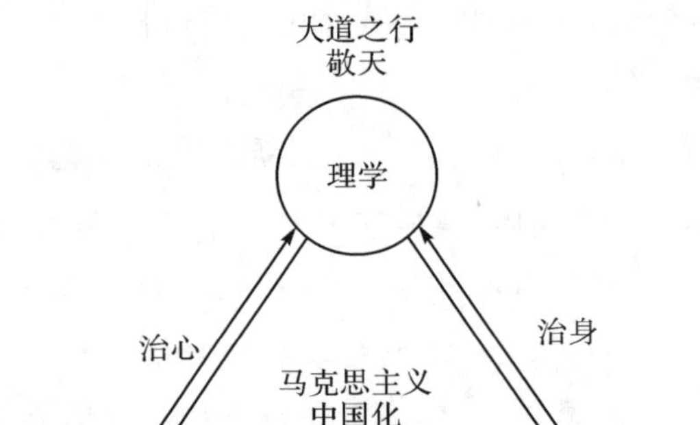

笔者对“刘基文化+永嘉学派‘两创’”“愿景图”

4. 倡导“六经”重建共同“人文信仰”

从价值观的角度说，中华民族的核心价值观，主要体现在儒家经典中。“重建共同的‘人文信仰’”，主要是就儒学而说的。因为只有儒学这种历史底蕴，才有可能成为“民族人文信仰”。而要解决中国目前的“信仰迷失”“价值困惑”，除了坚持马克思主义的“政治信仰”之外，还要以儒家经学为平台，重建共同的“民族人文信仰”。(姜广辉主讲《新经学讲演录》第283页)“六经”，是中华传统文化之源。早在1900年前，班固《汉书艺文志》就说，诸子百家“亦六经之支与流裔”。诸子百家只是“流”，不是“源”。六经之所以重要，在于它是中华民族核心价值观的集中体现。我们讲“中国思想史”，可以把它分作两个大阶段：第一个是先秦时期，叫“元典时代”；第二个是汉以后，叫“经学时代”。元典时代，既包括“六经”的元典，也可以扩大一点，包括诸子百家的元典。同时，“六经”不仅是儒学的“源”，也是诸子百家的源。它是整个中华文化的源头。[①]

六经”的文献特点。六经中，《尚书》从尧、舜讲起，《春秋》写到孔子的晚年。《尚书》中所载尧、舜的事迹，虽然是传说，但还是有历史的影子在。从尧、舜到春秋末期，差不多有1700年。这意味着“六经”传的历史是1700年。在这1700年间，有关于兴衰治乱的许多经验和教训。“六经”跟其他民族的经典相比较的特点：第一，“六经”强调人与人的关系即“角色伦理”。[②] 第二，“六经”具有信史的资质。古巴比伦的《吉尔伽美什史诗》、古印度的《罗摩衍那》和《摩诃婆罗多》史诗、古希腊的《荷马史诗》、基督教的《圣经》、伊斯兰教的《古兰经》，看那些史诗和经典中的英雄，如何周旋于神、人、魔、怪等不同世界中，那些神话故事非常引人入胜，但它不是“信史”，只可以当神话故事来看。但是，“六经”中的每一部经，都有“信史”的资格。在荀子看来，“六经”是那个时代学问的总括，是天地古今之间真实的而非虚构的学问。第三，“六经”是原生文明的载体。世界上其他古代文明都早已中断，只有中华文明没有中断。所以，中华文明是原生文明，“六经”正是这种原生文明的载体。一个原生文明一直发展下来，它在历史的长河中之所以没有被放弃，没有被淘汰，就是因为它有合理性的内核。这种生存之道，用周详的礼俗加以强化，最终形成了以“礼俗”“礼制”“礼仪”为综合体的文明体系。这一文明体系，虽然屡屡遭到蛮族的威胁、破坏，但始终没有被改变，此即所谓“用夏变夷”而非“用夷变夏”。而在古代西方，文明国家被入侵、打败的事情屡见

① 姜光辉：《新经学讲演录》，北京：中国社会科学出版社，2020年，第39页。

② 同上，第47页。

不鲜。在这种情况下,原生文明就很难被保留下来。(姜广辉主讲《新经学讲演录》第48页)。“六经”是华夏民族原始心理的自然表露。后世之所以愿意尊“六经”为经典,并不是仅仅因为周公、孔子等少数哲人的提倡或后世统治者的诱导,而是大多数人依恋这个传统,喜欢这个传统,需要这个传统。

5.倡导“健朗型君子人格(新儒道精神)”

深刻学习“古代君子六艺”基本概念。中国古代儒家要求学生掌握的六种基本才能:礼、乐、射、御、书、数。出自《周礼·保氏》:“养国子以道,乃教之六艺:一曰五礼,二曰六乐,三曰五射,四曰五驭,五曰六书,六曰九数。”

“古代君子六艺”具体内容。“五礼”:吉礼、凶礼、军礼、宾礼、嘉礼。“六乐”:云门、大咸、大韶、大夏、大濩、大武等古乐。“五射”:古代射之五法,谓白矢、参连、剡注、襄尺、井仪。白矢,箭穿靶子而箭头发白,表明发矢准确而有力;参连,前放一矢,后三矢连续而去,矢矢相属,若连珠之相衔;剡注,谓矢行之疾;襄尺,臣与君射,臣与君并立,让君一尺而退;井仪,四矢连贯,皆正中目标。“五驭”:古代驭车的五种方法,谓鸣和鸾、逐水曲、过君表、舞交衢、逐禽左。《周礼·地官·保氏》:“乃教之六艺……四曰五驭。”谓行车时和鸾之声相应;车随曲岸疾驰而不坠水;经过天子的表位有礼仪;过通道而驱驰自如;行猎时追逐禽兽从左面射获。“六书”:古代六种造字用字法,即象形、指事、会意、形声、转注、假借。“九数”:古代数字上九种算法。方田、粟布、差分、少广、商功、均输、盈朒、方程、勾股;九数即九九乘法表,古代学校的数学教材。

深刻学习“古代君子六艺”的现代创新实践。国际新六艺 Internationalized New Six Arts,即“孔裔国际新六艺”,是孔令涛先生在系统研究孔子教育理念和哲学思想,比较中西方教育优势的基础上,创造性提出的全新教育理念。是孔裔国际教育集团为中国培养适应未来全球化激烈竞争、引领世界和谐发展的精英之才,而设计的国际化教育目标和运作模式。“孔裔国际新六艺”的创举,将使“孔子六艺”在两千五百年后重放光芒。

锻造“健朗型君子人格”路径(参考“孔裔国际新六艺”)

礼:道德准则和价值观念等系列	包括道德修养、法制观念、自我管理、礼仪文化等。教育学生遵守人类普适的道德准则和高尚的价值观念,具有高度的自律性。
乐:艺术修养之大成等系列	包括音乐鉴赏、诗歌绘画、戏剧表演、声乐表演、舞蹈表演、美工设计、电影赏析等。

续 表

射：项目竞技和团队竞技等系列	培养技能，养成强身健体的本领与习惯，传授学习竞技之道，全面提高身体素质和团队合作精神。
御：驾驭力等系列	包括领导力、自信心、自律性、策划—创新—执行力、社交能力和团队合作。
书：东西方文化交流、古今文化融合以及人文科学等系列	具备丰厚的文化底蕴、知识涵养。包括东西方文化、区域文化、国学经典、文学赏析、历史、哲学、语言（中文与英文）及书画艺术。
数：自然科学和理性思维等系列	包括逻辑判断、分析力、推断力、想象力、运筹学，以及计算机知识、现代科技知识学习技巧，还有生存、生产、生活能力，学业规划和升学指导。

6. 锚固"'永嘉学派'、孔子文化、刘基文化"等文宣文旅主阵地

"'永嘉学派'、孔子文化、刘基文化"的和合"两创"，是有效占领"马克思主义中国化"意识形态主阵地之一，对于"人类命运共同体""天下贵大同"理念整体性走向世界，具有深远意义。为此，建议对相关的物理空间场馆进行整体谋划和国际化推介。如建设"永嘉学派纪念馆"，数字化整合贯联温州府学文庙展示馆（府学巷及县学前）、东山书院（中山公园积谷山东麓）、温州孔庙（龙湾沙城）、叶适祠（鹿城惠民路横渎）、陈傅良祠（瓯海仙岩）、国家级文保.玉海楼（瑞安孙冶让故居）、刘基故里5A景区（文成）、南怀瑾书院（三垟湿地公园）、和合书院（龙湾在建）等文化设施场地，让社会各界在"潜移默化"和各类海内外学术交流活动中，弘扬中华民族"文化自信"。

尤其是温州府学文庙展示馆，原址是"温州府学"的前身，是东晋太宁年间（323—326）建立的"永嘉郡学"，初设于华盖山麓（即现在的"县学前"的温州军分区大院内）。北宋真宗天禧三年（1019）迁至今址。这是"浙江省地方发展史上，最早的一所府学"，在整个浙江教育发展史上具有重要地位。在其引领下，历史上温州曾经建立过近千所书院、社学、卫学、私塾、学堂等，培养了1986名文科进士和数以万计的举人和秀才，其中包括8位文状元和19位武状元。特别是在南宋，其以薛季宣、陈傅良、叶适为代表的门人弟子，开创了"永嘉学派"。近代温州府学堂、永嘉县学堂等一批新式学堂，也是依靠这里的力量筹办而来；现代的著名大学校长、院士、数学家，也都与这里有着不解之缘，是温州古代文化、近代文明的真正源头之所在。

综上所述，本文参考基于"流动空间＋物理空间"的"温州国土空间'多规合

一'规划"的思维方式,跳出温州研究"永嘉学派",跳出"永嘉学派"研究"永嘉学派"。新时代新征程新作为,"敢为天下先"的"世界温州人"完全有底气有信心有能力,更加有中华民族特有的百折不挠的"顽强韧劲",以"永嘉学派'两创'"为人文地标,拉高标杆、提升质效,探索"引领性研究成果",锻造国际化"文化符号和文化标识",擦亮"文化标识",激扬精神力量,在温州这片"文化高原"上,构建"文化高峰、精神地标"。我们一定要倍加坚定"四个自信",强化"顶层设计"及系统整合思维,充实"温州学"研究内涵,深度挖掘并拓展"永嘉学派"深厚内涵与广阔外延,以更加厚实的"文化力量",推动高质量跨越式发展,在人文精神家园建设方面,努力锻造国际人文标识,为中华民族伟大复兴"中国梦",贡献人文精神家园建设及意识形态方面的智慧和力量。

(程庆国,男,1963年生,汉族,中共党员,籍贯温州,温州市自然资源和规划局三级调研员,国家注册城乡规划师,高级工程师)

主要参考书目及刊物:

[1] 马中.中国哲人的大思路[M].西安:陕西人民出版社,1993.
[2] 蒲创国.天人合一正义[M].北京:中华书局,2015.
[3] 郑涵.中国的和文化意识[M].上海:学林出版社,2005.
[4] 张立文.和合学——21世纪文化战略的构想(上下卷)[M].北京:中国人民大学出版社,2016.
[5] 杨泽波.儒家生生伦理学引论[M].北京:商务印书馆出版,2020.
[6] 姜广辉.新经学讲演录[M].北京:中国社会科学出版社,2020.
[7]〔战国〕曾参,子思.大学中庸[M].西安:陕西旅游出版社,2006.
[8] 郭齐勇.中国思想的创造性转化[M].上海:上海教育出版社,2018.
[9] 李景林.教化儒学续说[M].北京:中国社会科学出版社,2020.
[10] 陈来.儒家文化与民族复兴[M].北京:中国书局,2020.
[11] 郭沂.中国之路与儒学重建[M].北京:中国社会科学出版社,2013.
[12] 刘绪.中国的儒学统治——既得利益抵制社会变革的典型事例[M].叶巍,译.北京:中国人民大学出版社,2014.
[13] [英]凯伦.阿姆斯特朗.轴心时代[M].孙艳燕,白彦兵,译.上海:上海三联书店,2019.
[14] 张国刚.资治通鉴与家国兴衰[M].北京:中华书局,2016.
[15] 牟钟鉴.君子人格六讲[M].北京:中华书局,2020.
[16] 王宏广等.填平第二经济大国陷阱——中美差距及走向[M].北京:华夏出版社,2018.
[17] 詹石窗.新编中国哲学史[M].北京:中国书店,2002.

[18] 张立文.中国哲学逻辑结构论[M].北京:中国社会科学出版社,2002.
[19] 朱康有.中华优秀传统文化与马克思主义[M].重庆:重庆出版社,2019.
[20] 叶舟博士.国学九家智慧[M].南宁:广西科学技术出版社,2008.
[21] 龙晶.太极之音——中国文化复兴之路[M].北京:中国社会科学出版社,2019.
[22] 王雅.孔子哲学——中华本原文化概论[M].北京:人民出版社,2014.
[23] [美]郝大维,安乐哲.孔子哲学思微[M].蒋弋为,李志林,译.南京:江苏人民出版社,2018.
[24] 盧雪崑.孔子哲学传统——理性文明与基础哲学[M].台北:里仁书局,2014.
[25] 刘远东.太极辩证法——现代太极哲学的构建[M].北京:九州出版社,2018.
[26] 明赐东.太极图揭秘[M].成都:四川大学出版社,2009.
[27] 杨成寅.太极哲学[M].上海:上海世纪出版集团学林出版社,2003.
[28] 钱惕明.太极内功心法全书(上下卷)[M].北京:人民体育出版社,2008.
[29] 蒋成博.气功:气的综合修炼功夫——气功的基本思想和方法[M].北京:中医古籍出版社,2017.
[30] 中国传统文化经典文库.黄帝内经[M].西安:陕西旅游出版社,2003.
[31] 张立文.宋明理学研究(增订版)[M].北京:中国人民大学出版社,2016.
[32] 陈来.宋明理学[M].北京:北京大学出版社,2020.
[33] 钱穆.宋明理学概述[M].北京:九州出版社,2020.
[34] 冯茜.唐宋之际礼学思想的转型[M].北京:生活·读书·新知三联书店,2020.
[35] 周建刚.周敦颐与宋明埋学[M].北京:中国社会科学出版社,2018.
[36] 陈义初.二程与宋学[M].上海:华东师范大学出版社,2013.
[37] 李敬峰.二程门人[M].北京:中央编译出版社,2020.
[38] 李敬峰.二程后学研究[M].北京:中国社会科学出版社,2020.
[39] 王巧生.二程弟子心性论研究[M].武汉:湖北人民出版社,2016.
[40] 王宇.永嘉学派与温州区域文化[M].北京:社会科学文献出版社,2007.
[41] 陈安金,王宇.永嘉学派与温州区域文化崛起研究[M].北京:人民出版社,2008.
[42] 陆敏珍.宋代永嘉学派的构建[M].杭州:浙江大学出版社,2013.
[43] 周梦.叶适与永嘉学派[M].杭州:浙江古籍出版社,1992.
[44] 王浦,赵滕.两宋功利思想研究[M].北京:中国社会科学出版社,2020.
[45] [美]田浩.功利主义儒家——陈亮对朱熹的挑战[M].姜长苏译,南京:江苏人民出版社,2012.
[46] 陈永霖,武小平.宋代温州科举研究[M].杭州:浙江大学出版社,2017.
[47] 陈谷嘉.明代理学伦理思想研究[M].长沙:湖南大学出版社,2015.
[48] 方坚铭.'永嘉场'地域文化研究——以明代永嘉场为考察中心[M].杭州:浙江大学出版社,2012.

[49] 孙邦金.晚清温州儒家文化与地方社会[M].北京:人民出版社,2017.
[50] [明]刘基.刘基集[M].林家骊点校.杭州:浙江古籍出版社,1999.
[51] [明]刘基.刘基文选[M].裴世俊等,选注点评.苏州:苏州大学出版社,2001.
[52] [明]刘基.郁离子[M].张宏敏等,笺校.杭州:浙江大学出版社,2019.
[53] 张宏敏.刘基思想研究[M].杭州:浙江人民出版社,2011.
[54] 俞美玉.刘基文化现代价值研究[M].北京:人民出版社,2011.
[55] 何向荣.刘基与刘基文化研究[M].北京:人民出版社,2008.
[56] 俞美玉.刘基研究资料汇编[M].北京:人民出版社,2011.
[57] 毛文凤.刘伯温传[M].长春:吉林出版集团,2016.
[58] [明]刘基.百战奇谋[M].王伶编译.西安:三泰出版社,2008.
[59] 姜正成.帷幄奇谋——刘基[M].北京:海潮出版社,2015.
[60] [明]刘基.刘伯温百战奇谋[M].司马乘风演绎,海口:三环出版社,1991.
[61] 毕英春,胡一华.刘基与朱元璋[M].西安:西北出版社,2005.
[62] 杨讷.刘基事迹考[M].上海:上海世纪出版公司,2017.
[63] 丽水师专刘基研究所,文成刘基研究会.刘基文化论丛[M].延吉:延边大学出版社,2002.
[64] 文成县文化广电新闻出版社.刘伯温传说[M].杭州:浙江人民美术出版社,2017.
[65] 俞美玉,何伟.刘伯温家族史研究[M].杭州:浙江文艺出版社,2016.
[66] 杨英杰等.初心之源:中国共产党的传统文化基因[M].北京:清华大学出版社,2019.

浅谈永嘉学派思想对当代温州教育的影响

郑晓錀

摘　要：本文阐述了永嘉学派的叶适及孙诒让的教育思想的概貌，温州教育的突飞猛进与之是一脉相承的，与叶适息息相关的，乃至温州民办教育的异军突起也是先辈的影响。

关键词：温州；永嘉学派；教育思想；温州教育

两宋时期，温州出现了前所未有的繁荣。北宋绍圣年间，苏轼的诗友杨蟠任温州知州，曾作诗赞吟："一片繁华海上头，从来唤作小杭州。水如棋局分街陌，山似屏帷绕画楼。"当年的温州城区，号称小杭州，在宋代，温州成为一个具有水乡色彩的棋盘布局的城市，是海上贸易的良港。北宋末年，中原战乱连年，人民大批陆续南迁，不仅充实了温州的劳动力，而且带来北方先进的文化技术，更加促进了温州农业、手工业和商业的进一步发展。特别是在南宋南渡迁都临安（今杭州）之后，温州更成为近水楼台。随着政治、经济、文化中心南移，北方的儒士逐渐南下，更由于商品经济发达，通商口岸的开放，温州的文化、教育、艺术事业蓬勃发展，人才辈出，文风鼎盛，进入了首个辉煌期。其中温州南戏，声情并茂，风靡神州。永嘉学派的创立，更是奇峰突起，与朱熹的道学、陆九渊的心学，成三足鼎立之势。

如果说北宋温州尚处于文化版图中不起眼的边缘一角的话，那么南宋温州则迎来了一个学术文化极大繁荣、科举成就傲视全国的黄金时期，永嘉学派则是这种辉煌的标志。永嘉学派，又称"事功学派""功利学派"等，是南宋时期在浙东南永嘉地区形成的的一个儒家学派，是南宋浙东学派中的一个先导学派。永嘉学派以北宋温州学者王开祖和周行已、许景衡等为源头，开创者薛季宣，继之者陈傅良，集大成者叶适，由于这些发祥传播的代表人物均为永嘉人，故名。在哲学思想上，永嘉学派认为充盈宇宙者是"物"，而道存在于事物本身（物之所在，道则在焉），其最大的特点是提倡"经世致用"的功利之学，提出"以利和义，不以义抑利”的“事功”思想，主张利与义的一致性，反对理学和心学空谈义理，不务实际。强调实践的重要性，提出义理不能脱离功利，反对陈腐的观念，不迷信权威思想，不讲究来历依据，不袭用前人做法，积极倡导勇于独立思考，勇于开拓创新，勇于追求功利。这种“东方的实用主义”思想，对其发祥地温州更有着直接广泛而深刻的浸润。永嘉学派的崇实、重商、创新、变通的事功之学成为“敢为天下先”的温州精神的历史源头。永嘉之学的根本是“经世致用”，其意在于研究“经义”和“经制”，目的在于“治事”，因此，它不做空洞的玄学讨论，不发迂阔的议论，提倡“讲实事、究实理、求实效、谋实功”。这种崇实精神反映温州人身上乃是埋头苦干而不大关切外界的看法和评论的崇实精神，一直自强不息，一往无前。然而这种崇实精神往往走了样，总是表现为以“自我”为中心的实惠实利，世俗化倾向严重，责任意识淡薄。此外，由于过分讲实效，相当一部分人处事过于灵活，甚至投机钻营，从小我、从个人实惠、从短期利益来考虑问题。

南宋以前的永嘉一带，由于三面环山，一面临海，林壑幽深，海盗出没，被中原内地称为南蛮之地。但南宋以后，随着政治中心的南移，带来了经济社会的发展和学术思想的繁荣，商品贸易日趋活跃，温州逐渐成为东南地区重要的工商贸易城市。随着农业耕作技术的改进，粮食作物产量逐渐提高，蚕桑、果树、甘蔗、蔬菜等农副产业不断发展，水利、造船、造纸、制瓷、纺织等手工业也蓬勃发展。盐、茶叶、瓯柑、陶瓷、漆器等成为温州特色产品流向国内外市场，一批富有的工商业主和拥有大量土地的地主相继诞生。物质的富有推动了文化的迅速发展，当时的地方书院和私人学塾如雨后春笋般地崛起，富家子弟求学进仕、追求功名蔚然成风。据有关资料统计，仅宋一代，温州有文科进士 1371 人，武科进士 374 人，《宋史》立传者 36 人；永嘉有进士 563 人，芙蓉村有同朝的“十八金带”，豫章村有“一门三代五进士”，溪口村有“一门六进士”。温州与永嘉分别有“东南邹鲁”和“溪山邹鲁”之称。同时，以薛季宣和陈傅良为代表的永嘉先贤们把中原学术和文化带到永嘉，并经过传承、发展，形成了自己的思想流派——永嘉学派。但是，南宋朝廷苟且偷安于半壁江山，时有灭亡的危险。当时永嘉学派的志士们，强烈地感受到了民族危亡的危机，他们结合当地社会发展的客观实际，一边探索富国安邦的应对之策，一边提出反对空谈义理，积极研究和解决问题，反对当朝者苟安求和，主张抗金和收复故土。忧国忧民甚切，在政治态度、思想学术和观念与当时占统治地位的程朱道学作彻底决裂，独树一帜，旗帜鲜明地极力宣扬和提倡事功之学。也就在这种环境里，在商品经济繁荣发达的瑞安，青年叶适深深地认识到了工商业对社会发展的重要作用，直面淋漓反对传统的“重农轻商”思想。嘉定元年(1208),叶适举家迁居至永嘉水心村(现为温州鹿城区),深居简出,潜心研究学术,直到嘉定十六年(1223)逝世。在这16年间,叶适进一步研究了永嘉事功之学,他不仅继承了薛季宣、陈傅良的事功思想,还吸收了以陈亮为首的“永康学派”和以吕祖谦为代表的“金华学派”的事功之学,逐步建立了“永嘉学派”的事功学说体系,真正成为“事功之学”的集大成者。“永嘉学派”的“事功之学”学术思想强调:

首先,“道不离器”是格物之本,为学务实,关心世事;“读书不知接统绪,虽多无益也;为文不能关政事,虽工无益也;笃行而不合于大义,虽高无益也;立志而不存于忧世,虽仁无益也”。一切空谈义理皆无益也。

其二,在政治和教育上,“学与道合,人与德合”,“实政与实德双修”,杰出人物的“实德”是在“实政”的活动中培养出来的,“讲实理,育实才而求实用”。

其三,在伦理方面是“义利双行”,即“道义”与“功利”相结合,“古人以利与人,而不自居其功,故道义光明,后世儒者行(董)仲舒之论,既无功利,则道义乃无用之虚语耳”,“以利和义,不以义抑利”。

“道不离器、为学务实”,就是地地道道的唯物论者,尊重物质的第一性,是“求真务实”的先行者;

“实政与实德双修”就是强调执政者注重“德”字为上,执政为民;

“义利双行”就是要以人为本,没有“利”,就无从谈“义”;

“通商惠工,以国家之力扶持商贾,流通货币”,就是提倡发展是硬道理,发展是第一要务。

一言以蔽之,“功事之学”于今仍有指导意义,“永嘉学派”仍需我们后人发扬光大。

那么,永嘉学派的教育思想如何呢?

在南宋时期,国家处于生死存亡的关头,教育状况堪忧。当时学术界和教育现状是:理学家大谈所谓“醇儒”和“道学之士”,以心性教育为宗旨;在朝廷上仍然强化科举制度,对真正的人才未能给予重视。永嘉学派学者关注教育,提出了各种具有特色的主张,在众多的学者中以叶适最为突出。他有着非常丰富的教育思想,而且处处体现出事功精神。叶适的教育思想主要包括经世的教育目的。教育的目的为何?为经世还是做一个“醇儒”?对这个问题的回答是区别事功学者与正统理学的主要标志之一。事功学者无不以经世为目的,叶适在《赠薛子长》文中说:“读书不知接统绪,虽多无益也;立志而不存于忧世,虽仁无益也。”

经世目的首先体现在对人才的培养方面。叶适把人才与国家的命运前途相联系,他说:"人才之用,必常与其国其民之命相关,治乱兴衰之所从出也。"[①]在对历代王朝兴衰的历史进行分析之后,得出人才决定国之兴衰的结论。叶适说:"求天下豪杰特起之士,所以恢圣业而共治功。"(《水心别集》卷十三,《外稿·制科》)"共治功"是叶适一生的追求。人应该参与治理国家的事务,并通过治功来实现自己的价值。对于人才,叶适要求他们要具有"其规营谋虑,无一身之智而有天下之义,无一时之利而为万世之计"[②]的胸襟。义与利是关乎国家的"大利"、"大义"而非个人的"私利",作为真正的人才,要具有包容天下的心胸气度,有报国的豪杰精神。选拔人才的责任,叶适认为在于君主。他说:"君道在乎起天下绝类之才,以教之。"君主不仅要选拔人才,而且要负责教化。在《上执政荐士书》一文中,叶适表达了自己对人才的渴望,他认为:"国家之用贤才,必如饥渴之于饮食,诚心好之,求取之急惟恐不至,口腹之获惟恐不尽。及其醉饱之余,嗜好衰息,方复调适众味,和剂八珍,祈恳而后进,勉强而后餐,其不弃去者寡矣。故上有失士之患,而士有不遇时之悲,至使官职临阙,治功陵夷,雅俗隳坏,遗风不接,由其始用之非诚心,善人之类遭厌薄而散漫也。"为了更好地选拔真正的人才,叶适摒除了派系之间的成见,力荐了34人。叶适分析了凭资格用人的由来,指出:"无有流品,无有贤否,由出身而关升……资深者叙进,格到者次迁而已矣。若是而欲以举贤才。起治功,其可得乎!"[③]他认为,选拔"材智贤能"之士是教育的重点,并且认为:"图谋大事,莫先人材。"[④]而这种人才必然具有"其规营谋虑,无一身之智而有天下之义,无一时之利而为万世之计"[⑤]的特点,能够承担起"恢圣业而共治功"的重任。

在对人才进行施教的内容上,叶适打破限制,提倡施以广博的教学内容。在《进卷》中,叶适系统论述了施教的内容,涉及纲纪、治势、国本、民事、法度、财计、军旅、纪制、官法、士学、学校、科举、铨选、资格、赋税、役法等许多方面。叶适还十分重视艺能,提倡学艺能以理百事。在《习学记言序目》中提出:"古人未有不先知稼穑而能君其民以使协其居者。"虽然他并不主张学生一定要直接去从事耕作、操练艺术,但认为这些知识是佐治人才必须知晓的学问,是培养人才进行教育的重要内容。温州人才辈出与之教育思想的一脉相承是分不开的,血液里流

① 叶适,《习学记言序目》卷三九《唐书》二,叶宷编,北京:中华书局,1977年,第576页。

② 叶适,《水心集》卷三《进卷·士学上》,北京:中华书局,民国石印本。

③ 叶适,《水心集》卷一二《外稿·士学上》,北京:中华书局,民国石印本。

④ 叶适,《水心集》卷一《上宁宗皇帝札子二》,北京:中华书局,民国石印本。

⑤ 叶适,《水心集》卷三《进卷·士学上》,北京:中华书局,民国石印本。

淌着祖先的教育基因。因此其教育思想对后世影响较大！

叶适的教育目的与当时理学家们不同。“二程”、张载、朱熹、陆九渊等人，培养人才大多以“成圣”为目的。“二程”说：“人皆可以至圣人，而君子之学必至于圣人而后已。不至于圣人而后已者，皆自弃也。”[①]朱熹也说：“学者大要立志，才学，便要做圣人是也。”[②]陆九渊则说：“上是天，下是地，人居其间，须是做得人，方不枉了。”[③]可见理学家坚持的是“学必至于道而后用”，叫人成圣、成德，成就完美的现实生命意义。叶适批评了理学家这种施教目的，他说：“至后世之学，乃以充备盛德为圣人，废其材，更其质，一施天下之智愚贤不肖，必至于道而后用之，是何其与皋陶异指耶！”[④]因为学者禀赋之不同，则离皋陶之施教方法相去甚远，正确的方法应该是因人而异、因人施教。而理学家的目的是使人远离现实，专于“内圣”之法，“明体”过程之长无利于事功。况且“明体”是个终生的目标，而现实国情却时刻需要有为的人才。人才固难成就，但是人们通过后天努力是可以达到的，因此叶适说：“学非一日之积也，道岂一世而成哉？理无形也，因润泽浃洽而后著，此《兑》之所以贵讲习也。”[⑤]充分说明形上的理必须经过形下的现实的润泽才能得到充实。当然，叶适的教育思想并非忽视对人的德性培养，只是在当时的情境下需要的不是学者们的束书上观，而是对国事的切实关注而已。这种教育思想对温州教育影响甚大，因材施教，人尽其才！

在教学方法上，叶适有许多创新。叶适重视经典，认为“古今成材者，其高有至于圣；以是书也”，强调“材之高下，固书之浅深系焉”。[⑥] 他认为，古代经典是教育的基础，但是仅仅依靠书本上的知识还不够，应该注意外界的事物，作到“内外交相成”，使所学的感性知识上升为理性认识。叶适认为学问不应泥古，‘而应有所发挥，有所创见，“师虽有传，说虽有本，然而学者必自善，自善则聪明有开也”[⑦]。重视思考的作用，强调自己的独见和“师心”之重要。他说：“夫力学莫如求师，无师莫如求心。”[⑧]“师心”主要是要发挥为学的主观能动性，克服各种困难达到目标。如“泉之在山，虽险难蔽塞，然而或激或止。不已其行，终为江海者，

---

① 宋程颢，程颐：《二程全书.遗书》卷二五，朱熹编，四库全书，第 4 页。

② 朱熹：《朱子语类》卷八，黎靖德编，北京：中华书局，1986 年，第 134 页。

③ 陆九渊：《陆象山全集》卷八，北京：中华书局，1992 年，第 28—29 页。

④ 叶适：《水心集》卷九《六安县新学记》，北京：中华书局，民国石印本。

⑤ 叶适：《水心集》卷二九《长溪修学记》，北京：中华书局，民国石印本。

⑥ 叶适：《水心集》卷十《叶岭书房记》，北京：中华书局，民国石印本。

⑦ 叶适：《水心集》卷二九《题薛常州论语小学后》，北京：中华书局，民国石印本。

⑧ 叶适：《水心集》卷一二《送戴许蔡仍王汶序》，北京：中华书局，民国石印本。

盖物莫能御,而非俟夫有以导之也"[①]。"师心"发挥主动性才是成功的关键,"求其心而已,无师非所患"[②]。叶适关于"求师"与"求心"的论述,说明了他对独立思考学习的主动性的重视。在叶适一生的学术研究中,一直坚持的就是这个原则,不囿陈说、不守成见,完全依赖于自己的研究思考而得出结论。

叶适还主张把"读书明道"与"自善其学"的创新精神结合起来。他与弟子陈耆卿的一段对话可以说明对创新的重视程度。据吴子良《林下偶谈》记载:"水心与贫窗(陈耆卿字与号)论文至夜半……因问贫窗:'某文如何?'时案上置牡丹数瓶,窗曰:'譬如此牡丹花,他人只一种,先生能数十百种,盖极文章之变也。'水心曰:'此安敢当。但譬人家觞客,或虽金银器照座,然不免出于假借;自家罗列仅磁缶瓦杯,然却是自家物色。'"这段话生动地再现了师生之间互相问答的情景,说明叶适治学重在自己独见,而非剽窃别人的严谨态度。叶适要求学生如此,本人一生之著述也无不贯穿着创新的原则。其学、其思都是经过亲自研读经典而后得出的,从无空言。叶适的教育观具有开放性、包容性。同时,他非常重视知识的交流,认为圣人也是需要交流才成就学问,他说:"《记》称'独学而无友则孤陋而寡闻',诚是。然择友最难,有通国旷世而不获者矣。孔子曰:'三人行,必有我师焉,择其善者而从之,其不善者而改之。'故造次颠沛皆道所在,而无难求难得之患,圣人所以能终其身于学而不厌,由此也。"(《习学记言序目》卷十三,《论语·述而》)选择志同道合之友困难,但是一直好学必可以使知识精进不已,同时不同学派、不同身份的人之间可以互通有无。叶适打破门户之见,汲取于百家学问加之自己的政治活动实践,因而得出了一些具有现实意义的见解。

叶适的士人价值观,反映出其事功学并非一味排斥义理性命之学,而是主张读书人要具有精神追求,这个追求目标必须通过道德修养才能完成。同时,必须注意的是,尽管叶适强调了读书人追求精神境界的重要性,但叶适更注重的是"义理与事功"不分,即读书人在保持独立人格的同时必须把自身与国家的兴衰系为一处,以"天下兴亡,匹夫有责"的胸怀和气度担当起报国的责任。这也正是我们温州教育思想的延续!

永嘉学派孙诒让的教育思想对温州教育也有非常重要的影响。

在科举制废除后,旧有的教育体制被打破,新的教育体制尚未形成,此时的教育界成为思想自由的空间。以前从未涉足教育界的孙诒让便抓住时代赐予的良机,毅然走上了教育救国的道路,并且撑起了浙南教育的一片蓝天。从 1903

---

①② 叶适:《水心集》卷一二《送戴许蔡仍王汶序》,北京:中华书局,民国石印本。

年他创始办学到1908年逝世的十年间，总共创办三百多所学校。他在向西方学习过程中认识到“西国教员多为师范出身，故胸有成竹”，于是又开始创办初级师范学校，并筹建师范教育研究会，对师范教育作进一步的探索。从1906—1908年，他先后捐建或集资兴办270多所学校，成为当时教育界的一大成就。今天的温州民办教育如此发达与此思想是一脉相承的，也是紧密相连的。

孙诒让主张普及教育。在他拟定的《温处学务分处暂定学堂管理法》中提出：“国民之智愚贤否，关国家强弱盛衰。初等小学本应随地广设，使邑无不学之户，家无不学之童。”而普及教育又应从官吏开始。他提出“欲求全国无不受教育之民，必先求无不受教育之官吏”。(《学务本义》)他提议清政府明文规定，十年之外，非京师大学堂毕业者，不得为知府；非各省中学以上毕业者，不得为州县。十年之内，因京师大学堂和各省中学名额有限，一时不能满足这一要求，可采取变通办法，即开设“吏治简易学堂”，通过短期进修方式，让官吏接受新式教育。

孙诒让还重视师范教育，注重师资队伍建设。他认为“推广学堂而不先设师范，犹之无耜而耕，安期收获”。“西国教员多为师范出身，故胸有成竹。”孙诒让认为“学校教育之良否，由于教员人格之若何，盖教员一举一动，一言一语印于儿童脑中，其感化有永不能灭者”。因此，他对教师的素质提出了具体的要求。首先，教师必须热爱教育事业。二是教师要有丰富的科技文化知识。第三，教师还要掌握教育学与心理学知识。第四，教师要有科研能力。第五，教师要有健康的身体。

孙诒让以他教育活动的卓越贡献和教育思想的独特见解，赢得清末教育界的一致推崇，在近代教育史上亦占有重要的地位，对温州的教育产生深远的影响！

温州教育，源远流长，始于西晋，盛于南宋，复兴于晚清，繁荣于现代，是全省教育大市，也是浙南教育名城。早在公元3世纪西晋太康年间就诞生了第一所学校——横阳学宫，到今天，温州办学已有1700多年的历史。从古至今，瓯越大地人文底蕴深厚，不仅涌现出永嘉郡学、永嘉学派等著名学府和思想流派，也出现了陈傅良、叶适、孙诒让、姜立夫、苏步青、谷超豪等一大批思想大家和教育名家。其中一代大儒孙诒让先生走出书斋，号召教育救国，倡导和经办各级各类学校309所，为温州近现代教育奠定了重要基础。孙诒让虽然与我们相隔了100多年，但是他的治学精神、教育思想依然绽放着光彩，对当下的教育发展实践仍然具有重要的指导价值。孙诒让具有“富强兴学”的思想。他提出，富强之源，在于兴学。只有人人都受到好的教育，国家才会富强。为此，他主张大建学校、普及教育，一生之中倡导和经办各级各类学校 309 所，为温州地区近现代学校体系的建立奠定了重要基础。孙诒让具有“学以致用”的思想。瑞安中学的校训来自于孙诒让先生的名言“甄综术艺、以应时需”，也就是教书育人应该选择合适的内容和方式，应对时代发展需求。他既潜心学术研究，也重视教育教学的实用性和实效性，主张开办符合社会发展需求的新式学堂和职业学校，课程目标也直接指向实用。这对于今天我们如何推动教育服务地方发展仍有很强的借鉴意义。孙诒让具有“全面发展”的思想。“全面发展”是现代教育词汇，并没有出现在孙诒让先生的著述中，但是在推进教育普及的进程中，孙诒让先生特别重视育人的系统性和全面性。他提出，教育之道，不能别悬一格，德育、智育、体育三者都必须进化。为此，他大力革新教育内容，开设了品行、体育、艺术等课程，致力于培养品德正、素质强的学生。孙诒让还具有“重师崇德”的思想。他特别重视教师在育人中所起的作用。为了发展地方教育事业，他一方面聘请热心教育、有真才实学的著名士绅主持校务管理，另一方面筹办建成各类师范学校 28 所，解决师资短板，培养了一批品学兼优的教育人才。夏承焘、姜立夫、苏步青、谷超豪等大家都来自于孙诒让先生筹办的师范院校。

进入新时代，温州教育快速发展。2020 年 12 月据温州地方志统计全市共有幼儿园、中小学、高校 2484 所，在校生 150.38 万人，中小学(幼儿园)教职工 12.19 万人(专任教师 9.38 万人)，高校专任教师 5719 人，教育人口占全省约 1/6。其中，幼儿园 1423 所，在园幼儿 300209 人；小学 562 所，在校生 628592 人；初中 339 所，在校生 271969 人；普通高中 104 所，在校生 117287 人；职业学校 37 所，在校生 80762 人；特殊教育学校 8 所，在校生 3261 人；普通高校 11 所，在校生 100032 人。

近年来，我市以“高质量办好人民满意的教育，高水平打造教育现代化强市”为目标，开展“补短板、育亮点、树标杆”专项攻坚行动，教育事业发展取得了新成效、新突破，人民群众对教育的获得感、幸福感明显提升。一是持续扩张教育资源。近三年，累计开工校舍面积 181.28 万平方米，中小学生人均占地、建筑面积总量增幅居全省第一。创成省基本教育现代化县(市、区)9 个。二是持续优化基础教育结构。全市所有乡镇均建有公办园，公办在园幼儿覆盖面达 30.11%、一二级幼儿园覆盖面达到 52.42%，幼儿教师持证率达 100%。深入推进义务教育优质均衡发展，省义务教育标准化学校占比达 98%，居全省前三。获评全国义务教育发展基本均衡地级市。教育教学质量不断提高，全市普通高中高考一段录取率达全省先进水平。民办教育继续领跑全国，现有学校选登记、星级评定等举措走在全国前列，2011 年以来，温州六次作为唯一地方政府代表在全国民办教育发展大会上作典型发言。三是持续提升学城联动效应，建成国家级职成教示范县一个、中职改革示范校三所，省级中职名校(示范校)十所，省等级职校比例达到 100%，“双师型”教师比例达到 88.2%。中职学生升入高校比例达 60%以上，居全省第一。市教育局连续五年被评为浙江省职业教育发展先进单位。在温高校共有十个学科入选 ESI 全球前 1%，十三个专业入选国家级一流本科专业建设点；温医大获省重点建设高校，国家自然科学基金项目位居省属高校第一，校长李校堃获评中国工程院院士，积极与昆士兰大学、隆德大学、阿尔伯塔大学等开展合作办学；温大列入“省市共建”省重点建设高校；温州肯恩大学被列为部省支持建设国际化高水平大学，获批新增十一个硕博培养专业；温职学、浙工贸分别获批中国特色高水平高职学校和专业建设单位。打造“新青年下乡”在温高校思想政治工作品牌，得到中宣部的充分肯定。

温州教育事业的兴旺发达及这些成绩的取得是与永嘉学派的教育思想息息相关的，也是一脉相承的，这是温州精神的另一体现！

郑晓鑰永嘉县十方文化书院

参考书目及刊物

[1] 孙金波. 叶适的教育思想[J]. 现代教育科学，2008，6.

[2] 周梦江. 叶适与永嘉学派[M]. 杭州：浙江古籍出版社，2005.

[3] 何秉松. 浙东学派溯源[M]. 上海：上海古籍出版社，2012.

[4] 王宇. 道行天地[M]. 北京：中国社会科学出版社，2012.

[5] 叶适. 习学记言序目[M]. 北京：中华书局，1977.

塘河文化与“月光经济”融合发展的价值意蕴与实现路径

黄春翔　苏中祥　何光明

摘　要:“一部东瓯史,半部在塘河。”温瑞塘河是温州至瑞安的第一大河,素有“温州人民的母亲河”之称。塘河的千年文化,也有着丰富的历史积淀和深刻的内涵。面临新常态,立足新时代,推动塘河文化与“月光经济”融合发展,应按照“功能优化、活力注入、要素集聚、环境提升、质量提高”的目标与思路,最大限度挖掘、融入塘河文化元素,培育新的“月光经济”形态,提升“月光经济”活力和规模,不断满足人民日益增长的美好夜生活需要,成为塘河文化建设的新课题。因此,进一步研究、挖掘和弘扬底蕴深厚、内容丰富的千年塘河文化,对于夯实“月光经济”基础,具有深层次的现实及长远意义。

关键词:温州;瑞安;塘河文化;“月光经济”;融合发展

温瑞塘河早在东晋时就已基本形成,其主河道古称南塘河,明清时称为七铺塘河,是温州境内十分重要的河网水系,分属于鹿城、瓯海、龙湾、瑞安等“三区一市”管辖。位于瓯江以南、飞云江以北的温瑞平原,水源主要来自瞿溪、雄溪、郭溪(通称三溪)以及大罗山和集云山的山涧溪流,主河道北起鹿城区小南门跃进桥,向南流经梧埏、白象、帆游、河口塘、塘下、莘塍、九里,再向西至瑞安市城关东门白岩桥,全长33.85公里,正常水位时河面一般宽度为50米,最宽处200多米,最窄处仅13米。温瑞塘河瑞安市域范围内共有大小河道600多条。其中重要河道15条,河网长401.3公里,正常蓄水量2020万立方米,流域面积约227.5平方公里。温瑞塘河是温瑞平原上的一条生命线,同时也是凝聚着文化、自然景观的综合体。近年来,塘河流域各市区致力于开发塘河文化价值,创造塘河文化品牌,结合月光经济,使塘河文化产业化、市场化,并以此作为当前深入开展温瑞塘河综合整治的崭新目标。

一、塘河文化的发展

相传东晋堪舆学家、文学家郭璞，在修建温州郡城时，巧妙地引“三溪”之水入城内河网，北开一水门，流入瓯江，控蓄水量，吞吐调节，“一街一渠，舟楫毕达，居者有澡洁之利，行者无负载之劳”。瑞安也按郭璞筑城治水之策，筑城挖河。温瑞塘河水系形成雏形后，唐、宋、明、清等朝代至民国时期及中华人民共和国建立后，都对温瑞塘河水系进行了不断地整治和疏浚，成为了大自然和人类共同的杰作。

塘河文化，是在参与这个大生态系统的互动中，逐步形成的。因此郭璞选城址，既为温瑞塘河流域发展规划了空间，又把中国传统的建城和居住的理念嵌入进去，这是传统文化与当地生态环境的一种完美结合，是带有东方神秘主义色彩的环境哲学理念。表现的是传统文化对风水、对环境的紧紧依附，是中原文化在温瑞平原的落地。塘河文化成型的标志性事件包括王羲之控五马出游塘河赏荷花、谢灵运游塘河等写下的多篇诗赋。而南宋时期的永嘉学派在塘河之畔形成，则显示出塘河文化发展的繁荣时期。

改革开放以来，由于基础配套设施没到位，经济发展与污染防治不同步，温瑞塘河的污染日趋严重。2017 年，瑞安市全面打响剿灭劣 V 类水攻坚战，全市上下同欲、全民动员、全民治水，并且顺利通过了省“清三河”达标验收。2018 年 6 月，瑞安市治水再传捷报，喜获治水最高荣誉——大禹鼎。为建立长效机制，实现可持续发展，以文化的力量助推至美塘河建设，2018 年 7 月 1 日，瑞安市温瑞塘河管委会特地成立了瑞安市温瑞塘河文化发展促进会，筛选吸收了第一批 130 人左右的促进会会员，包括省、市、县三级人大代表与政协委员，以及瑞安市治水、环保、规划、生态、文化、法律等领域的社会知名人士，提出了“弘扬千年塘河文化，打造至美浙南水乡”的目标。为此，瑞安市各界人士把研究、开发千年塘河文化与加快推进七铺塘河发展建设紧密结合起来，提出塘河文化是瑞安乡土文化的重要内涵，有利于加快瑞安市生态文明建设和经济社会全面协调发展。

二、塘河文化与瑞安市月光经济融合发展的价值意蕴

1. 开发塘河文化，有利于夯实月光经济的产业基础

改革开放 40 多年来，塘河沿岸的历史印迹也在消失，一些传统的街区格局、

河街形态被现代潮流给淹没。塘河的传统文化随着城市化进程的脚步而在失落,一些民间治河经验、民俗民风、民间曲艺等贴近老百姓生活的文化底蕴逐渐被遗忘。如果温瑞塘河两岸缺乏浓厚的历史文化气息,将严重影响我市文化大市目标的实现,同时弘扬千年塘河文化,打造至美浙南水乡的氛围也将大打折扣。

任何一种文化的传承和发扬光大,都需要广泛的传播和教育,塘河文化也不例外。该如何用我们的双手拯救母亲河?该如何让生生不息几千年的塘河文化发扬光大?我们必须广泛开展塘河文化宣传教育,让塘河文化深入人心,掀起一个全民动员、全民治河的热潮。

自 2018 年 7 月 1 日成立瑞安市温瑞塘河文化发展促进会以来,塘河文化挖掘、研究从零打碎敲开始走向政府和民间共同发力的联合之路。到目前为止,塘河文化发展促进会已整理、编辑出版了《至美塘河》《塘河文化》等乡土读物;策划播出六期《至美塘河》电视专题片;2018 年组织召开海安塘河文化研讨会、龙舟民俗考察研讨会等;2019 年召开由国内知名文化和治水专家、学者参加的温瑞塘河文化高峰论坛;每年启动“漫步塘河”的寻根之旅、温瑞塘河采风考察等系列活动。还精心组织开展塘河文化进校园、进企业、进机关、进社区、进村居等“十进”活动,2020 年成功举办温州市第一届“话说千年塘河”朗诵大赛,充分挖掘塘河两岸悠久的诗词文化,传唱瑞安方言,取得社会轰动效应。此外,还组织塘河文化专家为主塘河第一期景观带建设融入文化元素,尤其拱瑞山华灯齐放,光彩耀眼,犹如温瑞塘河上一颗璀璨的明珠,为瑞安人民夜游休憩提供了绝美去处。此外,瑞安辖区塘河段的文化十景也在酝酿中,包括东门古埠、拱瑞遗风、东街新韵、塘西竞渡、塘口怀古等。这些精彩纷呈的塘河文化资源的研究、保护、开发、宣传和利用一旦充分结合起来,就形成新的文化产业阵地,这为丰富瑞安市月光经济产业结构内涵,就注入灵魂和思想。

2. 塘河文化助力文化休闲、旅游等产业发展,提升“月光经济”强大的生命力、吸引力

“月光经济”又称“夜市经济”,是一种以服务业为主体的城区经济在夜间延伸的一种经济现象,包含夜间文化演艺、餐饮购物、休闲娱乐等内容,反映了城市经济发展、消费水平和聚集辐射的能力。印象南塘、塘河核心段夜游等一批重大项目的建成,提升了塘河沿线景观质量,为市民提供了高品位休闲场所,同时也培育了新的经济增长点。瑞安作为“温州模式”的重要发祥地,其经济发达、文化遗产丰富,是中国优秀旅游城市,素有“东南小邹鲁”之美誉。据瑞安市统计局资

料显示，瑞安市常住人口已达143.79万人，流动人口56多万，每年约有1000多万国内外旅游者来瑞安参观游览。当前，瑞安是国内有名的有钱、有闲人众多的城市，并且居民的文化需求有不断增强的趋势。因此，着力凸现本市塘河文化资源的特色与优势，对于新形势下本市经济社会发展有重要意义。

当前，瑞安市区发展文化休闲、旅游等产业，带动了当地餐饮、住宿、交通、商业、手工艺品等行业的发展，进而将成为当地经济发展的引擎。近年来，瑞安市政府利用当地丰富的文化资源，按照“面向大市场、发展大旅游、营造大环境、树立新形象”的思路，完善旅游基础设施，举办各种特色旅游活动，开发“农家乐”“民宿特色村”等文化休闲产业，使越来越多的农民走上了旅游致富路。

例如，塘河文化发源地“忠义街”，是瑞安“最有历史韵味”的一条文化街，是城市文脉、历史记忆、文保单位等文化聚集地，也是城市商业中心、人流集散中心，一举拿下了全省组织的“开门一件事”最佳实践案例。华灯初上，瑞安忠义街人来人往，一幅繁荣场景：“洪记”美食店顾客盈门；“菩提树下”珠宝行门边，一盆盆绿植生机盎然；鼓词馆传出一阵阵悠扬的越剧唱腔……“忠义街”的风生水起，带动了当地区域经济的发展，促进了城乡居民的增收等。中国旅游研究院院长戴斌指出，发展“月光经济”，应充分挖掘本地夜间休闲资源、场所和项目，结合自身文化特点，打造休闲娱乐项目。瑞安塘河流域的忠义街致力于打造展现清末、民国风貌的步行街区，有机串联玉海楼、利济医学堂、心兰书社等文保单位，建设蓝夹缬、木活字印刷等非遗文化展销馆，从而散发出特有的文化气息。如温州鼓词文化、传统工艺文化等，都是发展“月光经济”可充分结合的优势资源。结合城市特点做好“月光经济”文章，重点应放在产业结构上，将灯光亮化和辅助设施建设作为手段，用“文创灯光＋文旅运营”新模式，通过文创灯光场景营造和文旅运营内容运营，构建“光技术＋光艺术＋光文化＋光经济”思维创新体系，以创新驱动旅游全域化、城市景区化、消费全时化和文化休闲化，打造“光影创新体验产品”。一旦塘河夜游亮化项目有了亮点，还应该“由点及面”，让景观带连珠成串。

此外，在空间布局、产业形态上寻求突破，多方位刺激休闲消费，如何让市民走出家门，把夜间城市人流有效转化为“商流”，让“夜经济”成为“人气经济”，其中大有文章。

3. 塘河文化助力塘河流域各镇街的共同开发与经济合作，提升月光经济发展统一性和协调性

塘河文化是温州学的重要组成部分，是“瓯越文化”的核心主干。温瑞塘河沿岸的历史文化见证了温州地区的发展，很大程度上反映了温州社会的历史变

迁。沿岸有关政府部门要以水脉汇聚塘河文化长廊,展示母亲河独特魅力。

如莘塍东街以位居温瑞塘河东岸得名。民国三十五年(1946),莘塍建镇后,以塘河路为主要街道,商店鳞次栉比,贸易兴旺。面河岸侧,岸边隔段设有美人靠椅,供劳作、行人歇脚休息,是酷夏时期乘凉闲聊的好去处。路面原为石头路,新中国后逐年修整,1987 年改铺混凝土路面,宽 3—6 米(最宽 8 米),南北长 1550 米,南端经伍公桥、九里汇与县城出郊区的塘路衔接,至城区 5 公里,北连沿河大路,距塘下镇 5 公里。为本镇主街,商业区。温瑞塘河河轮停靠埠。

相传清朝时期,莘塍东街(当时称莘塍街)已有酱酒业、糖坊业、食盐业、鱼行业、绸布业、洗染业、广货业、纸伞业、水果业、药业等等。如介春酱园(又名"庚春园",其五香干即"莘塍五香干"著名的温州小吃,始创于清朝同治九年[1870])、蔡合发饴糖坊、鼎丰和酱酒坊、云香斋纸店、宝兴隆绸布庄、胡同发南北货、叶顺发油行、陈长发红地家具店、方德生和林恒山药号等,都是百年以上的品牌老店。

此外,有据可查的尚有太和、同和、大顺和等 10 余家酒坊;潘天寿、陈天德、广德堂、李回生、林益寿等 10 多家药号;还有南北货林盈发、吴顺发、鲍万兴、潘乾生等;米行张宏大;糖坊柯长发;五金玻璃蔡聚发;鱼咸行叶子来等等。把职业和人名连在一起称谓者如米店珍、纸店新、豆腐池、染布多、洋行生、制鼓听、打铜滔、扁担呈等。可以说,塘河沿线瑞安各镇街曾是经济的热土,老百姓创业的天堂。当年繁花似锦,至今仍留有历史的印痕。

当前,温瑞塘河流域面临着共同的生态环境保护、文化资源开发和经济协调发展等问题,但不同区域尚处于"各有一把号、各吹各的调"的尴尬局面。

近年来,瑞安市政府在塘河文化资源的考察、研究和开发、利用方面已取得了许多阶段性成果。无论是南戏、莲花、道情、花鼓、弹词等戏曲文化,划龙舟、抬猪等民俗文化,九里汇等河居文化,"忠义街玉海楼"等名人文化,肇平垟纪念馆等红色文化等,都为塘河两岸区域经济大幅度提升做出努力。因此,把相对分散、各自为战的本区内旅游文化景点,整合成一个"塘河文化"大体系,以推动整个塘河流域文化资源的大开发利用。有识之士建议,对于瑞安来说,既是华侨之乡,又是南戏故里、鼓词之乡,在打造"月光经济"的同时,亦可借鉴国外城市的优秀案例,充分挖掘本地优秀传统文化,打造真正具有温州特色的"月光经济"。如每年举办塘河文化节、建设塘河文化博物馆。

三、塘河文化与“月光经济”融合发展的实现路径与建议

1. 以贯彻落实条例为核心加强融合力度

2010年元旦，《浙江省温瑞塘河保护管理条例》（以下简称《条例》）正式施行，对保护塘河沿岸的文化遗迹及生态景观建设提出了明确的要求。

一是广泛宣讲《条例》内涵，开展《条例》专题讲座进村居等十进活动，为了把青山绿水还给子孙后代，要充分发挥人民群众的治水主体作用，把“政府单兵作战”质变为“全民集体参战”，引导群众争做治水践行者，着力谱写全民治水、全民发动、全民监督的干群合力治水新篇章。

二是进一步明确塘河文化开发建设的目标定位。完善塘河文化开发与城市协调发展的水岸同建机制，为《条例》的有力、有序实施创造更加有利的条件是当务之急。当前，开展温瑞塘河历史文化建设、开发塘河传统文化价值，已是大势所趋、刻不容缓。在启动打造塘河文化生态景观带时，要遵循“生态优先、景观美化、文化彰显、交通联动、水岸同兴”原则，全力构筑“一轴四段十景”的美好规划蓝图。

三是借鉴他山之石，构筑塘河文化品牌。国内外许多城市在建设中十分强调河流文化目标的体现，取得了提升城市文化品位的显著成效。南京的“浆声灯影”秦淮河，杭州的“印象·西湖”，漓江的“印象·刘三姐”，陕西安康打出了中国“西北水城”的旗帜，绍兴古城与镜湖交融，江苏省推出“水利人风采录”和“水利人格言”，山东滨州市成立了全国第一家地市级水文化馆，杭州市萧山区成立中国水利博物馆。我们要借鉴他山之石，深入挖掘塘河沿线民居文化、工业遗存、温州人创业史等资源，精心打造诸如历史文化街区、汽车文化走廊、青年创意馆、博物馆等精品街区，只有做到有法可依、有法必依、执法必严，加大对塘河文化的挖掘和开发强度，才能使月光经济有全方位、立体式的故事内涵。

2. 以推动消费升级为核心增强融合活力

文化与“月光经济”融合发展，实质上是将文化要素、“月光经济”要素收集与互动的过程。即两者实现优势互补，搭建健全“月光经济”创新要素结构体系。改变消费水平和结构，给文化、“月光经济”融合创新发展带来动力源。实现社会再生产的第一条件是消费，消费水平与经济发展之间存在正比率。提高消费水平将会大力促进经济发展，因此想要加强塘河文化与“月光经济”融合发展的活

力,必须努力提高人们夜消费的升级活动。可从以下两个方面提升人们夜消费升级:一是从需求侧视角,必须将消费者权益列为首位,加强夜消费合法权益的保护,创新夜生活节庆。为更好地满足人们自主消费需求,不仅通过不断增加吃穿用等传统夜间消费,更要培养新兴夜间文化消费行为,如培养教育、文化娱乐、体育健身、旅游观光等,来激发人们消费潜力,引导群众对新文化消费业态的兴趣。二是从供给侧视角,必须坚持市场主导地位,充分发挥市场和政府的作用,开拓更加成熟多元的夜间消费细分市场,大力提高"月光经济"高质量产品和高质量服务供给。政府要努力清理和消除阻碍公平竞争的各类规矩和方法,搭建"月光经济"公平消费产品和服务供给的优良市场环境。推动"月光经济"加速向多元化、数字化、智能化发展。

如为了打造属于瑞安人的"夜间经济"商圈的初衷,中润商务广场就在筹划一个"超长营业时间"的不夜街区。目前已确定打造瑞安海鲜夜市美食城,另有酒吧、烧烤、K 歌之王量贩 KTV、儿童天地等项目,届时将带大家体验到不一样的夜生活。其实就是以塘河文化为基点,充分利用城市商圈商业综合体广场存量空间资源,以"月光经济"为载体,着力引进瑞安传统品牌特色小吃、非物质文化遗产展示、文化创意、文化休闲、演艺、体验娱乐等,给消费者创造更加多元、差异的夜间消费场景。推动城市文化圈与夜间商圈联动发展,构建城市多元融合、时尚浪漫的夜间特色商业生态圈。

3. 以"互联网＋"为核心提升融合效率

新时代互联网技术突飞猛进,在塘河文化与"月光经济"融合发展中充分利用互联网,可以降低交易成本,使生产商准确有效地给消费者供给更多便利,使夜间消费者规范消费行为创设一条有效路径。可见,要拓展塘河文化与"月光经济"融合发展效率,必须在"互联网＋"上做文章。

一是健全"月光经济"网络服务,提升夜间经营实体"线上＋线下"互动能力。构建商家 24 小时工作"互联网＋"夜间消费服务模式,促进消费者网上夜间消费习惯。大力鼓励支持夜间营业实体加入淘宝等互联网,共同建立夜间实时消费服务,"互联网＋"在物流、数据、网络技术等方面凸显的优势,给月光经济发展提供了源源不断的动力和坚实基础。这些互联网公司可以利用数据精准预测夜间消费者购物的需求,也可以更好地满足线下商家的需求,持续提高效率。

二是培育"国内网红"传播历史人文。深化"国内传播网红"孵化项目,建立 1000 余人的海内外传播官队伍、100 多人的国内外拍客团、500 余人的志愿者服务团队,形成国内外人际传播网络。

三是推动数字化技术、智能化技术在“月光经济”领域的应用，增强“月光经济”的体验性。启用“智慧大脑”街区治理模式，依托智慧城市平台创新管理和服务方式，忠义街等历史文化街区可建成刷脸支付商业街。创新启用“智慧大脑”驱动信息化街区治理新模式，动态掌握街区实时客流、景点业态分布，实现街区精准、高效的调度管理。同步推出“5G 融媒体＋应用实验室”，目前已吸引百度、新浪、喜马拉雅等媒体平台入驻，拓展消费者的消费想象空间，丰富“吃住行游购娱”等要素，实现实体夜店与虚拟夜店的互动互助，构建“全域式”月光消费场景。

4. 以建立融合平台为核心加强融合品质

资金、技术、人才等元素对加强文化与“月光经济”融合发展品质有着关键的影响。可见要加强塘河文化与“月光经济”融合品质，必须建立投融资平台、技术合作平台和人才培养平台。通过大力创建创业创新投资、政府银行合作、信用担保、融资服务、PPP 基金等投资平台，提升构建塘河文化与“月光经济”融合发展政府资金保障体系，构建政府银行、政府保障局合作机制，提高财政资金运行和企业直接融资渠道，完全发挥财政资金的引带功能，利用金融、民间和社会等资本支持“月光经济”发展。以“创新驱动”战略为目标，努力倡导“月光经济”市场主体同科研机构、高等院校等其他单位进行科研合作，加强企业科技创新能力，推动科技成果转化。对“月光经济”经营者和开展技术创新活动的企业给予政策支持、财政补贴和奖励。根据产业发展和实际需求，按行业分类实施“月光经济”人才培养计划，重点选拔一批思想素质和发展潜力优秀青年人才，进一步管理培养，促进更快成长和成功。注重招商引资、产业发展、城乡建设、实体项目等吸纳贤才，努力引入科研领军人物、创新人才、高层次人才、特殊技能人才。健全政策、目标、晋升、绩效、薪酬等灵活激励机制，吸纳外籍人才在当地创业，鼓励本土人才回归创业发展。

5. 以加强设计管理为核心优化融合环境

“月光经济”发展是一项系统性的工程，需提升顶层设计管理，协调各方力量共同推进，使其不断健康发展。

一是区域规划方面，要结合本区域优势，统一强化功能规划设计和宣传。温瑞塘河夜游项目是提升中心城区首位度，补齐城市发展短板的标志性工程之一。统一编制《温瑞塘河瑞安段月光经济带发展规划》，将瑞安市河段纳入温瑞塘河夜游核心项目建设计划，统一打造“夜游七铺塘河”项目。建议统一编制建设方案和计划，各镇街联动推进。建议按照大都市区规划、大花园建设要求，结合各自区域的特色谋划项目,协调建设节奏,力求做到政策统一、标准统一。同时要强化考核,适当提高考核分数权重,督促各地更加重视温瑞塘河"月光经济带"建设。此外,要重点围绕商业中心区、旅游景区、城市休闲功能区、有消费传统的背街小巷、历史文化街区等夜间游客集中、市民活动集聚、创业创新活跃的区域,大力发展夜间经济,尤其是对历史文化街区进行改造,全力塑造城市夜游新地标。如九里汇街区改造不仅仅只停留在外立面翻新,更应该对源远流长的历史故事进行收集、宣传,对老街的民风民俗进行发扬光大。加强美食街区的活动策划、媒体宣传,开展"月光经济"系列宣传推广,向广大消费者提供内容丰富的夜间消费资讯服务,培育和壮大夜间消费群体。

二是在夜市比较发达的镇街,建立"月光经济"发展专项领导小组,完善"月光经济"发展领导工作机制。促进政府部门对"月光经济"的管理实施简政放权和放管结合,优化服务供给。夜间经济建设以及相关管理的审批事项,政府部门可以统一归到绿色审批通道,可以在法律法规准许的范围内,降低夜间经营单位的准入门槛和简化审批程序。政府部门要加大发展"月光经济"的政策支持力度,通过构建月光经济发展专项资金,为商户进行主题活动奖励租金补助、财政支持和品牌奖励等,推动月光经济发展。

三是要优化夜间服务环境。比如实施塘河沿线畅通工程,增设步行道,打通卡点,链接断点。完善游步道、驿站等慢行系统,完善游船码头、恢复古埠头,完善周边区域市政设施。统一规划建设绿地系统、照明系统、通信系统、给排水系统、垃圾收集系统;完善温瑞塘河沿线城市设计,通过沿河景观亮化、重点建筑亮化。塘河沿线的城市建筑风格要与塘河景观相协调,对历史建筑要制订改造方案,与"月光经济带"建设同步实施,提升硬件环境建设。同时要积极营造软环境。组建专业的物业服务团队,提升"月光经济"的停车便利性,优化公共交通线路设置,增加夜间公交车运行班次,拉长夜间工作时间。提高环境管理、卫生管理、工商管理和技术监督等方面工作力度,依法规范夜间经营和广告宣传等活动,坚决拒绝欺诈、假冒商品、服务不周到等行为,依法保障月光经济活动,加大"月光经济"管理法治化水平。另外,可推出"夜间局长""夜间队长"、加强夜间环卫管控、发布施工"红黑榜"等举措,招聘"月光经济首席执行官",协助区、镇街、片区三级"月光经济掌灯人"开展工作,为打造"月光经济"保驾护航,为发展"月光经济"出谋划策。

参考书目及刊物

[1] 叶铭."月光经济":烟火气兼具文化味[J].温州人,2020(17):30-33.

[2] 郑自立.文化创新推动"夜经济"高质量发展的理论机理,多重困境与对策建议[J].广西社会科学,2021(01):124-131.

[3] 储德平,廖嘉玮,徐颖.中国夜间经济政策的演进机制研究[J].消费经济,2021.

[4] 曾荣.城市夜经济发展的现状与对策[J].人民论坛,2020(22):74-75.

[5] 郑自立.文化与"夜经济"融合发展的价值意蕴与实现路径[J].当代经济管理,2020,42(06):57-62.

[6] 翁锦武.塘河风[M].北京:中国民族摄影艺术出版社,2016.

[7] 黄春翔.至美塘河[M].成都:四川美术出版社,2019.

[8] 温州镇志编纂委员会.莘塍镇志[M],合肥:黄山书社,1998.

[9]《瑞安市水利志》编纂委员会.瑞安市水利志[M].北京:中华书局,2000.

[10] 翁锦武.塘河水[M].杭州:西冷印社出版社,2013.

[11] 虞利巧.塘河文化[M].北京:作家出版社,2011.12.

(黄春翔,1973年8月,男,浙江瑞安,中级记者,温瑞塘河文化发展促进会会长,主要研究乡土文化)

近现代温州士绅地方文献整理活动研究文献综述

张慧璎

摘　要：近现代温州士绅的地方文献整理活动以瑞安孙氏刊刻《永嘉丛书》为发端，经过一代又一代志同道合的温州士绅传承，保存抢救整理了大量温州地方文献，文献整理活动也帮助南宋永嘉学派的思想理论在晚清民国时期的温州重发生机。因此众多学者对这系列地方文献整理活动进行过研究探讨，他们多研究单个文献整理活动，从不同方面论述了这些文献整理活动的内容和意义。本文对已有的近现代温州士绅地方文献整理活动进行了梳理分类和客观评价，主要把这些研究成果分为两大类：一是从温州地方社会史角度分析温州士绅阶层；二是从文化学术角度分析地方文献整理活动。

关键词：温州士绅；地方文献整理活动；综述

近现代温州士绅地方文献整理活动并不多，较为大型有影响力的是瑞安孙氏刊刻《永嘉丛书》、黄群刊刻《敬乡楼》丛书、冒广生辑刊《永嘉诗人祠堂丛刻》、浙江省第三特区（永嘉区）征辑乡先哲遗著委员会抢救保护地方文献。将温州四次文献整理活动联合起来，探讨它们之间历史时代、文化学术、阶层利益关系的论著并不多。大部分学者或把文献整理活动作为研究温州区域发展和学者成果的事例看待，或只讨论文献整理活动涉及的文献有关的文化学术问题。因此可以将这些研究成果分为两大类：一是温州地方社会史角度分析温州士绅阶层；二是文化学术角度分析文献整理活动。

一、温州地方社会史角度分析温州士绅阶层

地方文献整理活动与地方社会无法分割，而地方社会又是由不同阶层的人组成的。近现代时期温州文献整理活动的主要发起人和负责人大多属于士绅阶

层，因此从温州地方社会史角度了解近现代的温州士绅阶层是本文进行研究所必须的工作，近年来学界对此的研究成果可以分为以下三类：

(一)温州士绅阶层内部分裂的讨论

李世众的论文《19 世纪中叶士绅阶层的分裂——以温州社会为考察中心》就通过梳理金钱会和瞿党的反叛事件，回顾了瑞安大族孙锵鸣孙家和黄家代表的上层士绅是怎样和平阳士绅集团代表的下层士绅集团矛盾激化，演变成你死我活的角逐。而他的专著《晚清士绅与地方政治——以温州为中心的考察》认为永嘉学派复兴是下层布衣士绅崛起的文化资本，但实际上孙氏家族在这个过程中获得的利益更大，因此这点还可以讨论。

(二)分析士绅的社会实践改革活动

如徐佳贵的《地方士人与晚清地方的下层“启蒙”——以浙江省温州府为例》就梳理了地方士人在自身的理解与实践中，清季的下层启蒙如何成为可能，及此可能性的限度又可能在何处。而侯俊丹的《民情反思与士人的社会改造行动晚清温州永嘉学派保守主义的实践及其困境》立足于 19 世纪六七十年代温州地方史，爬梳以孙氏家族为代表的传统士人为应对社会危机而采取的保守路径，认为孙氏的社会改造道路最终陷入困局，但仍然能从这条路径中窥探到中国社会结构转型的现代契机。刘洋在《晚清温籍士绅维新思想及其实践研究》中将以黄庆澄为代表的温籍士绅为研究对象，较系统地探析温籍士绅在晚清大变局下的维新思想及其实践。尤育号的《因地制宜:晚清温州士绅与儒学的地方性实践》，对晚清温州士绅表彰永嘉之学以发掘地域化儒学资源，重建宗族以敦本励俗，投身传统文教、新式教育以重建地方文教秩序等活动，进行了文化社会学的阐释。凌一鸣的《瓯风社的构建与温州乡学传统的再发掘——以南宋永嘉之学与晚清孙氏家族为中心的考察》，以 20 世纪 30 年代活跃于温州学界的瓯风社为例，对“新式”学会进行挖掘挣扎于坚守与妥协之间的历程进行分析，以探索其构建地方学术的基本方式。

(三)探讨士绅阶层在社会稳定方面的作用,以及和社会上其他势力的关系

王兴文、徐蒙蒙的《官府、士绅与赌风治理——以晚清温州为例》通过对晚清温州赌博的表现与危害、温州官民禁赌状况进行系统爬梳,阐释晚清官府与地方宗族对乡村治理和维护地方社会秩序的作用。董光春在《锯不断的龙舟》一文中,以晚清民初温州地区的龙舟竞渡为研究对象,探讨在龙舟竞渡背后士绅、民众、地方官三者的关系。李世众的《晚清教会势力的楔入与地方权力格局的演化——以温州社会为例》,指出教会势力在温州发展壮大以后,士绅成功地通过反洋教运动动员了民众。他们虽然没有能够挫败教会势力,但却借此消解了官府的地方统治权威,继而和教会达成和解,镇压了民众的反抗,最终成为地方社会的主导力量。其博士论文《晚清温州权力关系格局透视——以士绅为中心的历史考察》以发生在晚清温州的若干事件为考察叙述对象集中对晚清温州地方官和士绅的关系和士绅内部不同集团之间的关系进行深入的分析。

二、文化学术角度分析文献整理活动

学界目前对温州地方文献整理活动研究成果可以概括为以下三类:第一是编纂者研究,包括编纂者个人研究、个人和藏书楼关系研究、士绅家族阶级和永嘉学派关系研究;第二是文献文本研究;第三是文献整理活动研究。下面逐类述评。

(一)编纂者研究

首先是编纂者个人研究。整理温州乡邦文献的活动发起和编纂者大多是温州本地的士绅学者,他们取得了不错的学术政治成就,在当时的温州乃至全国都有极大的影响力。故学者们通常会将这些文献整理活动,当作编纂者个人学术文化成就的一部分,进行概述。

如对孙衣言的生平研究其代表成果是洪振宁的文章《"温州学"研究的先驱——纪念孙衣言先生诞辰 200 周年》和杨猛的硕士学位论文《孙衣言研究》。洪振宁指出孙衣言的贡献是重振永嘉学派,使之复活,其贡献也有二,一是"温人始知有永嘉之学",二是带动了近代温州乡邦文献的整理。而杨猛将孙衣言学术

活动归纳为著述、点校、刊刻和藏书诸方面。他详细地把孙衣言的著述罗列出来，指出孙衣言编撰之著作带有明显地方性特色。

接着是对孙锵鸣的个人研究。其代表成果是张时雨的硕士学位论文《孙锵鸣行实著述考绎》。作者对孙锵鸣学术著作进行研究，里面就《东瓯大事记》进行了探讨分析，认为其有编年史志的开拓意义，概括性也极强，言简意赅，有一定的地方史料考证意义。作者还将孙锵鸣对乡邦文献整理的贡献分为辑佚和校勘两方面。辑佚是抄录各编著者为温州人的作品，作者每本都有对其内容进行概述，而其校勘成果主要体现在对孙希旦的《礼记集解》编校刊刻上。

再就是对孙诒让的个人研究，研究孙诒让生平学术成就的论文和著作有部分就探讨了他的文献整理活动。如姜亮夫的《孙诒让学术检论》指出《温州经籍志》是孙诒让目录学成就的体现，是最有成就的目录学著作。俞雄的《孙诒让传论》也谈到了孙诒让在地方文献整理与目录学上的贡献，还有专门讨论孙诒让的目录、版本、校勘思想实践的研究论文，如朱静雯的《试论孙诒让的书目工作实践及其目录学思想》就分析了《温州经籍志》的编纂体例，从中归纳出孙诒让的目录学思想和《温州经籍志》编纂的优缺点。还有，讨论孙氏父子文献整理活动，如刘时觉、陈克平、刘尚平的《孙衣言、孙诒让与"永嘉医派"》，谈到了孙衣言、孙诒让父子，对沉寂在历史中的"永嘉医派"的挖掘，以重刊《易简方》为契机，通过辑佚考证一系列工作，向世人描绘了"永嘉医派"的大略情况。

廖章荣的《孙延钊与温州地方史研究》，谈到了孙延钊对乡邦文献整理的贡献，包括校勘其父亲孙诒让遗著《温州经籍志》、整理孙诒让遗稿《籀庼述林》，以及将未编入《籀庼述林》的遗文另编为《经微室遗集》8 卷等工作。不仅整理先人著述，还重视温州乡贤的著述整理，如将玉海楼所藏温州乡贤著作编成目录、参与温州乡贤遗著的征集活动，表彰乡贤，如写《孙敬轩先生年谱》和《瑞安五黄先生系年谱》，以及编撰《明季温州抗清事纂》《明代温州倭寇编年》，激发国人民族意识。

冒广生的研究成果不多，冒怀苏的《冒鹤亭先生年谱》中的《冒广生传略》，记录了冒广生刊刻《永嘉诗人祠堂丛刻》，扬扢风雅，嘉奖温州后学，提倡永嘉孙（衣言、诒让）黄（绍箕、绍第）学风等事迹，类似的成果还有陈冰彬的《〈如皋冒氏丛书〉研究》。

承接《永嘉诗人祠堂丛刻》的是《敬乡楼丛书》的刊刻，与此有关的人员是发起者黄群，校对者刘绍宽和刘景晨。洪震寰的《黄溯初生平述评》指出黄群对故乡温州贡献巨大，其中之一就是刊刻《敬乡楼丛书》四辑，并遍赠国内外各大图书馆,捐献乡邦文献。陈之川的《爱国敬乡史籍流芳——缅怀乡贤黄溯初先生的业绩》中,就将辑录刻印《敬乡楼丛书》归入黄群作为乡贤名流所作的贡献之一,指出其书版本之鉴别,讹字衍文之订正,查核校阅之专心,搜集校勘之勤苦,非常人所能及。对刘绍宽也有较为全面的研究论文,如吴梦柔的《近代地方士绅与温州社会转型研究——以平阳刘绍宽为中心》,描绘了刘绍宽的人生轨迹,其中分析刘绍宽的文化资本时,指出校编《敬乡楼丛书》就是其组成部分之一。李书卿的《旧学新知之间的边缘人》,谈到温籍知识分子"从永嘉学派的文献中汲取了思想精华,在近代情境中进行了创造性的转化,体现了永嘉学派乃至儒学在各种情境下存续的某种规律",指出永嘉之学对生长其时其地的刘绍宽产生了深刻的影响。刘景晨在上文《近代地方士绅与温州社会转型研究——以平阳刘绍宽为中心》中也有所提到。卢礼阳、李康化的《刘景晨生平、诗作与社会贡献》,也详细述评了刘景晨的乡邦文化事业:其一是方志的续修与补刻,其二为《敬乡楼丛书》的校印,其三是图书馆事业的发展,其四是对温州的文物保护工作。刘景晨负责《敬乡楼丛书》一、二、四辑的点校工作,还发起了永嘉区征辑乡先哲遗著委会员,更是在50年代作为温州市文物保管委员会主任时,收集不少散佚在民间的温州地方文献,起到了承前启后的作用,值得进一步探讨其在温州地方文献整理活动中的作用和意义。

乡邦文献的整理活动离不开编纂校对者,更离不开原始材料,所以学界还将编纂者和藏书楼的关系作为主要研究方向。如陈光熙的《孙诒让的图书馆事业》以玉海楼为主要探究对象,指出孙诒让本人正是玉海楼藏书第一个受惠者,关注到了孙诒让在看过这么多藏书后,为当时的地方乡里学术做出了教育贡献。陈东辉的《孙诒让学术思想与玉海楼藏书特色之关系》,指出玉海楼藏书特色鲜明,主要可以概括为四个方面,其中之一就是藏有大量温州地方文献,《永嘉丛书》的质量上乘,就得益于玉海楼的丰富藏书。孙诒让学术研究和玉海楼藏书特色存在着互为因果、互为促进的关系。张霞云的《孙诒让与玉海藏书楼》,也认为玉海楼中的藏书虽然有大量的珍本秘籍、颇多的名家批校本和手抄本,其价值主要在于保存永嘉学派著作典籍等方面。这样的结论就将地方文献整理收集工作和藏书楼的存在联系起来,是在进行温州乡邦文献整理活动研究中可以深入的方向。

不少学者以孙氏家族为分析对象,借此单个案例来看当时的文化家族或士绅学者阶层所具有的某些特质,其中就有对孙氏家族在温州乡邦文献整理活动中起到的作用的讨论。如潘德宝的《孙诒让家族文化演变与地理轨迹试探》,谈到了孙衣言兄弟对永嘉之学的传承重要表现在整理乡邦文献上,孙氏家族与永嘉学派的相遇，也是建立在“通于今”的开物成务上。周田田的《瑞安孙氏家族的修志传承》，以瑞安孙氏家族四代人的修志传承经历为线索，从每一位人的贡献开始展开叙述，还探讨了孙氏家族潜心地方志研究并取得成就的主要原因。凌一鸣的《晚清文化家族的构建——以瑞安孙氏为中心》就研究孙氏家族的兴起，将孙衣言对乡邦学术的挖掘，分析为孙衣言选择了永嘉之学这一文化符号作为重振声名的工具，指出其所看重的正是永嘉之学作为温州历史文化巅峰的象征。还有学者从永嘉学派发展的角度谈到温州乡邦文献的整理，如陈安金的《融会中西，通经致用——论永嘉学派的近代命运》，就把《永嘉学案》看作是复兴永嘉学风的结果。

(二)文献文本研究

文献文本研究可分为藏书文献情况研究和著作研究。

玉海楼文献研究如张宪文的《瑞安孙氏玉海楼书藏考》，考辨论述了玉海楼书籍搜集、储藏以及散失转移的情况，将玉海楼书籍来源分为三类，谈到了地方文献的搜集整理过程。还论述了五种玉海楼书目，指出其中书目的内容是随时代变化而不同的。雪克的《玉海楼藏书与孙诒让全集的编纂》以浙大馆藏原玉海楼所藏四部之书三百九十二种共两千七百四十八册开始研究，考辨孙诒让著作述数量差异的原因。虽然探讨了《温州经籍志》和《温州古甓记》等地方文献相关的研究探讨，但也只是探讨其内容成书过程，并没有将它放入和整个文献整理活动中。卢礼阳的《永嘉敬乡楼考述》，通过梳理相关文献，就敬乡楼的命名与积聚，《敬乡楼丛书》的校印，敬乡楼藏书的转移与捐赠等方面，仔细考订，记叙其藏书校书捐书始末。文章将敬乡楼从命名与积聚到《敬乡楼丛书》的校印再到敬乡楼藏书的归宿的大概展现出来，脉络清晰。赵丹的《民国温州乡邦文献汇抄三种述略》，对永嘉黄氏敬乡楼抄本、永嘉乡著会抄本、平阳王氏抄本的成书情况、编者信息进行概述，分析了这三种汇抄产生的原因，归纳为三点：浓厚的文化氛围和共同的志趣、政府的支持和财力的保障、丰富的藏书资源和相互协作的精神，最后讨论了这三种汇抄文献的价值。

(三)文献整理活动研究

从文献整理活动本身切入的研究较少，俞雄的《清末民国间温州乡邦文献的整理与研究》和方骏勇的《地方文献与文化传承:近代温州乡邦文献整理研究》是代表。俞雄将《永嘉丛书》、《永嘉诗人祠堂丛刻》(以下简称《丛刻》)、《敬乡楼丛书》以下简称《敬丛》)三大丛书的编撰联合起来看待,从孙氏父子的征辑活动开始讨论,到《永嘉丛书》内容的鲜明特色,再到冒广生编刊《丛刻》,接着指出《敬丛》是《永嘉丛书》的继续,而征辑乡先哲遗著委员会则是这场活动的尾声。但这篇论文在有些地方过于简略,许多方面如《永嘉丛书》刊刻的意义没有进一步展开。方骏勇的《地方文献与文化传承:近代温州乡邦文献整理研究》,从探讨杨诗《瓯海还珠集》到《永嘉丛书》的编纂,从研究《敬丛》与"乡著会"丛书的出现到《括苍丛书》的作用,作者以郡邑丛书的编辑、校勘、出版和流通作为主要讨论对象,考察近代温州乡邦文献整理事业的演变过程,揭示了近现代时期地方文化的传承机制,及其在不同社会群体中的意义与内涵。此外,作者从中国近代史视野去看温州乡邦文献整理,指出乡邦文献整理的形态除了和思想观念变化相关外,还受到近代历史整体走向和区域社会史过程的影响和制约。他指出乡邦文献对士大夫而言有着直接的现实意义,而对民国的商人、政客和军官来说,是通过其可以建构的必要社会网络。并且尽管乡族组织对文献的保存显得粗糙,但这一传承方式是不可或缺的。

结语

总而言之,虽然有不少研究将这些文献整理活动的开端、过程、结尾、意义、影响等方面探究得很深入,可由于研究的切入点不在文献整理活动上,有些研究文章的结论也并不全面,如孙氏父子对温州乡邦文献整理的开端可以从大致四个层面来进行分析:第一就是孙氏家族生活在温州瑞安地区,且家学渊源深厚;第二则是激烈变换的时代背景,这个可以从社会环境和学术争论两个方面进行分析;第三则可以从晚清士人家族发展路线来进行分析;第四则可以从孙氏家族成员自身具有较高的学术水平来探讨其在文献整理活动中的作用。以上这些方面分别都有学者进行过较深入的研究,但较少有文章将这些方面综合起来。

此外在这些文献整理活动中,学者多对以孙氏父子为主导,代表成果为《永嘉丛书》的文献整理活动进行研究挖掘,另外三次的文献整理活动研究并不多,这也是需要研究者深入探索的地方。

(张慧璎,温州大学人文学院古典文献学专业2019级硕士研究生)